내가 뽑은 원픽! 최신 출제경향에 맞춘 최고의 수험서

2024

배극윤의

품질경영 기사·산업기사 실기

배극윤 저

Ⅱ권

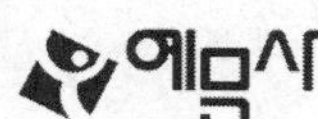

제 7 편 ◀ Part

부록

Contents

- 2013년 기 사 기출유사문제 및 풀이 ······ 5
- 2013년 산업기사 기출유사문제 및 풀이 ······ 32
- 2014년 기 사 기출유사문제 및 풀이 ······ 57
- 2014년 산업기사 기출유사문제 및 풀이 ······ 86
- 2015년 기 사 기출유사문제 및 풀이 ······ 107
- 2015년 산업기사 기출유사문제 및 풀이 ······ 138
- 2016년 기 사 기출유사문제 및 풀이 ······ 166
- 2016년 산업기사 기출유사문제 및 풀이 ······ 201
- 2017년 기 사 기출유사문제 및 풀이 ······ 230
- 2017년 산업기사 기출유사문제 및 풀이 ······ 263
- 2018년 기 사 기출유사문제 및 풀이 ······ 292
- 2018년 산업기사 기출유사문제 및 풀이 ······ 331
- 2019년 기 사 기출유사문제 및 풀이 ······ 365
- 2019년 산업기사 기출유사문제 및 풀이 ······ 404
- 2020년 기 사 기출유사문제 및 풀이 ······ 435
- 2020년 산업기사 기출유사문제 및 풀이 ······ 491
- 2021년 기 사 기출유사문제 및 풀이 ······ 540
- 2021년 산업기사 기출유사문제 및 풀이 ······ 573
- 2022년 기 사 기출유사문제 및 풀이 ······ 604
- 2022년 산업기사 기출유사문제 및 풀이 ······ 642
- 2023년 기 사 기출유사문제 및 풀이 ······ 675
- 2023년 산업기사 기출유사문제 및 풀이 ······ 710

Quality The quality of something is how good or bad it is.
Management Management is the control and organizing of a business or other organization.

기출유사문제 [2013년 1회 품질경영기사 실기]

01 어떤 캔디 공장에서 제조되는 캔디의 수량은 종래의 제조 공정으로는 평균이 83.5kg, 표준편차가 9kg의 정규분포에 따르고 있었다. 그런데 새로운 장치의 도입하였으므로 20개의 제품을 조사한 결과 표준편차는 동일한데 평균치는 89.6kg이라는 결과가 나왔다. 이 새로운 장치는 캔디의 수량에 대해 변화를 준다고 할 수 있는가?($\alpha = 0.05$로 한다.)

02 재료 A와 재료 B로 만든 각 스프링의 강도를 측정하여 아래의 데이터를 얻었다. 재료 A와 재료 B의 모평균 차가 있다고 할 수 있겠는가?(단, ${\sigma_A}^2 = {\sigma_B}^2$, $\alpha = 0.05$)

A	73.4	77.0	73.7	73.3	73.1	71.5	74.5	77.5	76.4	77.7
B	68.7	71.4	69.8	75.3	71.3	72.7	66.9	70.2	74.4	70.1

03 군의 크기 n = 4, 군의 수 $k = 25$인 $\bar{x}$ 관리도에서 관리상한 U_{CL} = 176.5, 관리하한 L_{CL} = 173.5가 되었다. 공정의 변화에 의해서 평균치 $\bar{x}$가 176으로 변하였을 때 관리한계선 안에 있을 확률은 얼마인가?(단, 모표준편차 σ = 1.0으로 한다.)

04 L–S관리도에서 $\overline{M}$ = 90.45, $\overline{R}$ = 6.41, n = 5일 때, L–S관리도의 C_L, U_{CL}, L_{CL}과 R관리도의 C_L, U_{CL}, L_{CL}을 구하시오.(단, 관리계수는 표를 이용할 것)

05 어느 재료의 인장 강도가 75kg/mm^2 이상으로 규정된 경우, 즉 계량 규준형 1회 샘플링검사에서 $n = 8$, $k = 1.74$의 값을 얻어 데이터를 취했더니 아래와 같다. 이 결과에서 로트의 합격 · 불합격을 판정하시오.(단, 표준편차 σ = 2kg/mm^2)

79.0	75.5	77.5	76.5
77.0	79.5	77.0	75.0

06 A사는 어떤 부품의 수입검사에 계수값 샘플링검사인 KS Q ISO 2859-1의 보조표인 분수 샘플링검사를 적용하고 있다. 적용조건은 AQL = 1.0%, 통상검사수준 II에서 엄격도는 보통검사, 샘플링형식은 1회로 시작하였다. 다음 물음에 답하시오.

(1) 다음 표의 ( ) 안을 로트별로 완성하시오.

(2) 로트번호 5의 검사 결과 다음 로트에 적용되는 로트번호 6의 엄격도를 결정하시오.

로트번호	N	샘플문자	n	당초의 Ac	합부판정 점수 (검사전)	적용하는 Ac	부적합 품수 d	합부판정	합부판정 점수 (검사후)	전환 점수
1	200	G	32	1/2	5	0	1	불합격	0	0
2	250	G	32	1/2	5	0	0	합격	5	2
3	600	(①)	(③)	(⑤)	(⑦)	(⑨)	1	(⑪)	(⑬)	(⑮)
4	80	(②)	(④)	(⑥)	(⑧)	(⑩)	0	(⑫)	(⑭)	(⑯)
5	120	F	20	1/3	3	0	0	합격	3	9

07 온도(A) 4수준, 원료(B) 3수준을 택하여 반복이 없는 2요인실험을 하여 얻은 강도의 데이터를 $X_{ij}=(x_{ij}-97)\times 10$으로 변환하여 다음 표를 얻었다. 다음 물음에 답하시오.(단, A, B는 모수모형)

B \ A	A_1	A_2	A_3	A_4
B_1	6	16	20	10
B_2	3	12	10	7
B_3	−3	−1	9	−5

(1) 데이터의 구조식을 적으시오.

(2) 원 데이터로부터 분산분석표를 작성하고 검정을 행하시오.(위험률 5%)

(3) 강도가 높을수록 좋을 경우의 결과를 찾아서 신뢰도 95%로 구간추정하시오.

08 2^4형 교락법에서 교호작용 ABC와 교호작용 BCD가 2중 교락되도록 블록을 배치시키시오.

09 $L_8(2)^7$형 직교배열표를 이용하여 아래 표와 같이 인자를 배치하고 실험데이터를 얻었을 때 분산분석표를 작성하시오.

배치	$B\times C$	B	C	D	e	$B\times D$	A	실험데이터 x_i
No＼열번	1	2	3	4	5	6	7	
1	1	1	1	1	1	1	1	$x_1=9$
2	1	1	1	2	2	2	2	$x_2=12$
3	1	2	2	1	1	2	2	$x_3=8$
4	1	2	2	2	2	1	1	$x_4=15$
5	2	1	2	1	2	1	2	$x_5=16$
6	2	1	2	2	1	2	1	$x_6=20$
7	2	2	1	1	2	2	1	$x_7=13$
8	2	2	1	2	1	1	2	$x_8=13$
기본표시	a	b	a b	c	a c	b c	a b c	$\Sigma x_i=106$

10 KS Q ISO 9000 : 2015의 용어에 대한 설명이다. 괄호 안을 채우시오.

(1) 요구사항을 명시한 문서 (　　)

(2) 특정 대상에 대해 적용시점과 책임을 정한 절차 및 연관된 자원에 관한 시방서 (　　)

(3) 달성된 결과를 명시하거나 수행한 활동의 증거를 제공하는 문서 (　　)

(4) 조직의 품질경영시스템을 규정한 문서 (　　)

11 5S와 그 뜻을 간단히 쓰시오.

12 $C_p=1$일 때 부적합품률을 ppm단위로 환산하시오.(정규분포를 이용하시오.)

13 다음은 어떤 전자장치의 보전시간을 집계한 표이다. MTTR을 구하시오.

보전시간	보전완료건수
1	20
2	11
3	5
4	3
5	2

14 100개의 샘플에 대한 수명시험을 500시간 실시한 후 와이블 확률지를 이용하여 형상모수(m) 0.7, 척도모수(η) 8,667, 위치모수(r) 0으로 추정되었다. 평균수명 $E(t)$를 구하시오.(단, $\Gamma(1.42)=0.8864$, $\Gamma(1.43)=0.8860$이다.)

15 샘플 15개에 대하여 5개가 고장날 때까지 교체 없이 수명시험을 하고 관측한 고장시간은 각각 17.5, 18.0, 21.0, 31.0, 42.3시간이다. 평균수명의 점추정값과 90%의 신뢰구간을 추정하시오.

(1) 평균수명의 점추정치는?

(2) 90% 평균수명의 신뢰구간추정하시오.

기출유사문제풀이 [2013년 1회 품질경영기사 실기]

01_ ① $H_0: \mu = 83.5,\ H_1: \mu \neq 83.5$

② $u_0 = \dfrac{\bar{x} - \mu_0}{\dfrac{\sigma}{\sqrt{n}}} = \dfrac{89.6 - 83.5}{\dfrac{9}{\sqrt{20}}} = 3.031$

③ $u_0 > u_{1-\alpha/2} = 1.96$ 이면 H_0를 기각한다.

④ $u_0 = 3.031 > 1.96$ 이므로, $\alpha = 0.05$ 로 H_0는 기각된다.
즉, 제품수량평균은 변했다고 할 수 있다.

02_ $\left(V = \dfrac{S_A + S_B}{n_A + n_B - 2} = \dfrac{42.3890 + 58.1160}{10 + 10 - 2} = 5.583611 \right)$

① $H_0: \mu_A = \mu_B,\ H_1: \mu_A \neq \mu_B$

② $t_0 = \dfrac{\overline{x_A} - \overline{x_B}}{\sqrt{V\left(\dfrac{1}{n_A} + \dfrac{1}{n_B}\right)}} = \dfrac{74.810 - 71.080}{\sqrt{5.583611\left(\dfrac{1}{10} + \dfrac{1}{10}\right)}} = 3.5297$

③ $t_0 > t_{1-\alpha/2}(n_A + n_B - 2) = 2.101$ 이면 H_0를 기각한다.

④ $t_0 = 3.5297 > 2.101$ 이므로 $\alpha = 0.05$ 로 H_0는 기각. 즉, A와 B의 평균치 차는 유의성이 있다고 할 수 있다.

03_ $\beta = P_r(173.5 \le \bar{x} \le 176.5) = P_r\left(\dfrac{173.5 - 176}{1/\sqrt{4}} \le u \le \dfrac{176.5 - 176}{1/\sqrt{4}}\right)$
$= P_r(-5.00 \le u \le 1.00) = 1 - 0.15870 = 0.84130$

04_ (1) $L-S$관리도

① $C_L = \overline{M} = 90.45$

② $U_{CL} = \overline{M} + A_9\overline{R} = 90.45 + 1.363 \times 6.41 = 99.18683$

③ $L_{CL} = \overline{M} - A_9\overline{R} = 90.45 - 1.363 \times 6.41 = 81.71317$

(2) R 관리도

① $C_L = \overline{R} = 6.41$

② $U_{CL} = D_4\overline{R} = 2.114 \times 6.41 = 13.55074$

③ $L_{CL} = -$ (고려하지 않음)

05_ 부적합품률을 보증하는 경우(S_L이 주어진 경우)

① $\overline{X_L} = L + k\sigma = 75 + 1.74 \times 2 = 78.480$(kg/mm²)

② $\bar{x} = \frac{\Sigma x_i}{n} = \frac{617.0}{8} = 77.1250$(kg/mm²)

③ $\bar{x} = 77.1250 < \overline{X_L} = 78.480$이므로 로트를 불합격시킨다.

06_ (1)

로트번호	N	샘플문자	n	당초의 Ac	합부판정 점수 (검사전)	적용하는 Ac	부적합 품수 d	합부판정	합부판정 점수 (검사후)	전환 점수
1	200	G	32	1/2	5	0	1	불합격	0	0
2	250	G	32	1/2	5	0	0	합격	5	2
3	600	(J)	(80)	(2)	(12)	(2)	1	(합격)	(0)	(5)
4	80	(E)	(13)	(0)	(0)	(0)	0	(합격)	(0)	(7)
5	120	F	20	1/3	3	0	0	합격	3	9

(2) 로트번호 6은 보통검사를 실시한다.

07_ (1) $x_{ij} = \mu + a_i + b_j + e_{ij}$

(2) ① 변동분해

$$S_T = \left[\Sigma\Sigma X_{ij}^2 - \frac{(\Sigma\Sigma X_{ij})^2}{lm}\right] \times \frac{1}{10^2} = 6.220$$

$$S_A = \left[\Sigma \frac{T_{i\cdot}^2}{m} - CT\right] \times \frac{1}{10^2} = 2.220$$

$$S_B = \left[\frac{\Sigma T_{\cdot j}^2}{l} - CT\right] \times \frac{1}{10^2} = 3.440$$

$$S_e = S_T - (S_A + S_B) = 0.560$$

② 자유도

$\nu_T = lm - 1 = 11$

$\nu_A = l - 1 = 3$

$\nu_B = m - 1 = 2$

$\nu_e = (l-1)(m-1) = 6$

③ 분산분석표

요인	SS	DF	MS	F_0	$F_{0.95}$
A	2.22	3	0.740	7.929*	4.76
B	3.44	2	1.720	18.439*	5.14
e	0.56	6	0.09333		
T	6.22	11			

(3) 최적조건은 A_3B_1이 된다.

① 점추정치

$$\hat{\mu}(A_3B_1)=\overline{x}_{3\cdot}+\overline{x}_{\cdot 1}-\overline{\overline{x}}=\left(\frac{\overline{X}_{3\cdot}}{10}+97\right)+\left(\frac{\overline{X}_{\cdot 1}}{10}+97\right)-\left(\frac{\overline{\overline{X}}}{10}+97\right)$$

$$=\left(\frac{13.0}{10}+97\right)+\left(\frac{13.0}{10}+97\right)-\left(\frac{7.0}{10}+97\right)=98.90$$

② 구간추정$\left(n_e=\dfrac{lm}{l+m-1}=\dfrac{12}{6}=2.0\right)$

$$\left(\overline{x}_{3\cdot}+\overline{x}_{\cdot 1}-\overline{\overline{x}}\right)\pm t_{1-\alpha/2}(\nu_e)\sqrt{\frac{V_e}{n_e}}=98.90\pm t_{0.975}(6)\sqrt{\frac{0.09333}{2.0}}$$

$$=(98.37140\sim 99.42860$$

08_ ① $ABC=\dfrac{1}{2^{4-1}}(a-1)(b-1)(c-1)(d+1)$

$$=\frac{1}{8}[(a+b+c+ad+bd+cd+abc+abcd)-((1)+d+ab+ac+bc+abd+acd+bcd)]$$

② $BCD=\dfrac{1}{2^{4-1}}(a+1)(b-1)(c-1)(d-1)$

$$=\frac{1}{8}[(b+c+d+ab+ac+ad+bcd+abcd)-((1)+a+bc+bd+cd+abc+acd+abd)]$$

집합에서 교집합의 개념으로 4개의 블록으로 나눈다. 즉,

i) 블록 I : (ABC에서 +) ∩ (BCD에서 +)인 수준조합

ii) 블록 II : (ABC에서 +) ∩ (BCD에서 −)인 수준조합

iii) 블록 III : (ABC에서 −) ∩ (BCD에서 +)인 수준조합

iv) 블록 IV : (ABC에서 −) ∩ (BCD에서 −)인 수준조합

블록 1	블록 2	블록 3	블록 4
b	a	d	(1)
c	bd	ab	bc
ad	cd	ac	abd
$abcd$	abc	bcd	acd

09_ ① $S_A = \frac{1}{8}[(\text{수준 2의 데이터의 합}) - (\text{수준 1의 데이터의 합})]^2 = \frac{1}{8}(49-57)^2 = 8.0$

② $S_B = \frac{1}{8}(49-57)^2 = 8.0$

③ $S_C = \frac{1}{8}(59-47)^2 = 18.0$

④ $S_D = \frac{1}{8}(60-46)^2 = 24.50$

⑤ $S_{B\times C} = \frac{1}{8}(62-44)^2 = 40.50$

⑥ $S_{B\times D} = \frac{1}{8}(53-53)^2 = 0.0$

⑦ $S_e = \frac{1}{8}(56-50)^2 = 4.50$

요 인	SS	DF	MS	F_0	$F_{0.95}$
A	8.0	1	8.0	3.556	18.5
B	8.0	1	8.0	3.556	18.5
C	18.0	1	18.0	8.0	18.5
D	24.50	1	24.50	10.889	18.5
$B\times C$	40.50	1	40.50	18.0	18.5
e	4.50	2	2.250		
T	103.50	7			

※ $S_{B\times D} = \frac{1}{8}(53-53)^2 = 0.0$이므로, 오차항으로 풀링시킨다.

10_ (1) 시방서 (2) 품질계획서
(3) 기록 (4) 품질매뉴얼

11_

5S	정의
정리(Seiri)	필요한 것과 불필요한 것을 구분하여, 불필요한 것은 없앨 것
정돈(Seiton)	필요한 것을 언제든지 필요한 때에 끄집어내어 쓸 수 있는 상태로 하는 것
청소(Seisou)	쓰레기기와 더러움이 없는 생태로 만드는 것
청결(Seiketsu)	정리, 정돈, 청소의 상태를 유지하는 것
습관화(Shitsuke)	정해진 일을 올바르게 지키는 습관을 생활화하는 것

12_ $C_p = \dfrac{U-L}{6\sigma} = 1,\ U-L = 6\sigma = \pm 3\sigma$

∴ 부적합품이 나올 확률은 0.00270이므로, $0.00270 \times 10^6 = 2{,}700\,\text{ppm}$

13_ $MTTR = \dfrac{\text{총 보전시간}}{\text{보전완료건수}} = \dfrac{\Sigma t_i f_i}{\Sigma f_i} = \dfrac{1 \times 20 + \cdots + 5 \times 2}{41} = 1.92683$

14_ $E(t) = \eta \Gamma\left(1 + \dfrac{1}{m}\right) = 8{,}667 \times \Gamma(2.43) = 8{,}667 \times \Gamma(1 + 1.43) = 8{,}667 \times 1.43 \times \Gamma(1.43)$

$= 10{,}980.91566$(시간)

15_ ① $MTTF = \dfrac{17.5 + \cdots + 42.3 + 42.3 \times 10}{5} = 110.56$(시간)

② 90% 신뢰구간

$$\theta_L = \frac{2r\hat{\theta}}{\chi_{1-\alpha/2}^{\ 2}(2r)} = \frac{2 \times 5 \times 110.56}{\chi_{0.95}^{\ 2}(10)} = 60.38231(\text{시간})$$

$$\theta_U = \frac{2r\hat{\theta}}{\chi_{\alpha/2}^{\ 2}(2r)} = \frac{2 \times 5 \times 110.56}{\chi_{0.05}^{\ 2}(10)} = 280.60914(\text{시간})$$

기출유사문제 [2013년 2회 품질경영기사 실기]

01 재료 A와 재료 B로 만든 각 스프링의 강도를 측정하여 아래의 데이터를 얻었다. 다음 물음에 답하시오.(단, 유의수준은 5%로 행하시오.)

A	73.4	77.0	73.7	73.3	73.1	71.5	74.5	77.5	76.4	77.7
B	68.7	71.4	69.8	75.3	71.3	72.7	66.9	70.2	74.4	70.1

(1) 재료 A와 재료 B의 모평균 차가 있다고 할 수 있겠는가?(단, 모분산은 같다.)

(2) 재료 A와 재료 B의 모평균 차가 있다고 할 수 있겠는가?(단, $\sigma_A{}^2 = 7$, $\sigma_B{}^2 = 5$)

02 어떤 여성단체에서 서로 다른 직종에 근무하는 여자, 남자 직원을 비교하여 남녀의 월급 차가 있는지를 조사하였다. 다음 물음에 답하시오.(단, 월급의 평균과 표준편차의 단위는 만원이다.)

	남	여
표본크기	130명	100명
평균	50	45
모 표준편차	10	12

(1) 남자의 월급이 여자보다 3만원보다 많은지를 유의수준 5%로 검정하시오.

(2) 남녀간 월급차에 대한 구간추정을 95% 신뢰구간으로 행하시오.

03 다음 데이터는 새로운 공정에서 랜덤으로 10개의 샘플을 측정한 결과이다.

[Data] 5.5 6.0 5.9 5.2 5.7 6.2 5.4 5.9 6.3 5.8

(1) 새로운 공법에 의하여 시험 제작된 제품의 모분산이 기준으로 설정된 값 $\sigma_0^2 = 0.6$보다 작다고 할 수 있겠는가?(유의수준 5%)

(2) 모분산의 신뢰구간을 신뢰율 95(%)로써 구하시오.

04 어떤 공정의 평균부적합품률은 5(%)였다. 최근 그 공정의 일부가 문제가 생겨 부적합품을 조사하였더니 100개의 샘플 중 8개가 부적합품이었다. χ^2 분포를 이용하여 적합도를 검정하시오.(단, 유의수준 5%)

05 다음은 매 시간마다 실시되는 최종제품에 대한 샘플링검사의 결과를 정리하여 얻은 데이터이다. 관리도를 작성하고 공정이 안정상태인가를 판정하시오.

시　간	1	2	3	4	5	6	7	8	9
검사 개수	40	40	40	60	60	60	50	50	50
부적합품수	5	4	3	4	9	4	3	5	8

06 3σ의 $\overline{x}-R$관리도를 사용하고 있는 제조 공정에서 제조방법의 변화로 인하여 공정 모평균 μ가 1σ만큼 U_{CL}쪽으로 변화가 되었다면 현재의 관리도에 대한 검출력은 얼마나 되겠는가?(단, $n=4$)

07 어떤 식료품에 포함되어 있는 A 성분은 중요한 품질특성이다. 지금 이 식료품에 대해 구입검사를 함에 있어서 A 성분의 평균치가 7.0(%) 이상의 로트는 되도록 합격시키고자 하나 평균 4.0(%) 이하의 로트는 불합격 시키고 싶다. 종래의 경험으로 이 성분은 정규분포를 하며, 표준편차는 4.5(%)임을 알고 있다(단, $\alpha=0.05$, $\beta=0.10$). 로트에서 20개를 검사한 결과, 데이터의 합이 100%이었다면, 이 로트는 합격인가, 불합격인가?

08 금속판 두께의 하한 규격치가 2.3mm이라고 규정했을 때 두께가 2.3mm 미만인 것이 1% 이하의 로트는 통과시키고 그것이 9% 이상 되는 로트는 통과 시키지 않게 하는 n과 k를 구하시오.(단, $\alpha=5\%$, $\beta=10\%$, $K_{0.01}=2.326$, $K_{0.09}=1.341$, $K_{0.05}=1.645$, $K_{0.10}=1.282$이다.)

09 어떤 강재의 인장강도는 75 ± 5 (kg/mm^2)으로 정해져 있다. 이 규격의 1(%) 이하인 로트는 통과시키고 6(%) 이상인 로트는 통과시키지 않게 했을 때 $\alpha = 0.05$, $\beta = 0.10$을 만족하는 계량규준형 1회 샘플링검사 방식을 설계하려고 한다. 물음에 답하시오.(단 $\sigma = 0.8$ (kg/mm^2)이다.)

(1) 시료의 크기 n, 합격판정계수 k를 구하시오.

(2) 하한 합격판정선 $\overline{X_L}$을 구하시오.

10 KS Q ISO 2859-1에서 검사의 엄격도 조정을 하는 경우, 보통검사에서 수월한 검사로 가기 위한 조건 3가지를 기술하시오.

11 어떤 제품의 중합반응에서 약품의 흡수속도가 제조시간에 영향을 미치고 있음을 알고 있다. 그것에 대한 큰 요인이라고 생각되는 촉매량과 반응온도를 취급하여 다음의 실험조건으로 2회 반복하여 $4 \times 3 \times 2 = 24$ 회의 실험을 랜덤하게 행한 결과 다음의 데이터를 얻었다. $D_4 \overline{R}$에 의한 등분산의 가정을 검토하여 이 실험의 관리상태 여부를 답하시오.

| 실험조건 |

촉매량(%)	반응온도(℃)
$A_1 = 0.3$	$B_1 = 80$
$A_2 = 0.4$	$B_2 = 90$
$A_3 = 0.5$	$B_3 = 100$
$A_4 = 0.6$	

| 데이터(흡수속도[g/hr]) |

	A_1	A_2	A_3	A_4
B_1	94 87	95 101	99 107	91 98
B_2	99 108	114 108	112 117	109 103
B_3	116 111	121 127	125 131	116 122

12 직교배열표의 이점 3가지를 적으시오.

13 $L_{27}(3^{13})$형 직교배열표에 기본표시가 ab^2인 곳에 인자 A를, 기본표시가 abc인 곳에 인자 B를 배치하였다면 $A \times B$가 배치되어야 할 기본표시와 그 열의 번호를 구하시오.

열	1	2	3	4	5	6	7	8	9	10	11	12	13
기본표시	a	b	ab	ab^2	c	ac	ac^2	bc	abc	ab^2c^2	bc^2	ab^2c	abc^2
배치				A					B				

14 품질 cost를 종류를 적고 간단히 설명하시오.

15 고장률이 0.001/시간으로 일정한 어느 제품을 500시간을 사용했다면 신뢰도를 계산하시오.

16 어떤 부품의 수명이 형상모수 $m = 3.14$ 척도모수 $\eta = 1,000$, 위치모수 $r = 1,000$인 와이블 분포가 있다. 사용시간 $t = 1,500$시간에서의 신뢰도와 고장률을 각각 구하시오.

17 어느 컴퓨터 회사에서 A 외주업체로부터 납품받는 하드 디스크에 대한 평균수명을 알고자 샘플 15개를 채취하여 100시간 동안 수명시험을 실시한 결과, 4개의 고장이 발생하였다. 이때 A회사의 하드 디스크의 평균 고장률은 얼마인가?(단, 고장난 하드디스크는 새것으로 즉시 교체하여 시험하였다.)

기출유사문제풀이 [2013년 2회 품질경영기사 실기]

01_(1) σ 미지일 때 $(\sigma_A{}^2 = \sigma_B{}^2)$ 두 조 모평균 차의 양측 검정

$$\left(V = \frac{S_A + S_B}{n_A + n_B - 2} = \frac{42.3890 + 58.1160}{10+10-2} = 5.583611 \right)$$

① $H_0: \mu_A = \mu_B,\ H_1: \mu_A \neq \mu_B$

② $t_0 = \dfrac{\overline{x_A} - \overline{x_B}}{\sqrt{V\left(\dfrac{1}{n_A} + \dfrac{1}{n_B}\right)}} = \dfrac{74.810 - 71.080}{\sqrt{5.583611\left(\dfrac{1}{10} + \dfrac{1}{10}\right)}} = 3.5297$

③ $t_0 > t_{1-\alpha/2}(n_A + n_B - 2) = 2.101$ 이면 H_0를 기각한다.

④ $t_0 = 3.5297 > 2.101$ 이므로, $\alpha = 0.05$ 로 H_0는 기각. 즉, A와 B의 평균치 차는 유의성이 있다고 할 수 있다.

(2) σ 기지일 때 두 조 모평균 차의 양측 검정

① $H_0: \mu_A = \mu_B,\ H_1: \mu_A \neq \mu_B$

② $u_0 = \dfrac{\overline{x_A} - \overline{x_B}}{\sqrt{\dfrac{\sigma_A{}^2}{n_A} + \dfrac{\sigma_B{}^2}{n_B}}} = \dfrac{74.810 - 71.080}{\sqrt{\dfrac{7}{10} + \dfrac{5}{10}}} = 3.405$

③ $u_0 > u_{1-\alpha/2} = 1.96$ 이면 H_0를 기각한다.

④ $u_0 = 3.405 > 1.96$이므로, $\alpha = 0.05$ 로 H_0는 기각. 즉, A와 B의 평균치 차는 유의성이 있다고 할 수 있다.

02_ 두집단의 평균치차의 검정과 추정(σ 기지)

(1) 검정

① $H_0: \mu_{남} - \mu_{여} \le 3,\ H_1: \mu_{남} - \mu_{여} > 3$

② $u_0 = \dfrac{(\overline{x_{남}} - \overline{x_{여}}) - \delta}{\sqrt{\dfrac{\sigma_{남}{}^2}{n_{남}} + \dfrac{\sigma_{여}{}^2}{n_{여}}}} = \dfrac{(50-45)-3}{\sqrt{\dfrac{10^2}{130} + \dfrac{12^2}{100}}} = 1.346$

③ $u_0 = 1.346 < u_{0.95} = 1.645$이므로, 유의수준 5%로 H_0를 채택한다. 즉, 유의수준 5%로 남자의 월급이 여자보다 3만원보다 많다고 할 수 없다.

(2) 신뢰하한 추정(3만원보다 많지는 않으나 많은 것은 확실하므로 하한을 구한다.)

$$(\overline{x_{남}} - \overline{x_{여}}) - u_{1-\alpha}\sqrt{\frac{\sigma_{남}{}^2}{n_{남}} + \frac{\sigma_{여}{}^2}{n_{여}}} = (50-45) - 1.645\sqrt{\frac{10^2}{130} + \frac{12^2}{100}} = 2.55496(\text{만원})$$

03_ (1) ① $H_0 : \sigma^2 \geq 0.6$, $H_1 : \sigma^2 < 0.6$

② $\chi_0{}^2 = \dfrac{S}{\sigma_0{}^2} = \dfrac{1.0890}{0.6} = 1.815$

③ $\chi_0{}^2 < \chi_\alpha{}^2(\nu) = 3.33$ 이면 H_0를 기각한다.

④ $\chi_0{}^2 = 1.815 < 3.33$ 이므로, $\alpha = 0.05$ 로 H_0 기각. 즉, $\alpha = 0.05$ 로 새로운 공법에 의하여 시험 제작된 제품의 모분산이 기준으로 설정된 분산보다 작다고 할 수 있다.

(2) 한쪽 구간추정이므로

$\widehat{\sigma^2} \leq \dfrac{S}{\chi_\alpha{}^2(\nu)}$, $\widehat{\sigma^2} \leq \dfrac{1.0890}{3.33} = 0.32703$

04_ • 양품에 대한 기대 도수 : $n(1-P_0) = 100\,(1-0.05) = 95.0$

• 부적합품에 대한 기대 도수 : $nP_0 = 100 \times 0.0059 = 5.0$

① $H_0 : P = P_0$, $H_1 : P \neq P_0$

② $\chi_0{}^2 = \dfrac{[(n-r) - n(1-P_0)]^2}{n(1-P_0)} + \dfrac{(r - nP_0)^2}{nP_0} = \dfrac{(92.0 - 95.0)^2}{95.0} + \dfrac{(8-5.0)^2}{5.0} = 1.895$

③ $\chi_0{}^2 = 1.895 < \chi_{0.95}{}^2(1) = 3.84$ 이므로, $\alpha = 0.05$ 로 H_0는 채택된다. 즉, 개선한 후 부적합품이 기존과 다르다고 할 수 없다.

05_ (1) p 관리도

	1	2	3	4	5	6	7	8	9
n	40	40	40	60	60	60	50	50	50
np	5	4	3	4	9	4	3	5	8
$U_{CL}(\%)$	0.24230	0.24230	0.24230	0.21619	0.21619	0.21619	0.22728	0.22728	0.22728
$L_{CL}(\%)$	–	–	–	–	–	–	–	–	–

① $C_L = \bar{p} = \dfrac{\Sigma np}{\Sigma n} = \dfrac{45}{450} = 0.10$

② $U_{CL} = \bar{p} + 3\sqrt{\dfrac{\bar{p}(1-\bar{p})}{n}}$ (%)

③ $L_{CL} = \bar{p} - 3\sqrt{\dfrac{\bar{p}(1-\bar{p})}{n}}$ (%)

(2) 관리도작성

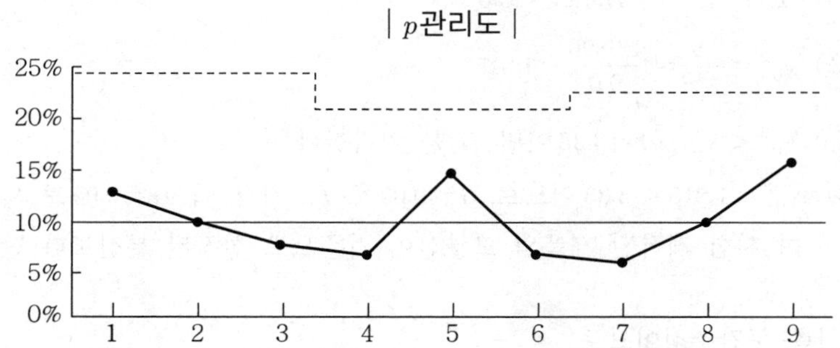

관리한계를 벗어나는 점이 없으므로 공정은 대체로 관리상태라 할 수 있다.

06_ $1\sigma = 2\dfrac{\sigma}{\sqrt{n}} = 2\sigma_{\bar{x}}$ 이므로

① U_{CL} 밖으로 벗어날 확률 : $u = \dfrac{U_{CL} - \bar{\bar{x}}'}{\sigma_{\bar{x}}} = \dfrac{\left(\bar{\bar{x}} + 3\sigma_{\bar{x}}\right) - \left(\bar{\bar{x}} + 1\,\sigma\right)}{\sigma_{\bar{x}}} = \dfrac{3\sigma_{\bar{x}} - 2\sigma_{\bar{x}}}{\sigma_{\bar{x}}} = 1.0$

② L_{CL} 밖으로 벗어날 확률 : $u = \dfrac{L_{CL} - \bar{\bar{x}}'}{\sigma_{\bar{x}}} = \dfrac{\left(\bar{\bar{x}} - 3\sigma_{\bar{x}}\right) - \left(\bar{\bar{x}} + 1\,\sigma\right)}{\sigma_{\bar{x}}} = \dfrac{-3\sigma_{\bar{x}} - 2\sigma_{\bar{x}}}{\sigma_{\bar{x}}} = -5.0$

$\therefore\ 1 - \beta = P_r(u > 1.0) + P_r(u < -5.0) = 0.1587 + 0.0^5 2867 = 0.1587\,(15.87\%)$

07_ 계량 규준형 1회 샘플링 검사(특성치가 높을수록 좋은 경우)

$\overline{X_L} = m_0 - K_\alpha \dfrac{\sigma}{\sqrt{n}} = 7.0 - 1.645 \times \dfrac{4.5}{\sqrt{20}} = 5.34475$, $\bar{x} = \dfrac{100}{20} = 5.0$

$\bar{x} = 5.0 < \overline{X_L} = 5.34475$ 이므로 로트를 불합격시킨다.

08_ ① $k = \dfrac{K_{P_0}K_\beta + K_{P_1}K_\alpha}{K_\alpha + K_\beta} = \dfrac{2.326 \times 1.282 + 1.341 \times 1.645}{1.645 + 1.282} = 1.77242$

② $n = \left(1 + \dfrac{k^2}{2}\right)\left(\dfrac{K_\alpha + K_\beta}{K_{P_0} - K_{P_1}}\right)^2 = \left(1 + \dfrac{1.77242^2}{2}\right) \times \left(\dfrac{1.645 + 1.282}{2.326 - 1.341}\right)^2 = 22.70 = 23$(개)

09_ 부적합품률을 보증하는 경우(U, L값이 주어질 때)

$U=80$, $L=70$, $\sigma=0.8$, $K_{0.01}=2.326$, $K_{0.06}=1.555$, $K_{0.05}=1.645$, $K_{0.10}=1.282$

(1) ① $n=\left(\dfrac{K_\alpha+K_\beta}{K_{P_0}-K_{P_1}}\right)^2=\left(\dfrac{1.645+1.282}{2.326-1.555}\right)^2=14.412413=15$ (개)

② $k=\dfrac{K_{P_0}K_\beta+K_{P_1}K_\alpha}{K_\alpha+K_\beta}=\dfrac{2.326\times1.282+1.555\times1.645}{1.645+1.282}=1.892691$

(2) $\overline{X_L}=L+k\sigma=70+1.892691\times0.8=71.51415\ (\text{kg/mm}^2)$

10_ ① 전환점수가 30 이상이고

② 생산이 안정되고

③ 소관권한자가 인정한 경우

11_ R관리도에 의한 등분산성 검토

(1) 가설

H_0 : 오차 e_{ij}의 분산 $\sigma_e{}^2$은 어떤 i, j에 대해서도 일정하다.

H_1 : 오차 e_{ij}의 분산 $\sigma_e{}^2$은 어떤 i, j에 대해서도 일정하지 않다.

(2) $U_{CL}=D_4\overline{R}$ 계산

| 범위 R 표 |

	A_1	A_2	A_3	A_4	계
B_1	7	6	8	7	28
B_2	9	6	5	6	26
B_3	5	6	6	6	23
계	21	18	19	19	77

$\overline{R}=\dfrac{\Sigma R}{n}=\dfrac{77}{12}=6.416667$, $r=2$ 일 때 $D_4=3.267$, $D_4\overline{R}=3.267\times6.416667=20.963251$

(3) 기각역 : $R_{ij}>D_4\overline{R}$ 이면 H_0기각한다.

(4) 판 정 : 모든 R값이 20.96325보다 작으므로 H_0채택. 즉, 실험 전체가 관리상태에 있다고 판단된다.

12_ ① 기계적인 조작으로 이론을 잘 모르고도 일부실시법, 분할법, 교락법 등의 배치를 쉽게 할 수 있다.
② 실험 데이터로부터 변동 계산이 쉽고 분산분석표의 작성이 수월하다.
③ 실험의 크기를 증가시키지 않고도 실험에 많은 인자를 짜 넣을 수 있다.

13_ ① $XY = ab^2 \times abc = a^2b^3c = a^2c = ac^2 \quad (\because a^3 = b^3 = c^3 = 1)$
② $XY^2 = ab^2 \times (abc)^2 = a^3b^4c^2 = bc^2$
∴ $A \times B$는 7열(ac^2)과 11열(bc^2)에 배치되어야 한다.

14_ ① 예방코스트(Prevention cost : P-cost) : 처음부터 불량이 생기지 않도록 하는 데 소요되는 비용으로 소정의 품질수준의 유지 및 부적합품 발생의 예방에 드는 비용
② 평가코스트(Appraisal cost : A-cost) : 제품의 품질을 정식으로 평가함으로써 회사의 품질수준을 유지하는 데 드는 비용
③ 실패코스트(Failure cost : F-cost) : 소정의 품질을 유지하는 데 실패하였기 때문에 생긴 불량제품, 불량원료에 의한 손실비용

15_ $R(t=500) = e^{-\lambda t} = e^{-0.001 \times 500} = 0.60653$

16_ ① 수명시간이 와이블분포를 따를 때의 신뢰도

$$R(t) = e^{-\left(\frac{t-r}{\eta}\right)^m} = e^{-\left(\frac{1,500-1,000}{1,000}\right)^{3.14}} = e^{-0.113440} = 0.89276$$

② 수명시간이 와이블분포를 따를 때의 고장률

$$\lambda(t) = \frac{m}{\eta}\left(\frac{t-r}{\eta}\right)^{m-1} = \frac{3.14}{1,000}\left(\frac{1,500-1,000}{1,000}\right)^{3.14-1} = 0.00071\ (/\text{시간})$$

17_ 정시중단시험의 점 추정치(고장난 것은 새것으로 교체한 경우)

고장률 $\lambda = \frac{r}{T} = \frac{r}{nt_0} = \frac{4}{15 \times 100} = 0.00267\ (/\text{시간})$

기출유사문제 [2013년 4회 품질경영기사 실기]

01 기관사의 자질검사를 평가하는 데 중요항목으로 조종작업 소요시간이 있다. 조종작업에 있어 소요시간은 $N(90,\ 2^2)$의 정규분포를 따른다고 한다. 다음 물음에 답하시오.

(1) 자질검사의 합격상한시간이 93시간 이내이라고 할 때 지원자 중 몇 %가 자질검사에 합격하겠는가?

(2) 전체 지원자 중 우수한 5%에게만 자격증을 부여한다고 할 때 얼마나 빨리 조종작업을 수행하여야 하는가?

02 $N(400,\ 50^2)$을 따르는 제품의 수명이 있다. 이 제품 100개를 새로 사용하게 되었다면, 제품의 수명이 450~550 사이의 개수는 얼마나 되겠는가?

03 기계부품을 제조하고 있는 공장에서 신제품을 만들기로 하였다. 기존제품의 공칭강도는 82.0kg/mm^{2}이다. 시험적으로 제품을 $n=9$의 랜덤 시료를 채취하여 그 강도를 측정하였더니 아래와 같았다. 이 재료의 강도는 공칭강도와 같다고 할 수 있는지를 유의수준 5%로 검정하시오(단위 : kg/mm^2).

[Data] 82.2 80.0 81.3 81.6 84.9 81.9 88.4 81.4 80.8

04 종래에 납품되고 있는 기계부품 치수의 표준편차는 0.15cm이었다. 이번에 납품되는 lot의 평균치를 신뢰율 95%, 정밀도를 0.10cm로 하고자 한다. 이 경우 샘플을 몇 개로 하는 것이 좋겠는가?

05 82명에 대하여 어떤 약품의 평균회복시간을 조사하고자 한다. A사 제품에 대하여 40명, B사 제품에 대하여 42명을 랜덤 샘플링하여 조사한 결과는 아래 표와 같다. A사 제품과 B사 제품의 약품 평균회복시간에 시간차가 있다고 할 수 있는가?(위험률 $\alpha=5\%$)

구분	A	B
평균회복시간	7.3	8.9
모표준편차	1.1	1.2

06 어떤 공정의 특성을 x 관리도로 관리하고 있다. 기존의 관리한계선은 다음과 같다고 할 때 공정평균이 공정의 변화에 의해 120으로 변하였다면 검출력은 얼마나 되겠는가?(단, R 관리도는 관리상태이며 $\sigma = 10.0$)

- x 관리도 : $C_L = 100.0$, $U_{CL} = 130.0$, $L_{CL} = 70.0$
- R 관리도 : $C_L = 23.3$, $U_{CL} = 49.3$, $L_{CL} = -$

07 에나멜 동선의 도장공정을 관리하기 위하여 핀홀의 수를 조사하였다. 시료의 길이가 종류에 따라 변하므로 시료 1,000m당의 핀홀의 수를 사용하여 u관리도를 작성하고자 다음과 같은 데이터 시료를 얻었다. u관리도를 그리고 판정하시오.

시료군의 번호	1	2	3	4	5	6	7	8	9	10
시료의 크기 n (1,000m)	1.0	1.0	1.0	1.0	1.0	1.3	1.3	1.3	1.3	1.3
핀홀수	5	5	3	3	5	2	5	3	2	1

08 조립품의 기본치수가 5(mm)인 것을 구입하고자 한다. 굵기의 평균치가 5 ± 0.2(mm) 이내의 로트이면 합격으로 하고, 5.0 ± 0.5(mm) 이상 되는 로트는 불합격시키고자 한다. n, $\overline{X_U}$, $\overline{X_L}$을 구하시오.(단, $\sigma = 0.3$(mm), $\alpha = 0.05$, $\beta = 0.10$, 표값을 이용하시오.)

09 샘플링검사에서 나오는 용어들이다. 이 용어에 대한 설명을 간략하게 적으시오.

(1) AQL (2) m_0 (3) m_1 (4) α

10 AQL 지표형 샘플링검사에서는 검사의 엄격도 조정절차가 있다. 아래의 각 세부 문제에서 언제 엄격도 조정이 되는지를 서술하시오.

(1) 까다로운 검사에서 보통검사

(2) 보통검사에서 수월한 검사

(3) 수월한 검사에서 보통검사

(4) 보통검사에서 까다로운 검사

(5) 검사 정지

11 A(모수), B(모수)의 두 인자에 대해 반복수 2인 2원배치의 실험결과, 다음과 같은 데이터가 나왔다면, 변동 S_{AB}는 얼마가 되겠는가?

인자 B \ 인자 A	A_1	A_2	A_3
B_1	11.8 12.5	12.4 12.2	13.1 13.9
B_2	13.2 12.8	12.7 12.5	13.3 13.0
B_3	13.3 13.5	13.5 14.0	13.2 14.1
B_4	14.2 13.9	14.0 13.9	14.5 14.8

12 아래의 표는 4×4 그레코 라틴방격법에서의 보조표이다. 다음 물음에 답하시오.(단, 소수점 처리는 둘째 자리까지)

	$T_{i...}$	$\bar{x}_{i...}$	$T_{.j..}$	$\bar{x}_{.j..}$	$T_{..k.}$	$\bar{x}_{..k.}$	$T_{...p}$	$\bar{x}_{...p}$
1	54	13.50	46	11.50	62	15.50	40	10.00
2	65	16.25	49	12.25	61	15.25	63	15.75
3	50	12.50	67	16.75	63	15.75	87	21.75
4	86	21.50	93	23.25	69	17.25	65	16.25
합계	T=255		T=255		T=255		T=255	

(1) 분산분석을 작성하시오.(단, $S_T = 844.90$)

(2) 데이터가 사절수로 가정하였을 때 가장 적게 하는 수준조합을 점추정과 구간추정(신뢰율 95%)을 행하시오.

13 반복이 없는 2^3형 계획에서 인자의 수준조합과 데이터는 다음과 같다고 할 때, A의 변동을 구하시오.

수준의 조합	데이터
(1)	50
a	55
b	58
ab	63
c	58
ac	58
bc	64
abc	66

14 어느 회사에서 생산하고 있는 브레이크라이닝(Brake lining) 8개를 시험기에 걸어 마모시험을 한 결과 다음과 같은 데이터를 얻었다. 고장 순번 2.에 대하여 중앙순위에 의해 신뢰성 척도 $R(t)$, $F(t)$, $f(t)$, $\lambda(t)$를 각각 계산하시오.

고장번호	1	2	3	4	5	6	7	8
고장시간(hr)	190	245	265	300	320	325	370	400

15 20개의 공정제어 회로로 만들어진 화학공장이 있다. 공장을 50시간 작동시키는 동안 7개의 공정제어 회로의 고장이 발생하였다. 그리고 공정제어 회로는 고장이 날 때마다 즉시 새것으로 교환하였다. 다음의 확률값들을 추정하시오.

(1) MTBF를 구하시오.

(2) 고장률을 구하시오.

(3) 신뢰도 $R(t=10)$을 구하시오.

기출유사문제풀이 [2013년 4회 품질경영기사 실기]

01_ (1) $P_r(x) = P_r(93 > x) = P_r\left(u < \frac{93-90}{2}\right) = P_r(u < 1.5) = (1\text{-}0.0668) \times 100 = 93.320(\%)$

(2) 정규분포 하한 쪽의 5%가 되어야 하므로, $P_r(u \leq -1.645) = P_r\left(u \leq \frac{x-90}{2}\right)$이 된다.

그러므로 $x = 90 - 1.645 \times 2 = 86.710$(시간)

02_ $P_r(x) = P_r(450 \leq x \leq 550) = P_r\left[\left(\frac{450-400}{50}\right) \leq \frac{x-\mu}{\sigma} \leq \left(\frac{550-400}{50}\right)\right]$

$= P_r(1 \leq u \leq 3) = 0.15735$

$\therefore\ 100 \times 0.157350 = 15.7350 = 15$(개)

03_ σ 미지일 때 모평균 검정($\bar{x} = 82.50,\ s = 2.588919,\ n = 9$)

① $H_0 : \mu = 82.0,\ H_1 : \mu \neq 82.0$

② $t_0 = \frac{\bar{x} - \mu_0}{\frac{s}{\sqrt{n}}} = \frac{82.5 - 82.0}{\frac{2.588919}{\sqrt{9}}} = 0.5794$

③ $t_0 = 0.5794 < t_{0.975}(8) = 2.306$이므로 $\alpha = 0.05$로 H_0 채택. 즉, 재료의 공칭강도가 같다고 할 수 있다.

04_ $\beta_{\bar{x}} = \pm u_{1-\alpha/2} \frac{\sigma}{\sqrt{n}},\ 0.10 = \pm 1.96 \frac{0.15}{\sqrt{n}},\ n = 8.64360 = 9$(개)

05_ σ 기지일 때 두 조 모평균 차의 양측 검정

① $H_0 : \mu_A = \mu_B,\ H_1 : \mu_A \neq \mu_B$

② $u_0 = \frac{\bar{x}_A - \bar{x}_B}{\sqrt{\frac{{\sigma_A}^2}{n_A} + \frac{{\sigma_B}^2}{n_B}}} = \frac{7.3 - 8.9}{\sqrt{\frac{1.1^2}{40} + \frac{1.2^2}{42}}} = -6.298$

③ $u_0 = -6.298 < -1.96$이므로 $\alpha = 0.05$로 H_0는 기각. 즉, A사와 B사 제품의 평균회복시간의 모평균에 차가 있다고 할 수 있다.

06_ U_{CL} 밖으로 벗어날 확률 : $u = \dfrac{U_{CL} - \mu}{\sigma} = \dfrac{130-120}{10.0} = 1.00$

$\therefore$ 검출력$(1-\beta) = P_r(u > 1.00) = 0.15870$

07_ $C_L = \bar{u} = \dfrac{\Sigma c}{\Sigma n} = \dfrac{34}{11.5} = 2.956522$

① $n=1$

$$U_{CL} = \bar{u} + 3\sqrt{\frac{\bar{u}}{n}} = 8.11488$$

$$L_{CL} = \bar{u} - 3\sqrt{\frac{\bar{u}}{n}} = -2.201840 = -\text{(고려하지 않음)}$$

② $n=1.3$

$$U_{CL} = \bar{u} + 3\sqrt{\frac{\bar{u}}{n}} = 7.48071$$

$$L_{CL} = \bar{u} - 3\sqrt{\frac{\bar{u}}{n}} = -1.567661 = -\text{(고려하지 않음)}$$

[판정 : 관리상태이다.]

08_ **평균치를 보증하는 경우(양쪽 규격이 주어졌을 경우)**

$m_0' = 5.2,\ m_1' = 5.5,\ m_0'' = 4.8,\ m_1'' = 4.5$

$\dfrac{|m_1' - m_0'|}{\sigma} = \dfrac{|5.5-5.2|}{0.3} = 1.0$ 이므로, 표에서 $n=9,\ G_0 = 0.548$

① $n = 9$(개)

② $\overline{X_U} = m_0' + G_0\sigma = 5.2 + 0.548 \times 0.3 = 5.36440$ (mm)

③ $\overline{X_L} = m_0'' - G_0\sigma = 4.8 - 0.548 \times 0.3 = 4.63560$ (mm)

09_ (1) Acceptable Quality Limit의 약자로 합격품질한계를 의미한다. KS Q ISO 2859-1에서 AQL은 연속시리즈의 로트를 생각했을 때, 샘플링검사라는 목적에 대해서는 만족한 프로세스 평균의 상한

(2) 가능한 한 합격시키고 싶은 로트의 평균치의 한계

(3) 가능한 한 불합격시키고 싶은 로트의 평균치의 한계

(4) 생산자위험(평균치 m_0 또는 부적합품률 P_0의 로트가 불합격할 확률)

10_ (1) 까다로운 검사의 조건에서 연속 5로트가 합격하였다.

(2) 보통검사에서 수월한 검사
① 전환점수가 30 이상
② 생산이 안정
③ 소관권한자가 인정

(3) 수월한 검사에서 보통검사
① 1로트가 불합격
② 생산이 불규칙적인 정체
③ 기타 다른 조건으로 보통검사로 복귀할 필요가 발생

(4) 보통검사에서 연속 5로트중 2로트가 불합격하였다.

(5) 까다로운 검사의 불합격 로트의 누계가 5에 달한다.

11_ $CT = \dfrac{T^2}{lmr} = \dfrac{(320.3)^2}{24} = 4{,}274.670417$

$$S_{AB} = \sum_i \sum_j \frac{T_{ij\cdot}{}^2}{r} - CT$$

$$= \frac{(11.8+12.5)^2+(12.4+12.2)^2+\cdots+(14.0+13.9)^2+(14.5+14.8)^2}{2} - CT$$

$$= 4{,}286.8350 - 4{,}274.670417 = 12.164583$$

12_ (1) ① 변동분해

$$CT = \frac{T^2}{k^2} = \frac{255^2}{16} = 4{,}064.06$$

$$S_A = \frac{1}{4}(54^2+65^2+50^2+86^2) - 4{,}064.06 = 195.19$$

$S_B = \frac{1}{4}(46^2+49^2+67^2+93^2)-4{,}064.06=349.69$

$S_C = \frac{1}{4}(62^2+61^2+63^2+69^2)-4{,}064.06=9.69$

$S_D = \frac{1}{4}(40^2+63^2+87^2+65^2)-4{,}064.06=276.69$

$S_e = S_T-(S_A+S_B+S_C+S_D)=844.90-(195.19+349.69+9.69+276.69)=13.64$

② 분산분석표

요인	SS	DF	MS	F_0	$F_{0.95}$	$E(MS)$
A	195.19	3	65.06	14.30*	9.28	$\sigma_e^2+4\sigma_A^2$
B	349.69	3	116.56	25.62*	9.28	$\sigma_e^2+4\sigma_B^2$
C	9.69	3	3.23	0.70	9.28	$\sigma_e^2+4\sigma_C^2$
D	276.69	3	92.23	20.27*	9.28	$\sigma_e^2+4\sigma_D^2$
e	13.64	3	4.55			σ_e^2
T	844.90	15				

인자 A, B, D는 유의수준 5%로 유의하며, 인자 C는 유의수준 5%로 유의하지 않다.

(2) A인자는 3수준에서 B인자는 1수준에서 D인자는 1수준에서 사절수가 최소가 된다.

① 점추정치 : $\hat{\mu}(A_3B_1D_1)=\bar{x}_{3\cdot\cdot\cdot}+\bar{x}_{\cdot 1\cdot\cdot}+\bar{x}_{\cdot\cdot\cdot 1}-2\bar{\bar{x}}$

$=(12.50+11.50+10.00)-2\times 15.94=2.12$

② 구간추정$\left(n_e=\frac{k^2}{3k-2}=\frac{4^2}{3\times 4-2}=1.60\right)$

$$\hat{\mu}(A_3B_1D_1)=\left(\bar{x}_{3\cdot\cdot\cdot}+\bar{x}_{\cdot 1\cdot\cdot}+\bar{x}_{\cdot\cdot\cdot 1}-2\bar{\bar{x}}\right)\pm t_{1-\alpha/2}(\nu_e)\sqrt{\frac{V_e}{n_e}}$$

$$=2.12\pm t_{0.975}(3)\sqrt{\frac{4.55}{1.60}}=(-,\ 7.49)$$

13_ $S_A=\frac{1}{8}[(abc+ab+ac+a)-(bc+b+c+(1))]^2$

$=\frac{1}{8}[(66+63+58+55)-(64+58+58+50))]^2=18.0$

14– $F(t_i)=\dfrac{i-0.3}{n+0.4}=\dfrac{2-0.3}{8+0.4}=0.20238$

$$R(t_i)=1-F(t_i)=\frac{n-i+0.7}{n+0.4}=\frac{8-2+0.7}{8+0.4}=0.79762$$

$$f(t_i)=\frac{1}{(n+0.4)(t_{i+1}-t_i)}=\frac{1}{(8+0.4)(265-245)}=0.00595(/\text{hr})$$

$$\lambda(t_i)=\frac{1}{(n-i+0.7)(t_{i+1}-t_i)}=\frac{1}{(8-2+0.7)(265-245)}=0.00746(/\text{hr})$$

15– (1) 평균수명 $\hat{\theta}=\widehat{MTBF}=\dfrac{nt_0}{r}=\dfrac{20\times 50}{7}=142.85714$(시간)

(2) 고장률 $\lambda=\dfrac{1}{MTBF}=(0.007/$시간$)$

(3) $R(t=10)=e^{-\lambda t}=e^{-0.007\times 10}=0.93239$

기출유사문제 [2013년 1회 품질경영산업기사 실기]

01 현재 사용되고 있는 제조방법의 평균부적합품률은 5%이다. 공장이 불의의 사고로 가동 중단이 된 후 새롭게 제품을 생산해 본 결과, 200개의 제품중에 20개가 부적합품이었다. 다음 물음에 답하시오.

(1) 부적합품률이 증가하였다고 할 수 있는가를 $\alpha = 0.05$로 검정을 행하시오.

(2) (1)의 결과를 토대로 한쪽구간추정을 신뢰율 95%로 구간추정을 행하시오.

02 어떤 섬유공장에서는 권취공정에서의 사절수가 10,000m당 평균 13.5회였다. 사절의 원인을 조사하였더니 보빈 쪽의 실의 장력이 너무 크다는 것을 알고 기계의 일부를 개량하여 운전하였더니 10,000m당 7회의 사절이 있었다. 만약 사절수가 감소되었다면 다른 기계도 개량하고 싶다. 다음 물음에 답하시오.

(1) 개량한 기계에 의한 사절수는 감소되었다고 볼 수 있는지 유의수준 $\alpha = 0.05$에서 검정하시오.

(2) 사절수에 대한 95% 상한신뢰구간을 구하시오.

03 $n = 10$으로 $(x,\ y)$의 시료의 상관계수를 구하였더니 $r_{xy} = 0.674$이다. 상관계수 유무 검정을 유의수준 5%로 행하시오.

04 다음은 np 관리도의 데이터시트이다. np 관리도의 C_L, U_{CL}, L_{CL}을 구하시오.(단, 샘플의 크기는 $n = 50$으로 일정하다.)

로트번호	1	2	3	4	5	6	7	8	9	10	11	12	13	14	15	16	17	18	19	20	21	22	23	24	25	계
부적합품수 (np)	5	6	5	8	7	4	3	5	4	7	8	2	0	1	3	5	4	3	2	5	4	5	2	3	4	105

05 규격이 $8.40 \sim 8.60$(mm)인 어떤 제품의 두께를 품질특성으로 하여 $n=4,\ k=20$의 데이터를 얻어 관리도를 작성해 보니 관리상태에 있고, 이때 $\Sigma\overline{x}=170.4$, $\Sigma R=1.6$인 자료를 얻었다. 다음 물음에 답하시오.(단, $n=4$일 때, $d_2=2.059$이다.)

(1) 최소 공정능력지수(C_{pk})를 구하시오.
(2) 공정능력등급을 적고 판정하시오.
(3) 판정에 따른 필요한 조처를 적으시오.

06 검사의 분류중 검사가 행해지는 장소에 의한 분류가 있다. 2가지를 적으시오.

07 검사단위의 품질표시방법의 종류 중 시료의 품질표시방법 4가지를 쓰시오.

08 m제품을 4개 샘플링하여 동일시료를 3회 측정하였다고 할 때, 정밀도($\sigma_{\overline{x}}{}^2$)는 얼마인가?
(단, $\sigma_s{}^2=0.15\ \ \sigma_M{}^2=0.2$이다.)

09 A도시 = 765명, B도시 = 640명, C도시 = 455명으로 구성된 도시가 있다. 이 도시에서 150명을 층별비례샘플링을 실시할 경우 B도시는 몇 명을 샘플링하여야 하는가?

10 어떤 부품의 수입검사에 KS Q ISO 2859-1의 계수값 샘플링검사방식을 적용하고 있다. AQL = 1.5%, 검사수준 Ⅱ로 하는 1회 샘플링방식을 채택하고 있다. 처음 검사는 보통검사로 시작하였으며, 15개 로트에 대한 검사의 일부이다. 다음 물음에 답하시오.

(1) KS Q ISO 2859-1의 주 샘플링검사표를 사용하여 답안지 표의 공란을 채우시오.
(2) 로트번호 13에서는 어떤 엄격도 검사로 실시하여야 하는가?

로트번호	N	샘플문자	n	Ac	Re	부적합품수	합부판정	전환점수	엄격도 적용
9	1,200	J	80	3	4	1	합격	23	보통검사
10	1,500					2			
11	400					0			
12	2,500					0			

11 어느 실험실에서 4명의 분석공(A_1, A_2, A_3, A_4)이 일하고 있는데 이들 간에는 동일한 시료의 분석결과에도 차이가 있는 것으로 생각된다. 이를 확인하기 위하여 일정한 표준시료를 만들어서, 동일 장치로 날짜를 랜덤하게 바꾸어 가면서 각 4회 반복하여 4명의 분석공에게 분석시켰다. 이들 분석공에게는 분석되는 시료가 동일한 표준시료라는 것을 모르게 하여 실시한 후 다음 분석치를 얻었다. 다음 물음에 답하시오.

	A_1	A_2	A_3	A_4
1	79.4	79.8	80.9	81.0
2	78.9	80.4	80.6	79.8
3	78.7	79.2	80.1	80.0
4	80.0	80.5	80.4	80.8

(1) 데이터의 구조를 적으시오.

(2) 분산분석표를 작성하고 검정을 행하시오.($E(MS)$ 포함)

12 실험계획법에서 실험데이터가 결측되었을 경우 각각 어떻게 해야 하는가를 간략하게 적으시오.

(1) 반복이 일정한 1요인실험 (2) 반복없는 2요인실험

(3) 반복있는 2요인실험

13 어떤 화학실험에서 촉매가 반응공정에서 합성률에 미치는 영향에 대하여 얻은 $L_8(2^7)$형 직교배열표 데이터이다. A인자(촉매)를 3열에, B인자(합성온도)를 6열에, C인자(원료의 성분)를 7열에 배치하였다. 다음 물음에 답하시오.

번호 / 횟수	1	2	3	4	5	6	7	데이터
1	1	1	1	1	1	1	1	13
2	1	1	1	2	2	2	2	12
3	1	2	2	1	1	2	2	21
4	1	2	2	2	2	1	1	18
5	2	1	2	1	2	1	2	22
6	2	1	2	2	1	2	1	19
7	2	2	1	1	2	2	1	20
8	2	2	1	2	1	1	2	17
성분	a	b	a b	c	a c	b c	a b c	$T=142$

(1) A×B, B×C는 각각 몇 열에 배치되는가?

(2) 인자 A의 주효과는 얼마인가?

(3) 교호작용 A×B의 변동 $S_{A\times B}$를 구하시오.

14 어느 철강제조공정의 규격이 7.0 ± 0.5 mm이다. 히스토그램을 작성한 결과 $\overline{x}$ =7.19mm, 표준편차 $s=0.15$ mm이었다. 최소 공정능력지수 C_{pk} 의 값은?

15 어떤 인쇄공장에서 불량에 관한 데이터를 수집한 결과 다음과 같다.

부적합항목	발 생 빈 도(%)
접 착 미 스	2.7
먼 지 불 량	59.4
물 튀 김	1.5
수 정 미 스	2.3
전 사 흠	21.5
턱 트 흠	6.8
회 로 판 흠	2.7
기 타	3.1

(1) 품질관리 기초수법(파레토도)을 이용하여 관리점 선정을 위한 분석을 행하시오.(파레토도를 그리기 전에 데이터를 재정리한 표를 반드시 제시할 것)

(2) 전체의 80(%) 수준을 기준으로 관리 대상이 되는 두 가지 불량 항목을 선정하시오.

기출유사문제풀이 [2013년 1회 품질경영산업기사 실기]

01_(1) 모부적합품률의 단측 검정$\left(\hat{p}=\frac{r}{n}=\frac{20}{200}=0.10\right)$

① $H_0: P \le 0.05,\ H_1: P > 0.05$

② $u_0=\frac{\hat{p}-P_0}{\sqrt{\frac{P_0(1-P_0)}{n}}}=\frac{0.10-0.05}{\sqrt{\frac{0.05\,(1-0.05)}{200}}}=3.244$

③ $u_0=3.244>1.645$ 이므로 $\alpha=0.05$ 로 H_0를 기각한다. 즉, 새로운 제조방법이 나빠졌다고 할 수 있다.

(2) 부적합품률의 한쪽 추정(하한)을 구한다.

$P_L=\hat{p}-u_{1-\alpha}\sqrt{\frac{\hat{p}(1-\hat{p})}{n}}=0.10-u_{0.950}\sqrt{\frac{(0.10)(1-0.10)}{200}}=0.06521$

02_(1) 모부적합수의 단측 검정

① $H_0: m \ge 13.5,\ H_1: m < 13.5$

② $u_0=\frac{c-m_0}{\sqrt{m_0}}=\frac{7-13.5}{\sqrt{13.5}}=-1.769$

③ $u_0=-1.769<-1.645$ 이므로, $\alpha=0.05$ 로 H_0는 기각된다.
즉, 사절수가 감소되었다고 할 수 있다.

(2) 한쪽 구간추정(상한)

$m_U=c+u_{1-\alpha}\sqrt{c}=7+1.645\times\sqrt{7}=11.35226$

03_① $H_0: \rho=0,\ H_1: \rho\neq 0$

② $t_0=\frac{r}{\sqrt{\frac{1-r^2}{n-2}}}=\frac{0.674}{\sqrt{\frac{1-0.674^2}{10-2}}}=2.5806$

③ 판 정 : $t_0=2.5806>t_{1-\alpha/2}(\nu)=t_{0.975}(8)=2.306$ 이므로 $\alpha=0.05$ 로 H_0 기각. 즉, 상관관계가 있다.

04_ $\overline{p} = \dfrac{\Sigma np}{\Sigma n} = \dfrac{\Sigma np}{k \times n} = \dfrac{105}{25 \times 50} = 0.0840$

① $C_L = n\overline{p} = \dfrac{\Sigma np}{k} = \dfrac{105}{25} = 4.20$

② $U_{CL} = n\overline{p} + 3\sqrt{n\overline{p}(1-\overline{p})} = 4.2 + 3\sqrt{4.2(1-0.084)} = 10.08428$

③ $L_{CL} = n\overline{p} - 3\sqrt{n\overline{p}(1-\overline{p})} = 4.2 - 3\sqrt{4.2(1-0.084)} = -$ (고려하지 않음)

05_ (1) $C_{pk} = C_{pkU} = \dfrac{U - \overline{\overline{x}}}{3\sigma} = \dfrac{8.60 - 8.52}{3 \times \dfrac{\overline{R}}{d_2}} = \dfrac{8.60 - 8.52}{3 \times \dfrac{0.08}{2.059}} = 0.68633 \left(\overline{R} = \dfrac{1.6}{20} = 0.080 \right)$

또는 $k = \dfrac{|\overline{\overline{x}} - M|}{T/2} = \dfrac{|8.52 - 8.5|}{\dfrac{8.6 - 8.4}{2}} = 0.20$

$C_{pk} = (1-k)\,C_p = (1-0.2) \times \dfrac{8.6 - 8.4}{6 \times \dfrac{\overline{R}}{d_2}} = 0.68633$

(2) $0.67 \le C_{pk} = 0.68633 < 1.00$ 으로, 3등급으로 판정되며, 공정능력이 부족하다.

(3) ① 공정의 개선을 꾀한다.
② 규격의 변경을 꾀한다.
③ 상태파악을 위하여 전수검사를 실시한다.
④ 제조를 중지하고, 문제점을 파악한다.

06_ ① 정위치검사 ② 순회검사 ③ 출장(외주)검사

07_ ① 부적합 개수 ② 평균 부적합수
③ 평균치 ④ 표준편차
⑤ 범위

08_ $\sigma_{\overline{x}}^{\,2} = \dfrac{1}{n}\left(\sigma_s^{\,2} + \dfrac{1}{k}\sigma_M^{\,2}\right) = \dfrac{1}{4}\left(0.15 + \dfrac{1}{3} \times 0.2\right) = 0.05417$

09_ $n_B = 150 \times \dfrac{640}{765+640+455} = 51.612903 = 52$ (명)

10_ (1) 표의 공란 작성 및 합부판정

로트번호	N	샘플문자	n	Ac	Re	부적합품수	합부판정	전환점수	엄격도 적용
9	1,200	J	80	3	4	1	합격	23	보통검사 속행
10	1,500	K	125	5	6	2	합격	26	보통검사 속행
11	400	H	50	2	3	0	합격	29	보통검사 속행
12	2,500	K	125	5	6	0	합격	32	수월한 검사로 전환

(2) 로트번호 12에서 전환점수가 30이 넘었기 때문에 로트번호 13에서는 수월한 검사로 검사를 행한다.

11_ (1) $x_{ij} = \mu + a_i + e_{ij}$

(2) ① $CT = \dfrac{T^2}{N} = \dfrac{(1,280.5)^2}{16} = 102,480.0156$

② $S_T = \sum_i \sum_j x_{ij}^2 - CT = 7.354375$

③ $S_A = \sum_i \dfrac{T_{i\cdot}^2}{r} - CT = \dfrac{1}{4}(317.0^2 + 319.9^2 + 322.0^2 + 321.6^2) - CT = 3.876875$

④ $S_e = S_T - S_A = 7.354375 - 3.876875 = 3.47750$

⑤ $\nu_T = lr - 1 = 4 \times 4 - 1 = 15,\ \nu_A = l - 1 = 4 - 1 = 3,\ \nu_e = l(r-1) = \nu_T - \nu_A = 12$

⑥ 분산분석표 작성

요 인	SS	DF	MS	F_0	$F_{0.95}$	$F_{0.99}$	$E(MS)$
A	3.87688	3	1.29229	4.459*	3.49	5.95	$\sigma_e^2 + 4\sigma_A^2$
e	3.47750	12	0.28979				σ_e^2
T	7.35438	15					

12_(1) 결측치가 있을시에는 반복이 일정하지 않은 1원배치법으로 그대로 처리한다.

(2) 1개의 결측치(A_iB_j에 결측치 y가 있는 경우)가 존재할 때는 Yates의 식 $y=\dfrac{lT_i.'+mT._j'-T'}{(l-1)(m-1)}$ 으로 결측치를 추정하여 분산분석을 행한다.

(3) 결측치가 존재하는 항에서 나머지 데이터의 평균치로 처리한다.

13_(1) ① $A\times B=ab\times bc=ab^2c=ac$(5열) ($\because$ $a^2=b^2=c^2=1$)

② $B\times C=bc\times abc=a$(1열)

(2) 주효과 $A=\dfrac{1}{4}[(21+18+22+19)-(13+12+20+17)]=4.50$

(3) $S_{A\times B}=S_{5열}=\dfrac{1}{8}[(수준\ 2의\ 데이터의\ 합)-(수준\ 1의\ 데이터의\ 합)]^2$

$=\dfrac{1}{8}[(12+18+22+20)-(13+21+19+17)]^2=0.50$

14_ 치우침도 $k=\dfrac{\left|\left(\dfrac{U+L}{2}\right)-\bar{x}\right|}{\left(\dfrac{U-L}{2}\right)}=0.380$

$C_{pk}=(1-k)\times\dfrac{U-L}{6\sigma}=(1-0.380)\times\dfrac{7.5-6.5}{6\times0.15}=0.68889$

또는 $C_{pk}=C_{pkU}=\dfrac{U-\bar{x}}{3s}=\dfrac{7.5-7.19}{3\times0.15}=0.68889$

15_(1) 부적합 항목별 데이터집계(발생 빈도율이 높은 것부터)

부적합항목	발생빈도(%)	누적빈도(%)
먼 지 불 량	59.4	59.4
전 사 흠	21.5	80.9
덕 트 흠	6.8	87.7
접 착 미 스	2.7	90.4
회 로 판 흠	2.7	93.1
수 정 미 스	2.3	95.4
물 튀 김	1.5	96.9
기 타	3.1	100.0

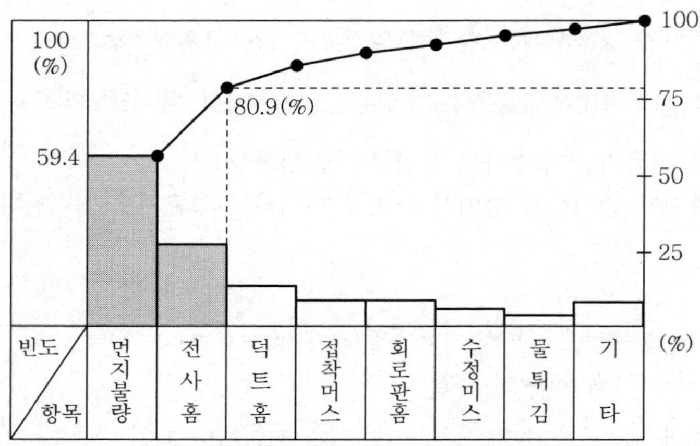

(2) 먼지불량 및 전사흠을 집중적으로 관리해야 한다.(전체 부적합의 80%를 차지하고 있으므로)

기출유사문제 [2013년 2회 품질경영산업기사 실기]

01 어떤 회로에 사용되는 반도체의 소성수축률은 지금까지 장기간에 걸쳐서 관리상태에 있으며 그 표준편차는 0.10%이다. 원가절감을 위해 A회사의 원료를 사용하는 것이 어떤가를 검토하기 위해서 A회사의 원료의 소성수축률은 시험하였더니 [표]와 같았다. 다음 물음에 답하시오.

[Data] 2.2 2.4 2.1 2.5 2.0 2.4 2.5 2.3 2.9 2.7 2.8

(1) 소성수축률의 산포가 지금까지의 값에 비해 달라졌는가의 여부를 유의수준 5%로 검정하시오.

(2) (1)의 결과를 근거하여, 모분산을 신뢰율 95%로 구간추정하시오.

02 서로 대응관계에 있는 두 변량 데이터 x, y를 x, y 축 평면에 도시한 것을 (①)라 하고 x, y의 상관의 정도를 상관계수 r 로 표현된다. 상관계수값이 (②)에 가까울수록 완전 정상관이고, (③)에 가까울수록 완전 부상관, (④)에 가까울수록 완전 무상관이다.

03 x, y의 시료의 회귀계수 b를 구하기 위하여 원데이터를 $X=(x_i-15)\times 10$, $Y=(y_i-3)\times 100$인 데이터로 변수 변환시켜 X, Y의 추정회귀계수를 구하였더니 $b'=0.234$ 이었다면 원데이터 x, y와의 회귀계수 b의 값은?

04 군의 크기 $n=4$, 군의 수 $k=20$으로 하여 3σ관리한계로서 작성한 $\bar{x}$ −R관리도에서 $\bar{x}$ 관리도의 U_{CL} =12.7, L_{CL} =6.7이 되었다. 개개의 데이터의 표준편차(σ_x)는 얼마인가?

05 다음은 np 관리도의 Data에 대한 표이다. 물음에 답하시오.(단, n = 100이다.)

시료군번호	부적합품수	시료군번호	부적합품수	시료군번호	부적합품수	시료군번호	부적합품수
1	3	6	5	11	2	16	3
2	2	7	1	12	3	17	3
3	4	8	4	13	2	18	2
4	3	9	1	14	6	19	0
5	2	10	0	15	1	20	7

(1) np 관리도의 U_{CL}, L_{CL}, C_L을 구하시오.

(2) 약식으로 관리도를 작성해본 후 관리상태 여부를 판정하시오.

06 샘플링검사를 실시할 경우의 조건을 3가지 기술하시오.

07 종래 납품되고 있던 기계 부품의 치수의 표준편차는 0.15cm이었다. 이번에 납품된 로트의 평균치를 신뢰율 95%, 정밀도 0.098cm로 알고자 한다. 샘플을 몇 개로 하는 것이 좋겠는가?

08 A 제약회사에서 생산하는 정제 알약은 1병당 1,000알로 구성되어져 있고, 1병당 4알의 부적합이 존재하는 것으로 알려져 있다. 임의로 30알을 샘플링한다고 할 때 부적합이 1개 이하로 나타나면 검사에서 이 알약을 합격품으로 취급하고자 한다. 푸아송분포를 이용하여 이 알약의 합격할 확률을 구하시오.

09 계량규준형 1회 샘플링검사는 n개의 샘플을 취하고 그 측정치의 평균치 $\bar{x}$와 합격 판정치를 비교하여 로트의 합격·불합격을 판정하는 방법이다. 특히 로트의 평균치를 보증하는 경우는 KS Q 0001(표준편차기지)에 규정되어 있다. 다음 표는 KS Q 0001의 부표로서, m_0, m_1이 주어졌을 때 n과 G_0를 구하는 표이다.

$\frac{\lvert m_1 - m_0 \rvert}{\sigma}$	n	G_0
2.069 이상	2	1.163
1.690~2.08	3	0.950
1.463~1.689	4	0.822
1.309~1.462	5	0.736
⋮	⋮	⋮
⋮	⋮	⋮
0.772~0.811	14	0.440
0.756~0.771	15	0.425
0.732~0.755	16	0.411

강재의 인장강도는 클수록 좋다. 강재의 평균치가 45(kg/mm²) 이상인 로트는 통과시키고 그것이 30(kg/mm²) 이하인 로트는 통과시키지 않는다고 하였을 때 하한 합격판정치 $\overline{X_L}$ 을 구하시오.(단, $\sigma = 3$(kg/mm²)임을 알고 있다.)

10 A사는 어떤 부품의 수입검사에 계수값 샘플링검사인 KS Q ISO 2859-1의 보조표인 분수 샘플링검사를 적용하고 있다. 적용조건은 AQL = 1.0%, 통상검사수준 II에서 엄격도는 보통검사, 샘플링형식은 1회로 시작하였다. 다음 물음에 답하시오.

(1) 다음 표의 ( ) 안을 로트별로 완성하시오.

(2) 로트번호 5의 검사 결과를 토대로 다음 로트에 적용되는 로트번호 6의 엄격도를 결정하시오.

로트번호	N	샘플문자	n	당초의 Ac	합부판정 점수 (검사전)	적용하는 Ac	부적합 품수 d	합부판정	합부판정 점수 (검사후)	전환 점수
1	200	G	32	1/2	5	0	1	불합격	0	0
2	250	G	32	1/2	5	0	0	합격	5	2
3	600	(①)	(③)	(⑤)	(⑦)	(⑨)	1	(⑪)	(⑬)	(⑮)
4	80	(②)	(④)	(⑥)	(⑧)	(⑩)	0	(⑫)	(⑭)	(⑯)
5	120	F	20	1/3	3	0	0	합격	3	9

11 1원배치의 분산분석표에서 수준수 $l=4$, 반복수 $m=3$ 이며 $S_T=2.148$, $S_A=1.98$일 때 분산분석 F_0 의 값은 얼마인가?

12 $L_4(2^3)$ 직교배열표를 사용하여 다음의 결과를 얻었다. 분산분석표를 작성하시오.

번호 \ 배치인자 / 열	A	B	C	실험결과
	1	2	3	
1	0	0	0	9
2	0	1	1	12
3	1	0	1	2
4	1	1	0	15
	합계			38

13 신 QC 7가지 수법을 기술하시오.

14 품질에서 중요하게 다루는 요소 P, Q, C, D, S, M이 있다. 각각의 뜻을 적으시오.

15 어떤 제품의 규격이 4.600~4.670(cm)이고 $\sigma=0.0215$(cm)라면 공정능력지수는 얼마인가?

기출유사문제풀이 [2013년 2회 품질경영산업기사 실기]

01_ (1) ① $H_0 : \sigma^2 = 0.1^2$, $H_1 : \sigma^2 \neq 0.1^2$

② $\chi_0{}^2 = \dfrac{S}{\sigma_0^2} = \dfrac{0.805455}{0.010} = 80.546$

③ $\chi_0{}^2 < \chi_{\alpha/2}{}^2(\nu) = \chi_{0.025}{}^2(10) = 3.25$ 또는 $\chi_0{}^2 > \chi_{1-\alpha/2}{}^2(\nu) = \chi_{0.975}{}^2(10) = 20.48$ 이면 H_0를 기각한다.

④ $\chi_0{}^2 = 80.546 > 20.48$ 이므로, $\alpha = 0.05$ 로 H_0 기각. 즉, 소성수축률의 산포가 달라졌다고 할 수 있다.

(2) $S = 0.805455$, $\chi_{0.975}{}^2(10) = 20.48$, $\chi_{0.025}{}^2(10) = 3.25$

$$\frac{S}{\chi_{1-\alpha/2}{}^2(\nu)} \le \hat{\sigma^2} \le \frac{S}{\chi_{\alpha/2}{}^2(\nu)}, \quad \frac{0.805455}{20.48} \le \hat{\sigma^2} \le \frac{0.805455}{3.25}$$

$\therefore 0.03933 \le \sigma^2 \le 0.24783$

02_ ① 산점도 ② +1

③ -1 ④ 0

03_ $X = h_x(x_i - x_0)$, $Y = h_y(y_i - y_0)$ 라 두면, $h_x = 10$, $h_y = 100$)

$$b' = \frac{S(XY)}{S(XX)} = \frac{h_x h_y}{h_x^2}\frac{S(xy)}{S(xx)} = \frac{h_y}{h_x}\frac{S(xy)}{S(xx)} = \frac{h_y}{h_x}b(x,\ y) = \frac{h_y}{h_x}b$$

$$\therefore b = \frac{h_x}{h_y}b' = \frac{10}{100} \times 0.234 = 0.0234$$

또는 $b' = \dfrac{S(XY)}{S(XX)} = \dfrac{10 \times 100 S(xy)}{10^2 S(xx)} = \dfrac{10}{1}b$

$$\therefore b = \frac{1}{10} \times 0.234 = 0.0234$$

04_ $\bar{\bar{x}} = \dfrac{U_{CL} + L_{CL}}{2} = 9.7$

$U_{CL} = \bar{\bar{x}} + 3\dfrac{\sigma_x}{\sqrt{n}} = 12.7$에서, $\sigma_x = \dfrac{12.7 - 9.7}{3} \times \sqrt{4} = 2.0$

05_ (1) 관리한계선

$C_L = n\bar{p} = 2.7,\ \bar{p} = \frac{\Sigma np}{\Sigma n} = \frac{54}{20 \times 100} = 0.027$

$U_{CL} = n\bar{p} + 3\sqrt{n\bar{p}(1-\bar{p})} = 7.5625$

$L_{CL} = n\bar{p} - 3\sqrt{n\bar{p}(1-\bar{p})} = -2.1625 = -$ (고려하지 않음)

(2)

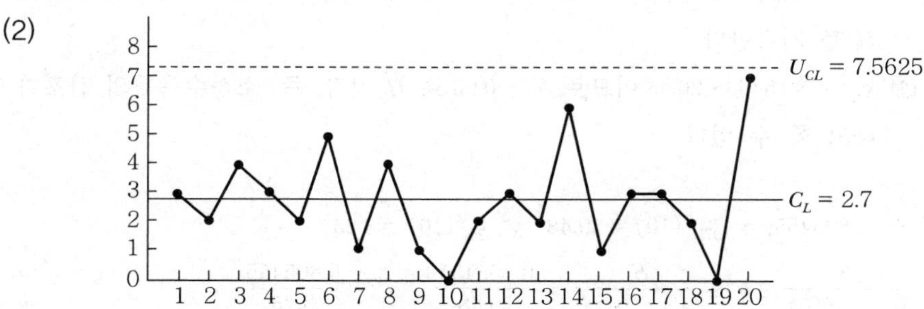

관리한계를 벗어나는 점이 없으므로 본 관리도는 관리상태라 할 수 있다.

06_ ① 품질기준이 명확할 것

② 시료의 샘플링은 랜덤하게 될 것

③ 제품이 로트로서 처리될 수 있는 것

④ 합격로트 중에는 어느 정도 부적합품의 섞임을 허용할 것

⑤ 계량샘플링검사에서는 로트검사 단위의 특성치 분포를 대략 알고 있을 것

07_ $\beta_{\bar{x}} = \pm u_{1-\alpha/2}\frac{\sigma}{\sqrt{n}}$ 에서 $0.098 = \pm 1.96 \times \frac{0.15}{\sqrt{n}}$ $\therefore n = 9$ (개)

08_ $m = nP = 30 \times 0.004 = 0.120$

$L(P) = \sum_{x=0}^{c} \frac{e^{-nP}(nP)^x}{x!} = e^{-0.12}\left(\frac{0.12^0}{0!} + \frac{0.12^1}{1!}\right) = 0.99335$

09_ 평균치를 보증하는 경우(특성치가 높을수록 좋은 경우)

$m_0 = 45,\ m_1 = 30,\ \sigma = 3$

$\frac{|m_1 - m_0|}{\sigma} = \frac{|30-45|}{4} = 3.750$ 이므로, 표에서 $n=2,\ G_0 = 1.163$

$\overline{X_L} = m_0 - G_0\sigma = 45 - 1.163 \times 3 = 41.5110\ (\text{kg/mm}^2)$

10_ (1)

로트 번호	N	샘플 문자	n	당초의 Ac	합부판정 점수 (검사 전)	적용하는 Ac	부적합 품수 d	합부판정	합부판정 점수 (검사 후)	전환 점수
1	200	G	32	1/2	5	0	1	불합격	0	0
2	250	G	32	1/2	5	0	0	합격	5	2
3	600	(J)	(80)	(2)	(12)	(2)	1	(합격)	(0)	(5)
4	80	(E)	(13)	(0)	(0)	(0)	0	(합격)	(0)	(7)
5	120	F	20	1/3	3	0	0	합격	3	9

(2) 로트번호 6은 보통검사를 실시한다.

11_ $S_e = S_T - S_A = 0.1680,\ \nu_e = \nu_T - \nu_A = 11 - 3 = 8$

$F_0 = \frac{V_A}{V_e} = \frac{S_A/\nu_A}{S_e/\nu_e} = \frac{1.98/3}{0.1680/8} = 31.42857$

12_ $S_A = \frac{1}{4}(2+15-9-12)^2 = 4$

$S_B = \frac{1}{4}(12+15-9-2)^2 = 64$

$S_C = \frac{1}{4}(12+2-9-15)^2 = 25$

오차항이 없으므로 변동 중 가장 작은 값을 오차항으로 한다. 즉, S_A을 S_e로 한다.

요인	SS	DF	MS	F_0
B	64	1	64	16
C	25	1	25	6.25
e	4	1	4	
계				

13_ ① 관련도법(Relations diagram) : 연관도법
② 친화도법(Affinity diagram) : KJ법
③ 계통도법(Tree diagram)
④ 매트릭스도법(Matrix diagram)
⑤ 매트릭스데이터해석법(Matrix data analysis)
⑥ PDPC법(Process Decision Program Chart)
⑦ 애로우 다이어그램(Arrow diagram)

14_ ① P : Product(제품)
② Q : Quality(품질)
③ C : Cost(원가)
④ D : Delivery(납기)
⑤ S : Safety(안전)
⑥ M : Morale(의욕)

15_ $C_p = \frac{U-L}{6\sigma} = \frac{4.670-4.600}{6\times 0.0215} = 0.54264$

기출유사문제 [2013년 4회 품질경영산업기사 실기]

01 한 개의 주사위를 두 번 굴렸을 때 두 눈의 합이 5 이하가 나올 확률은 얼마가 되겠는가?

02 어느 자동차정비소에서 서비스를 받는 자동차의 대수 x는 다음의 확률분포를 따른다. 정비소 직원이 받는 수당이 $g(x) = 2x - 1$(단, 단위는 천원)이라고 한다면 서비스받을 것으로 기대되는 자동차의 대수와 직원이 받을 것으로 기대되는 대수와 수입에 대한 기댓값 및 분산을 각각 구하시오.

x	4	5	6	7	8	9
$p(x)$	$\frac{1}{12}$	$\frac{1}{12}$	$\frac{1}{4}$	$\frac{1}{4}$	$\frac{1}{6}$	$\frac{1}{6}$

03 부적합품이 4%, $N = 100$인 로트에서 랜덤하게 시료 4개를 샘플링했을 때 그 시료 중 부적합품이 하나도 없을 확률을 초기하분포, 이항분포, 푸아송분포를 이용하여 각각 구하시오.

04 작업방법을 개선한 후 로트로부터 10개의 시료를 랜덤하게 샘플링하여 측정한 결과, 시료 평균 $\overline{x} = 14$, 시료의 표준편차 $s = 2.78887$이 나왔다. 다음 물음에 답하시오.(표값은 부록을 이용할 것)

(1) 모평균 $\mu_0 = 10$kg보다 커졌다고 할 수 있는가?($\alpha = 0.05$)

(2) 신뢰도 95%로 모평균의 신뢰구간을 구하시오.

05 어느 비누공장에서 화장비누 1개의 중량 평균은 100g, 표준편차는 1.8g임을 알고 있다. 지금 제조공정을 일부 변경한 후 그 공정으로부터 10개를 측정하니 평균치가 98g이었다. 다음 물음에 답하시오.

(1) 공정변경으로 인해 그 비누의 중량이 경감되었다고 할 수 있겠는가?(단, $\alpha = 0.01$)

(2) 비누의 중량이 얼마나 경감되었는지를 신뢰구간 95%로 구간추정을 행하시오.

06 다음 데이터는 새로운 공정에서 랜덤으로 10개의 샘플을 측정한 결과이다.

[Data] 5.5 6.0 5.9 5.2 5.7 6.2 5.4 5.9 6.3 5.8

(1) 새로운 공법에 의하여 시험 제작된 제품의 모분산이 기준으로 설정된 값 $\sigma^2 = 0.6$보다 작다고 할 수 있겠는가?($\alpha = 0.05$)

(2) 모분산의 신뢰구간을 신뢰율 95%로써 구하시오.

07 다음은 매 시간마다 실시되는 최종제품에 대한 샘플링검사의 결과를 정리하여 얻은 데이터이다. 해석용 p관리도를 작성하고 공정이 안정상태인가를 판정하시오.(단, 소수점 두 자리까지 사용할 것, 단위 : %)

시 간	1	2	3	4	5	6	7	8	9	10
검사 개수	48	46	50	28	28	50	46	48	28	50
부적합품수	5	1	3	4	9	4	3	2	8	3

08 $\overline{\overline{x}} = 28$, $U_{CL} = 41.4$, $L_{CL} = 14.6$, 군 구분의 크기 $n = 5$의 $\overline{x} - R$관리도가 있다. 이 공정이 관리상태에 있을 때 규격치 40을 넘는 제품이 나올 확률은 얼마인가?

09 종래 납품되고 있던 기계 부품의 치수의 표준편차는 0.15cm이었다. 이번에 납품된 로트의 평균치를 신뢰율 95%, 정밀도 0.10cm로 알고자 한다. 샘플을 몇 개로 하는 것이 좋겠는가?

10 어떤 제품의 로트는 100개의 상자로 구성되며 각 상자는 10개의 제품을 담고 있다. 이 제품의 특성을 조사하기 위하여 로트로부터 10개의 상자를 랜덤하게 뽑고, 상자들을 전수검사하였다. 이러한 샘플링을 무엇이라고 하는가?

11 철재의 인장강도는 클수록 좋다고 한다. 평균치가 50kg/mm^2 이상인 로트는 통과시키고, 46kg/mm^2 이하인 로트는 통과시키지 않게 한다면, 샘플의 크기(n)는 얼마인가?(단, $\sigma = 4$kg/mm^2, $\alpha = 0.05$, $\beta = 0.10$, $k_{0.05} = 1.645$, $k_{0.10} = 1.282$)

12 드럼에 채운 고체가성소다 중 산화 철분은 적을수록 좋다. 로트의 평균치가 0.0040% 이하이면 합격으로 하고 그것이 0.0050% 이상이면 불합격하는 상한 합격판정치 $\overline{X_U}$를 구하시오(단, σ는 0.0006%임을 알고 있다). 다음 표는 KS Q 0001의 부표로서, m_0, m_1이 주어졌을 때 n과 G_0를 구하는 표이다.

$\frac{\lvert m_1 - m_0 \rvert}{\sigma}$	n	G_0
2.069 이상	2	1.163
1.690~2.08	3	0.950
1.463~1.689	4	0.822
1.309~1.462	5	0.736
⋮	⋮	⋮
0.772~0.811	14	0.440
0.756~0.771	15	0.425
0.732~0.755	16	0.411

13 계수값 샘플링검사(KS Q ISO 2859-1)에서 로트를 검사하기 위해서는 시료문자(알파벳)가 정해져야 한다. 시료문자(알파벳)를 정하기 위해서 샘플링검사표에서 필요한 두 가지를 적으시오.

14 어느 실험실에서 4명의 분석공(A_1, A_2, A_3, A_4)이 일하고 있는데 이들 간에는 동일한 시료의 분석결과에도 차이가 있는 것으로 생각된다. 이를 확인하기 위하여 일정한 표준시료를 만들어서, 동일 장치로 날짜를 랜덤하게 바꾸어 가면서 각 4회 반복하여 4명의 분석공에게 분석시켰다. 이들 분석공에게는 분석되는 시료가 동일한 표준시료라는 것을 모르게 하여 실시한 후 다음 분석치와 분산분석값을 얻었다. 최적수준에 대하여 신뢰구간 95%로 구간추정하시오.(단, 분석데이터는 망대특성으로 한다.)

	A_1	A_2	A_3	A_4
1	79.4	79.8	80.9	81.0
2	78.9	80.4	80.6	79.8
3	78.7	79.2	80.1	80.0
4	80.0	80.5	80.4	80.8

요 인	SS	DF	MS	F_0	$F_{0.95}$	$F_{0.99}$	$E(MS)$
A e	3.87688 3.47750	3 12	1.29229 0.28979	4.459*	3.49	5.95	$\sigma_e{}^2+4\sigma_A{}^2$ $\sigma_e{}^2$
T	7.35438	15					

15 화학반응 공정의 수율(%)을 상승시킬 목적으로 촉매의 첨가량을 1.0%, 1.5%, 2.0%, 2.5%로 바꾸어 각각 3회씩 실험한 결과와 이를 분산분석한 결과는 다음과 같다고 할 때, A_1, A_3 두 수준 간의 수율 차이를 95% 신뢰구간 추정하시오.

첨가량 \ 실험횟수	1	2	3
A_1(1.0%)	84.3	83.9	84.2
A_2(1.5%)	87.3	86.8	87.2
A_3(2.0%)	89.5	89.8	90.1
A_4(2.5%)	92.0	93.1	92.8

요 인	SS	DF	MS	F_0	$F_{0.99}$
A	119.33	3	39.78	303.66**	7.59
e	1.05	8	0.131		
T	120.38	11			

16 다음 품질코스트를 예방코스트, 평가코스트, 실패코스트로 분류하시오.

QC코스트, 시험코스트, PM코스트, 현지서비스코스트, 설계변경코스트, QC교육코스트

기출유사문제풀이 [2013년 4회 품질경영산업기사 실기]

01_ $P_r(x_1+x_2) \leq 5$

$x_1=1$일 때 $x_2=1,\ 2,\ 3,\ 4$

$x_1=2$일 때 $x_2=1,\ 2,\ 3$

$x_1=3$일 때 $x_2=1,\ 2$

$x_1=4$일 때 $x_2=1$

그러므로 $P_r(x_1+x_2)=\dfrac{10}{36}=0.27778$

02_ (1) 자동차 대수

기댓값 $E(x)=\Sigma xp(x)=4\times\dfrac{1}{12}+5\times\dfrac{1}{12}+\cdots+8\times\dfrac{1}{6}+9\times\dfrac{1}{6}=6.83333$ (대)

분산값 $V(x)=\Sigma x^2p(x)-[E(x)]^2=48.833333\text{-}46.694444=2.13889$(천원)

(2) 기대수입 $E[g(x)]$

기댓값 $E[g(x)]=E(2x-1)=2E(x)-1=2\times 6.83333-1=12.66667$(천원)

분산값 $V[g(x)]=V(2x-1)=2^2\,V(x)=4\times 2.13889=8.55556$(천원)

03_ (1) 초기하분포 : $P_r(x=0)=\dfrac{\binom{4}{0}\binom{96}{4}}{\binom{100}{4}}=0.84717$

(2) 이항분포 : $P_r(x=0)={}_4C_0\,0.04^0(1-0.04)^{4-0}=0.84935$

(3) 푸아송분포 : $P_r(x=0)=\dfrac{e^{-0.16}\,0.16^0}{0!}=0.85214$

04_ (1) 단측(우측) 검정

① $H_0:\mu\leq\mu_0,\ H_1:\mu>\mu_0$

② $\alpha=0.05$

③ $t_0=\dfrac{\bar{x}-\mu_0}{\dfrac{s}{\sqrt{n}}}=\dfrac{14-10}{\dfrac{2.78887}{\sqrt{10}}}=4.5356$

④ $t_0>t_{1-\alpha}(\nu)=t_{0.95}(9)=1.833$ 이므로

$\therefore\ \alpha=0.05$로 H_0 기각. 즉, 모평균보다 커졌다고 할 수 있다.

(2) σ 모를 때 모평균의 한쪽 구간 추정

$$\hat{\mu_L} = \bar{x} - t_{1-\alpha}(\nu)\frac{s}{\sqrt{n}} = 14 - 1.833 \times \frac{2.78887}{\sqrt{10}} = 12.38344\,(\text{kg})$$

05_ (1) 단측(좌측) 검정

① $H_0 : \mu \geq 100,\ H_1 : \mu < 100$

② $\alpha = 0.01$

③ $u_0 = \dfrac{\bar{x} - \mu_0}{\dfrac{\sigma}{\sqrt{n}}} = \dfrac{98 - 100}{\dfrac{1.8}{\sqrt{10}}} = -3.514$

④ $u_0 < u_\alpha = -2.326$ 이므로 H_0를 기각한다. 즉, $\alpha = 0.01$로 공정변경에 의해 비누의 중량은 경감되었다고 할 수 있다.

(2) 신뢰상한

$$\hat{\mu_U} = \bar{x} + u_{1-\alpha}\frac{\sigma}{\sqrt{n}} = 98 + 1.645 \times \frac{1.8}{\sqrt{10}} = 98.93635(\text{g})$$

06_ (1) ① $H_0 : \sigma^2 \geq 0.6,\ H_1 : \sigma^2 < 0.6$

② $\chi_0{}^2 = \dfrac{S}{\sigma_0{}^2} = \dfrac{1.0890}{0.6} = 1.815$

③ $\chi_0{}^2 < \chi_\alpha{}^2(\nu) = 3.33$ 이므로 $\alpha = 0.05$로 H_0 기각. 즉, $\alpha = 0.05$로 새로운 공법에 의하여 시험 제작된 제품의 모분산이 기준으로 설정된 분산보다 작다고 할 수 있다.

(2) 한쪽 구간추정이므로

$$\hat{\sigma_U^2} = \frac{S}{\chi_\alpha{}^2(\nu)}, \qquad \hat{\sigma_U^2} = \frac{1.0890}{3.33} = 0.32703$$

07_ (1) p 관리도

	1	2	3	4	5	6	7	8	9	10
n	48	46	50	28	28	50	46	48	28	50
np	5	1	3	4	9	4	3	2	8	3
$p(\%)$	10.42	2.17	6	14.29	32.14	8	6.52	4.17	28.57	6
$U_{CL}(\%)$	22.91	23.19	22.65	26.92	26.92	22.65	23.19	22.19	26.92	22.65
$L_{CL}(\%)$	–	–	–	–	–	–	–	–	–	–

$$C_L = \overline{p} = \frac{\Sigma np}{\Sigma n} = \frac{42}{422} = 0.0995 = 9.95\%,\quad U_{CL} = \overline{p} + 3\sqrt{\frac{\overline{p}(1-\overline{p})}{n}} \times 100\%$$

$$L_{CL} = \overline{p} - 3\sqrt{\frac{\overline{p}(1-\overline{p})}{n}} \times 100\%$$

(2) 관리도 작성

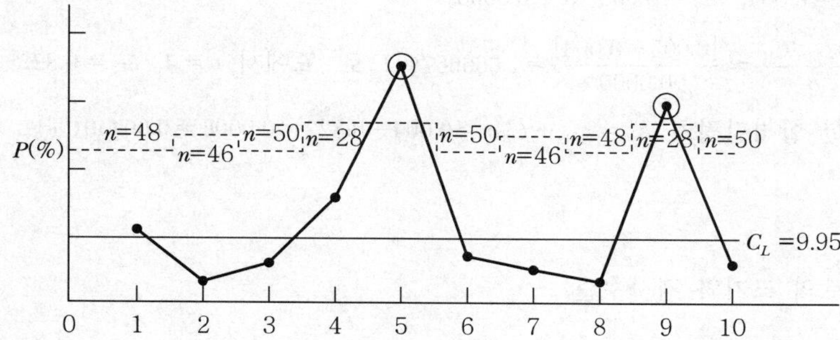

∴ No. 5와 No. 9의 점이 규격 밖으로 벗어났으므로 공정이 안정상태에 있다고 볼 수 없다.

08_ $\overline{x}-R$관리도에서 규격이 주어진 경우, 정규분포에서 σ_x값으로 문제를 해결해야 한다.

$\begin{pmatrix} U_{CL} \\ L_{CL} \end{pmatrix} = \overline{\overline{x}} \pm 3\frac{\sigma_x}{\sqrt{n}}$ 에서, $\sigma_x = \frac{\left(U_{CL} - \overline{\overline{x}}\right)\sqrt{n}}{3}$ 가 된다.

$$u = \frac{x-\mu}{\sigma_{\overline{x}}} = \frac{40-28}{\frac{13.4 \times \sqrt{5}}{3}} = 1.201$$

$\therefore P_r(x) = P_r(u > 1.201) = 0.11510(11.510\%)$

09_ $\beta_{\overline{x}} = \pm u_{1-\alpha/2}\frac{\sigma}{\sqrt{n}}$ 에서 $0.10 = \pm 1.96\frac{0.15}{\sqrt{n}}$ $\quad\therefore n = 8.64360 = 9$ (개)

10_ 여러 개의 서브로트 중 샘플링된 서브로트를 모두 검사하는 방식이 집락샘플링검사이다.

11_ 샘플의 크기 $n=\left(\frac{K_\alpha+K_\beta}{m_0-m_1}\right)^2\cdot\ \sigma^2=\left(\frac{1.645+1.282}{50-46}\right)^2\times 4^2=8.56733=9\,(개)$

12_ 평균치를 보증하는 경우(특성치가 낮을수록 좋은 경우)

$m_0=0.004,\ m_1=0.005,\ \sigma=0.0006$

$\frac{|m_1-m_0|}{\sigma}=\frac{|0.005-0.004|}{0.0006}=1.666667$이므로, 표에서 $n=4,\ G_0=0.822$

상한 합격판정치 $\overline{X_U}=m_0+G_0\sigma=0.004+0.822\times0.0006=0.00449(\%)$

13_ 로트의 크기와 검사수준

14_ 최적의 구간 추정

$\hat{\mu}(A_3)=\bar{x}_{i\cdot}\pm t_{1-\alpha/2}(\nu_e)\sqrt{\frac{V_e}{r}}=\bar{x}_{3\cdot}\pm t_{0.975}(12)\sqrt{\frac{0.28979}{4}}$

$=80.50\pm2.179\times\sqrt{\frac{0.28979}{4}}$

$\therefore\ 79.91350\le\mu(A_3)\le81.08650$

15_ A_1, A_3 두 수준의 수율 차이의 95% 신뢰구간

$(\bar{x}_{1\cdot}-\bar{x}_{3\cdot})\pm t_{1-\alpha/2}(\nu_e)\sqrt{\frac{2V_e}{r}}$

$=(84.133333-89.80)\pm t_{0.975}(8)\sqrt{\frac{2\times0.131}{3}}$

$=-5.666667\pm0.681474=(-6.34814\sim-4.98519)\%$

16_ ① 예방코스트 : QC코스트, QC교육코스트

② 평가코스트 : 시험코스트, PM코스트

③ 실패코스트 : 현지서비스코스트, 설계변경코스트

기출유사문제 [2014년 1회 품질경영기사 실기]

01 5M1E에 대해 쓰시오.

02 어떤 반응 공정의 수율을 올릴 목적으로 반응 시간(A), 반응온도(B), 성분의 양(C)의 3가지 인자를 택해 라틴 방격법 실험을 하여 아래의 데이터를 얻었다. 분산분석표를 작성하시오.

$$X_{ijk} = (x_{ijk} - 85.0) \times 10$$

	A_1	A_2	A_3
B_1	$C_1 = -75$	$C_2 = -7$	$C_3 = 14$
B_2	$C_3 = 10$	$C_1 = 69$	$C_2 = 32$
B_3	$C_2 = 51$	$C_3 = 98$	$C_1 = 43$

03 에나멜 동선의 도장공정을 관리하기 위하여 핀홀의 수를 조사하였다. 시료의 길이가 종류에 따라 변하므로 시료 1,000m당의 핀홀의 수를 사용하여 u관리도를 작성하고자 다음과 같은 데이터 시료를 얻었다. u관리도를 그리고 판정하시오.

시료군의 번호	1	2	3	4	5	6	7	8	9	10
시료의 크기 n (1,000m)	1.0	1.0	1.0	1.0	1.0	1.3	1.3	1.3	1.3	1.3
핀홀수	5	5	3	3	5	2	5	3	2	1

04 인자 A, B, C는 각각 변량인자로서 A는 일간인자, B는 일별로 두 대의 트럭을 랜덤하게 선택한 것이며, C는 트럭 내에서 랜덤하게 두 삽을 취한 것으로, 각 삽에서 두 번에 걸쳐 소금의 염도를 측정한 것으로, 이 실험은 A_1에서 8회를 랜덤하게 하여 데이터를 얻고, A_2에서 8회를 랜덤하게, A_3와 A_4에서도 같은 방법으로 하여 얻은 데이터이다. 다음 물음에 답하시오.

		A_1	A_2	A_3	A_4
B_1	C_1	1.30 1.33	1.89 1.82	1.35 1.39	1.30 1.38
	C_2	1.53 1.55	2.14 2.12	1.59 1.53	1.44 1.45
B_2	C_1	1.04 1.05	1.56 1.54	1.10 1.06	1.03 0.94
	C_2	1.22 1.20	1.76 1.84	1.29 1.34	1.12 1.15

(1) 다음과 같이 분산분석표를 작성하였다. 공란을 완성시키시오.

요 인	SS	DF	MS	F_0	$E(MS)$
A	1.895				
$B(A)$	0.7458				
$C(AB)$	0.3409				
e	0.0193				
T	3.0010				

(2) 유의하게 판정된 요인들의 분산성분을 추정하시오.

05 샘플링검사를 실시할 경우의 조건을 4가지이상 기술하시오.

06 측정시스템의 변동의 종류 중 반복성(Repeatability)에 대해 설명하시오.

07 다음 데이터에 대하여 물음에 답하시오.

[Data] 5.2 4.9 4.7 5.5 6.2 6.3 4.8 5.3

(1) 평균값

(2) 중앙값

(3) 표준편차

(4) 범위

(5) 변동계수

08 어떤 강재의 인장강도는 75±5(kg/mm²)으로 정해져 있다. 이 규격의 1% 이하인 로트는 통과시키고 6% 이상인 로트는 통과시키지 않게 했을 때 $\alpha=0.05$, $\beta=0.10$을 만족하는 계량규준형 1회 샘플링검사 방식을 설계하시오.(단, $\sigma=0.8$(kg/mm²)이며, n, k는 부표 값을 이용하시오.)

09 어떤 공정의 특성을 x 관리도로 관리하려고 하였더니, 3σ관리도법에 따른 관리한계선이 $C_L=100.0$, $U_{CL}=130.0$, $L_{CL}=70.0$가 되었다. 공정평균이 95가 되었을 때 검출력은 얼마가 되겠는가?

10 같은 부품이 50씩 들어있는 100개의 상자가 있다. 이 로트에서 각 부품들의 평균무게 μ를 알고 있다. 상자간의 무게의 산포를 σ_b = 0.8kg이라 하고, 상자 내의 부품간의 산포를 σ_w = 0.5kg이라고 하자. 이때 5상자를 랜덤하게 뽑고 그 가운데서 4개의 부품을 랜덤하게 샘플링하여 모두 20개의 부품이 샘플링 되었다. 다음 물음에 답하시오.

(1) 각각의 부품의 무게를 측정할 때 측정오차를 무시할 수 있다면(즉 σ_m = 0) 분산은 얼마인가?

(2) 위의 (1)을 근거로 하여, 신뢰율 95%로 모평균에 대한 추정정밀도를 구하시오.

(3) 위의 (1)의 질문에서 만약 분석의 정밀도 σ_m = 0.4kg이라면 $\bar{x}$의 분산은 얼마인가?

11 8매의 철판에 대해 가운데 부분과 가장자리 부분의 두께를 각각 측정하여 다음의 데이터를 얻었다. 철판의 가운데 두께가 가장자리보다 두껍다고 할 수 있는가를 $\alpha=0.05$로 검정하시오.

	1	2	3	4	5	6	7	8
x_A(가운데)	3.22	3.16	3.20	3.32	3.28	3.25	3.24	3.27
x_B(가장자리)	3.20	3.09	3.22	3.25	3.25	3.18	3.25	3.24

12 값이 고가이면서 정밀도가 좋은 기계 A와 값이 싼 기계 B가 있다. 실제 A가 정밀도가 좋은가를 조사하기 위하여 각각의 기계에서 16개씩의 제품을 가공한 결과 불편분산은 각각 $s_A{}^2 = 0.0036\text{mm}^2$, $s_B{}^2 = 0.0146\text{mm}^2$이었다. 확실히 A기계의 정밀도가 좋다고 할 수 있는가를 검정하시오(단, 유의수준은 5%)

13 다음은 인자 A(모수), 인자 B(모수)의 두 인자에 대해 반복수 2인 2원배치의 실험결과, 얻어진 데이터이다. 물음에 답하시오.

인자B \ 인자A	A_1	A_2	A_3
B_1	11.8 12.5	12.4 12.2	13.1 13.9
B_2	13.2 12.8	12.7 12.5	13.3 13.0
B_3	13.3 13.5	13.5 14.0	13.2 14.1
B_4	14.2 13.9	14.0 13.9	14.5 14.8

(1) S_{AB} 를 구하시오.

(2) 분산분석표를 작성 및 검정을 행하시오.

14 인자 A와 오차 e의 기여율을 각각 구하시오.

	SS	DF
A	173.16	3
e	2.4	12
T	175.56	15

15 어떤 건물의 강도는 평균이 400, 분산이 50^2이고 하중은 평균이 300, 분산이 100^2인데 이 건물이 무너지지 않을 확률은?

기출유사문제풀이 [2014년 1회 품질경영기사 실기]

01_ • 5M : 작업자(Man), 기계설비(Machine), 원재료(Material), 작업방법(Method), 작업측정(Measurement)

• 1E : 작업환경(Environment)

02_ ① $CT=\frac{T^2}{k^2}=\frac{(235)^2}{9}=6,136.111111$

② $S_T=\sum_i\sum_j\sum_k X_{ijk}{}^2-CT=25,809-6,136.111111=19,672.888889$

③ $S_A=\sum_i\frac{T_{i\cdot\cdot}{}^2}{k}-CT=11,239-6,136.111=5,102.888889$

④ $S_B=\sum_j\frac{T_{\cdot j\cdot}{}^2}{k}-CT=17,936.333333-6,136.111=11,800.222222$

⑤ $S_C=\sum_k\frac{T_{\cdot\cdot k}{}^2}{k}-CT=7,343-6,136.111=1,206.888889$

⑥ $S_e=S_T-(S_A+S_B+S_C)=1,562.888882$

⑦ $\nu_T=k^2-1=8,\ \nu_A=\nu_B=\nu_C=k-1=2,\ \nu_e=(k-1)(k-2)=2$

⑧ 분산분석표를 작성한다(수치변환 주의).

요 인	SS	DF	MS	F_0	$F_{0.95}$	$F_{0.99}$	$E(MS)$
A	51.02889	2	25.51445	3.265	19.0	99.0	$\sigma_e{}^2+3\sigma_A{}^2$
B	118.00222	2	59.00111	7.550	19.0	99.0	$\sigma_e{}^2+3\sigma_B{}^2$
C	12.06889	2	6.03445	0.772	19.0	99.0	$\sigma_e{}^2+3\sigma_C{}^2$
e	15.62889	2	7.81445				$\sigma_e{}^2$
T	196.72889	8					

03_ $C_L=\bar{u}=\frac{\Sigma c}{\Sigma n}=\frac{34}{11.5}=2.956522$

① $n=1$

$U_{CL}=\bar{u}+3\sqrt{\frac{\bar{u}}{n}}=8.11488$

$L_{CL}=\bar{u}-3\sqrt{\frac{\bar{u}}{n}}=-2.201840=-$ (고려하지 않음)

② $n=1.3$

$$U_{CL}=\bar{u}+3\sqrt{\frac{\bar{u}}{n}}=7.48071$$

$$L_{CL}=\bar{u}-3\sqrt{\frac{\bar{u}}{n}}=-1.567661=-\text{(고려하지 않음)}$$

• u관리도 작성

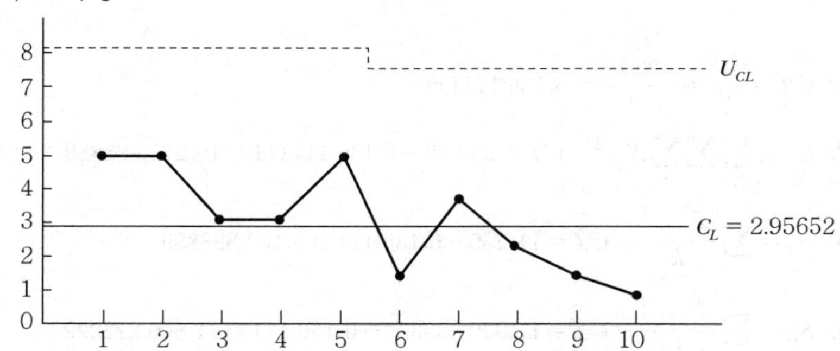

• u관리도에서 관리이탈과 같은 관리이상규칙 8가지 항목에 포함되는 것이 없으므로 관리상태라 할 수 있다.

04_ (1) 분산분석표의 작성

① 자유도를 구한다.

$\nu_T=lmnr-1=4\times2\times2\times2-1=31$

$\nu_A=l-1=3,\ \nu_{B(A)}=l(m-1)=4$

$\nu_{C(AB)}=lm(n-1)=8,\ \nu_e=lmn(r-1)=16$

② 요인 검정 : 인자 A는 인자 B로 검정하고, 인자 B는 인자 C로, 인자 C는 오차항으로 검정을 행한다.

③ 분산분석표

요 인	SS	DF	MS	F_0	$E(MS)$
A	1.895	3	0.63167	3.388	$\sigma_e^2+2\sigma_{C(AB)}^2+4\sigma_{B(A)}^2+8\sigma_A^2$
$B(A)$	0.7458	4	0.18645	4.376*	$\sigma_e^2+2\sigma_{C(AB)}^2+4\sigma_{B(A)}^2$
$C(AB)$	0.3409	8	0.04261	35.215**	$\sigma_e^2+2\sigma_{C(AB)}^2$
e	0.0193	16	0.00121		σ_e^2
T	3.0010	31			

(2) 요인의 분산성분 추정

① $\widehat{\sigma_{B(A)}}^2 = \dfrac{V_{B(A)} - V_{C(AB)}}{nr} = \dfrac{0.18645 - 0.04261}{4} = 0.03596$

② $\widehat{\sigma_{C(AB)}}^2 = \dfrac{V_{C(AB)} - V_e}{r} = \dfrac{0.04261 - 0.00121}{2} = 0.02070$

05_ ① 품질기준이 명확할 것

② 시료의 샘플링은 랜덤하게 될 것

③ 제품이 로트로서 처리될 수 있는 것

④ 합격로트 중에는 어느 정도 부적합품의 섞임을 허용할 것

⑤ 계량샘플링검사에서는 로트검사 단위의 특성치 분포를 대략 알고 있을 것

06_
- 측정기계의 산포로 동일한 작업자가 동일한 측정기로 동일한 제품을 측정할 때 발생하는 변동값을 말한다.
- 한 사람의 평가자가 하나의 측정계기를 여러 차례 사용해서 동일한 시료의 동일한 특성을 측정하여 얻은 측정값의 변동을 말한다.

07_ (1) 평균값 $\bar{x} = \dfrac{\Sigma x_i}{n} = \dfrac{42.9}{8} = 5.36250$

(2) 중앙치 $\tilde{x} = \dfrac{x_4 + x_5}{2} = \dfrac{5.2 + 5.3}{2} = 5.250$

(3) ① 제곱합 $S = \Sigma x_i^2 - \dfrac{(\Sigma x_i)^2}{n} = 232.65 - \dfrac{42.9^2}{8} = 2.59875$

② 시료분산 $s^2 = V = \dfrac{S}{n-1} = \dfrac{S}{\nu} = \dfrac{2.59875}{7} = 0.37125$

③ 표준편차 $s = \sqrt{\dfrac{S}{(n-1)}} = \sqrt{\dfrac{S}{\nu}} = \sqrt{0.37125} = 0.60930$

(4) 범위 $R = x_{\max} - x_{\min} = 6.3 - 4.7 = 1.60$

(5) 변동계수 $CV = \dfrac{s}{\bar{x}} \times 100(\%) = \dfrac{0.60930}{5.36250} \times 100 = 11.36224(\%)$

08_ 부적합품률을 보증하는 경우(U, L값이 주어질 때)

표값에서 $n=14$, $k=1.88$이므로

① $\overline{X_U}=U-k\sigma=80-1.88\times 0.8=78.4960(\text{kg/mm}^2)$

② $\overline{X_L}=L+k\sigma=70+1.88\times 0.8=71.5040(\text{kg/mm}^2)$

③ 로트에서 14개의 시료를 검사하여 평균을 구하였을 때 $71.5040\le \overline{x}\le 78.4960$이면 로트를 합격으로 처리하고, $\overline{x}<71.5040, \overline{x}>78.44960$이면 로트를 불합격시킨다.

09_ 3σ관리도법이므로, $\sigma_x=\sigma=10$이다.

U_{CL} 밖으로 벗어날 확률 : $u=\dfrac{U_{CL}-\mu}{\sigma}=\dfrac{130-95}{10.0}=3.50$

L_{CL} 밖으로 벗어날 확률 : $u=\dfrac{L_{CL}-\mu}{\sigma}=\dfrac{70-95}{10.0}=-2.50$

$\therefore\ 1-\beta=P_r(u>3.50)+P_r(u<-2.50)=0.0^3 2326+0.00620=0.00643$

10_ 2단계 샘플링인 경우($M=100$, $m=5$, $\overline{n}=4$)

(1) $V(\overline{x})=\dfrac{{\sigma_w}^2}{m\overline{n}}+\dfrac{{\sigma_b}^2}{m}=\dfrac{0.5^2}{5\times 4}+\dfrac{0.8^2}{5}=0.14050(\text{kg})$

(2) $\beta_{\overline{x}}=\pm u_{1-\alpha/2}\sqrt{\dfrac{{\sigma_w}^2}{m\overline{n}}+\dfrac{{\sigma_b}^2}{m}}=\pm 1.96\sqrt{\dfrac{0.5^2}{5\times 4}+\dfrac{0.8^2}{5}}=\pm 0.73467(\text{kg})$

(3) $V(\overline{x})=\dfrac{{\sigma_w}^2}{m\overline{n}}+\dfrac{{\sigma_b}^2}{m}+\dfrac{{\sigma_m}^2}{20}=\dfrac{0.5^2}{5\times 4}+\dfrac{0.8^2}{5}+\dfrac{0.4^2}{20}=0.14850(\text{kg})$

11_ 대응있는 모평균 차의 단측검정

	1	2	3	4	5	6	7	8	
d	0.02	0.07	−0.02	0.07	0.03	0.07	−0.01	0.03	$\Sigma d=0.26$

① 가설 : $H_0:\Delta\le 0,\ H_1:\Delta>0$

② 검정통계량 : $t_0=\dfrac{\overline{d}}{\dfrac{\sqrt{V_d}}{\sqrt{n}}}=\dfrac{0.03250}{\dfrac{0.035757}{\sqrt{8}}}=2.5708$

③ 기각역 : $t_0>t_{0.95}(7)=1.895$이면 H_0를 기각한다.

④ 판정 : $t_0 = 2.5708 > 1.895$

$\therefore \alpha = 0.05$ 로 H_0 기각한다. 즉, $\alpha = 0.05$ 로 두껍다고 할 수 있다.

12_ 두 조 모분산비의 단측검정

① 가설 : $H_0 : {\sigma_A}^2 \geq {\sigma_B}^2$, $H_1 : {\sigma_A}^2 < {\sigma_B}^2$

② 검정통계량 : $F_0 = \dfrac{{s_A}^2}{{s_B}^2} = \dfrac{0.0036}{0.0146} = 0.246575$

③ 기각역 : $F_0 < F_\alpha(\nu_A,\ \nu_B) = F_{0.05}(15,\ 15) = \dfrac{1}{F_{0.95}(15,\ 15)} = \dfrac{1}{2.40} = 0.416667$ 이면

H_0 를 기각한다.

④ 판정 : $F_0 = 0.246575 < F_{0.05}(15,\ 15) = 0.416667$

$\therefore \alpha = 0.05$ 로 H_0 는 기각. 즉, 기계 A의 정밀도가 B보다 좋다고 할 수 있다.

13_ (1) S_{AB}

① $CT = \dfrac{T^2}{lmr} = \dfrac{(320.3)^2}{24} = 4{,}274.670417$

② $S_{AB} = \dfrac{24.3^2 + 24.6^2 + \cdots + 27.9^2 + 29.3^2}{2} - CT = 4{,}286.8350 - 4{,}274.670417 = 12.164583$

(2) 분산분석표 작성

① $CT = \dfrac{T^2}{lmr} = \dfrac{(320.3)^2}{24} = 4{,}274.670417$

② $S_T = \sum_i \sum_j \sum_k {x_{ijk}}^2 - CT = 4{,}288.210000 - 4{,}274.670417 = 13.539583$

③ $S_A = \sum_i \dfrac{{T_{i\cdot\cdot}}^2}{mr} - CT = 4{,}276.511250 - 4{,}274.670417 = 1.840833$

④ $S_B = \sum_j \dfrac{{T_{\cdot j \cdot}}^2}{lr} - CT = 4{,}283.618333 - 4{,}274.670417 = 8.947916$

⑤ $S_{AB} = \sum_i \sum_j \dfrac{{T_{ij\cdot}}^2}{r} - CT = 4{,}286.8350 - 4{,}274.670417 = 12.164583$

⑥ $S_{A\times B} = S_{AB} - S_A - S_B = 12.164583 - 1.840833 - 8.947916 = 1.375834$

⑦ $S_e = S_T - (S_A + S_B + S_{A\times B}) = S_T - S_{AB} = 13.539583 - 12.164583 = 1.3750$

⑧ $\nu_T = lmr - 1 = 23,\ \nu_A = 2,\ \nu_B = 3,\ \nu_{A\times B} = (l-1)(m-1) = 6,\ \nu_e = 12$

⑨ 분산분석표 작성

요 인	SS	DF	MS	F_0	$F_{0.95}$	$F_{0.99}$	$E(MS)$
A	1.84083	2	0.92042	8.033**	3.89	6.93	$\sigma_e^2+8\sigma_A^2$
B	8.94792	3	2.98264	26.031**	3.49	5.95	$\sigma_e^2+6\sigma_B^2$
$A\times B$	1.37583	6	0.22931	2.001	3.00	4.82	$\sigma_e^2+2\sigma_{A\times B}^2$
e	1.3750	12	0.11458				σ_e^2
T	13.53958	23					

∴ 위 실험에서 인자 A와 인자 B는 유의수준 1%로 매우 유의적이며, $A\times B$의 교호작용은 유의적이 아니다.

14_ ① $\rho_A=\dfrac{S_A'}{S_T}\times 100=\dfrac{S_A-\nu_A V_e}{S_T}\times 100=\dfrac{173.16-3\times 0.20}{175.56}\times 100=98.29118\%$

② $\rho_e=\dfrac{S_e'}{S_T}\times 100=\dfrac{S_e+\nu_A V_e}{S_T}\times 100=\dfrac{2.4+3\times 0.20}{175.56}\times 100=1.70882\%$

15_ $P(\text{강도}>\text{하중})=P(\text{강도}-\text{하중}>0)$

$=P_r\left(u>\dfrac{0-100}{\sqrt{50^2+100^2}}\right)=P_r(u>-0.894)=0.8133$

기출유사문제 [2014년 2회 품질경영기사 실기]

01 다음 데이터에 대하여 물음에 답하시오.

[Data] 18.8 19.3 18.4 18.2 18.3 18.8 18.6

(1) 평균값($\overline{x}$)
(2) 범위 중앙치(Mid-Range)
(3) 평균편차
(4) 시료의 표준편차
(5) 변동계수(CV)
(6) 범위(R)

02 다음은 np 관리도에 대한 데이터이다. C_L, U_{CL}, L_{CL}을 구하시오.(단, $n=100$이다.)

로트번호	부적합품수 (np)	로트번호	부적합품수 (np)	로트번호	부적합품수 (np)	로트번호	부적합품수 (np)
1	3	8	4	15	1	22	4
2	2	9	1	16	3	23	2
3	4	10	0	17	3	24	0
4	3	11	2	18	2	25	5
5	2	12	3	19	0		
6	6	13	1	20	7		
7	1	14	6	21	3		

03 인자 A가 5수준, B가 4수준인 반복이 없는 2원배치 실험에서 $S_T=1593$, $V_A=193$, $V_B=195.6667$일 때 오차항의 순변동을 구하시오.

04 C제품의 모집단 중량분포는 $N(200, 4^2)$ 이었다. 중량을 줄이고자 TFT를 구성해서 개선을 진행하여 효과가 있는지 시료를 다음과 같이 측정하였다. 물음에 답하시오.($\alpha=0.05$)

[Data] 190 196 195 191 205 200 194 195 194 192

(1) 분산이 달라졌는지 검정하시오.

(2) 중량평균이 작아졌는지 검정하시오.

(3) 모평균의 상한을 구간추정하시오.

05 어느 회사에서 제조한 엔진실린더의 마모시험을 실시하기 위하여 8개를 임의 추출하여 시험한 결과 다음과 같은 자료를 얻었다. 평균순위법에 의한 고장순번 5번째의 신뢰성 척도 $F(t)$, $R(t)$를 각각 구하시오.

고장순번(i)	1	2	3	4	5	6	7	8
고장시간(hr)	270	288	290	328	380	390	430	440

06 샘플 100개를 뽑아 수명시험을 하여 구간별 고장개수를 조사하였더니 아래와 같은 데이터를 얻었다. $t=50$시점에서의 $\lambda(t)$를 구하시오.

시간 간격	0~10	10~30	30~50	50~70	70~90
생존 개수	95	89	67	50	37

07 어느 재료의 인장 강도가 75kg/mm^2 이상으로 규정된 경우 즉 계량 규준형 1회 샘플링검사에서 $n=8$, $k=1.74$의 값을 얻어 데이터를 취했더니 아래와 같다. 이 결과에서 로트의 합격 · 불합격을 판정하시오.(단, 표준편차 $\sigma=2$kg/mm^2)

79.0	75.5	77.5	76.5
77.0	79.5	77.0	75.0

08 매 제품당 검사비용이 10원 , 부적합품 1개당 손실비용이 500원이라 하자. 이에 검사 중 발견되는 부적합품에 대해서는 재가공하기로 하고, 그 재가공 비용은 제품당 100원이라 한다. 지금 lot의 부적합품률이 2%로 추정되면 무검사와 전수검사 중 어느 것이 더 유리한가?

09 $L_{16}(2^{15})$형 직교배열표에서 각 열 번호에 따른 기본표시를 완성시키시오?

열번호	1	2	3	4	5	6	7	8	9	10	11	12	13	14	15
기본표시	a	b		c				d							$abcd$

10 수준수 l인 인자 A를 1차단위 단일인자로 배치하고, 인자 B를 m 수준으로 하는 실험을 R회 반복하였다. 다음을 구하시오.

(1) e_1의 자유도를 구하는 공식을 적으시오.

(2) e_2의 자유도를 구하는 공식을 적으시오.

(3) $A \times B$의 자유도를 구하는 공식을 적으시오.

(4) 1차 오차(e_1)의 검정통계량 F_0값을 구하는 공식을 적으시오.

11 KS 제품인증에는 당해 제품 · 가공기술 인증과 서비스 인증분야로 나누어진다. 제품 · 가공기술 인증분야의 6가지 심사항목을 적으시오.

12 1개월에 320시간 사용하는 설비가 있다. 설비의 누적부적합품률을 10% 이하로 하고 싶다면 MTBF가 얼마여야 하는가?(단, 고장확률밀도함수는 지수분포에 따른다.)

13 어떤 공정의 특성을 x관리도와 $\overline{x}-R$관리도($n=4$)를 병용하여 양자의 검출력을 비교하고 있다. 각 3σ관리도법에 따른 관리한계선이 아래와 같을 때 공정평균이 120으로 변하였을 때 다음 물음에 답하시오.(단, R관리도는 관리상태이며 $\sigma=10.0$)

- x 관리도 : $C_L=100,\ U_{CL}=130,\ L_{CL}=70$
- $\overline{x}$ 관리도 : $C_L=100,\ U_{CL}=115,\ L_{CL}=85$

(1) x관리도의 검출력을 구하시오.

(2) $\overline{x}$관리도의 검출력을 구하시오.

(3) 위 두 관리도 중 어느 관리도의 검출력이 더 좋은가?

14

종래에 납품되고 있는 기계부품 치수의 표준편차는 0.1%이었다. 이 lot를 신뢰율 99%에서 산포를 ±0.1% 이내로 하고 싶다면, 이 경우 샘플을 몇 개로 하는 것이 좋겠는가?

15

A사는 어떤 부품의 수입검사에 계수값 샘플링검사인 KS Q ISO 2859-1의 보조표인 분수 샘플링검사를 적용하고 있다. 적용조건은 AQL = 1.0%, 통상검사수준 II에서 엄격도는 보통검사, 샘플링형식은 1회로 시작하였다. 다음 물음에 답하시오.

(1) 다음 표의 ( ) 안을 로트별로 완성하시오.

(2) 로트번호 5의 검사 결과 다음 로트에 적용되는 로트번호 6의 엄격도를 결정하시오.

로트 번호	N	샘플 문자	n	당초의 Ac	합부판정 점수 (검사전)	적용하는 Ac	부적합 품수 d	합부판정	합부판정 점수 (검사후)	전환 점수
1	200	G	32	1/2	5	0	1	불합격	0	0
2	250	G	32	1/2	5	0	0	합격	5	2
3	600	(①)	(③)	(⑤)	(⑦)	(⑨)	1	(⑪)	(⑬)	(⑮)
4	80	(②)	(④)	(⑥)	(⑧)	(⑩)	0	(⑫)	(⑭)	(⑯)
5	120	F	20	1/3	3	0	0	합격	3	9

16

에나멜 동선의 도장공정을 관리하기 위하여 핀홀의 수를 조사하였다. 시료의 길이가 종류에 따라 변하므로 시료 1,000m당의 핀홀의 수를 사용하여 다음과 같은 데이터 시료를 얻었다. $n = 1.3$ 에서의 관리도 상하한을 구하시오.

시료군의 번호	1	2	3	4	5	6	7	8	9	10
시료의 크기 n (1,000m)	1.0	1.0	1.0	1.0	1.0	1.3	1.3	1.3	1.3	1.3
핀홀 수	5	5	3	3	5	2	5	3	2	1

기출유사문제풀이 [2014년 2회 품질경영기사 실기]

01_ (1) 평균값 $\bar{x}=\frac{\Sigma x_i}{n}=\frac{130.4}{7}=18.62857$

(2) 범위중앙치(Mid-Range) $M=\frac{x_{\min}+x_{\max}}{2}=\frac{18.2+19.3}{2}=18.750$

(3) 평균편차 $MAD=\frac{\Sigma|x_i-\bar{x}|}{n}=\frac{|18.8-18.62857|+\cdots+|18.6-18.62857|}{7}=0.28980$

(4) 시료의 표준편차 $s=\sqrt{\frac{S}{(n-1)}}=\sqrt{\frac{S}{\nu}}=\sqrt{\frac{0.854286}{6}}=0.37733$

(단, $S=\Sigma x_i^{\,2}-\frac{(\Sigma x_i)^2}{n}=0.854286$)

(5) 변동계수 $CV=\frac{s}{\bar{x}}\times 100(\%)=\frac{0.377334}{18.628571}\times 100=2.02557(\%)$

(6) 범위 $R=x_{\max}-x_{\min}=19.3-18.2=1.10$

02_ $\bar{p}=\frac{\Sigma np}{\Sigma n}=\frac{\Sigma np}{k\times n}=\frac{68}{25\times 100}=0.02720$

(1) $C_L=n\bar{p}=\frac{\Sigma np}{k}=\frac{68}{25}=2.720$

(2) $U_{CL}=n\bar{p}+3\sqrt{n\bar{p}(1-\bar{p})}=2.72+3\sqrt{2.72(1-0.0272)}=7.59997$

(3) $L_{CL}=n\bar{p}-3\sqrt{n\bar{p}(1-\bar{p})}=2.72-3\sqrt{2.72(1-0.0272)}=-$ (고려하지 않음)

03_ $S_e{}'=S_e+(\nu_A+\nu_B)V_e=234+(4+3)\times 19.50=370.50$

여기서, $S_e=S_T-S_A-S_B=234$, $\nu_e=(l-1)(m-1)=12$, $V_e=\frac{S_e}{\nu_e}=19.50$

04_ (1) ① $H_0:\ \sigma^2=\sigma_0^2$, $H_1:\ \sigma^2\neq\sigma_0^2$

② $\chi_0^{\,2}=\frac{(n-1)s^2}{\sigma_0^{\,2}}=\frac{9\times 19.733333}{16}=11.10$

③ $\chi_0^{\,2}<\chi_\alpha^{\,2}(\nu)=\chi_{0.025}^{\,2}(9)=2.70$ 또는 $\chi_0^{\,2}>\chi_{1-\alpha/2}^{\,2}(\nu)=\chi_{0.975}^{\,2}(9)=19.02$ 이면 H_0 를 기각한다.

④ $\chi_0^{\,2}=2.70<11.10<19.02$ 이므로, H_0 를 채택한다. 즉, 분산이 달라졌다고 할 수 없다.

(2) σ 기지인 평균치검정(한쪽 검정)

① $H_0: \mu \geq 200$, $H_1: \mu < 200$

② $u_0 = \dfrac{\bar{x} - \mu_0}{\sigma/\sqrt{n}} = \dfrac{195.2 - 200}{4/\sqrt{10}} = -3.795$

③ $u_0 < -u_{1-\alpha} = -1.645$ 이면 H_0를 기각한다.

④ $u_0 = -3.795 < -1.645$ 이므로, H_0를 기각한다. 즉, 평균치가 작아졌다고 할 수 있다.

(3) σ 기지일 때 모평균의 구간 추정(신뢰상한)

$\widehat{\mu_U} = \bar{x} + u_{1-\alpha}\dfrac{\sigma}{\sqrt{n}} = 195.2 + 1.645 \times \dfrac{4}{\sqrt{10}} = 197.28078$

05_

(1) $F(t) = \dfrac{i}{n+1} = \dfrac{5}{8+1} = 0.55556$

(2) $R(t) = 1 - F(t) = \dfrac{(n+1)-i}{n+1} = 0.44444$

06_

$\lambda(t=50) = \dfrac{n(t=50) - n(t=70)}{n(t=50) \cdot \Delta t} = \dfrac{17}{67 \times 20} = 0.01268$

07_

부적합품률을 보증하는 경우(L이 주어진 경우)

① $\overline{X_L} = L + k\sigma = 75 + 1.74 \times 2 = 78.480(\text{kg/mm}^2)$

② $\bar{x} = \dfrac{\Sigma x_i}{n} = \dfrac{617.0}{8} = 77.1250(\text{kg/mm}^2)$

③ $\bar{x} = 77.1250 < \overline{X_L} = 78.480$이므로 로트를 불합격시킨다.

08_

$P_b = \dfrac{a}{b-c} = \dfrac{10}{500-100} = 0.0250$

$\therefore P_b = 0.025 > P = 0.02$ 이므로 무검사가 더 유리하다.

09_

열번호	1	2	3	4	5	6	7	8	9	10	11	12	13	14	15
기본표시	a	b	ab	c	ac	bc	abc	d	ad	bd	abd	cd	acd	bcd	$abcd$

10_

요인		DF	MS	F_0
1차 단위	A	$l-1$	V_A	V_A/V_{e_1}
	R	$r-1$	V_R	V_R/V_{e_1}
	e_1	(1) $(l-1)(r-1)$	V_{e_1}	(4) V_{e_1}/V_{e_2}
2차 단위	B	$(m-1)$	V_B	V_B/V_{e_2}
	$A\times B$	(3) $(l-1)(m-1)$	$V_{A\times B}$	$V_{A\times B}/V_{e_2}$
	e_2	(2) $l(m-1)(r-1)$	V_{e_2}	
T		$lmr-1$		

11_ ① 품질경영관리
② 자재관리
③ 공정 · 제조 설비관리
④ 제품관리
⑤ 시험 · 검사 설비의 관리
⑥ 소비자보호 및 환경 · 자원관리

12_ $F(t)=1-e^{-\frac{t}{MTBF}}$ 에서

$$0.1 \geq 1-e^{-\frac{320}{MTBF}}$$

$$-\frac{320}{MTBF} \geq \ln 0.9$$

$$MTBF \geq -\frac{320}{\ln 0.9},\ MTBF \geq 3{,}037.19091(\text{시간})$$

13_ (1) x관리도

U_{CL} 밖으로 벗어날 확률 : $u=\dfrac{U_{CL}-\mu}{\sigma}=\dfrac{130-120}{10}=1.00$

L_{CL} 밖으로 벗어날 확률 : $u=\dfrac{L_{CL}-\mu}{\sigma}=\dfrac{70-120}{10}=-5.00$

$\therefore\ 1-\beta=P_r(u>1.00)+P_r(u<-5.00)=0.1587+0.0^5 2867=0.15870$

(2) $\bar{x}$ 관리도

U_{CL} 밖으로 벗어날 확률 : $u=\dfrac{U_{CL}-\mu}{\sigma/\sqrt{n}}=\dfrac{115-120}{10/\sqrt{4}}=-1.00$

L_{CL} 밖으로 벗어날 확률 : $u=\dfrac{L_{CL}-\mu}{\sigma/\sqrt{n}}=\dfrac{85-120}{10/\sqrt{4}}=-7.00$

$\therefore 1-\beta=P_r(u>-1.00)+P_r(u<-7.00)=0.8413+0=0.8413$

(3) $\bar{x}$ 관리도가 x 관리도에 비해 검출력이 더 좋다.

14_ $\beta_{\bar{x}}=\pm u_{1-\alpha/2}\dfrac{\sigma}{\sqrt{n}}$, $0.1=\pm 2.576\dfrac{0.1}{\sqrt{n}}$, $n=6.63578=7$(개)

15_ (1)

로트번호	N	샘플문자	n	당초의 Ac	합부판정 점수 (검사전)	적용하는 Ac	부적합 품수 d	합부판정	합부판정 점수 (검사후)	전환 점수
1	200	G	32	1/2	5	0	1	불합격	0	0
2	250	G	32	1/2	5	0	0	합격	5	2
3	600	(J)	(80)	(2)	(12)	(2)	1	(합격)	(0)	(5)
4	80	(E)	(13)	(0)	(0)	(0)	0	(합격)	(0)	(7)
5	120	F	20	1/3	3	0	0	합격	3	9

(2) 로트번호 6은 보통검사를 실시한다.

16_ $n=1.3$일 때 $C_L=\bar{u}=\dfrac{\Sigma c}{\Sigma n}=\dfrac{34}{11.5}=2.956522$

① $U_{CL}=\bar{u}+3\sqrt{\dfrac{\bar{u}}{n}}=7.48071$

② $L_{CL}=\bar{u}-3\sqrt{\dfrac{\bar{u}}{n}}=-1.567661=-$(고려하지 않음)

기출유사문제 [2014년 4회 품질경영기사 실기]

01 어떤 공장에서 사고발생에 대한 분포가 푸아송(Poission) 분포를 이루며, 1년 동안에 종업원 1인당 평균 2.0건의 사고를 낸다는 것을 알았다. 이 공장의 종업원 중에서 1명을 임의로 추출했을 때 다음 물음에 답하시오.(누적푸아송분포표를 이용하여 구하시오.)

| 누적푸아송분포표 |

c \ m	1.6	1.7	1.8	1.9	2.0
0	0.202	0.183	0.165	0.150	0.135
1	0.525	0.493	0.463	0.434	0.406
2	0.783	0.757	0.731	0.704	0.677
3	0.921	0.907	0.891	0.875	0.857
4	0.976	0.971	0.964	0.956	0.947
5	0.994	0.992	0.990	0.987	0.983
6	0.999	0.998	0.997	0.997	0.995
7	1.000	1.000	0.999	0.999	0.999
8			1.000	1.000	1.000

(1) 한 건의 사고도 내지 않을 확률을 구하시오.

(2) 적어도 2건의 사고를 낼 확률을 구하시오.

02 $n = 64$ 데이터의 도수분포표가 아래와 같이 나왔다고 하였을 때 다음 물음에 답하시오. (단, 이 제품의 규격상한은 65, 규격하한은 35이다.)

급번호	계 급	중앙치(x_i)	도수(f_i)	u_i	$f_i u_i$	$f_i u_i^2$
1	38.5~42.5	40.5	1	−3	−3	9
2	42.5~46.5	44.5	8	−2	−16	32
3	46.5~50.5	48.5	15	−1	−15	15
4	50.5~54.5	52.5	23	0	0	0
5	54.5~58.5	56.5	7	1	7	7
6	58.5~62.5	60.5	5	2	10	20
7	62.5~66.5	64.5	5	3	15	45
합 계	−	−	64	−	−2	128

(1) 상기의 도수분포표를 이용하여 평균과 표준편차를 구하시오.

(2) 이 공정에서 규격 외의 제품이 나올 확률은 몇 % 정도가 되겠는가?(규준화값은 표를 이용할 것)

03 어떤 제품의 절연전압이 300kV로 규정되어 있다. $\alpha = 5\%$, $\beta = 10\%$, $PRQ = 5\%$ $CRQ = 10\%$ 일 때 계수축차 샘플링검사(부적합품률을 보증하는 경우)에서 다음의 물음에 답하시오.(단, 계수축차 샘플링검사표를 이용하시오.)

PRQ	파라미터	CRQ(소비자 위험 품질 수준)					
		2.50	4.00	5.00	6.30	8.00	10.00
0.25	h_A	0.968	0.801	0.739	0.684	0.635	0.594
	h_R	1.243	1.028	0.949	0.879	0.815	0.762
	g	0.00981	0.0136	0.0160	0.0190	0.0228	0.0271
0.315	h_A	1.075	0.873	0.800	0.736	0.679	0.632
	h_R	1.381	1.121	1.028	0.945	0.872	0.812
	g	0.0106	0.0146	0.0171	0.0202	0.0242	0.0287
⋮	⋮	⋮	⋮	⋮	⋮	⋮	⋮
4.00	h_A			9.637	4.705	3.060	2.295
	h_R			12.372	6.040	3.929	2.947
	g			0.0448	0.0507	0.0578	0.0658
5.00	h_A				9.193	4.484	3.013
	h_R				11.803	5.757	3.868
	g				0.0563	0.0639	0.0724

* 단 $\alpha = 0.05$, $\beta = 0.10$인 경우

(1) n_t를 구하시오.

(2) A_t를 구하시오.

04 샘플링검사를 실시할 경우의 전제조건을 5가지 기술하시오.

05 2^7형 요인배치법은 직교 배열표 $L_8(2^7)$보다 몇 배 실험 더 하는가?

06 어느 재료의 인장 강도가 75kg/mm^2 이상으로 규정된 계량 규준형 1회 샘플링검사에서 $n = 8$, $k = 1.74$의 값을 얻어 데이터를 취했더니 아래와 같다. 이 결과에서 로트의 합격 · 불합격을 판정하시오.(단, 표준편차 $\sigma = 2$kg/mm^2)

79.0	75.5	77.5	76.5
77.0	79.5	77.0	75.0

07

A 정제 로트의 성분에서 특성치는 정규분포를 따르고 표준편차 $\sigma = 1.0$mg인 것을 알고 있다. 이 로트의 검사에서 $m_0 = 10.0$mg, $\alpha = 0.05$, $m_1 = 8.0$mg, $\beta = 0.10$인 계량규준형 1회 샘플링검사를 행하기로 하였다. 다음 물음에 답하시오.

(1) 이 조건을 만족하는 합격 하한치 $\overline{X_L}$을 구하시오(단, KS Q 0001표를 사용하면 n = 3, $G_0 = 0.950$이다).

(2) 이 샘플링검사방식에서 평균치 m = 9.0mg의 로트가 합격하는 확률은 약 얼마인가? (단, $K_{L(m)} = 0.05$일 때 $L(m) = 0.481$, $K_{L(m)} = 0.09$일 때 $L(m) = 0.4641$)

08

어떤 공정에서 생산되는 제품 로트 크기에 따라서 생산에 소요되는 시간을 측정하였더니 다음과 같은 시간이 소요되었다. 다음의 물음에 답하시오.

x_i	30	20	60	80	40	50	60	30	70	80
y_i	73	50	128	170	87	108	135	69	148	132

(1) 회귀방정식 $y = \alpha + \beta x$에서 α, β의 최소제곱추정치를 구하시오.

(2) 회귀에 의한 변동 S_R을 구하시오.

(3) 회귀계수 β에 대한 95% 구간추정을 행하시오.

09

다음 표는 $X_{ij} = (x_{ij} - 85.0) \times 10$으로 수치 변환된 반복이 없는 2원배치 제품의 수율실험이다. 다음 물음에 답하시오.

인자B \ 인자A	A_1	A_2	A_3	A_4
B_1	41	51	53	53
B_2	46	50	52	54
B_3	49	57	58	59

(1) 원데이터에 대한 분산분석표(ANOVA)를 작성하시오.

(2) 최적조건의 점추정을 하시오.

(3) 최적조건의 구간추정을 95% 신뢰율로 계산하시오.

10 부선으로 광석이 입하되었다. 부선은 5척하고 각각 약 500, 700, 1,500, 1,800, 600톤씩 싣고 있다. 각 부선으로부터 하선할 때 100톤 간격으로 1인크리멘트씩 떠서 이것을 대상 시료로 혼합할 경우, 샘플링의 정밀도는 얼마나 될까?(단, 이 광석은 이제까지의 실험으로부터 100톤 내의 인크리멘트 간의 분포 $\sigma_w = 0.8\%$ 인 것을 알고 있다.)

11 다음 품질코스트를 P, A, F로 분류하시오.

QC코스트, 시험코스트, PM코스트, 현지서비스코스트, 설계변경코스트, QC교육코스트

12 인자 A, B, C는 각각 변량인자로서 A는 일간인자(4수준), B는 일별로 두 대의 트럭을 랜덤하게 선택한 것이며, C는 트럭 내에서 랜덤하게 두 삽을 취한 것으로, 각 삽에서 두 번에 걸쳐 소금의 염도를 측정한 것으로, 이 실험은 A_1에서 8회를 랜덤하게 하여 데이터를 얻고, A_2에서 8회를 랜덤하게, A_3와 A_4에서도 같은 방법으로 하여 얻은 데이터이다. 다음과 같이 분산분석표를 작성하였다. ( ) 안을 완성시키시오.

		A_1	A_2	A_3	A_4
B_1	C_1	1.30 1.33	1.89 1.82	1.35 1.39	1.30 1.38
	C_2	1.53 1.55	2.14 2.12	1.59 1.53	1.44 1.45
B_2	C_1	1.04 1.05	1.56 1.54	1.10 1.06	1.03 0.94
	C_2	1.22 1.20	1.76 1.84	1.29 1.34	1.12 1.15

요 인	SS	DF	MS	F_0	$E(MS)$
A	1.895	( )	( )	( )	( )
$B(A)$	0.7458	( )	( )	( )	( )
$C(AB)$	0.3409	( )	( )	( )	( )
e	0.0193	( )	( )	( )	( )
T	3.0010	( )			

13 다음의 $\overline{x}-R$관리도 데이터에 대한 요구에 답하시오. (단, $n=2$일 때 $d_2=1.128$, $n=4$일 때 $d_2=2.059$이다.)

시료군의 번호	측 정 치					
	x_1	x_2	x_3	x_4	$\overline{x_i}$	R_m
1	38.3	38.9	39.4	38.3	38.725	
2	39.1	39.8	38.5	39.0	39.100	0.375
3	38.6	38.0	39.2	39.9	38.925	0.175
4	40.6	38.6	39.0	39.0	39.300	0.375
5	39.0	38.5	39.3	39.4	39.050	0.250
6	38.8	39.8	38.3	39.6	39.125	0.075
7	38.9	38.7	41.0	41.4	40.000	0.875
8	39.9	38.7	39.0	39.7	39.325	0.675
9	40.6	41.9	38.2	40.0	40.175	0.850
10	39.2	39.0	38.0	40.5	39.175	1.000
11	38.9	40.8	38.7	39.8	39.550	0.375
12	39.0	37.9	37.9	39.1	38.475	1.075
13	39.7	38.5	39.6	38.9	39.175	0.700
14	38.6	39.8	39.2	40.8	39.600	0.425
15	40.7	40.7	39.3	39.2	39.975	0.375
합 계					589.675	7.600

(1) $\overline{x}-R$관리도의 C_L, U_{CL}, L_{CL}을 구하시오.

(2) 군내변동($\widehat{\sigma_w}$), 군간변동($\widehat{\sigma_b}$)을 각각 구하시오.

14 $L_8(2^7)$형 직교배열표에서 어떤 화학실험에서 촉매가 반응공정에서 합성률에 미치는 영향에 대하여 얻은 데이터이다. A인자(촉매)를 3열에, B인자(합성온도)를 6열에 배치하였다. 다음 물음에 답하시오.

배치			A			B		실험데이터 x_i
No.＼열번	1	2	3	4	5	6	7	
1	1	1	1	1	1	1	1	13
2	1	1	1	2	2	2	2	12
3	1	2	2	1	1	2	2	21
4	1	2	2	2	2	1	1	18
5	2	1	2	1	2	1	2	22
6	2	1	2	2	1	2	1	19
7	2	2	1	1	2	2	1	20
8	2	2	1	2	1	1	2	17
성분	a	b	a b	c	a c	b c	a b c	$T=142$

(1) 교호작용 $A \times B$ 는 몇 열에 배치되어야 하는가?

(2) 교호작용의 변동 $S_{A \times B}$를 구하시오.

15 검사단위의 품질표시방법 중 시료의 품질표시방법을 5가지를 적으시오.

기출유사문제풀이 [2014년 4회 품질경영기사 실기]

01_ (1) $P_r(x=0)=P_r(c=0)=0.135$

(2) $P_r(x \geq 2)=1-P_r(x=0,\ 1)=1-0.406=0.594$

02_ (1) ① $\bar{x}=x_0+h\times\dfrac{\Sigma f_i u_i}{\Sigma f_i}=52.5+4\times\dfrac{(-2)}{64}=52.3750$

② $s^2=h^2\times\left(\dfrac{\Sigma f_i {u_i}^2-(\Sigma f_i u_i)^2/\Sigma f_i}{\Sigma f_i-1}\right)=4^2\times\left(\dfrac{128-(-2)^2/64}{63}\right)=32.49206$

또는 $s^2=h^2\times\left(\dfrac{S}{n-1}\right)=16\times\dfrac{127.93750}{63}=32.49206$

③ $s=h\sqrt{\dfrac{\Sigma f_i {u_i}^2-(\Sigma f_i u_i)^2/\Sigma f_i}{\Sigma f_i-1}}=4\times\sqrt{\dfrac{128-(-2)^2/64}{63}}=5.70018$

또는 $s=\sqrt{s^2}=\sqrt{32.49206}=5.70018$

(2) ① 규격하한 밖으로 벗어날 확률

$P_r(x<L)=P_r\left(u<\dfrac{L-\mu}{\sigma}\right)=P_r\left(u<\dfrac{35-52.375}{5.70018}\right)=P_r(u<-3.048)=0.0^2 1144$

② 규격상한 밖으로 벗어날 확률

$P_r(x>U)=P_r\left(u>\dfrac{U-\mu}{\sigma}\right)=P_r\left(u>\dfrac{65-52.375}{5.70018}\right)=P_r(u>2.215)=0.0136$

$\therefore P_r=0.0^2 1144+0.0136=0.014744=1.47440(\%)$

03_ 계수축차 샘플링검사표에서 $PRQ=5\%$, $CRQ=10\%$에 해당되는 칸에 $h_A=3.013$, $h_R=3.868$, $g=0.0724$가 되므로,

(1) $n_t=\dfrac{2h_A\cdot h_R}{g(1-g)}=\dfrac{2\times3.013\times3.868}{0.0724\times(1-0.0724)}=347.06937=348$(소수점올림)

(2) $A_t=gn_t=0.0724\times348=25.19520=25$ (소수점버림)

04_ ① 품질기준이 명확할 것

② 시료의 샘플링은 랜덤하게 될 것

③ 제품이 로트로서 처리될 수 있는 것
④ 합격로트 중에는 어느 정도 부적합품의 섞임을 허용할 것
⑤ 계량샘플링검사에서는 로트검사 단위의 특성치 분포를 대략 알고 있을 것

05_ $\frac{2^7}{8}=16$배 실험을 더하게 된다.

06_ 부적합품률을 보증하는 경우(L이 주어진 경우)

① $\overline{X_L}=L+k\sigma=75+1.74\times2=78.480(\text{kg/mm}^2)$

② $\overline{x}=\frac{\Sigma x_i}{n}=\frac{617.0}{8}=77.1250(\text{kg/mm}^2)$

③ $\overline{x}=77.1250<\overline{X_L}=78.480$이므로 로트를 불합격시킨다.

07_ (1) $\overline{X_L}=m_0-G_0\sigma=10-0.95\times1=9.050(\text{mg})$

(2) $K_{L(m)}=\frac{\sqrt{n}(\overline{X_L}-m)}{\sigma}=\frac{\sqrt{3}(9.050-9.0)}{1.0}=0.0867\fallingdotseq0.09$

$\therefore\ L(m)=0.4641$

08_ (1) ① $\beta=\frac{S(xy)}{S(xx)}=\frac{7,240}{4,160}=1.740385$

② $\alpha=\overline{y}-\beta\,\overline{x}=110-1.7403846\times52=19.5$

(2) 회귀에 의한 변동

$$S_R=\frac{S_{xy}^2}{S_{xx}}=\frac{7240^2}{4160}=12600.38462$$

(3) 회귀계수의 구간추정

$$\beta=\hat{\beta}\pm t_{1-\alpha/2}(n-2)\sqrt{\frac{V_{y/x}}{S(xx)}}=1.740385\pm2.306\times\sqrt{\frac{132.451699}{4,160}}$$

$\therefore\ 1.32891\le\beta\le2.15186$

09_ (1) 분산분석표 작성

① $CT=\frac{T^2}{lm}=\frac{(623)^2}{4\times3}=32344.08333$

② $S_T=\frac{1}{h^2}\left[\sum_i\sum_j X_{ij}{}^2-CT\right]=\frac{1}{10^2}[32631-CT]=2.86917$

③ $S_A=\frac{1}{h^2}\left[\sum_i\frac{T_i.{}^2}{m}-CT\right]=\frac{1}{10^2}\left[\frac{136^2+158^2+163^2+166^2}{3}-CT\right]=1.84250$

④ $S_B=\frac{1}{h^2}\left[\sum_j\frac{T._j{}^2}{l}-CT\right]=\frac{1}{10^2}\left[\frac{198^2+202^2+223^2}{4}-CT\right]=0.90167$

⑤ $S_e=S_T-S_A-S_B=0.1250$

⑥ $\nu_T=lm-1=11,\ \nu_A=l-1=3,\ \nu_B=m-1=3,\ \nu_e=6$

⑦ 분산분석표

요 인	SS	DF	MS	F_0	$F_{0.95}$	$F_{0.99}$	$E(MS)$
A	1.84250	3	0.61417	29.48**	4.76	9.78	$\sigma_e{}^2+3\sigma_A{}^2$
B	0.90167	2	0.45083	21.64**	5.14	10.9	$\sigma_e{}^2+4\sigma_B{}^2$
e	0.1250	6	0.02083				$\sigma_e{}^2$
T	2.86917	11					

∴ 인자 A, 인자 B 모두 유의수준 5%, 1%로 유의하다.

(2) 최적수준의 점추정

$X_{ij}=(x_{ij}-85.0)\times10$를 원데이터의 수식으로 변환시키면, $x_{ij}=\frac{1}{10}X_{ij}+85.0$이 된다.

$\mu(A_4B_3)=\frac{1}{10}\times(\bar{x}_4.+\bar{x}._3-\bar{\bar{x}})+85.0=\frac{1}{10}\times\left(\frac{166}{3}+\frac{223}{4}-\frac{623}{12}\right)+85.0=90.91667$

(3) 최적수준 $\mu(A_4B_3)$의 구간추정 $\left(n_e=\frac{lm}{l+m-1}=\frac{4\times3}{4+3-1}=2\right)$

$(\bar{x}_i.+\bar{x}._j-\bar{\bar{x}})\pm t_{1-\alpha/2}(\nu_e)\sqrt{\frac{V_e}{n_e}}=90.91667\pm2.447\times\sqrt{\frac{0.02083}{2}}$

$\therefore 90.66694\le\mu(A_4B_3)\le91.16640$

10_ 층별비례샘플링인 경우

$m=5,\ \overline{n}=\dfrac{5+7+15+18+6}{5}=10.2$　　$V(\overline{x})=\dfrac{\sigma_w{}^2}{m\overline{n}}=\dfrac{0.8^2}{5\times 10.2}=0.01255(\%)$

11_

① P코스트 : QC코스트, QC교육코스트
② A코스트 : 시험코스트, PM코스트
③ F코스트 : 현지서비스코스트, 설계변경코스트

12_ 분산분석표의 작성

① 자유도를 구한다.

$\nu_T=lmnr-1=4\times 2\times 2\times 2-1=31$

$\nu_A=l-1=3,\ \nu_{B(A)}=l(m-1)=4$

$\nu_{C(AB)}=lm(n-1)=8,\ \nu_e=lmn(r-1)=16$

② 분산분석표

요 인	SS	DF	MS	F_0	$E(MS)$
A	1.895	3	0.63167	3.388	$\sigma_e{}^2+2\sigma_{C(AB)}{}^2+4\sigma_{B(A)}{}^2+8\sigma_A{}^2$
$B(A)$	0.7458	4	0.18645	4.376	$\sigma_e{}^2+2\sigma_{C(AB)}{}^2+4\sigma_{B(A)}{}^2$
$C(AB)$	0.3409	8	0.04261	35.215	$\sigma_e{}^2+2\sigma_{C(AB)}{}^2$
e	0.0193	16	0.00121		$\sigma_e{}^2$
T	3.0010	31			

13_ (1) $\overline{x}-R$관리도의 관리한계선

① $\overline{x}$관리도

$$C_L=\frac{\Sigma\overline{x}}{k}=\frac{589.675}{15}=39.31167$$

$$U_{CL}=\overline{\overline{x}}+\frac{3\overline{R}}{d_2\sqrt{n}}=39.31167+\frac{3\times 1.80}{2.059\times\sqrt{4}}=40.62299$$

$$L_{CL}=\overline{\overline{x}}-\frac{3\overline{R}}{d_2\sqrt{n}}=39.31167-\frac{3\times 1.80}{2.059\times\sqrt{4}}=38.00035$$

② R관리도

$C_L = \frac{\Sigma R}{k} = \frac{27.0}{15} = 1.80$

$U_{CL} = D_4 \overline{R} = 2.282 \times 1.80 = 4.10760$

$L_{CL} = D_3 \overline{R} = -$ (고려하지 않음)

(2) ① 군내변동 $\hat{\sigma_w} = \frac{\overline{R}}{d_2} = \frac{1.80}{2.059} = 0.87421$

② $\hat{\sigma_{\bar{x}}} = \frac{\overline{R_m}}{d_2} = \frac{0.542857}{1.128} = 0.481256$

$\sigma_{\bar{x}}{}^2 = \frac{\sigma_w{}^2}{n} + \sigma_b{}^2$에서 군간변동 $\sigma_b = \sqrt{\sigma_{\bar{x}}{}^2 - \frac{\sigma_w{}^2}{n}} = \sqrt{0.481256^2 - \frac{0.87421^2}{4}} = 0.20136$

14_ (1) $A \times B = ab \times bc = ab^2c = ac$(5열) ($\because$ $a^2 = b^2 = c^2 = 1$)

(2) 변동

$S_{A \times B} = \frac{1}{8}$[(수준 2의 데이터의 합) − (수준 1의 데이터의 합)]^2

$= \frac{1}{8}[(12+18+22+20) - (13+21+19+17)]^2 = 0.50$

15_ ① 부적합품 개수　　② 평균 부적합수
③ 평균치　　④ 표준편차
⑤ 범위

기출유사문제 [2014년 1회 품질경영산업기사 실기]

01 어떤 상품의 제품으로부터 5개의 시료를 랜덤하게 샘플링하여 다음과 같은 데이터를 얻었다. 모평균에 대한 95% 신뢰구간을 구하시오.

[Data] 45 52 47 44 47

02 다음 데이터는 새로운 공정에서 랜덤으로 10개의 샘플을 측정한 결과이다.

[Data] 5.5 6.0 5.9 5.2 5.7 6.2 5.4 5.9 6.3 5.8

(1) 새로운 공법에 의하여 시험 제작된 제품의 모분산이 기준으로 설정된 값 $\sigma^2 = 0.6$보다 작다고 할 수 있겠는가?

(2) 모분산의 신뢰구간을 신뢰율 95%로써 구하시오.

03 일정한 작업표준에 의하여 제조하고 있는 공정으로부터 200개의 시료를 샘플링하여 측정한 결과 25개의 부적합품이 나왔다. 신뢰율 95%로 모부적합품률의 신뢰한계를 구하시오.

04 어떤 공정에서 생산되는 제품 로트크기에 따라서 생산에 소요되는 시간을 측정하였더니 다음과 같은 시간이 소요되었다. 다음의 물음에 답하시오.(단, $\alpha = 0.05$)

x_i	30	20	60	80	40	50	60	30	70	80
y_i	73	50	128	170	87	108	135	69	148	132

(1) 표본상관계수를 계산하시오.

(2) 공분산을 구하시오.

(3) 회귀방정식을 구하시오.

(4) 분산분석표를 작성하시오.

05

부품의 내경 연마 공정에서 해석용 관리도를 작성하기 위해 과거 자료로부터 부품의 내경(단위 [mm])을 군의 크기 $n=5$, 군의 수 $k=25$의 데이터를 구하여 $\sum \overline{x_i} = 1,240$, $\sum R_i = 248$을 얻었다. $\overline{x}-R$관리도의 관리상 · 하한선을 구하시오.(단, $n=5$일 때 $A_2 = 0.577$, $D_4 = 2.115$)

06

전자레인지의 최종검사에서 20대를 랜덤하게 추출하여 부적합수를 조사하였다.

로트번호	1	2	3	4	5	6	7	8	9	10
부적합수	1	4	3	7	5	6	5	3	2	3
로트번호	11	12	13	14	15	16	17	18	19	20
부적합수	5	8	6	6	7	6	2	1	1	2

(1) c관리도의 C_L, U_{CL}, L_{CL}을 구하시오.

(2) c관리도를 작성하시오.

(3) 관리상태의 여부를 판정하시오.

07

한 상자에 100개씩 들어 있는 기계부품이 50상자가 있다. 이 상자 간의 산포가 $\sigma_b = 0.5$, 상자 내의 산포가 $\sigma_w = 0.8$일 때 우선 5상자를 랜덤하게 샘플링한 후 뽑힌 상자마다 10개씩 랜덤 샘플링을 한다면 이 로트의 모평균의 추정정밀도 $V(\overline{x})$는 얼마가 되겠는가?(단, $M/m \geq 10$, $\overline{N}/\overline{n} \geq 10$의 조건을 고려해서 M, $\overline{N}$는 무시하여도 좋다. 답은 소수점 이하 셋째 자리로 맺음한다.)

08

아래 그림에서 빈칸에 알맞은 내용을 채우시오.

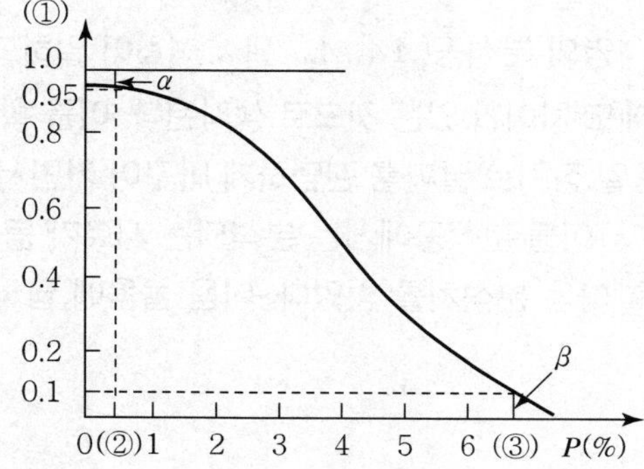

09 AQL 지표형 샘플링검사에서 검사의 엄격도 조정에 대한 조건을 각각 기술하시오.

(1) 까다로운 검사 → 검사정지
(2) 검사정지 → 까다로운 검사
(3) 보통검사 → 까다로운 검사

10 계수값 샘플링검사(KS Q ISO 2859-1)에서는 샘플링 형식으로 1회, 2회, 다회 샘플링검사 중 하나를 선택하여 사용한다. 이때, ((1)), ((2)), ((3))이 같으면, OC곡선의 기울기는 차이가 없으므로 실제로 합격할 확률 또한 거의 동일하다.

11 5M 1E는 무엇을 의미하는가?

12 품질 Cost를 설명하고, 종류별로 간략하게 설명하시오.

13 QC 7도구를 쓰고 파레토도를 설명하시오.

14 측정시스템 변동의 유형에는 편의(bias), 반복성, 재현성, 안정성, 선형성의 5가지가 있다. 반복성(repeatability)에 대하여 간략하게 적으시오.

15 어느 실험실에서 4명의 분석공(A_1, A_2, A_3, A_4)이 일하고 있는데 이들 간에는 동일한 시료의 분석결과에도 차이가 있는 것으로 생각된다. 이를 확인하기 위하여 일정한 표준시료를 만들어서, 동일 장치로 날짜를 랜덤하게 바꾸어 가면서 각 4회 반복하여 4명의 분석공에게 분석시켰다. 이들 분석공에게는 분석되는 시료가 동일한 표준시료라는 것을 모르게 하여 실시한 후 다음 분석치를 얻었다. 다음 물음에 답하시오.(단, 데이터는 망대특성이다.)

	A_1	A_2	A_3	A_4
1	79.4	79.8	80.9	81.0
2	78.9	80.4	80.6	79.8
3	78.7	79.2	80.1	80.0
4	80.0	80.5	80.4	80.8

(1) 분산분석을 하시오.($E(MS)$포함)

(2) 최적수준에 대하여 신뢰구간 95%로 구간추정하시오.

16 우리나라의 표준화 관련 기관에 대한 설명이다. 해당되는 기관명을 기술하시오.

(1) 산업규격의 제 · 개정 및 국제표준화관련 기구와 교류 및 협력하며, 국가 측정표준의 확립 및 보급을 목적으로 하는 정부기관

(2) 산업표준의 제정, 개정, 폐지에 관한 사항을 조사, 심의하는 회의기구

(3) 정부의 품질경영체제 및 환경경영체제 관련 ISO 인증제도의 민간운영 방침에 따라 설립된 단체

(4) 측정표준기술을 연구개발하고 성과를 보급하는 기관

기출유사문제풀이 [2014년 1회 품질경영산업기사 실기]

01_ $\bar{x}=47,\ s=3.082207,\ t_{0.975}(4)=2.776$

$$\bar{x}\pm t_{1-\alpha/2}(\nu)\frac{s}{\sqrt{n}}=47\pm 2.776\times\frac{3.082207}{\sqrt{5}}$$

$\therefore\ 43.17355 \le \hat{\mu} \le 50.82645$

02_ (1) ① $H_0:\sigma^2 \ge 0.6,\ H_1:\sigma^2 < 0.6$

② $\chi_0{}^2=\frac{S}{\sigma_0{}^2}=\frac{1.0890}{0.6}=1.815$

③ $\chi_0{}^2 < \chi_\alpha{}^2(\nu)=\begin{cases}3.33 & \alpha=0.05\\2.09 & \alpha=0.01\end{cases}$ 이면 H_0를 기각한다.

④ $\chi_0{}^2=1.815<2.09$ 이므로 $\alpha=0.01$로 H_0 기각한다. 즉, $\alpha=0.01$로 새로운 공법에 의하여 시험 제작된 제품의 모분산이 기준으로 설정된 분산보다 작다고 할 수 있다.

(2) 한쪽 구간추정이므로

$$\widehat{\sigma^2}\le\frac{S}{\chi_\alpha{}^2(\nu)},\ \widehat{\sigma^2}\le\frac{1.0890}{3.33}=0.32703$$

03_ $\hat{p}=\frac{x}{n}=\frac{25}{200}=0.1250$ 이므로

$$\hat{p}\pm u_{1-\alpha/2}\sqrt{\frac{\hat{p}(1-\hat{p})}{n}}=0.125\pm u_{0.975}\sqrt{\frac{(0.125)(0.875)}{200}}=0.07917\sim0.17084$$

04_ (1) 표본상관계수

$$r_{xy}=\frac{S(xy)}{\sqrt{S(xx)S(yy)}}=\frac{7,240}{\sqrt{4,160\times13,660}}=0.96043$$

(2) 공분산

$$S(xy)=\Sigma xy-\frac{(\Sigma x)(\Sigma y)}{n}=7,240$$

공분산 $V_{xy}=\frac{S(xy)}{n-1}=\frac{7,240}{9}=804.44444$

(3) 회귀 방정식

$y = \hat{\beta}_0 + \hat{\beta}_1 x$ 에서 $\beta_1 = \dfrac{S(xy)}{S(xx)} = 1.74038$, $\beta_0 = \bar{y} - \beta_1 \bar{x} = 110 - 1.74038 \times 52 = 19.50024$

$\therefore\ \hat{y} = 19.50024 + 1.74038x$

(4) 분산분석표 작성

요인	SS	DF	MS	F_0	$F_{1-\alpha}$
회귀	12,600.38461	1	12,600.38461	95.132	$F_{1-\alpha}(\nu_R,\ \nu_e) = 5.32$
잔차(오차)	1,059.61359	8	132.45192		
계	13,660.0	9			

05_ (1) $\bar{x}$관리도

$C_L = \dfrac{\Sigma \bar{x}}{k} = \dfrac{1,240}{25} = 49.60(\text{mm})$

$U_{CL} = \bar{\bar{x}} + A_2 \bar{R} = 49.6 + 0.577 \times 9.92 = 55.32438(\text{mm})$

$L_{CL} = \bar{\bar{x}} - A_2 \bar{R} = 49.6 - 0.577 \times 9.92 = 43.87616(\text{mm})$

(2) R관리도

$C_L = \dfrac{\Sigma R}{k} = \dfrac{248}{25} = 9.920(\text{mm})$

$U_{CL} = D_4 \bar{R} = 2.115 \times 9.92 = 20.98080(\text{mm})$

$L_{CL} = D_3 \bar{R} = -$ (고려하지 않음)

06_ (1) c관리도

$C_L = \bar{c} = \dfrac{\Sigma c}{k} = \dfrac{83}{20} = 4.150$

$U_{CL} = \bar{c} + 3\sqrt{\bar{c}} = 4.15 + 3 \times \sqrt{4.15} = 10.26147$

$L_{CL} = \bar{c} - 3 \times \sqrt{\bar{c}} = 4.15 - 3\sqrt{4.15} = -$ (고려하지 않음)

(2) 관리도작성

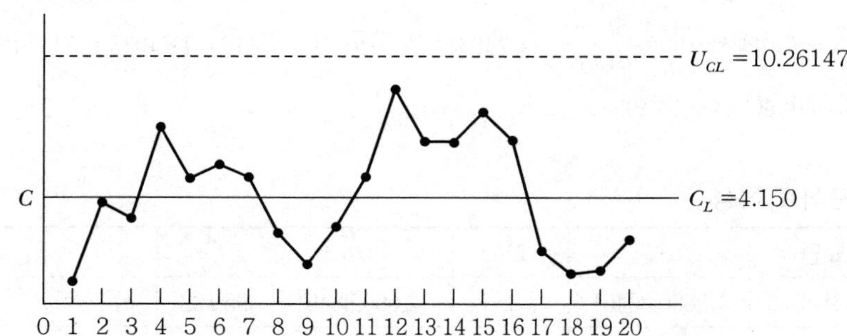

(3) **판정** : 관리 한계선을 벗어나는 점이 없으므로 이 공정은 관리상태에 있다고 볼 수 있다.

07_ 2단계 샘플링인 경우($m=5,\ \bar{n}=10$)

$$V(\bar{\bar{x}})=\frac{{\sigma_w}^2}{m\bar{n}}+\frac{{\sigma_b}^2}{m}=\frac{0.8^2}{50}+\frac{0.5^2}{5}=0.063$$

08_

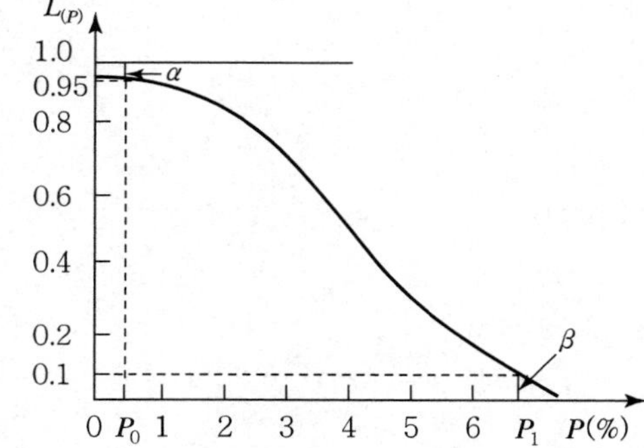

09_ (1) 까다로운 검사 → 검사정지
까다로운 검사에서 불합격로트의 누계가 5에 도달할 때

(2) 검사정지 → 까다로운 검사
공급자가 품질을 개선하였다.

(3) 보통검사 → 까다로운 검사
연속 5로트이내에서 2로트가 불합격 되었다.

10_ (1) 시료문자 (2) AQL (3) 엄격도 조정

11_ • 5M : 작업자(Man), 기계설비(Machine), 원재료(Material), 작업방법(Method), 작업측정(Measurement)
• 1E : 작업환경(Environment)

12_ ① 품질코스트 : 품질관리에 수반되는 재비용으로 QC활동을 코스트면에서 평가할 수 있는 경제적 · 합리적 · 효과적인 척도로 예방코스트, 평가코스트, 실패코스트로 분류할 수 있다.
② 품질코스트 종류
㉠ 예방코스트 : 처음부터 부적합이 생기지 않도록 하는 데 소요되는 비용
㉡ 평가코스트 : 소정의 품질수준을 유지하는 데 발생하는 비용
㉢ 실패코스트 : 소정의 품질수준을 유지하는 데 실패하였을 때 소요되는 비용

13_ ① QC 7도구 : 히스토그램, 체크시트, 파레토도, 특성요인도, 산점도, 층별, 각종 그래프(관리도 포함)
② 파레토도 : 체크시트에서 수집한 데이터를 크기순으로 나열하여 중점관리항목을 찾아내는 데 사용하는 도구로서 가로축은 부적합품 항목, 세로축은 부적합품수 또는 손실금액을 일반적으로 나타낸다. 막대그래프는 도수를 나타내며 꺽은선 그래프는 누적상대도수를 나타낸다.

14_ ① 측정기계의 산포로 동일한 작업자가 동일한 측정기로 동일한 제품을 측정할 때 발생하는 오차
② 한 사람의 평가자가 하나의 측정계기를 여러 차례 사용해서 동일한 시료의 동일한 특성을 측정하여 얻은 측정값의 변동

15_ (1) 분산분석표

① 수정항 $CT=\frac{T^2}{N}=\frac{(1,280.5)^2}{16}=102,480.0156$

② $S_T=\sum_i\sum_j x_{ij}^{\ 2}-CT=7.354375$

③ $S_A=\sum_i\frac{T_i.^{\ 2}}{r}-CT=\frac{1}{4}(317.0^2+319.9^2+322.0^2+321.6^2)-CT=3.876875$

④ $S_e=S_T-S_A=7.354375-3.876875=3.47750$

⑤ $\nu_T=lr-1=4\times4-1=15,\ \nu_A=l-1=4-1=3,\ \nu_e=l(r-1)=\nu_T-\nu_A=12$

⑥ 분산분석표 작성

요 인	SS	DF	MS	F_0	$F_{0.95}$	$F_{0.99}$	$E(MS)$
A	3.87688	3	1.29229	4.459*	3.49	5.95	$\sigma_e^{\ 2}+4\sigma_A^{\ 2}$
e	3.47750	12	0.28979				$\sigma_e^{\ 2}$
T	7.35438	15					

∴ 인자 A가 유의수준 5%로 유의적이다.

(2) 최적수준 $\hat{\mu}(A_3)$의 구간추정

$\bar{x}_i.\pm t_{1-\alpha/2}(\nu_e)\sqrt{\frac{V_e}{r}}=\bar{x}_3.\pm t_{0.975}(12)\sqrt{\frac{0.289792}{4}}=80.500\pm2.179\times\sqrt{\frac{0.289792}{4}}$

∴ $79.91350\le\mu(A_3)\le81.08650$

16_ (1) 기술표준원 (2) 산업표준심의회

(3) 한국인증원 (4) 한국표준과학연구원

기출유사문제 [2014년 4회 품질경영산업기사 실기]

01 다음 데이터는 공장에서 생산된 어느 기계 부품 중에서 랜덤하게 64개를 취하여 길이를 측정한 데이터를 도수분포표로 나타내었다. 다음 물음에 답하시오.(단, $L=35$, $U=65$)

급번호	계 급	중앙치(x_i)	도수(f_i)	u_i	$f_i u_i$	$f_i u_i^2$
1	38.5~42.5	40.5	1	−3	−3	9
2	42.5~46.5	44.5	8	−2	−16	32
3	46.5~50.5	48.5	15	−1	−15	15
4	50.5~54.5	52.5	23	0	0	0
5	54.5~58.5	56.5	7	1	7	7
6	58.5~62.5	60.5	5	2	10	20
7	62.5~66.5	64.5	5	3	15	45
합 계	−	−	64	−	−2	128

(1) 위의 도수분포표에서 평균($\bar{x}$), 불편분산(s^2), 표준편차(s)를 구하시오.

(2) 이 공정에서는 규격 외의 제품이 몇 % 정도가 되겠는가?

02 4개 중 하나를 택하는 문제가 20문항이 있는 시험에서 랜덤하게 답을 써 넣은 경우에 다음 물음에 답하시오.(누적 이항분포표를 이용할 것)

누적 이항분포표		$P(x \le c)=\sum_{x=0}^{c}\binom{n}{x}P^x(1-P)^{n-x}$	
$n=20$ \ P	0.25	$n=20$ \ P	0.25
$c=0$	0.0032	11	0.9990
1	0.0243	12	0.9998
2	0.0912	13	1.0000
3	0.2251	14	1.0000
4	0.4148	15	1.0000
5	0.6171	16	1.0000
6	0.7857	17	1.0000
7	0.8981	18	1.0000
8	0.9590	19	1.0000
9	0.9861	20	1.0000
10	0.9960		

(1) 정답이 하나도 없을 확률은?

(2) 7개 이상의 정답을 맞힐 확률은?

(3) 8개 이상 11개 이하의 정답을 맞힐 확률은?

03 다음은 관리도에 대한 데이터이다. p관리도의 자료표를 보고 관리도를 작성하고 판정하시오.

로트번호	시료의 크기	부적합품수	로트번호	시료의 크기	부적합품수
1	40	3	6	30	3
2	40	5	7	50	6
3	40	3	8	50	5
4	30	4	9	50	6
5	30	2	10	50	4

04 계수 · 계량규준형 1회 샘플링검사는 n개의 샘플을 취하고 그 측정치의 평균치 $\overline{x}$와 합격판정치를 비교하여 로트의 합격·불합격을 판정하는 방법이다. 로트의 평균치를 보증하는 경우는 KS Q 0001(표준편차기지)에 규정되어 있다. 다음 표는 KS Q 0001의 부표로서, m_0, m_1이 주어졌을 때 n과 G_0를 구하는 표이다. 다음 물음에 답하시오.

$\frac{\vert m_1 - m_0 \vert}{\sigma}$	n	G_0
2.069 이상	2	1.163
1.690~2.08	3	0.950
1.463~1.689	4	0.822
1.309~1.462	5	0.736
⋮	⋮	⋮
0.772~0.811	14	0.440
0.756~0.771	15	0.425
0.732~0.755	16	0.411

(1) 드럼에 채운 고체가성소다 중 산화 철분은 적을수록 좋다. 로트의 평균치가 0.0040% 이하이면 합격으로 하고 그것이 0.0050% 이상이면 불합격하는 $\overline{X_U}$를 구하시오.(단, σ는 0.0006%임을 알고 있다.)

(2) 강재의 인장강도는 클수록 좋다. 강재의 평균치가 46(kg/mm²) 이상인 로트는 통과시키고 그것이 43(kg/mm²) 이하인 로트는 통과시키지 않는 $\overline{X_L}$을 구하시오.(단, $\sigma=4$ (kg/mm²)임을 알고 있다.)

05 조립품의 기본치수가 5(mm)인 것을 구입하고자 한다. 굵기의 평균치가 5 ± 0.2(mm) 이내의 로트이면 합격으로 하고, 5.0 ± 0.5(mm) 이상 되는 로트는 불합격시키고자 한다. n, $\overline{X_U}$, $\overline{X_L}$을 구하시오.(단, $\sigma=0.3$(mm), $\alpha=0.05$, $\beta=0.10$, 다음의 표값을 이용하시오.)

$\frac{\lvert m_1-m_0\rvert}{\sigma}$	n	G_0
2.069 이상	2	1.163
1.690~2.068	3	0.950
1.436~1.686	4	0.822
1.309~1.462	5	0.736
1.195~1.308	6	0.672
1.106~1.194	7	0.622
1.035~1.105	8	0.582
0.975~1.034	9	0.548
0.925~0.974	10	0.520
0.882~0.924	11	0.469
0.845~0.881	12	0.475
0.812~0.844	13	0.456
0.772~0.811	14	0.440
0.756~0.711	15	0.425

06 A사에서는 어떤 부품의 수입검사에 KS Q ISO 2859-1 ; 2010의 계수값 샘플링검사방식을 적용하고 있다. AQL=1.0%, 검사수준 Ⅲ으로 하는 1회 샘플링방식을 채택하고 있다. 처음 검사는 보통검사로 시작하였으며, 80번 로트에서는 수월한 검사를 실시하였다. KS Q ISO 2859-1의 주 샘플링검사표를 사용하여 답안지 표의 공란을 채우시오.

로트번호	N	샘플문자	n	Ac	부적합품수	합부판정	엄격도 적용
80	2,000	L	80	3	3	합격	수월한 검사 실행
81	1,000	K	50	2	3	불합격	보통검사 전환
82	2,000	L	( )	( )	3	( )	( )
83	1,000	K	( )	( )	5	( )	( )
84	2,000	L	( )	( )	2	( )	( )

07 어떤 제품을 실험할 때 반응압력 A를 1.0, 1.5, 2.0, 2.5기압의 4수준, 반응시간 B를 30분, 40분, 50분의 3수준으로 하여 데이터를 구한 결과 다음 표를 얻었다. 물음에 답하시오.(데이터는 망대특성이다.)

인자B \ 인자A	A_1	A_2	A_3	A_4
B_1	7.6	8.6	9.0	8.0
B_2	7.3	8.2	8.0	7.7
B_3	6.7	6.9	7.9	6.5

(1) 인자 A, B의 변동과 총변동을 각각 구하시오.

(2) 분산분석표를 작성하시오.

(3) 분산분석표의 검정결과에서 최적해를 구하시오.

(4) 최적해에 대한 신뢰율 95%로서 구간추정을 행하시오.

08 직교배열표의 장점 3가지를 적으시오.

09 다음 ( ) 속에 적당한 말을 보기에서 찾으시오.

[보기] ① 품질목표 ② 품질표준 ③ 품질보증 ④ 관리수준

(1) 현재의 기술로는 도달하기 어렵지만 제반 요구에 의해 장래 도달하고 싶은 품질의 수준 (ⓐ)

(2) 현재의 기술로서 관리하면 도달할 수 있는 품질의 수준 (ⓑ)

(3) 현재의 기술, 공정관리, 검사에 의해 소비자에 대하여 보증할 수 있는 품질의 수준 (ⓒ)

(4) 각 공정에 대해서 공정관리를 실시하기 위한 품질의 수준 (ⓓ)

10 QC의 기본 7가지 도구의 명칭중 6가지를 적으시오.

11 QC분임조 활동의 기본이념을 설명하시오.

12 아래 분수합격 판정에 대한 내용이다. 빈칸을 채우시오.

로트 번호	N	샘플 문자	n	AQL	당초 Ac	합부판정 점수 (검사전)	적용 Ac	부적 합품 수	합부 판정	합부판정 점수 (검사후)	전환점 수	샘플링 검사의 엄격도
1	180	G	32	1	1/2	5	0	0	합격	5	2	보통검사
2	200	G	32	1	1/2	(①)	(②)	1	합격	(③)	(④)	보통검사
3	250	G	32	1	1/2	5	0	1	불합격	0	0	보통검사
4	450	H	50	1	1	(⑤)	1	1	합격	0	2	보통검사
5	300	H	50	1	1	7	1	1	합격	0	4	보통검사
6	80	E	13	1	0	0	0	1	불합격	0	0	(6)

13 기계 A에 대하여 $n_A = 5$, $k_A = 20$의 $\overline{x}$ − R관리도를 작성한 결과 $\overline{\overline{x_A}}$ = 72.56, $\overline{R_A}$ = 6.42가 되고 기계 B에 대하여 $n_B = 5$, $k_B = 25$인 $\overline{x}$ − R관리도를 작성한 결과 $\overline{\overline{x_B}}$ = 76.89, $\overline{R_B}$ = 6.04가 되었다. 기계 A와 기계 B의 평균치에는 차이가 있겠는가를 검정하는 식은 $|\overline{\overline{x_A}} - \overline{\overline{x_B}}| > A_2 \overline{R} \sqrt{\frac{1}{k_A} + \frac{1}{k_B}}$ 이다. 이때 공통범위인 $\overline{R}$를 구하시오.

14 $n = 4$의 $\overline{x} - R$관리도에서 $\overline{\overline{x}}$ = 18.50, $\overline{R}$ = 3.09로 관리상태에 있었다. 지금 공정평균이 15.49로 변했다고 하면, 처음의 3σ 관리한계에서 벗어나는 비율은 얼마나 되는가?

15 에나멜 동선의 도장공정을 관리하기 위하여 핀홀의 수를 조사하였다. 시료의 길이가 종류에 따라 변하므로 시료 1,000m당의 핀홀의 수를 사용하여 u관리도를 작성하고자 다음과 같은 데이터 시료를 얻었다. u관리도를 그리고 판정하시오.

시료군의 번호	1	2	3	4	5	6	7	8	9	10
시료의 크기 n (1,000m)	1.0	1.0	1.0	1.0	1.0	1.3	1.3	1.3	1.3	1.3
핀홀수	5	5	3	3	5	2	5	3	2	1

기출유사문제풀이 [2014년 4회 품질경영산업기사 실기]

01_ (1) ① $\bar{x}=x_0+h\times\frac{\Sigma f_i u_i}{\Sigma f_i}=52.5+4\times\frac{(-2)}{64}=52.3750$

② $s^2=h^2\times\left(\frac{\Sigma f_i u_i{}^2-(\Sigma f_i u_i)^2/\Sigma f_i}{\Sigma f_i-1}\right)=4^2\times\left(\frac{128-(-2)^2/64}{63}\right)=32.49206$

또는 $s^2=h^2\times\left(\frac{S}{n-1}\right)=16\times\frac{127.93750}{63}=32.49206$

③ $s=h\sqrt{\frac{\Sigma f_i u_i{}^2-(\Sigma f_i u_i)^2/\Sigma f_i}{\Sigma f_i-1}}=4\times\sqrt{\frac{128-(-2)^2/64}{63}}=5.70018$

또는 $s=\sqrt{s^2}=\sqrt{32.49206}=5.70018$

(2) ① 규격하한 밖으로 벗어날 확률

$P_r(x<L)=P_r\left(u<\frac{L-\mu}{\sigma}\right)=P_r\left(u<\frac{35-52.375}{5.70018}\right)=P_r(u<-3.048)=0.0^21144$

② 규격상한 밖으로 벗어날 확률

$P_r(x>U)=P_r\left(u>\frac{U-\mu}{\sigma}\right)=P_r\left(u>\frac{65-52.375}{5.70018}\right)=P_r(u>2.215)=0.0136$

$\therefore P_r=0.0^21144+0.0136=0.014744=1.47440(\%)$

02_ (1) $P_r(x=0)=0.0032$

(2) $P_r(x\geq 7)=1-P_r(x\leq 6)=1-0.7857=0.21430$

(3) $P_r(8\leq x\leq 11)=P_r(x\leq 11)-P_r(x\leq 7)=0.9990-0.8981=0.10090$

03_ (1) 관리도 작성

$C_L=\frac{\Sigma np}{\Sigma n}=\frac{41}{410}=0.10$

① $n=40$

$U_{CL}=\bar{p}+3\sqrt{\frac{\bar{p}(1-\bar{p})}{n}}=0.24230$

$L_{CL}=\bar{p}-3\sqrt{\frac{\bar{p}(1-\bar{p})}{n}}=-0.042302=-$ (고려하지 않음)

② $n=30$

$$U_{CL}=\bar{p}+3\sqrt{\frac{\bar{p}(1-\bar{p})}{n}}=0.26432$$

$$L_{CL}=\bar{p}-3\sqrt{\frac{\bar{p}(1-\bar{p})}{n}}=-0.064317=-\text{(고려하지 않음)}$$

③ $n=50$

$$U_{CL}=\bar{p}+3\sqrt{\frac{\bar{p}(1-\bar{p})}{n}}=0.22728$$

$$L_{CL}=\bar{p}-3\sqrt{\frac{\bar{p}(1-\bar{p})}{n}}=-0.027279=-\text{(고려하지 않음)}$$

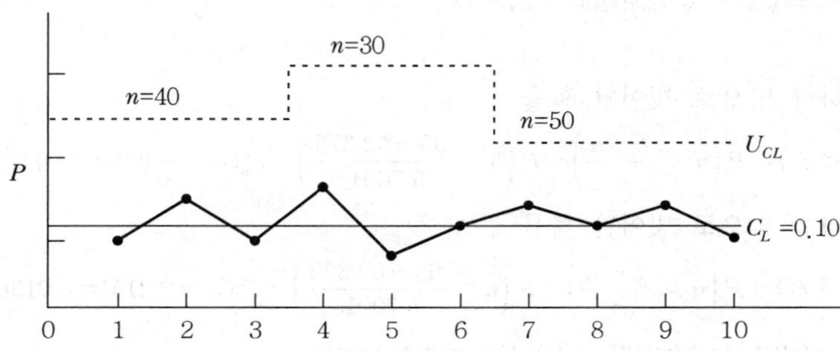

(2) 관리도 판정

비관리상태의 판정규칙에 해당되는 점들이 나타나지 않음에 따라 본 관리도는 관리상태로 판정할 수 있다.

04 (1) 평균치를 보증하는 경우(특성치가 낮을수록 좋은 경우)

$m_0=0.004,\ m_1=0.005,\ \sigma=0.0006$

$\frac{|m_1-m_0|}{\sigma}=\frac{|0.005-0.004|}{0.0006}=1.666667$ 이므로, 표에서 $n=4,\ G_0=0.822$

$\overline{X_U}=m_0+G_0\sigma=0.004+0.822\times0.0006=0.00449(\%)$

(2) 평균치를 보증하는 경우(특성치가 높을수록 좋은 경우)

$m_0=46,\ m_1=43,\ \sigma=4$

$\frac{|m_1-m_0|}{\sigma}=\frac{|43-46|}{4}=0.750$이므로, 표에서 $n=16,\ G_0=0.411$

$\overline{X_L}=m_0-G_0\sigma=46-0.411\times4=44.3560\,(\text{kg/mm}^2)$

05_ 평균치를 보증하는 경우(양쪽 규격이 주어졌을 경우)

$m_0{}' = 5.2,\ m_1{}' = 5.5,\ m_0{}'' = 4.8,\ m_1{}'' = 4.5$

$\dfrac{|m_1{}' - m_0{}'|}{\sigma} = \dfrac{|5.5 - 5.2|}{0.3} = 1.0$ 이므로, 표에서 $n = 9,\ G_0 = 0.548$

① $n = 9$(개)

② $\overline{X_U} = m_0{}' + G_0\sigma = 5.2 + 0.548 \times 0.3 = 5.36440\,(\text{mm})$

③ $\overline{X_L} = m_0{}'' - G_0\sigma = 4.8 - 0.548 \times 0.3 = 4.63560\,(\text{mm})$

06_ 표의 공란 작성 및 합부판정

로트번호	N	샘플문자	n	Ac	부적합품수	합부판정	엄격도 적용
80	2,000	L	80	3	3	합격	수월한 검사 속행
81	1,000	K	50	2	3	불합격	보통검사 전환
82	2,000	L	(200)	(5)	3	(합격)	(보통검사 속행)
83	1,000	K	(125)	(3)	5	(불합격)	(보통검사 속행)
84	2,000	L	(200)	(5)	2	(합격)	(보통검사 속행)

07_ (1) 각 요인의 변동 계산

① $CT = \dfrac{T^2}{lm} = \dfrac{(92.4)^2}{12} = 711.48$

② $S_T = \sum_i \sum_j x_{ij}{}^2 - CT = 717.7 - 711.48 = 6.22$

③ $S_A = \sum_i \dfrac{T_{i\cdot}{}^2}{m} - CT = 713.7 - 711.48 = 2.22$

④ $S_B = \sum_j \dfrac{T_{\cdot j}{}^2}{l} - CT = 714.92 - 711.48 = 3.44$

⑤ $S_e = S_T - S_A - S_B = 0.56$

⑥ $\nu_T = lm - 1 = 11,\ \nu_A = l - 1 = 3,\ \nu_B = m - 1 = 2,\ \nu_e = 6$

(2) 분산분석표 작성

요인	SS	DF	MS	F_0	$F_{0.95}$	$E(MS)$
A	2.22	3	0.74	7.929*	4.76	$\sigma_e^2+3\sigma_A^2$
B	3.44	2	1.72	18.429*	5.14	$\sigma_e^2+4\sigma_B^2$
e	0.56	6	0.09333			σ_e^2
T	6.22	11				

∴ 인자 A, 인자 B는 유의수준 5%로 유의적이다. 즉, 이 실험에서 반응압력(A)과 반응시간(B)이 영향을 미치고 있음을 알 수 있다.

(3) 최적해 $\mu(A_3B_1)$의 점추정

$$\hat{\mu}(A_3B_1)=\bar{x}_{3.}+\bar{x}_{.1}-\bar{\bar{x}}=\frac{24.9}{3}+\frac{33.2}{4}-7.7=8.9$$

(4) 최적해 $\mu(A_3B_1)$의 구간추정 $\left(n_e=\dfrac{lm}{l+m-1}=\dfrac{4\times 3}{4+3-1}=2\right)$

$$(\bar{x}_{i.}+\bar{x}_{.j}-\bar{\bar{x}})\pm t_{1-\alpha/2}(\nu_e)\sqrt{\frac{V_e}{n_e}}=(\bar{x}_{3.}+\bar{x}_{.1}-\bar{\bar{x}})\pm t_{0.975}(6)\sqrt{\frac{0.09333}{2}}$$

$$=8.9\pm 2.447\times\sqrt{\frac{0.09333}{2}}$$

$$\therefore 8.37140\le\mu(A_3B_1)\le 9.42860$$

08_ ① 기계적인 조작으로 이론을 잘 모르고도 일부실시법, 분할법, 교락법 등의 배치를 쉽게 할 수 있다.

② 실험 데이터로부터 변동 계산이 쉽고 분산분석표의 작성이 수월하다.

③ 실험의 크기를 증가시키지 않고도 실험에 많은 인자를 짜 넣을 수 있다.

09_ ⓐ ① ⓑ ② ⓒ ③ ⓓ ④

10_ ① 특성요인도(Characteristic diagram)

② 파레토도(Pareto diagram)

③ 히스토그램(Histogram)

④ 체크시트(Check sheet)
⑤ 층별(Stratification)
⑥ 각종 그래프(관리도 포함)
⑦ 산점도(Scatter diagram)

11_ ① 인간성을 존중하고 활력 있고 명랑한 직장을 만들고,
② 인간의 능력을 발휘하여 무한한 가능성을 창출하여,
③ 기업의 체질개선과 발전에 기여한다.

12_

로트 번호	N	샘플 문자	n	AQL	당초 Ac	합부판정 점수 (검사전)	적용 Ac	부적합품수	합부 판정	합부판정 점수 (검사후)	전환점수	샘플링 검사의 엄격도
1	180	G	32	1	1/2	5	0	0	합격	5	2	보통검사
2	200	G	32	1	1/2	(10)	(1)	1	합격	(0)	(4)	보통검사
3	250	G	32	1	1/2	5	0	1	불합격	0	0	보통검사
4	450	H	50	1	1	(7)	1	1	합격	0	2	보통검사
5	300	H	50	1	1	7	1	1	합격	0	4	보통검사
6	80	E	13		0	0	0	1	불합격	0	0	(까다로운 검사로 전환)

13_ $\overline{R} = \dfrac{k_A \overline{R_A} + k_B \overline{R_B}}{k_A + k_B} = \dfrac{6.42 \times 20 + 6.04 \times 25}{20 + 25} = 6.20889$

14_ $\sigma_{\bar{x}} = 0.750870$

$U_{CL} = \overline{\overline{x}} + 3\sigma_{\bar{x}} = \overline{\overline{x}} + A_2 \overline{R} = 18.50 + 0.729 \times 3.09 = 20.75261$

U_{CL} 밖으로 벗어날 확률 : $u = \dfrac{U_{CL} - 15.49}{\sigma_{\bar{x}}} = \dfrac{20.75261 - 15.49}{0.750870} = 7.009$

$L_{CL} = \overline{\overline{x}} - 3\sigma_{\bar{x}} = \overline{\overline{x}} - A_2 \overline{R} = 18.50 - 0.729 \times 3.09 = 16.247390$

L_{CL} 밖으로 벗어날 확률 : $u = \dfrac{L_{CL} - 15.49}{\sigma_{\bar{x}}} = \dfrac{16.24739 - 15.49}{0.750870} = 1.009$

$\therefore\ P_r = P_r(u < 1.009) + P_r(u > 7.009) = (1 - 0.1562) + 0 = 0.84380$

15_ $C_L = \bar{u} = \dfrac{\Sigma c}{\Sigma n} = \dfrac{34}{11.5} = 2.956522$

① $n = 1.0$

$$U_{CL} = \bar{u} + 3\sqrt{\frac{\bar{u}}{n}} = 8.11488$$

$$L_{CL} = \bar{u} - 3\sqrt{\frac{\bar{u}}{n}} = -2.201840 = -\text{(고려하지 않음)}$$

② $n = 1.3$

$$U_{CL} = \bar{u} + 3\sqrt{\frac{\bar{u}}{n}} = 7.48071$$

$$L_{CL} = \bar{u} - 3\sqrt{\frac{\bar{u}}{n}} = -1.567661 = -\text{(고려하지 않음)}$$

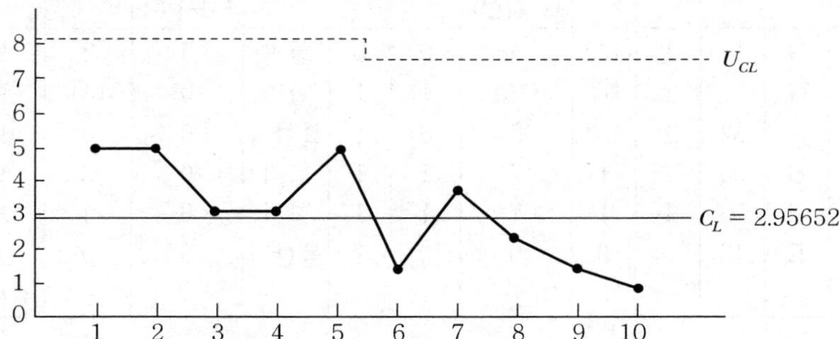

∴ 비관리상태의 판정규칙에 어긋나는 것이 없으므로 관리상태라 할 수 있다.

기출유사문제 [2015년 1회 품질경영기사 실기]

01 A 회사의 제품의 강도의 모평균은 130, 모표준편차는 15인 집단에서 군의 크기 $n=4$로 하여 $\bar{x}$ 관리도를 작성하였더니 U_{CL}=152.5, L_{CL}=107.5이었다. 다음 물음에 답하시오. (단, 산포는 변화가 없었으며, 규격은 100~160이다.)

(1) 이 제품규격을 벗어날 확률을 구하시오,

(2) $\bar{x}$ 관리도의 중심선이 U_{CL}쪽으로 1σ 만큼 이동하였다면, 검출력은 얼마나 되겠는가?

02 한 여성단체에서 같은 직종에 근무하는 여자, 남자 직원을 비교하여 남녀의 월급차가 있는지를 조사하였다. 다음 물음에 답하시오.

	남	여
표본크기	100명	100명
평균	195만원	178만원
시료의 표준편차	25만원	30만원

(1) 남자의 월급이 여자의 월급보다 많다고 할 수 있는 지를 검정을 행하시오.(유의수준 5%).

(2) 남녀간 월급차에 대한 95% 신뢰하한을 구간추정하시오.

03 다음은 카노의 품질요소에 대한 그림이다. 괄호 안을 채우시오.

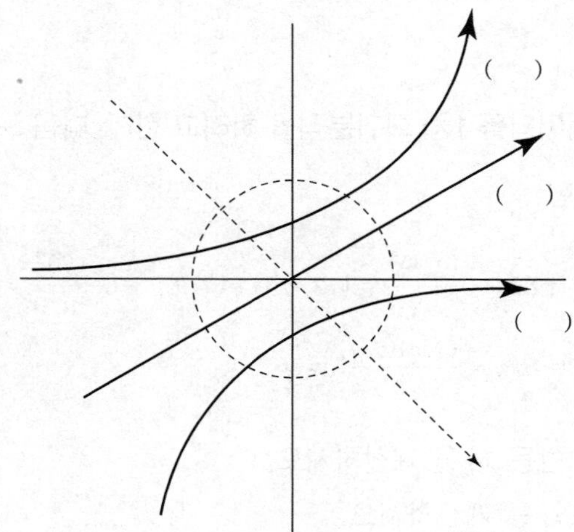

04 어떤 제품을 제조할 때 원료의 투입량(A : 4수준), 처리온도(B : 4수준), 처리시간(C : 4수준)을 인자로 잡고 라틴방격법으로 제품의 수율을 조사하기 위하여 실험을 하였다. 다음 표는 그 배치와 데이터이다. 물음에 답하시오.

	A_1	A_2	A_3	A_4
B_1	$C_4 = 8.4$	$C_3 = 9.2$	$C_2 = 9.8$	$C_1 = 9.9$
B_2	$C_2 = 7.4$	$C_1 = 10.0$	$C_3 = 10.6$	$C_4 = 9.8$
B_3	$C_1 = 9.2$	$C_2 = 9.9$	$C_4 = 9.3$	$C_3 = 10.6$
B_4	$C_3 = 9.6$	$C_4 = 9.5$	$C_1 = 11.0$	$C_2 = 10.2$

(1) 분산 분석표를 완성하고 판정을 하시오.

요 인	SS	DF	MS	F_0	$F_{0.95}$	$F_{0.99}$
A					4.76	9.78
B					4.76	9.78
C					4.76	9.78
e						
T						

(2) 수율을 분석할 경우 최적 조합을 구하는 식은?

(3) 상기의 분산분석표에서 요인 A, C만 유의하다는 가정 하에서 최적 조합을 구하는 식은?

(4) 최적 수준조합의 점추정치는 얼마나 되는가?

(5) 상기의 분산분석표에서 요인 A, C만 유의하다는 가정 하에서 최적 조합의 점추정치는 얼마나 되는가?

05 $n = 7$인 다음 데이터를 1차 회귀분석을 하려고 한다. 다음 보기의 데이터 값을 보고 물음에 답하시오.

[보기] $S(xx) = \Sigma x^2 - \dfrac{(\Sigma x)^2}{n} = 112$, $S(yy) = \Sigma y^2 - \dfrac{(\Sigma y)^2}{n} = 68$,

$S(xy) = \Sigma xy - \dfrac{(\Sigma x)(\Sigma y)}{n} = 56$

(1) 회귀에 의한 변동 S_R을 계산하시오.

(2) y의 전변동 S_T를 계산하시오.

(3) 회귀로부터 잔차변동 $S_{y/x}$를 계산하시오.

06 A 제품을 완성하기 위해서는 부품 150개가 직렬조립되어야 한다고 한다. 각 부품의 부적품률이 0.02%로 일정하다고 한다면, A 제품이 적합품이 될 확률을 구하시오.

07 3정 5S란 무엇인가?

08 어떤 부품의 고장시간의 분포가 형상모수 $m=1.5$, 척도모수 $\eta=1,200$시간, 위치모수 $r=0$인 와이블분포를 따른다.

(1) $t=800$에서 신뢰도를 구하시오.

(2) $t=500$에서 고장률을 구하시오.

09 $L_8 2^7$의 직교배열표를 이용하여 아래 표와 같이 인자를 배치하고 실험데이터를 얻었을 때 아래 물음에 답하시오.

배치			C	A	D	B		실험데이터 x_i
No＼열번	1	2	3	4	5	6	7	
1	1	1	1	1	1	1	1	$x_1=9$
2	1	1	1	2	2	2	2	$x_2=12$
3	1	2	2	1	1	2	2	$x_3=8$
4	1	2	2	2	2	1	1	$x_4=15$
5	2	1	2	1	2	1	2	$x_5=16$
6	2	1	2	2	1	2	1	$x_6=20$
7	2	2	1	1	2	2	1	$x_7=13$
8	2	2	1	2	1	1	2	$x_8=13$
기본표시	a	b	ab	c	ac	bc	abc	$\Sigma x=106$

(1) 교호작용 $A\times B$는 몇 열에 존재하는가?

(2) 인자 A의 주효과를 구하시오.

(3) 교호작용 $A\times B$의 변동을 구하시오.

10 Y회사에서는 부품의 강도가 매우 중요하다고 생각되어 공정을 새로운 방법으로 개선하여 생산된 제품을 측정한 결과 다음의 데이터를 얻었다. 모분산의 신뢰구간을 추정하시오. (단, 신뢰율 95%, 분포의 값은 주어진 표를 이용하시오.)

[Data] 11.00 11.50 10.75 11.25 10.50 11.75 10.75 11.25 10.50 12.25

(단위 : kg/mm^2)

11 어느 재료의 불순물의 함량이 79.5(%) 이하로 규정된 경우 즉 계량 규준형 1회 샘플링검사에서 $n=10$, $k=1.74$의 값을 얻어 데이터를 취했더니 아래와 같다. 다음 물음에 답하시오.(단, 표준편차 $\sigma=2.0(\%)$)

79.0	75.5	77.5	76.5	75.0
77.0	79.5	77.0	75.0	78.0

(1) 합격판정치를 구하시오.

(2) 이 로트의 합부판정을 실시하시오.

12 어떤 부품의 수입검사에 KS Q ISO 2859－1의 계수값 샘플링검사방식을 적용하고 있다. AQL＝1.5%, 검사수준 II로 하는 1회 샘플링방식을 채택하고 있다. 처음 검사는 속행으로 하였으며, 15개 로트에 대한 검사를 실시하였다. KS Q ISO 2859－1의 주 샘플링검사표(부표)를 사용하여 답안지 표의 공란을 채우고, 로트의 엄격도 전환을 결정하시오.

로트 번호	N	샘플 문자	n	Ac	Re	부적합품수	합부판정	전환점수	엄격도 적용
1	300	H	50	2	3	3	불합격	0	보통검사 시작
2	500					0			
3	200					0			
4	800					2			
5	1,500					1			
6	500					0			
7	2,500					1			

13 다음은 계수값 축차 샘플링검사에 대한 내용이다. ( )를 메우시오.

(1) 로트에서 시료를 1개씩 채취하여 검사하였을 때, 나오는 부적합품수의 (①)과 그때마다 계산된 합격판정값(A) 및 불합격판정값(R)과 비교하여 로트의 합격, 불합격, 검사속행을 결정하는 방법이다.
(2) 이 방식은 동일한 OC 곡선을 갖는 샘플링검사 방식 중에서 (②)가 가장 작도록 고안된 샘플링방식이다.
(3) 검사항목은 임의로 선택되고 로트로부터 1개씩 검사하여 누계카운트(D)가 합격판정개수(A) 이하이면 합격시키고 불합격판정개수(R) 이상이면 로트를 불합격시킨다. 만약 누계샘플사이즈가 (③)에 도달한 경우에는 누계카운터가 합격판정개수의 (④) 이하이면 합격시키고 불합격판정개수 이상이면 로트를 불합격시킨다.

14 어떤 재료의 강도(단위 : kg)는 $N(50,\ 2^2)$이고, 하중의 크기는 $N(45,\ 3^2)$인 정규분포를 따를 때, 이 재료의 파괴될 확률을 구하시오.

15 매일 생산되는 어떤 기계부품에서 100개씩 랜덤(Random)하게 샘플링하여 검사한 결과는 다음과 같다. 물음에 답하시오.

11월	1	2	3	4	5	6	7	8	9	10	11	12	13	14	15	16	17	18	19	20	계
부적합품수	2	1	6	4	4	3	5	4	11	4	3	4	5	5	1	5	13	3	6	5	94

(1) 사용되는 관리도 종류를 지정하시오.
(2) 관리한계선을 구하시오.
(3) 이상이 있는 날이 있으면 지적하시오.

16 품질경영에 대한 전반적인 내용이다. 맞으면 ○ 틀리면 × 하시오.

(1) 샘플링검사가 무분별한 전수검사보다 신뢰도가 높다.(　)

(2) 시료를 2배로하고 합격판정개수를 2배로 하면 OC곡선은 변화한다.(　)

(3) 계수규준형 샘플링검사 방식에서 시료의 크기 n과 합격판정개수 c는 P_0, α, P_1, β를 만족하도록 정해져 있다.(　)

(4) OC곡선이 거의 동일하면 공정평균추정의 정확도는 1회 샘플링, 2회 샘플링, 다회 샘플링 순으로 높아진다.(　)

(5) 계수 샘플링검사에서는 일반적으로 로트의 N과 시료의 크기 n을 일정하게 했을 때 합격판정개수 c를 증가시키면 α(생산자위험)는 감소하고 β(소비자위험)는 증가한다.(　)

17 어떤 모수의 형상모수가 0.7이고, 척도모수가 8,667시간일 때 이 제품의 평균수명인 10,000시간 사용할 때의 구간 평균고장률을 구하시오.(단, 위치모수는 0이다.)

기출유사문제풀이 [2015년 1회 품질경영기사 실기]

01_ (1) ① 상한규격을 벗어날 확률

$$u=\frac{U-\mu}{\sigma}=\frac{160-130}{15}=2.00$$

$\therefore\ P_r(x)=P_r(u>2.00)=0.0228$

② 하한규격을 벗어날 확률

$$u=\frac{L-\mu}{\sigma}=\frac{100-130}{15}=-2.00$$

$\therefore\ P_r(x)=P_r(u<-2.00)=0.0228$

그러므로 규격상하한을 벗어날 확률은 0.0456이 된다.

(2) U_{CL} 밖으로 벗어날 확률 : $u=\dfrac{U_{CL}-\mu}{\sigma/\sqrt{n}}=\dfrac{152.5-(130+15)}{15/\sqrt{4}}=1.00$

L_{CL} 밖으로 벗어날 확률 : $u=\dfrac{L_{CL}-\mu}{\sigma/\sqrt{n}}=\dfrac{107.5-(130+15)}{15/\sqrt{4}}=-5.00$

$\therefore$ 검출력 $(1-\beta)=P_r(u>1.00)+P_r(u<-5.00)=0.15870+0.0^{5}2867=0.15870$

02_ (1) 한쪽 검정(대시료인 경우)

$H_0:\ \mu_{남}\le\mu_{여},\ H_1:\ \mu_{남}>\mu_{여}$

$$u_0=\frac{\overline{x_{남}}-\overline{x_{여}}}{\sqrt{\dfrac{{s_{남}}^2}{n_{남}}+\dfrac{{s_{여}}^2}{n_{여}}}}=\frac{195-178}{\sqrt{\dfrac{25^2}{100}+\dfrac{30^2}{100}}}=4.353$$

$u_0=4.353>u_{0.95}=1.645$이므로 유의수준 5%로 H_0를 기각한다. 즉, 유의수준 5%로 남자의 월급이 여자의 월급보다 많다고 할 수 있다.

(2) 신뢰하한 추정(한쪽구간추정)

$$(\overline{x_{남}}-\overline{x_{여}})-u_{1-\alpha}\sqrt{\frac{{s_{남}}^2}{n_{남}}+\frac{{s_{여}}^2}{n_{여}}}=(195-178)-1.645\times\sqrt{\frac{25^2}{100}+\frac{30^2}{100}}=10.57607\text{만원}$$

03_

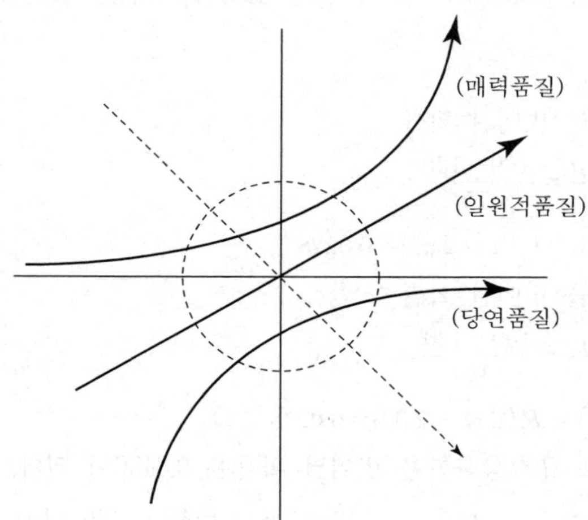

04_ (1) ① $CT = \frac{T^2}{k^2} = \frac{(154.4)^2}{16} = 1489.96$

② $S_T = \sum_i \sum_j \sum_k x_{ijk}{}^2 - CT = 1501.36 - 1489.96 = 11.4$

③ $S_A = \sum_i \frac{T_{i\cdot\cdot}{}^2}{k} - CT = 1495.965 - 1489.96 = 6.005$

④ $S_B = \sum_j \frac{T_{\cdot j \cdot}{}^2}{k} - CT = 1491.305 - 1489.96 = 1.345$

⑤ $S_C = \sum_k \frac{T_{\cdot\cdot k}{}^2}{k} - CT = 1492.075 - 1489.96 = 2.115$

⑥ $S_e = S_T - (S_A + S_B + S_C) = 1.935$

⑦ $\nu_T = k^2 - 1 = 15,\ \nu_A = \nu_B = \nu_C = k - 1 = 3,\ \nu_e = (k-1)(k-2) = 6$

요 인	SS	DF	MS	F_0	$F_{0.95}$	$F_{0.99}$
A	6.005	3	2.00167	6.20672*	4.76	9.78
B	1.345	3	0.44833	1.39017	4.76	9.78
C	2.115	3	0.705	2.1860	4.76	9.78
e	1.935	6	0.3225			
T	11.40	15				

(2) 최적수준조합

본 문제에서 분산분석을 실시해 본 결과, 인자 A만 유의하다

그러므로 최적조합식은 $\hat{\mu}(A_i) = \overline{x}_{i\cdot\cdot} = \overline{x}_{3\cdot\cdot}$ 가 된다.

(3) 최적수준조합(요인 A, C가 유의한 경우)

$\hat{\mu}(A_iC_k) = \overline{x}_{i\cdot\cdot} + \overline{x}_{\cdot\cdot k} - \overline{\overline{x}} = \overline{x}_{3\cdot\cdot} + \overline{x}_{\cdot\cdot 1} - \overline{\overline{x}}$

(4) 최적 수준조합의 점추정치

$\hat{\mu}(A_i) = \overline{x}_{i\cdot\cdot} = \overline{x}_{3\cdot\cdot} = \dfrac{40.7}{4} = 10.175$

(5) 최적 수준조합의 점추정치(요인 A, C가 유의한 경우)

$\hat{\mu}(A_3C_1) = \overline{x}_{3\cdot\cdot} + \overline{x}_{\cdot\cdot 1} - \overline{\overline{x}} = \dfrac{40.7}{4} + \dfrac{40.1}{4} - \dfrac{154.4}{16} = 10.55$

05_ (1) $S_R = \dfrac{S(xy)^2}{S(xx)} = \dfrac{56^2}{112} = 28$

(2) $S_T = S(yy) = \Sigma y^2 - \dfrac{(\Sigma y)^2}{n} = 68$

(3) $S_{y/x} = S_T - S_R = 68 - 28 = 40$

06_ $P_r(x) = \binom{n}{x} \times P^x \times (1-P)^{150} = \binom{150}{0} \times 0.0002^0 \times 0.9998^{150} = 0.97044$

또는 $P_r(x) = 0.9998^{150} = 0.97044$

07_ • 3정 : 정품, 정량, 정위치

• 5S : 정리, 정돈, 청소, 청결, 습관화

08_ (1) 와이블분포를 따를 때 신뢰도($t = 800$)

$R(t=800) = e^{-\left(\frac{t-r}{\eta}\right)^m} = e^{-\left(\frac{800-0}{1,200}\right)^{1.5}} = 0.58023$

(2) 고장률($t=500$ 일 때)

$$\lambda(t=500)=\left(\frac{m}{\eta}\right)\left(\frac{t-r}{\eta}\right)^{m-1}=\left(\frac{1.5}{1,200}\right)\left(\frac{500-0}{1,200}\right)^{1.5-1}=8.06872\times10^{-4}=0.00081(/시간)$$

09_ (1) 교호작용 $A\times B=c\times bc=bc^2=b$ (2열)

(2) 주효과 $A=\frac{1}{4}[(12+15+20+13)-(9+8+16+13)]=3.50$

(3) $S_{A\times B}=\frac{1}{8}[(8+15+13+13)-(9+12+16+20)]^2=8.0$

10_ $\frac{S}{\chi_{1-\alpha/2}{}^2(n-1)}\le\sigma^2\le\frac{S}{\chi_{\alpha/2}{}^2(n-1)}$, $\frac{S}{\chi_{0.975}{}^2(9)}\le\sigma^2\le\frac{S}{\chi_{0.025}{}^2(9)}$

$\frac{2.90}{19.02}\le\sigma^2\le\frac{2.90}{2.70}$, $0.15247\le\sigma^2\le1.07407$

11_ (1) 부적합품률을 보증하는 경우(U이 주어진 경우)

$\overline{X_U}=U-k\sigma=79.5-1.74\times2.0=76.02(\%)$

(2) $\bar{x}=\frac{\Sigma x_i}{n}=\frac{770.0}{10}=77.0(\%)$

$\bar{x}=77.0>\overline{X_U}=76.02$이므로 로트를 불합격시킨다.

12_

로트 번호	N	샘플 문자	n	Ac	Re	부적합품수	합부판정	전환점수	엄격도 적용
1	300	H	50	2	3	3	불합격	0	보통검사 속행
2	500	H	50	2	3	0	합격	3	보통검사 속행
3	200	G	32	1	2	0	합격	5	보통검사 속행
4	800	J	80	3	4	2	합격	8	보통검사 속행
5	1,500	K	125	5	6	1	합격	11	보통검사 속행
6	500	H	50	2	3	0	합격	14	보통검사 속행
7	2,500	K	125	5	6	1	합격	17	보통검사 속행

13_ ① 누적값(누계 카운터, D)
② 평균 샘플의 크기(시료의 크기)
③ 중지값(n_t)
④ 합격판정개수(A_t)

14_ 재료가 파괴될 확률

$$P_r(Z>0)=P_r\left(Z>\frac{-\mu_Z}{\sigma_Z}\right)=P_r\left(Z>\frac{5}{\sqrt{2^2+3^2}}\right)=P_r(Z>1.3868)=0.08230$$

15_ (1) n이 일정하므로 부적합품수(np)관리도
(2) 관리한계선

$$k=20,\ \Sigma n=kn=20\times100=2{,}000,\ \Sigma np=94,\ \bar{p}=\frac{\Sigma np}{\Sigma n}=\frac{94}{2{,}000}=0.047$$

$$C_L=n\bar{p}=\frac{\Sigma np}{k}=\frac{94}{20}=4.70$$

$$U_{CL}=n\bar{p}+3\sqrt{n\bar{p}(1-\bar{p})}=4.7+3\sqrt{4.7(1-0.047)}=11.04917$$

$$L_{CL}=n\bar{p}-3\sqrt{n\bar{p}(1-\bar{p})}=-1.649165=-\text{(고려하지 않음)}$$

(3) 11월 17일의 부적합품수 13개가 $U_{CL}=11.04917$보다 크므로 공정에 이상이 있는 날이다.

16_ (1) ○ (2) ○ (3) ○ (4) × (5) ○

17_ $$\bar{\lambda}(t=10{,}000)=\frac{H(t=10{,}000)-H(t=0)}{\Delta t}$$

$$=\frac{\left(\frac{10{,}000-0}{8{,}667}\right)^{0.7}-\left(\frac{0-0}{8{,}667}\right)^{0.7}}{10{,}000-0}$$

$=1.10532\times10^{-4}$/시간 또는 $=0.00011$/시간

(단, $H(t)=-\ln R(t)=\left(\frac{t-r}{\eta}\right)^m$ 이다.)

기출유사문제 [2015년 2회 품질경영기사 실기]

01 아래 도수표는 어떤 강판 압연 공장에서 철판의 두께를 50매 측정한 결과이다. 다음 물음에 답하시오.(단, 규격은 100±2.0 이다.)

급번호	계 급	중앙치(x_i)	도수(f_i)	u_i	$f_i u_i$	$f_i u_i^2$
1	98.45~98.95	98.7	1	-4	-4	16
2	98.95~99.45	99.2	2	-3	-6	18
3	99.45~99.95	99.7	5	-2	-10	20
4	99.95~100.45	100.2	9	-1	-9	9
5	100.45~100.95	100.7	12	0	0	0
6	100.95~101.45	101.2	11	1	11	11
7	101.45~101.95	101.7	7	2	14	28
8	101.95~102.45	102.2	2	3	6	18
9	102.45~102.95	102.7	1	4	4	16
합 계	–		50		6	136

(1) 상기의 도수표를 보고 히스토그램을 그리고 규격을 표시하시오.
(2) 평균과 표준편차를 구하시오.
(3) 규격을 벗어날 확률을 구하시오.

02 어떤 금속 부품을 가공하는 공정에서 $n=4$인 $\overline{x}-R$관리도를 그려 본 결과, 완전 관리상태이다. $\overline{x}$ 관리도의 $U_{CL}=12.7$, $L_{CL}=6.7$일 때 개개치 관리도 데이터의 산포(σ_H)를 구하시오.

03 어떤 제품의 수명이 평균수명이 100시간인 지수분포를 따른다. 다음 물음에 답하시오.

(1) 50시간 사용했을 때 신뢰도를 구하시오.
(2) 200시간 사용 후, 50시간 더 사용했을 때 신뢰도를 구하시오.
(3) 설비의 신뢰도를 높이기 위해 부품을 정기적으로 교체할 필요가 있는지를 지수분포의 특성을 이용해 설명하시오.

04 검사의 목적을 쓰시오.(3가지 이상)

05 $L_{16}(2)^{15}$형 직교배열표에 다음과 같이 배치했다. 다음 물음에 답하시오.

열	1	2	3	4	5	6	7	8	9	10	11	12	13	14	15
기본표시	a	b	a b	c	a c	b c	a b c	d	a d	b d	a b d	c d	a c d	b c d	a b c d
배치	M	N	O	P				S					Q	R	T

(1) 2인자 교호작용 $O\times T$, $S\times R$는 몇 열에 나타나는가?

(2) 2인자 교호작용 $R\times T$가 무시되지 않을 때 위와 같이 배치한다면 어떤 문제점이 일어나는가?

06 스판섬유를 제조하는 Y회사는 탄력성을 특성으로 하여 3σ 관리도법을 이용한 $\overline{x}-R$관리도를 작성하였더니 $\overline{x}$ 관리도에서 U_{CL}=14, L_{CL}=11, n=5 가 되었다. 이때 공정에 이상이 생겨 공정평균이 13이 발생했을 때 이를 발견할 확률은?

07 분임조 활동시 분임토의 기법으로서 사용되고 있는 집단착상법(brainstorming)의 4가지 원칙을 적으시오.

08 제품A, 제품B, 제품C의 생산비율 P_1, P_2, P_3가 각각 0.6, 0.3, 0.1이었다. 공정개량 후에 이 생산 비율이 달라졌는가를 알아보기 위하여 공정개량 후에 만들어진 제품 중에서 150개를 랜덤하게 채취하여 분류하여 보니 A, B, C 제품이 각각 100개, 30개, 20개 이었다. 공정개량 후의 생산비율이 종전과 같은가를 검정하시오 (유의수준5%)

09 ABC회사의 월간연속사용시간은 지수분포를 따르는 100시간 사용하는 설비가 있다. 사용 설비의 고장률을 10%이내로 관리하고 싶다면 MTBF는 얼마이어야 하는가?

10 샘플 100개에 대하여 4개가 고장날 때까지 교체하지 않고 수명 시험한 결과 2,000, 3,000, 5,000, 10,000시간에 각각 고장이 났다. 다음 물음에 답하시오.

(1) 평균 수명을 점추정하시오.

(2) 95% 신뢰율로 구간 추정하시오.

11 전자기기에 들어가는 M 부분품의 품질특성인 인장강도의 분산이 종래의 제조법에서는 9 kg/㎟이었다. 이 제품의 제조 공정을 변경하여 제조하여 본 결과 다음의 데이터를 얻었다. 물음에 답하시오.

53, 52, 51, 51, 52, 52, 51, 50, 51

(1) 변경 후의 분산이 변경 전의 분산과 차이가 있는지를 검정하시오.(유의수준 5%)

(2) 변경 후의 모분산을 구간추정하시오.(유의수준 5%)

12 다음은 2^3형 Yate's 알고리즘이다. 물음에 답하시오.

처리조합			데이터	(1)	(2)	(3)	
A	B	C					
0	0	0	(1)=7	17	39	72	수정항
0	0	1	c=10	22	33	2	C
0	1	0	b=9	17	7	4	B
0	1	1	bc=13	16	-5	10	B×C
1	0	0	a=12	3	5	-6	A
1	0	1	ac=5	4	-1	-12	A×C
1	1	0	ab=7	-7	1	-6	A×B
1	1	1	abc=9	2	9	8	e

(1) A의 주효과를 구하시오.

(2) A×B의 교호작용효과를 구하시오.

(3) B의 변동을 구하시오.

13 U_{CL}=18.7, L_{CL}=12.7, n=4인 해석용 $\overline{x}$ 관리도가 있다. 공정의 분포가 $N(15,\ 2^2)$일 때, $\overline{x}$ 가 관리한계 밖으로 나올 확률을 구하시오.

14 어떤 공장에서 사고발생에 대한 분포가 푸아송(Poission) 분포를 이루며, 1개월 동안에 평균 0.2건의 사고가 일어난다는 것을 알았다. 이 공장에서 3개월 동안 한 번도 고장이 안 날 확률을 푸아송분포로 푸시오.

15 길이, 질량, 강도, 압력 등과 같은 계량치의 데이터가 어떤 분포를 하고 있는지를 알아보기 위하여 작성한 그래프를 히스토그램(Histogram)이라 한다. 히스토그램의 활용목적을 3가지 적으시오.

16 현재 사용되고 있는 제조방법의 모부적합품률 13(%)이다. 새로운 제조방법에서 실험결과 120개의 제품 중 16개의 부적합품이 나왔다. 새로운 방법과 기존의 방법에 차이가 있는지 검정하시오.(유의수준 5%, 정규분포근사법을 이용할 것)

기출유사문제풀이 [2015년 2회 품질경영기사 실기]

01_ (1) 히스토그램

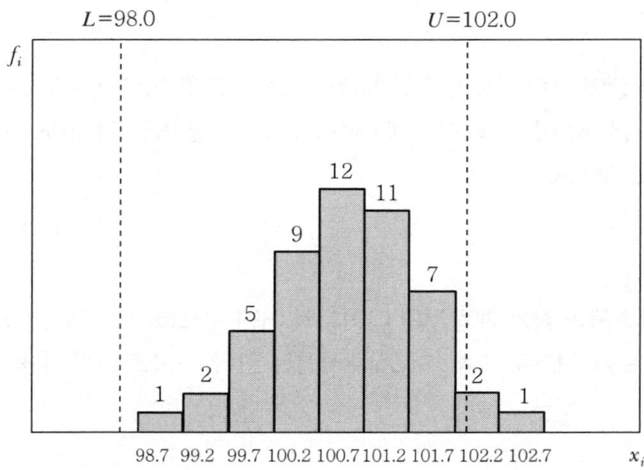

(2) 평균과 표준편차

① $\bar{x} = x_0 + h \times \dfrac{\Sigma f_i u_i}{\Sigma f_i} = 100.7 + 0.5 \times \dfrac{6}{50} = 100.76$

② $s = h\sqrt{\dfrac{\Sigma f_i {u_i}^2 - (\Sigma f_i u_i)^2/\Sigma f_i}{\Sigma f_i - 1}} = 0.5 \times \sqrt{\dfrac{136 - 6^2/50}{49}} = 0.83079$

또는

$S = h^2 \times \left(\Sigma f_i {u_i}^2 - (\Sigma f_i u_i)^2/\Sigma f_i\right) = 0.5^2 \times \left(136 - 6^2/50\right) = 33.82$

$s^2 = \dfrac{S}{n-1} = \dfrac{33.82}{49} = 0.690204$

$s = \sqrt{s^2} = \sqrt{0.690204} = 0.83079$

(3) 규격을 벗어날 확률

① 규격하한 밖으로 벗어날 확률

$P_r(x < L) = P_r\left(u < \dfrac{L-\mu}{\sigma}\right) = P_r\left(u < \dfrac{98.0 - 100.76}{0.83079}\right) = P_r(u < -3.32) = 0.0^3 4501$

② 규격상한 밖으로 벗어날 확률

$P_r(x > U) = P_r\left(u > \dfrac{U-\mu}{\sigma}\right) = P_r\left(u > \dfrac{102 - 100.76}{0.83079}\right) = P_r(u > 1.49) = 0.0681$

$\therefore\ P_r(x) = 0.0^3 4501 + 0.0681 = 0.06855 = 6.855(\%)$

02_ $\sigma_H = \sqrt{{\sigma_b}^2 + {\sigma_w}^2}$ 에서 완전한 관리상태인 경우 $\sigma_b = 0$ 이므로,

$$6\frac{\sigma_w}{\sqrt{n}} = U_{CL} - L_{CL},\ \sigma_w = \frac{\sqrt{n}\times(U_{CL} - L_{CL})}{6} = \frac{\sqrt{4}\times(12.7-6.7)}{6} = 2.0$$

$$\therefore\ \sigma_H = \sqrt{{\sigma_b}^2 + {\sigma_w}^2} = \sqrt{0+4} = 2.0$$

03_ (1) $R(t=50) = e^{-\lambda t} = e^{-\frac{t}{MTBF}} = e^{-\frac{50}{100}} = 0.60653$

(2) $R(t) == \dfrac{e^{-\frac{(200+50)}{100}}}{e^{-\frac{200}{100}}} = e^{-\frac{50}{100}} = 0.60653$

(3) 지수분포인 경우, 고장률이 일정(CFR)하므로 신뢰도는 변하지 않는다. 그러므로 정기 점검 등과 같은 조치를 취하면 된다.

04_ ① 좋은 로트와 나쁜 로트를 구분하기 위하여
② 양호품과 부적합품을 구분하기 위하여
③ 공정의 변화 여부를 판단하기 위하여
④ 공정이 규격한계에 가까워졌는가의 여부를 결정하기 위하여
⑤ 제품의 결점의 정밀도를 평가하기 위하여
⑥ 검사원의 정확도를 평가하기 위하여
⑦ 측정기기의 정밀도를 측정하기 위하여
⑧ 제품 설계에 필요한 정보를 얻어내기 위하여
⑨ 공정능력을 측정하기 위하여

05_ (1) $O\times T = ab \times abcd = a^2b^2cd = cd\ \ (\because a^2 = b^2 = c^2 = 1)$

$\therefore$ 12열

$S\times R = d\times bcd = bcd^2 = bc$

$\therefore$ 6열

(2) $R\times T = bcd\times abcd = ab^2c^2d^2 = a$

$\therefore$ 1열에 $R\times T$가 나타나므로, 기존에 1열은 M이 배치된 상태이다. 그러므로 $R\times T$와 M은 교락이 일어난다.

06_ $6\dfrac{\sigma}{\sqrt{n}}=6\sigma_{\bar{x}}=U_{CL}-L_{CL},\ 6\sigma_{\bar{x}}=14-11=3,\ \sigma_{\bar{x}}=0.5$

① L_{CL} 밖으로 벗어날 확률 : $u=\dfrac{L_{CL}-13}{\sigma_{\bar{x}}}=\dfrac{11-13}{0.5}=-4.0$

② U_{CL} 밖으로 벗어날 확률 : $u=\dfrac{U_{CL}-13}{\sigma_{\bar{x}}}=\dfrac{14-13}{0.5}=2.0$

$\therefore\ 1-\beta=P_r(u<-4.0)+P_r(u>2.0)=0.0^43167+0.0228=0.02283$

또는 $P_r(u>2.0)=0.02280$

07_ ① 남의 의견을 비판하지 않는다.(비판금지)

② 자유분방한 아이디어를 환영한다.(자유분방)

③ 착상의 수를 될 수 있는 대로 많이 모은다.(다량의 아이디어)

④ 타인의 착상을 다시 발전시킨다.(아이디어 편승과 결합)

08_

i	1	2	3	계
x_i	100	30	20	150
e_i	90	45	15	150
x_i-e_i	10	−15	5	

① $H_0:\ P_1=0.6,\ P_2=0.3,\ P_3=0.1\quad H_1:\ not\ H_0$ 또는 H_0가 아니다.

② $\chi_0{}^2=\Sigma\dfrac{(x_i-e_i)^2}{e_i}=\dfrac{10^2}{90}+\dfrac{(-15)^2}{45}+\dfrac{5^2}{15}=7.778$

③ $\chi_0{}^2=7.778>\chi_{0.95}{}^2(2)=5.99$

$\therefore\ \alpha=0.05$로 H_0는 기각된다. 즉, 생산비율이 종전과 다르다고 할 수 있다.

09_ $R(t)=e^{-\lambda t}=e^{-\frac{t}{MTBF}}=e^{-\frac{100}{MTBF}}\geq 0.90$

$-\dfrac{100}{MTBF}\geq \ln(0.90),\ MTBF\geq -\dfrac{100}{\ln 0.90}$

$\therefore\ MTBF\geq 949.12216$ (시간)

10_ (1) $\hat{\theta}=\dfrac{\Sigma t_i+(n-r)t_r}{r}=\dfrac{20{,}000+(100-4)\times 10{,}000}{4}=245{,}000$(시간)

(2) 구간추정

- 평균수명의 하한 : $\theta_L = \dfrac{2r}{{\chi_{0.975}}^2(8)} \cdot \hat{\theta} = \dfrac{2\times 4}{17.53} \times 245,000 = 111,808.3286$(시간)
- 평균수명의 상한 : $\theta_U = \dfrac{2r}{{\chi_{0.025}}^2(8)} \cdot \hat{\theta} = \dfrac{2\times 4}{2.18} \times 245,000 = 899,082.5688$(시간)
- 평균수명의 신뢰구간($\alpha = 0.05$) : $111,808.3286 \le \theta \le 899,082.5688$(시간)

11_ (1) 모분산의 검정(양쪽검정)

① $H_0 : \sigma^2 = 9 \qquad H_1 : \sigma^2 \neq 9$

② ${\chi_0}^2 = \dfrac{S}{{\sigma_0}^2} = \dfrac{(n-1)\times s^2}{9} = \dfrac{8\times 0.777777}{9} = 0.691$

③ 기각역 : ${\chi_0}^2 < {\chi_{\alpha/2}}^2(\nu) = {\chi_{0.025}}^2(8) = 2.18$

또는 ${\chi_0}^2 > {\chi_{1-\alpha/2}}^2(\nu) = {\chi_{0.975}}^2(8) = 17.53$이면 H_0를 기각한다.

④ $\chi_0^2 = 0.691 < {\chi_{0.025}}^2 = 2.18$

$\therefore\ \alpha = 0.05$로 H_0기각한다. 즉 $\alpha = 0.05$로 분산이 달라졌다고 할 수 있다.

(2) 구간추정

$$\frac{(n-1)\times s^2}{{\chi_{1-\alpha/2}}^2(\nu)} \le \hat{\sigma^2} \le \frac{(n-1)\times s^2}{{\chi_{\alpha/2}}^2(\nu)}$$

$$\frac{8\times 0.777777}{17.53} \le \hat{\sigma^2} \le \frac{8\times 0.777777}{2.18}$$

$0.35495 \le \sigma^2 \le 2.85423$

12_ (1) $A = \dfrac{1}{4}[(abc+ab+ac+a)-(bc+b+c+(1))]$

$= \dfrac{1}{4}[(9+7+5+12)-(13+9+10+7)] = -1.5$

(2) $A\times B = \dfrac{1}{4}[(abc+ab+c+(1))-(ac+bc+a+b]$

$= \dfrac{1}{4}[(9+7+10+7)-(5+13+12+9] = -1.5$

(3) $S_B = \dfrac{1}{8}[(abc+ab+bc+b)-(ac+a+c+(1))]^2$

$= \dfrac{1}{8}[(9+7+13+9)-(5+12+10+7)]^2 = 2.0$

13_ $\sigma_{\bar{x}}=\dfrac{\sigma}{\sqrt{n}}=\dfrac{2}{\sqrt{4}}=1.0$

① L_{CL} 밖으로 벗어날 확률 : $u=\dfrac{L_{CL}-15}{\sigma_{\bar{x}}}=\dfrac{12.7-15}{1.0}=-2.3$

② U_{CL} 밖으로 벗어날 확률 : $u=\dfrac{U_{CL}-13}{\sigma_{\bar{x}}}=\dfrac{18.7-15}{1.0}=3.7$

$\therefore\ P_r(x)=P_r(u<-2.3)+P_r(u>3.7)=0.0107+0.0^31078=0.01081$

14_ $m=0.2\times 3=0.6$

$P_r(x=0)=\dfrac{e^{-m}\times m^x}{x!}=\dfrac{e^{-0.6}\times 0.6^0}{0!}=0.54881$

15_ ① 데이터의 흩어진 모습, 즉 분포상태 파악을 위해서(중심, 치우침도, 첨도 등)

② 공정능력을 파악하기 위해서

③ 공정의 올바른 해석 및 관리를 위해서

④ 규격과 비교하여 공정현상파악을 위해서

16_ 모부적합품률의 양측검정$\left(\hat{p}=\dfrac{x}{n}=\dfrac{16}{120}=0.133333,\ P_0=0.13\right)$

① H_0 : $P=P_0$ 또는 $P=0.13$ $\quad H_1$: $P\neq P_0$ 또는 $P\neq 0.13$

② $u_0=\dfrac{\hat{p}-P_0}{\sqrt{\dfrac{P_0(1-P_0)}{n}}}=\dfrac{0.133333-0.13}{\sqrt{\dfrac{0.13\times 0.87}{120}}}=0.109$

③ $u_0=0.109<u_{1-\alpha/2}=1.96$ 이므로 $\alpha=0.05$ 로 H_0는 채택된다. 즉, 이 제품의 부적합품이 나오는 방식이 달라졌다고 할 수 없다.

기출유사문제 [2015년 4회 품질경영기사 실기]

01 어떤 부품의 고장시간의 분포가 형상모수 $m=1.5$, 척도모수 $\eta=1,200$ 시간, 위치모수 $r=0$ 인 와이블분포를 따른다.

(1) $t=800$ 에서 신뢰도를 구하시오.

(2) $t=500$ 에서 고장률을 구하시오.

(3) 만약 이 부품의 신뢰도를 90% 이상으로 유지하는 사용시간을 구하시오.

02 어떤 부품의 길이에 대한 모평균을 추정하기 위하여 $n=10$의 샘플을 취하여 다음과 같은 데이터를 얻었다. 물음에 답하시오.

[Data] 54 52 49 50 49 50 48 50 53 40

(1) $\sigma=3.83$이라고 할 때 모평균의 신뢰구간을 추정하시오.(신뢰도 95%)

(2) σ가 미지인 경우로 가정한다면 모평균의 신뢰구간은 어떻게 되겠는가?(신뢰도 95%)

(3) 모분산을 신뢰도 95%로 구간추정을 행하시오.

03 어느 실험실에서 5명의 분석공이 일하고 있는데 이들 간에는 동일한 시료의 분석결과에도 차이가 있는 것으로 생각된다. 이를 확인하기 위하여 일정한 표준시료를 만들어서, 동일 장치로 날짜를 랜덤하게 바꾸어 가면서 각 5회 반복하여 5명의 분석공에게 분석시켰으나, 결측치가 다음의 데이터와 같이 나타났다고 하였을 때, 분산분석을 하시오.

	A_1	A_2	A_3	A_4	A_5
1	9.41	9.82	8.92	9.07	9.92
2	8.92	8.43	9.62	9.82	9.62
3	8.70	9.20	9.17	8.08	9.15
4	9.05	9.51	9.44		9.47
5	8.45	9.54	8.98		

04 작업자의 검사비용은 8,000원/400개이며, 부적합품 1개당 손실비용이 1,600원이라 하자. 이에 검사 중 발견되는 부적합품에 대해서는 수리하기로 하고, 그 수리비용은 제품당 320원이라 한다. 지금 lot의 부적합품률이 2%로 추정되면 무검사와 전수검사 중 어느 것을 선택하겠는가?

05 어느 재료의 두께가 79.0mm 이하로 규정된 경우 즉 계량 규준형 1회 샘플링검사(P_0 ; α, P_1, β)에서 $n=8$, $k=1.74$의 값을 얻어 데이터를 취했더니 아래와 같다. 이 결과에서 로트의 합격 · 불합격을 판정하시오.(단, 표준편차 $\sigma=2$mm)

79.0	75.5	77.5	76.5
77.0	79.5	77.0	75.0

06 ISO 9000에서 제품은 조직과 고객 간에 어떠한 행위/거래/처리도 없이 생산될 수 있는 조직의 출력으로 정의하고 있다. 제품은 일반적인 속성분류로서 4가지 범주로 구분하는데 그 4가지를 쓰시오.

07 6시그마 활동에 있어 다음의 정의는 무엇에 대한 내용인지 용어를 적으시오.

(1) 백만 기회당 부적합수 (　　)

(2) 개선 프로젝트의 해결과 담당업무를 병행하는 문제해결의 전담자로서 프로젝트 추진, 고객의 요구사항의 조사 등을 수행하는 사람에게 주어지는 자격 (　　)

08 다음 표는 용광로에서 선철을 만들 때 선철의 백분율(x)과 비금속의 산화를 조절하기 위하여 사용되는 석회의 소요량(kg)(y)에 대한 실험결과이다. 다음 물음에 답하시오.

선철(%)	석회소요량(kg)	선철(%)	석회소요량(kg)
26	7.0	42	10.0
30	8.7	46	11.0
34	9.6	50	10.6
38	9.7	54	11.9

(1) 산점도를 그리시오.

(2) 선철의 백분율에 관한 석회의 소요량의 회귀직선의 방정식을 구하시오.

(3) 선철이 40%인 경우 석회는 대략 몇 kg가량 소요되는가?

(4) 선철의 백분율과 석회소요량 사이의 상관계수를 구하시오.

09 형상모수($m=4$), 척도모수($\eta=1,000$), 위치모수($r=1,000$)인 와이블 분포에서 사용시간 1,500시간일 때 물음에 답하시오.

(1) 신뢰도를 구하시오.

(2) 고장률을 구하시오.

10 철재의 인장강도는 클수록 좋다. 이때 평균치가 46kg/mm² 이상인 로트는 통과시키고, 43kg/mm² 이하인 로트는 통과시키지 않게 하는 계량 규준형 1회 샘플링검사에서 n, G_0, $\overline{X_L}$을 구하면 얼마인가?

(단, $\sigma=4$kg/mm², $\alpha=0.05$, $\beta=0.10$, $K_{0.05}=1.645$, $K_{0.10}=1.282$)

11 A형 핸드폰의 무게가 200(g)이하로 알고 있다. 작업 방법을 변경한 후 로트로부터 10개의 시료를 랜덤하게 샘플링하여 측정한 결과 다음 데이터를 얻었다. 물음에 답하시오.

[Data]	198	205	204	197	203	199	206	201	210	198

(1) 핸드폰의 무게가 200(g)이하라고 할 수 있는지를 판정하시오.($\alpha=0.05$)

(2) (1)의 검정결과 상관없이 신뢰도 95%로 핸드폰의 무게에 대한 신뢰구간을 구하시오.

12 인자 A(4수준), B(5수준)이고 모수모형인 2원배치 실험에서 $\bar{x}_{3\cdot}=8.6$, $\bar{x}_{\cdot 2}=10.6$, $\bar{\bar{x}}=8.855$, $V_e=0.468$일 때 물음에 답하시오.

(1) 유효반복수 n_e를 구하시오.

(2) $\mu(A_3B_2)$의 신뢰율 95%로 구간추정을 행하시오.

13 매일 생산되는 어떤 기계부품에서 100개씩 랜덤(Random)하게 샘플링하여 검사한 결과는 다음과 같다. 물음에 답하시오.

11월	1	2	3	4	5	6	7	8	9	10	계
부적합품수	2	5	3	4	6	5	5	2	7	3	42

(1) 사용되는 관리도 종류를 지정하시오.

(2) 지정된 관리도의 U_{CL}, L_{CL}, C_L을 계산하시오.

14 전자레인지의 최종검사에서 20대를 랜덤하게 추출하여 부적합수를 조사하였다. 한 대당 발견되는 부적합수를 기록하여 보니 다음과 같았다. 해당되는 c 관리도의 관리상한과 관리하한을 구하시오.

군번호	1	2	3	4	5	6	7	8	9	10	11	12	13	14	15	16	17	18	10	20
부적합수	4	5	3	3	4	8	4	2	3	3	6	4	1	6	4	2	4	4	3	7

15 2개의 관리상태에 있는 공정 A, B의 평균치의 차이를 검정하기 위하여 층별한 $\overline{x}-R$관리도를 작성하여 다음과 같은 결과를 얻었다.

$$n_A = 6 \quad k_A = 20 \quad \overline{R_A} = 29.0 \quad \overline{\overline{x}}_A = 335.58$$
$$n_B = 6 \quad k_B = 20 \quad \overline{R_B} = 28.1 \quad \overline{\overline{x}}_B = 343.78$$

모분산의 차를 검정한 결과 각 층의 산포에 차가 없다고 한다면 공식을 이용하여 평균치의 차이가 있는지를 검정하시오.

16 반복이 없는 2원배치의 실험 데이터에서 다음과 같이 하나의 결측치가 생겼다. 다음 물음에 답하시오.

(1) Yates의 방법에 의하여 결측치를 추정하시오.

(2) 분산분석을 행하시오.

(3) $\mu(B_1)$과 $\mu(B_4)$의 분석치 간에 차가 있다고 볼 수 있는지를 최소유의차 검정을 행하시오.$(\alpha = 0.05)$

인자 B \ 인자 A	A_1	A_2	A_3	A_4	$T_{\cdot j}$
B_1	4	−1	−1	2	4
B_2	1	1	y	−2	y
B_3	0	0	−1	−2	−3
B_4	0	−5	−4	−4	−13
$T_{i\cdot}$	5	−5	$-6+y$	−6	$-12+y$

기출유사문제풀이 [2015년 4회 품질경영기사 실기]

01_ (1) $R(t=800)=e^{-\left(\frac{t-r}{\eta}\right)^m}=e^{-\left(\frac{800-0}{1,200}\right)^{1.5}}=0.58023$

(2) $\lambda(t=500)=\left(\frac{m}{\eta}\right)\left(\frac{t-r}{\eta}\right)^{m-1}=\left(\frac{1.5}{1,200}\right)\left(\frac{500-0}{1,200}\right)^{1.5-1}=8.06872\times10^{-4}$ (/시간)

(3) $R(t)\le e^{-\left(\frac{t-r}{\eta}\right)^m}=e^{-\left(\frac{t}{1,200}\right)^{1.5}}$, $0.90\le e^{-\left(\frac{t}{1,200}\right)^{1.5}}$

양변에 ln을 취하면, $\ln 0.90\le-\left(\frac{t}{1,200}\right)^{1.5}$

$(-\ln 0.90)^{\frac{1}{1.5}}\ge\left(\frac{t}{1,200}\right)$

$t\le 267.69063$

∴ 신뢰도를 90% 이상으로 유지하기 위해서는 사용시간이 267.69063 이하가 되어야 한다.

02_ (1) σ기지일 때 모평균 추정($\bar{x}=49.50,\ \sigma=3.83,\ n=10$)

$\hat{\mu}=\bar{x}\pm u_{1-\alpha/2}\frac{\sigma}{\sqrt{n}}=49.50\pm1.96\times\frac{3.83}{\sqrt{10}}=49.5\pm2.373859$

∴ $47.12614\le\hat{\mu}\le51.87386$

(2) σ미지일 때 모평균 추정($\bar{x}=49.50,\ s=3.836955,\ n=10,\ \nu=9$)

$\hat{\mu}=\bar{x}\pm t_{1-\alpha/2}(\nu)\frac{s}{\sqrt{n}}=49.5\pm2.262\times\frac{3.836955}{\sqrt{10}}=49.5\pm2.744602$

∴ $46.75540\le\hat{\mu}\le52.24460$

(3) 모분산 추정($S=132.5,\ \chi_{0.975}{}^2(9)=19.02,\ \chi_{0.025}{}^2(9)=2.70$)

$\frac{S}{\chi_{1-\alpha/2}{}^2(\nu)}\le\hat{\sigma^2}\le\frac{S}{\chi_{\alpha/2}{}^2(\nu)}$ 또는 $\frac{(n-1)\times s^2}{\chi_{1-\alpha/2}{}^2(\nu)}\le\hat{\sigma^2}\le\frac{(n-1)\times s^2}{\chi_{\alpha/2}{}^2(\nu)}$

$\frac{132.5}{19.02}\le\hat{\sigma^2}\le\frac{132.5}{2.70}$ 또는 $\frac{9\times14.722222}{19.02}\le\hat{\sigma^2}\le\frac{9\times14.722222}{2.70}$

∴ $6.96635\le\sigma^2\le49.07407$

03_ ① 수정항 $CT=\frac{T^2}{N}=\frac{(202.29)^2}{22}=1,860.05655$

② $S_T=\sum_i\sum_j {x_{ij}}^2-CT=4.93355$

③ $S_A=\sum_i\frac{{T_i.}^2}{r}-CT=\frac{44.53^2}{5}+\frac{46.50^2}{5}+\frac{46.13^2}{5}+\frac{26.97^2}{3}+\frac{38.16^2}{4}-CT=1.07971$

④ $S_e=S_T-S_A=3.85384$

⑤ $\nu_T=21,\ \nu_A=l-1=4,\ \nu_e=17$

⑥ 분산분석표 작성

요 인	SS	DF	MS	F_0	$F_{0.95}$
A	1.07971	4	0.26993	1.191	2.87
e	3.85384	17	0.22670		
T	4.93355	21			

∴ 인자 A는 유의수준 5%로 유의하지 않다.

04_ 개당 검사비용 $a=\frac{8,000}{400}=20$원

개당 손실비용 $b=1,600$원

개당 수리비용 $c=320$원

$P_b=\frac{a}{b-c}=\frac{20}{1,600-320}=0.01563$

∴ $P_b<P$이므로 전수검사가 유리하다.

05_ 부적합품률을 보증하는 경우(U이 주어진 경우)

① $\overline{X_U}=U-k\sigma=79-1.74\times2=75.520(\text{mm})$

② $\bar{x}=\frac{\Sigma x_i}{n}=\frac{617.0}{8}=77.1250(\text{mm})$

③ $\bar{x}=77.1250>\overline{X_U}=75.520$이므로 로트를 불합격시킨다.

06_ ① 하드웨어 ② 소프트웨어

③ 서비스 ④ 연속 집합재/가공물질

07_ (1) DPMO (2) BB

08_ (1)

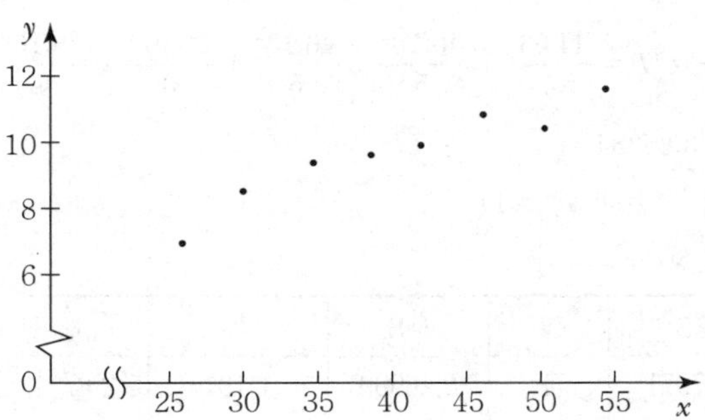

(2) x에 대한 y의 회귀직선 방정식

$\hat{\beta}_0 = \bar{y} - \hat{\beta}_1 \bar{x} = 9.81250 - 0.143750 \times 40 = 4.06250$

여기서, $\bar{x} = \dfrac{\Sigma x}{n} = \dfrac{320}{8} = 40$, $\bar{y} = \dfrac{\Sigma y}{n} = \dfrac{78.5}{8} = 9.81250$

$\hat{\beta}_1 = \dfrac{S(xy)}{S(xx)} = \dfrac{\Sigma xy - (\Sigma x)(\Sigma y)/n}{\Sigma x^2 - (\Sigma x)^2/n} = \dfrac{3,236.6 - (320 \times 78.5)/8}{13,472 - (320)^2/8} = \dfrac{96.60}{672} = 0.143750$

$\therefore \ \hat{y}_i = \hat{\beta}_0 + \hat{\beta}_1 \cdot x_i = 4.06250 + 0.143750 x_i$

(3) $x_i = 40$일 때 $\hat{y}_i = 4.06250 + 0.143750 \times 40 = 9.81250(\text{kg})$

(4) $r_{xy} = \dfrac{S(xy)}{\sqrt{S(xx)S(yy)}} = \dfrac{96.60}{\sqrt{672.0 \times 15.628750}} = 0.94261$

여기서, $S(xx) = \Sigma x^2 - \dfrac{(\Sigma x)^2}{n} = 672.0$, $S(yy) = \Sigma y^2 - \dfrac{(\Sigma y)^2}{n} = 15.628750$

$S(xy) = \Sigma xy - \dfrac{(\Sigma x)(\Sigma y)}{n} = 96.60$

09_ $t = 1{,}500$, $\eta = 1{,}000$, $r = 1{,}000$, $m = 4$

(1) 신뢰도 $R(t = 1{,}500) = e^{-\left(\frac{t-r}{\eta}\right)^m} = 0.93941$

(2) 고장률 $\lambda(t = 1{,}500) = \left(\dfrac{m}{\eta}\right)\left(\dfrac{t-r}{\eta}\right)^{m-1} = \left(\dfrac{4}{1{,}000}\right)\left(\dfrac{1{,}500 - 1{,}000}{1{,}000}\right)^3 = 0.00050$(/시간)

10_ 계량규준형 1회 샘플링검사의 검사방식(특성치가 높을수록 좋은 경우)

① $n=\left(\dfrac{K_\alpha+K_\beta}{m_0-m_1}\right)^2 \cdot \sigma^2=\left(\dfrac{1.645+1.282}{46-43}\right)^2\times 4^2=15.23081=16(\text{개})$

② $G_0=\dfrac{K_\alpha}{\sqrt{n}}=\dfrac{1.645}{\sqrt{16}}=0.41125$

③ $\overline{X_L}=m_0-G_0\sigma=46-0.41125\times 4=44.355(\text{kg/mm}^2)$

11_ (1) $H_0: \mu \le 200$　　　　$H_1: \mu > 200$

$$t_0=\frac{\overline{x}-\mu_0}{\dfrac{s}{\sqrt{n}}}=\frac{202.1-200}{\dfrac{4.228212}{\sqrt{10}}}=1.571<t_{1-\alpha}(\nu)=t_{0.95}(9)=1.833$$

$\therefore\ \alpha=0.05$로 H_0 채택, 즉 핸드폰의 무게가 200(g) 이하라고 할 수 있다.

(2) $\hat{\mu}=\overline{x}-t_{1-\alpha}(\nu)\dfrac{s}{\sqrt{n}}=202.10-1.833\times\dfrac{4.228212}{\sqrt{10}}=199.64914$

12_ (1) $n_e=\dfrac{lm}{l+m-1}=\dfrac{4\times 5}{4+5-1}=2.50$

(2) $(\overline{x}_{3\cdot}+\overline{x}_{\cdot 2}-\overline{\overline{x}})\pm t_{0.975}(12)\sqrt{\dfrac{0.468}{2.5}}=10.345\pm 2.179\times\sqrt{\dfrac{0.468}{2.5}}$

$\therefore\ 9.40222 \le \mu(A_3B_2) \le 11.28778$

13_ (1) 시료에 크기가 100개로 일정하고 부적합품수를 관리하므로 np관리도를 사용한다.

(2) $k=10,\ \Sigma n=kn=10\times 100=1{,}000,\ \overline{p}=\dfrac{\Sigma np}{\Sigma n}=\dfrac{42}{1{,}000}=0.042$

$C_L=n\overline{p}=\dfrac{\Sigma np}{k}=\dfrac{42}{10}=4.20$

$U_{CL}=n\overline{p}+3\sqrt{n\overline{p}(1-\overline{p})}=4.20+3\sqrt{4.20\times(1-0.042)}=10.21767$

$L_{CL}=n\overline{p}-3\sqrt{n\overline{p}(1-\overline{p})}=-$(고려하지 않음)

14_ $k=20,\ \Sigma c=80$

① 중심선 $C_L=\bar{c}=\dfrac{\Sigma c}{k}=\dfrac{80}{20}=4$

② 관리상한선 $U_{CL}=\bar{c}+3\sqrt{\bar{c}}=4+3\times\sqrt{4}=10.0$

③ 관리하한선 $L_{CL}=\bar{c}-3\sqrt{\bar{c}}=4-3\times\sqrt{4}=-$(고려하지 않음)

15_ $|\overline{\overline{x}}_A-\overline{\overline{x}}_B|=|335.58-343.78|=8.20$

$$\overline{R}=\frac{k_A\overline{R_A}+k_B\overline{R_B}}{k_A+k_B}=\frac{20\times29.0+20\times28.1}{20+20}=28.550$$

$n=6$일 때 A_2의 값은 0.483이므로

$$A_2\overline{R}\sqrt{\frac{1}{k_A}+\frac{1}{k_B}}=0.483\times28.55\times\sqrt{\frac{1}{20}+\frac{1}{20}}=4.360670$$

$\therefore$ $8.20>4.360670$이므로 $\overline{\overline{x}}_A$와 $\overline{\overline{x}}_B$ 간에는 유의차가 있다고 할 수 있다.

16_ (1) 결측치 추정

$$\hat{y}=\frac{lT_i.'+mT._j'-T'}{(l-1)(m-1)}=\frac{4\times(-6)+(4\times0)-(-12)}{3\times3}=-1.33333$$

(2) 분산분석표 작성

① $CT=\dfrac{T^2}{lm}=\dfrac{(-13.333333)^2}{16}=11.111111$

② $S_T=\sum_i\sum_j x_{ij}^2-CT=91.777769-11.111111=80.66666$

③ $S_A=\sum_i\dfrac{T_i.^2}{m}-CT=34.944443-11.111111=23.83334$

④ $S_B=\sum_j\dfrac{T._j^2}{l}-CT=48.944444-11.111111=37.83334$

⑤ $S_e=S_T-S_A-S_B=18.99998$

⑥ $\nu_T=(lm-1)-1=14,\ \nu_A=l-1=3,\ \nu_B=m-1=3,\ \nu_e=\nu_T-\nu_A-\nu_B=8$

⑦ 분산분석표 작성

요 인	SS	DF	MS	F_0	$F_{0.95}$	$F_{0.99}$
A	23.83334	3	7.94445	3.345	4.07	7.59
B	37.83334	3	12.61111	5.310*	4.07	7.59
e	18.99998	8	2.3750			
T	80.66666	14				

∴ 인자 A는 유의수준 5%로 유의하지 않고, 인자 B는 유의수준 5%로 유의적이다.

(3) 두 수준 $B_{\cdot j}$와 $B'_{\cdot j}$ 간의 검정은 $|\bar{x}_{\cdot j}-\bar{x}'_{\cdot j}|>t_{1-\alpha/2}(\nu_e)\sqrt{\frac{2V_e}{l}}$ 이면 유의하다.

$|\bar{x}_{\cdot 1}-\bar{x}_{\cdot 4}|=|1-(-3.25)|=4.25$

$t_{0.975}(8)\sqrt{\frac{2\times 2.3750}{4}}=2.306\times\sqrt{\frac{2\times 2.3750}{4}}=2.51291$

∴ $4.25>2.51291$ 이므로, 유의하다고 할 수 있다.

즉, $\alpha=0.05$에서 $\mu(B_1)$과 $\mu(B_4)$의 분석치 간에 차가 있다고 볼 수 있다.

기출유사문제 [2015년 1회 품질경영산업기사 실기]

01 3정 5S를 쓰시오.

02 A 제품의 평균강도가 5.0, 표준편차가 0.20이라고 할 때, $4.8 \le x \le 5.4$의 확률을 구하시오.

03 다음은 계수치 관리도에 대한 데이터이다. 자료표를 보고 물음에 답하시오.

로트번호	시료의 크기	부적합품개수	로트번호	시료의 크기	부적합품개수
1	40	3	6	30	3
2	40	5	7	50	6
3	40	3	8	50	5
4	30	4	9	50	6
5	30	2	10	50	4

(1) 무슨 관리도를 사용하는 것이 바람직한가?
(2) 관리도를 그리고 판정하시오.

04 다음은 ISO 9000에서의 용어에 대한 정의이다. (　　)를 메우시오.

(1) (　　) : 규정된 요구사항에 적합하지 않는 제품을 사용하거나 불출하는 것에 대한 허가
(2) (　　) : 부적합의 원인을 제거하고 재발을 방지하기 위한 조치

05 관리도에 대한 설명으로 맞으면 ○ 틀리면 × 하시오.

(1) 관리한계를 이탈하면 부적합품이 있다는 것이다. (　　)
(2) 3σ법의 $\overline{x}$관리도에서 제1종 과오(α)는 0.27%이다. (　　)
(3) 관리한계의 폭을 좁게 잡으면 제1종 과오(α)를 범할 가능성이 커진다. (　　)
(4) 공정이 안정상태가 아닌 것을 놓치지 않고 옳게 발견해 내는 확률을 제2종 과오(β)라 한다. (　　)
(5) $\overline{x}-R$관리도는 대표적인 계수치 관리도이다. (　　)

(6) 공정의 평균에 변화가 생겼을 때 $\overline{x}$ 관리도의 시료의 크기 n이 크면 이상상태를 발견하기가 어려워진다. (　　)

06 어느 기계 부품 제조공장에 A공정, B공정의 두 공정에서 같은 부품을 생산하고 있다. 각 공정에서 최근 검사결과는 아래와 같다고 한다면, 평균 부적합품률은 얼마가 되겠는가?

	생산개수	부적합품수
A공정	1,500	12
B공정	4,000	60

07 계수 샘플링검사와 계량샘플링검사에 대한 내용이다. 보기에 맞는 내용을 나타내시오.

[보기]
(1) ① 요한다. ② 요하지 않는다.
(2) ① 짧다. ② 길다.
(3) ① 간단하다. ② 복잡하다.
(4) ① 간단하다. ② 복잡하다.
(5) ① 작다. ② 크다.
(6) ① 낮다. ② 높다.

내용 \ 구분	계수 샘플링검사	계량 샘플링검사
(1) 숙련의 정도	숙련을 (　　)	숙련을 (　　)
(2) 검사소요시간	검사 소요기간이 (　　)	검사 소요시간이 (　　)
(3) 검사방법	검사설비가 (　　)	검사설비가 (　　)
(4) 검사기록	검사기록이 (　　)	검사기록이 (　　)
(5) 검사 개수	검사개수가 상대적으로 (　　)	검사개수가 상대적으로 (　　)
(6) 검사기록의 이용	검사기록이 다른 목적에 이용되는 정도가 (　　)	검사기록이 다른 목적에 이용되는 정도가 (　　)

08 $n=5$인 관리도의 3σ관리한계로서 $U_{CL}=24.7$, $L_{CL}=16.7$이고 $\overline{R}=12.1$이다. 다음 물음에 답하시오.

(1) 본 관리도가 $\overline{x}$관리도일 때 $\widehat{\sigma_{\overline{x}}}$을 구하시오.

(2) 본 관리도가 x관리도일 때 $\widehat{\sigma_x}$을 구하시오.

09 어떤 반응 공정의 수율을 올릴 목적으로 반응시간(A), 반응온도(B), 성분의 양(C)의 3가지 인자를 택해 라틴 방격의 실험을 하여 아래의 데이터를 얻었다. 분산분석표를 작성하시오.

	A_1	A_2	A_3
B_1	$C_1=77.5$	$C_2=84.3$	$C_3=86.4$
B_2	$C_3=86.0$	$C_1=91.9$	$C_2=88.2$
B_3	$C_2=90.1$	$C_3=94.8$	$C_1=89.3$

10 1부터 5까지 숫자카드가 들어있는 주머니 3개가 있다. 각 주머니에서 하나씩 꺼내 뽑은 숫자를 더했을 때 합이 5 이상일 확률을 구하시오.

11 6시그마 추진에 있어 프로젝트의 성질에 따라 DMADOV절차와 DMAIC절차가 있다. 이 두 가지중 DMAIC절차에 대해서 간단히 적으시오.

– D　　– M　　– A　　– I　　– C

12 AQL 지표형 샘플링검사에는 검사의 엄격도 조정절차가 있다. 다음의 검사로 전환될 때의 조건을 각각 쓰시오.

(1) 까다로운 검사에서 보통검사로 전환할 때

(2) 보통검사에서 까다로운 검사로 전환할 때

13 어떤 부품의 과거치수는 평균 7.95mm, 표준편차 $\sigma=3$mm라는 것을 알고 있다. 제조공정의 일부를 변경하여 10개의 샘플을 랜덤으로 측정한 결과는 다음과 같다. 이 부품의 치수가 과거와 달라졌다고 할 수 있겠는가?(단, 위험률 5%로 검정하시오.)

[Data] 7.93 7.95 7.94 7.92 7.91 7.95 7.92 7.93 7.81 7.95 (단위 : mm)

14 다음에서 확률을 각각 계산하시오.

(1) 부적합품률이 4%인 크기 50의 로트에서 $n=5$의 랜덤 샘플을 뽑았을 때 부적합품이 1개 들어 있을 확률을 초기하분포를 이용하여 구하시오.

(2) 부적합품률이 5%인 무한 모집단에서 $n=5$의 랜덤샘플링을 했을 때 부적합품이 2개 이하일 확률을 이항분포를 이용하여 구하시오.

(3) 단위길이당 평균부적합수가 5인 무한모집단에서 단위길이를 추출해 내었을 때 부적합수가 3개 이상일 확률은 얼마인가?

15 어떤 회사에서 사내에 있는 5명의 품질 관리 기사를 소집하여 작업 표준의 작성과 관리도의 사용에 대한 토론을 실시한 결과 다음과 같은 의견이 나왔다. 이들 중 옳은 의견을 제의한 사람은 누구인가?(답은 복수가 될 수 있다.)

A기사	관리도는 공정의 이상 유무를 통계적으로 판정하는 도구이기 때문에 작업표준이 만들어져 있어도 관리도는 작성하여야 한다.
B기사	관리도는 작업표준을 만들기까지의 수단이기 때문에 작업표준이 완성되면 관리도를 작성할 필요가 없다.
C기사	모든 작업자가 완성된 작업표준에 따라 작업을 실시하고 있기 때문에 관리도는 작성할 필요가 없다.
D기사	작업표준은 공정 관리의 목적으로 작성하는 것으로, 여기에는 표준의 작업 방법뿐 아니라 이상시의 조치 방법도 기술되어 있기 때문에, 작업표준이 작성되어 있으면 관리도는 작성할 필요가 없다.
E기사	관리도는 공정의 관리뿐 아니라 공정의 해석에도 사용되는 것이기 때문에 작업표준이 작성되어 있어도 관리도는 작성하여야 한다.

16 한 상자에 100개씩 들어 있는 기계부품이 50상자가 있다. 이 상자 간의 산포가 $\sigma_b = 0.5$, 상자 내의 산포가 $\sigma_w = 0.8$일 때 우선 5상자를 랜덤하게 샘플링한 후 뽑힌 상자마다 10개씩 랜덤 샘플링을 한다면 이 로트의 모평균의 추정정밀도 $V(\bar{x})$는 얼마가 되겠는가?(단, $M/m \geq 10$, $\overline{N}/\overline{n} \geq 10$의 조건을 고려해서 M, $\overline{N}$는 무시하여도 좋다. 답은 소수점 이하 셋째 자리로 맺음한다.)

17 $L_{16}(2)^{15}$형 직교배열표에 다음과 같이 배치했다. 다음 물음에 답하시오.

열	1	2	3	4	5	6	7	8	9	10	11	12	13	14	15
기본표시	a	b	a b	c	a c	b c	a b c	d	a d	b d	a b d	c d	a c d	b c d	a b c d
배치	M	N	O	P				S					Q	R	T

(1) 2인자 교호작용 $O \times T$, $S \times R$는 몇 열에 나타나는가?

(2) 2인자 교호작용 $R \times T$가 무시되지 않을 때 위와 같이 배치한다면 어떤 일이 일어나는가?

기출유사문제풀이 [2015년 1회 품질경영산업기사 실기]

01_ • 3정 : 정품, 정량, 정위치

• 5S : 정리, 정돈, 청소, 청결, 습관화

02_ $P_r(4.8 \le x \le 5.4) = P_r\left(\dfrac{4.8-5.0}{0.20} \le u \le \dfrac{5.4-5.0}{0.20}\right)$

$= P_r(-1.0 \le u \le 2.0) = 0.3413 + 0.4772 = 0.81850$

03_ (1) 시료의 크기(n)가 일정하지 아니하므로 p관리도가 적당하다.

(2) 관리도 작성

$C_L = \dfrac{\Sigma np}{\Sigma n} = \dfrac{41}{410} = 0.10$

① $n=40$

$U_{CL} = \bar{p} + 3\sqrt{\dfrac{\bar{p}(1-\bar{p})}{n}} = 0.24230$

$L_{CL} = \bar{p} - 3\sqrt{\dfrac{\bar{p}(1-\bar{p})}{n}} = -0.042302 = -$ (고려하지 않음)

② $n=30$

$U_{CL} = \bar{p} + 3\sqrt{\dfrac{\bar{p}(1-\bar{p})}{n}} = 0.26432$

$L_{CL} = \bar{p} - 3\sqrt{\dfrac{\bar{p}(1-\bar{p})}{n}} = -0.064317 = -$ (고려하지 않음)

③ $n=50$

$U_{CL} = \bar{p} + 3\sqrt{\dfrac{\bar{p}(1-\bar{p})}{n}} = 0.22728$

$L_{CL} = \bar{p} - 3\sqrt{\dfrac{\bar{p}(1-\bar{p})}{n}} = -0.027279 = -$ (고려하지 않음)

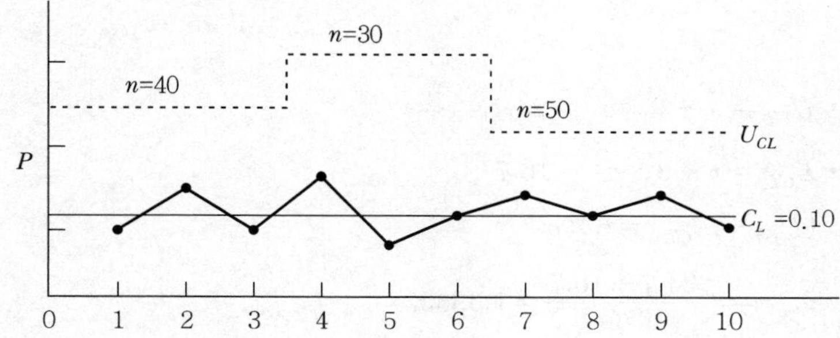

(3) 관리도 판정
관리한계선을 벗어나는 점이나 습관성이 없으므로 관리상태라 할 수 있다.

04_ (1) 특채(Concession)
(2) 시정조치(Corrective Action)

05_ (1) × (2) ○ (3) ○ (4) × (5) × (6) ×

06_ $\bar{p} = \frac{x_A + x_B}{n_A + n_B} = \frac{12+60}{1,500+4,000} = 0.01309$

07_

내용 \ 구분	계수 샘플링검사	계량 샘플링검사
(1) 숙련의 정도	숙련을 요하지 않는다.	숙련을 요한다.
(2) 검사소요시간	검사 소요기간이 짧다.	검사 소요시간이 길다.
(3) 검사방법	검사설비가 간단하다.	검사설비가 복잡하다.
(4) 검사기록	검사기록이 간단하다.	검사기록이 복잡하다.
(5) 검사 개수	검사개수가 상대적으로 크다.	검사개수가 상대적으로 작다.
(6) 검사기록의 이용	검사기록이 다른 목적에 이용되는 정도가 낮다.	검사기록이 다른 목적에 이용되는 정도가 높다.

08_ (1)
- $U_{CL} = \bar{\bar{x}} + 3 \times \widehat{\sigma_{\bar{x}}} = 24.7$
- $L_{CL} = \bar{\bar{x}} - 3 \times \widehat{\sigma_{\bar{x}}} = 16.7$

$(U_{CL} - L_{CL}) = 6 \times \widehat{\sigma_{\bar{x}}}$

$\therefore\ \widehat{\sigma_{\bar{x}}} = \frac{24.7 - 16.7}{6} = 1.33333$

(2) • $U_{CL}=\overline{\overline{x}}+3\times\widehat{\sigma_x}=24.7$

• $L_{CL}=\overline{\overline{x}}-3\times\widehat{\sigma_x}=16.7$

$(U_{CL}-L_{CL})=6\times\widehat{\sigma_x}$

$\therefore\ \widehat{\sigma_x}=\dfrac{24.7-16.7}{6}=1.33333$

09_ ① $CT=\dfrac{T^2}{k^2}=\dfrac{(788.5)^2}{9}=69{,}081.36111$

② $S_T=\sum_i\sum_j\sum_k X_{ijk}{}^2-CT=69{,}278.09-CT=196.72889$

③ $S_A=\sum_i\dfrac{T_{i\cdot\cdot}{}^2}{k}-CT=69{,}132.39-CT=51.02889$

④ $S_B=\sum_j\dfrac{T_{\cdot j\cdot}{}^2}{k}-CT=69{,}199.36333-CT=118.00222$

⑤ $S_C=\sum_k\dfrac{T_{\cdot\cdot k}{}^2}{k}-CT=69{,}093.43-CT=12.06889$

⑥ $S_e=S_T-(S_A+S_B+S_C)=15.62889$

⑦ $\nu_T=k^2-1=8,\ \nu_A=\nu_B=\nu_C=k-1=2,\ \nu_e=(k-1)(k-2)=2$

요 인	SS	DF	MS	F_0	$E(MS)$
A	51.02889	2	25.51445	3.265	$\sigma_e{}^2+3\sigma_A{}^2$
B	118.00222	2	59.00111	7.550	$\sigma_e{}^2+3\sigma_B{}^2$
C	12.06889	2	6.03445	0.772	$\sigma_e{}^2+3\sigma_C{}^2$
e	15.62889	2	7.81445		$\sigma_e{}^2$
T	196.72889	8			

10_ 각 주머니에서 뽑는 가짓수는 $5^3=125$, 각 주머니의 합이 4 이하인 경우는
(1, 1, 1) (1, 1, 2) (1, 2, 1) (2, 1, 1)
즉 4가지이다.

$\therefore\ P_r(x\geq 5)=1-P_r(x\leq 4)=1-\dfrac{4}{5^3}=0.968$

11_ Define(정의) – Measure(측정) – Analyze(분석) – Improve(개선) – Control(통제)

12_ (1) 까다로운 검사 → 보통검사

까다로운 검사에서 연속 5로트가 합격하였을 때

(2) 보통검사 → 까다로운 검사

보통검사에서 연속 5로트중 2로트 이상이 불합격되었을 때

13_ $H_0 : \mu = 7.95,\ H_1 : \mu \neq 7.95$

$$u_0 = \frac{\bar{x} - \mu_0}{\sigma / \sqrt{n}} = \frac{7.9210 - 7.95}{3/\sqrt{10}} = -0.031$$

$u_0 = -0.031 > -1.96$이므로, $\alpha = 0.05$로 H_0는 채택된다. 즉, 부품의 치수가 과거와 달라졌다고 할 수 없다.

14_ (1) $P = 4\% = 0.040,\ N = 50,\ n = 5,\ x = 1$

$$P_r(x) = \frac{\binom{PN}{x}\binom{N-PN}{n-x}}{\binom{N}{n}} = \frac{\binom{2}{1}\binom{48}{4}}{\binom{50}{5}} = 0.18367$$

(2) $P = 5\% = 0.050,\ n = 5,\ x = 0,\ 1, 2$

$$P_r(x \leq 2) = \sum_{x=0}^{2} \binom{n}{x} P^x (1-P)^{n-x} = [P_r(x=0) + P_r(x=1) + P_r(x=1)]$$

$$= \binom{5}{0} 0.05^0 (0.95)^5 + \binom{5}{1} 0.05^1 (0.95)^4 + \binom{5}{2} 0.05^2 (0.95)^3 = 0.99884$$

(3) 푸아송 분포 $(m = 5)$

$$P_r(x \geq 3) = 1 - \sum_{x=0}^{2} \frac{e^{-m} \times m^x}{x!} = 1 - [P_r(x=0) + P_r(x=1) + P_r(x=2)]$$

$$= 1 - e^{-5}\left(\frac{5^0}{0!} + \frac{5^1}{1!} + \frac{5^2}{2!}\right) = 0.87535$$

15_ A, E기사

16_ 2단계 샘플링인 경우($m=5,\ \overline{n}=10$)

$$V(\overline{\overline{x}})=\frac{\sigma_w^{\ 2}}{m\overline{n}}+\frac{\sigma_b^{\ 2}}{m}=\frac{0.8^2}{50}+\frac{0.5^2}{5}=0.063$$

17_ (1) $O\times T=ab\times abcd=a^2b^2cd=cd$ ($\because a^2=b^2=c^2=1$)

$\therefore$ 12열

$S\times R=d\times bcd=bcd^2=bc$

$\therefore$ 6열

(2) $R\times T=bcd\times abcd=ab^2c^2d^2=a$

$\therefore$ 1열에 $R\times T$가 나타나므로, 기존에 1열은 M이 배치된 상태이다. 그러므로 $R\times T$와 M은 교락이 일어난다.

기출유사문제 [2015년 2회 품질경영산업기사 실기]

01 어떤 반응 공정의 수율을 올릴 목적으로 반응시간(A), 반응온도(B), 성분의 양(C)의 3가지 인자를 택해 라틴 방격의 실험을 하여 아래의 데이터를 얻었다. 아래의 분산분석표를 완성하시오.

	A_1	A_2	A_3
B_1	$C_1=7.5$	$C_2=7.0$	$C_3=1.4$
B_2	$C_3=1.0$	$C_1=6.9$	$C_2=3.2$
B_3	$C_2=5.1$	$C_3=9.8$	$C_1=4.3$

요 인	SS	DF	MS	F_0
A				
B				
C				
e				
T				

02 어떤 벽돌제품의 인장강도의 하한규격이 17,000(kg/cm^2)로 되어 있다. 납품되는 제품들의 장력에 관한 표준편차가 대략 80(kg/cm^2) 정도라고 알려져 있다고 한다. 지금 부적합품률이 1% 인 로트는 95% 정도 합격이고, 그것이 8%인 로트는 10% 정도만 합격시키기로 했을 때 주어진 부표를 이용하여 샘플링검사를 실시하려고 한다. 샘플링 방식을 설계하시오.

03 TPM에서 5행(S)에 대하여 적으시오.

04 어떤 기계의 진동크기에 대해서 그것을 구성하고 있는 베어링의 흔들림의 대소를 측정한 결과가 다음과 같았다. 이때 A_1과 A_2의 차에 대한 변동 L을 구하시오.

A_1	9	3	4	2	1
A_2	6	10	11	9	1

05 관리 사이클에 대하여 그림을 그리고 각각에 대하여 간단히 설명하시오.

06 SWOT 분석에서 S ( ), W ( ), O ( ), T ( )를 의미한다.

07 A 정제 로트의 성분에서 특성치는 정규분포를 따르고 표준편차 $\sigma = 1.0$mg인 것을 알고 있다. 이 로트의 검사에서 $m_0 = 8.0$mg, $\alpha = 0.05$, $m_1 = 10.0$mg, $\beta = 0.10$인 계량규준형 1회 샘플링검사를 행하기로 하였다. 이 조건을 만족하는 상한 합격치 $\overline{X_U}$를 구하시오(단, KS Q 0001표를 사용하면 $n = 3$, $G_0 = 0.950$이다).

08 합리적인 군으로 나눌 수 없는 경우 다음의 자료를 보고 $x - R$관리도의 관리한계선을 각각 구하시오.

$k = 26$ $\quad$ $\sum_{i=1}^{26} x_i = 172$ $\quad$ $\sum_{i=1}^{25} R_i = 85$

09 인자 A가 5수준, B가 4수준인 반복이 없는 2요인 실험에서 $S_T = 1{,}593$, $S_A = 772$, $S_B = 587$일 때 오차항의 순변동 S_e'를 구하시오.

10 어떤 상품의 제품으로부터 5개의 시료를 랜덤하게 샘플링하여 다음과 같은 데이터를 얻었다. 모평균에 대한 95% 신뢰구간을 구하시오.

[Data] 45 52 47 44 47

11 1~15번 카드가 있는데 1매를 꺼낼 경우 2의 배수 또는 3의 배수가 될 확률은?

12 검사단위의 품질표시방법 중 로트의 품질표시방법을 3가지만 간단히 나열하시오.

13 검사의 분류 중 검사가 행해지는 공정에 의한 분류 4가지를 적으시오.

14 A사는 어떤 부품의 수입검사에 있어 KS Q ISO 2859-1을 사용하고 있다. 검토 후 $AQL = 1.0\%$, 검사수준 II로 1회 샘플링검사를 수월한 검사를 시작으로 연속 로트를 실시하였다. 다음 공란을 채우시오.

번호	N	샘플문자	n	Ac	Re	부적합 품수	합부판정	전환 점수	샘플링검사의 엄격도
1	1,000	J	32	1	2	2	불합격	-	보통검사로 전환
2	500	H	50	1	2	3	불합격	0	보통검사로 속행
3	2,000					4			
4	800					2			
5	1,500					2			
6	1,000					2			

15 어떤 제품의 상한규격(U)이 4.675이고 공정의 평균(μ)이 4.50, 공정의 표준편차 $\sigma = 0.0415$ 라면 C_{pkU}는 얼마인가?

16 반복성과 재현성에 대하여 설명하시오.

17 어느 주물공장에서 종래 공정의 부적합품률은 12%였다. 주입방법을 변경하여 부적합품률이 감소했는가를 알아보기 위해 변경 후의 제품을 120개 검사해본 결과 부적합품이 3개 발견되었다면 변경후의 공정부적합품률이 종래의 부적합품률보다 감소했는가를 검정하시오.($\alpha = 0.05$)

18 다음은 관리도에 대한 데이터이다. p관리도의 자료표를 보고 군번호 7번($n = 120$)에서의 관리한계선과 중심선을 구하시오.

$k = 20$, $\Sigma n = 2{,}000$, $\Sigma np = 94$

기출유사문제풀이 [2015년 2회 품질경영산업기사 실기]

01_

① $CT = \frac{T^2}{k^2} = \frac{(46.2)^2}{9} = 237.16$

② $S_T = 306.6 - CT = 69.44$

③ $S_A = \frac{13.6^2 + 23.7^2 + 8.9^2}{3} - CT = 38.12667$

④ $S_B = \frac{15.9^2 + 11.1^2 + 19.2^2}{3} - CT = 11.06$

⑤ $S_C = \frac{18.7^2 + 15.3^2 + 12.2^2}{3} - CT = 7.04667$

⑥ $S_e = S_T - (S_A + S_B + S_C) = 13.20666$

⑦ $\nu_T = k^2 - 1 = 8$, $\nu_A = \nu_B = \nu_C = k - 1 = 2$, $\nu_e = (k-1)(k-2) = 2$

요 인	SS	DF	MS	F_0
A	38.12667	2	19.06334	2.88693
B	11.06	2	5.53	0.83746
C	7.04667	2	3.52334	0.53357
e	13.20666	2	6.60333	
T	69.44	8		

02_

$L = 17{,}000$, $P_0 = 1\%$, $P_1 = 8\%$, $\alpha = 5\%$, $\beta = 10\%$에서 $k = 1.81$, $n = 10$이 된다.

$\overline{X_L} = L + k\sigma = 17{,}000 + 1.81 \times 80 = 17{,}144.80\,(\text{kg/cm}^2)$

∴ 10개의 시료로부터 $\bar{x}$를 구하여 $\bar{x} \geq \overline{X_L}$이면 로트를 합격시킨다.

03_

정리(Seiri), 정돈(Seiton), 청소(Seisou), 청결(Seiketsu), 습관화(Shitsuke)

04_

선형식 $L = \frac{T_{1\cdot}}{5} - \frac{T_{2\cdot}}{5}$

$$S_A = S_L = \frac{L^2}{(\sum c_i^2)m} = \frac{\left[\left(\frac{19}{5}\right) - \left(\frac{37}{5}\right)\right]^2}{\left[\left(\frac{1}{5}\right)^2 \times 5 + \left(-\frac{1}{5}\right)^2 \times 5\right]} = 32.40$$

05_

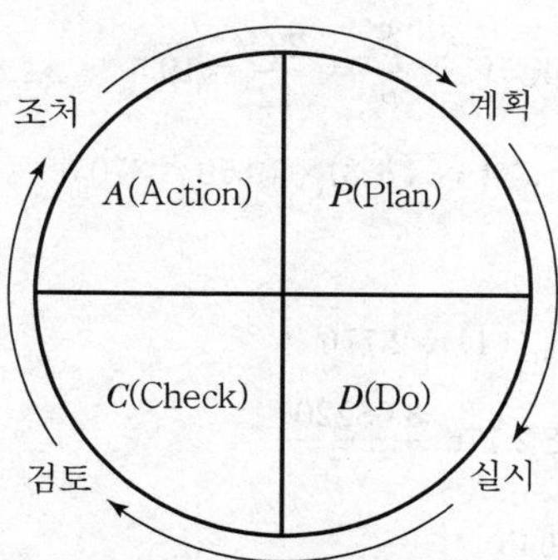

PDCA	PDCA 단계별 추진내용
Plan	목표달성을 위한 계획(혹은 표준) 설정
Do	설정된 계획에 따라 실시
Check	실시한 결과를 계획과 비교·검토
Action	계획과 실시된 결과 사이에 적절한 수정조치

06_ SWOT 분석이란 [Strength(강점)], [Weakness(약점)], [Opportunity(성장기회)], [Threats(위협)]을 의미한다.

07_ $\overline{X_U} = m_0 + G_0\sigma = 8 + 0.950 \times 1.0 = 8.950$(mg)

08_ $\bar{x} = \frac{\Sigma x}{k} = \frac{172}{26} = 6.61538$, $\overline{R_m} = \frac{\Sigma R}{k-1} = \frac{85}{25} = 3.4$, $n=2$일 때 $E_2 = 2.66$, $D_4 = 3.267$

① x관리도

$C_L = \bar{x} = 6.61538$

$U_{CL} = \bar{x} + 2.66\overline{R_m} = 6.61538 + 2.66 \times 3.4 = 15.65938$

$L_{CL} = \bar{x} - 2.66\overline{R_m} = 6.61538 - 2.66 \times 3.4 = '-'$

② R_m관리도

$C_L = \overline{R} = 3.4$

$U_{CL} = D_4\overline{R} = 3.267 \times 3.4 = 11.1078$

$L_{CL} = -$(고려하지 않음)

09_ $S_e = S_T - (S_A + S_B) = 234$, $V_e = \frac{S_e}{\nu_e} = \frac{234}{12} = 19.5$

$S_e{}' = S_e + (\nu_A + \nu_B) V_e = 234 + (4+3) \times 19.50 = 370.5$

10_ $\bar{x} = 47$, $s = 3.082207$, $t_{0.975}(4) = 2.776$

$\bar{x} \pm t_{1-\alpha/2}(\nu) \frac{s}{\sqrt{n}} = 47 \pm 2.776 \frac{3.082207}{\sqrt{5}}$

$\therefore 43.17355 \le \hat{\mu} \le 50.82645$

11_ 2 또는 3의 배수는 2, 3, 4, 6, 8, 9, 10, 12, 14, 15이므로

$P_r(x) = \frac{10}{15} = 0.66667$

또는 $P_r(x) = (2의\ 배수) + (3의\ 배수) - (6의\ 배수) = \frac{7}{15} + \frac{5}{15} - \frac{2}{15} = \frac{10}{15}$

12_ ① 부적합품률(%) ② 부적합수
③ 평균치 ④ 표준편차

13_ ① 수입(구입)검사 ② 공정(중간)검사
③ 최종(완성)검사 ④ 출하검사

14_

번호	N	샘플문자	n	Ac	Re	부적합 품수	합부판정	전환 점수	샘플링검사의 엄격도
1	1,000	J	32	1	2	2	불합격	-	보통검사로 전환
2	500	H	50	1	2	3	불합격	0	보통검사로 속행
3	2,000	K	125	3	4	4	불합격	0	까다로운 검사로 전환
4	800	J	80	1	2	2	불합격	-	까다로운 검사 속행
5	1,500	K	125	2	3	2	합격	-	까다로운 검사 속행
6	1,000	J	80	1	2	2	불합격	-	까다로운 검사 속행

15_ $C_{pkU} = \frac{U - \mu}{3\sigma} = \frac{4.675 - 4.50}{3 \times 0.0415} = 1.40562$

16_ ① 반복성 : 측정기계의 산포로 동일한 작업자가 동일한 측정기로 동일한 제품을 측정할 때 발생하는 오차

② 재현성 : 측정자 간의 차이로 동일한 계측기로 동일한 제품을 측정할 때 측정자 간에 발생하는 오차

17_ 모부적합품률의 단측검정$\left(\hat{p}=\frac{x}{n}=\frac{3}{120}=0.025,\ P_0=0.12\right)$

① $H_0: P \ge P_0,\ H_1: P < P_0$ 또는 $H_0: P \ge 0.12,\ H_1: P < 0.12$

② $u_0=\dfrac{\hat{p}-P_0}{\sqrt{\dfrac{P_0(1-P_0)}{n}}}=\dfrac{0.025-0.12}{\sqrt{\dfrac{0.12\,(1-0.12)}{120}}}=-3.2024$

③ $u_0 < -u_{1-\alpha}=-1.645$이면 H_0를 기각한다.

④ $u_0=-3.2024 < -1.645$이므로, $\alpha=0.05$로 H_0는 기각된다. 즉, 종래의 부적합품률보다 감소했다고 할 수 있다.

18_ $C_L=\dfrac{\Sigma np}{\Sigma n}=\dfrac{94}{2{,}000}=0.047$

$U_{CL}=\bar{p}+3\sqrt{\dfrac{\bar{p}(1-\bar{p})}{n}}=0.047+3\sqrt{\dfrac{0.047\times(1-0.047)}{120}}=0.10496$

$L_{CL}=\bar{p}-3\sqrt{\dfrac{\bar{p}(1-\bar{p})}{n}}=0.047-3\sqrt{\dfrac{0.047\times(1-0.047)}{120}}=-0.01096=$'−'(고려하지 않음)

기출유사문제 [2015년 4회 품질경영산업기사 실기]

01 금속판의 표면 경도 상한 규격치가 로크웰 경도 68 이하로 규정되었을 때 로크웰 경도 68을 넘는 것이 0.5% 이하인 로트는 통과시키고 그것이 4% 이상인 로트는 통과시키지 않도록 하는 계량규준형 1회 샘플링검사 방식이다. 물음에 답하시오.(단, $\alpha = 0.05$, $\beta = 0.10$, $\sigma = 3$이다.)

(1) n (2) k (3) $\overline{X_U}$

02 계수 규준형 샘플링검사에서 부적합품률이 5%, $N = 100$, $n = 10$, $c = 2$의 조건이 되었다면, 로트가 합격할 확률은 얼마나 되겠는가?

(1) 이항분포
(2) 푸아송분포
(3) 초기하분포

03 QC의 기본 7가지 도구중 5가지를 적으시오.

04 어느 실험실에서 여러 명의 분석공이 있다. 이중 3명의 분석공을 뽑아 분석결과치가 차이가 있는지를 확인하기 위하여 일정한 표준시료를 만들어서, 동일 장치로 날짜를 랜덤하게 바꾸어 가면서 각 3회 반복하여 분석공에게 분석시켰다. 이들 분석공에게는 분석되는 시료가 동일한 표준시료라는 것을 모르게 하여 실시한 후 다음 분석치를 얻었다. 다음 물음에 답하시오.

	A_1	A_2	A_3
1	12.4	19.8	12.9
2	17.9	14.4	14.6
3	13.7	17.2	17.1

(1) A 인자는 모수인자인가 변량인자인가?
(2) 분산분석을 하시오.(검정포함, $\alpha = 0.05$)

05

부적합품률이 1.0%인 크기 500의 모집단에서 $n=10$의 랜덤 샘플링을 하였을 때 샘플 속에 부적합품이 1개이하 포함되어 있을 확률은?(푸아송분포를 이용하시오.)

06

다음 표는 검사자에 대한 기억력 x와 판단력 y를 검사하여 얻은 데이터이다.

기억력 x	11	10	14	18	10	5	12	7	15	16
판단력 y	6	4	6	9	3	2	8	3	9	7

(1) 공변동 S_{xy}를 구하시오.
(2) x에 대한 y의 상관계수를 구하시오.
(3) 기여율을 구하시오.
(4) x에 대한 y의 회귀방정식을 구하시오.
(5) $y=a+bx$ 일 때, $x=7$일 때 y의 추정치를 구하시오.

07

x, y의 시료 상관계수 r_{xy}을 구하기 위하여 $X=(x_i-15)\times 10$, $Y=(y_i-3)\times 100$ 인 데이터를 변수 변환하여 X, Y를 그대로 사용하여 X, Y의 상관계수 $r_{XY}=0.37$이었다면 원데이터 x, y의 상관계수 r_{xy}의 값은 얼마인가?

08

전자레인지의 최종검사에서 20대를 랜덤하게 추출하여 부적합수를 조사하였다. 한 대당 발견되는 부적합수를 기록하여 보니 다음과 같았다. 물음에 답하시오.

군번호	1	2	3	4	5	6	7	8	9	10	11	12	13	14	15	16	17	18	19	20
부적합수	4	5	3	3	4	8	4	2	3	3	6	4	1	6	4	2	4	4	3	7

(1) 부적합수 c 관리도의 관리상한, 중심선, 관리하한을 구하시오.
(2) 관리도를 그리시오.
(3) 관리상태 여부를 판정하시오.

09 어떤 인쇄공장에서 부적합항목에 대한 발생빈도에 대한 내용이다. 파레토도를 그리시오.

부적합 항목	발 생 빈 도(%)
접 착 미 스	2.7
먼 지 불 량	59.4
물 튀 김	1.5
수 정 미 스	2.3
전 사 흠	21.5
턱 트 흠	6.8
회 로 판 흠	2.7
기 타	3.1

10 로트별 검사 AQL 지표형 계수값 AQL = 1.0%, 일반검사 II, 보통검사 1회 샘플링일 때 빈칸을 채우시오.

로트 번호	N	샘플 문자	n	Ac	Re	부적합품수	합부판정	전환점수	엄격도 적용
1	300	H	50	1	2	1	합격	2	보통검사 시작
2	500	H	50			2	불합격		보통검사 속행
3	300	H	50			0	합격		보통검사 속행
4	800	J	80			2	합격		보통검사 속행
5	1,500	K	125			1	합격		보통검사 속행

11 다음 ( ) 속에 적당한 말을 보기에서 찾으시오.

[보기] ① 품질목표 ② 품질표준 ③ 품질보증 ④ 관리수준

(1) 현재의 기술로는 도달하기 어렵지만 제반 요구에 의해 장래 도달하고 싶은 품질의 수준 (ⓐ)

(2) 현재의 기술로서 관리하면 도달할 수 있는 품질의 수준 (ⓑ)

(3) 현재의 기술, 공정관리, 검사에 의해 소비자에 대하여 보증할 수 있는 품질의 수준 (ⓒ)

(4) 각 공정에 대해서 공정관리를 실시하기 위한 품질의 수준 (ⓓ)

12 길이가 각각 $x_1 \sim N(5.00,\ 0.25^2)$, $x_2 \sim N(7.00,\ 0.36^2)$, $x_3 \sim N(9.00,\ 0.49^2)$인 3개의 부품을 임의의 조립방법에 의해 길이로 직렬 연결할 때 $(x_1 + x_2 + x_3)$의 조립 완제품의 평균과 표준편차값은 약 얼마가 되는가?(단, 조립 시의 오차는 없는 것으로 한다.)

13 화학공업(주)에서는 3일에 1번씩 뱃치의 알코올 성분을 측정하여 다음의 자료를 얻었다. $x - R_m$ 관리도의 관리한계선을 구하시오.

번호	측정치(x)	이동범위(R_m)	번호	측정치(x)	이동범위(R_m)
1	2.07	–	7	2.32	0.12
2	2.21	0.14	8	2.37	0.05
3	2.16	0.05	9	2.15	0.22
4	2.36	0.20	10	2.08	0.07
5	2.23	0.13	11	2.24	0.16
6	2.20	0.03			

14 $L_8(2)^7$형 직교배열표에 다음과 같이 인자 A, B, C, D를 배치하여 랜덤한 순서로 실험하여 데이터를 얻었다. S_A의 값을 구하시오.

열 번	1	2	3	4	5	6	7	실험데이터 x_i
요 인		B		C	A		D	
1	0	0	0	0	0	0	0	20
2	0	0	0	1	1	1	1	5
3	0	1	1	0	0	1	1	26
4	0	1	1	1	1	0	0	17
5	1	0	1	0	1	0	1	0
6	1	0	1	1	0	1	0	1
7	1	1	0	0	1	1	0	14
8	1	1	0	1	0	0	1	1
기본표시	a	b	ab	c	ac	bc	abc	$\Sigma x = 84$

15 2원배치 실험에서 인자 A를 5수준, 인자 B를 4수준으로 하여 20회의 실험을 랜덤으로 실시하였다. 다음의 분산분석표의 데이터를 사용하여 인자 A의 순변동(S_A')과 기여율(ρ_A)을 구하시오.

요 인	변 동	자유도	불편분산
A	35.4	4	8.85
B	21.9	3	7.30
E	18.0	12	1.50
T	75.3	19	

기출유사문제풀이 [2015년 4회 품질경영산업기사 실기]

01_ 부적합품률을 보증하는 경우(U가 주어진 경우)

$U=68,\ \sigma=3,\ K_{0.005}=2.576,\ K_{0.04}=1.751,\ K_{0.05}=1.645,\ K_{0.10}=1.282$

① $n=\left(\dfrac{K_\alpha+K_\beta}{K_{P_0}-K_{P_1}}\right)^2=\left(\dfrac{1.645+1.282}{2.576-1.751}\right)^2=12.587444=13\,(개)$

② 합격판정계수 $k=\dfrac{K_{P_0}K_\beta+K_{P_1}K_\alpha}{K_\alpha+K_\beta}=\dfrac{2.576\times1.282+1.751\times1.645}{1.645+1.282}=2.112343$

③ $\overline{X_U}=U-k\sigma=68-2.112343\times3=61.66297$

∴ 13개의 시료로부터 $\bar{x}$를 구하여 $\bar{x}\le 61.66297$이면 로트를 합격시키고, $\bar{x}>61.66297$이면 로트를 불합격시킨다.

02_

(1) $L(P)={}_{10}C_0\,0.05^0(1-0.05)^{10}+{}_{10}C_1\,0.05^1(1-0.05)^9+{}_{10}C_2\,0.05^2(1-0.05)^8=0.98850$

(2) $L(P)=\dfrac{e^{-0.50}\times0.50^0}{0!}+\dfrac{e^{-0.50}\times0.50^1}{1!}+\dfrac{e^{-0.50}\times0.50^2}{2!}=e^{-0.50}\left(\dfrac{0.50^0}{0!}+\dfrac{0.50^1}{1!}+\dfrac{0.50^2}{2!}\right)$

$=0.98561$

(3) $L(P)=\dfrac{\binom{5}{0}\binom{95}{10}}{\binom{100}{10}}+\dfrac{\binom{5}{1}\binom{95}{9}}{\binom{100}{10}}+\dfrac{\binom{5}{2}\binom{95}{8}}{\binom{100}{10}}=\dfrac{\binom{5}{0}\binom{95}{10}+\binom{5}{1}\binom{95}{9}+\binom{5}{2}\binom{95}{8}}{\binom{100}{10}}$

$=0.99336$

03_

① 특성요인도(Characteristic diagram)
② 파레토도(Pareto diagram)
③ 히스토그램(Histogram)
④ 체크시트(Check sheet)
⑤ 층별(Stratification)
⑥ 각종 그래프(관리도 포함)
⑦ 산점도(Scatter diagram)

04_ (1) 여러 명의 분석공중 3명의 분석공을 선택하였으므로, 변량인자이다.

(2) 분산분석표

① 수정항 $CT=\dfrac{T^2}{N}=\dfrac{(140)^2}{9}=2{,}177.777778$

② $S_T=\sum_i\sum_j {x_{ij}}^2-CT=51.302222$

③ $S_A=\sum_i \dfrac{{T_i.}^2}{r}-CT=\dfrac{1}{3}(44.0^2+51.4^2+44.6^2)-CT=11.262222$

④ $S_e=S_T-S_A=51.302222-11.262222=40.04$

⑤ $\nu_T=lr-1=3\times-1=8,\ \nu_A=l-1=2,\ \nu_e=l(r-1)=\nu_T-\nu_A=6$

⑥ 분산분석표 작성

요 인	SS	DF	MS	F_0	$F_{0.95}$
A	11.26222	2	5.63111	0.84382	5.14
e	40.04	6	6.67333		
T	51.30222	8			

∴ 인자 A가 유의수준 5%로 유의적이지 못하다.

05_ $P_r(x)=\dfrac{e^{-m}m^x}{x!},\ m=nP=10\times0.01=0.1$

$P_r(x)=\dfrac{e^{-0.1}(0.1)^0}{0!}+\dfrac{e^{-0.1}(0.1)^1}{1!}=0.99532$

06_ $n=10,\ \Sigma x_i=118,\ \Sigma y_i=57,\ \Sigma x_i y_i=756,\ \Sigma x_i^2=1{,}540,\ \Sigma {y_i}^2=385,\ \bar{x}=11.80,\ \bar{y}=5.70$

$S(xx)=\Sigma x^2-\dfrac{(\Sigma x)^2}{n}=147.60,\ S(yy)=\Sigma y^2-\dfrac{(\Sigma y)^2}{n}=60.10$

(1) 공변동 $S(xy)=\Sigma xy-\dfrac{(\Sigma x)(\Sigma y)}{n}=83.40$

(2) $r_{xy}=\dfrac{S(xy)}{\sqrt{S(xx)S(yy)}}=0.88549$

(3) $r^2=0.885494^2=0.78410(78.410\%)$

(4) $\hat{\beta}_1=\dfrac{S(xy)}{S(xx)}=0.565041,\ \hat{\beta}_0=\bar{y}-\hat{\beta}_1\bar{x}=-0.967480$

∴ $\hat{y}=-0.96748+0.56504x$

(5) $\hat{y}=-0.96748+0.56504\times7=2.98780$

07_ $X=(x_i-15)\times 10,\ Y=(y_i-3)\times 100$에서

$$r_{XY}=\frac{S(XY)}{\sqrt{S(XX)S(YY)}}=\frac{10\times 100}{10\times 100}\frac{S(xy)}{\sqrt{S(xx)S(yy)}}=r_{xy}$$

$\therefore\ r_{XY}=r_{xy}$

08_ (1) ① $U_{CL}=\bar{c}+3\sqrt{\bar{c}}=4+3\times\sqrt{4}=10.0$

② $C_L=\bar{c}=\frac{\Sigma c}{k}=\frac{80}{20}=4$

③ $L_{CL}=\bar{c}-3\sqrt{\bar{c}}=4-3\times\sqrt{4}=-$ (고려하지 않음)

(2) 관리도 작성

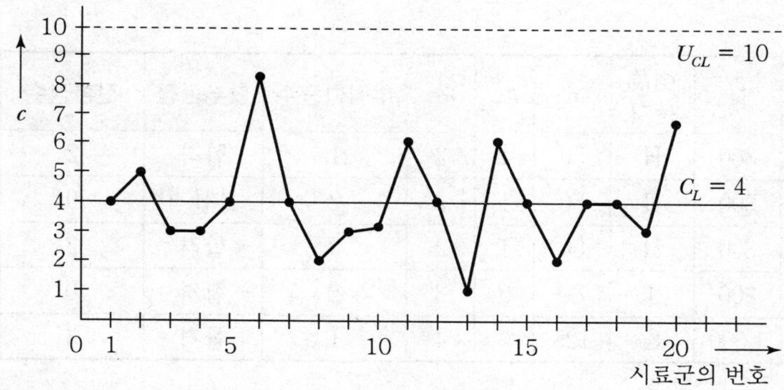

(3) 관리상태의 판정

관리이상상태를 판정하는 규칙 1~8까지 기준에 해당사항이 없으므로 관리상태이다.

09_ (1) 부적합 항목별 데이터집계(발생 빈도율이 높은 것부터)

부적합 항목	발생빈도(%)	누적빈도(%)
먼 지 불 량	59.4	59.4
전 사 흠	21.5	80.9
덕 트 흠	6.8	87.7
접 착 미 스	2.7	90.4
회 로 판 흠	2.7	93.1
수 정 미 스	2.3	95.4
물 튀 김	1.5	96.9
기 타	3.1	100.0

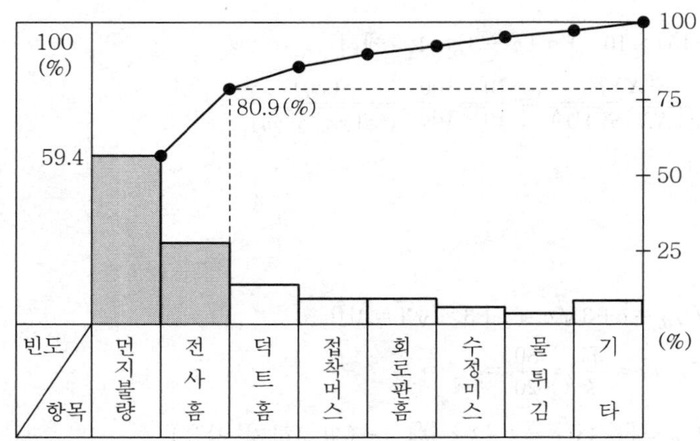

10_

로트번호	N	샘플문자	n	Ac	Re	부적합품수	합부판정	전환점수	엄격도 적용
1	300	H	50	1	2	1	합격	2	보통검사 시작
2	500	H	50	1	2	2	불합격	0	보통검사 속행
3	300	H	50	1	2	0	합격	2	보통검사 속행
4	800	J	80	2	3	2	합격	0	보통검사 속행
5	1,500	K	125	3	4	1	합격	3	보통검사 속행

hint 로트번호 4.의 전환점수는 3이 아니라 '0'이 된다. 왜냐하면 전환점수의 정의에서 "보통검사 1회 샘플링방식에서 로트가 불합격이면 전환점수는 0이고, Ac가 0 또는 1에서 합격하면(직전 로트의 전환점수+2), Ac가 2 이상에서 로트가 합격하고, 한단계 엄격한 AQL조건에서 합격하면(직전로트의 전환점수+3)이 된다."가 있기 때문이다.

11_ ⓐ ① ⓑ ② ⓒ ③ ⓓ ④

12_ $\mu(T)=\mu_{x_1+x_2+x_3}=5.00+7.00+9.00=21.00$

$V(T)=0.25^2+0.36^2+0.49^2=0.43220=0.65742^2$

∴ 평균 = 21.00　　표준편차 = 0.65742

13_ $\overline{x} = \frac{\Sigma x}{k} = \frac{24.39}{11} = 2.217273,\ \overline{R_m} = \frac{\Sigma R_m}{k-1} = \frac{1.17}{10} = 0.1170$

(1) x 관리도

$U_{CL} = \overline{x} + 2.66\overline{R_m} = 2.217273 + 2.66 \times 0.1170 = 2.52849$

$L_{CL} = \overline{x} - 2.66\overline{R_m} = 2.217273 - 2.66 \times 0.1170 = 1.90605$

(2) R_s 관리도

$U_{CL} = D_4 \overline{R_m} = 3.267 \times 0.1170 = 0.38224$

$L_{CL} = -$ (고려하지 않음)

14_ $S_A = \frac{1}{8}[(\text{수준 1의 데이터의 합}) - (\text{수준 0의 데이터의 합})]^2$

$= \frac{1}{8}[(5+17+0+14) - (20+26+1+1)]^2 = 18.0$

15_ ① 순변동 $S_A' = S_A - \nu_A \cdot V_e = 35.4 - 4 \times 1.50 = 29.40$

② 기여율 $\rho_A = \frac{S_A'}{S_T} \times 100 = \frac{29.40}{75.3} \times 100 = 39.04383(\%)$

기출유사문제 [2016년 1회 품질경영기사 실기]

01 2급품이 나올 확률이 40%가 되는지를 검정하기 위하여 생산되는 제품 중 50개를 추출하여 검사한 결과 1급품이 35개, 2급품이 15개가 나왔다면 2급품이 나올 확률이 40%가 되는지 χ^2분포를 이용하여 검정하시오(단, $\alpha=0.05$).

02 어떤 제품의 수명은 $\mu=150$이고, $\sigma=75$시간인 정규분포를 따른다고 할 때 다음 물음에 답하시오.

(1) $t=75$시간에서의 신뢰도를 구하시오.

(2) 이미 150시간을 사용한 후 추가적으로 75시간을 사용할 때 신뢰도를 구하시오.

03 시료군의 크기 $n=4$인 $\bar{x}-R$관리도 데이터에 대한 분석치이다. 요구에 답하시오(단, $n=4$일 때 $d_2=2.059$, $D_4=2.282$이다.).

No.	1	2	3	4	5	6	7	8	9	10	11	12
$\bar{x}_i$	38.72	39.10	38.92	37.30	39.05	39.12	40.00	39.32	41.10	39.17	39.55	38.47
R_i	1.1	1.3	1.9	2.0	0.9	1.5	1.2	2.7	3.7	2.5	2.1	1.2

(1) $\bar{x}-R$관리도의 C_L, U_{CL}, L_{CL}을 구하시오.

(2) $\bar{x}-R$관리도를 작성하시오.

(3) 관리 상태(안정상태) 여부를 판정하시오.

04 다음 데이터는 새로운 공정에서 랜덤으로 10개의 샘플을 측정한 결과이다.

[Data] 5.5 6.0 5.9 5.2 5.7 6.2 5.4 5.9 6.3 5.8

(1) 새로운 공법에 의하여 시험 제작된 제품의 모분산이 기준으로 설정된 값 $\sigma_0^2=0.6$보다 작다고 할 수 있겠는가?(단, $\alpha=0.01$)

(2) 모분산의 신뢰구간을 신뢰율 95%로써 구하시오.

05 부적합품률 관리도로서 공정을 관리할 경우, 공정 부적합품률이 $P=0.07$에서 $P'=0.02$로 변했을 때 이를 1회의 샘플로서 탐지할 확률이 0.5 이상이 되기 위해서는 샘플의 크기가 대략 얼마 이상이어야 하겠는가?(단, 정규분포 근사치를 사용할 경우)

06 두 종류의 고무배합(A_0, A_1)을 두 종류의 Mold(B_0, B_1)를 사용하여 타이어를 만들 때 얻어지는 타이어의 밸런스를 4회씩 측정한 데이터는 다음과 같다. 물음에 답하시오.

	A_0	A_1	합계
B_0	31 45 46 43	82 110 88 72	517
B_1	22 21 18 23	30 37 38 29	218
합계	249	486	735

(1) 주 효과 B를 구하시오.

(2) 교호작용 $A \times B$의 변동을 구하시오.

07 매일 100개씩 20일동안 샘플링하였다. 다음 물음에 답하시오.

일	1	2	3	4	5	6	7	8	9	10	11	12	13	14	15	16	17	18	19	20
부적합 품수	5	1	3	4	9	4	3	2	8	3	5	1	3	4	9	4	3	2	8	3

(1) 어떤 확률분포를 따르는가?

(2) (1)에서 답한 확률분포가 정규분포로 근사하기 위한 조건은?

08 1원 배치 반복이 일정할 때 데이터의 구조식을 $x_{ij} = \mu + a_i + e_{ij}$로 쓸 수 있다. 아래 빈칸에 데이터의 구조를 식으로 표시하시오.(단, μ : 총 평균, a_i : A_i수준의 효과, e_{ij} : 오차, $i = 1, 2, \cdots, a$, $j = 1, 2, \cdots, n$이다.)

	A인자 : 모수인자	A인자 : 변량인자
A_i 수준의 평균	(①)	(②)
총 평균	(③)	(④)

09 반복성과 재현성에 대해 설명하시오.

10 어떤 공정에서 원료의 상태에 따라서 제품의 품질특성치에 큰 영향을 미치고 있는데 그 원료는 A, B 두 회사로부터 납품되고 있다. 이 두 회사의 원료에 대해서 제품에 미치는 부적합품률(회사 A, B의 부적합품률은 각각 P_A, P_B라 가정한다.)에 차이가 있으면 좋은 쪽 회사의 원료를 더 많이 구입하거나, 나쁜 쪽 회사에 대해서는 감가를 요구하고 싶다. 부적합품률의 차를 조사하기 위하여 회사 A, 회사 B의 원료로 만들어진 제품 중에서 랜덤하게 각각 100개, 120개의 제품을 추출하여 부적합품 개수를 파악하였더니 각각 12개, 3개였다.

(1) 가설 H_0 : $P_A = P_B$, H_1 : $P_A \neq P_B$를 $\alpha = 0.05$에서 검정하시오.

(2) $(P_A - P_B)$에 대한 95% 신뢰구간을 구하시오.

11 어떤 제품의 중합반응에서 약품의 흡수속도가 제조시간에 영향을 미치고 있음을 알고 있다. 그것에 대한 큰 요인이라고 생각되는 촉매량과 반응온도를 취급하여 다음의 실험조건으로 2회 반복하여 4×3×2=24회의 실험을 랜덤하게 행한 결과 다음의 데이터를 얻었다. $D_4\overline{R}$에 의한 등분산의 가정을 검토하여 이 실험의 관리상태 여부를 답하시오.
(단, n=2일 때, D_4=3.267)

| 실험조건 |

촉매량(%)	반응온도(℃)
$A_1 = 0.3$	$B_1 = 80$
$A_2 = 0.4$	$B_2 = 90$
$A_3 = 0.5$	$B_3 = 100$
$A_4 = 0.6$	

| 데이터(흡수속도[g/hr]) |

	A_1	A_2	A_3	A_4
B_1	94 87	95 101	99 107	91 98
B_2	99 108	114 108	112 117	109 103
B_3	116 111	121 127	125 131	116 122

12 고형 가성소다의 NaOH 함유 규격은 국가규격에 의하면 1급품은 90% 이상으로 되어 있다. A 회사에서 NaOH 함유 규격을 1급품으로 보증하고 싶을 때 1급품 규격 90%에 미달한 것이 1.0% 이하의 로트는 통과시키고, 그것이 9.0% 이상되는 로트는 통과되지 않도록 하는 계량규준형 1회 샘플링 검사이다. 물음에 답하시오.(단, 로트의 표준편차 $\sigma = 2.0\%$, $\alpha = 0.05$, $\beta = 0.10$으로 한다.)

$K_{0.01} = 2.326$ $K_{0.05} = 1.645$ $K_{0.09} = 1.341$ $K_{0.10} = 1.282$

(1) n

(2) k

(3) 샘플링 검사방식을 설계하시오.

13 어떤 전자회로는 5개의 정류기, 4개의 트랜지스터, 20개의 저항, 10개의 축전지가 직렬로 연결되어 구성되어 있고 배선과 납땜은 고장나지 않는다고 한다. 이러한 부품들은 정상 운용상태에서 다음과 같은 고장률을 갖는다. 물음에 답하시오(단, 부품의 고장은 상호 독립이며, 고장분포는 지수분포라고 한다).

매 정류기	매 트랜지스터
$\lambda_d = 5.0 \times 10^{-6}$/시간	$\lambda_t = 1.0 \times 10^{-5}$/시간
매 저항	매 축전지
$\lambda_r = 1.0 \times 10^{-6}$/시간	$\lambda_c = 4.0 \times 10^{-5}$/시간

(1) 이 회로의 평균수명을 구하시오.

(2) 이 회로를 200시간 사용하였을 경우의 신뢰도를 구하시오.

14 KS Q ISO 9000 : 2015의 용어에 대한 설명이다. (　　) 안을 채우시오.

(1) 요구사항을 명시한 문서 : (　　　　)

(2) 조직의 품질경영시스템을 규정한 문서 : (　　　　)

(3) 수행된 활동 또는 달성된 결과에 대한 객관적인 증거를 제공하는 문서 : (　　　　)

(4) 품질경영시스템이 어떻게 특정 제품, 특정 프로젝트 또는 특정 계약에 적용되는지를 기술한 문서 : (　　　　)

15 인자 A의 수준수 5, 인자 B의 수준수 4, 반복 2회의 실험에서 다음 물음에 답하시오.

(1) 교호작용 $A \times B$가 유의하지 않아서 오차항에 풀링시킨 경우, 유효반복수(n_e)를 구하시오.

(2) 교호작용 $A \times B$가 유의한 경우 유효반복수(n_e)를 구하시오.

(3) 상기 두 항을 비교할 때 어떤 항이 더 실험설계시 더 유리한가?

16 A 사는 어떤 부품의 수입검사에 계수값 샘플링 검사인 KS Q ISO 2859-1의 보조표인 분수샘플링 검사를 적용하고 있다. 적용조건은 AQL = 1.0%, 통상검사수준 II에서 엄격도는 보통검사, 샘플링 형식은 1회로 시작하였다. 다음 물음에 답하시오.

(1) 다음 표의 ( ) 안을 로트별로 완성하시오.

(2) 로트번호 5의 검사 결과 다음 로트에 적용되는 로트번호 6의 엄격도를 결정하시오.

로트 번호	N	샘플 문자	n	당초의 Ac	합부판정 점수 (검사 전)	적용하는 Ac	부적합품 수 d	합부판정	합부판정 점수 (검사 후)	전환 점수
1	200	G	32	1/2	5	0	1	불합격	0	0
2	250	G	32	1/2	5	0	0	합격	5	2
3	600	( )	( )	( )	( )	( )	1	( )	( )	( )
4	80	( )	( )	( )	( )	( )	0	( )	( )	( )
5	120	F	20	1/3	3	0	0	합격	3	9

17 어떤 제품의 모부적합품률 $P=10\%$이며, 그 제품으로부터 랜덤하게 160개의 시료를 샘플링하여 검사한 결과 8개의 부적합품이 나왔다. 다음 물음에 답하시오.

(1) 이 제품의 부적합품이 나오는 방식이 달라졌다고 할 수 있겠는가?(단, $\alpha=0.05$)

(2) (1)의 결과를 토대로 모부적합품률의 95% 신뢰구간을 구하시오.

기출유사문제풀이 [2016년 1회 품질경영기사 실기]

01_ ① $H_0: P_1 = 0.6,\ P_2 = 0.4$ $H_1: P_1 \neq 0.6,\ P_2 \neq 0.4$

② $\chi_0^{\ 2} = \dfrac{[(n-r)-n(1-P_2)]^2}{n(1-P_2)} + \dfrac{(r-nP_2)^2}{nP_2} = \dfrac{(35-30)^2}{30} + \dfrac{(15-20)^2}{20} = 2.083$

③ $\chi_0^{\ 2} = 2.083 < \chi_{0.95}^{\ 2}(1) = 3.84$

$\therefore \alpha = 0.05$로 H_0는 채택된다. 즉, 2급품의 발생비율이 40%라 할 수 있다.

02_ (1) $R(t=75) = P_r(t \geq 75) = P_r\left(u \geq \dfrac{75-150}{75}\right) = P_r(u \geq -1) = 0.84130$

(2) $R(t) = \dfrac{P_r(t \geq 225)}{P_r(t \geq 150)} = \dfrac{P_r\left(u \geq \dfrac{225-150}{75}\right)}{P_r\left(u \geq \dfrac{150-150}{75}\right)} = \dfrac{P_r(u \geq 1)}{P_r(u \geq 0)} = \dfrac{0.1587}{0.5} = 0.31740$

03_ (1) $\overline{x} - R$관리도의 관리한계선

① $\overline{x}$관리도

$C_L = \dfrac{\Sigma \overline{x}}{k} = \dfrac{469.82}{12} = 39.15167$

$U_{CL} = \overline{\overline{x}} + \dfrac{3\overline{R}}{d_2\sqrt{n}} = 39.15167 + \dfrac{3 \times 1.84167}{2.059 \times \sqrt{4}} = 40.49334$

$L_{CL} = \overline{\overline{x}} - \dfrac{3\overline{R}}{d_2\sqrt{n}} = 39.15167 - \dfrac{3 \times 1.84167}{2.059 \times \sqrt{4}} = 37.810$

② R관리도

$C_L = \dfrac{\Sigma R}{k} = \dfrac{22.1}{12} = 1.84167$

$U_{CL} = D_4\overline{R} = 2.282 \times 1.84167 = 4.20269$

$L_{CL} = D_3\overline{R} = -$ (고려하지 않음)

(2) 관리도 작성

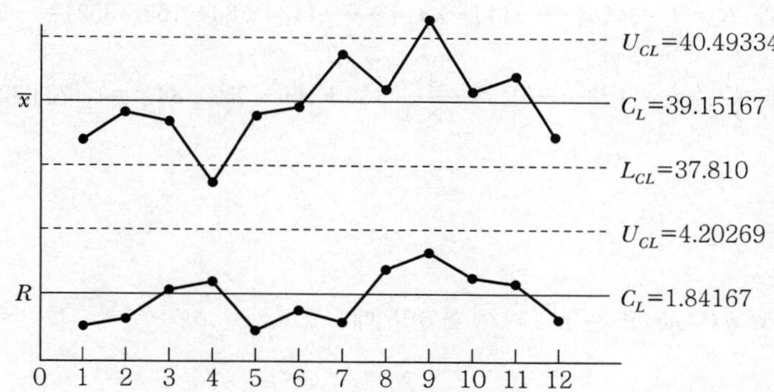

(3) **판정** : R관리도는 관리이탈 또는 습관성 등이 없으므로 관리상태이나, $\overline{x}$관리도는 No. 4는 관리하한선을, No. 9는 관리상한선을 벗어나고 있으므로 비관리상태라 할 수 있다.

04_ (1) ① $H_0 : \sigma^2 \geq 0.6$, $H_1 : \sigma^2 < 0.6$

② $\chi_0{}^2 = \dfrac{(n-1) \times s^2}{\sigma_0{}^2} = \dfrac{S}{\sigma_0{}^2} = \dfrac{9 \times 0.347851^2}{0.6} = \dfrac{1.089003}{0.6} = 1.815$

③ $\chi_0{}^2 = 1.815 < \chi_{0.01}{}^2(9) = 2.09$ 이므로 $\alpha = 0.01$ 로 H_0를 기각한다.

즉, $\alpha = 0.01$ 로 새로운 공법에 의하여 시험 제작된 제품의 모분산이 기준으로 설정된 분산보다 작다고 할 수 있다.

(2) $\widehat{\sigma_U{}^2} = \dfrac{(n-1) \times s^2}{\chi_\alpha{}^2(\nu)} = \dfrac{S}{\chi_\alpha{}^2(\nu)}$

$\widehat{\sigma_U{}^2} = \dfrac{9 \times 0.347851^2}{3.33} = \dfrac{1.089003}{3.33} = 0.32703$

05_ 기존의 3σ 관리한계에서 L_{CL}의 값이 새로운 중심선(C_L) 0.02와 같아지는 경우의 n을 구하면 된다. 즉,

$$L_{CL} = P - 3\sqrt{\frac{P(1-P)}{n}} = 0.07 - 3\sqrt{\frac{0.07 \times 0.93}{n}} = 0.02$$

$n = 234.36 = 235$(개)

06_ (1) 주 효과 $B=\frac{1}{2^{n-1}r}(ab+b-(1)-a)=\frac{1}{2\times 4}(134+84-165-352)=-37.375$

(2) $S_{A\times B}=\frac{1}{2^n r}(ab+(1)-a-b)^2=\frac{1}{4\times 4}(134+165-352-84)^2=1{,}173.0625$

07_ (1) 이항분포

(2) $P\leqq 0.5,\ nP\geqq 5$ 또는 $n(1-P)\geqq 5$일 때

08_ ① $\mu+a_i+\bar{e}_{i.}$ ② $\mu+a_i+\bar{e}_{i.}$

③ $\mu+\bar{\bar{e}}$ ④ $\mu+\bar{a}+\bar{\bar{e}}$

09_ ① 반복성 : 동일한 작업자가 동일한 측정기로 동일한 제품을 측정할 때 발생하는 오차(측정 기계 간의 산포)

② 재현성 : 서로 다른 작업자가 동일한 측정기로 동일한 제품을 측정할 때 발생하는 오차(측정자 간의 산포)

10_ (1) $\widehat{p_A}=\frac{x_A}{n_A}=\frac{12}{100}=0.120,\ \widehat{p_B}=\frac{x_B}{n_B}=\frac{3}{120}=0.025,\ \hat{p}=\frac{x_A+x_B}{n_A+n_B}=\frac{12+3}{100+120}=0.068182$

① $H_0: P_A=P_B$ $H_1: P_A\neq P_B$

② $u_0=\frac{\widehat{p_A}-\widehat{p_B}}{\sqrt{\hat{p}\,(1-\hat{p}\,)\left(\frac{1}{n_A}+\frac{1}{n_B}\right)}}=\frac{0.120-0.025}{\sqrt{0.068182\,(1-0.068182)\left(\frac{1}{100}+\frac{1}{120}\right)}}=2.784$

③ $u_0=2.784>1.96$ 이므로 $\alpha=0.05$로 H_0는 기각된다.

(2) $(\widehat{p_A}-\widehat{p_B})\pm u_{1-\alpha/2}\sqrt{\frac{\widehat{p_A}(1-\widehat{p_A})}{n_A}+\frac{\widehat{p_B}(1-\widehat{p_B})}{n_B}}$

$=(0.120-0.025)\pm u_{0.975}\sqrt{\frac{0.120\times 0.880}{100}+\frac{0.025\times 0.975}{120}}$

$=0.095\pm 0.069549=(0.02545\sim 0.16455)$

11_ (1) 가설

H_0 : 오차 e_{ij}의 분산 $\sigma_e{}^2$은 어떤 $i,\ j$에 대해서도 일정하다.

H_1 : 오차 e_{ij}의 분산 $\sigma_e{}^2$은 어떤 $i,\ j$에 대해서도 일정하지 않다.

(2) $U_{CL} = D_4 \overline{R}$ 계산

| 범위 R 표 |

	A_1	A_2	A_3	A_4	계
B_1	7	6	8	7	28
B_2	9	6	5	6	26
B_3	5	6	6	6	23
계	21	18	19	19	77

$\overline{R} = \dfrac{\Sigma R}{n} = \dfrac{77}{12} = 6.416667$, $r=2$일 때 $D_4 = 3.267$, $D_4 \overline{R} = 3.267 \times 6.416667 = 20.963251$

(3) 모든 R값이 20.96325보다 작으므로 H_0 채택, 즉 실험 전체가 관리상태에 있다고 판단된다.

12_ (1) $n = \left(\dfrac{K_\alpha + K_\beta}{K_{P_0} - K_{P_1}}\right)^2 = \left(\dfrac{1.645 + 1.282}{2.326 - 1.341}\right)^2 = 8.83025 = 9(\text{개})$

(2) $k = \dfrac{K_{P_0} K_\beta + K_{P_1} K_\alpha}{K_\alpha + K_\beta} = \dfrac{2.326 \times 1.282 + 1.341 \times 1.645}{1.645 + 1.282} = 1.77242$

(3) $\overline{X_L} = L + k\sigma = 90 + 1.77242 \times 2.0 = 93.54484\%$

∴ 검사로트로부터 뽑아 구한 $\overline{x}$가 $\overline{X_L}$보다 같거나 크면 로트를 합격시키고, $\overline{x}$가 $\overline{X_L}$보다 작으면 로트를 불합격시킨다.

13_ (1) $\lambda_s = \Sigma(n_i \times \lambda_i) = (5 \times \lambda_d) + (4 \times \lambda_t) + (20 \times \lambda_r) + (10 \times \lambda_c)$

$= (5 \times 5.0 \times 10^{-6}) + (4 \times 1.0 \times 10^{-5}) + (20 \times 1.0 \times 10^{-6}) + (10 \times 4.0 \times 10^{-5}) = 0.000485$

$MTBF_s = \dfrac{1}{\lambda_s} = 2{,}061.85567(\text{시간})$

(2) $R(t=200) = e^{-0.000485 \times 200} = 0.90756$

14_ (1) 시방서　　(2) 품질매뉴얼

(3) 기록　　(4) 품질계획서

15_ (1) $n_e=\dfrac{lmr}{l+m-1}=\dfrac{5\times4\times2}{5+4-1}=5.0$

(2) $n_e=r=2$

(3) 반복이 있는 2원 배치실험에서 교호작용 $A\times B$가 유의한 경우[(2)항]가 실험설계시 더 유리하다고 할 수 있다. 왜냐하면, 반복의 효과가 있으므로 교호작용 $A\times B$의 변동을 분리할 수 있으므로 실험오차의 변동(분산)이 작아지고, 실험의 효율성이 높아지기 때문이다.

16_ (1)

로트번호	N	샘플문자	n	당초의 Ac	합부판정점수 (검사 전)	적용하는 Ac	부적합품수 d	합부판정	합부판정점수 (검사 후)	전환점수
1	200	G	32	1/2	5	0	1	불합격	0	0
2	250	G	32	1/2	5	0	0	합격	5	2
3	600	(J)	(80)	(2)	(12)	(2)	1	(합격)	(0)	(5)
4	80	(E)	(13)	(0)	(0)	(0)	0	(합격)	(0)	(7)
5	120	F	20	1/3	3	0	0	합격	3	9

(2) 로트번호 6은 보통검사를 실시한다.

17_ (1) $\hat{p}=\dfrac{x}{n}=\dfrac{8}{160}=0.05$

① $H_0: P=P_0,\ H_1: P\neq P_0$

② $u_0=\dfrac{\hat{p}-P_0}{\sqrt{\dfrac{P_0(1-P_0)}{n}}}=\dfrac{0.05-0.10}{\sqrt{\dfrac{0.10\times0.90}{160}}}=-2.108$

③ $u_0=-2.108<(-u_{1-\alpha/2}=-1.96)$이므로 $\alpha=0.05$로 H_0는 기각된다.

즉, 이 제품의 부적합품이 나오는 방식이 달라졌다고 할 수 있다.

(2) $\hat{p}\pm u_{1-\alpha/2}\sqrt{\dfrac{\hat{p}(1-\hat{p})}{n}}=0.05\pm1.96\times\sqrt{\dfrac{0.05\times0.95}{160}}=(0.01623\sim0.08377)$

기출유사문제 [2016년 2회 품질경영기사 실기]

01 어떤 공정에서 생산되는 제품의 로트 크기별 생산 소요시간을 측정하였더니 결과가 다음과 같았다. 물음에 답하시오.

x_i	30	20	60	80	40	50	60	30	70	80
y_i	73	50	128	170	87	108	135	69	148	132

(1) 상관계수(r_{xy})를 구하시오.

(2) 상관관계가 존재하는지를 검정하시오($\alpha=0.05$).

(3) 모상관계수의 95% 구간추정을 행하시오.

02 공정부적합품률이 $P=0.03$이고 관리범위가 알려지지 않은 관리도로 관리되고 있을 때, 부적합품률이 0.05로 변한 경우 이를 1회의 샘플로서 탐지할 확률이 0.5 이상이 되기 위해서는 샘플의 크기가 대략 얼마 이상이어야 하겠는가?(단, 정규분포근사치를 사용할 경우)

03 전자레인지의 최종검사에서 20대를 랜덤하게 추출하여 부적합수를 조사하였다. 한 대당 발견되는 부적합 수를 기록하여 보니 다음과 같았다. 물음에 답하시오.

군번호	1	2	3	4	5	6	7	8	9	10	11	12	13	14	15	16	17	18	19	20
부적합수	4	5	3	3	4	8	4	2	3	3	6	4	1	6	4	2	4	4	3	7

(1) 해당되는 관리도의 중심선, 관리상한선, 관리하한선을 구하시오.

(2) 관리도를 작성하고 관리상태를 판정하시오.

04 어느 회사에서 생산하고 있는 브레이크라이닝(Brake lining) 8개를 시험기에 걸어 마모시험을 한 결과, 다음과 같은 데이터를 얻었다. 2번째 고장에 대한 메디안 순위법으로 다음을 푸시오.

고장번호	1	2	3	4	5	6	7	8
고장시간(hr)	120	180	225	250	300	370	400	500

(1) 신뢰도 $R(t)$

(2) 고장확률밀도함수 $f(t)$

(3) 고장률함수 $\lambda(t)$

05

A급 제품, B급 제품, C급 제품의 생산비율이 각각 0.6, 0.3, 0.1이었다. 공정개량 후 생산비율의 변화를 알아보기 위하여 공정개량 후에 만들어진 제품 중에서 150개를 랜덤으로 채취하여 분류하여 보니 A, B, C급 제품이 각각 100개, 30개, 20개였다. 공정개량 후의 생산비율이 종전과 같은가를 $\alpha=0.05$로 검정하시오.

06

어떤 부품의 고장시간 분포가 형상모수 $m=4$, 척도모수 $\eta=1,000$, 위치모수 $r=1,000$인 와이블분포를 따른다. 다음 물음에 답하시오.

(1) $t=1,500$에서 신뢰도를 구하시오.

(2) $t=1,500$에서 고장률을 구하시오.

07

인자 A, B, C는 각각 변량인자로서 A는 일간인자, B는 일별로 두 대의 트럭을 랜덤하게 선택한 것이며, C는 트럭 내에서 랜덤하게 두 삽을 취한 것이다. 또한 각 삽에서 두 번에 걸쳐 소금의 염도를 측정한 것으로, 이 실험은 A_1에서 8회를 랜덤하게 하여 데이터를 얻고, A_2에서 8회를 랜덤하게, A_3와 A_4에서도 같은 방법으로 하여 얻은 데이터를 토대로 분산분석한 결과물이다. ${\sigma_A}^2$, ${\sigma_{B(A)}}^2$, ${\sigma_{C(AB)}}^2$를 각각 추정하시오.

요 인	SS	DF	MS	F_0
A	3.8940	3	1.29800	6.962*
$B(A)$	0.7458	4	0.18645	4.376*
$C(AB)$	0.3409	8	0.04261	35.215**
e	0.0193	16	0.00121	
T	4.0000	31		

08 계량치 검사를 위한 축차샘플링 검사에서 연결식 양쪽 규격이 205±5로 규정되어 있다. $\sigma=1.2$이고 PRQ=0.5%, CRQ=2%라 할 때 다음 물음에 답하시오.

(1) $n_{cum} < n_t$인 경우 각각의 합격판정선을 구하시오.

(2) 다음 빈칸을 채우고 로트를 판정하시오.

로트	특성치 (x)	여유치 (y)	누적 여유치(Y)	불합격 판정선(R^L)	합격 판정선(A^L)	합격 판정선(A^U)	불합격 판정선(R^U)
1	196.6	−3.4	−3.4	−3.8652	7.9524	2.0476	13.8652
2	205.5						
3	211.0						
4	201.7						
5	209.0						

09 KS Q ISO 9000 : 2015의 용어에 대한 설명이다. 괄호 안을 채우시오.

(1) 요구사항을 명시한 문서 (　　)

(2) 달성된 결과를 명시하거나 수행한 활동의 증거를 제공하는 문서 (　　)

(3) 부적합의 원인을 제거하고 재발을 방지하기 위한 조치 (　　)

10 샘플링검사의 실시 조건을 5가지 기술하시오.

11 아래 도표는 계량규준형 1회 샘플링검사의 OC곡선을 보이려는 것이다. 로트의 평균치를 보증하려는 경우 특성치가 낮은 편이 바람직하다고 하면, 이를 위하여 표에 제시된 기호를 모두 포함시켜 다음 물음에 답하시오.(단, $n=4$, $\sigma=10$)

$L(m)$	로트가 합격할 확률
m_0	합격시키고 싶은 로트의 평균치
m_1	불합격시키고 싶은 로트의 평균치
α	생산자의 위험(=0.05)
β	소비자의 위험(=0.10)
$\overline{X_U}$	합격판정치(여기서는 500)

(1) m_0, m_1을 구하시오.

(2) OC곡선을 그리시오.

12 어떤 제품의 품질 특성 평균치가 3(%) 이하의 로트는 합격으로, 4(%) 이상의 로트는 불합격으로 하려고 할 때, 다음 물음에 답하시오.(단, $\sigma=1$(%), $\alpha=0.05$, $\beta=0.10$)

(1) 계량규준형 1회 샘플링검사를 실시하려고 할 때 샘플의 크기(n)와 상한합격판정치($\overline{X_U}$)를 구하시오.

(2) n개의 시료를 뽑아 평균치($\overline{x}$)를 계산하였더니 3.45(%)가 나왔다면 샘플링한 로트의 처리는 어떻게 하여야 하는가?

13 난괴법이란 A인자는 모수이고 B인자는 변량인 반복이 없는 2원 배치 실험으로, 데이터의 구조식을 $x_{ij}=\mu+a_i+b_j+e_{ij}$로 쓸 수 있다. 아래 빈칸에 데이터의 구조를 식으로 표시하시오.(단, μ : 총 평균, a_i : A_i수준의 효과, b_j : B_j수준의 효과, e_{ij} : 오차, $i=1, 2, \cdots, l$, $j=1, 2, \cdots, m$이다.)

	데이터의 구조
A_i수준의 평균	(①)
B_j수준의 평균	(②)
총 평 균	(③)

14 KS 제품인증에는 당해 제품 · 가공기술 인증과 서비스 인증분야로 나누어진다. 제품 · 가공기술 인증분야의 6가지 심사항목을 적으시오.

15 $L_8 2^7$의 직교배열표를 이용하여 아래 표와 같이 인자를 배치하고 실험데이터를 얻었을 때, 물음에 답하시오(단, 데이터의 특성은 망대특성으로 한다).

배치	A	B	$A\times B$	C	e	e	e	실험데이터 x_i
No. \ 열 번	1	2	3	4	5	6	7	
1	0	0	0	0	0	0	0	8
2	0	0	0	1	1	1	1	13
3	0	1	1	0	0	1	1	7
4	0	1	1	1	1	0	0	14
5	1	0	1	0	1	0	1	17
6	1	0	1	1	0	1	0	21
7	1	1	0	0	1	1	0	10
8	1	1	0	1	0	0	1	10
기본표시	a	b	a b	c	a c	b c	a b c	

(1) 다음의 분산분석표를 완성하고 검정을 행하시오.

요 인	SS	DF	MS	F_0	$F_{0.90}$
A					5.54
B					5.54
C					5.54
$A\times B$					5.54
e					
T					

(2) 아래 빈칸을 채우고 최적수준을 구하시오.

	A_0	A_1
B_0		
B_1		

C_0	C_1

(3) 최적조건의 조합평균을 구간 추정하시오(단, 신뢰율 90%).

16 3시그마 기법을 이용한 $\overline{x}$관리도에서 U_{CL}이 45이고 L_{CL}이 15인데, 공정평균이 40으로 변했을 때 검출력을 구하시오.

기출유사문제풀이 [2016년 2회 품질경영기사 실기]

01_ (1) 상관계수(r_{xy})

$\Sigma x_i = 520,\ \Sigma {x_i}^2 = 31{,}200,\ \Sigma y_i = 1{,}100,\ \Sigma {y_i}^2 = 134{,}660, \Sigma x_i\, y_i = 64{,}440$

$S(xx) = \Sigma x^2 - \dfrac{(\Sigma x)^2}{n} = 4{,}160,\ S(yy) = \Sigma y^2 - \dfrac{(\Sigma y)^2}{n} = 13{,}660,$

$S(xy) = \Sigma xy - \dfrac{(\Sigma x)(\Sigma y)}{n} = 7{,}240$

$r_{xy} = \dfrac{S(xy)}{\sqrt{S(xx)\,S(yy)}} = 0.96043$

(2) 상관계수의 유무 검정

① $H_0 : \rho = 0,\ H_1 : \rho \neq 0$

② $t_0 = \dfrac{r}{\sqrt{\dfrac{1-r^2}{n-2}}} = \dfrac{0.960432}{\sqrt{\dfrac{1-0.960432^2}{10-2}}} = 9.7536$

③ $t_0 > t_{1-\alpha/2}(\nu) = t_{0.975}(8) = 2.306$ 이면 H_0를 기각한다.

④ $t_0 = 9.5736 > 2.306$

$\therefore\ \alpha = 0.05$로 H_0 기각, 즉 $\alpha = 0.05$로 상관관계가 있다고 할 수 있다.

(3) 모상관계수의 95% 구간추정

$\rho = \tanh\left(\tanh^{-1} r \pm u_{1-\alpha/2}\dfrac{1}{\sqrt{n-3}}\right) = \tanh\left(\tanh^{-1} 0.960432 \pm 1.96\ \dfrac{1}{\sqrt{7}}\right)$

$\therefore\ 0.83687 \le \hat{\rho} \le 0.99087$

02_ 기존의 3σ 관리한계에서 U_{CL}의 값이 새로운 중심선(C_L) 0.05와 같아지는 경우의 n을 구하면 된다. 즉,

$U_{CL} = P + 3\sqrt{\dfrac{P(1-P)}{n}} = 0.03 + 3\sqrt{\dfrac{0.03\times(1-0.03)}{n}} = 0.05$

$n = 654.75 = 655$(개)

03_ $k=20,\ \Sigma c=80$

(1) c관리도의 관리한계선

$$C_L=\bar{c}=\frac{\Sigma c}{k}=\frac{80}{20}=4$$

$$U_{CL}=\bar{c}+3\sqrt{\bar{c}}=4+3\times\sqrt{4}=10.0$$

$$L_{CL}=\bar{c}-3\sqrt{\bar{c}}=4-3\times\sqrt{4}=-\text{(고려하지 않음)}$$

(2) ① c관리도 작성

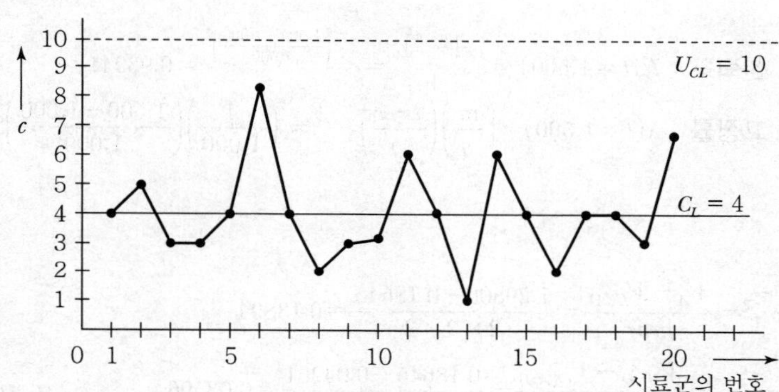

② 관리상태의 판정

이상상태를 판정하는 8가지 기준에 해당되는 점이 없으므로 관리상태이다.

04_ (1) $R(t_i)=1-F(t_i)=\dfrac{n-i+0.7}{n+0.4}=\dfrac{8-2+0.7}{8+0.4}=0.79762$

(2) $f(t_i)=\dfrac{1}{(n+0.4)(t_{i+1}-t_i)}=\dfrac{1}{(8+0.4)(225-180)}=0.00265\,(/\text{hr})$

(3) $\lambda(t_i)=\dfrac{1}{(n-i+0.7)(t_{i+1}-t_i)}=\dfrac{1}{(8-2+0.7)(225-180)}=0.00332\,(/\text{hr})$

05_

i	1	2	3	계
x_i	100	30	20	150
e_i	90	45	15	150
x_i-e_i	10	−15	5	

① $H_0 : P_A = 0.6,\ P_B = 0.3,\ P_C = 0.1,\ H_1 : not\ H_0$ 또는 H_0가 아니다.

② $\chi_0^{\ 2} = \Sigma \dfrac{(x_i - e_i)^2}{e_i} = \dfrac{10^2}{90} + \dfrac{(-15)^2}{45} + \dfrac{5^2}{15} = 7.77778$

③ $\chi_0^{\ 2} > \chi_{1-\alpha}^{\ 2}(\nu) = 5.99$ 이면 H_0를 기각한다.

④ $\chi_0^{\ 2} = 7.77778 > \chi_{0.95}^{\ 2}(2) = 5.99$

$\therefore\ \alpha = 0.05$로 H_0는 기각된다. 즉, 생산비율이 종전과 다르다고 할 수 있다.

06_

(1) 신뢰도 : $R(t=1{,}500) = e^{-\left(\frac{t-r}{\eta}\right)^m} = e^{-\left(\frac{1{,}500-1{,}000}{1{,}000}\right)^4} = 0.93941$

(2) 고장률 : $\lambda(t=1{,}500) = \left(\dfrac{m}{\eta}\right)\left(\dfrac{t-r}{\eta}\right)^{m-1} = \left(\dfrac{4}{1{,}000}\right)\left(\dfrac{1{,}500-1{,}000}{1{,}000}\right)^3 = 0.0005$

07_

① $\widehat{\sigma_A}^2 = \dfrac{V_A - V_{B(A)}}{mnr} = \dfrac{1.29800 - 0.18645}{2\times 2\times 2} = 0.13894$

② $\widehat{\sigma_{B(A)}}^2 = \dfrac{V_{B(A)} - V_{C(AB)}}{nr} = \dfrac{0.18645 - 0.04261}{2\times 2} = 0.03596$

③ $\widehat{\sigma_{C(AB)}}^2 = \dfrac{V_{C(AB)} - V_e}{r} = \dfrac{0.04261 - 0.00121}{2} = 0.02070$

08_

(1) $n_{cum} < n_t$인 경우

계량축차 샘플링검사표에서 PRQ=0.5%, CRQ=2%에 해당하는 $h_A = 4.312,\ h_R = 5.536,$ $g = 2.315,\ n_t = 49$로 나온다.

$A^L = h_A\sigma + g\sigma n_{cum} = 4.312\times 1.2 + 2.315\times 1.2 n_{cum} = 5.17440 + 2.7780 n_{cum}$

$R^L = -h_R\sigma + g\sigma n_{cum} = -5.536\times 1.2 + 2.315\times 1.2 n_{cum} = -6.64320 + 2.7780 n_{cum}$

$A^U = -h_A\sigma + (U - L - g\sigma) n_{cum}$

$\quad = -4.312\times 1.2 + (210 - 200 - 2.315\times 1.2) n_{cum} = -5.17440 + 7.2220 n_{cum}$

$R^U = h_R\sigma + (U - L - g\sigma) n_{cum} = 5.536\times 1.2 + (210 - 200 - 2.315\times 1.2) n_{cum}$

$\quad = 6.64320 + 7.2220 n_{cum}$

(2)

로트	특성치(x)	여유치(y)	누적 여유치(Y)	불합격 판정선(R^L)	합격 판정선(A^L)	합격 판정선(A^U)	불합격 판정선(R^U)
1	196.6	−3.4	−3.4	−3.8652	7.9524	2.0476	13.8652
2	205.5	5.5	2.1	−1.0872	10.7304	9.2696	21.0872
3	211.0	11	13.1	1.6908	13.5084	16.4916	28.3092
4	201.7	1.7	14.8	4.4688	16.2864	23.7136	35.5312
5	209.0	9	23.8	7.2468	19.0644	30.9356	42.7532

5번째 로트에서 Y가 $A^L \leq Y \leq A^U$이므로 로트를 합격시킨다.

09_ (1) 시방서(Specification)
(2) 기록(Record)
(3) 시정조치(Corrective Action)

10_ ① 품질기준이 명확할 것
② 시료의 샘플링은 랜덤하게 될 것
③ 제품이 로트로서 처리될 수 있는 것
④ 합격로트 중에는 어느 정도 부적합품의 섞임을 허용할 것
⑤ 계량샘플링검사에서는 로트검사 단위의 특성치 분포를 대략 알고 있을 것

11_ (1) $\overline{X_U} = m_0 + K_\alpha \frac{\sigma}{\sqrt{n}}$

$$m_0 = \overline{X_U} - K_\alpha \frac{\sigma}{\sqrt{n}} = 500 - 1.645 \times \frac{10}{\sqrt{4}} = 491.7750$$

$$\overline{X_U} = m_1 - K_\beta \frac{\sigma}{\sqrt{n}}$$

$$m_1 = \overline{X_U} + K_\beta \frac{\sigma}{\sqrt{n}} = 500 + 1.282 \times \frac{10}{\sqrt{4}} = 506.410$$

(2) OC곡선의 작성

m	$K_{L(m)}=\frac{\sqrt{n}\left(m-\overline{X_U}\right)}{\sigma}$	$L(m)$
491.7750	$\frac{\sqrt{4}\,(491.775-500)}{10}=-1.645$	0.950
500	$\frac{\sqrt{4}\,(500-500)}{10}=0.0$	0.50
506.410	$\frac{\sqrt{4}\,(506.41-500)}{10}=1.2820$	0.10

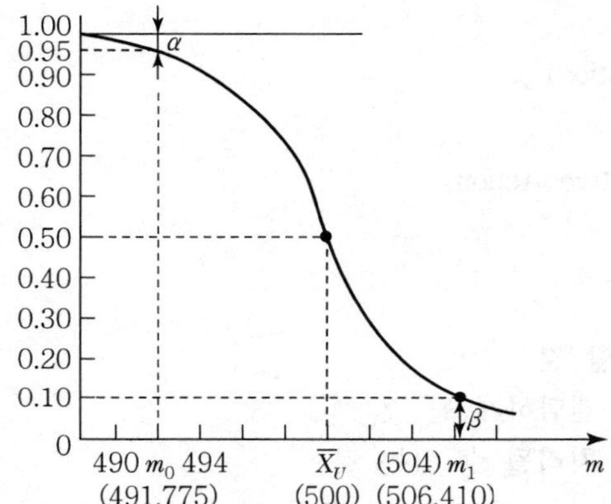

12_ (1) ① $n=\left(\frac{K_\alpha+K_\beta}{m_1-m_0}\right)^2\cdot\sigma^2=\left(\frac{1.645+1.282}{4-3}\right)^2\times 1^2=8.56733=9\,(\text{개})$

② $\overline{X_U}=m_0+K_\alpha\frac{\sigma}{\sqrt{n}}=3+1.645\times\frac{1}{\sqrt{9}}=3.54833\,(\%)$

(2) $\bar{x}\le 3.54833$이면 로트는 합격, $\bar{x}>3.54833$이면 로트는 불합격이므로 샘플링한 로트는 합격 처리한다.

13_ ① $\bar{x}_{i\cdot}=\mu+a_i+\bar{b}+\bar{e}_{i\cdot}$

② $\bar{x}_{\cdot j}=\mu+b_j+\bar{e}_{\cdot j}$

③ $\bar{\bar{x}}=\mu+\bar{b}+\bar{\bar{e}}$

14_ ① 품질경영　　② 자재관리
③ 공정 · 제조 설비관리　　④ 시험 · 검사 설비의 관리
⑤ 제품관리　　⑥ 소비자보호 및 환경 · 자원관리

15_ (1) 변동계산

$$S_T = \Sigma x^2 - \frac{100^2}{8} = 158.0$$

$$S_A = \frac{1}{8}\left(T_{A_1} - T_{A_0}\right)^2 = \frac{1}{8}\left[(17+21+10+10)-(8+13+7+14)\right]^2 = 32.0$$

같은 방법으로 각 열의 변동을 구하면 된다. 즉

$$S_B = \frac{1}{8}\left(T_{B_1} - T_{B_0}\right)^2 = 40.5$$

$$S_C = \frac{1}{8}\left(T_{C_1} - T_{C_0}\right)^2 = 32.0$$

$$S_{A\times B} = \frac{1}{8}\left(T_{(A\times B)_1} - T_{(A\times B)_0}\right)^2 = 40.5$$

$$S_e = S_{5열} + S_{6열} + S_{7열}$$

요 인	SS	DF	MS	F_0	$F_{0.90}$
A	32.0	1	32.0	7.38462*	5.54
B	40.5	1	40.5	9.34616*	5.54
C	32.0	1	32.0	7.38462*	5.54
$A\times B$	40.5	1	40.5	9.34616*	5.54
e	13.0	3	4.33333		
T	158.0	7			

모든 요인(A, B, C, $A\times B$)이 $\alpha=0.10$에서 유의하다.

(2)

	A_0	A_1
B_0	8 13	17 21
B_1	7 14	10 10

C_0	C_1
8	13
7	14
17	21
10	10

데이터가 망대특성이므로 최적수준조합은 $A_1B_0C_1$이 된다.

(3) 최적수준의 구간 추정

① 점추정

$$\hat{\mu}(A_1B_0C_1) = \hat{\mu} + a_1 + b_0 + c_1 + (ab)_{10}$$
$$= \left[\hat{\mu} + a_1 + b_0 + (ab)_{10}\right] + \left[\hat{\mu} + c_1\right] - \hat{\mu}$$
$$= \frac{38}{2} + \frac{58}{4} - \frac{100}{8} = 21.0$$

② 구간 추정

$$\hat{\mu}(A_1B_0C_1) = 21.0 \pm t_{1-\alpha/2}(\nu_e)\sqrt{\frac{V_e}{n_e}}$$
$$= 21.0 \pm t_{0.95}(3)\sqrt{\frac{V_e}{n_e}}$$
$$= 21.0 \pm 2.353 \times \sqrt{\frac{4.33333}{1.6}}$$
$$= (17.12767 \sim 24.87233)$$

여기서, $n_e = NR = \dfrac{\text{총 실험 횟수}}{\text{유의한 요인의 자유도 합}+1} = \dfrac{N}{\nu_A + \nu_B + \nu_C + \nu_{A\times B} + 1} = \dfrac{8}{5} = 1.6$

16_ $U_{CL} = 30 + 3\dfrac{\sigma}{\sqrt{n}} = 45$, $\dfrac{\sigma}{\sqrt{n}} = 5.0$

U_{CL}을 벗어나는 경우 : $u = \dfrac{U_{CL} - \mu'}{\sigma/\sqrt{n}} = \dfrac{45-40}{5.0} = 1.0$

L_{CL}을 벗어나는 경우 : $u = \dfrac{L_{CL} - \mu'}{\sigma/\sqrt{n}} = \dfrac{15-40}{5.0} = -5.0$

$\therefore\ 1-\beta = P_r(u > 1.0) + P_r(u < -5.0) = 0.1587 + 0.0^5 2867 = 0.15870$

기출유사문제 [2016년 4회 품질경영기사 실기]

01 다음은 np관리도에 대한 데이터이다. 물음에 답하시오.(단, $n=100$이다.)

로트 번호	부적합품수 (np)	로트 번호	부적합품수 (np)	로트 번호	부적합품수 (np)	로트 번호	부적합품수 (np)
1	3	8	4	15	1	22	4
2	2	9	1	16	3	23	2
3	4	10	0	17	3	24	0
4	3	11	2	18	2	25	5
5	2	12	3	19	0		
6	6	13	1	20	7		
7	1	14	6	21	3		

(1) C_L, U_{CL}, L_{CL}을 구하시오.

(2) 관리도를 작성하시오.

(3) 관리상태를 판정하시오.

02 다음 정의에 대한 용어를 괄호 안에 쓰시오.

(1) 규정된 요구사항에 적합하지 않은 제품을 사용하거나 불출하는 것에 대한 허가 (　　)

(2) 부적합의 원인을 제거하고 재발을 방지하기 위한 조치 (　　)

03 부선으로 광석이 입하되었다. 부선은 5척하고 각각 약 500, 700, 1,500, 1,800, 600톤씩 싣고 있다. 각 부선으로부터 하선할 때 100톤 간격으로 1인크리멘트씩 떠서 이것을 대상 시료로 혼합할 경우, 샘플링의 정밀도는 얼마나 되는가?(단, 이 광석은 이제까지의 실험으로부터 100톤 내의 인크리멘트 간의 분포 $\sigma_w = 0.8\%$인 것을 알고 있다.)

04 $U_{CL} = 43.41641$, $L_{CL} = 16.58359$, $n=5$인 3σ관리도법 $\bar{x}$ 관리도가 있다. 만약 공정이 평균이 40으로 변화되었을 때 이 관리도에 의해 검출될 확률은?

05 $p_A = 1\%$, $p_R = 10\%$, $\alpha = 5\%$, $\beta = 10\%$ 을 만족시키는 로트의 부적합품률을 보증하는 계량값 샘플링검사방식을 적용하려 한다(단, 품질특성치 무게는 대체로 정규분포를 따르고 있으며, 상한규격치 $U = 200$kg, 표준편차(σ)는 2kg으로 알려져 있다.). 다음 물음에 답하시오.(부록의 표값을 사용할 것)

(1) 누계 샘플사이즈의 중지값(n_t)과 합격판정기준을 설정하시오.

(2) $n_{cum} < n_t$인 경우 합격판정선과 불합격판정선을 설계하시오.

(3) 진행된 로트에 대해 표를 채우고 합부 여부를 판정하시오.

누계샘플 사이즈	측정값 x(kg)	여유치 y	불합격판정치 R	누계여유치 Y	합격판정치 A
1	194.5	5.5	−1.924	5.5	7.918
2	196.5	(　)	(　)	(　)	(　)
3	201.0	(　)	(　)	(　)	(　)
4	197.8	(　)	(　)	(　)	(　)
5	198.0	(　)	(　)	(　)	(　)

06 다음은 품종 A, B, C의 수확량을 비교하기 위하여 2개의 블록을 이용한 난괴법 배치를 나타낸 것이다. 각 품종을 표시한 문자 밑에 기록된 숫자는 수확량을 나타내고 있다. 분산분석을 실시하시오.

블록 1		
A	B	C
50	45	38

블록 2		
A	B	C
44	43	29

07 2^4형 실험에서 2개의 블록으로 나누어 교락법 실험을 하려고 한다. 최고차항의 교호작용 $A \times B \times C \times D$를 블록과 교락시켜 실험을 하는 경우의 실험배치를 하시오.

08 제품 · 가공기술 인증의 경우, KS 인증 심사기준 6가지를 적으시오.

09 나일론 실의 방사과정에서 일정 시간 동안에 사절수가 어떤 인자에 크게 영향을 받는가를 대략적으로 알아보기 위하여 4인자 A(연신온도), B(회전수), C(원료의 종류), D(연신비)를 각각 다음과 같이 4수준으로 잡고 총 16회 실험을 4×4 그레코라틴방격법으로 행하였다. 다음 물음에 답하시오.

	A_1	A_2	A_3	A_4
B_1	$C_3D_2(15)$	$C_1D_1(\ 4)$	$C_4D_3(\ 8)$	$C_2D_4(19)$
B_2	$C_1D_4(\ 5)$	$C_3D_3(19)$	$C_2D_1(\ 9)$	$C_4D_2(16)$
B_3	$C_4D_1(15)$	$C_2D_2(16)$	$C_3D_4(19)$	$C_1D_3(17)$
B_4	$C_2D_3(19)$	$C_4D_4(26)$	$C_1D_2(14)$	$C_3D_1(34)$

(1) 분산분석표를 작성하고 검정을 행하시오.
(2) 검정을 행하시오.
(3) 최적수준조합에 대한 신뢰도 95% 구간추정을 실시하시오.

10 다음과 같이 구성된 시스템이 있다. 만약 어떤 시점 t에서 각 부품의 신뢰도가 모두 $R(t)=0.9$, $i=1, 2, \cdots, 8$이라면 이 시스템의 신뢰도는 시간 t에서 얼마인가?

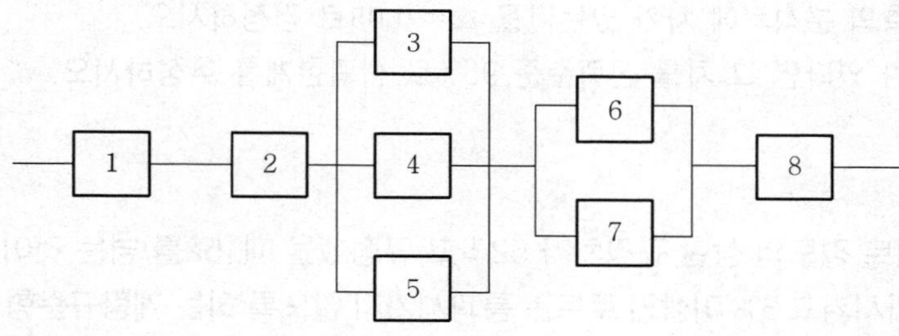

11 어떤 부품의 고장시간의 분포가 $m=1.5$, $\eta=1{,}200$시간, $r=0$인 와이블분포를 따른다.

(1) $t=500$에서 신뢰도를 구하시오.
(2) $t=500$에서 고장률을 구하시오.
(3) 이 부품의 신뢰도를 95% 이상으로 유지하는 사용시간을 구하시오.

12 종래 납품되고 있던 기계 부품의 치수의 표준편차는 0.15cm이었다. 이번에 납품된 로트의 평균치를 신뢰율 95%, 정밀도 0.10cm로 알고자 한다. 샘플을 몇 개로 하는 것이 좋겠는가?

13 p관리도에서 $k=25$, $n=300$인데 '군번호 19'에서 부적합품이 16개로 관리이상상태로 판정되었다면 이 군을 제거하고 수정하여 p관리도를 그리려고 할 때 U_{CL}, L_{CL}을 각각 구하시오.(단, $\Sigma np = 138$)

14 출하 측과 수입 측에서 어떤 금속의 함유량(%)을 분석하게 되었다. 분석법에 차가 있는가 검토하기 위하여 표준시료를 10개 작성하여, 각각 2분하여 출하 측과 수입 측이 동시에 분석하여 다음 결과를 얻었다. 이때 다음 물음에 답하시오.

	1	2	3	4	5	6	7	8	9	10
출하 측(A)	52.33	51.98	51.72	52.04	51.90	51.92	51.96	51.90	52.14	52.02
수입 측(B)	52.11	51.90	51.78	51.89	51.60	51.87	52.07	51.66	51.82	51.91

(1) 양측의 분석치에 차가 있는가를 $\alpha=0.05$로 검정하시오.

(2) 차가 있다면 그 차를 신뢰수준 95%로 신뢰한계를 추정하시오.

15 슬레이트 경도의 상한 규격치가 52라고 규정했을 때, 52를 넘는 것이 0.4% 이하인 로트는 통과시키고 3% 이상인 로트는 통과시키지 않도록 하는 계량규준형 1회 샘플링 검사방식에서 다음 물음에 답하시오.(단, $\alpha=0.05$, $\beta=0.10$, $\sigma=2$이다.)

$$K_{0.004}=2.652,\quad K_{0.03}=1.881,\quad K_{0.05}=1.645,\quad K_{0.10}=1.282$$

(1) n

(2) k

(3) 판정방법

16 어떤 공정에서 생산되는 제품 로트 크기에 따라서 생산에 소요되는 시간을 측정하였더니 다음과 같은 시간이 소요되었다. 다음 물음에 답하시오.(단, $\alpha = 0.05$)

x_i	30	20	60	80	40	50	60	30	70	80
y_i	73	50	128	170	87	108	135	69	148	132

(1) 공분산 V_{xy}를 구하시오.

(2) 상관관계가 존재하는지를 검정하시오.

(3) 모상관계수의 95% 구간추정을 행하시오.

기출유사문제풀이 [2016년 4회 품질경영기사 실기]

01_

$\bar{p}=\frac{\Sigma np}{\Sigma n}=\frac{\Sigma np}{k\times n}=\frac{68}{25\times 100}=0.02720$

(1) $C_L=n\bar{p}=\frac{\Sigma np}{k}=\frac{68}{25}=2.720$

$U_{CL}=n\bar{p}+3\sqrt{n\bar{p}(1-\bar{p})}=2.72+3\sqrt{2.72(1-0.0272)}=7.59997$

$L_{CL}=n\bar{p}-3\sqrt{n\bar{p}(1-\bar{p})}=2.72-3\sqrt{2.72(1-0.0272)}=-$ (고려하지 않음)

(2) 관리도 작성

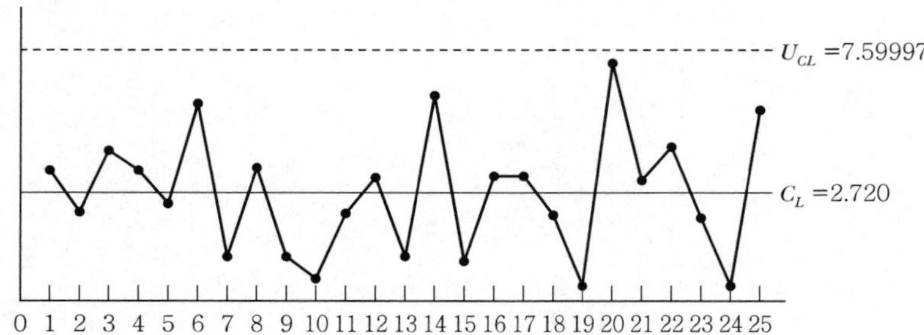

(3) 판정 : 관리 한계선을 벗어나는 점이 없으므로 이 공정은 관리상태에 있다고 볼 수 있다.

02_

(1) 특채(Concession)

(2) 시정조치(Corrective Action)

03_ 층별 비례샘플링인 경우

$m=5,\ \bar{n}=\frac{1}{5}(5+7+15+18+6)=\frac{51}{5},\ V(\bar{x})=\frac{{\sigma_w}^2}{m\bar{n}}=\frac{0.8^2}{5\times\frac{51}{5}}=0.01255(\%)$

04_

U_{CL}을 벗어나는 경우 : $u=\frac{U_{CL}-\mu'}{\sigma'/\sqrt{n}}=\frac{43.41641-40}{4.47214}=0.7639$

L_{CL}을 벗어나는 경우 : $u=\frac{L_{CL}-\mu'}{\sigma'/\sqrt{n}}=\frac{16.58359-40}{4.47214}=-5.236$

$\therefore\ 1-\beta=P_r(u>0.76)+P_r(u<-5.236)=0.2236+0=0.22360(22.360\%)$

05_ 부록 표에서, $h_A=2.155$, $h_R=2.766$, $g=1.804$, $n_t=13$

(1) $n_t=13=n_{cum}$ 에서의 합격판정기준

$A_t=g\sigma n_t=1.804\times2\times13=46.904$

로트에서 한 개씩 검사하여, 12개까지 합 · 부 판정이 나지 않으면 누계여유치 $Y=\Sigma(U-x_i)\geq A_t$이면 로트를 합격시키고, $Y<A_t$ 이면 불합격처리한다.

(2) $n_{cum}<n_t$ 인 경우 합격판정선과 불합격판정선

① 합격판정선 $A=h_A\sigma+g\sigma n_{cum}=2.155\times2+1.804\times2\times n_{cum}=4.310+3.6080\,n_{cum}$

② 불합격판정선 $R=-h_R\sigma+g\sigma n_{cum}=-2.766\times2+1.804\times2\times n_{cum}$

$=-5.5320+3.6080\,n_{cum}$

(3) 판정

누계샘플 사이즈	측정값 x(kg)	여유치 y	불합격판정치 R	누계여유치 Y	합격판정치 A
1	194.5	5.5	−1.9240	5.5	7.9180
2	196.5	3.5	1.6840	9.0	11.5260
3	201.0	−1.0	5.2920	8.0	15.1340
4	197.8	2.2	8.90	10.2	18.7420
5	198.0	2.0	12.5080	12.2	22.350

$n_{cum}=5$ 에서 누계여유치가 불합격판정치보다 작으므로, 즉 $Y\leq R$이므로 로트를 불합격한다.

06_ ① 수정항 $CT=\frac{T^2}{N}=\frac{(249)^2}{6}=10{,}333.50$

② $S_T=\sum_i\sum_j x_{ij}{}^2-CT=(50^2+45^2+38^2+44^2+43^2+29^2)-CT=261.50$

③ S_A : 품종 간 변동

$S_A=\sum_i\frac{T_{i\cdot}{}^2}{l}-CT=\frac{1}{2}(94^2+88^2+67^2)-CT=201.0$

④ S_B : 블록 간 변동

$S_B=\sum_j\frac{T_{\cdot j}{}^2}{m}-CT=\frac{1}{3}\{(50+45+38)^2+(44+43+29)^2\}-CT=48.166667$

⑤ $S_e=S_T-S_A-S_B=12.333333$

⑥ 분산분석표

요 인	SS	DF	MS	F_0	$F_{0.95}$	$F_{0.99}$
A	201.0	2	100.50	16.297	19.0	99.0
B	48.16667	1	48.16667	7.811	18.5	88.5
e	12.33333	2	6.16667			
T	261.50	5				

∴ 유의수준 5%에서 인자 A(품종 간), B(블록 간) 모두 유의하지 않다.

07_ $A\times B\times C\times D=\frac{1}{8}(a-1)(b-1)(c-1)(d-1)$

$$=\frac{1}{8}[(abcd+ab+bc+cd+ac+ad+bd+(1))$$
$$-(a+b+c+d+abc+bcd+acd+abd)]$$

∴ 블록 Ⅰ : $a,\ b,\ c,\ d,\ abc,\ bcd,\ acd,\ abd$

블록 Ⅱ : $abcd,\ ab, bc,\ cd,\ ac,\ ad,\ bd,\ (1)$

08_ ① 품질경영관리

② 자재관리

③ 공정・제조 설비관리

④ 시험・검사 설비의 관리

⑤ 제품관리

⑥ 소비자보호 및 환경・자원관리

09_ (1) 수정항 $CT=\frac{T^2}{k^2}=\frac{(255)^2}{16}=4{,}064.06250$

① $S_A=\sum_i \frac{T_{i\cdot\cdot\cdot}^{\ 2}}{k}-CT=\frac{1}{4}\{54^2+65^2+50^2+86^2\}-CT=195.18750$

② $S_B=\sum_j \frac{T_{\cdot j\cdot\cdot}^{\ 2}}{k}-CT=\frac{1}{4}\{46^2+49^2+67^2+93^2\}-CT=349.68750$

③ $S_C=\sum_l \frac{T_{\cdot\cdot l\cdot}^{\ 2}}{k}-CT=\frac{1}{4}\{40^2+63^2+87^2+65^2\}-CT=276.68750$

④ $S_D = \sum_m \frac{T_{...m}^2}{k} - CT = \frac{1}{4}\{62^2+61^2+63^2+69^2\} - CT = 9.68750$

⑤ $S_e = S_T - (S_A + S_B + S_C + S_D) = 844.93750 - (S_A + S_B + S_C + S_D) = 13.68750$

요인	SS	DF	MS	F_0	$F_{0.95}$
A	195.18750	3	65.0625	14.260	9.28
B	349.68750	3	116.5625	25.548	9.28
C	276.68750	3	92.22917	20.215	9.28
D	9.68750	3	3.22917	0.708	9.28
e	13.68750	3	4.5625		
T	844.93750	15			

(2) $F_A = 14.260 > F_{0.95} = 9.28$

$F_B = 25.548 > F_{0.95} = 9.28$

$F_C = 20.215 > F_{0.95} = 9.28$

$F_D = 0.708 < F_{0.95} = 9.28$

∴ 유의수준 5%에서 인자 A, B, C가 유의하다.

(3) 망소특성이고, 인자 A, B, C가 유의하므로, 최적수순조합은 $\mu(A_3B_1C_1)$가 된다.

$$\hat{\mu}(A_3B_1C_1) = \left(\bar{x}_{3...} + \bar{x}_{.1..} + \bar{x}_{..1.} - 2\bar{\bar{x}}\right) \pm t_{1-\alpha/2}(3)\sqrt{\frac{V_e}{n_e}}$$

$$= \left(\frac{50}{4} + \frac{46}{4} + \frac{40}{4} - 2\times\frac{255}{16}\right) \pm 3.182 \times \sqrt{\frac{4.5625}{1.60}}$$

$= (-3.24831 \sim 7.49831)$

$= (- , 7.49831)$ (단, 유효반복수 $n_e = \frac{k^2}{3k-2} = \frac{16}{10} = 1.60$)

10_ $R_s(t) = R_1(t) \times R_2(t) \times [1 - F_3(t) \times F_4(t) \times F_5(t)] \times [1 - F_6(t) \times F_7(t)] \times R_8(t)$

$= 0.9 \times 0.9 \times [1-(1-0.9)^3] \times [1-(1-0.9)^2] \times 0.9 = 0.72099$

11_ (1) 와이블분포를 따를 때 신뢰도

$$R(t=500)=e^{-\left(\frac{t-r}{\eta}\right)^m}=e^{-\left(\frac{500-0}{1,200}\right)^{1.5}}=0.76418$$

(2) 고장률

$$\lambda(t=500)=\frac{m}{\eta}\left(\frac{t-r}{\eta}\right)^{m-1}=\frac{1.5}{1,200}\left(\frac{500-0}{1,200}\right)^{1.5-1}=8.06872\times10^{-4}\,(/\text{시간})$$

또는 0.00081(/시간)

(3) $R(t)\le e^{-\left(\frac{t-r}{\eta}\right)^m}=e^{-\left(\frac{t}{1,200}\right)^{1.5}}$, $0.95\le e^{-\left(\frac{t}{1,200}\right)^{1.5}}$

양변에 ln을 취하면, $\ln 0.95\le-\left(\frac{t}{1,200}\right)^{1.5}$

$$(-\ln 0.95)^{\frac{1}{1.5}}\ge\left(\frac{t}{1,200}\right)$$

$t\le 165.66152\,(\text{시간})$

신뢰도를 95% 이상으로 유지하기 위해서는 사용시간이 165.66152시간 이하가 되어야 한다.

12_ $\beta_{\bar{x}}=\pm u_{1-\alpha/2}\frac{\sigma}{\sqrt{n}}$ 에서 $0.10=\pm 1.96\frac{0.15}{\sqrt{n}}$

$\therefore\ n=8.64360=9\,(\text{개})$

13_ $C_L=\bar{p}=\frac{\Sigma np-16}{\Sigma n-300}=\frac{122}{7200}=0.016944$

$$U_{CL}=\bar{p}+3\sqrt{\frac{\bar{p}(1-\bar{p})}{n}}=0.016944+3\sqrt{\frac{0.016944\times(1-0.016944)}{300}}=0.03930$$

$$L_{CL}=\bar{p}-3\sqrt{\frac{\bar{p}(1-\bar{p})}{n}}=0.016944-3\sqrt{\frac{0.016944\times(1-0.016944)}{300}}=-\ (\text{고려하지 않음})$$

14_ (1) 대응 있는 모평균 차의 양측 검정

	1	2	3	4	5	6	7	8	9	10	
d	0.22	0.08	−0.06	0.15	0.30	0.05	−0.11	0.24	0.32	0.11	$\Sigma d = 1.30$

① $H_0 : \Delta = 0,\ H_1 : \Delta \neq 0 \qquad (\Delta = \mu_A - \mu_B)$

② $t_0 = \dfrac{\bar{d}}{\dfrac{\sqrt{V_d}}{\sqrt{n}}} = \dfrac{0.130}{\dfrac{0.144760}{\sqrt{10}}} = 2.8398$

③ $t_0 > t_{1-\alpha/2}(\nu) = 2.262$ 이면 H_0를 기각한다.

④ $t_0 = 2.8398 > t_{0.975}(9) = 2.262$ 이므로, $\alpha = 0.05$ 로 H_0 기각. 즉, $\alpha = 0.05$ 로 차가 있다고 할 수 있다.

(2) $(\mu_A - \mu_B) = \bar{d} \pm t_{1-\alpha/2}(\nu)\dfrac{s_d}{\sqrt{n}} = 0.13 \pm 2.262 \times \dfrac{0.144760}{\sqrt{10}}$

$\therefore\ 0.02645 \le (\mu_A - \mu_B) \le 0.23355$

15_ (1) $n = \left(\dfrac{K_\alpha + K_\beta}{K_{P_0} - K_{P_1}}\right)^2 = \left(\dfrac{1.645 + 1.282}{2.652 - 1.881}\right)^2 = 14.41241 = 15$ (개)

(2) $k = \dfrac{K_{P_0}K_\beta + K_{P_1}K_\alpha}{K_\alpha + K_\beta} = \dfrac{2.652 \times 1.282 + 1.881 \times 1.645}{1.645 + 1.282} = 2.21869$

(3) $\overline{X_U} = U - k\sigma = 52 - 2.218691 \times 2 = 47.56262$

$\therefore\ n = 15$, $\overline{X_U} \ge \bar{x}$ 이면 로트를 합격시키고, $\overline{X_U} < \bar{x}$ 이면 로트를 불합격시킨다.

즉, 15개의 시료로부터 $\bar{x}$를 구하여 $\overline{X_U} \ge \bar{x}$ 이면 로트를 합격시키고, $\overline{X_U} < \bar{x}$ 이면 로트를 불합격시킨다.

16_ (1) $S_{xy} = \Sigma xy - \dfrac{\Sigma x \Sigma y}{n} = 7{,}240$

공분산 $V_{xy} = \dfrac{S_{xy}}{n-1} = \dfrac{7{,}240}{9} = 804.44444$

(2) 상관계수의 유무 검정

① $H_0 : \rho = 0,\ H_1 : \rho \neq 0$

② $t_0 = \dfrac{r}{\sqrt{\dfrac{1-r^2}{n-2}}} = \dfrac{0.960432}{\sqrt{\dfrac{1-0.960432^2}{10-2}}} = 9.7536$

③ $t_0 = 9.5736 > t_{1-\alpha/2}(\nu) = t_{0.975}(8) = 2.306$

$\therefore$ $\alpha = 0.05$로 H_0 기각, 즉 $\alpha = 0.05$로 상관관계가 있다.

(3) 모상관계수의 95% 구간추정

$\rho = \tanh\left(\tanh^{-1} r \pm u_{1-\alpha/2} \dfrac{1}{\sqrt{n-3}}\right) = \tanh\left(\tanh^{-1} 0.960432 \pm 1.96 \dfrac{1}{\sqrt{7}}\right)$

$\therefore$ $0.83687 \le \rho \le 0.99087$

기출유사문제 [2016년 1회 품질경영산업기사 실기]

01 다음 데이터에 대하여 물음에 답하시오.(단, $n=20$)

45	45	46	46	49	49	50	50	51	51	52	52	53	53	54	57	58	60	62	64

(1) 중앙값($\tilde{x}$)을 구하시오.
(2) 범위의 중간값(M)을 구하시오.
(3) 상대분산[$(CV)^2$]을 구하시오.

02 품질검사원 A의 과거기록을 분석한 결과, 적합품을 부적합품으로 판정하는 비율은 2%, 부적합품을 적합품으로 판정하는 비율은 1%이었다. 이 공장의 부적합품 생산비율은 1%이다. 검사원 A가 어떤 제품을 부적합품으로 판정하였을 경우 실제로 부적합품일 확률은?

03 작업방법을 개선한 후 로트로부터 10개의 시료를 랜덤하게 샘플링하여 측정한 결과 다음 데이터를 얻었다.

[Data]	10	16	18	11	18	12	14	15	14	12

(1) 모평균 μ은 10(kg)보다 커졌다고 할 수 있는가?(단, $\alpha=0.05$)
(2) 신뢰도 95%로 모평균의 신뢰구간을 구하시오.

04 종래에 생산되던 한 로트의 모부적합수 $m=36$이었다. 작업방법을 개선한 후에 샘플 부적합수 $c=30$개가 나왔다면, 모부적합수와 달라졌다고 할 수 있는가?(단, $\alpha=0.05$)

05 다음은 용광로에서 선철을 만들 때 선철의 백분율(x)과 비금속의 산화를 조절하기 위하여 사용되는 석회의 소요량(kg)(y)에 대한 $n=8$의 실험결과이다. 다음 물음에 답하시오.

$$\sum x_i y_i = 3{,}236.6 \quad \sum x_i^2 = 13{,}472 \quad \sum y_i^2 = 785.91 \quad \sum y_i = 78.5 \quad \sum x_i = 320$$

(1) 선철의 백분율(x)과 석회 소요량(y) 사이의 상관계수를 구하시오.
(2) 선철의 백분율(x)에 관한 석회 소요량(y)의 공분산(V_{xy})을 구하시오.
(3) 선철의 백분율(x)에 관한 석회 소요량(y)의 추정회귀방정식을 구하시오.

06 다음은 p관리도에 대한 데이터이다. 물음에 답하시오.

로트번호	시료의 크기	부적합품 수	로트번호	시료의 크기	부적합품 수
1	40	3	6	30	3
2	40	5	7	50	6
3	40	3	8	50	5
4	30	4	9	50	6
5	30	2	10	50	4

(1) 시료의 크기에 따른 관리한계선을 각각 구하시오.
(2) 관리도를 그리시오.

07 종래 납품되고 있던 기계 부품에 대한 치수의 표준편차는 0.12(cm)이었다. 이번에 납품된 로트의 평균치를 신뢰율 95%, 정밀도 0.10(cm)로 알고자 한다. 샘플을 몇 개로 하는 것이 좋겠는가?

08 계량규준형 1회 샘플링 검사는 n개의 샘플을 취하고 그 측정치의 평균치 $\bar{x}$와 합격 판정치를 비교하여 로트의 합격·불합격을 판정하는 방법이다. 로트의 평균치를 보증하는 경우는 KS Q 0001(표준편차기지)에 규정되어 있다. 다음 표는 KS Q 0001의 부표로서, $m_0,\ m_1$이 주어졌을 때 n과 G_0를 구할 수 있다.

$\frac{\lvert m_1 - m_0 \rvert}{\sigma}$	n	G_0
2.069 이상	2	1.163
1.690～2.08	3	0.950
1.463～1.689	4	0.822
1.309～1.462	5	0.736
⋮	⋮	⋮
0.772～0.811	14	0.440
0.756～0.771	15	0.425
0.732～0.755	16	0.411

드럼에 채운 고체 가성소다 중 산화 철분은 적을수록 좋다. 로트의 평균치가 0.0040% 이하이면 합격으로 하고 그것이 0.0050% 이상이면 불합격하는 $\overline{X_U}$ 를 구하시오.(단, σ는 0.0006%임을 알고 있다.)

09 계량규준형 1회 샘플링 검사는 n개의 샘플을 취하고 그 측정치의 평균치 $\bar{x}$와 합격 판정치를 비교하여 로트의 합격·불합격을 판정하는 방법이다. 로트의 평균치를 보증하는 경우는 KS Q 0001(표준편차기지)에 규정되어 있다. 다음 표는 KS Q 0001의 부표로서, m_0, m_1이 주어졌을 때 n과 G_0를 구할 수 있다.

$\frac{\lvert m_1 - m_0 \rvert}{\sigma}$	n	G_0
2.069 이상	2	1.163
1.690～2.08	3	0.950
1.463～1.689	4	0.822
1.309～1.462	5	0.736
⋮	⋮	⋮
0.772～0.811	14	0.440
0.756～0.771	15	0.425
0.732～0.755	16	0.411

강재의 인장강도는 클수록 좋다. 강재의 평균치가 46(kg/mm^2) 이상인 로트는 통과시키고 43(kg/mm^2) 이하인 로트는 통과시키지 않는 $\overline{X_L}$을 구하시오.(단, $\sigma = 4$(kg/mm^2)임을 알고 있다.)

10 어떤 부품의 수입검사에 KS Q ISO 2859－1의 계수값 샘플링 검사방식을 적용하고 있다. AQL＝1.5%, 검사수준 II로 하는 1회 샘플링 방식을 채택하고 있다. 처음 검사는 보통검사로 시작하였으며, 15개 로트에 대한 검사를 실시하였다. KS Q ISO 2859－1의 주 샘플링 검사표를 사용하여 답안지 표의 공란을 채우고, 로트의 엄격도 전환을 결정하시오.

로트번호	N	샘플문자	n	Ac	Re	부적합품수	합부판정	전환점수	엄격도 적용
1	300	H	50	2	3	3	불합격	0	보통검사 시작
2	500	H	50	2	3	0	합격	3	보통검사 속행
3	200	G	32	1	2	0	합격	5	보통검사 속행
4	800	J	80	3	4	2	합격	8	보통검사 속행
5	1,500	K	125	5	6	1	합격	11	보통검사 속행
6	500	H	50	2	3	0	합격	14	보통검사 속행
7	2,500	K	125	5	6	1			
8	2,000	K	125	5	6	0			
9	1,200	J	80	3	4	1			
10	1,500	K	125	5	6	2			
11	400	H	50	2	3	0			
12	2,500	K	125	5	6	0			
13	600	J	32	2	3	0			
14	800	J	32	2	3	2	합격	－	수월한 검사 속행
15	1,600	K	50	3	4	3	합격	－	수월한 검사 속행

11 실험계획법에서 결측치가 존재하는 경우가 있다. 이때 결측치를 처리하는 방법을 각각의 실험계획법에서 간략하게 적으시오.

(1) 반복이 일정한 1원 배치법

(2) 반복이 없는 2원 배치법

(3) 반복이 있는 2원 배치법

12 어떤 직물의 가공 시 처리액 농도 A를 인자로 하여 $A_1=3.0\%$, $A_2=3.5\%$, $A_3=4.0\%$의 반복 5회로 총 15회 실험을 랜덤하게 하여 인장강도를 측정한 결과 아래의 데이터를 얻었다. 물음에 답하시오.

[Data] $T_{1\cdot}=181.8$ $T_{2\cdot}=181.1$ $T_{3\cdot}=179.7$

(1) 주 요인의 자유도는 얼마인가?
(2) S_A를 구하시오.

13 어떤 제품을 제조할 때 원료의 투입량(A : 4수준), 처리온도(B : 4수준), 처리시간(C : 4수준)을 인자로 잡고 4×4 라틴방격법으로 제품의 인장강도를 조사하기 위하여 실험을 한 결과, $\bar{x}_{1\cdot\cdot}=15.82$, $V_e=7.2$라고 하면, $\hat{\mu}(A_1)$의 95% 신뢰구간을 구하시오.

14 공정능력은 정적 공정능력과 동적 공정능력으로 나누어진다. 이에 대해 설명하시오.

15 KPI는 QCD를 말한다. 다음 물음에 답하시오.

(1) QCD의 용어를 간단히 적으시오.
(2) 품질경영에서 QCD를 KPI로 활용하는 이유가 무엇인가?

기출유사문제풀이 [2016년 1회 품질경영산업기사 실기]

01_ (1) 중앙값$(\tilde{x}) = \dfrac{x_{10}+x_{11}}{2} = \dfrac{51+52}{2} = 51.50$

(2) 범위의 중간값$(M) = \dfrac{x_{\min}+x_{\max}}{2} = \dfrac{45+64}{2} = 54.50$

(3) 상대분산$[(CV)^2] = \left(\dfrac{s}{\bar{x}}\right)^2 \times 100(\%) = \left(\dfrac{5.479867}{52.35}\right)^2 \times 100(\%) = 1.09574(\%)$

02_ $P(x) = \dfrac{(0.01\times 0.99)}{(0.99\times 0.02)+(0.01\times 0.99)} = 0.33333$

03_ (1) ① $H_0 : \mu \le \mu_0,\ H_1 : \mu > \mu_0$

② $t_0 = \dfrac{\bar{x}-\mu_0}{\dfrac{s}{\sqrt{n}}} = \dfrac{14-10}{\dfrac{2.788867}{\sqrt{10}}} = 4.5356$

③ $t_0 > t_{1-\alpha}(\nu) = t_{0.95}(9) = 1.833$ 이므로 H_0를 기각한다. 즉, 모평균보다 커졌다고 할 수 있다.

(2) $\hat{\mu_L} = \bar{x} - t_{1-\alpha}(\nu)\dfrac{s}{\sqrt{n}} = 14 - 1.833 \times \dfrac{2.788867}{\sqrt{10}} = 12.38345$

04_ ① $H_0 : m = m_0,\ H_1 : m \ne m_0$

② $u_0 = \dfrac{c-m_0}{\sqrt{m_0}} = \dfrac{30-36}{\sqrt{36}} = -1.0$

③ $u_0 = -1.0 > -u_{1-\alpha/2} = -1.96$

∴ $\alpha = 0.05$로 H_0는 채택된다. 즉, 샘플의 부적합수는 모부적합수와 달라졌다고 할 수 없다.

05_ $S(xx)=\Sigma x^2-\dfrac{(\Sigma x)^2}{n}=672.0$

$S(yy)=\Sigma y^2-\dfrac{(\Sigma y)^2}{n}=15.628750$

$S(xy)=\Sigma xy-\dfrac{(\Sigma x)(\Sigma y)}{n}=96.60$

(1) $r_{xy}=\dfrac{S(xy)}{\sqrt{S(xx)S(yy)}}=\dfrac{96.60}{\sqrt{672.0\times 15.628750}}=0.94261$

(2) $V_{xy}=\dfrac{S(xy)}{n-1}=\dfrac{96.60}{7}=13.80$

(3) $\hat{\beta}_0=\bar{y}-\hat{\beta}_1\bar{x}=9.81250-0.143750\times 40.0=4.0625$

$\hat{\beta}_1=\dfrac{S(xy)}{S(xx)}=\dfrac{96.60}{672.0}=0.143750$

$\hat{y}_i=\hat{\beta}_0+\hat{\beta}_1\cdot x_i=4.06250+0.14375\,x_i$

여기서, $\bar{x}=\dfrac{\Sigma x}{n}=\dfrac{320}{8}=40.0$, $\bar{y}=\dfrac{\Sigma y}{n}=\dfrac{78.5}{8}=9.81250$

06_ (1) 관리도

중심선 $C_L=\dfrac{\Sigma np}{\Sigma n}=\dfrac{41}{410}=0.10$

① $n=40$

$U_{CL}=\bar{p}+3\sqrt{\dfrac{\bar{p}(1-\bar{p})}{n}}=0.24230$

$L_{CL}=\bar{p}-3\sqrt{\dfrac{\bar{p}(1-\bar{p})}{n}}=-0.04230=-$ (고려하지 않음)

② $n=30$

$U_{CL}=\bar{p}+3\sqrt{\dfrac{\bar{p}(1-\bar{p})}{n}}=0.26432$

$L_{CL}=\bar{p}-3\sqrt{\dfrac{\bar{p}(1-\bar{p})}{n}}=-0.06432=-$ (고려하지 않음)

③ $n=50$

$U_{CL}=\bar{p}+3\sqrt{\dfrac{\bar{p}(1-\bar{p})}{n}}=0.22728$

$L_{CL}=\bar{p}-3\sqrt{\dfrac{\bar{p}(1-\bar{p})}{n}}=-0.02728=-$ (고려하지 않음)

(2) 관리도 작성

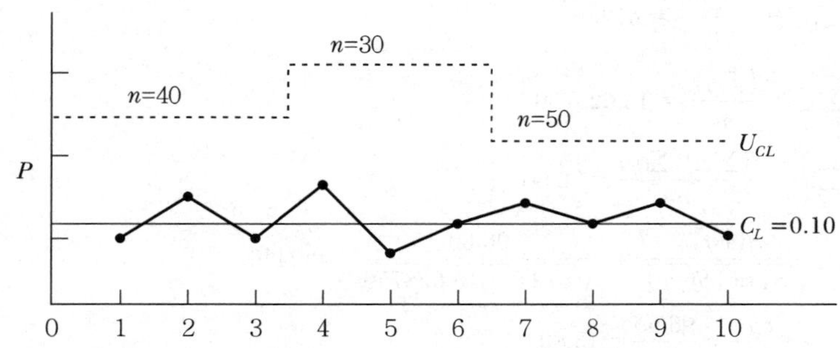

(3) 관리도 판정

관리 이탈 및 습관성이 없으므로 관리상태에 있다고 할 수 있다.

07_ $\beta_{\bar{x}} = \pm u_{1-\alpha/2}\dfrac{\sigma}{\sqrt{n}}$ 에서 $0.10 = \pm 1.96 \times \dfrac{0.12}{\sqrt{n}}$ $\quad\therefore n = 5.53190 = 6$ (개)

08_ $m_0 = 0.0040,\ m_1 = 0.0050,\ \sigma = 0.0006$

$\dfrac{|m_1 - m_0|}{\sigma} = \dfrac{|0.0050 - 0.0040|}{0.0006} = 1.666667$ 이므로, 표에서 $n = 4,\ G_0 = 0.822$

$\overline{X_U} = m_0 + G_0\sigma = 0.004 + 0.822 \times 0.0006 = 0.00449(\%)$

09_ $m_0 = 46,\ m_1 = 43,\ \sigma = 4$

$\dfrac{|m_1 - m_0|}{\sigma} = \dfrac{|43 - 46|}{4} = 0.750$이므로, 표에서 $n = 16,\ G_0 = 0.411$

$\overline{X_L} = m_0 - G_0\sigma = 46 - 0.411 \times 4 = 44.3560(\text{kg/mm}^2)$

10_ 표의 공란 작성 및 합부판정

로트번호	N	샘플문자	n	Ac	Re	부적합품수	합부판정	전환점수	엄격도 적용
1	300	H	50	2	3	3	불합격	0	보통검사 시작
2	500	H	50	2	3	0	합격	3	보통검사 속행

3	200	G	32	1	2	0	합격	5	보통검사 속행
4	800	J	80	3	4	2	합격	8	보통검사 속행
5	1,500	K	125	5	6	1	합격	11	보통검사 속행
6	500	H	50	2	3	0	합격	14	보통검사 속행
7	2,500	K	125	5	6	1	합격	17	보통검사 속행
8	2,000	K	125	5	6	0	합격	20	보통검사 속행
9	1,200	J	80	3	4	1	합격	23	보통검사 속행
10	1,500	K	125	5	6	2	합격	26	보통검사 속행
11	400	H	50	2	3	0	합격	29	보통검사 속행
12	2,500	K	125	5	6	0	합격	32	수월한 검사로 전환
13	600	J	32	2	3	0	합격	-	수월한 검사 속행
14	800	J	32	2	3	2	합격	-	수월한 검사 속행
15	1,600	K	50	3	4	3	합격	-	수월한 검사 속행

11_ (1) 결측치를 무시하고, 반복이 일정하지 않은 1원 배치법으로 처리한다.

(2) 결측치를 Yates의 식, 즉 $y=\dfrac{lT_{i\cdot}'+mT_{\cdot j}'-T'}{(l-1)(m-1)}$로 추정하여 분산분석을 행한다.

(3) 결측치가 있는 수준조합에서 결측치를 제외한 나머지 데이터의 평균치로 결측치를 추정한다.

12_ (1) 인자 A의 자유도 $\nu_A = l-1 = 3-1 = 2$

(2) $S_A=\sum_i \dfrac{T_{i\cdot}^{\,2}}{r}-CT=\dfrac{181.8^2+181.1^2+179.7^2}{5}-\dfrac{542.6^2}{15}=0.45733$

13_ $\bar{x}_{i\cdot\cdot}\pm t_{1-\alpha/2}(\nu_e)\sqrt{\dfrac{V_e}{k}}$

$=\bar{x}_{1\cdot\cdot}\pm t_{0.975}(6)\sqrt{\dfrac{7.2}{4}}$

$=15.82\pm 2.447\times\sqrt{\dfrac{7.2}{4}}=(12.53701\sim 19.1030)$

14_ ① 정적 공정능력 : 대상물이 갖는 잠재적인 공정능력으로 가동되지 않은 상태의 공정능력
② 동적 공정능력 : 시간적 변화에 따른 자재의 대체 등에 의해 발생되는 변동까지 포함하는 실제 운전상태의 공정능력

15_ (1) ① Quality(품질) : 품질을 유지향상시킨다.
② Cost(비용) : 원가를 감소시킨다.
③ Delivery(납기) : 납기를 충실히 이행한다.

(2) KPI란 Key Performance Indicator의 약자로 미래 성과에 영향을 주는 여러 핵심자료를 묶은 평가기준을 말한다. KPI는 핵심 업무 중심으로 성과지표를 선정하여야 하므로 품질, 원가, 납기 등이 업무 중심의 성과지표로 정량화하기 쉬워 QCD를 KPI로 활용하게 된다.

기출유사문제 [2016년 2회 품질경영산업기사 실기]

01 분임조 활동 시 분임토의 기법으로 사용되는 집단착상법(brainstorming)의 유의사항을 4가지 적으시오.

02 품질 Cost를 설명하고, 종류별로 간략하게 설명하시오.

03 어떤 직물가공 시 처리액 농도 A를 인자로 하여 $A_1=3.0\%$, $A_2=3.5\%$, $A_3=4.0\%$, $A_4=4.5\%$일 때 실험을 3회 반복, 즉 총 12회 랜덤으로 실시하여 인장강도를 측정한 결과 $S_A=320$, $S_T=455$이었다면 다음 물음에 답하시오.

(1) 오차항의 변동 S_e를 구하시오.

(2) 오차분산 $\widehat{\sigma_e^2}$을 구하시오.

04 어떤 직물의 가공 시 처리액의 농도 A를 인자로 하여 $A_1=3.0\%$, $A_2=3.3\%$, $A_3=3.6\%$, $A_4=4.2\%$에서 반복이 일정하지 않은 실험을 랜덤하게 처리한 후 인장강도를 측정한 바 다음의 데이터를 얻었다. 물음에 답하시오.

	A_1	A_2	A_3	A_4
1	16	20	18	28
2	18	28	10	32
3	21	22	12	30
4			24	

(1) 분산분석표를 완성하시오.

요 인	SS	DF	MS	F_0	$F_{0.95}$
A					3.86
e					
T					

(2) 실험의 결과치가 망대특성이라고 하였을 때 최적수준의 점추정값을 구하시오.
(3) 최적수준을 신뢰율 95%로 구간추정하시오.

05 어떤 제품의 제조공정에서 $k=40$, $n=4$, $\bar{\bar{x}}=27.70$, $\bar{R}=1.02$인 데이터가 계산되었다고 할 때 다음 물음에 답하시오(단, $n=4$일 때, $d_2=2.059$, $D_4=2.282$이고, 단위는 mm이다.).

(1) $\bar{x}$ 관리도의 U_{CL}, L_{CL}을 구하시오.
(2) R관리도의 U_{CL}, L_{CL}을 구하시오.
(3) 군내변동 $\widehat{\sigma_w^2}$를 구하시오.

06 3시그마 기법을 이용한 $\bar{x}$관리도에서 U_{CL}이 45이고 L_{CL}이 15인데, 공정평균이 35로 변했을 때 검출력을 구하시오.

07 어떤 약품의 순도의 합격은 90% 이상이다. 공정평균이 93%, 표준편차가 1.5%인 정규분포일 때 불량로트가 나올 확률은 약 몇 %인가?

08 다음의 분산분석표는 반복이 일정한 일원배치법이다. 빈칸을 채우시오.

요 인	SS	DF	MS	F_0	$F_{0.95}$
A	48	(②)	12	(④)	3.06
e	(①)	15	(③)		
T	78	19			

09 $L_{16}(2^{15})$형 직교배열표에서 A, B, C, D, F 인자가 다음과 같이 배치되어 있다. $A \times B$와 $D \times F$의 교호작용은 각각 몇 열번에 배치되어야 하는가?

열번호	1	2	3	4	5	6	7	8	9	10	11	12	13	14	15
기본표시	a	b	ab	c	ac	bc	abc	d	ad	bd	abd	cd	acd	bcd	$abcd$
배치	A		B				C			F		D			

10 계량규준형 1회 샘플링검사는 n개의 샘플을 취하고 그 측정치의 평균치 $\overline{x}$와 합격 판정치를 비교하여 로트의 합격 · 불합격을 판정하는 방법이다. 로트의 평균치를 보증하는 경우(망소특성) $\overline{X_U}=0.00498(\%)$로 계산되어졌을 때, $n=3$의 평균치가 0.00480(%)이었다면 로트의 처리는 어떻게 하여야 하는가?

11 3σ관리도법의 $\overline{x}-R$관리도($n=6$)에서 $U_{CL}=52.90$, $L_{CL}=47.74$일 때 공정의 표준편차($\hat{\sigma}$)를 구하시오.

12 용기에 흰 공 3개, 빨간 공 2개가 들어 있다. 이 용기에서 2개를 샘플링하였을 때 빨간 공을 x라 할 때 초기하분포로 $x=0$, 1, 2가 나올 확률을 구하시오.

13 검사 로트의 크기는 1,600개이고, 이것을 생산라인별로 분류한 자료가 다음과 같다. 150개의 시료를 층별 비례샘플링으로 뽑고자 할 때 B생산라인에서는 몇 개를 뽑는 것이 좋겠는가?

- A생산라인 제품 : 800개
- B생산라인 제품 : 640개
- C생산라인 제품 : 160개

14 다음 표는 AQL 지표형 샘플링검사의 일부분이다. 빈칸을 채우시오.

로트번호	적용 Ac	부적합품 수	합부판정	전환점수	샘플링검사의 엄격도
1	0	1	(　　)	(　　)	보통
2	1	0	(　　)	(　　)	보통
3	1	1	(　　)	(　　)	보통
4	0	0	(　　)	(　　)	보통
5	1	1	(　　)	(　　)	(　　)

15 $n=15$, $\bar{x}=10.8$, $\bar{y}=122.7$이고 $S(xx)=70.6$, $S(yy)=98.5$, $S(xy)=68.3$일 때

(1) x와 y에 대한 공분산을 구하시오.

(2) 회귀방정식을 구하시오.

기출유사문제풀이 [2016년 2회 품질경영산업기사 실기]

01_ ① 남의 의견을 비판하지 않는다(비판 금지).
② 자유분방한 아이디어를 환영한다(자유로운 분위기).
③ 착상의 수를 될 수 있는 대로 많이 모은다(다량의 아이디어).
④ 타인의 착상을 다시 발전시킨다(아이디어 편승 또는 수정 발언).

02_ ① 품질 코스트 : 품질관리에 수반되는 제 비용으로 QC활동을 코스트 면에서 평가할 수 있는 경제적 · 합리적 · 효과적인 척도로 예방 코스트, 평가 코스트, 실패 코스트로 분류할 수 있다.
② 품질 코스트 종류
㉠ 예방 코스트 : 처음부터 부적합이 생기지 않도록 하는 데 소요되는 비용
㉡ 평가 코스트 : 소정의 품질수준을 유지하는 데 발생하는 비용
㉢ 실패 코스트 : 소정의 품질수준을 유지하는 데 실패하였을 때 소요되는 비용

03_ (1) $S_e = S_T - S_A = 455 - 320 = 135$

(2) $\widehat{\sigma_e}^2 = V_e = \dfrac{S_e}{DF_e} = \dfrac{135}{8} = 16.875$

단, 오차항의 자유도(DF_e)=(전체의 자유도)-(인자 A의 자유도)=11-3=8

04_ (1) ① $CT = \dfrac{T^2}{N} = \dfrac{(279)^2}{13} = 5987.769231$

② $S_T = \sum_i \sum_j x_{ij}^2 - CT = 6{,}541 - CT = 553.23077$

③ $S_A = \sum_i \dfrac{T_i.^2}{r_i} - CT = \left(\dfrac{55^2}{3} + \dfrac{70^2}{3} + \dfrac{64^2}{4} + \dfrac{90^2}{3}\right) - CT = 377.89744$

④ $S_e = S_T - S_A = 175.33333$

⑤ $\nu_T = N - 1 = 12,\ \nu_A = l - 1 = 3,\ \nu_e = \nu_T - \nu_A = 9$

⑥ 분산분석표

요 인	SS	DF	MS	F_0	$F_{0.95}$
A	377.89744	3	125.96581	6.46593*	3.86
e	175.33333	9	19.48148		
T	553.23077	12			

∴ 인자 A가 유의수준 5%로 유의적이다.

(2) $\hat{\mu}(A_4)=\bar{x}_{4}.=\dfrac{90}{3}=30$

(3) $\hat{\mu}(A_4)=\bar{x}_{i}.\pm t_{1-\alpha/2}(\nu_e)\sqrt{\dfrac{V_e}{r_i}}$

$=\bar{x}_{4}.\pm t_{0.975}(9)\sqrt{\dfrac{19.48148}{3}}$

$=30\pm 2.262\times\sqrt{\dfrac{19.48148}{3}}$

∴ $24.23575\le\hat{\mu}(A_4)\le 35.76425$

05_ (1) $C_L=\bar{\bar{x}}=27.70(\text{mm})$

$U_{CL}=\bar{\bar{x}}+\dfrac{3\bar{R}}{d_2\sqrt{n}}=27.70+\dfrac{3\times 1.02}{2.059\times\sqrt{4}}=28.44308(\text{mm})$

$L_{CL}=\bar{\bar{x}}-\dfrac{3\bar{R}}{d_2\sqrt{n}}=27.70-\dfrac{3\times 1.02}{2.059\times\sqrt{4}}=26.95692(\text{mm})$

(2) $C_L=\bar{R}=1.02(\text{mm})$

$U_{CL}=D_4\bar{R}=2.282\times 1.02=2.32764(\text{mm})$

$L_{CL}=D_3\bar{R}=-$(고려하지 않음)

(3) $\widehat{\sigma_w^2}=\left(\dfrac{\bar{R}}{d_2}\right)^2=\left(\dfrac{1.02}{2.059}\right)^2=0.24541(\text{mm})$

06_ $45=30+3\dfrac{\sigma}{\sqrt{n}},\ \dfrac{\sigma}{\sqrt{n}}=5.0$

U_{CL}을 벗어나는 경우 : $u=\dfrac{U_{CL}-\mu'}{\sigma/\sqrt{n}}=\dfrac{45-35}{5.0}=2.0$

L_{CL}을 벗어나는 경우 : $u=\dfrac{L_{CL}-\mu'}{\sigma/\sqrt{n}}=\dfrac{15-35}{5.0}=-4.0$

∴ $1-\beta=P_r(u>2.0)+P_r(u<-4.0)=0.0228+0.0^4 3167=0.02283$

07_ $P_r(x) = P_r\left(u < \frac{90-93}{1.5}\right) = P_r(u < -2.0) = P_r(u > 2.0) = 0.0228$

08_ ① $S_e = S_T - S_A = 78 - 48 = 30$

② $DF_A = DF_T - DF_e = 4$

③ $MS_e = \frac{S_e}{DF_e} = \frac{30}{15} = 2.0$

④ $F_0 = \frac{V_A}{V_e} = \frac{12}{2.0} = 6.0 > F_{0.95} = 3.06$ (요인 A는 유의하다.)

요 인	SS	DF	MS	F_0	$F_{0.95}$
A	48	(4)	12	(6.0*)	3.06
e	(30)	15	(2.0)		
T	78	19			

09_ ① $A \times B = a \times ab = a^2b = b$(2열)

② $D \times F = cd \times bd = bcd^2 = bc$(6열)

10_ 3개의 시료를 검사하여 $\bar{x}$를 구하였을 때, $\bar{x} \le \overline{X_U}$이면 로트는 합격, $\bar{x} > \overline{X_U}$이면 로트는 불합격이므로 본 로트는 $\bar{x} \le \overline{X_U}$로서 합격이다.

11_ $\bar{\bar{x}} = \frac{U_{CL} + L_{CL}}{2} = 50.32$

$U_{CL} = \bar{\bar{x}} + 3\frac{\hat{\sigma}}{\sqrt{n}} = 52.90$ 에서 $\hat{\sigma} = \frac{\sqrt{n}\left(52.90 - \bar{\bar{x}}\right)}{3} = \frac{\sqrt{6} \times (52.90 - 50.32)}{3} = 2.10656$

12_ (1) $P_r(x=0)=\dfrac{\binom{3}{2}\binom{2}{0}}{\binom{5}{2}}=0.30$

(2) $P_r(x=1)=\dfrac{\binom{3}{1}\binom{2}{1}}{\binom{5}{2}}=0.60$

(3) $P_r(x=2)=\dfrac{\binom{3}{0}\binom{2}{2}}{\binom{5}{2}}=0.10$

13_ $n_B=150\times\dfrac{640}{1,600}=60$(개)

14_

로트번호	적용 Ac	부적합품 수	합부판정	전환점수	샘플링검사의 엄격도
1	0	1	(불합격)	(0)	보통
2	1	0	(합격)	(0+2=2)	보통
3	1	1	(합격)	(2+2=4)	보통
4	0	0	(합격)	(4+2=6)	보통
5	1	1	(합격)	(6+2=8)	(보통)

15_ (1) 공분산 $V_{xy}=\dfrac{S(xy)}{n-1}=\dfrac{68.3}{14}=4.87857$

(2) $\widehat{\beta_1}=\dfrac{S(xy)}{S(xx)}=0.967422,\ \widehat{\beta_0}=\overline{y}-\widehat{\beta_1}\,\overline{x}=122.7-0.967422\times 10.8=112.251842$

$\therefore\ \hat{y}=112.25184+0.96742x$

기출유사문제 [2016년 4회 품질경영산업기사 실기]

01 $n=7$인 다음 데이터를 1차 회귀분석을 하려고 한다. 다음 물음에 답하시오.

x	2	4	6	8	10	12	14
y	4	2	5	9	3	11	8

(1) 공분산(V_{xy})을 구하시오.

(2) 회귀직선을 적용하려고 할 때, 분산분석표 후 검정을 행하시오.(유의수준 5%)

02 현재 사용되고 있는 제조방법의 평균부적합품률은 5%이다. 새로운 제조방법으로 제조 결과 200개의 제품 중에 8개가 부적합품이었다. 새로운 제조방법이 좋아졌다고 할 수 있는가?($\alpha=0.05$)

03 어느 제품의 종래 기준으로 설정한 모분산 $\sigma^2=0.2$인 제품을 새로운 제조방법에 의하여 시험 제작한 후 $n=10$개를 측정하였더니 다음과 같이 나왔다. 종래 기준으로 설정된 모분산보다 작아졌다고 할 수 있는지 유의수준 5%로 검정하시오.

[Data] 5.4 5.8 5.7 6.2 5.5 6.0 5.9 5.2 6.3 5.9

04 부품의 내경 연마 공정에서 해석용 관리도를 작성하기 위해 과거 자료로부터 부품의 내경(단위 [mm])을 군의 크기 $n=5$, 군의 수 $k=25$의 데이터를 구하여 $\sum \overline{x_i}=1,240$, $\sum R_i=248$을 얻었다. $\overline{x}-R$관리도의 관리상 · 하한선을 구하시오.

05 에나멜 동선의 도장공정을 관리하기 위하여 핀홀의 수를 조사하였다. 시료의 길이가 종류에 따라 변하므로 시료 1,000m당의 핀홀의 수를 사용하여 u관리도를 작성하고자 다음과 같은 데이터 시료를 얻었다. 다음 물음에 답하시오.

(1) U_{CL}, L_{CL}, C_L을 구하시오.

(2) 관리도를 그리고 판정하시오.

시료군의 번호	1	2	3	4	5	6	7	8	9	10
시료의 크기 n (1,000m)	1.0	1.0	1.0	1.0	1.0	1.3	1.3	1.3	1.3	1.3
핀홀수	5	5	3	3	5	2	5	3	2	1

06

A사는 어떤 부품의 수입검사에 계수값 샘플링검사인 KS Q ISO 2859－1의 보조표인 분수샘플링검사를 적용하고 있는 일부분이다. 적용조건은 AQL＝1.0%, 통상검사수준 II에서 엄격도는 까다로운 검사, 샘플링형식은 1회로 시작하였다. 다음 물음에 답하시오.

(1) 다음 표의 ( ) 안을 로트별로 완성하시오.

(2) 로트번호 5의 검사 결과 다음 로트에 적용되는 로트번호 6의 엄격도를 결정하시오.

로트 번호	N	샘플 문자	n	당초의 Ac	합부판정 점수 (검사 전)	적용하는 Ac	부적합품 수 d	합부 판정	합부판정 점수 (검사 후)
11	200	G	32	1/3	13	1	1	합격	0
12	250	G	32	1/3	3	0	0	합격	3
13	600	(①)	(③)	(⑤)	(⑦)	(⑨)	1	(⑪)	(⑬)
14	95	(②)	(④)	(⑥)	(⑧)	(⑩)	0	(⑫)	(⑭)
15	120	F	20	0	0	0	0	합격	0

07

$L_8 2^7$의 직교배열표를 이용하여 아래 표와 같이 인자를 배치하고 실험데이터를 얻었을 때 아래 물음에 답하시오.

배치	A		C			B		실험데이터 x_i
No＼열번	1	2	3	4	5	6	7	
1	1	1	1	1	1	1	1	$x_1=9$
2	1	1	1	2	2	2	2	$x_2=12$
3	1	2	2	1	1	2	2	$x_3=8$
4	1	2	2	2	2	1	1	$x_4=15$
5	2	1	2	1	2	1	2	$x_5=16$
6	2	1	2	2	1	2	1	$x_6=20$
7	2	2	1	1	2	2	1	$x_7=13$
8	2	2	1	2	1	1	2	$x_8=13$
기본표시	a	b	ab	c	ac	bc	abc	$\Sigma x=106$

(1) 인자 A, B의 주효과를 구하시오.

(2) S_A, S_C 를 구하시오.

(3) 만약, $A \times C$ 교호작용이 존재한다고 가정하면, 몇 열에 존재하는가? 이때 오차항의 자유도는 얼마인가?

08 우리나라의 표준화 관련 기관에 대한 설명이다. 해당되는 기관명을 기술하시오.

(1) 국가표준제도의 확립 및 산업표준화제도 운영, 공산품의 안전/품질 및 계량 · 측정에 관한 사항, 산업기반 기술 및 공업기술 의 조사/연구 개발 및 지원, 교정기관, 시험기관 및 검사기관 인정제도의 운영, 표준화 관련 국가 간 또는 국제기구와의 협력 및 교류에 관한 사항 등의 업무를 관장하는 국가기술표준원 조직

(2) 한국산업규격 안의 조사/연구개발, 규격 관련 정보의 분석 및 보급을 주관하는 특별법인

(3) 국내제품인증체계의 선진화를 위한 효율적 추진 및 국제적 신뢰도 구축 등의 업무를 관장하는 국가기술표준원 조직

(4) 국가측정표준 원기의 유지 · 관리 및 표준화학기술의 연구 · 개발 및 보급

09 어떤 부품에 대하여 다수의 로트에서 3로트(A_1, A_2, A_3)를 골라 각 로트에서 랜덤하게 추출해서 그 치수를 측정하였다. 다음 물음에 답하시오.

	A_1	A_2	A_3
1	15.4	14.9	15.5
2	15.2	14.8	15.4
3	15.0	14.1	15.0

(1) 인자 A 는 모수인자인가 변량인자인가?

(2) 로트 간 부품치수에 차이가 있는가를 분산분석표를 작성하고 검정하시오.($E(MS)$ 포함 및 $\alpha = 0.05$)

(3) $\widehat{\sigma_A^2}$을 구하시오.

10 신 QC 7가지 수법을 적으시오.

11 어떤 특성치의 데이터는 적을수록 좋다고 할 때, 로트의 평균치가 0.9ton 이하이면 합격이고, 1.3ton 이상이면 불합격이라고 할 때 n, G_0, $\overline{X_U}$를 구하시오.(단, $\sigma = 0.3$, $K_\alpha = 1.645$, $k_\beta = 1.282$, $\alpha = 0.05$, $\beta = 0.10$)

(1) n (2) G_0 (3) $\overline{X_U}$

12 KS Q ISO 2859 - 1에서 $Ac = 0$, $Re = 1$, AQL = 0.4%일 때 로트가 합격할 확률이 95%가 되기 위한 샘플의 크기를 구하시오.

13 금속가공품을 제조하고 있는 공장에서 QC서클이 활약하고 있다. 항목당 발생건수를 조사하였더니 다음과 같았다. 물음에 답하시오.

항목	발생건수
A	325
B	100
C	45
D	15
E	10
F	5

(1) 다음 빈칸을 메우시오.

항목	도수	상대도수	누적도수
A			
B			
C			
D			
E			
F			

(2) 파레토도를 그리시오.

14 어떤 로트에서 $n=100$, $x=2$가 나올 확률 $P(x)={}_{100}C_2\,0.05^x\,(1-0.05)^{n-x}$로 구할 수 있다. 이때 확률변수 x의 기대치와 분산의 값은?

15 $\overline{x}-R$ 관리도에서 R관리도의 $\overline{R}=4.8$이고 관리상한 U_{CL}이 10.147이다. 이때 시료의 크기 n은 얼마인가?

n	D_4
3	2.57
4	2.28
5	2.11
6	2.00

기출유사문제풀이 [2016년 4회 품질경영산업기사 실기]

01_ $\Sigma x_i = 56,\ \Sigma {x_i}^2 = 560,\ \Sigma y_i = 42,\ \Sigma {y_i}^2 = 320,\ \Sigma x_i\, y_i = 392,\ \bar{x} = 8,\ \bar{y} = 6,$

$$S(xx) = \Sigma x^2 - \frac{(\Sigma x)^2}{n} = 112,\ S(yy) = \Sigma y^2 - \frac{(\Sigma y)^2}{n} = 68,$$

$$S(xy) = \Sigma xy - \frac{(\Sigma x)(\Sigma y)}{n} = 56$$

(1) $V_{xy} = \dfrac{S_{xy}}{n-1} = \dfrac{56}{6} = 9.33333$

(2) 분산분석표

$$S_R = \frac{S(xy)^2}{S(xx)} = \frac{56^2}{112} = 28$$

$$S_{y/x} = S_T - S_R = 68 - 28 = 40$$

$$S_T = S(yy) = \Sigma y^2 - \frac{(\Sigma y)^2}{n} = 68$$

요인	SS	DF	MS	F_0	$F_{0.95}$
회귀(R)	28	1	28	3.50	6.61
잔차(y/x)	40	5	8		
계(T)	68	6			

∴ $F_{0.95}(1,\ 5)$이므로 회귀직선의 기울기는 0이라고 할 수 있다.

02_ $\left(\hat{p} = \dfrac{r}{n} = \dfrac{8}{200} = 0.04\right)$

① $H_0:\ P \geq 0.05,\ H_1:\ P < 0.05$

② $u_0 = \dfrac{\hat{p} - P_0}{\sqrt{\dfrac{P_0(1-P_0)}{n}}} = \dfrac{0.04 - 0.05}{\sqrt{\dfrac{0.05\,(1-0.05)}{200}}} = -0.649$

③ $u_0 = -0.649 > -1.645$ 이므로 $\alpha = 0.05$로 H_0는 채택된다. 즉, 새로운 제조방법이 좋아졌다고 할 수 없다.

03_ $(S=1.0890,\ \sigma_0{}^2=0.2)$

$H_0: \sigma^2 \geq \sigma_0{}^2,\ H_1: \sigma^2 < \sigma_0{}^2$

$\chi_0{}^2 = \dfrac{S}{\sigma_0{}^2} = 5.445$

$\chi_0{}^2 = 5.445 > \chi_{0.05}{}^2(9) = 3.33$ 이므로 $\alpha = 0.05$ 로 H_0 채택 즉, $\alpha = 0.05$ 로 종래 기준으로 설정된 모분산보다 작아졌다고 할 수 없다.

04_ (1) $\bar{x}$ 관리도

$C_L = \dfrac{\Sigma \bar{x}}{k} = \dfrac{1,240}{25} = 49.60(\text{mm})$

$U_{CL} = \bar{\bar{x}} + A_2 \bar{R} = 49.6 + 0.577 \times 9.92 = 55.32438(\text{mm})$

$L_{CL} = \bar{\bar{x}} - A_2 \bar{R} = 49.6 - 0.577 \times 9.92 = 43.87616(\text{mm})$

(2) R 관리도

$C_L = \dfrac{\Sigma R}{k} = \dfrac{248}{25} = 9.920(\text{mm})$

$U_{CL} = D_4 \bar{R} = 2.115 \times 9.92 = 20.98080(\text{mm})$

$L_{CL} = D_3 \bar{R} = -$ (고려하지 않음)

05_ (1) $C_L = \bar{u} = \dfrac{\Sigma c}{\Sigma n} = \dfrac{34}{11.5} = 2.956522$

① $n = 1.0$

$U_{CL} = \bar{u} + 3\sqrt{\dfrac{\bar{u}}{n}} = 8.11488$

$L_{CL} = \bar{u} - 3\sqrt{\dfrac{\bar{u}}{n}} = -2.201840 = -$ (고려하지 않음)

② $n = 1.3$

$U_{CL} = \bar{u} + 3\sqrt{\dfrac{\bar{u}}{n}} = 7.48071$

$L_{CL} = \bar{u} - 3\sqrt{\dfrac{\bar{u}}{n}} = -1.567661 = -$ (고려하지 않음)

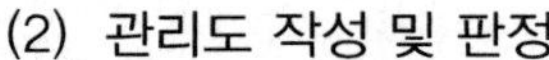

(2) 관리도 작성 및 판정

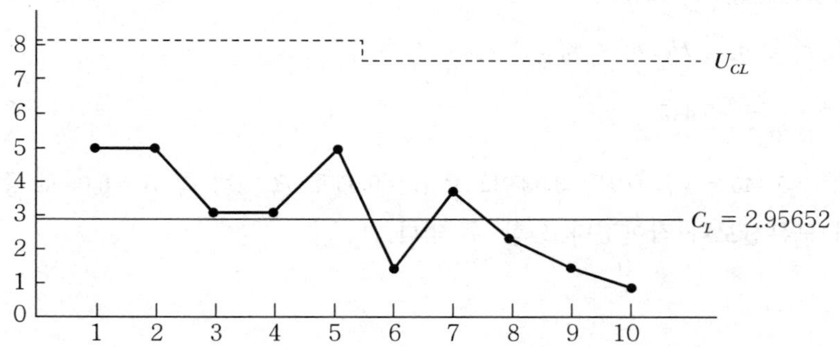

판정 : 관리이탈 및 습관성이 없으므로 관리상태에 있다고 할 수 있다.

06_ (1)

로트번호	N	샘플문자	n	당초의 Ac	합부판정점수 (검사 전)	적용하는 Ac	부적합품수 d	합부판정	합부판정점수 (검사 후)
11	200	G	32	1/3	13	1	1	합격	0
12	250	G	32	1/3	3	0	0	합격	3
13	600	(J)	(80)	(1)	(10)	(1)	1	(합격)	(0)
14	95	(F)	(20)	(0)	(0)	(0)	0	(합격)	(0)
15	120	F	20	0	0	0	0	합격	0

(2) 연속 5로트가 합격이 되었으므로 로트번호 6은 보통검사를 실시한다.

07_ (1) $A=\frac{1}{4}[(\text{수준 2의 데이터의 합})-(\text{수준 1의 데이터의 합})]$

$=\frac{1}{4}[(16+20+13+13)-(9+12+8+15)]=4.50$

$B=\frac{1}{4}[(12+8+20+13)-(9+15+16+13)]=0.0$

(2) $S_A=\frac{1}{8}[(\text{수준 2의 데이터의 합})-(\text{수준 1의 데이터의 합})]^2$

$=\frac{1}{8}[(16+20+13+13)-(9+12+8+15)]^2=40.50$

$S_C=\frac{1}{8}[(8+15+16+20)-(9+12+13+13)]^2=18.00$

(3) 교호작용은 성분의 곱에 의해 나타나므로, 인자 A의 성분이 a, 인자 C의 성분이 ab이므로, $A\times C=a\times ab=b$가 된다. 즉, 성분이 b인 제2열에 배치되고, 2수준계 직교배열이므로, 각 열의 자유도는 '1'이고 오차항의 자유도는 배치되지 않은 열의 수에 해당되므로 3이 된다.

08_ (1) 한국인정기구(KOLAS) (2) 한국표준협회(KSA)
(3) 한국제품인정제도(KAS) (4) 한국표준과학연구원(KRISS)

09_ (1) 변량인자

(2) 분산분석표 작성

① $CT=\dfrac{T^2}{N}=\dfrac{(135.3)^2}{9}=2{,}034.010$

② $S_T=\sum_i\sum_j {x_{ij}}^2-CT=1.460$

③ $S_A=\sum_i\dfrac{{T_{i\cdot}}^2}{r}-CT=\dfrac{1}{3}(45.6^2+43.8^2+45.9^2)-CT=0.860$

④ $S_e=S_T-S_A=1.460-0.860=0.60$

⑤ $\nu_T=lr-1=3\times 3-1=8$, $\nu_A=l-1=3-1=2$, $\nu_e=l(r-1)=\nu_T-\nu_A=6$

요 인	SS	DF	MS	F_0	$F_{0.95}$	$E(MS)$
A	0.860	2	0.430	4.3	5.14	${\sigma_e}^2+3{\sigma_A}^2$
e	0.60	6	0.10			${\sigma_e}^2$
T	1.460	8				

(3) $\widehat{{\sigma_A}^2}=\dfrac{V_A-V_e}{r}=\dfrac{0.430-0.10}{3}=0.11$

10_ ① 관련도법(Relations diagram) : 연관도법
② 친화도법(Affinity diagram) : KJ법
③ 계통도법(Tree diagram)
④ 매트릭스도법(Matrix diagram)

⑤ 매트릭스데이터해석법(Matrix data analysis)
⑥ PDPC법(Process Decision Program Chart)
⑦ 애로우 다이어그램(Arrow diagram)

11_ (1) $n=\left(\dfrac{k_\alpha+k_\beta}{m_1-m_0}\right)^2\sigma^2=\left(\dfrac{1.645+1.282}{1.3-0.9}\right)^2\times 0.3^2=4.819123=5$(개)

(2) $G_0=\dfrac{k_\alpha}{\sqrt{n}}=\dfrac{1.645}{\sqrt{5}}=0.73567$

(3) $\overline{X_U}=m_0+G_0\sigma=0.9+0.73567\times 0.3=1.12070$(ton)

12_ (풀이 1) 이항분포로 풀이

$L_{(P=AQL)}={}_nC_x P^x\times(1-P)^{n-x}$ 에서

$0.95={}_nC_0(0.004)^0\times(1-0.004)^{n-0}$

$0.95=(1-0.004)^n$

양변에 log를 취하면

$\log(0.95)=n\log(0.996)$

$n=\dfrac{\log(0.95)}{\log(0.996)}=12.79766=13$(개)

(풀이 2) 푸아송분포로 풀이

$L_{(P=AQL)}=\dfrac{e^{-nAQL}\times(nAQL)^x}{x!}$ 에서

$0.95=\dfrac{e^{-0.004n}\times(0.004n)^0}{0!}$

양변에 ln을 취하면

$\ln(0.95)=-0.004n$

$\therefore\ n=12.82332=13$(개)

13_ (1)

항목	도수	상대도수	누적도수
A	325	65	325
B	100	20	425
C	45	9	470
D	15	3	485
E	10	2	495
F	5	1	500

(2) 파레토도 작성

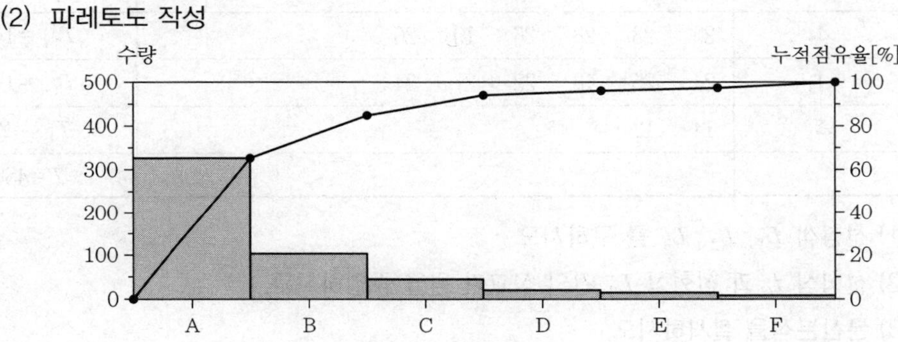

14_ ① $E(x) = 100 \times 0.05 = 5.0$

② $V(x) = 100 \times 0.05 \times 0.95 = 4.75$

15_ $U_{CL} = D_4 \overline{R}$ 에서 $10.147 = D_4 \times 4.8$

$\therefore\ D_4 = 2.11$

관리도용 계수표에서 $D_4 = 2.11$ 인 경우 $n = 5$

기출유사문제 [2017년 1회 품질경영기사 실기]

01 4종류의 플라스틱 제품이 있다. A_1 : 자기회사제품, A_2 : 국내 C회사제품, A_3 : 국내 D 회사제품, A_4 : 외국제품에 대하여 각각 10개, 6개, 6개, 2개씩 표본을 취하여 강도 (kg/cm²)를 측정한 결과 다음과 같다. 물음에 답하시오.(단, $L_1 =$ 외국제품과 한국제품의 차, $L_2 =$ 자사제품과 국내 타 회사제품의 차, $L_3 =$ 국내 타 회사제품의 차)

A의 수준	데 이 터										$T_{i\cdot}$
A_1	20	18	19	17	17	22	18	13	16	15	$T_{1\cdot} = 175$
A_2	25	23	28	26	19	26					$T_{2\cdot} = 147$
A_3	24	25	18	22	27	24					$T_{3\cdot} = 140$
A_4	14	12									$T_{4\cdot} = 26$
											$T = 488$

(1) 선형식 L_1, L_2, L_3 를 구하시오.

(2) 선형식 L_1과 선형식 L_3 간의 직교가 됨을 증명하시오.

(3) 분산분석을 실시하시오.

02 다음 물음에 답하시오.

(1) A가 6수준, B가 4수준인 반복이 없는 2원배치 실험에서 유효반복수(n_e)는?

(2) A가 4수준, B가 2수준, 반복 3회의 2원배치 실험을 실시하였다. 교호작용을 무시하지 않을 때 유효 반복수(n_e)는?

(3) A가 5수준, B가 3수준, 반복 2회의 2원배치 실험을 실시하였다. 교호작용이 무시될 때 유효 반복수(n_e)는?

03 작업자 A, B가 같은 부품의 길이를 측정한 결과 다음과 같은 데이터가 얻어졌다. 물음에 답하시오.

데이터 조	1	2	3	4	5	6
A	84	85	82	83	81	77
B	79	78	70	75	80	80

(1) 작업자 A의 측정치가 작업자 B에 비해 크다고 할 수 있는지를 유의수준 5%로 검정하시오.

(2) 신뢰율 95%로 구간추정을 행하시오.

04

20kg들이 화학약품이 100상자가 입하되었다. 약품의 순도를 조사하려고 우선 5상자를 랜덤샘플링하여 각각의 상자에서 6인크리멘트씩 랜덤샘플링하였다.(단, 1인크리멘트는 15g이다.)

(1) 약품의 순도가 종래의 실험에서 상자 간 산포 $\sigma_b = 0.20\%$, 상자 내 산포 $\sigma_w = 0.35\%$임을 알고 있을 때 샘플링의 추정정밀도를 구하시오.

(2) 각각의 상자에서 취한 인크리멘트는 혼합·축분하고 반복 2회 측정하였다. 이 경우 순도에 대한 모평균의 추정정밀도($\alpha = 0.05$)를 구하시오.(단, 축분정밀도 $\sigma_R = 0.10\%$, 측정정밀도 $\sigma_M = 0.15\%$임을 알고 있다.)

05

어떤 제품의 수명이 평균 7.0시간, 표준편차가 1.2시간인 대수정규분포를 따른다고 할 때, 1,200시간 동안 고장 나지 않을 확률을 구하시오.(단, 정규분포표를 이용할 것)

06

다음의 표는 독립변수 x와 종속변수 y에 대한 데이터의 결과치이다. 물음에 답하시오.

$$\Sigma x_i = 10{,}643, \quad \Sigma y_i = 464.97, \quad \Sigma x_i^2 = 5{,}663{,}809$$
$$\Sigma x_i\, y_i = 247443.95, \quad \Sigma {y_i}^2 = 10{,}811.7931, \quad n = 20$$

(1) 상관계수를 구하시오.

(2) 상관계수의 유무검정을 실시하시오.(유의수준 = 0.05)

(3) 상관계수를 95%의 신뢰한계로 구간추정을 실시하시오.

07

서비스분야 KS표시인증 심사기준 중 사업장 심사기준 5가지를 적으시오.

08 요인 A, 요인 B를 각각 1차 단위, 2차 단위로 하여 반복 2회의 단일 분할법으로 실험하였을 때, 1차 오차의 자유도 ν_{e_1}, 2차 오차의 자유도 ν_{e_2}를 각각 구하시오.(단, 인자 A는 5수준, 인자 B는 4수준이다.)

09 계량 규준형 1회 샘플링검사에서 로트의 평균치를 보증하려는 경우 특성치가 낮은 편이 바람직하다고 할 때, 다음 물음에 답하시오.(단, $\alpha=0.05$, $\beta=0.10$, $\overline{X_U}=500$g, $\sigma=10$g, $n=4$)

$L(m)$	로트가 합격할 확률
m_0	합격시키고 싶은 로트의 평균치
m_1	불합격시키고 싶은 로트의 평균치
α	생산자의 위험(=0.05)
β	소비자의 위험(=0.10)
$\overline{X_U}$	합격판정치(여기서는 500)

(1) α, β를 만족하는 m_0, m_1을 구하시오.

(2) 다음 표를 메우고, α, β, m_0, m_1, $\overline{X_U}$를 포함한 OC곡선을 완성하시오.

평균	$K_{L(m)}$	$L(m)$
m_0		
$\overline{X_U}$		
m_1		

10 A, B, C, D의 각 제품 생산량은 30%, 30%, 20%, 20%이다. 이때 부적합품률이 10%, 5%, 3%, 1% 발생한다고 한다면, 랜덤하게 1회 샘플링 했을 때 부적합품이 A기계에서 생산되었을 확률을 구하시오.

11 다음은 분수합격 판정에 대한 내용이다. 빈칸을 채우시오.

로트 번호	N	샘플 문자	n	AQL	당초 Ac	합부판정 점수 (검사 전)	적용 Ac	부적 합품 수	합부 판정	합부판정 점수 (검사 후)	전환점수	샘플링 검사의 엄격도
1	180	G	32	1	1/2	5	0	0	합격	5	2	보통검사
2	200	G	32	1	1/2	(①)	(②)	1	합격	(③)	(④)	보통검사
3	250	G	32	1	1/2	5	0	1	불합격	0	0	보통검사
4	450	H	50	1	1	(⑤)	1	1	합격	0	2	보통검사
5	300	H	50	1	1	7	1	1	합격	0	4	보통검사
6	80	E	13	1	0	0	0	1	불합격	0	0	(⑥)

12 각 부품의 고장률이 $\lambda_A = 0.001$/시간, $\lambda_B = 0.002$/시간, $\lambda_C = 0.003$/시간인 3개의 부품이 병렬로 결합된 시스템의 평균수명(MTBF)을 구하시오.(단, 각 고장률은 상호독립이다.)

13 3σ법의 $\overline{X}-R$ 관리도를 사용하여 공정을 관리하고 있는 제조공정에서 제조방법의 변화로 인하여 모평균 μ가 0.5σ만큼 U_{CL} 쪽으로 증가되었다면 기존의 $\overline{X}$ 관리도에서 검출력 $(1-\beta)$을 구하시오.(부분군의 크기는 4이다.)

14 다음의 내용은 품질경영시스템(ISO 9000 : 2015) – 기본사항과 용어에서 나타낸 것이다. 괄호 안을 메우시오.

(1) 의도된 결과를 만들어 내기 위해 입력을 사용하여 상호 관련되거나 상호작용하는 활동의 집합 (　　)

(2) 품질 요구사항이 충족될 것이라는 신뢰를 제공하는 데 중점을 둔 품질경영의 일부 (　　)

(3) 품질 요구사항을 충족하는 데 중점을 둔 품질경영의 일부 (　　)

15 계수형 샘플링 검사에서 OC곡선은 로트의 (㉠)과(와) (㉡) 간의 관계를 보여주는 그래프이다. 이 곡선에서 N이 매우 클 때 일반적으로 샘플크기가 (㉢)하고 합격판정개수 C가 일정할 경우 OC곡선은 기울기가 급해지게 된다.

16 $n=4$인 $\overline{X}$ 관리도의 3σ관리한계값이 $U_{CL}=12$, $L_{CL}=6$이라고 할 때 $\sigma_{\bar{x}}$를 구하시오.

기출유사문제풀이 [2017년 1회 품질경영기사 실기]

01_ (1) 선형식

$$L_1 = \frac{T_4 .}{2} - \frac{T_1 . + T_2 . + T_3 .}{22}$$

$$L_2 = \frac{T_1 .}{10} - \frac{T_2 . + T_3 .}{12}$$

$$L_3 = \frac{T_2 .}{6} - \frac{T_3 .}{6}$$

(2) 직교의 조건 : $\Sigma c_i c_i' = 0$

$L_1 = \frac{T_4 .}{2} - \frac{T_1 . + T_2 . + T_3 .}{22}$, $L_3 = \frac{T_2 .}{6} - \frac{T_3 .}{6}$ 에서

$\left(\frac{1}{2}\right) \times 0 + \left(-\frac{1}{22}\right) \times 0 + \left(-\frac{1}{22}\right) \times \left(\frac{1}{6}\right) \times 6 + \left(-\frac{1}{22}\right) \times \left(-\frac{1}{6}\right) \times 6 = 0$ 이므로,

두 선형식은 직교한다.

(3) 분산분석표 작성

① $CT = \frac{T^2}{N} = \frac{(488)^2}{24} = 9,922.67$

② $S_T = \sum_i \sum_j x_{ij}{}^2 - CT = (20^2 + 18^2 + 19^2 + \cdots + 14^2 + 12^2) - CT = 503.333333$

③ $S_A = \sum_i \frac{T_i .^2}{m_i} - CT = \left(\frac{(175)^2}{10} + \frac{(147)^2}{6} + \frac{(140)^2}{6} + \frac{(26)^2}{2}\right) - CT = 346.0$

④ 선형식을 구한다.

$$L_1 = \frac{T_4 .}{2} - \frac{T_1 . + T_2 . + T_3 .}{22} = \frac{26}{2} - \frac{175 + 147 + 140}{22} = -8.0$$

$$L_2 = \frac{T_1 .}{10} - \frac{T_2 . + T_3 .}{12} = \frac{175}{10} - \frac{147 + 140}{12} = -6.416667$$

$$L_3 = \frac{T_2 .}{6} - \frac{T_3 .}{6} = \frac{147}{6} - \frac{140}{6} = 1.166667$$

⑤ 각 변동을 구한다.

$$S_{L_1} = \frac{L_1{}^2}{\Sigma m_i C_i{}^2} = \frac{(-8.0)^2}{2 \times \left(\frac{1}{2}\right)^2 + 10 \times \left(-\frac{1}{22}\right)^2 + 6 \times \left(-\frac{1}{22}\right)^2 + 6 \times \left(-\frac{1}{22}\right)^2} = 117.333333$$

$$S_{L_2} = \frac{L_2{}^2}{\Sigma m_i C_i{}^2} = \frac{(-6.416667)^2}{10 \times \left(\frac{1}{10}\right)^2 + 6 \times \left(-\frac{1}{12}\right)^2 + 6 \times \left(-\frac{1}{12}\right)^2} = 224.583357$$

$$S_{L_3}=\frac{{L_3}^2}{\Sigma m_i {C_i}^2}=\frac{(1.166667)^2}{6\times\left(\frac{1}{6}\right)^2+6\times\left(-\frac{1}{6}\right)^2}=4.083329$$

$$S_e=S_T-S_A=503.333333-346.0=157.333333$$

⑥ 자유도

$\nu_A=l-1=3,\ \nu_{L_1}=\nu_{L_2}=\nu_{L_3}=1,\ \nu_T=N-1=23,\ \nu_e=\nu_T-\nu_A=20$

⑦ 분산분석표

요 인	SS	DF	MS	F_0	$F_{0.95}$	$F_{0.99}$
A	346.0	3	115.33333	14.661**	3.10	4.94
L_1	117.33333	1	117.33333	14.915**	4.35	8.10
L_2	224.58336	1	224.58336	28.549**	4.35	8.10
L_3	4.08333	1	4.08333	–		
e	157.33333	20	7.86667			
T	503.33333	23				

02_

(1) $n_e=\frac{lm}{l+m-1}=\frac{6\times 4}{6+4-1}=2.66667$

(2) $n_e=r=3$

(3) $n_e=\frac{lmr}{l+m-1}=\frac{5\times 3\times 2}{5+3-1}=4.28571$

03_

(1) 대응 있는 모평균 차의 단측검정

데이터 조	1	2	3	4	5	6	계	평균($\bar{d}$)
차이($d_i=x_{Ai}-x_{Bi}$)	5	7	12	8	1	−3	30	5.0

① $H_0:\Delta\le 0,\ H_1:\Delta>0\,(\Delta=\mu_A-\mu_B)$

② $t_0=\frac{\bar{d}}{\frac{s_d}{\sqrt{n}}}=\frac{5}{\frac{5.32917}{\sqrt{6}}}=2.2982$

③ $t_0>t_{1-\alpha}(5)=2.015$이면 H_0를 기각한다.

④ $t_0>2.015$ 이므로 유의수준 5%로 H_0를 기각할 수 있다. 즉, 작업자 A의 측정치가 작업자 B에 비해 크다고 할 수 있다.

(2) 단측 구간추정(신뢰하한)

$$\widehat{\mu_L} = \overline{d} - t_{1-\alpha}(n-1)\frac{s_d}{\sqrt{n}} = 5.0 - t_{0.95}(5) \times \frac{5.32917}{\sqrt{6}} = 0.61612$$

04_ 2단계 샘플링인 경우($M=100,\ m=5,\ \overline{n}=6$)

(1) 추정 정밀도 $V(\overline{x}) = \frac{{\sigma_w}^2}{m\overline{n}} + \frac{{\sigma_b}^2}{m} = \frac{0.35^2}{5\times 6} + \frac{0.2^2}{5} = 0.01208(\%)$

(2) $\beta_{\overline{x}} = \pm u_{1-\alpha/2}\sqrt{\frac{{\sigma_w}^2}{m\overline{n}} + \frac{{\sigma_b}^2}{m} + {\sigma_R}^2 + \frac{{\sigma_M}^2}{2}} = \pm 1.96\sqrt{\frac{0.35^2}{5\times 6} + \frac{0.2^2}{5} + 0.1^2 + \frac{0.15^2}{2}}$

$= \pm 0.35785(\%)$

05_ $R(t=1{,}200) = P_r(t \geq 1{,}200) = P_r\left(u \geq \frac{\ln 1200 - 7.0}{1.2}\right) = P_r(u \geq 0.0751) = P_r(u \geq 0.08)$

$= 0.4681$

06_ $S(xx) = \Sigma x^2 - \frac{(\Sigma x)^2}{n} = 136.55,\ S(yy) = \Sigma y^2 - \frac{(\Sigma y)^2}{n} = 1.938055$

$S(xy) = \Sigma xy - \frac{(\Sigma x)(\Sigma y)}{n} = 10.1645$

(1) 상관계수 $r_{xy} = \frac{S(xy)}{\sqrt{S(xx)S(yy)}} = 0.62482$

(2) 상관계수의 유무검정

① $H_0: \rho = 0,\ H_1: \rho \neq 0$

② $t_0 = \frac{r}{\sqrt{\frac{1-r^2}{n-2}}} = \frac{0.62482}{\sqrt{\frac{1-0.62482^2}{20-2}}} = 3.395$

③ $t_0 > t_{1-\alpha/2}(\nu) = t_{0.975}(18) = 2.101$ 이면 H_0를 기각한다.

④ $t_0 = 3.395 > 2.101$

$\therefore\ \alpha = 0.05$로 H_0 기각, 즉 $\alpha = 0.05$로 상관관계가 있다고 할 수 있다.

(3) 모상관계수의 95% 구간추정

$$\rho_{U \cdot L} = \tanh\left(\tanh^{-1} r \pm u_{1-\alpha/2}\frac{1}{\sqrt{n-3}}\right) = \tanh\left(\tanh^{-1} 0.62482 \pm 1.96\frac{1}{\sqrt{17}}\right)$$

$\therefore\ 0.25196 \le \rho \le 0.83615$

07_ ① 서비스 품질경영

② 서비스 운영체계

③ 서비스 운영

④ 서비스 인적자원관리

⑤ 시설 · 장비 및 안전관리

08_

요인		DF
1차 단위	A	$l-1$
	R	$r-1$
	e_1	$(l-1)(r-1)=(5-1)(2-1)=4$
2차 단위	B	$(m-1)$
	$A\times B$	$(l-1)(m-1)$
	e_2	$l(m-1)(r-1)=5\times(4-1)(2-1)=15$
T		$lmr-1$

09_ (1) $\overline{X_U} = m_0 + K_\alpha\frac{\sigma}{\sqrt{n}}$에서 $m_0 = \overline{X_U} - K_\alpha\frac{\sigma}{\sqrt{n}} = 500 - 1.645\times\frac{10}{\sqrt{4}} = 491.7750$

$\overline{X_U} = m_1 - K_\beta\frac{\sigma}{\sqrt{n}}$에서 $m_1 = \overline{X_U} + K_\beta\frac{\sigma}{\sqrt{n}} = 500 + 1.282\times\frac{10}{\sqrt{4}} = 506.410$

(2) OC곡선의 작성

평균	$K_{L(m)}=\frac{\sqrt{n}\left(m-\overline{X_U}\right)}{\sigma}$	$L(m)$
m_0	$\frac{\sqrt{4}\,(491.775-500)}{10}=-1.645$	0.950
$\overline{X_U}$	$\frac{\sqrt{4}\,(500-500)}{10}=0.00$	0.50
m_1	$\frac{\sqrt{4}\,(506.41-500)}{10}=1.2820$	0.10

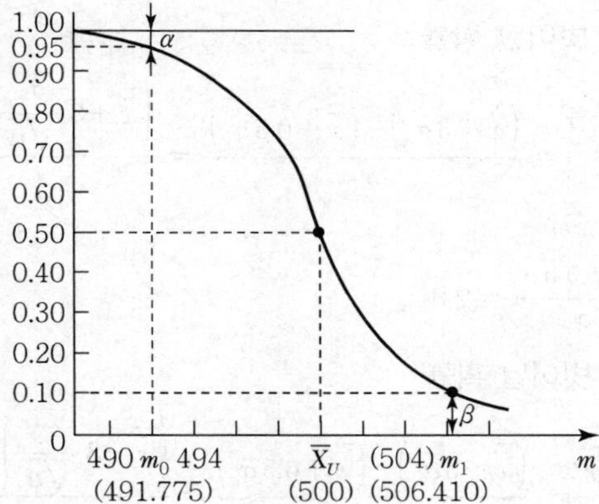

10_ $P_r(x)=\frac{(0.3\times 0.10)}{(0.3\times 0.10)+(0.3\times 0.05)+(0.2\times 0.03)+(0.2\times 0.01)}=0.56604$

11_

로트번호	N	샘플문자	n	AQL	당초 Ac	합부판정점수 (검사 전)	적용 Ac	부적합품수	합부판정	합부판정점수 (검사 후)	전환점수	샘플링 검사의 엄격도
1	180	G	32	1	1/2	5	0	0	합격	5	2	보통검사
2	200	G	32	1	1/2	(10)	(1)	1	합격	(0)	(4)	보통검사
3	250	G	32	1	1/2	5	0	1	불합격	0	0	보통검사
4	450	H	50	1	1	(7)	1	1	합격	0	2	보통검사
5	300	H	50	1	1	7	1	1	합격	0	4	보통검사
6	80	E	13	1	0	0	0	1	불합격	0	0	(까다로운 검사로 전환)

12_ 시스템의 평균수명 $MTBF_s$

$$MTBF_s = \frac{1}{\lambda_A} + \frac{1}{\lambda_B} + \frac{1}{\lambda_C} - \frac{1}{\lambda_A+\lambda_B} - \frac{1}{\lambda_A+\lambda_C} - \frac{1}{\lambda_B+\lambda_C} + \frac{1}{\lambda_A+\lambda_B+\lambda_C}$$

$$= \frac{1}{0.001} + \frac{1}{0.002} + \frac{1}{0.003} - \frac{1}{0.001+0.002} - \frac{1}{0.001+0.003}$$

$$- \frac{1}{0.002+0.003} + \frac{1}{0.001+0.002+0.003}$$

$$= 1216.66667(\text{시간})$$

13_ ① U_{CL} 밖으로 벗어날 확률

$$u = \frac{U_{CL} - \bar{\bar{x}}'}{\sigma_{\bar{x}}} = \frac{\left(\bar{\bar{x}} + 3\sigma_{\bar{x}}\right) - \left(\bar{\bar{x}} + 0.5\sigma_x\right)}{\sigma_{\bar{x}}} = \frac{\left(\bar{\bar{x}} + 3\dfrac{\sigma_x}{\sqrt{n}}\right) - \left(\bar{\bar{x}} + 0.5\sigma_x\right)}{\dfrac{\sigma_x}{\sqrt{4}}}$$

$$= \frac{1.5\sigma_x - 0.5\sigma_x}{0.5\sigma_x} = 2.0$$

② L_{CL} 밖으로 벗어날 확률

$$u = \frac{L_{CL} - \bar{\bar{x}}'}{\sigma_{\bar{x}}} = \frac{\left(\bar{\bar{x}} - 3\sigma_{\bar{x}}\right) - \left(\bar{\bar{x}} + 0.5\sigma_x\right)}{\sigma_{\bar{x}}} = \frac{\left(\bar{\bar{x}} - 3\dfrac{\sigma_x}{\sqrt{n}}\right) - \left(\bar{\bar{x}} + 0.5\sigma_x\right)}{\dfrac{\sigma_x}{\sqrt{4}}}$$

$$= \frac{-1.5\sigma_x - 0.5\sigma_x}{0.5\sigma_x} = -4.0$$

$$\therefore\ P_r(x) = 1 - \beta = P_r(u > 2.0) + P_r(u < -4.0) = 0.0228 + 0.0^4 3167 = 0.02283$$

14_ (1) 프로세스
(2) 품질보증
(3) 품질관리

15_ ㉠ 합격할 확률($L_{(P)}$)
㉡ 부적합품률(P)(%)
㉢ 증가

16_ $\begin{pmatrix} U_{CL} \\ L_{CL} \end{pmatrix} = \mu \pm 3\sigma_{\bar{x}} = \mu \pm 3\dfrac{\sigma}{\sqrt{n}}$ 에서

$\begin{pmatrix} 12 \\ 6 \end{pmatrix} = \mu \pm 3\sigma_{\bar{x}},\ 6 = 6 \times \sigma_{\bar{x}}$

$\therefore\ \sigma_{\bar{x}} = 1.0$

기출유사문제 [2017년 2회 품질경영기사 실기]

01 어떤 부품의 수입검사에 KS Q ISO 2859－1의 계수값 샘플링검사방식을 적용하고 있다. AQL＝1.5%, 검사수준 II로 하는 1회 샘플링방식을 채택하고 있다. 처음 검사는 보통검사로 시작하였으며, 5개 로트에 대한 검사를 실시하였다. KS Q ISO 2859－1의 주 샘플링검사표(부표)를 사용하여 답안지 표의 공란을 채우시오.

로트번호	N	샘플문자	n	Ac	부적합품수	합격여부	전환점수
1	300				3		
2	500				0		
3	200				1		
4	800				3		
5	200				1		

02 품질경영의 7원칙을 적으시오.

03 어떤 공정의 특성을 x 관리도와 $\bar{x}-R$관리도($n=5$)를 병용하여 양자의 검출력을 비교하고 있다. 각 3σ관리도법에 따른 관리한계선이 아래와 같다고 할 때 공정의 평균이 120으로 변하였다면 물음에 답하시오(단, R관리도는 관리상태이고, $\sigma=10.0$).

- x 관리도 : $C_L=100.0,\ U_{CL}=130.0,\ L_{CL}=70.0$
- $\bar{x}$ 관리도 : $C_L=100.0,\ U_{CL}=113.4,\ L_{CL}=86.6$
- R관리도 : $C_L=23.3,\ U_{CL}=49.3,\ L_{CL}=-$

(1) x관리도의 검출력을 구하시오.

(2) $\bar{x}$관리도의 검출력을 구하시오.

(3) 두 관리도의 검출결과물로 어느 관리도의 검출력이 좋은지를 설명하시오.

04 8매의 철판에 대해 중앙부분과 가장자리 부분의 두께를 각각 측정하여 다음의 데이터를 얻었다. 물음에 답하시오.(분포표값은 부표를 이용할 것)

	1	2	3	4	5	6	7	8
x_A (중앙부분)	3.22	3.16	3.20	3.32	3.28	3.25	3.24	3.27
x_B (가장자리)	3.20	3.09	3.22	3.25	3.25	3.18	3.25	3.24

(1) 철판의 중앙이 가장자리보다 두껍다고 할 수 있는지를 유의수준 5%로 검정을 행하시오.
(2) 유의한 경우, $(\mu_A - \mu_B)$에 대하여 신뢰율 95(%)로 신뢰 한계를 구하시오.

05 형상모수($m = 0.8$), 척도모수($\eta = 600$), 위치모수($r = 0$)인 와이블 분포에서 다음의 물음에 답하시오.

(1) 평균수명의 기댓값 $E(t)$를 구하시오.
(2) 사용시간 $t = 100$인 경우 고장확률밀도함수 $f(t)$를 구하시오.

06 에나멜 동선의 도장공정을 관리하기 위하여 핀홀의 수를 조사하였다. 물음에 답하시오.

시료군의 번호	1	2	3	4	5	6	7	8	9	10
시료의 크기 n (1,000m)	1.0	1.0	1.0	1.0	1.0	1.3	1.3	1.3	1.3	1.3
핀홀의 수	5	5	3	3	5	2	5	3	2	1

(1) 부분군의 크기 각각에 대한 관리한계를 구하시오.
(2) 관리도를 그리고 판정하시오.

07 측정 시스템분석(MSA)의 오차 변동 유형 5가지를 기술하시오.

08 샘플 100개를 뽑아 수명시험을 하여 50시간 간격으로 고장개수를 조사하였더니 다음과 같은 데이터를 얻었다. 100시간에서의 $f(t)$와 $\lambda(t)$를 각각 구하시오.

시간 간격	0~50	50~100	100~150	150~200	200~250	250~300	300~350
고장 개수	-	5	10	20	25	35	5

09 검사단위의 품질표시방법중 로트의 품질표시방법에 대한 종류를 4가지 적으시오.

10 두 변수 x 와 y 에 대하여 12개의 데이터의 변동값을 조사하였더니 다음과 같았다. 물음에 답하시오(분포값은 부표를 이용할 것).

$n = 12$ $S(xx) = 10$ $S(yy) = 30$ $S(xy) = 13$

(1) 단순회귀분석에 대한 분산분석표 및 검정을 행하시오(단, 유의수준 5%).

(2) 회귀계수(β_1)의 신뢰구간을 95% 신뢰율로 추정을 행하시오.

11 어떤 제품을 실험할 때 반응압력 A 를 1.0, 1.5, 2.0, 2.5기압의 4수준, 실험실 B를 3수준으로 난괴법으로 데이터를 구한 결과 다음 표를 얻었다. 물음에 답하시오.(단, 망대특성이며, $S_T = 6.22$이다.)

인자B \ 인자A	A_1	A_2	A_3	A_4	T
B_1	97.6	98.6	99.0	98.0	393.2
B_2	97.3	98.2	98.0	97.7	391.2
B_3	96.7	96.9	97.9	96.5	388.0
	291.6	293.7	294.9	292.2	1,172.4

(1) 데이터의 구조식을 적으시오.

(2) 다음의 분산분석표를 완성하고, 검정까지 행하시오.

요인	SS	DF	MS	F_0	$F_{0.95}$
A					
B					
e					
T					

12 인자 A, B, C는 각각 변량인자로서 A는 4수준, B는 2수준, C는 2수준, 반복 2회인 지분실험법을 실시한 결과물이다. 다음 물음에 답하시오.

$S_A = 3.79$ $S_{B(A)} = 1.4916$ $S_{C(AB)} = 0.75$ $S_e = 0.04$

(1) 각 요인별 자유도를 구하시오

(2) ${\sigma_A}^2$, ${\sigma_{B(A)}}^2$을 추정하시오.

13 어떤 제품의 절연전압이 300kV로 규정되어 있다. PRQ = 5%, CRQ = 10%일 때 계수축차 샘플링검사에서 n_t, A_t를 구하시오(주어진 부표를 이용).

14 어떤 제품의 품질 특성 평균치가 4(%) 이상의 로트는 합격으로, 3(%) 이하의 로트는 불합격으로 하려고 할 때, 다음 물음에 답하시오.(단, $\sigma=1$(%), $\alpha=0.05$, $\beta=0.10$)

(1) 계량규준형 1회 샘플링검사를 실시하려고 할 때 샘플의 크기(n)와 하한합격판정치 ($\overline{X_L}$)를 구하시오.

(2) n개의 시료를 뽑아 평균치($\overline{x}$)를 계산하였더니 3.45(%)가 나왔다면 샘플링한 로트의 처리는 어떻게 하여야 하는가?

15 샘플링검사를 실시할 경우의 조건을 5가지 기술하시오.

16 두 변수 x, y에 대하여 151개의 데이터에서 표본 상관계수(r)를 구하였더니 0.61이었다. 이때 모상관계수(ρ)의 95% 신뢰구간을 구하시오(단, 모집단은 이변량 정규분포라 가정한다.).

기출유사문제풀이 [2017년 2회 품질경영기사 실기]

01_

로트번호	N	샘플문자	n	Ac	부적합품수	합격여부	전환점수
1	300	H	50	2	3	불합격	0
2	500	H	50	2	0	합격	3
3	200	G	32	1	1	합격	5
4	800	J	80	3	3	합격	0
5	200	G	32	1	1	합격	2

02_ ① 고객중시 ② 리더십
③ 인원의 적극참여 ④ 프로세스 접근법
⑤ 개선 ⑥ 증거기반 의사결정
⑦ 관계관리/관계경영

03_ (1) x관리도의 검출력

U_{CL} 밖으로 벗어날 확률 : $u=\dfrac{U_{CL}-\mu}{\sigma}=\dfrac{130-120}{10.0}=1.00$

L_{CL} 밖으로 벗어날 확률 : $u=\dfrac{L_{CL}-\mu}{\sigma}=\dfrac{70-120}{10.0}=-5.00$

$\therefore\ 1-\beta=P_r(u>1.00)+P_r(u<-5.00)=0.1587+0.0^5 2867=0.15870$

(2) $\bar{x}$관리도의 검출력

U_{CL} 밖으로 벗어날 확률 : $u=\dfrac{U_{CL}-\mu}{\sigma/\sqrt{n}}=\dfrac{113.4-120}{10.0/\sqrt{5}}=-1.48$

L_{CL} 밖으로 벗어날 확률 : $u=\dfrac{L_{CL}-\mu}{\sigma/\sqrt{n}}=\dfrac{86.6-120}{10.0/\sqrt{5}}=-7.468$

$\therefore\ 1-\beta=P_r(u>-1.48)+_r(u<-7.47)=(1-0.0694)+0=0.93060$

(3) x관리도의 검출력은 0.15870이고, $\bar{x}$관리도의 검출력은 0.93060으로 x관리도보다는 $\bar{x}$관리도의 검출력이 더 큰 값이므로 $\bar{x}$관리도가 더 좋다고 할 수 있다.

04_ (1) 대응있는 모평균 차의 단측검정

	1	2	3	4	5	6	7	8	
d	0.02	0.07	−0.02	0.07	0.03	0.07	−0.01	0.03	$\Sigma d = 0.26$

① 가설 : $H_0 : \Delta \le 0,\ H_1 : \Delta > 0\ (\Delta = \mu_A - \mu_B)$

② 검정통계량 : $t_0 = \dfrac{\bar{d}}{\dfrac{s_d}{\sqrt{n}}} = \dfrac{0.03250}{\dfrac{0.035757}{\sqrt{8}}} = 2.5708$

③ 기각역 : $t_0 > t_{1-\alpha}(\nu) = 1.895$이면 H_0를 기각한다.

④ 판정 : $t_0 = 2.5708 > 1.895$

∴ $\alpha = 0.05$로 H_0기각, 즉 $\alpha = 0.05$로 철판의 중앙이 가장자리보다 두껍다고 할 수 있다.

(2) $(\widehat{\mu_A - \mu_B})_L = \bar{d} - t_{1-\alpha}(\nu)\dfrac{s_d}{\sqrt{n}} = 0.03250 - 1.895 \times \dfrac{0.035757}{\sqrt{8}}$

∴ $0.00854 \le (\widehat{\mu_A - \mu_B})$

05_ $t=100,\ \eta=600,\ r=0,\ m=0.8$

(1) $E(t) = \eta\Gamma\left(1+\dfrac{1}{m}\right) = 600 \times \Gamma\left(1+\dfrac{1}{0.8}\right) = 600 \times \Gamma(2.25) = 600 \times \Gamma(1+1.25)$

$= 600 \times 1.25 \times 0.90640 = 679.8$(시간)

(2) $R(t=100) = e^{-\left(\frac{t-r}{\eta}\right)^m} = e^{-\left(\frac{100}{600}\right)^{0.8}} = 0.787813$

$f(t) = \left(\dfrac{m}{\eta}\right)\left(\dfrac{t-r}{\eta}\right)^{m-1} \times R(t) = \left(\dfrac{0.8}{600}\right)\left(\dfrac{100-0}{600}\right)^{-0.2} \times 0.787813 = 0.00150$(/시간)

06_ (1) 관리한계선

$C_L = \bar{u} = \dfrac{\Sigma c}{\Sigma n} = \dfrac{34}{11.5} = 2.956522$

① $n = 1.0$

$U_{CL} = \bar{u} + 3\sqrt{\dfrac{\bar{u}}{n}} = 8.11488$

$L_{CL} = \bar{u} - 3\sqrt{\dfrac{\bar{u}}{n}} = -2.201840 = -$(고려하지 않음)

② $n=1.3$

$$U_{CL}=\bar{u}+3\sqrt{\frac{\bar{u}}{n}}=7.48071$$

$$L_{CL}=\bar{u}-3\sqrt{\frac{\bar{u}}{n}}=-1.567661=-\text{(고려하지 않음)}$$

(2) 관리도

① 관리도 그리기

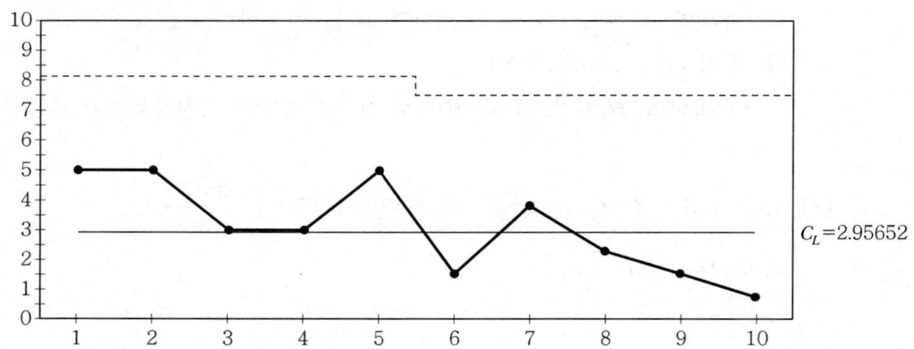

② 판정

비관리상태의 판정 규칙 1~8에 해당되는 점이 없으므로 관리상태에 있다고 할 수 있다.

07_ ① 편기(Bias) : 정확성, 치우침, 편의라고도 한다.

② 반복성(Repeatability) : 정밀도라고도 한다.

③ 재현성(Reproducibility)

④ 안정성(Stability)

⑤ 직선성(Linearity) : 선형성이라고도 한다.

08_ ① $f(t=100)=\dfrac{n(t=100)-n(t=150)}{N\cdot\Delta t}=\dfrac{10}{100\times 50}=0.002(/\text{시간})$

② $\lambda(t=100)=\dfrac{n(t=100)-n(t=150)}{n(t=100)\cdot\Delta t}=\dfrac{10}{95\times 50}=0.00211(/\text{시간})$

09_ ① 부적합품률(%)

② 부적합수

③ 평균치

④ 표준편차

10_ (1) 분산분석표 작성

$S_R = \frac{S(xy)^2}{S(xx)} = \frac{13^2}{10} = 16.90$

요인	SS	DF	MS	F_0	$F_{0.95}$
회귀	16.90	1	16.90	12.901*	4.96
잔차	13.10	10	1.310		
계	30	11			

∴ 5%로 회귀직선은 유의하다고 할 수 있다.

(2) 회귀계수의 구간추정

$\hat{\beta}_1 = \frac{S_{xy}}{S_{xx}} = \frac{13}{10} = 1.3$

$\beta_1 = \hat{\beta}_1 \pm t_{1-\alpha/2}(n-2)\sqrt{\frac{V_{y/x}}{S(xx)}} = 1.3 \pm 2.228 \times \sqrt{\frac{1.310}{10}}$

∴ $0.49360 \le \beta_1 \le 2.10640$

11_ (1) 데이터의 구조(난괴법)

$x_{ij} = \mu + a_i + b_j + e_{ij}$

(2) 분산분석표 작성

① $CT = \frac{T^2}{lm} = \frac{(1{,}172.4)^2}{12} = 115{,}543.48$

② $S_T = \sum_i \sum_j x_{ij}{}^2 - CT = 6.22$

③ $S_A = \frac{291.6^2 + 293.7^2 + 294.9^2 + 292.2^2}{3} - CT = 2.22$

④ $S_B = \frac{393.2^2 + 391.2^2 + 388.0^2}{4} - CT = 3.44$

⑤ $S_e = S_T - S_A - S_B = 0.56$

⑥ $\nu_T = lm - 1 = 11,\ \nu_A = l - 1 = 3,\ \nu_B = m - 1 = 2,\ \nu_e = 6$

⑦ 분산분석표 작성

요인	SS	DF	MS	F_0	$F_{0.95}$
A	2.22	3	0.74	7.929*	4.76
B	3.44	2	1.72	18.429*	5.14
e	0.56	6	0.09333		
T	6.22	11			

∴ 인자 A, 인자 B 모두 유의수준 5%로 유의하다.

12_ (1)

요 인	DF
A	$l-1=3$
$B(A)$	$l(m-1)=4\times(2-1)=4$
$C(AB)$	$lm(n-1)=8$
e	$lmn(r-1)=16$
T	$lmnr-1=31$

(2) 요인의 분산성분 추정

요 인	SS	DF	MS	$E(MS)$
A	3.79	3	1.26333	$\sigma_e^2+2\sigma_{C(AB)}^2+4\sigma_{B(A)}^2+8\sigma_A^2$
$B(A)$	1.4916	4	0.3729	$\sigma_e^2+2\sigma_{C(AB)}^2+4\sigma_{B(A)}^2$
$C(AB)$	0.75	8	0.09375	$\sigma_e^2+2\sigma_{C(AB)}^2$
e	0.04	16	0.0025	σ_e^2
T		31		

① $\widehat{\sigma_A}^2 = \dfrac{V_A - V_{B(A)}}{mnr} = \dfrac{1.26333 - 0.3729}{2\times2\times2} = 0.11130$

② $\widehat{\sigma_{B(A)}}^2 = \dfrac{V_{B(A)} - V_{C(AB)}}{nr} = \dfrac{0.3729 - 0.09375}{4} = \dfrac{0.27915}{4} = 0.06979$

13_ 계수축차 샘플링검사표에서 PRQ=5%, CRQ=10%에 해당되는 칸에 $h_A=3.013$, $h_R=3.868$, $g=0.0724$가 되므로

① $n_t=\dfrac{2h_A \cdot h_R}{g(1-g)}=\dfrac{2\times 3.013\times 3.868}{0.0724\times(1-0.0724)}=347.06937=348$(소수점 올림)

② $A_t=gn_t=0.0724\times 348=25.19520=25$(소수점 버림)

14_ (1) ① $n=\left(\dfrac{K_\alpha+K_\beta}{m_0-m_1}\right)^2\cdot\sigma^2=\left(\dfrac{1.645+1.282}{4-3}\right)^2\times 1^2=8.56733=9$(개)

② $\overline{X_L}=m_0-K_\alpha\dfrac{\sigma}{\sqrt{n}}=4-1.645\times\dfrac{1}{\sqrt{9}}=3.45167(\%)$

(2) $\bar{x}\ge 3.45167$이면 로트는 합격, $\bar{x}<3.45167$이면 로트는 불합격이므로 샘플링한 로트는 불합격 처리한다.

15_ ① 품질기준이 명확할 것
② 시료의 샘플링은 랜덤하게 될 것
③ 제품이 로트로서 처리될 수 있는 것
④ 합격로트 중에는 어느 정도 부적합품의 섞임을 허용할 것
⑤ 계량샘플링검사에서는 로트검사 단위의 특성치 분포를 대략 알고 있을 것

16_ 모상관계수의 95% 구간추정

$\rho=\tanh\left(\tanh^{-1}r\pm u_{1-\alpha/2}\dfrac{1}{\sqrt{n-3}}\right)=\tanh\left(\tanh^{-1}0.61\pm 1.96\,\dfrac{1}{\sqrt{148}}\right)$

$\therefore\ 0.49888\le\rho\le 0.70139$

기출유사문제 [2017년 4회 품질경영기사 실기]

01 자동차를 생산하고 있는 회사에서 샤프트를 열처리하는 공정이 있다. 기술개발실의 검사원은 이 열처리 공정에서 온도와 촉매의 모상관관계를 알아보기 위해 시료 100개를 임의추출하여 표본상관계수를 알아본 결과 $r_{xy}=0.857$이었다. 이 열처리 공정의 모상관계수 $\rho=0.747$이었다면 다음 물음에 답하시오.

(1) 상관계수가 달라졌는가를 유의수준 5%에서 검정하시오.
(2) 상관계수를 신뢰율 95%로 구간추정하시오.

02 4종류의 플라스틱 제품이 있다. A_1 : 자기 회사 제품, A_2 : 국내 C회사 제품, A_3 : 국내 D회사 제품, A_4 : 외국 제품에 대하여 각각 10개, 5개, 5개, 3개씩 표본을 취하여 강도(kg/cm^2)를 측정한 결과 다음과 같다. 물음에 답하시오.(단, L_1 = 외국 제품과 한국 제품의 차, L_2 = 자사 제품과 국내 타 회사 제품의 차, L_3 = 국내 타 회사 제품의 차)

A의 수준	데이터										$T_i.$
A_1	25	23	24	22	22	23	18	21	20	23	$T_1.=221$
A_2	30	28	33	31	31						$T_2.=153$
A_3	29	30	23	27	32						$T_3.=141$
A_4	19	17	20								$T_4.=56$
											$T=571$

(1) 선형식 L_1, L_2, L_3를 구하시오.
(2) 각 선형식의 제곱합 S_{L_1}, S_{L_2}, S_{L_3}를 구하시오.
(3) 분산분석표를 작성한 후 판정을 행하시오.

03 어떤 로트의 중간제품의 부적합품이 3%, 중간제품의 양품만을 사용해서 가공했을 때 제품의 부적합품률이 9%라고 하면 이 원료로부터 양품이 얻어질 확률은?

04 부선으로 광석이 입하되었다. 부선은 5척하고 각각 약 500, 800, 1,500, 1,800, 900톤씩 싣고 있다. 각 부선으로부터 하선할 때 100톤 간격으로 1인크리멘트씩 떠서 이것을 대상 시료로 혼합할 경우, 샘플링의 정밀도는 얼마나 될까?(단, 이 광석은 이제까지의 실험으로부터 100톤 내의 인크리멘트 간의 분포 $\sigma_w = 0.8\%$, $\sigma_b = 0.6\%$ 인 것을 알고 있다.)

05 정시중단시험방식에서 제품 A＝총 동작시간 2.3×10^5시간으로 무고장이며, 제품 B는 총 작동시간 2.5×10^5시간에서 한 개의 고장이 발생하였다. 신뢰수준 90%로 MTBF의 하한값을 구하시오.

06 다음은 2^3형 요인배치법의 Yate's 알고리즘이다. A×B의 제곱합 $S_{A \times B}$를 구하시오.

처리조합			데이터	(1)	(2)	(3)	
A	B	C					
0	0	0	(1)＝7	17	39	72	수정항
0	0	1	c＝10	22	33	2	C
0	1	0	b＝9	17	7	4	B
0	1	1	bc＝13	16	−5	10	B×C
1	0	0	a＝12	3	5	−6	A
1	0	1	ac＝5	4	−1	−12	A×C
1	1	0	ab＝7	-7	1	−6	A×B
1	1	1	abc＝9	2	9	8	e

07 5행(S)의 명칭과 이에 대하여 간략하게 설명하시오.

08 어떤 제품의 중합반응에서 약품의 흡수속도가 제조시간에 영향을 미치고 있음을 알고 있다. 그것에 대한 큰 요인이라고 생각되는 촉매량과 반응온도를 취급하여 아래의 실험조건으로 2회 반복하여 $4 \times 3 \times 2 = 24$ 회의 실험을 랜덤하게 행한 결과 다음의 데이터를 얻었다. $D_4\overline{R}$에 의한 등분산의 가정을 검토하여 이 실험의 관리상태 여부를 답하시오.

| 실험조건 |

촉매량(%)	반응온도(℃)
$A_1 = 0.3$	$B_1 = 80$
$A_2 = 0.4$	$B_2 = 90$
$A_3 = 0.5$	$B_3 = 100$
$A_4 = 0.6$	

| 데이터(흡수속도[g/hr]) |

	A_1	A_2	A_3	A_4
B_1	94 87	95 101	99 107	91 98
B_2	99 108	115 108	112 117	109 103
B_3	116 111	121 127	125 131	116 122

09 어느 재료의 저항치가 30Ω 이하로 규정된 경우, 즉 계량 규준형 1회 샘플링검사에서 $n = 5$, $k = 2.34$의 값을 얻어 데이터를 취했더니 아래와 같다. 상한 합격판정치($\overline{X_U}$)와 로트의 합부판정을 실시하시오.(단, 표준편차 $\sigma = 2\Omega$)

28.5	30.0	32.4	30.9	28.7

10 계수값 축차 샘플링검사(KS Q ISO 8422)에서 $p_A = 1\%$, $p_R = 8\%$, $\alpha = 5\%$, $\beta = 10\%$을 만족하는 KS Q ISO 8422의 부적합품률 검사를 위한 계수값 축차 샘플링 검사 방식을 설계하려 한다. 20번째와 25번째에서 부적합품이 나타났고, 누계샘플사이즈의 중지값 $(n_t) = 86$이다. 물음에 답하시오.(부록의 표값을 사용할 것)

(1) 중지값$(n_t) = 86$에서 합격판정선과 불합격판정선을 구하시오.

(2) $n_{cum} < n_t$ 인 경우 합격판정선과 불합격판정선을 구하시오.

(3) $n_{cum} = 60$에서 검사결과를 판정하시오.

11 A사는 어떤 부품의 수입검사에 있어 KS Q ISO 2859-1을 사용하고 있다. 검토 후 $AQL = 1.0\%$, 검사수준 Ⅲ으로 1회 샘플링검사를 까다로운 검사를 시작으로 연속 15로트를 실시한 결과물의 부분표이다. 다음 물음에 답하시오.

(1) 다음 표를 완성시키시오.

번호	N	샘플 문자	n	당초 Ac	As (검사 전)	적용하는 Ac	부적합 품수	합부 판정	As (검사 후)	전환 점수	샘플링 검사의 엄격도
7	250						0				
8	200						1				
9	400						0				
10	80						0				
11	100						1				

(2) 로트번호 12의 샘플링검사의 엄격도는 어떻게 되겠는가?

12 어떤 제품의 형상모수(m)가 0.7, 척도모수(η)가 8,667시간, 위치모수는 0인 와이블분포를 따를 때 사용시간 t=10,000에서 다음 물음에 답하시오.

(1) 신뢰도를 구하시오.
(2) 고장률을 구하시오.
(3) 구간 평균고장률을 구하시오.

13 어떤 공정의 특성을 관리하기 위하여, 합리적인 군구분이 되는 $x - R$관리도로 작성하였더니, $C_L = 100.0$, $U_{CL} = 120.0$, $L_{CL} = 80.0$이었다. 공정의 변화에 의해 공정평균이 90이 되었을 때 검출력은 얼마나 되는가?(단, R관리도는 관리상태이고, $n = 5$, $\sigma = 10.0$이다.)

14 품질경영시스템(ISO 9000 : 2015) – 기본사항과 용어에서 나타낸 것이다. 다음 설명에 대한 용어를 적으시오.

(1) 요구사항을 명시한 문서
(2) 조직의 품질경영시스템에 대한 문서
(3) 특정 대상에 대해 적용시점과 책임을 정한 절차 및 연관된 자원에 관한 시방서

15 100V짜리 백열전구의 수명분포는 $N(200,\ 50^2)$인 정규분포에 따른다고 한다면, 300시간 사용할 신뢰도를 구하시오.

16 표에 나타난 데이터는 어느 직물공장에서 직물에 나타난 흠의 수를 조사한 결과이다. 다음 물음에 답하시오.

로트번호		1	2	3	4	5	6	7	8	9	10	11	12	13	14	15	합계
ⓐ 시료의 수(n)		10	10	15	15	20	20	20	20	20	10	10	10	15	15	15	225
흠의 수	얼룩의 수(개소)	12	16	12	15	21	15	13	32	23	16	17	6	13	22	16	249
	구멍 난 곳(개소)	5	3	5	6	4	6	6	8	8	6	4	1	4	6	6	78
	실이 튄 곳의 수(개소)	6	1	6	7	2	7	10	9	9	7	2	1	10	11	8	96
	색상이 나쁜 곳(개소)	10	1	8	10	2	9	8	12	11	11	2	2	9	12	12	119
	기 타	2	-	2	4	-	3	-	2	1	1	-	-	-	1	1	17
	ⓑ 합 계	35	21	33	42	29	40	37	63	52	41	25	10	36	52	43	559
ⓑ÷ⓐ		3.50	2.10	2.20	2.80	1.45	2.00	1.85	3.15	2.60	4.10	2.50	1.00	2.40	3.47	2.87	-

(1) 위 데이터로 관리도를 작성하고자 한다.

① 무슨 관리도를 사용하여야 하겠는가?

② C_L의 값은? 그리고 n이 10, 15, 20인 경우 U_{CL} 및 L_{CL}의 값은 얼마인가?

③ 관리한계를 벗어난 점이 있으면 그 로트번호를 적으시오.

(2) 데이터에서 종류(유형)별로 분류해 놓은 흠의 통계를 가지고 파레토도를 작성하시오.

기출유사문제풀이 [2017년 4회 품질경영기사 실기]

01_ (1) 모상관계수에 대한 검정

① $H_0 : \rho = 0.747$ $H_1 : \rho \neq 0.747$

② $$u_0 = \frac{Z_r - Z_{\rho_0}}{\sqrt{\frac{1}{n-3}}} = \frac{\frac{1}{2}ln\frac{1+r}{1-r} - \frac{1}{2}ln\frac{1+\rho_0}{1-\rho_0}}{\sqrt{\frac{1}{n-3}}} = \frac{\tanh^{-1}0.857 - \tanh^{-1}0.747}{\sqrt{\frac{1}{97}}} = 3.110$$

③ $u_0 > u_{1-\alpha/2} = 1.96$ 이면 H_0를 기각한다.

④ $u_0 = 3.110 > 1.96$ 이므로 $\alpha = 0.05$ 로 H_0 기각, 즉 $\alpha = 0.05$ 로 모상관계수 $\rho = 0.747$ 이 달라졌다고 할 수 있다.

(2) 모상관계수에 대한 구간추정

$$\rho_{U \cdot L} = \tanh\left(\tanh^{-1}r \pm u_{1-\alpha/2}\frac{1}{\sqrt{n-3}}\right) = \tanh\left(\tanh^{-1}0.857 \pm 1.96\ \frac{1}{\sqrt{97}}\right)$$

$\therefore\ 0.79428 \leq \rho \leq 0.90164$

02_ (1) 선형식

$$L_1 = \frac{T_4 .}{3} - \frac{T_1 . + T_2 . + T_3 .}{20} = \frac{56}{3} - \frac{221+153+141}{20} = -7.083333$$

$$L_2 = \frac{T_1 .}{10} - \frac{T_2 . + T_3 .}{10} = \frac{221}{10} - \frac{153+141}{10} = -7.3$$

$$L_3 = \frac{T_2 .}{5} - \frac{T_3 .}{5} = \frac{153}{5} - \frac{141}{5} = 2.4$$

(2) 제곱합

$$S_{L_1} = \frac{{L_1}^2}{\Sigma m_i {C_i}^2} = \frac{(-7.083333)^2}{3\times\left(\frac{1}{3}\right)^2 + 20\times\left(-\frac{1}{20}\right)^2} = 130.88768$$

$$S_{L_2} = \frac{{L_2}^2}{\Sigma m_i {C_i}^2} = \frac{(-7.3)^2}{10\times\left(\frac{1}{10}\right)^2 + 10\times\left(-\frac{1}{10}\right)^2} = 266.45$$

$$S_{L_3} = \frac{{L_3}^2}{\Sigma m_i {C_i}^2} = \frac{(2.4)^2}{5\times\left(\frac{1}{5}\right)^2 + 5\times\left(-\frac{1}{5}\right)^2} = 14.4$$

(3) 분산분석표

$S_A = S_{L_1} + S_{L_2} + S_{L_3} = 411.73768$

$S_e = S_T - S_A = 513.30435 - 411.73768 = 101.56667$

$S_T = \Sigma x_{ij}^2 - CT = = \Sigma x_{ij}^2 - \frac{571^2}{23} = 513.30345$

요 인	SS	DF	MS	F_0	$F_{0.95}$	$F_{0.99}$
A	411.73768	3	137.24589	25.675**	3.10	4.94
L_1	130.88768	1	130.88768	24.485**	4.35	8.10
L_2	266.45	1	266.45	49.845**	4.35	8.10
L_3	14.40	1	14.40	2.694	4.35	8.10
e	101.56667	19	5.34561			
T	513.30345	22				

※ 판정 : 유의수준 5%, 1% 모두에서 선형식 L_1, L_2는 유의하나, L_3는 유의하지 않다.

03_ $P_r(x) = (1-0.03) \times (1-0.09) = 0.8827$ 또는 $88.27(\%)$

04_ 층별 비례샘플링

$m = 5,\ \bar{n} = \frac{1}{5}(5+8+15+18+9) = \frac{55}{5} = 11$

$V(\bar{x}) = \frac{{\sigma_w}^2}{m\bar{n}} = \frac{0.8^2}{5 \times 11} = 0.01164(\%)$

05_ ① 제품 A : $\text{MTBF}_\text{L} = \frac{2\text{T}}{{\chi_{1-\alpha}}^2(2\text{r}+2)} = \frac{2\text{T}}{{\chi_{0.90}}^2(2)} = \frac{\text{T}}{2.3} = \frac{2.3 \times 10^5}{2.3} = 100{,}000$(시간)

② 제품 B : $\text{MTBF}_\text{L} = \frac{2\text{T}}{{\chi_{1-\alpha}}^2(2\text{r}+2)} = \frac{2 \times 2.5 \times 10^5}{{\chi_{0.90}}^2(4)} = \frac{5 \times 10^5}{7.78} = 64{,}267.35219$(시간)

06_ $S_{A \times B} = \frac{1}{8}[(abc+ab+c+(1)) - (ac+bc+a+b]^2$

$= \frac{1}{8}[(9+7+10+7) - (5+13+12+9]^2 = 4.5$

07_

5행(S)	설명
정리(Seiri)	필요한 것과 불필요한 것을 구분하여, 불필요한 것은 없앨 것
정돈(Seiton)	필요한 것을 언제든지 필요한 때에 끄집어내어 쓸 수 있는 상태로 하는 것
청소(Seisou)	쓰레기와 더러움이 없는 생태로 만드는 것
청결(Seiketsu)	정리, 정돈, 청소의 상태를 유지하는 것
습관화(Shitsuke)	정해진 일을 올바르게 지키는 습관을 생활화하는 것

08_ R 관리도에 의한 등분산성 검토

(1) 가설

H_0 : 오차 e_{ij}의 분산 $\sigma_e{}^2$은 어떤 $i,\ j$에 대해서도 일정하다. 또는 등분산성이 성립한다.

H_1 : 오차 e_{ij}의 분산 $\sigma_e{}^2$은 어떤 $i,\ j$에 대해서도 일정하지 않다. 또는 등분산성이 성립하지 않는다.

(2) $U_{CL}=D_4\overline{R}$ 계산

| 범위 R 표 |

	A_1	A_2	A_3	A_4	계
B_1	7	6	8	7	28
B_2	9	7	5	6	27
B_3	5	6	6	6	23
계	21	19	19	19	78

$\overline{R}=\dfrac{\Sigma R}{n}=\dfrac{78}{12}=6.5$, $r=2$일 때 $D_4=3.267$, $D_4\overline{R}=3.267\times 6.5=21.2355$

(3) 기각역 : $R_{ij}>D_4\overline{R}$이면 H_0 기각한다.

(4) 판정 : 모든 R값이 21.2355보다 작으므로 H_0 채택. 즉, 실험 데이터가 관리상태에 있다고 판단된다.

09_ 부적합품률을 보증하는 경우(U가 주어진 경우)

① $\overline{X_U}=U-k\sigma=30-2.34\times 2=25.32(\Omega)$

② $\overline{x}=\dfrac{\Sigma x_i}{n}=\dfrac{150.5}{5}=30.10(\Omega)$

③ $\overline{x}=30.10>\overline{X_U}=25.32$이므로 로트를 불합격시킨다.

10_ (1) $n_{cum} = n_t$ 인 경우

부표에서 $h_A = 1.046,\ h_R = 1.343,\ g = 0.0341$

$A_t = gn_t = 0.0341 \times 86 = 2.93260 = 2$ (소수 버림)

$R_t = A_t + 1 = 3$

(2) $n_{cum} < n_t$ 인 경우

부표에서 $h_A = 1.046,\ h_R = 1.343,\ g = 0.0341$

$A = g \cdot n_{cum} - h_A = 0.0341 n_{cum} - 1.046$ (소수 버림)

$R = g \cdot n_{cum} + h_R = 0.0341 n_{cum} + 1.343$(소수 올림)

(3) $n_{cum} < n_t$ 인 경우

$A = g \cdot n_{cum} - h_A = 0.0341 n_{cum} - 1.046 = 0.0341 \times 60 - 1.046 = 1.0 = 1$

$R = g \cdot n_{cum} + h_R = 0.0341 n_{cum} + 1.343 = 0.0341 \times 60 + 1.343 = 3.389 = 4$

$\therefore\ (A=1) < (D=2) < (R=4)$ 이므로 로트는 검사속행이 된다.

11_ (1)

번호	N	샘플 문자	n	당초 Ac	As (검사 전)	적용하는 Ac	부적합품수	합부 판정	As (검사 후)	전환 점수	샘플링검사의 엄격도
7	250	H	50	1/2	5	0	0	합격	5	–	까다로운 검사로 속행
8	200	H	50	1/2	10	1	1	합격	0	–	까다로운 검사로 속행
9	400	J	80	1	7	1	0	합격	7	–	까다로운 검사로 속행
10	80	F	20	0	7	0	0	합격	7	–	까다로운 검사로 속행
11	100	G	32	1/3	10	1	1	합격	0*	–	보통 검사로 전환

(2) 까다로운 검사에서 연속 5로트가 합격하였으므로 로트번호 12부터는 보통검사를 실시한다.

12_ (1) 와이블분포를 따를 때 신뢰도($t=10{,}000$일 때)

$$R(t=10{,}000)=e^{-\left(\frac{t-r}{\eta}\right)^m}=e^{-\left(\frac{10{,}000-0}{8{,}667}\right)^{0.7}}=0.33110$$

(2) 고장률($t=10{,}000$일 때)

$$\lambda(t=10{,}000)=\left(\frac{m}{\eta}\right)\left(\frac{t-r}{\eta}\right)^{m-1}=\left(\frac{0.7}{8{,}667}\right)\left(\frac{10{,}000-0}{8{,}667}\right)^{0.7-1}=0.00008(/\text{시간})$$

(3) $$\overline{\lambda}(t=10{,}000)=\frac{H(t=10{,}000)-H(t=0)}{\Delta t}$$

$$=\frac{\left(\frac{10{,}000-0}{8{,}667}\right)^{0.7}-\left(\frac{0-0}{8{,}667}\right)^{0.7}}{10{,}000-0}$$

$$=0.00011(/\text{시간})$$

(단, $H(t)=-\ln R(t)=\left(\frac{t-r}{\eta}\right)^m$이다.)

13_ 공정평균이 90으로 변화

L_{CL} 밖으로 벗어날 확률 : $u=\frac{L_{CL}-\mu}{\sigma}=\frac{80-90}{10.0}=-1.00$

$\therefore\ P_r(u<-1.00)=0.1587$

U_{CL} 밖으로 벗어날 확률 : $u=\frac{U_{CL}-\mu}{\sigma}=\frac{120-90}{10.0}=3.00$

$\therefore\ P_r(u>3.00)=0.00135$

$\therefore$ 검출력$(1-\beta)=P_r(u<-1.00)+P_r(u>3.00)=0.1587+0.00135=0.16005$

14_ (1) 시방서

(2) 품질매뉴얼

(3) 품질계획서

15_ $R(t=300)=P_r(t\geq 300)=P_r\left(u\geq\frac{300-200}{50}\right)=P_r(u\geq 2.0)=0.02280$

16_ (1) ① n의 크기가 일정하지 않으므로, u관리도를 사용하여야 한다.

② $C_L = \bar{u} = \frac{\Sigma c}{\Sigma n} = \frac{559}{225} = 2.48444$

$n=10$일 때	$U_{CL} = \bar{u} + 3\sqrt{\frac{\bar{u}}{n}} = 2.484444 + 3\sqrt{\frac{2.484444}{10}} = 3.97977$
	$L_{CL} = \bar{u} - 3\sqrt{\frac{\bar{u}}{n}} = 2.484444 - 3\sqrt{\frac{2.484444}{10}} = 0.98912$
$n=15$일 때	$U_{CL} = \bar{u} + 3\sqrt{\frac{\bar{u}}{n}} = 2.484444 + 3\sqrt{\frac{2.484444}{15}} = 3.70537$
	$L_{CL} = \bar{u} - 3\sqrt{\frac{\bar{u}}{n}} = 2.484444 - 3\sqrt{\frac{2.484444}{15}} = 1.26352$
$n=20$일 때	$U_{CL} = \bar{u} + 3\sqrt{\frac{\bar{u}}{n}} = 2.484444 + 3\sqrt{\frac{2.484444}{20}} = 3.54180$
	$L_{CL} = \bar{u} - 3\sqrt{\frac{\bar{u}}{n}} = 2.484444 - 3\sqrt{\frac{2.484444}{20}} = 1.42709$

③ 관리한계를 벗어난 점 : No. 10

(2) ① 분류 항목별 데이터 집계표

분류 항목	데이터 수	누적 수	%	누적 %
얼 룩	249	249	44.54383	44.54383
색상 불량	119	368	21.28801	65.83184
실이 튐	96	464	17.17352	83.00537
구멍 발생	78	542	13.95349	96.95886
기 타	17	559	3.04115	100.00000

② 파레토 그림 작성

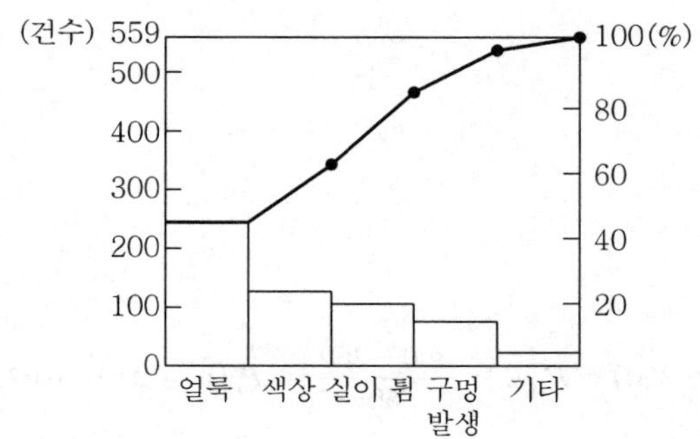

기출유사문제 [2017년 1회 품질경영산업기사 실기]

01 아래 도수표는 어떤 강판 압연 공장에서 철판 100매의 두께를 측정한 결과이다. 물음에 답하시오.(단, $U=25$, $L=5.0$)

급번호	계급	중앙치(x_i)	도수(f_i)	u_i	f_iu_i	$f_iu_i^2$	F_i
1	10.5~12.5	11.5	2	−4	−8	32	2
2	12.5~14.5	13.5	8	−3	−24	72	10
3	14.5~16.5	15.5	14	−2	−28	56	24
4	16.5~18.5	17.5	20	−1	−20	20	44
5	18.5~20.5	19.5	23	0	0	0	67
6	20.5~22.5	21.5	15	1	15	15	82
7	22.5~24.5	23.5	10	2	20	40	92
8	24.5~26.5	25.5	6	3	18	54	98
9	26.5~28.5	27.5	2	4	8	32	100
합 계	−	−	100	−	−19	321	

(1) 산술평균치 $\bar{x}$와 표준편차 s를 구하시오.

(2) 공정능력지수(C_p)를 구하고 공정능력을 판정하시오.

02 A사는 어떤 부품의 수입검사에 있어 KS Q ISO 2859−1을 사용하고 있다. 검토 후 $AQL=1.0\%$, 검사수준 Ⅱ로 1회 샘플링검사를 보통검사를 시작으로 연속 로트를 실시하였다. 물음에 답하시오.

(1) 다음 공란을 채우시오.

번호	N	샘플문자	n	Ac	Re	부적합 품수	합부판정	전환 점수	샘플링검사의 엄격도
1	1,000	J	80	2	3	2	합격	0	보통검사로 시작
2	500	H	50	1	2	2	불합격	0	보통검사로 속행
3	2,000			3	4	3			
4	800			2	3	1			
5	1,500			3	4	4			

(2) 로트번호 6에서 샘플링검사의 엄격도를 결정하시오.

03 어떤 제품을 실험할 때 반응압력 A를 1.0, 1.5, 2.0, 2.5기압의 4수준, 반응시간 B를 30분, 40분, 50분의 3수준으로 하여 데이터를 구한 결과 다음 표를 얻었다. 물음에 답하시오.(데이터는 망대특성이다.)

인자B \ 인자A	A_1	A_2	A_3	A_4
B_1	11.8	12.8	13.3	13.9
B_2	12.2	12.5	13.5	13.9
B_3	13.9	13.3	14.1	14.8

(1) 분산분석표를 작성하고, 검정까지 행하시오.(유의수준 5%)
(2) 최적수준에 대하여 신뢰율 95%로서 구간추정을 행하시오.

04 어떤 직물의 가공 시 처리액의 농도 A를 인자로 하여 $A_1 = 3.0\%$, $A_2 = 3.3\%$, $A_3 = 3.6\%$, $A_4 = 4.2\%$에서 각각 4회 반복하여 총 16회의 실험을 랜덤하게 처리한 후 인장강도를 측정하여 다음의 데이터를 얻었다. 그런데 A_2 수준의 4번째 실험은 실패하여 데이터를 얻지 못하였다. 물음에 답하시오.

	A_1	A_2	A_3	A_4
1	46	50	48	58
2	48	58	40	62
3	51	52	42	60
4	55	–	54	60

(1) 분산분석을 하여 분산분석표를 작성하고, 검정을 행하시오.
(2) 수준 A_3의 모평균 신뢰구간을 신뢰율 95%로 추정하시오.

05 화학공업(주)에서는 3일에 1번씩 뱃치의 알코올 성분을 측정하여 다음의 자료를 얻었다. $x - R_m$ 관리도를 작성하고 관리상태를 판정하시오.

번호	측정치(x)	이동범위(R_m)	번호	측정치(x)	이동범위(R_m)
1	2.07	–	7	2.32	0.12
2	2.21	0.14	8	2.37	0.05
3	2.16	0.05	9	2.15	0.22
4	2.36	0.20	10	2.08	0.07
5	2.23	0.13	11	2.24	0.16
6	2.20	0.03			

06 과거 사용되고 있던 제조방법의 평균부적합품률은 10%이다. 새로운 제조방법에서 실험 결과 160개의 제품 중 8개의 부적합품이 나왔다.

(1) 새로운 제조방법은 과거의 방법보다 좋다고 할 수 있겠는가? 정규분포 근사법을 이용하여 검정하시오.(단, $\alpha = 0.05$로 하시오.)

(2) 새로운 제조방법에 의한 부적합품률을 95%의 신뢰율로 구간추정하시오.

07 계수 · 계량 규준형 샘플링검사에서 OC곡선을 그릴 때, x축과 y축에 들어갈 내용을 각각 적으시오.

08 어떤 회로에 사용되는 반도체의 소성수축률은 지금까지 장기간에 걸쳐서 관리상태에 있으며 그 분산은 0.10%이다. 원가절감을 위해 A회사의 원료를 사용하는 것을 검토하고 있다. A회사의 원료의 소성수축률은 시험하였더니 [데이터]와 같았다. 소성수축률의 산포가 지금까지의 값에 비해 달라졌는가의 여부를 유의수준 5%로 검정하시오.

[Data] 2.2　2.4　2.1　2.5　2.0　2.4　2.5　2.3　2.9　2.7　2.8

09 $L_8 2^7$의 직교배열표를 이용하여 아래 표와 같이 인자를 배치하고 실험데이터를 얻었을 때 아래 물음에 답하시오.

배치	C	e	A	e	B	D	e	실험데이터 x_i
No＼열번	1	2	3	4	5	6	7	
1	1	1	1	1	1	1	1	$x_1 = 9$
2	1	1	1	2	2	2	2	$x_2 = 12$
3	1	2	2	1	1	2	2	$x_3 = 8$
4	1	2	2	2	2	1	1	$x_4 = 15$
5	2	1	2	1	2	1	2	$x_5 = 16$
6	2	1	2	2	1	2	1	$x_6 = 20$
7	2	2	1	1	2	2	1	$x_7 = 13$
8	2	2	1	2	1	1	2	$x_8 = 13$
기본표시	a	b	ab	c	ac	bc	abc	$\Sigma x = 106$

(1) 교호작용 $A \times B$는 몇 열에 배치되는가?

(2) (1)과 같이 교호작용을 배치한다면 다른 인자가 이미 배치되어 있는데 이와 같은 것을 무엇이라 하는가?

10 다음은 OC곡선의 성질을 설명한 것이다. 이러한 경우 OC곡선은 어떻게 변하는가?

(1) n과 c는 일정하고 로트의 크기 N이 변할 경우

(2) N과 c가 일정하고 n이 변할 경우

(3) N과 n이 일정하고 c이 변할 경우

11 관리도에 대한 설명을 보고 맞으면 ○ 틀리면 × 하시오.

(1) 관리 한계선을 넘어가면 공정에 이상이 발생한 것이다. (　)

(2) 3σ법의 $\bar{x}$관리도에서 제1종 과오(α)는 0.27%이다. (　)

(3) 관리한계의 폭을 좁게 잡으면 제1종 과오(α)를 범할 가능성이 커진다. (　)

(4) 공정이 안정상태가 아닌 것을 놓치지 않고 옳게 발견해 내는 확률을 제2종 과오(β)라 한다. (　)

(5) 관리도의 관리한계선은 자연공차인 $\pm 3\sigma$를 사용한다. (　)

(6) 공정의 평균에 변화가 생겼을 때 $\bar{x}$관리도의 시료의 크기(n)가 크면 이상상태를 발견하기가 어려워진다. (　)

12 계량규준형 1회 샘플링검사는 n개의 샘플을 취하고 그 측정치의 평균치 $\bar{x}$와 합격 판정치를 비교하여 로트의 합격·불합격을 판정하는 방법이다. 로트의 평균치를 보증하는 경우는 KS Q 0001(표준편차기지)에 규정되어 있다. 다음 표는 KS Q 0001의 부표로서, m_0, m_1이 주어졌을 때 n과 G_0를 구하는 표이다.($\alpha = 0.05$, $\beta = 0.10$)

$\frac{\lvert m_1 - m_0 \rvert}{\sigma}$	n	G_0
2.069 이상	2	1.163
1.690~2.08	3	0.950
1.463~1.689	4	0.822
1.309~1.462	5	0.736

⋮	⋮	⋮
0.772~0.811	14	0.440
0.756~0.771	15	0.425
0.732~0.755	16	0.411

강재의 인장강도는 클수록 좋다. 강재의 평균치가 46(kg/mm²) 이상인 로트는 통과시키고 그것이 43(kg/mm²) 이하인 로트는 통과시키지 않는 $\overline{X_L}$을 구하시오.(단, $\sigma = 4$ (kg/mm²)임을 알고 있다.)

13 신QC 7가지를 수법을 기술하시오.

14 각국 규격명칭을 기술하시오

영국 (　　), 독일 (　　), 미국 (　　), 일본 (　　), 중국 (　　)

15 어떤 식품 제조회사에서 제품검사에 계수 규준형 1회 샘플링검사를 적용하기 위하여 구입자와 $p_0 = 1\%$, $p_1 = 10\%$, $\alpha = 0.05$, $\beta = 0.10$으로 협의하였다. 이것을 만족시킬 수 있는 샘플링방식 n 및 c를 다음 표를 이용하여 구하시오.

c	$(np)_{0.99}$	$(np)_{0.95}$	$(np)_{0.10}$	$(np)_{0.05}$
0	–	–	2.30	2.90
1	0.15	0.35	3.90	4.60
2	0.42	0.80	5.30	6.20
3	0.80	1.35	6.70	7.60
4	1.30	1.95	8.00	9.20

기출유사문제풀이 [2017년 1회 품질경영산업기사 실기]

01_ (1) ① $\bar{x}=x_0+h\times\frac{\Sigma f_i u_i}{\Sigma f_i}=19.5+2\times\frac{(-19)}{100}=19.120$ 또는 $\bar{x}=\frac{\Sigma f_i x_i}{\Sigma f_i}=\frac{1,912}{100}=19.120$

② $s=h\sqrt{\frac{\Sigma f_i u_i^{\;2}-(\Sigma f_i u_i)^2/\Sigma f_i}{\Sigma f_i-1}}=2\sqrt{\frac{321-(-19)^2/100}{99}}=3.58104$ 또는

$s=\sqrt{\frac{\Sigma f_i x_i^{\;2}-(\Sigma f_i x_i)^2/\Sigma f_i}{\Sigma f_i-1}}=\sqrt{\frac{37,827-(1,912)^2/100}{99}}=3.58104$

(2) $C_p=\frac{U-L}{6s}=\frac{25-5.0}{6\times 3.58104}=0.93083$

판정 : $0.67\le C_p<1.0$ 이므로 3등급으로서 공정능력이 부족하다.

02_ (1)

번호	N	샘플 문자	n	Ac	Re	부적합 품수	합부판정	전환 점수	샘플링검사의 엄격도
1	1,000	J	80	2	3	2	합격	0	보통검사로 시작
2	500	H	50	1	2	2	불합격	0	보통검사로 속행
3	2,000	K	125	3	4	3	합격	0	보통검사로 속행
4	800	J	80	2	3	1	합격	3	보통검사로 속행
5	1,500	K	125	3	4	4	불합격	0	보통검사 중단

(2) 연속 5로트 중 2로트가 불합격되었으므로 로트번호 6은 까다로운 검사를 실행한다.

03_ (1) 분산분석표 작성

① $CT=\frac{T^2}{lm}=\frac{(160.0)^2}{12}=2133.33333$

② $S_T=\sum_i\sum_j x_{ij}^{\;2}-CT=2141.68-CT=8.34667$

③ $S_A=\sum_i\frac{T_i.^{\;2}}{m}-CT=\frac{37.9^2+38.6^2+40.9^2+42.6^2}{3}-CT=4.64667$

④ $S_B=\sum_j\frac{T._j^{\;2}}{l}-CT=\frac{51.8^2+52.1^2+56.1^2}{4}-CT=2.88167$

⑤ $S_e=S_T-S_A-S_B=0.81833$

⑥ $\nu_T = lm-1=11,\ \nu_A = l-1=3,\ \nu_B = m-1=2,\ \nu_e = 6$

⑦ 분산분석표 작성

요인	SS	DF	MS	F_0	$F_{0.95}$
A	4.64667	3	1.54889	11.356*	4.76
B	2.88167	2	1.44084	10.564*	5.14
e	0.81833	6	0.13639		
T	8.34667	11			

∴ 인자 A, B 모두 유의수준 5%로 유의하다. 즉, 이 실험에서 반응압력(A), 반응시간(B) 모두가 영향을 미치고 있음을 알 수 있다.

(2) 망대특성이므로 최적수준의 평균값은 $\mu(A_4B_3)$가 된다.

$$\hat{\mu}(A_4B_3) = \left(\bar{x}_{4\cdot} + \bar{x}_{\cdot 3} - \bar{\bar{x}}\right) \pm t_{1-\alpha/2}(\nu_e)\sqrt{\frac{V_e}{n_e}} \quad (\because\ n_e = \frac{lm}{l+m-1} = \frac{12}{6} = 2)$$

$$= \left(\frac{42.6}{3} + \frac{56.1}{4} - \frac{160.0}{12}\right) \pm t_{0.975}(6)\sqrt{\frac{0.13639}{2}}$$

$$= 14.89167 \pm 2.447 \times \sqrt{\frac{0.13639}{2}}$$

$\therefore\ 14.25266 \le \mu(A_4B_3) \le 15.53068$

04

(1) ① $CT = \dfrac{T^2}{N} = \dfrac{(784)^2}{15} = 40{,}977.06666$

② $S_T = \sum_i \sum_j {x_{ij}}^2 - CT = 41{,}606 - 40{,}977.067 = 628.93333$

③ $S_A = \sum_i \dfrac{{T_{i\cdot}}^2}{r_i} - CT = \left(\dfrac{200^2}{4} + \dfrac{160^2}{3} + \dfrac{184^2}{4} + \dfrac{240^2}{4}\right) - CT = 420.26667$

④ $S_e = S_T - S_A = 208.66666$

⑤ $\nu_T = N-1 = 14,\ \nu_A = l-1=3,\ \nu_e = \nu_T - \nu_A = 11$

⑥ 분산분석표

요 인	SS	DF	MS	F_0	$F_{0.95}$	$F_{0.99}$
A	420.26667	3	140.08889	7.385**	3.59	6.22
e	208.66666	11	18.96970			
T	628.93333	14				

∴ 인자 A가 유의수준 1%로 매우 유의적이다.

(2) $\bar{x}_{i\cdot} \pm t_{1-\alpha/2}(\nu_e)\sqrt{\frac{V_e}{r_i}} = \bar{x}_{3\cdot} \pm t_{0.975}(11)\sqrt{\frac{18.96970}{4}} = 46 \pm 2.201 \times \sqrt{\frac{18.96970}{4}}$

$\therefore\ 41.20686 \le \mu(A_3) \le 50.79314$

05_ $\bar{x} = \frac{\Sigma x}{k} = \frac{24.39}{11} = 2.217273$, $\overline{R_m} = \frac{\Sigma R_m}{k-1} = \frac{1.17}{10} = 0.1170$

(1) $x - R_m$ 관리도

① x 관리도

$U_{CL} = \bar{x} + 2.66\overline{R_m} = 2.217273 + 2.66 \times 0.1170 = 2.52849$

$L_{CL} = \bar{x} - 2.66\overline{R_m} = 2.217273 - 2.66 \times 0.1170 = 1.90605$

② R_m 관리도

$U_{CL} = D_4\overline{R_m} = 3.267 \times 0.1170 = 0.38224$

$L_{CL} = -$ (고려하지 않음)

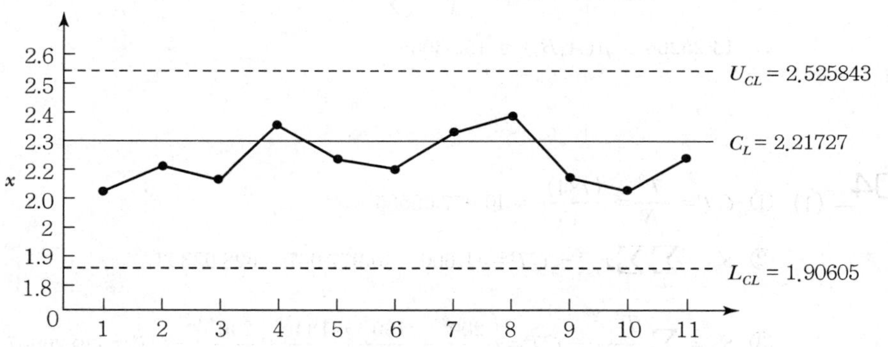

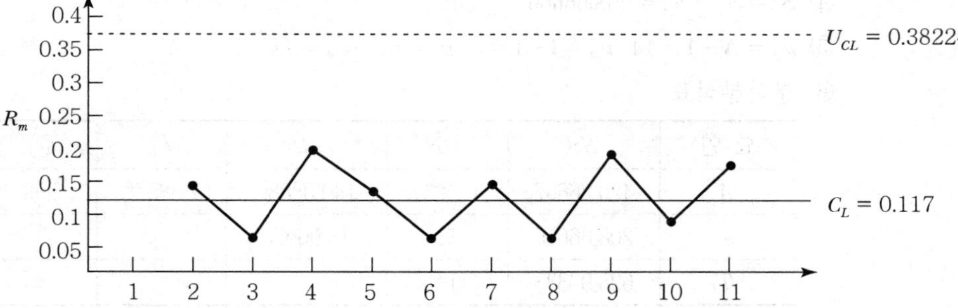

(2) 판정 : 공정이 관리상태에 있다.

06_ (1) 모부적합품률의 단측검정$\left(\hat{p}=\frac{r}{n}=\frac{8}{160}=0.05,\ P_0=0.10\right)$

① $H_0 : P \geq 0.10$ $H_1 : P < 0.10$

② $u_0=\frac{\hat{p}-P_0}{\sqrt{\frac{P_0(1-P_0)}{n}}}=\frac{0.05-0.10}{\sqrt{\frac{0.10\,(1-0.10)}{160}}}=-2.108$

③ $u_0=-2.108<-1.645$

∴ $\alpha=0.05$로 H_0는 기각된다. 즉, 새로운 제조방법이 과거의 제조방법보다 좋아졌다고 할 수 있다.

(2) 구간추정은 한쪽 구간추정으로써

$\hat{P}_U=\hat{p}+u_{1-\alpha}\sqrt{\frac{\hat{p}(1-\hat{p})}{n}}=0.05+1.645\sqrt{\frac{0.05(1-0.05)}{160}}=0.07834$

07_
- x축 : 부적합품률$(P)[P_0,\ P_1]$, 특성치$(m)[m_0,\ m_1]$
- y축 : 로트가 합격할 확률 $L(P)[\alpha,\ \beta]$, $L(m)[\alpha,\ \beta]$

08_ ① $H_0 : \sigma^2=0.1,\ H_1 : \sigma^2 \neq 0.1$

② $\chi_0{}^2=\frac{S}{\sigma_0{}^2}=\frac{0.805455}{0.10}=8.055$

③ $3.25<\chi_0{}^2=8.055<20.48$

∴ $\alpha=0.05$로 H_0 채택, 즉 $\alpha=0.05$로 소성수축률의 산포가 달라졌다고 할 수 없다.

09_ (1) $A\times B=ab\times ac=a^2bc=bc\ (\because\ a^2=b^2=c^2=1)$ ∴ 6열

(2) 6열에 D가 배치되어 있으므로, 이와 같은 것을 교락이라 한다.

10_ (1) N이 n에 비하여 극단적으로 작지 않은 한, OC곡선은 거의 변하지 않는다.

(2) OC곡선은 급해지고 α(생산자위험)는 증가하고 β(소비자위험)는 감소한다.

(3) OC곡선은 오른쪽으로 완만해지고 α(생산자위험)가 감소하고 β(소비자위험)는 증가한다.

11_ (1) ○ (2) ○
(3) ○ (4) ×
(5) ○ (6) ×

12_ $m_0=46,\ m_1=43,\ \sigma=4$

$\dfrac{|m_1-m_0|}{\sigma}=\dfrac{|43-46|}{4}=0.750$이므로, 표에서 $n=16,\ G_0=0.411$

$\overline{X_L}=m_0-G_0\sigma=46-0.411\times4=44.3560\,(\text{kg/mm}^2)$

13_ ① 관련도법(Relations diagram) : 연관도법
② 친화도법(Affinity diagram) : KJ법
③ 계통도법(Tree diagram)
④ 매트릭스도법(Matrix diagram)
⑤ 매트릭스데이터해석법(Matrix data analysis)
⑥ PDPC법(Process Decision Program Chart)
⑦ 애로우 다이어그램(Arrow diagram)

14_ 영국(BS), 독일(DIN), 미국(ANSI), 일본(JIS), 중국(GB)

15_ ① $\alpha=0.05$를 만족시키는 샘플링방식

$L(p)=1-\alpha=0.95,\ p_0=1\%$이므로 c=0, c=1, c=2, …에 대응하는 np값 $(np)_{0.95}$를 이용하여 $n=(np)_{0.95}/p_0$을 구한다.

c	0	1	2	3	4
$(np)_{0.95}$	-	0.35	0.80	1.35	1.95
n	-	35	80	135	195

② $\beta=0.10$을 만족시키는 샘플링방식

$L(p)=\beta=0.10,\ p_1=10\%$이므로 c=0, c=1, c=2, …에 대응하는 np값 $(np)_{0.10}$을 이용하여 $n=(np)_{0.10}/p_1$을 구한다.

c	0	1	2	3	4
$(np)_{0.10}$	2.30	3.90	5.30	6.70	8.00
n	23	39	53	67	80

③ ① 및 ②의 샘플링방식에 대해 동일한 c에 대하여 검토할 때 가장 근사한 경우는 $c=1$ 일 때이다. 이때 시료의 크기 $n=\dfrac{35+39}{2}=37$

④ 따라서 구하고자 하는 샘플링방식은 $(n=37,\ c=1)$이 된다.

기출유사문제 [2017년 2회 품질경영산업기사 실기]

01 다음은 np 관리도의 데이터시트이다. 물음에 답하시오(단, 샘플의 크기는 $n = 50$ 으로 일정하다.).

로트번호	1	2	3	4	5	6	7	8	9	10	계
부적합품수(np)	5	6	5	8	7	4	3	5	4	7	54

(1) 중심선(C_L), 관리한계선(U_{CL}, L_{CL})을 구하시오.

(2) 관리도를 그리고 판정을 행하시오.

02 다음 데이터는 공장에서 생산된 어느 기계 부품 중에서 랜덤하게 64개를 취하여 길이를 측정한 것을 도수분포표로 나타내었다. 다음 물음에 답하시오.

급번호	계 급	중앙치(x_i)	도수(f_i)	u_i	$f_i u_i$	$f_i u_i^2$
1	38.5~42.5	40.5	1	−3	−3	9
2	42.5~46.5	44.5	8	−2	−16	32
3	46.5~50.5	48.5	15	−1	−15	15
4	50.5~54.5	52.5	23	0	0	0
5	54.5~58.5	56.5	7	1	7	7
6	58.5~62.5	60.5	5	2	10	20
7	62.5~66.5	64.5	5	3	15	45
합 계	−	−	64	−	−2	128

(1) 도수분포표에서 평균($\overline{x}$), 표준편차(s)를 구하시오.

(2) 도수분포표를 이용하여 히스토그램을 그리고, 규격 한계를 그려 넣으시오.
(단, $L = 35$, $U = 65$)

(3) 최소 공정능력지수 C_{pk}를 구하시오.

03 3σ 의 $\overline{x} - R$관리도를 사용하고 있는 제조 공정에서 제조방법의 변화로 인하여 공정 모평균 μ가 0.5σ만큼 U_{CL} 쪽으로 변화되었다면 현재의 관리도에 대한 검출력은 얼마가 되겠는가?(단, 시료의 크기 $n = 4$이다.)

04 회귀분석에서 전체의 변동(S_{yy})에서 회귀에 의한 변동(S_R)이 얼마나 차지하는가를 (①)(이)라 하며, 이 값이 (②)에 가까울수록 회귀직선의 기울기가 유의하다고 할 확률이 높아진다.

05 계수 샘플링검사와 계량 샘플링검사에 대한 내용이다. 보기에 맞는 내용을 나타내시오.

(1) ① 요한다. ② 요하지 않는다.
(2) ① 짧다. ② 길다.
(3) ① 간단하다. ② 복잡하다.
(4) ① 간단하다. ② 복잡하다.
(5) ① 작다. ② 크다.
(6) ① 낮다. ② 높다.

내용 \ 구분	계수 샘플링검사	계량 샘플링검사
(1) 숙련의 정도	숙련을 ( )	숙련을 ( )
(2) 검사소요시간	검사 소요기간이 ( )	검사 소요시간이 ( )
(3) 검사방법	검사설비가 ( )	검사설비가 ( )
(4) 검사기록	검사기록이 ( )	검사기록이 ( )
(5) 검사 개수	검사개수가 상대적으로 ( )	검사개수가 상대적으로 ( )
(6) 검사기록의 이용	검사기록이 다른 목적에 이용되는 정도가 ( )	검사기록이 다른 목적에 이용되는 정도가 ( )

06 15kg들이 화학 약품이 60상자 입하되었다. 약품의 순도를 조사하려고 우선 5상자를 랜덤 샘플링하여 각각의 상자에서 5인크리멘트씩 랜덤 샘플링하여 각각의 상자에서 취한 인크리멘트는 혼합·축분하고 반복 2회 측정하였다. 이 경우 순도에 대한 모평균의 추정정밀도를 구하시오.(단, 상자 간 산포 $\sigma_b = 0.20\%$, 상자 내 산포 $\sigma_w = 0.35\%$, 축분정밀도 $\sigma_R = 0.10\%$, 측정정밀도 $\sigma_M = 0.15\%$임을 알고 있으며, 샘플링단위인 1인크리멘트는 15g이다.)

07
어떤 금속판 두께의 기본치수가 5mm인데 두께의 평균치가 기본치수로부터 ±0.15mm 이내에 있는 로트는 통과시키고 그것이 ±0.4mm 이상인 로트는 통과되지 않도록 하는 $\overline{X_U}$, $\overline{X_L}$을 구하시오(단, $\sigma=0.2$mm이고 $\alpha=0.05$, $\beta=0.10$ 또한 $G_0=0.672$, n=6임을 알고 있다).

08
어느 실험실에서 분석공 간에 차가 있는가를 알아보기 위하여 수십 명의 분석공 중 랜덤하게 4명을 뽑아 다음과 같은 데이터를 구하였다. 다음 물음에 답하시오.

	A_1	A_2	A_3	A_4
1	79.4	79.8	80.9	81.0
2	78.9	80.4	80.6	79.8
3	78.7	79.2	80.1	80.0
4	80.0	80.5	80.4	80.8

(1) 데이터의 구조식을 적으시오.
(2) 분산분석을 하시오.($E(MS)$ 포함)
(3) 위에서 인자 A는 모수인자인가 변량인자인가?
(4) $\widehat{\sigma_A}^2$을 구하시오.

09
A사에서는 어떤 부품의 수입검사에 KS Q ISO 2859－1 ; 2010의 계수값 샘플링검사방식을 적용하고 있다. AQL＝1.0%, 검사수준 Ⅲ으로 하는 1회 샘플링방식을 채택하고 있다. 처음 검사는 보통검사로 시작하였으며, 80번 로트에서는 수월한 검사를 실시하였다. KS Q ISO 2859－1의 주 샘플링검사표를 사용하여 답안지 표의 공란을 채우시오.

로트번호	N	샘플문자	n	Ac	부적합품수	합부판정	엄격도 적용
80	2,000	L	80	3	3	합격	수월한 검사 실행
81	1,000	K	50	2	3	불합격	보통검사 전환
82	2,000	L	(　)	(　)	3	(　)	(　)
83	1,000	K	(　)	(　)	5	(　)	(　)
84	2,000	L	(　)	(　)	2	(　)	(　)

10 다음 데이터에 대하여 물음에 답하시오.

[Data] 5.2 4.9 4.7 5.5 6.2 6.3 4.8

(1) 평균제곱을 구하시오.

(2) 변동계수 CV를 구하시오.

11 2원배치 실험에서 인자 A를 5수준, 인자 B를 4수준으로 하여 20회의 실험을 랜덤으로 실시하였다. 다음의 분산분석표의 데이터를 사용하여 인자 A의 순변동($S_A{}'$)과 기여율(ρ_A)을 구하시오.

요 인	SS	DF	MS
A	35.4	4	8.85
B	21.9	3	7.30
E	18.0	12	1.50
T	75.3	19	

12 품질코스트의 종류 3가지를 기술하시오.

13 어떤 회로에 사용되는 반도체의 소성수축률은 지금까지 장기간에 걸쳐서 관리상태에 있으며 그 표준편차는 0.10%이다. 원가절감을 위해 A회사의 원료를 사용하는 것이 어떤가를 검토하기 위해서 A회사의 원료의 소성수축률은 시험하였더니 [표]와 같았다. 다음 물음에 답하시오.

[Data] 2.2 2.4 2.1 2.5 2.0 2.4 2.5 2.3 2.9 2.7 2.8

(1) 소성수축률의 산포가 지금까지의 값에 비해 달라졌는가의 여부를 유의수준 5%로 검정하시오.

(2) 모분산을 신뢰율 95%로 구간추정하시오.

14 $n=32$으로 $(x,\ y)$의 시료의 상관계수를 구하였더니 $r_{xy}=0.674$이다. 상관계수 유무 검정을 유의수준 5%로 행하시오.(부표를 이용할 것)

15 6시그마 추진에 있어 프로젝트의 성질에 따라 DMADOV절차와 DMAIC절차가 있다. 이 두 가지 중 DMAIC절차에 대해서 간단히 적으시오.

-D　-M　-A　-I　-C

기출유사문제풀이 [2017년 2회 품질경영산업기사 실기]

01_ (1) 관리한계선

$$\bar{p}=\frac{\Sigma np}{\Sigma n}=\frac{\Sigma np}{k\times n}=\frac{54}{10\times 50}=0.108$$

$$C_L=n\bar{p}=\frac{\Sigma np}{k}=\frac{54}{10}=5.4$$

$$U_{CL}=n\bar{p}+3\sqrt{n\bar{p}(1-\bar{p})}=5.4+3\sqrt{5.4(1-0.108)}=11.98416$$

$$L_{CL}=n\bar{p}-3\sqrt{n\bar{p}(1-\bar{p})}=5.4-3\sqrt{5.4(1-0.108)}=-\text{ (고려하지 않음)}$$

(2) 관리도

① 관리도 작성

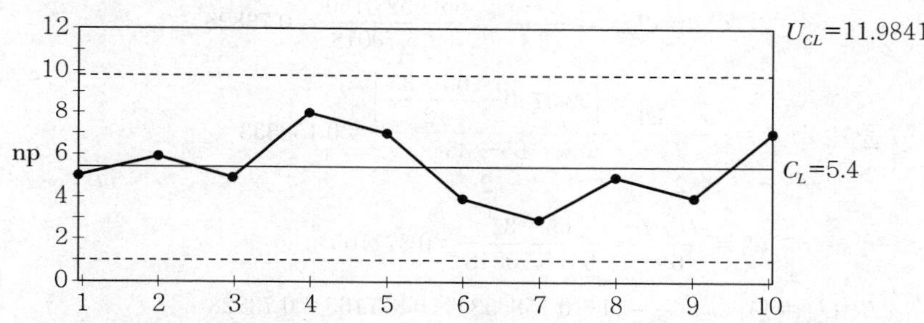

② 비관리상태의 판정규칙에 해당되는 점들이 없으므로 관리상태라 할 수 있다.

02_ (1) 평균과 표준편차

① $\bar{x}=x_0+h\times\frac{\Sigma f_i u_i}{\Sigma f_i}=52.5+4\times\frac{(-2)}{64}=52.3750$

② $s=h\sqrt{\frac{\Sigma f_i {u_i}^2-(\Sigma f_i u_i)^2/\Sigma f_i}{\Sigma f_i-1}}=4\times\sqrt{\frac{128-(-2)^2/64}{63}}=5.70018$

또는 $S=h^2\left[\Sigma f_i {u_i}^2-\frac{(\Sigma f_i u_i)^2}{\Sigma f_i}\right]=2{,}047,\ s=\sqrt{\frac{S}{\Sigma f_i-1}}=5.70018$

(2) 히스토그램 작성

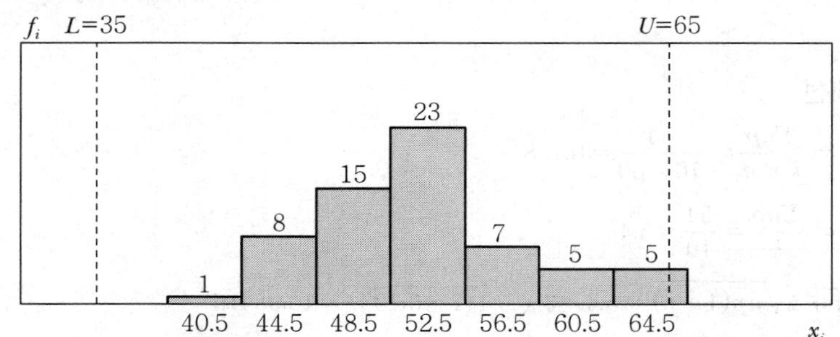

(3) 최소 공정능력지수(C_{pk})

풀이 1) $C_{pk}=\min(C_{pkU},\ C_{pkL})$

$$\therefore\ C_{pk}=C_{pkU}=\frac{U-\bar{x}}{3s}=\frac{65-52.3750}{3\times5.70018}=0.73828$$

풀이 2) $k=\dfrac{|\bar{x}-M|}{\dfrac{T}{2}}=\dfrac{\left|52.3750-\dfrac{65+35}{2}\right|}{\dfrac{65-35}{2}}=0.158333$

$$C_p=\frac{U-L}{6s}=\frac{65-35}{6\times5.70018}=0.877165$$

$$\therefore\ C_{pk}=(1-k)\,C_p=(1-0.158333)\times0.877165=0.73828$$

03_ 평균치가 관리상한쪽으로 이동하였으므로, U_{CL} 밖으로 벗어날 확률만 구하여도 된다. 왜냐하면 관리하한을 벗어날 확률은 구하여도 거의 0에 가깝기 때문이다.

$$u=\frac{U_{CL}-\bar{\bar{x}}'}{\sigma_{\bar{x}}}=\frac{\left(\bar{\bar{x}}+3\dfrac{\sigma}{\sqrt{n}}\right)-\left(\bar{\bar{x}}+0.5\sigma\right)}{\sigma/\sqrt{n}}=\frac{1.5\sigma-0.5\sigma}{\sigma/\sqrt{4}}=2.00$$

$\therefore\ P_r(x)=1-\beta=P_r(u>2.00)=0.0228$

여기서 L_{CL} 밖으로 벗어날 확률을 구하여 보면,

$$u=\frac{L_{CL}-\bar{\bar{x}}'}{\sigma_{\bar{x}}}=\frac{\left(\bar{\bar{x}}-3\dfrac{\sigma}{\sqrt{n}}\right)-\left(\bar{\bar{x}}+0.5\sigma\right)}{\sigma/\sqrt{n}}=\frac{-1.5\sigma-0.5\sigma}{\sigma/\sqrt{4}}=-4.00$$ 이 되며

그 확률값 $P_r(x)=P_r(u<-4.00)=0.0^43167\fallingdotseq 0$ 이 된다.

04_ 회귀분석에서 전체의 변동(S_{yy})에서 회귀에 의한 변동(S_R)이 얼마나 차지하는가를 [기여율(r^2)]이라 하며, 이 값이 [1]에 가까울수록 회귀직선의 기울기가 유의하다고 할 확률이 높아진다.

05_

내용 \ 구분	계수 샘플링검사	계량 샘플링검사
(1) 숙련의 정도	숙련을 요하지 않는다.	숙련을 요한다.
(2) 검사소요시간	검사 소요기간이 짧다.	검사 소요시간이 길다.
(3) 검사방법	검사설비가 간단하다.	검사설비가 복잡하다.
(4) 검사기록	검사기록이 간단하다.	검사기록이 복잡하다.
(5) 검사 개수	검사개수가 상대적으로 크다.	검사개수가 상대적으로 작다.
(6) 검사기록의 이용	검사기록이 다른 목적에 이용되는 정도가 낮다.	검사기록이 다른 목적에 이용되는 정도가 높다.

06_ 추정 정밀도 $V(\bar{x})$

$$V(\bar{x}) = \frac{{\sigma_w}^2}{m\bar{n}} + \frac{{\sigma_b}^2}{m} + {\sigma_R}^2 + \frac{{\sigma_M}^2}{2} = \frac{0.35^2}{5\times 5} + \frac{0.20^2}{5} + 0.10^2 + \frac{0.15^2}{2} = 0.03415(\%)$$

07_ 평균치를 보증하는 경우(망목특성인 경우)

① $\overline{X_U} = m_0' + G_0\sigma = 5.15 + 0.672\times 0.2 = 5.28440(\mathrm{mm})$

② $\overline{X_L} = m_0'' - G_0\sigma = 4.85 - 0.672\times 0.2 = 4.71560(\mathrm{mm})$

③ 로트로부터 6개의 시료를 검사하여 $\bar{x}$를 구하였을 때, $\overline{X_L} \le \bar{x} \le \overline{X_U}$이면 로트를 합격, $\overline{X_L} > \bar{x}$ 또는 $\bar{x} > \overline{X_U}$이면 로트는 불합격시킨다.

08_ (1) $x_{ij} = \mu + a_i + e_{ij}$

(2) 분산분석표 작성

① 수정항 $CT = \frac{T^2}{N} = \frac{(1{,}280.5)^2}{16} = 102{,}480.0156$

② $S_T = \sum_i \sum_j x_{ij}^2 - CT = 7.354375$

③ $S_A = \sum_i \frac{T_{i\cdot}^2}{r} - CT = \frac{1}{4}(317.0^2 + 319.9^2 + 322.0^2 + 321.6^2) - CT = 3.876875$

④ $S_e = S_T - S_A = 7.354375 - 3.876875 = 3.477500$

⑤ $\nu_T = lr - 1 = 4 \times 4 - 1 = 15,\ \nu_A = l - 1 = 4 - 1 = 3,\ \nu_e = l(r-1) = \nu_T - \nu_A = 12$

⑥ 분산분석표 작성

요 인	SS	DF	MS	F_0	$F_{0.95}$	$F_{0.99}$	$E(MS)$
A	3.87688	3	1.29229	4.459*	3.49	5.95	$\sigma_e^2 + 4\sigma_A^2$
e	3.47750	12	0.28979				σ_e^2
T	7.35438	15					

(3) 수십 명의 분석공 중 랜덤하게 4명을 뽑았기 때문에 변량인자이다.

(4) $\widehat{\sigma_A}^2 = \frac{V_A - V_e}{r} = \frac{1.29229 - 0.289792}{4} = 0.25005$

09_ 표의 공란 작성 및 합부판정

로트번호	N	샘플문자	n	Ac	부적합품수	합부판정	엄격도 적용
80	2,000	L	80	3	3	합격	수월한 검사 실행
81	1,000	K	50	2	3	불합격	보통검사 전환
82	2,000	L	(200)	(5)	3	(합격)	(보통검사 속행)
83	1,000	K	(125)	(3)	5	(불합격)	(보통검사 속행)
84	2,000	L	(200)	(5)	2	(합격)	(보통검사 속행)

10_

(1) 평균제곱 $= \frac{\Sigma(x_i - \overline{x})^2}{n-1} = 0.43238$

(2) 변동계수 $CV = \frac{s}{\overline{x}} \times 100(\%) = \frac{0.657557}{5.371429} \times 100 = 12.24175(\%)$

11_ (1) 순변동 $S_A{}' = S_A - \nu_A \cdot V_e = 35.4 - 4 \times 1.50 = 29.40$

(2) 기여율 $\rho_A = \dfrac{S_A{}'}{S_T} \times 100 = \dfrac{29.40}{75.3} \times 100 = 39.04383(\%)$

12_ (1) 예방코스트(Prevention cost : P-cost)

(2) 평가코스트(Appraisal cost : A-cost)

(3) 실패코스트(Failure cost : F-cost)

13_ (1) ① $H_0 : \sigma^2 = 0.1^2,\ H_1 : \sigma^2 \neq 0.1^2$

② $\chi_0{}^2 = \dfrac{S}{\sigma_0^2} = \dfrac{0.805455}{0.010} = 80.546$

③ $\chi_0{}^2 < \chi_{\alpha/2}{}^2(\nu) = \chi_{0.025}{}^2(10) = 3.25$ 또는 $\chi_0{}^2 > \chi_{1-\alpha/2}{}^2(\nu) = \chi_{0.975}{}^2(10) = 20.48$이면 H_0를 기각한다.

④ $\chi_0{}^2 = 80.546 > 20.48$ 이므로, $\alpha = 0.05$로 H_0 기각. 즉, 소성수축률의 산포가 달라졌다고 할 수 있다.

(2) $S = 0.805455,\ \chi_{0.975}{}^2(10) = 20.48,\ \chi_{0.025}{}^2(10) = 3.25$

$\dfrac{S}{\chi_{1-\alpha/2}{}^2(\nu)} \leq \hat{\sigma^2} \leq \dfrac{S}{\chi_{\alpha/2}{}^2(\nu)},\ \dfrac{0.805455}{20.48} \leq \hat{\sigma^2} \leq \dfrac{0.805455}{3.25}$

$\therefore\ 0.03933 \leq \sigma^2 \leq 0.24783$

14_ ① $H_0 : \rho = 0,\ H_1 : \rho \neq 0$

② $t_0 = \dfrac{r}{\sqrt{\dfrac{1-r^2}{n-2}}} = \dfrac{0.674}{\sqrt{\dfrac{1-0.674^2}{32-2}}} = 4.9973$

③ 판정 : $t_0 = 4.9973 > t_{1-\alpha/2}(\nu) = t_{0.975}(30) = 2.042$ 이므로 $\alpha = 0.05$로 H_0 기각. 즉, 상관관계가 있다고 할 수 있다.

15_ Define(정의) − Measure(측정) − Analyze(분석) − Improve(개선) − Control(통제)

기출유사문제 [2017년 4회 품질경영산업기사 실기]

01 AQL 지표형 샘플링검사(KS Q ISO 2859-1)에서 검사의 엄격도 전환규칙을 적으시오.

(1) 까다로운 검사에서 보통검사

(2) 보통검사에서 까다로운 검사

02 $\overline{\overline{x}} = 28,\ U_{CL} = 41.4,\ L_{CL} = 14.6$, 군 구분의 크기 $n = 5$ 의 3σ관리한계의 $\overline{x} - R$관리도가 있다. 이 공정이 관리상태에 있을 때 규격치 40을 넘는 제품이 나올 확률은 얼마인가?

03 어떤 제품을 실험할 때 반응압력 A 를 4수준, 반응시간 B를 3수준으로 하여 데이터를 구한 결과 다음 표를 얻었다. 물음에 답하시오.(데이터는 망대특성이다.)

인자 B \ 인자 A	A_1	A_2	A_3	A_4
B_1	11.8	12.8	13.3	13.9
B_2	12.2	12.5	13.5	13.9
B_3	13.9	13.3	14.1	14.8

(1) 분산분석표를 작성하고, 검정까지 행하시오.(유의수준 5%)

(2) 최적수준을 구하시오.

(3) 최적수준에 대하여 신뢰율 95%로서 구간추정을 행하시오.

04 부적합품률이 3.0%인 크기 500의 모집단에서 $n = 20$ 의 랜덤 샘플링을 하였을 때 샘플 속에 부적합품이 1개 이상 포함되어 있을 확률을 구하시오.

05 이산확률분포에서 부적합품률이 4%, $N=100$인 로트에서 랜덤하게 시료 4개를 샘플링 했을 때 그 시료 중에 부적합품이 하나도 없을 확률을 구하시오.

(1) 초기하분포

(2) 이항분포

(3) 푸아송분포

(4) 정도가 가장 좋은 분포는 무엇이며, 그 이유를 적으시오.

06 어떤 회로에 사용되는 반도체의 소성수축률은 지금까지 장기간에 걸쳐서 관리상태에 있으며 그 분산은 0.12%이다. 원가절감을 위해 A회사의 원료를 사용하는 것이 어떤가를 검토하고 있다. A회사 원료의 소성수축률을 시험하였더니 [데이터]와 같았다. 다음 물음에 답하시오.

[Data] 11.25	10.75	11.50	11.00	10.50	12.25	11.75	10.75	11.50	11.25

(1) 소성수축률의 산포가 지금까지의 값에 비해 달라졌는지 여부를 유의수준 5%로 검정하시오.

(2) 모분산을 신뢰율 95%로 구간추정하시오.

07 한국산업규격은 21개로 구성되어 있다. 이 중 B, I, Q, R, S, X는 각각 무엇을 의미하는가?

08 다음의 내용을 연계성이 있는 것끼리 연결하시오.

ISO		정 의
KS Q ISO 9000(2015)	•	• 품질경영시스템 – 요구사항
KS Q ISO 9001(2015)	•	• 품질경영시스템 – 교육훈련지침
KS Q ISO 9004(2010)	•	• 품질경영시스템 – 성과개선지침
KS Q ISO 10015(2001)	•	• 품질경영시스템 – 기본사항 및 용어

09 $L_8 2^7$의 직교배열표를 이용하여 아래 표와 같이 인자를 배치하고 실험데이터를 얻었을 때 아래 물음에 답하시오.

배치	C		A		B	D		실험데이터 x_i
No \ 열번	1	2	3	4	5	6	7	
1	1	1	1	1	1	1	1	$x_1 = 9$
2	1	1	1	2	2	2	2	$x_2 = 12$
3	1	2	2	1	1	2	2	$x_3 = 8$
4	1	2	2	2	2	1	1	$x_4 = 15$
5	2	1	2	1	2	1	2	$x_5 = 16$
6	2	1	2	2	1	2	1	$x_6 = 20$
7	2	2	1	1	2	2	1	$x_7 = 13$
8	2	2	1	2	1	1	2	$x_8 = 13$
기본표시	a	b	ab	c	ac	bc	abc	$\Sigma x = 106$

(1) 요인 A의 제곱합을 구하시오.

(2) 교호작용 $A \times B$는 몇 열에 배치되는가?

(3) (2)와 같이 교호작용을 배치할 때 다른 인자가 이미 배치되어 있다면 이와 같은 것을 무엇이라 하는가?

(4) 오차항의 자유도를 구하시오.

10 A기업의 목표품질은 100ppm이다. 현재의 부적합품률은 0.1%이고, 이를 목표품질에 달성하기 위하여 CEO는 부적합품률 zero화를 강조하고 있다. 현재 A기업의 부적합품률은 몇 ppm인가?

11 Deming의 사이클 4단계를 영어로 적고 설명하시오.

12 계량규준형 1회 샘플링검사는 n개의 샘플을 취하고 그 측정치의 평균치 $\bar{x}$와 합격 판정치를 비교하여 로트의 합격·불합격을 판정하는 방법이다. 로트의 평균치를 보증하는 경우는 KS Q 0001(표준편차기지)에 규정되어 있다. 다음 표는 KS Q 0001의 부표로서, m_0, m_1이 주어졌을 때 n과 G_0를 구하는 표이다($\alpha = 0.05$, $\beta = 0.10$).

$\frac{\lvert m_1 - m_0 \rvert}{\sigma}$	n	G_0
2.069 이상	2	1.163
1.690~2.08	3	0.950
1.463~1.689	4	0.822
1.309~1.462	5	0.736
⋮	⋮	⋮
0.772~0.811	14	0.440
0.756~0.771	15	0.425
0.732~0.755	16	0.411

조립품의 기본치수가 25mm인 것을 구입하고자 한다. 굵기의 평균치가 25±0.2mm 이내의 로트이면 합격이고, 25±0.6mm 이상의 로트이면 불합격시키고자 한다. $\overline{X_U}$, $\overline{X_L}$, n을 구하시오.(단, $\sigma = 0.3$mm)

13 계수 · 계량 규준형 샘플링검사에서 어떤 고무제품의 천연고무 함량은 큰 편이 좋다고 한다. 만약 평균치가 98% 이상인 로트는 통과시키고, 94% 이하인 로트는 통과시키지 않도록 하기 위한 시료의 개수(n)를 구하시오.(단, 로트의 표준편차(σ)는 6.2%, $\alpha = 0.05$, $\beta = 0.10$이다.)

14 한 상자에 100개씩 들어 있는 기계부품이 50상자가 있다. 이 상자 간의 산포가 $\sigma_b = 0.5$, 상자 내의 산포가 $\sigma_w = 0.8$일 때 우선 1차 단위로 m상자를 랜덤하게 샘플링한 후 뽑힌 상자마다 2차 단위로 각 로트마다 10개씩 랜덤 샘플링을 하였을 때, 이 로트의 모평균 추정정밀도 $V(\overline{x})$는 0.063이 되었다면 1차 단위의 m 값을 구하시오.(단, $M/m \geq 10$, $\overline{N}/\overline{n} \geq 10$의 조건을 고려해서 M, $\overline{N}$는 무시하여도 좋다.)

15 $n = 5$인 $\overline{x}$관리도의 3σ관리한계로서 $U_{CL} = 12$, $L_{CL} = 6$일 때 표준편차 $\sigma_{\overline{x}}$는 얼마인가? (단, $\sigma_b = 0$)

기출유사문제풀이 [2017년 4회 품질경영산업기사 실기]

01_ (1) 까다로운 검사에서 연속 5로트가 합격하는 경우

(2) 보통검사에서 연속 5로트 중 2로트 이상이 불합격하는 경우

02_ $\bar{x}-R$관리도에서 규격이 주어진 경우, 정규분포에서 σ_x값으로 문제를 해결해야 한다.

$\begin{pmatrix} U_{CL} \\ L_{CL} \end{pmatrix} = \bar{\bar{x}} \pm 3\dfrac{\sigma_x}{\sqrt{n}}$ 에서, $\sigma_x = \dfrac{(U_{CL}-L_{CL})\sqrt{n}}{6}$가 된다.

$$u = \frac{U-\mu}{\sigma_x} = \frac{40-28}{\dfrac{(41.4-14.6)\times\sqrt{5}}{6}} = 1.201$$

$\therefore\ P_r(x) = P_r(u > 1.201) = 0.11510(11.510\%)$

03_ (1) 분산분석표 작성

① $CT = \dfrac{T^2}{lm} = \dfrac{(160.0)^2}{12} = 2133.33333$

② $S_T = \sum_i \sum_j x_{ij}{}^2 - CT = 2141.68 - CT = 8.34667$

③ $S_A = \sum_i \dfrac{T_{i}.{}^2}{m} - CT = \dfrac{37.9^2+38.6^2+40.9^2+42.6^2}{3} - CT = 4.64667$

④ $S_B = \sum_j \dfrac{T._{j}{}^2}{l} - CT = \dfrac{51.8^2+52.1^2+56.1^2}{4} - CT = 2.88167$

⑤ $S_e = S_T - S_A - S_B = 0.81833$

⑥ $\nu_T = lm-1 = 11,\ \nu_A = l-1 = 3,\ \nu_B = m-1 = 2,\ \nu_e = 6$

⑦ 분산분석표 작성

요인	SS	DF	MS	F_0	$F_{0.95}$
A	4.64667	3	1.54889	11.356*	4.76
B	2.88167	2	1.44084	10.564*	5.14
e	0.81833	6	0.13639		
T	8.34667	11			

∴ 인자 A, B 모두 유의수준 5%로 유의하다. 즉, 이 실험에서 반응압력(A), 반응시간(B) 모두가 영향을 미치고 있음을 알 수 있다.

(2) 망대특성이므로 최적수준의 평균값은 $\mu(A_4B_3)$가 된다.

(3) $\mu(A_4B_3)$의 구간추정

$$\hat{\mu}(A_4B_3)=\left(\overline{x}_{4\cdot}+\overline{x}_{\cdot 3}-\overline{\overline{x}}\right)\pm t_{1-\alpha/2}(\nu_e)\sqrt{\frac{V_e}{n_e}}\ (\because\ n_e=\frac{lm}{l+m-1}=\frac{12}{6}=2)$$

$$=\left(\frac{42.6}{3}+\frac{56.1}{4}-\frac{160.0}{12}\right)\pm t_{0.975}(6)\sqrt{\frac{0.13639}{2}}$$

$$=14.89167\pm 2.447\times\sqrt{\frac{0.13639}{2}}$$

$\therefore\ 14.25266\le\mu(A_4B_3)\le 15.53068$

04_ $P_r(x)={}_nC_x\,P^x\,(1-P)^{n-x}$

$P_r(x\ge 1)=1-[P_r(x=0)]=1-\left[{}_{20}C_0\,(0.03)^0\,(0.97)^{20}\right]=0.45621$

05_ (1) $P_r(x=0)=\dfrac{\binom{4}{0}\binom{96}{4}}{\binom{100}{4}}=0.84717$

(2) $P_r(x=0)={}_4C_0\,0.04^0(1-0.04)^{4-0}=0.84935$

(3) $P_r(x=0)=\dfrac{e^{-0.16}\,0.16^0}{0!}=0.85214$

(4) 초기하분포가 가장 정도가 좋은 분포이다. 그 이유는 각 분포의 표준편차를 살펴보면,

초기하분포 $D(x)=\sqrt{\dfrac{N-n}{N-1}}\ \sqrt{nP(1-P)}$

이항분포 $D(x)=\sqrt{nP(1-P)}$

푸아송분포 $D(x)=\sqrt{nP}=\sqrt{m}$ 에서

$0\le P\le 1,\ 0<\dfrac{N-n}{N-1}<1$ 이므로 표준편차의 크기를 나타내면 초기하분포≤이항분포≤푸아송분포가 된다. 표준편차값은 작을수록 정도가 좋으므로, 가장 정도가 좋은 분포는 초기하분포이다.

06_ (1) ① 가설 : $H_0:\sigma^2=0.12$ $\qquad H_1:\sigma^2\ne 0.12$

② 검정통계량 : $\chi_0{}^2=\dfrac{S}{\sigma_0{}^2}=\dfrac{(n-1)\times s^2}{\sigma_0{}^2}=\dfrac{2.50}{0.12}=20.8333$

③ 기각역 : $\chi_0{}^2 < \chi_{\alpha/2}{}^2(\nu) = \chi_{0.025}{}^2(9) = 2.70$ 또는

$\chi_0{}^2 > \chi_{1-\alpha/2}{}^2(\nu) = \chi_{0.975}{}^2(9) = 19.02$이면 H_0를 기각한다.

④ 판정 : $\chi_0{}^2 > 19.02$이므로 H_0기각, 즉 $\alpha = 0.05$로 소성수축률의 산포가 달라졌다고 할 수 있다.

(2) 구간추정

$$\frac{S}{\chi_{1-\alpha/2}{}^2(\nu)} \le \hat{\sigma^2} \le \frac{S}{\chi_{\alpha/2}{}^2(\nu)},\ \frac{2.5}{19.02} \le \hat{\sigma^2} \le \frac{2.5}{2.70}$$

$\therefore\ 0.13144 \le \sigma^2 \le 0.92593$

07_

① B : 기계 ② I : 환경 ③ Q : 품질경영

④ R : 수송기계 ⑤ S : 서비스 ⑥ X : 정보

08_

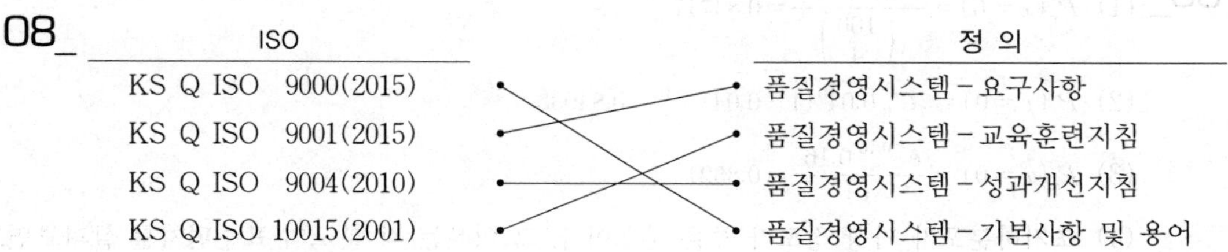

ISO
정 의
KS Q ISO 9000(2015)
KS Q ISO 9001(2015)
KS Q ISO 9004(2010)
KS Q ISO 10015(2001)
품질경영시스템 - 요구사항
품질경영시스템 - 교육훈련지침
품질경영시스템 - 성과개선지침
품질경영시스템 - 기본사항 및 용어

09_

(1) $S_A = \frac{1}{8}$[(수준 2의 데이터의 합) − (수준 1의 데이터의 합)]^2

$= \frac{1}{8}[(8+15+16+20) - (9+12+13+13)]^2 = 18.0$

(2) $A \times B = ab \times ac = a^2bc = bc\ \ (\because\ a^2 = b^2 = c^2 = 1)$

$\therefore$ 6열

(3) 6열에 D가 배치되어 있으므로, 이와 같은 것을 교락이라 한다.

(4) 배치되지 않은 열이 오차항의 자유도이고, 각 열의 자유도는 1이다. 그러므로 오차항의 자유도는 3이 된다.

10_

$0.001 \times 1{,}000{,}000 = 1{,}000$(ppm)

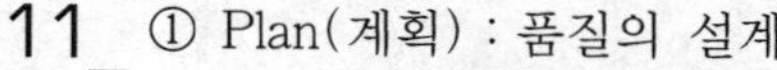

11_ ① Plan(계획) : 품질의 설계

② Do(실시) : 공정의 관리

③ Check 또는 see(검토 또는 확인) : 품질의 보증

④ Action(조처) : 품질의 조사 및 개선

12_ 평균치를 보증하는 경우(망목특성인 경우)

$m_0' = 25.2,\ m_1' = 25.6$이고, $m_0'' = 24.8,\ m_1'' = 24.4$

$\dfrac{|m_1 - m_0|}{\sigma} = \dfrac{|25.6 - 25.2|}{0.3} = 1.333$이므로, 표에서 $n = 5,\ G_0 = 0.736$ 또는

$\dfrac{|m_1 - m_0|}{\sigma} = \dfrac{|24.4 - 24.8|}{0.3} = 1.333$이므로, 표에서 $n = 5,\ G_0 = 0.736$이 된다.

① $\overline{X_U} = m_0' + K_\alpha \dfrac{\sigma}{\sqrt{n}} = 25.2 + 0.736 \times 0.3 = 25.4208(\text{mm})$

② $\overline{X_L} = m_0'' - K_\alpha \dfrac{\sigma}{\sqrt{n}} = 24.8 - 0.736 \times 0.3 = 24.5792(\text{mm})$

③ 표값에 의해 $n = 5$(개)

13_ 계수 · 계량규준형 1회 샘플링검사의 검사방식(특성치가 높을수록 좋은 경우)

$$n = \left(\frac{K_\alpha + K_\beta}{m_0 - m_1}\right)^2 \cdot \sigma^2 = \left(\frac{1.645 + 1.282}{98 - 94}\right)^2 \times 6.2^2 = 20.58301 = 21(\text{개})$$

14_ 2단계 샘플링인 경우($m = ?,\ \bar{n} = 10$)

$$V(\bar{\bar{x}}) = \frac{{\sigma_w}^2}{m\bar{n}} + \frac{{\sigma_b}^2}{m} = \frac{0.8^2}{m \times 10} + \frac{0.5^2}{m} = 0.063\text{에서}$$

$$\frac{1}{m}\left(\frac{0.8^2}{10} + \frac{0.5^2}{1}\right) = 0.063$$

$$m = \left(\frac{0.8^2}{10} + \frac{0.5^2}{1}\right) \times \frac{1}{0.063} = 4.98413 = 5$$

15_ $\bar{\bar{x}} = \dfrac{U_{CL} + L_{CL}}{2} = 9,\quad U_{CL} = \bar{\bar{x}} + 3\dfrac{\sigma}{\sqrt{n}} = \bar{\bar{x}} + 3\sigma_{\bar{x}} = 12$에서, $\sigma_{\bar{x}} = \dfrac{\sigma}{\sqrt{n}} = 1$

기출유사문제 [2018년 1회 품질경영기사 실기]

01 다음 데이터는 설계를 변경한 후 만든 어떤 전자기기 장치 10대를 수명시험기에 걸어 고장수 r = 7에서 정수중단시험한 결과이다. 이 데이터를 와이블 확률용지에 타점하여 보니 형상 파라미터(m) = 1이 되었다고 할 때 다음 물음에 답하시오.(확률분포 값은 부표를 이용할 것)

[Data] 3 9 12 18 27 31 43 (단위 : 시간)

(1) 이 장치의 MTBF를 추정하시오.

(2) 신뢰수준 95%에서의 MTBF의 신뢰구간을 구하시오.

02 다음 내용은 ISO 9000 시리즈에서 정의하고 있다. 어떤 용어에 대한 설명인가?

(1) 활동 또는 프로세스를 수행하기 위하여 규정된 방식 (　　)

(2) 동일한 기능으로 사용되는 대상에 대하여 상이한 요구사항으로 부여되는 범주 또는 순위 (　　)

(3) 요구사항의 불충족 (　　)

03 측정 시스템의 5가지 변동 중 반복성과 재현성에 대하여 설명하시오.

04 고장확률 밀도함수에서 형상모수(m) = 1.5, 척도모수(η) = 7,500시간인 와이블 분포를 따르는 제품의 평균 수명은 얼마인가?(단, $\Gamma(1.5) = 0.88623$, $\Gamma(1.67) = 0.90330$이다.)

05 $N=1,000,\ n=50,\ c=1$인 샘플링방식을 적용할 경우

(1) 로트의 부적합품률이 2%일 때 로트가 불합격할 확률을 구하시오.

(2) 로트의 부적합품률이 7%일 때 로트가 합격할 확률을 구하시오.

06 다음 표는 원료 A, B 두 공정에 각각 사용하여 생성된 약품의 함량을 활용하여 통계량을 계산한 결과이다. 물음에 답하시오.(단, $\alpha=0.05$ 및 부표를 이용할 것)

구분	A	B
표본의 크기(n)	9	16
평균치($\bar{x}$)	25.0	20.0
제곱합(S)	350	225

(1) 등분산성이 성립하는지 검정하시오.

(2) 평균치의 차이가 존재하는지 검정하시오.

07 에나멜 동선의 도장공정을 관리하기 위하여 핀홀의 수를 조사하였다. 시료의 길이가 종류에 따라 변하므로 시료 1,000m당 핀홀의 수를 사용하여 u관리도를 작성하고자 다음과 같은 데이터 시료를 얻었다. 물음에 답하시오.

시료군의 번호	1	2	3	4	5	6	7	8	9	10
시료의 크기(n) (1,000m)	1.0	1.0	1.0	1.3	1.3	1.3	1.3	1.3	1.0	1.0
핀홀의 수	5	3	3	2	2	4	3	4	2	4

(1) 관리한계를 구하시오.

n	관리상한	관리하한
1.0		
1.3		

(2) (1)에서 구한 관리한계를 활용하여 관리도를 작성하고 판정하시오.

08 어떤 실험에서 원료(A)를 3수준, 온도(B)를 2수준, 압력(C)을 2수준으로 하여 강도를 조사한 결과가 다음과 같다.

B \ C \ A		A_1	A_2	A_3
B_1	C_1	15	3	10
	C_2	14	1	8
B_2	C_1	12	16	10
	C_2	13	14	11

(1) 분산분석표를 채우시오.

요인	SS	DF	MS	F_0
A				
B				
C				
$A \times B$				
$B \times C$				
$A \times C$				
e				
T				

(2) 교호작용의 검정값이 5 이하이면 풀링할 경우 분산분석표를 다시 작성하시오.
(3) 각 요인을 판정하시오.

09 공정부적합품률이 $P=0.03$이고 관리범위가 알려지지 않은 부적합품률 관리도로 관리되고 있다. 부적합품률이 0.07로 변했을 때 이를 1회의 샘플로서 탐지할 확률이 0.5 이상이 되기 위해서는 샘플의 크기가 대략 얼마 이상이어야 하겠는가?(단, 정규분포근사치를 사용할 경우)

10 어떤 제품의 장력의 하한규격이 17,000(psi)로 되어 있고, 납품되는 제품들의 장력에 관한 표준편차가 대략 80(psi) 정도라고 알려져 있다고 한다. 지금 부적합품률이 1% 인 로트는 95% 정도 합격이고, 그것이 8%인 로트는 10% 정도만 합격시키는 것으로 샘플링검사를 실시하려고 한다. 다음 물음에 답하시오.

(1) 시료의 크기 n을 구하시오.

(2) 하한 합격판정치 $\overline{X_L}$을 구하시오.

11 어떤 공정에서 생산되는 제품 로트 크기에 따라서 생산에 소요되는 시간을 측정하였더니 다음과 같은 시간이 소요되었다. 다음 물음에 답하시오.(단, $\alpha = 0.05$)

x_i	30	20	60	80	40	50	60	30	70	80
y_i	73	50	128	170	87	108	135	69	148	132

(1) 회귀방정식을 구하시오.

(2) 회귀계수(β_1)를 검정하시오.(유의수준 5%)

(3) 회귀계수(β_1)에 대한 95% 구간추정을 행하시오.

12 어떤 실험을 실시하는데 A를 1차 단위, B를 2차 단위로 하고 블록반복 2회의 분할실험을 하여 다음과 같은 블록반복(R)과 A의 2원표를 얻었다. 블록반복(R) 간의 제곱합 S_R을 구하시오.(단, m은 B의 수준수임)

$m=4$	A_1	A_2	A_3	A_4	A_5
블록반복 Ⅰ	31	3	12	13	5
블록반복 Ⅱ	8	7	18	6	19

13 계량축차 샘플링검사에서 한쪽 규격이 주어진 경우 $U=200$kV, $\sigma=2.0$이고 PRQ=1.0%, CRQ=10.0%, $\alpha=0.05$, $\beta=0.10$이라 할 때 다음 물음에 답하시오.(주어진 표를 이용하시오.)

(1) 합격판정선(A), 불합격판정선(R)을 구하시오.

(2) 다음 표를 채우시오.

로트	특성치(x)	여유치(y)	불합격 판정선(R)	누계 여유치(Y)	합격 판정선(A)
1	194.5	5.5	−1.924	5.5	7.918
2	196.5				
3	201.0				
4	197.8				
5	198.0				

14 교락법을 사용한 2^3요인 실험을 다음과 같이 2개의 블록으로 나누어 실험하려고 한다. 다음 물음에 답하시오.

블록 1
$(1)=72$
$ab=68$
$ac=53$
$bc=75$

블록 2
$a=58$
$b=85$
$c=65$
$abc=63$

(1) 블록에 교락된 요인을 구하시오.

(2) 요인 A의 제곱합을 계산하시오.

15 어느 조립식 책장을 납품하는 데 있어 10개씩의 나사를 패킹하여 첨부하여야 한다. 이때 나사의 수는 정확히 팩당 10개이어야 하지만 약간의 부적합품을 인정하기로 하되 나사의 개수가 부족한 팩이 1%가 넘어서는 안 된다. 생산량은 5,000세트, 로트 크기는 1,250, 공급자와 소비자는 상호 협의에 의해 1회 거래로 한정하고 한계품질수준은 3.15%로 하기로 합의하였다.(주어진 부표를 이용하시오.)

(1) 이를 만족시킬 수 있는 샘플링 절차는 무엇인가?

(2) 샘플링 방식을 기술하고 설계하시오.

(3) 공정 부적합품률이 2%일 때 로트의 합격 확률을 푸아송분포로 구하시오.

16 100V짜리 백열전구의 수명분포는 $\mu = 100$, $\sigma = 50$시간인 정규분포에 따른다고 할 때 다음 물음에 답하시오.

(1) 새로 교환한 전구를 50시간 사용하였을 때 신뢰도를 구하시오.

(2) 이미 100시간 사용한 전구를 앞으로 50시간 이상 사용할 수 있을 확률을 구하시오.

기출유사문제풀이 [2018년 1회 품질경영기사 실기]

01_ m=1은 지수분포이고, 조건은 정수마감방식이다.

(1) $\hat{\theta}=\widehat{MTBF}=\dfrac{\sum_{t=1}^{r} t_i+(n-r)t_r}{r}=\dfrac{3+\cdots+43+3\times 43}{7}=38.85714$(시간)

(2) $\theta_L=\dfrac{2r\hat{\theta}}{\chi_{1-\alpha/2}{}^2(2r)}=\dfrac{2\times 7\times 38.85714}{\chi_{0.975}{}^2(14)}=\dfrac{2\times 7\times 38.85714}{26.12}=20.82695$(시간)

$\theta_U=\dfrac{2r\hat{\theta}}{\chi_{\alpha/2}{}^2(2r)}=\dfrac{2\times 7\times 38.85714}{\chi_{0.025}{}^2(14)}=\dfrac{2\times 7\times 38.85714}{5.63}=96.62521$(시간)

02_ (1) 절차(Procedure)
(2) 등급(Grade)
(3) 부적합(Nonconformity)

03_ ① 반복성(Repeatability) : 동일한 측정자가 동일한 시료를 여러 번 측정하여 얻은 데이터의 산포 크기를 의미하며 산포의 크기가 작을수록 반복성이 좋아진다. 정밀도라고도 한다.
② 재현성(Reproducibility) : 서로 다른 측정자가 동일 기계로 동일 시료를 측정하였을 때, 얻은 측정치의 변동값(평균값의 차이)으로서 측정자 간 데이터값의 차이를 의미한다.

04_ 평균수명 $E(t)=\eta\times\Gamma\left(1+\dfrac{1}{m}\right)=7{,}500\times\Gamma\left(1+\dfrac{1}{1.5}\right)=7{,}500\times 0.90330=6{,}774.75$(시간)

05_ (1) 불합격할 확률($1-L(P)$)

$$1-L(P)=1-\sum_{x=0}^{c}\binom{n}{x}P^x(1-P)^{n-x}$$

$$=1-\left[\binom{50}{0}0.02^0\times(1-0.02)^{50}+\binom{50}{1}0.02^1\times(1-0.02)^{49}\right]$$

$$=1-0.73577=0.26423$$

(2) 합격할 확률($L(P)$)

$$L(P)=\sum_{x=0}^{c}\binom{n}{x}P^x(1-P)^{n-x}$$

$$=\binom{50}{0}0.07^0\times(1-0.07)^{50}+\binom{50}{1}0.07^1\times(1-0.07)^{49}$$

$$=0.12649$$

06_ (1) 등분산성 검정

① $H_0: {\sigma_A}^2={\sigma_B}^2$, $H_1: {\sigma_A}^2\neq{\sigma_B}^2$

② $V_A=\dfrac{350}{8}=43.75$, $V_B=\dfrac{225}{15}=15.0$

$$F_0=\frac{V_A}{V_B}=\frac{43.75}{15.0}=2.917$$

③ $F_0>F_{1-\alpha/2}(\nu_A,\ \nu_B)=F_{0.975}(8,\ 15)=3.20$ 이면 H_0를 기각한다.

④ $F_0=2.917<F_{0.975}(8,\ 15)=3.20$ 이므로 $\alpha=0.05$ 로 H_0는 채택. 즉, 등분산성이 성립한다.

(2) 평균치 차의 검정

① $H_0: \mu_A=\mu_B$, $H_1: \mu_A\neq\mu_B$

② $t_0=\dfrac{\overline{x_A}-\overline{x_B}}{\sqrt{\dfrac{S_A+S_B}{n_A+n_B-2}}\sqrt{\left(\dfrac{1}{n_A}+\dfrac{1}{n_B}\right)}}=\dfrac{5.0}{\sqrt{25\times\left(\dfrac{1}{9}+\dfrac{1}{16}\right)}}=2.40$

③ $t_0>t_{1-\alpha/2}(\nu)=t_{0.975}(23)=2.069$ 이면 H_0를 기각한다.

④ $t_0=2.40>t_{1-\alpha/2}(\nu)=t_{0.975}(23)=2.069$ 이므로 $\alpha=0.05$ 로 H_0 기각, 즉, 평균치의 차이가 존재한다고 할 수 있다.

07_ (1) $C_L=\bar{u}=\dfrac{\Sigma c}{\Sigma n}=\dfrac{32}{11.5}=2.78261$

① $n=1.0$

$$U_{CL}=\bar{u}+3\sqrt{\frac{\bar{u}}{n}}=7.78696$$

$$L_{CL}=\bar{u}-3\sqrt{\frac{\bar{u}}{n}}=-2.22174=-\text{(고려하지 않음)}$$

② $n=1.3$

$$U_{CL}=\bar{u}+3\sqrt{\frac{\bar{u}}{n}}=7.17171$$

$$L_{CL}=\bar{u}-3\sqrt{\frac{\bar{u}}{n}}=-1.60649=-\text{(고려하지 않음)}$$

n	관리상한	관리하한
1.0	7.78696	–
1.3	7.17171	–

(2) 관리도 작성 및 판정

① 관리도 작성

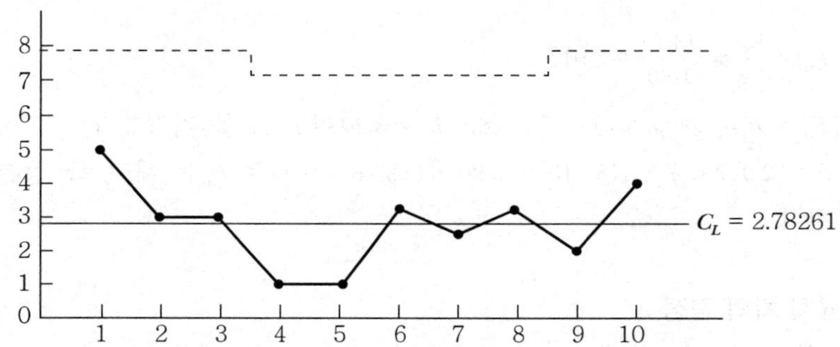

② 관리도 판정 : 관리이탈 및 습관성이 없으므로 관리상태에 있다고 할 수 있다.

08_ (1) 분산분석표 작성

① $CT=\dfrac{T^2}{lmn}=\dfrac{(127)^2}{3\times2\times2}=1,344.08333$

② $S_T=\sum\sum\sum x_{ijk}^2-CT=1,581-CT=236.91667$

③ $S_A=\sum\dfrac{T_{i\cdot\cdot}^2}{mn}-CT=\dfrac{54^2+34^2+39^2}{4}-CT=54.16667$

④ $S_B=\sum\dfrac{T_{\cdot j\cdot}^2}{ln}-CT=52.08333$

⑤ $S_C=\sum\dfrac{T_{\cdot\cdot k}^2}{lm}-CT=2.08333$

⑥ $S_{AB}=\dfrac{29^2+4^2+18^2+25^2+30^2+21^2}{2}-CT=229.41667$

$S_{A\times B}=S_{AB}-S_A-S_B=229.41667-54.16667-52.08333=123.16667$

⑦ $S_{BC}=\dfrac{28^2+23^2+38^2+38^2}{3}-CT=56.25$

$S_{B\times C}=S_{BC}-S_B-S_C=56.25-52.08333-2.08333=2.08334$

⑧ $S_{AC}=\dfrac{27^2+19^2+20^2+27^2+15^2+19^2}{2}-CT=58.41667$

$S_{A\times C}=S_{AC}-S_A-S_C=58.41667-54.16667-2.08333=2.16667$

⑨ $S_e=S_T-(S_A+S_B+S_C+S_{A\times B}+S_{A\times C}+S_{B\times C})=1.16657$

요인	SS	DF	MS	F_0
A	54.16667	2	27.08335	46.43205
B	52.08333	1	52.08333	89.29234
C	2.08333	1	2.08333	3.57169
$A\times B$	123.16667	2	61.58334	105.57928
$B\times C$	2.08334	1	2.08334	3.57171
$A\times C$	2.16667	2	1.08334	1.85729
e	1.16657	2	0.58329	
T	236.91667	11		

(2) 분산분석표 재작성

교호작용 중 요인 $B\times C$, $A\times C$의 검정값이 5 이하이므로 오차항으로 풀링을 한다.

요인	SS	DF	MS	F_0
A	54.16667	2	27.08335	25.00042*
B	52.08333	1	52.08333	48.07751*
C	2.08333	1	2.08333	1.92310
$A\times B$	123.16667	2	61.58334	56.84686*
e'	5.41658	5	1.08332	
T	236.91667	11		

(3) 판정

요인 A, B, $A\times B$는 F_0 검정값이 5보다 크므로 유의하고, 요인 C는 유의하지 않다.

09_ 기존의 3σ 관리한계에서 U_{CL}의 값이 새로운 중심선(C_L) 0.07과 같아지는 경우의 n을 구하면 된다. 즉,

$$U_{CL} = P + 3\sqrt{\frac{P(1-P)}{n}} = 0.03 + 3\sqrt{\frac{0.03\times(1-0.03)}{n}} = 0.07$$

$$\sqrt{\frac{0.03\times(1-0.03)}{n}} = \frac{0.07-0.03}{3} = \frac{0.04}{3}$$

$$\therefore\ n = \frac{9\times0.03\times(1-0.03)}{0.04^2} = 163.6875 = 164(\text{개})$$

10_ 부적합품률을 보증하는 경우(L이 주어진 경우)

$K_{0.01} = 2.326$, $K_{0.08} = 1.405$, $K_{0.05} = 1.645$, $K_{0.10} = 1.282$

(1) $n = \left(\frac{K_\alpha + K_\beta}{K_{P_0} - K_{P_1}}\right)^2 = \left(\frac{1.645+1.282}{2.326-1.405}\right)^2 = 10.10011 = 11(\text{개})$

(2) $k = \frac{K_{P_0}K_\beta + K_{P_1}K_\alpha}{K_\alpha + K_\beta} = \frac{2.326\times1.282 + 1.405\times1.645}{1.645+1.282} = 1.80839$

$\therefore\ \overline{X_L} = L + k\sigma = 17{,}000 + 1.80839\times80 = 17{,}144.67120(\text{psi})$

11_ (1) 회귀방정식

$$S(xx) = \Sigma x^2 - \frac{(\Sigma x)^2}{n} = 4{,}160$$

$$S(yy) = \Sigma y^2 - \frac{(\Sigma y)^2}{n} = 13{,}660$$

$$S(xy) = \Sigma xy - \frac{(\Sigma x)(\Sigma y)}{n} = 7{,}240$$

$y = \widehat{\beta_0} + \widehat{\beta_1}x$ 에서 $\beta_1 = \frac{S(xy)}{S(xx)} = 1.74038$, $\beta_0 = \overline{y} - \beta_1\overline{x} = 19.5$

$\therefore\ \hat{y} = 19.5 + 1.74038x$

(2) 회귀계수(β_1) 검정

$$S_R = \frac{(S_{xy})^2}{S_{xx}} = 12{,}600.38462$$

$$S_T = S_{yy} = 13{,}660$$

$$S_{y/x} = S_T - S_R = 1{,}059.61538$$

요인	SS	DF	MS	F_0	$F_{1-\alpha}$
회귀	12,600.38462	1	12,600.38462	95.132*	$F_{0.95}(1,\ 8)=5.32$
잔차(오차)	1,059.61538	8	132.45192		
계	13,660.0	9			

$H_0 : \beta_1 = 0\ ,\ H_1 : \beta_1 \neq 0$

$F_0=95.132\ >\ F_{0.95}(1,\ 8)=5.32$

$\therefore$ H_0 기각, 회귀계수는 유의하다.

(3) 회귀계수(β_1)에 대한 95% 구간 추정

$$\beta_1 = \hat{\beta}_1 \pm t_{1-\alpha/2}(n-2)\sqrt{\frac{V_{y/x}}{S(xx)}} = 1.74038 \pm 2.306 \times \sqrt{\frac{132.45192}{4,160}}$$

$\therefore\ 1.32891 \leq \beta_1 \leq 2.15185$

12_ $S_R = \dfrac{64^2+58^2}{5\times 4} - \dfrac{122^2}{40} = 0.90$ 또는 $S_R = \dfrac{1}{40}(64-58)^2 = 0.90$

13_ (1) PRQ=1.0%, CRQ=10.0%에 해당하는 h_A=2.155, h_R=2.766, g=1.804를 이용하여

① $A = h_A\sigma + g\sigma n_{cum} = 2.155\times 2.0 + 1.804\times 2.0\times n_{cum} = 4.310 + 3.608\ n_{cum}$

② $R = -h_R\sigma + g\sigma n_{cum} = -2.766\times 2.0 + 1.804\times 2.0\times n_{cum} = -5.532 + 3.608\ n_{cum}$

(2)

로트	특성치(x)	여유치(y)	불합격 판정선(R)	누계 여유치(Y)	합격 판정선(A)
1	194.5	5.5	−1.924	5.5	7.918
2	196.5	3.5	1.684	9.0	11.526
3	201.0	−1.0	5.292	8.0	15.134
4	197.8	2.2	8.900	10.2	18.742
5	198.0	2.0	12.508	12.2	22.350

14_ (1) $R=\frac{1}{4}[(abc+a+b+c)-(1+ab+ac+bc)]=\frac{1}{4}(a-1)(b-1)(c-1)=A\times B\times C$

$\therefore$ 교락된 요인은 $R=A\times B\times C$가 된다.

(2) $S_A=\frac{1}{8}[(abc+a+ab+ac)-(1+b+c+bc)]^2$

$=\frac{1}{8}[(63+58+68+53)-(72+85+65+75)]^2$

$=378.125$

15_ (1) 상호 간에 1회 거래로 한정하였으므로 고립로트이며, KS Q ISO 2859-2 절차 A를 따르는 LQ방식의 샘플링 검사이다.

(2) 로트의 크기 N=1,250, LQ=3.15%를 활용하여 KS Q ISO 2859-2 부표 A에서 수표를 찾으면 $n=125$, $A_C=1$인 검사방식이다. 즉, 125개를 검사하여 부적합품이 1개 이하이면 로트합격으로 한다.

(3) $m=nP=125\times 0.02=2.5$

$$L(P)=\sum_{x=0}^{A_C}\frac{e^{-m}\cdot m^x}{x!}=\sum_{x=0}^{1}\frac{e^{-2.5}\cdot 2.5^x}{x!}=e^{-2.5}\left(\frac{2.5^0}{0!}+\frac{2.5}{1!}\right)=0.28730$$

16_ (1) $R(t=50)=P_r(t\geq 50)=P_r\left(u\geq\frac{50-100}{50}\right)=P_r(u\geq -1)=0.84130$

(2) $P_r\left(\frac{t\geq 150}{t\geq 100}\right)=\frac{P_r(u\geq 1)}{P_r(u\geq 0)}=\frac{0.1587}{0.5000}=0.31740$

기출유사문제 [2018년 2회 품질경영기사 실기]

01 아래 도수표는 어떤 강판 압연 공장에서 철판의 두께를 50매 측정한 결과이다. 다음 물음에 답하시오.(단, 규격은 100±2.00이다.)

급번호	계급	중앙치(x_i)	도수(f_i)	u_i	f_iu_i	$f_iu_i^2$
1	98.45~98.95	98.7	1	-4	-4	16
2	98.95~99.45	99.2	2	-3	-6	18
3	99.45~99.95	99.7	5	-2	-0	20
4	99.95~100.45	100.2	9	-1	-9	9
5	100.45~100.95	100.7	12	0	0	0
6	100.95~101.45	101.2	11	1	11	11
7	101.45~101.95	101.7	7	2	14	28
8	101.95~102.45	102.2	2	3	6	18
9	102.45~102.95	102.7	1	4	4	16
합 계	–		50		6	136

(1) 상기의 도수표를 보고 히스토그램을 그리고 규격을 표시하시오.

(2) 평균과 표준편차를 구하시오.

(3) 규격을 벗어날 확률을 구하시오.

(4) 공정능력지수(C_p)를 구하고 판정하시오.

02 어떤 화학 공장에서 각 인자를 4수준으로 하여 인자 간의 교호작용을 무시할 수 있다고 가정한 후 라틴방격법에 의하여 실험하여, 다음과 같은 수율 데이터가 발생되었다. 다음 물음에 답하시오.

구분	A_1	A_2	A_3	A_4
B_1	$C_1(18)$	$C_2(24)$	$C_3(13)$	$C_4(20)$
B_2	$C_2(14)$	$C_3(20)$	$C_4(15)$	$C_1(22)$
B_3	$C_3(21)$	$C_4(29)$	$C_1(20)$	$C_2(26)$
B_4	$C_4(21)$	$C_1(24)$	$C_2(19)$	$C_3(20)$

(1) 분산분석표를 작성하고 분산분석을 실시하시오.

(2) 수율을 최대로 하는 점추정식과 점추정값을 구하시오.

(3) 수준조합의 최적조건에서 95% 신뢰구간을 구하시오.

03

다음은 A(모수), B(모수) 두 인자에 대해 반복수 2인 2요인의 실험결과 데이터이다. 다음 물음에 답하시오.

인자 B \ 인자 A	A_1	A_2	A_3
B_1	11.8 12.5	12.4 12.2	13.1 13.9
B_2	13.2 12.8	12.7 12.5	13.3 13.0
B_3	13.3 13.5	13.5 14.0	13.2 14.1
B_4	14.2 13.9	14.0 13.9	14.5 14.8

(1) 분산분석표를 작성하시오.

(2) 위의 (1)에서 교호작용이 유의하면 그대로 두고, 유의하지 않으면 오차항에 풀링하여 분산분석표를 재작성하시오.

(3) 망대특성일 때, 최적수준을 신뢰율 95%로 구간추정하시오.

04

정상사용온도 25℃인 부품 10개를 가속온도 75℃에서 3개가 고장날 때까지 가속수명시험을 하였더니 각각 63, 112, 280시간에 1개씩 고장났다. 10℃ 법칙에 의거하여 다음의 물음에 답하시오.

(1) 정상조건하에서의 평균수명을 구하시오.

(2) 정상조건($t = 10,000$)하에서의 불신뢰도를 구하시오.

05 어느 특정지방의 교통사고율을 조사하였더니, 1년에 교통사고가 0.3건 발생하였다고 한다. 다음 물음에 답하시오.

(1) 사고가 1건도 발생하지 않을 확률을 구하시오.

(2) 적어도 1건 발생할 확률을 구하시오.

06 어느 실험실에서 4명의 분석공(A_1, A_2, A_3, A_4)이 일하고 있는데 이들 간에는 동일한 시료의 분석결과에도 차이가 있는 것으로 생각된다. 이를 확인하기 위하여 일정한 표준시료를 만들어서, 동일 장치로 날짜를 랜덤으로 바꾸어 가면서 각 4회 반복하여 4명의 분석공에게 분석시켰다. 이들 분석공에게는 분석되는 시료가 동일한 표준시료라는 것을 모르게 하여 실시한 후 다음 분석치를 얻었다. 다음 물음에 답하시오.

	A_1	A_2	A_3	A_4
1	79.4	79.8	80.9	81.0
2	78.9	80.4	80.6	79.8
3	78.7	79.2	80.1	80.0
4	80.0	80.5	80.4	80.8

(1) 분산분석을 하시오.[$E(MS)$ 포함]

(2) $\hat{\mu}(A_3)$에 대하여 신뢰구간 95%로 구간추정하시오.

07 부적합품률 관리도로서 공정을 관리할 경우, 공정 부적합품률이 $P=0.07$에서 $P'=0.02$로 변했을 때 이를 1회의 샘플로서 탐지할 확률이 0.5 이상이 되기 위해서는 샘플의 크기가 대략 얼마 이상이어야 하겠는가?(단, 정규분포 근사치를 사용할 경우)

08 $\bar{x}-R$관리도에서 $\bar{\bar{x}}=130$, $\sigma=14.8$, $n=4$, $k=25$일 때 $\bar{x}$관리도의 $U_{CL}=152.2$, $L_{CL}=107.8$로 되어 있다. 다음 물음에 답하시오.

(1) 규격이 113.5~144.5라면 규격을 벗어날 확률은?

(2) $\bar{x}$관리도에서 평균이 U_{CL} 쪽으로 14.8만큼 이동했을 때 검출력은?

09 주사위를 120회 굴려서 아래와 같이 나왔다. 이 주사위가 올바르게 만들어졌다고 판단해도 되는지 검정하시오.(단, $\alpha=0.05$)

주사위면	1	2	3	4	5	6	계
출현횟수	20	22	13	13	27	25	120

10 어떤 부품의 고장시간 분포가 형상모수 $m=0.5$, 척도모수 $\eta=1,000$, 위치모수 $r=0$인 와이블분포를 따른다고 할 때 사용시간 $t=1,000$시간에서의 신뢰도를 구하시오.

11 어떤 회사에서 신제품 Tuner를 개발하였다. 평균수명을 파악하기 위하여 지수분포를 따르는 Tuner 8대로 회전수명시험을 실시한 결과 고장이 발생한 사이클 수가 다음과 같다. 95%의 신뢰수준으로 평균수명에 대한 구간을 추정하시오.

8,712	21,915	39,400	54,613
79,000	110,200	151,208	204,312

12 다음은 ISO 9000 시리즈에서 정의하고 있는 내용이다. 어떤 용어에 대한 설명인가?

(1) 활동 또는 프로세스를 수행하기 위하여 규정된 방식 (　　)

(2) 최고경영자에 의해 공식적으로 표명된 품질 관련 조직의 전반적인 의도 및 방향으로서 품질에 관한 방침 (　　)

(3) 의도된 결과를 만들어 내기 위해 입력을 사용하여 상호 관련되거나 상호작용하는 활동의 집합 (　　)

(4) 방침 및 목표를 수립하고 그 목표를 달성하기 위한 프로세스를 수립하기 위한 상호 관련되거나 상호작용하는 조직 요소의 집합 (　　)

13 아래 도면은 M자동차 부품의 일부이다. 도면을 보고 조립품의 공차가 얼마인지 계산하시오.

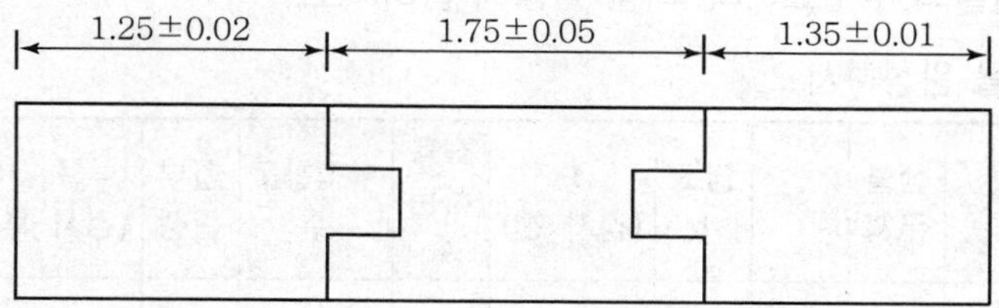

14 다음 표는 검사자에 대한 기억력 x와 판단력 y를 검사하여 얻은 데이터이다. 다음 물음에 답하시오.

기억력 x	11	10	14	18	10	5	12	7	15	16
판단력 y	6	4	6	9	3	2	8	3	9	7

(1) x에 대한 y의 상관계수를 구하시오.

(2) x에 대한 y의 회귀방정식을 구하시오.

(3) 모상관계수에 대한 신뢰율 95% 신뢰구간을 추정하시오.(n이 작아 무리는 있으나 무시할 것)

15 A 정제 로트의 성분에서 특성치는 정규분포를 따르고 표준편차 $\sigma = 1.0$mg인 것을 알고 있다. 이 로트의 검사에서 $m_0 = 10.0$mg, $\alpha = 0.05$, $m_1 = 8.0$mg, $\beta = 0.10$인 계량규준형 1회 샘플링 검사를 행하기로 하였다. 다음 물음에 답하시오.

(1) 이 조건을 만족하는 합격 하한치 $\overline{X_L}$을 구하시오(단, KS Q 0001표를 사용하면 $n = 3$, $G_0 = 0.950$이다).

(2) 이 샘플링 검사방식에서 평균치 $m = 9.0$mg인 로트가 합격할 확률은 약 얼마인가?(단, $K_{L(m)} = 0.05$일 때 $L(m) = 0.4801$, $K_{L(m)} = 0.09$일 때 $L(m) = 0.4641$이다.)

16 A사는 어떤 부품의 수입검사 시 KS Q ISO 2859-1을 사용하고 있다. 다음은 검토 후 $AQL = 1.0\%$, 검사수준 Ⅱ로 1회 샘플링 검사를 보통검사를 시작으로 연속 15로트를 실시한 결과물의 부분표이다. 다음 물음에 답하시오.

(1) 다음 표를 완성하시오.

번호	N	샘플 문자	n	당초 Ac	As (검사 전)	적용하는 Ac	부적합품수	합부 판정	As (검사 후)	전환 점수	샘플링 검사의 엄격도
7	250						0				
8	200						1				
9	400						0				
10	80						0				
11	100						1				

(2) 로트번호 12의 샘플링 검사의 엄격도는 어떻게 되겠는가?

기출유사문제풀이 [2018년 2회 품질경영기사 실기]

01 _ (1) 히스토그램

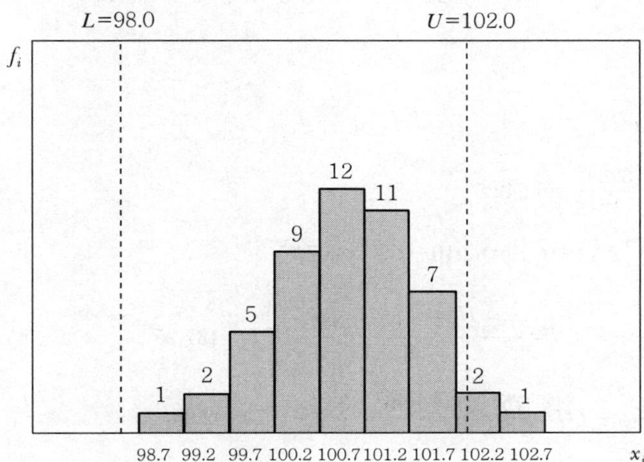

(2) 평균과 표준편차

① $\bar{x}=x_0+h\times\frac{\Sigma f_i u_i}{\Sigma f_i}=100.7+0.5\times\frac{6}{50}=100.76$

② $s=h\sqrt{\frac{\Sigma f_i {u_i}^2-(\Sigma f_i u_i)^2/\Sigma f_i}{\Sigma f_i -1}}=0.5\times\sqrt{\frac{136-6^2/50}{49}}=0.83079$

또는

$S=h^2\times\left(\Sigma f_i {u_i}^2-(\Sigma f_i u_i)^2/\Sigma f_i\right)=0.5^2\times\left(136-6^2/50\right)=33.82$

$s^2=\frac{S}{n-1}=\frac{33.82}{49}=0.690204$

$s=\sqrt{s^2}=\sqrt{0.690204}=0.83079$

(3) 규격을 벗어날 확률

① 규격 하한치 밖으로 벗어날 확률

$P_r(x<L)=P_r\left(u<\frac{L-\mu}{\sigma}\right)=P_r\left(u<\frac{98.0-100.76}{0.83079}\right)=P_r(u<-3.32)=0.0^34501$

② 규격 상한치 밖으로 벗어날 확률

$P_r(x>U)=P_r\left(u>\frac{U-\mu}{\sigma}\right)=P_r\left(u>\frac{102-100.76}{0.83079}\right)=P_r(u>1.49)=0.0681$

$\therefore\ P_r(x)=0.0^34501+0.0681=0.06855=6.855(\%)$

(4) 공정능력지수 계산 및 판정

$C_p = \frac{U-L}{6s} = \frac{102-98}{6 \times 0.83079} = 0.80245$

판정 : $0.67 \le C_p < 1.0$이므로 3등급으로서 공정능력이 부족하다.

02_(1) 분산분석표 작성

① $CT = \frac{T^2}{k^2} = \frac{(326)^2}{16} = 6{,}642.5$

② $S_T = \sum_i \sum_j \sum_k x_{ijk}^2 - CT = 6{,}910 - CT = 267.75$

③ $S_A = \sum_i \frac{T_{i..}^2}{k} - CT = \frac{74^2 + 97^2 + 67^2 + 88^2}{4} - CT = 137.25$

④ $S_B = \sum_j \frac{T_{.j.}^2}{k} - CT = \frac{75^2 + 71^2 + 96^2 + 84^2}{4} - CT = 92.25$

⑤ $S_C = \sum_k \frac{T_{..k}^2}{k} - CT = \frac{84^2 + 83^2 + 74^2 + 85^2}{4} - CT = 19.25$

⑥ $S_e = S_T - (S_A + S_B + S_C) = 19.0$

⑦ $\nu_T = k^2 - 1 = 15$, $\nu_A = \nu_B = \nu_C = k - 1 = 3$, $\nu_e = (k-1)(k-2) = 6$

요 인	SS	DF	MS	F_0	$F_{0.95}$	$F_{0.99}$	$E(MS)$
A	137.25	3	45.750	14.447**	4.76	9.78	$\sigma_e^2 + 4\sigma_A^2$
B	92.25	3	30.750	9.711*	4.76	9.78	$\sigma_e^2 + 4\sigma_B^2$
C	19.25	3	6.41667	2.026	4.76	9.78	$\sigma_e^2 + 4\sigma_C^2$
e	19.00	6	3.16667				σ_e^2
T	267.75	15					

∴ 요인 A는 유의수준 1%, 요인 B는 유의수준 5%에서 유의하다.

(2) $\hat{\mu}(A_2B_3)$의 모평균 점추정

실험값이 수율이므로 최대인 수준이 최적수준이 된다. 요인 A, B만 유의하므로, 점추정은 다음과 같다.

$\hat{\mu}(A_2B_3) = \bar{x}_{2..} + \bar{x}_{.3.} - \bar{\bar{x}} = \frac{97}{4} + \frac{96}{4} - \frac{326}{16} = 27.875$

(3) 신뢰율 95% 구간추정

$\hat{\mu}(A_2B_3)\left(\bar{x}_{2..}+\bar{x}_{.3.}-\bar{\bar{x}}\right)\pm t_{0.975}(\nu_e)\sqrt{\dfrac{MS_e}{n_e}}$ 이때 유효반복수 $n_e=\dfrac{k^2}{2k-1}=\dfrac{16}{7}$

$=27.875 \pm t_{0.975}(6)\sqrt{\dfrac{3.16667}{\left(\dfrac{16}{7}\right)}}$

$=27.875 \pm 2.447\times\sqrt{\dfrac{3.16667}{\left(\dfrac{16}{7}\right)}}$

$=(24.99479\sim30.75521)$

03_(1) 분산분석표 작성

① $CT=\dfrac{T^2}{lmr}=\dfrac{(320.3)^2}{24}=4{,}274.670417$

② $S_T=\sum_i\sum_j\sum_k x_{ijk}{}^2-CT=4{,}288.210000-4{,}274.670417=13.539583$

③ $S_A=\sum_i\dfrac{T_{i..}{}^2}{mr}-CT=4{,}276.511250-4{,}274.670417=1.840833$

④ $S_B=\sum_j\dfrac{T_{.j.}{}^2}{lr}-CT=4{,}283.618333-4{,}274.670417=8.947916$

⑤ $S_{AB}=\sum_i\sum_j\dfrac{T_{ij.}{}^2}{r}-CT=4{,}286.8350-4{,}274.670417=12.164583$

⑥ $S_{A\times B}=S_{AB}-S_A-S_B=12.164583-1.840833-8.947916=1.375834$

⑦ $S_e=S_T-(S_A+S_B+S_{A\times B})=S_T-S_{AB}=13.539583-12.164583=1.3750$

⑧ $\nu_T=lmr-1=23,\ \nu_A=2,\ \nu_B=3,\ \nu_{A\times B}=(l-1)(m-1)=6,\ \nu_e=12$

요 인	SS	DF	MS	F_0	$F_{0.95}$	$F_{0.99}$	$E(MS)$
A	1.84083	2	0.92042	8.033**	3.89	6.93	$\sigma_e{}^2+8\sigma_A{}^2$
B	8.94792	3	2.98264	26.031**	3.49	5.95	$\sigma_e{}^2+6\sigma_B{}^2$
$A\times B$	1.37583	6	0.22931	2.001	3.00	4.82	$\sigma_e{}^2+2\sigma_{A\times B}{}^2$
e	1.3750	12	0.11458				$\sigma_e{}^2$
T	13.53958	23					

∴ 요인 A와 B는 유의수준 1%로 매우 유의적이며, $A\times B$의 교호작용은 유의적이 아니다.

(2) $A \times B$를 풀링하여 분산분석표를 재작성한다.

요 인	SS	DF	MS	F_0	$F_{0.95}$	$F_{0.99}$
A	1.84083	2	0.92042	6.023**	3.49	5.85
B	8.94792	3	2.98264	19.517**	3.10	4.94
e	2.75083	18	0.15282			
T	13.53958	23				

(3) $\mu(A_3B_4)$의 구간추정

$\left(n_e = \dfrac{lmr}{l+m-1} = \dfrac{3\times4\times2}{3+4-1} = 4\right)$

① 점추정 $\hat{\mu}(A_3B_4) = \bar{x}_{3..} + \bar{x}_{.4.} - \bar{\bar{x}} = \dfrac{109.9}{8} + \dfrac{85.3}{6} - \dfrac{320.3}{24} = 14.60833$

② 구간추정 $\hat{\mu}(A_3B_4) = 14.60833 \pm t_{0.975}(18)\sqrt{\dfrac{0.15282}{n_e}} = 14.60833 \pm 2.101 \times \sqrt{\dfrac{0.15282}{4}}$

$\therefore\ 14.19767 \le \mu(A_3B_2) \le 15.0190$

04_(1) $\hat{\theta} = \dfrac{63+112+280+7\times280}{3} = 805$, $\alpha = \dfrac{75-25}{10} = 5$이므로

$\hat{\theta}_n = 2^{\alpha} \times \theta_s = 2^5 \times 805 = 25{,}760$(시간)

(2) $F(t) = 1 - R(t) = 1 - e^{-\frac{t}{MTBF}} = 1 - e^{-\frac{10{,}000}{25{,}760}} = 0.32172$

05_(1) $m=0.3$, $x=0$일 확률(푸아송분포)

$P_r(x=0)\dfrac{e^{-0.3}\times0.3^0}{0!} = 0.74082$

(2) $m=0.3$, $x \ge 1$일 확률(푸아송분포)

$P_r(x\ge1) = 1 - P_r(x=0) = 1 - \dfrac{e^{-0.3}\times0.3^0}{0!} = 1 - 0.74082 = 0.25918$

06_(1) 분산분석표 작성

① 수정항 $CT = \dfrac{T^2}{N} = \dfrac{(1{,}280.5)^2}{16} = 102{,}480.0156$

② $S_T = \sum_i \sum_j {x_{ij}}^2 - CT = 7.354375$

③ $S_A = \sum_i \frac{T_i.^2}{r} - CT = \frac{1}{4}(317.0^2 + 319.9^2 + 322.0^2 + 321.6^2) - CT = 3.876875$

④ $S_e = S_T - S_A = 7.354375 - 3.876875 = 3.47750$

⑤ $\nu_T = lr - 1 = 4 \times 4 - 1 = 15,\ \nu_A = l - 1 = 4 - 1 = 3,\ \nu_e = l(r-1) = \nu_T - \nu_A = 12$

요 인	SS	DF	MS	F_0	$F_{0.95}$	$F_{0.99}$	$E(MS)$
A	3.87688	3	1.29229	4.459*	3.49	5.95	$\sigma_e^2 + 4\sigma_A^2$
e	3.47750	12	0.28979				σ_e^2
T	7.35438	15					

∴ 요인 A가 유의수준 5%로 유의적이다.

(2) 모평균의 구간추정

$$\bar{x}_i. \pm t_{1-\alpha/2}(\nu_e)\sqrt{\frac{V_e}{r}} = \bar{x}_3. \pm t_{0.975}(12)\sqrt{\frac{0.289792}{4}} = 80.500 \pm 2.179 \times \sqrt{\frac{0.289792}{4}}$$

∴ $79.91350 \le \mu(A_3) \le 81.08650$

07_ 기존의 3σ 관리한계에서 L_{CL}의 값이 새로운 중심선(C_L) 0.02와 같아지는 경우의 n을 구하면 된다. 즉,

$$L_{CL} = P - 3\sqrt{\frac{P(1-P)}{n}} = 0.07 - 3\sqrt{\frac{0.07 \times 0.93}{n}} = 0.02$$

$n = 234.36 = 235$(개)

08_ (1) 규격을 벗어날 확률

① 규격 상한치 밖으로 벗어날 확률

$$u = \frac{U - \mu}{\sigma_x} = \frac{144.5 - 130}{14.8} = 0.980$$

② 규격 하한치 밖으로 벗어날 확률

$$u = \frac{L - \mu}{\sigma_x} = \frac{113.5 - 130}{14.8} = -1.1149$$

∴ $P_r(x) = P_r(u > 0.98) + P_r(u < -1.1149) = 0.1635 + 0.1335 = 0.2970\,(29.70\%)$

(2) 이동한 관리도의 평균은 $\overline{\overline{x}}' = \overline{\overline{x}} + 14.8 = 144.8$

U_{CL} 밖으로 벗어날 확률 : $u = \dfrac{U_{CL} - \overline{\overline{x}}'}{\sigma/\sqrt{n}} = \dfrac{152.2 - 144.8}{14.8/\sqrt{4}} = 1.00$

L_{CL} 밖으로 벗어날 확률 : $u = \dfrac{L_{CL} - \overline{\overline{x}}'}{\sigma/\sqrt{n}} = -5.00$

$\therefore\ 1-\beta = P_r(u > 1.00) + P_r(u < -5.00) = 0.1587 + 0.0^5 2867 = 0.1587$

09_ $H_0 : p_i = \dfrac{1}{6}$, $H_1 :$ not H_0 또는 H_0가 아니다.

② 검정통계량 : $\left(e_i = \dfrac{120}{6} = 20\right)$

$$\chi_0^2 = \Sigma \frac{(x_i - e_i)^2}{e_i} = \frac{1}{20}\left[(20-20)^2 + (22-20)^2 + \cdots + (25-20)^2\right] = 8.80$$

③ 기각역 : $\chi_0{}^2 > \chi_{1-\alpha}{}^2(\nu) = 11.07$이면 H_0를 기각한다.

④ 판정 : $\chi_0{}^2 = 8.80 < \chi_{0.95}{}^2(5) = 11.07$

$\therefore\ \alpha = 0.05$로 H_0는 채택된다. 즉, 주사위는 올바르게 만들어졌다고 할 수 있다.

10_ $R(t=1{,}000) = e^{-\left(\frac{t-r}{\eta}\right)^m} = e^{-\left(\frac{1{,}000-0}{1{,}000}\right)^{0.5}} = 0.36788$

11_ 평균수명의 구간추정[전수고장인 경우(지수분포)]

$\chi_{\alpha/2}{}^2(2r) = \chi_{0.025}{}^2(16) = 6.91$, $\chi_{1-\alpha/2}{}^2(2r) = \chi_{0.975}{}^2(16) = 28.85$

평균수명의 하한 : $\theta_L = \dfrac{2T}{\chi_{0.975}{}^2(16)} = \dfrac{2 \times 669{,}360}{28.85} = 46{,}402.77296$(사이클)

평균수명의 상한 : $\theta_U = \dfrac{2T}{\chi_{0.025}{}^2(16)} = \dfrac{2 \times 669{,}360}{6.91} = 193{,}736.6136$(사이클)

평균수명의 신뢰구간($\alpha = 0.05$) : $\theta_L \le \theta \le \theta_U$

12_ (1) 절차(Procedure)
(2) 품질방침(Quality Policy)
(3) 프로세스(Process)
(4) 경영시스템(Management System)

13_ $\pm\sqrt{0.02^2+0.05^2+0.01^2}=\pm 0.05477$

14_ $n=10,\ \Sigma x_i=118,\ \Sigma y_i=57,\ \Sigma x_i y_i=756,\ \Sigma x_i^{\ 2}=1{,}540,\ \Sigma y_i^{\ 2}=385,\ \overline{x}=11.80,\ \overline{y}=5.70$

$S(xx)=\Sigma x^2-\dfrac{(\Sigma x)^2}{n}=147.60,\ S(yy)=\Sigma y^2-\dfrac{(\Sigma y)^2}{n}=60.10$

$S(xy)=\Sigma xy-\dfrac{(\Sigma x)(\Sigma y)}{n}=83.40$

(1) 상관계수 $r_{xy}=\dfrac{S(xy)}{\sqrt{S(xx)S(yy)}}=0.88549$

(2) 추정회귀방정식

$\hat{\beta}_1=\dfrac{S(xy)}{S(xx)}=0.565041,\ \hat{\beta}_0=\overline{y}-\hat{\beta}_1\,\overline{x}=-0.967480$

$\therefore\ \hat{y}=-0.96748+0.56504x$

(3) $E(Z)=Z\pm u_{1-\alpha/2}\sqrt{V(Z)}=Z\pm u_{1-\alpha/2}\dfrac{1}{\sqrt{n-3}}$ 에서

$\rho=\tanh\left(\tanh^{-1}r\pm u_{1-\alpha/2}\dfrac{1}{\sqrt{n-3}}\right)=\tanh\left(\tanh^{-1}0.885494\pm 1.96\ \dfrac{1}{\sqrt{7}}\right)$

$\therefore\ 0.57826\le\rho\le 0.97277$

15_ (1) $\overline{X_L}=m_0-G_0\sigma=10-0.95\times 1=9.050(\text{mg})$

(2) $K_{L(m)}=\dfrac{\sqrt{n}\,(\overline{X_L}-m)}{\sigma}=\dfrac{\sqrt{3}\,(9.050-9.0)}{1.0}=0.0867\fallingdotseq 0.09$

$\therefore\ L(m)=0.4641$

16_(1)

번호	N	샘플 문자	n	당초 Ac	As (검사 전)	적용하는 Ac	부적합품수	합부 판정	As (검사 후)	전환 점수	샘플링 검사의 엄격도
7	250	G	32	1/2	5	0	0	합격	5	2	보통 검사로 속행
8	200	G	32	1/2	10	1	1	합격	0	4	보통 검사로 속행
9	400	H	50	1	7	1	0	합격	7	6	보통 검사로 속행
10	80	E	13	0	7	0	0	합격	7	8	보통 검사로 속행
11	100	F	20	1/3	10	1	1	합격	0	10	보통 검사로 속행

(2) 보통 검사에서 수월한 검사로 넘어갈 조건에 만족하지 않으므로 로트번호 12는 보통검사를 실시한다.

기출유사문제 [2018년 4회 품질경영기사 실기]

01 재료 A와 재료 B로 만든 각 스프링의 강도를 측정하여 아래의 데이터를 얻었다고 할 때, 모평균 차가 있다고 할 수 있겠는가를 검정하시오.(단, 모분산은 모르나 ${\sigma_A}^2 = {\sigma_B}^2$가 성립하고, 유의수준은 5%로 한다.)

A	73.4	77.0	73.7	73.3	73.1	71.5	74.5	77.5	76.4	77.7
B	68.7	71.4	69.8	75.3	71.3	72.7	66.9	70.2		

02 나일론 실의 방사과정에서 일정 시간 동안에 사절수가 어떤 인자에 크게 영향을 받는가를 대략적으로 알아보기 위하여 4인자 A(연신온도), B(회전수), C(원료의 종류), D(연신비)를 각각 다음과 같이 4수준으로 잡고 총 16회 실험을 4×4 그레코라틴방격법으로 행하였다. 다음 물음에 답하시오.(단, $S_T = 844.93750$, $CT = 4{,}064.0625$)

	A_1	A_2	A_3	A_4
B_1	$C_2D_3(15)$	$C_1D_1(4)$	$C_3D_4(8)$	$C_4D_2(19)$
B_2	$C_4D_1(5)$	$C_3D_3(19)$	$C_1D_2(9)$	$C_2D_4(16)$
B_3	$C_1D_4(15)$	$C_2D_2(16)$	$C_4D_3(19)$	$C_3D_1(17)$
B_4	$C_3D_2(19)$	$C_4D_4(26)$	$C_2D_1(14)$	$C_1D_3(34)$

(1) 분산분석표를 작성하시오.

(2) 검정을 행하시오.(유의수준 5%)

(3) 최적수준조합에 대한 신뢰도 95% 구간추정을 실시하시오.

03 어떤 공정에서 원료의 상태에 따라서 제품의 품질특성치에 큰 영향을 미치고 있는데 그 원료는 A, B 두 회사로부터 납품되고 있다. 이 두 회사의 원료에 대해서 제품에 미치는 부적합품률(회사 A, B의 부적합품률은 각각 P_A, P_B라 가정한다.)에 차이가 있으면 좋은 쪽 회사의 원료를 더 많이 구입하거나 나쁜 쪽 회사에 대해서는 감가를 요구하고 싶다. 부적합품률의 차를 조사하기 위하여 회사 A, 회사 B의 원료로 만들어진 제품 중에서 랜덤하게 각각 100개, 120개의 제품을 추출하여 부적합품 개수를 파악하였더니 각각 12개, 3개였다.

(1) 가설 $H_0 : P_A = P_B$, $H_1 : P_A \neq P_B$를 $\alpha = 0.05$에서 검정하시오.

(2) $(P_A - P_B)$에 대한 95% 신뢰구간을 구하시오.

04 금속판의 표면 경도 상한 규격치가 로크웰 경도 68 이하로 규정되었을 때 로크웰 경도 68을 넘는 것이 0.5% 이하인 로트는 통과시키고 그것이 4% 이상인 로트는 통과시키지 않도록 하는 계량규준형 1회 샘플링검사 방식이다. 물음에 답하시오.(단, $\alpha = 0.05$, $\beta = 0.10$, $\sigma = 3$이다.)

(1) n

(2) $\overline{X_U}$

05 어떤 기계의 평균수명을 분석하고자 10개를 샘플링하여 500시간 동안 실험한 결과 고장이 전혀 발생되지 않았다고 할 때, 물음에 답하시오.

(1) 신뢰수준 90%로 추정했을 때 평균수명은 최소한 얼마 이상이라 할 수 있겠는가?

(2) 사용시간 500시간에서 신뢰도를 구하시오.

06 다음은 A : 모수요인, B : 변량요인으로 반복이 있는 2요인실험의 분산분석표이다. 변량요인의 분산($\sigma_B{}^2$)을 추정하시오.

요인	SS	DF	MS
A	327	3	109
B	181	2	90.5
$A \times B$	35	6	5.8
e	305	12	25.4
T	848	23	

07 $L_8 2^7$의 직교배열표를 이용하여 아래 표와 같이 인자를 배치하고 실험데이터를 얻었을 때 아래 물음에 답하시오.

배치			A		B			실험데이터 x_i
No＼열번	1	2	3	4	5	6	7	
1	1	1	1	1	1	1	1	$x_1 = 9$
2	1	1	1	2	2	2	2	$x_2 = 12$
3	1	2	2	1	1	2	2	$x_3 = 8$
4	1	2	2	2	2	1	1	$x_4 = 15$
5	2	1	2	1	2	1	2	$x_5 = 16$
6	2	1	2	2	1	2	1	$x_6 = 20$
7	2	2	1	1	2	2	1	$x_7 = 13$
8	2	2	1	2	1	1	2	$x_8 = 13$
기본표시	a	b	ab	c	ac	bc	abc	$\Sigma x = 106$

(1) 만약 A, B의 교호작용이 존재한다면, 요인 C가 배치될 수 없는 열은?

(2) 요인 A의 주효과를 구하시오.

(3) 교호작용 $A \times B$의 제곱합을 구하시오.

08 두 변수 x와 y에 대하여 12개의 데이터의 변동값을 조사하였더니 다음과 같았다. 물음에 답하시오(분포값은 부표를 이용할 것).

$n = 12$ $S(xx) = 10$ $S(yy) = 30$ $S(xy) = 13$

(1) 시료의 상관계수를 구하시오.

(2) 분산분석표를 작성하고, 귀무가설 : $\beta_1 = 0$, 대립가설 : $\beta_1 \neq 0$에 대한 검정을 행하시오(단, 유의수준 5%).

09 같은 부품이 50씩 들어 있는 100개의 상자가 있다. 이 로트에서 각 부품들의 평균무게 μ를 알고 있다. 상자 간의 무게의 산포를 σ_b = 0.8kg이라 하고, 상자 내 부품 간의 산포를 σ_w = 0.5kg이라고 하자. 이때 5상자를 랜덤하게 뽑고 그 가운데서 4개의 부품을 랜덤하게 샘플링하여 모두 20개의 부품이 샘플링되었다. 다음 물음에 답하시오.

(1) 각각의 부품의 무게를 측정할 때 측정오차를 무시할 수 있다면(즉 σ_m = 0) 분산은 얼마인가?

(2) 위의 (1)의 질문에서 만약 분석의 정밀도 σ_m = 0.4kg이라면 신뢰도 95%에서 추정정밀도는 얼마인가?

10 계수값 축차 샘플링검사(KS Q ISO 8422)에서 $PRQ = 1\%$, $CRQ = 8\%$, $\alpha = 5\%$, $\beta = 10\%$을 만족하는 KS Q ISO 8422의 부적합품률 검사를 위한 계수값 축차 샘플링 검사방식을 설계하려 한다. 물음에 답하시오(부록의 표값을 사용할 것).

(1) 중지값(n_t)을 구하시오.

(2) 중지값에 따른 합격판정선과 불합격판정선을 구하시오.

11 A사는 어떤 부품의 수입검사에 계수값 샘플링 검사인 KS Q ISO 2859–1의 보조표인 분수샘플링 검사를 적용하고 있다. 적용조건은 AQL = 1.0%, 통상검사수준 II에서 엄격도는 보통검사, 샘플링 형식은 1회로 시작하였다. 다음 물음에 답하시오.

(1) 다음 표의 ( ) 안을 로트별로 완성하시오.

로트 번호	N	샘플 문자	n	당초의 Ac	합부판정 점수 (검사 전)	적용하는 Ac	부적합품 수 d	합부판정	합부판정 점수 (검사 후)	전환 점수
1	200	G	32	1/2	5	0	1	불합격	0	0
2	250	G	32	1/2	5	0	0	합격	5	2
3	600	(①)	(③)	(⑤)	(⑦)	(⑨)	1	(⑪)	(⑬)	(⑮)
4	80	(②)	(④)	(⑥)	(⑧)	(⑩)	0	(⑫)	(⑭)	(⑯)
5	120	F	20	1/3	3	0	0	합격	3	9

(2) 로트번호 5의 검사 결과 다음 로트에 적용되는 로트번호 6의 엄격도를 결정하시오.

12 어떤 제품의 형상모수(m)가 1.2, 척도모수(η)가 2,200시간, 위치모수는 0인 와이블분포를 따를 때 사용시간 $t = 500$에서 다음 물음에 답하시오.

(1) 신뢰도($R(t)$)를 구하시오.

(2) 고장률($\lambda(t)$)을 구하시오.

(3) 만약 이 부품의 신뢰도를 90% 이상으로 유지하는 사용시간(t_0)을 구하시오.

13 $\bar{x}-R$관리도에서 $\bar{\bar{x}} = 130$, $\sigma = 15$, $n = 4$, $k = 25$일 때 $\bar{x}$관리도의 $U_{CL} = 152.5$, $L_{CL} = 107.5$로 되어 있을 때 다음 사항에 답하시오.

(1) 규격이 100~160이라면 규격에 대한 부적합품률을 구하시오.

(2) 공정평균이 U_{CL} 쪽으로 1σ만큼 이동했을 때 검출력은?

14 품질경영시스템(ISO 9000 : 2015) – 기본사항과 용어에서 나타낸 것이다. 다음의 설명에 대하여 용어를 적으시오.

(1) 요구사항을 명시한 문서
(2) 조직의 품질경영시스템에 대한 문서
(3) 특정 대상에 대해 적용시점과 책임을 정한 절차 및 연관된 자원에 관한 시방서
(4) 달성된 결과를 명시하거나 수행한 활동의 증거를 제공하는 문서
(5) 규정된 요구사항이 충족되었음을 객관적 증거 제시를 통해 확인하는 것

15 반복성과 재현성에 대하여 설명하시오.

16 다음 그림과 같이 결합된 시스템에서, 각 부품의 고장률은 시간당 $\lambda_A = 2.0 \times 10^{-4}$, $\lambda_B = 3.0 \times 10^{-4}$, $\lambda_C = 5.0 \times 10^{-4}$, $\lambda_D = 7.0 \times 10^{-4}$이고, 지수분포를 따른다고 가정할 때, 500시간 사용하였을 경우 시스템의 전체신뢰도를 계산하시오.

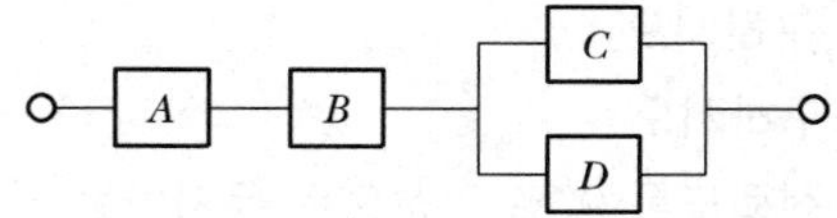

기출유사문제풀이 [2018년 4회 품질경영기사 실기]

01 _ σ가 미지일 때 $(\sigma_A{}^2=\sigma_B{}^2)$ 두 조 모평균 차의 양측 검정

$$\left(V=\frac{S_A+S_B}{n_A+n_B-2}=\frac{42.3890+45.44875}{10+8-2}=5.489859\right)$$

① 가설 : $H_0: \mu_A=\mu_B$, $H_1: \mu_A\neq\mu_B$

② 검정통계량 : $t_0=\dfrac{\overline{x_A}-\overline{x_B}}{\sqrt{V\left(\dfrac{1}{n_A}+\dfrac{1}{n_B}\right)}}=\dfrac{74.810-70.7875}{\sqrt{5.489859\left(\dfrac{1}{10}+\dfrac{1}{8}\right)}}=3.6193$

③ 기각역 : $t_0>t_{1-\alpha/2}(n_A+n_B-2)=2.120$이면 H_0를 기각한다.

④ 판정 : $t_0=3.6193>t_{0.975}(16)=2.120$

∴ $\alpha=0.05$로 H_0를 기각한다. 즉, 재료 A와 재료 B의 모평균차가 있다고 할 수 있다.

02 _ (1) 분산분석표 작성

① $S_A=\sum_i\dfrac{T_{i...}{}^2}{k}-CT=\dfrac{1}{4}\{54^2+65^2+50^2+86^2\}-CT=195.18750$

② $S_B=\sum_j\dfrac{T_{.j..}{}^2}{k}-CT=\dfrac{1}{4}\{46^2+49^2+67^2+93^2\}-CT=349.68750$

③ $S_C=\sum_k\dfrac{T_{..k.}{}^2}{k}-CT=\dfrac{1}{4}\{62^2+61^2+63^2+69^2\}-CT=9.68750$

④ $S_D=\sum_m\dfrac{T_{...m}{}^2}{k}-CT=\dfrac{1}{4}\{40^2+63^2+87^2+65^2\}-CT=276.68750$

⑤ $S_e=S_T-(S_A+S_B+S_C+S_D)=844.93750-(S_A+S_B+S_C+S_D)=13.68750$

⑥ 자유도계산

$\nu_A=\nu_B=\nu_C=\nu_D=k-1=3,\ \nu_e=(k-1)(k-3)=3$

요인	SS	DF	MS	F_0	$F_{0.95}$
A	195.18750	3	65.0625	14.260*	9.28
B	349.68750	3	116.5625	25.548*	9.28
C	9.68750	3	3.22917	0.708	9.28
D	276.68750	3	92.22917	20.215*	9.28
e	13.68750	3	4.5625		
T	844.93750	15			

(2) 검정

$F_A = 14.260 > F_{0.95} = 9.28$

$F_B = 25.548 > F_{0.95} = 9.28$

$F_C = 0.708 < F_{0.95} = 9.28$

$F_D = 20.215 > F_{0.95} = 9.28$

∴ 유의수준 5%에서 인자 A, B, D가 유의하다.

(3) 구간추정

망소특성이고, 인자 A, B, D가 유의하므로, 최적수준조합은 $\mu(A_3B_1D_1)$가 된다.

$$\hat{\mu}(A_3B_1D_1) = \left(\bar{x}_{3...} + \bar{x}_{.1..} + \bar{x}_{...1} - 2\bar{\bar{x}}\right) \pm t_{1-\alpha/2}(3)\sqrt{\frac{V_e}{n_e}}$$

$$= \left(\frac{50}{4} + \frac{46}{4} + \frac{40}{4} - 2\times\frac{255}{16}\right) \pm 3.182\times\sqrt{\frac{4.5625}{1.60}}$$

$$= (-3.24831 \sim 7.49831) = (-,\ 7.49831)$$

(단, 유효반복수 $n_e = \frac{k^2}{3k-2} = \frac{16}{10} = 1.60$)

03_(1) $\hat{p}_A = \frac{x_A}{n_A} = \frac{12}{100} = 0.120$, $\hat{p}_B = \frac{x_B}{n_B} = \frac{3}{120} = 0.025$, $\hat{p} = \frac{x_A + x_B}{n_A + n_B} = \frac{12+3}{100+120} = 0.068182$

① $H_0 : P_A = P_B$ $\quad$ $H_1 : P_A \neq P_B$

② $u_0 = \dfrac{\hat{p}_A - \hat{p}_B}{\sqrt{\hat{p}(1-\hat{p})\left(\frac{1}{n_A} + \frac{1}{n_B}\right)}} = \dfrac{0.120 - 0.025}{\sqrt{0.068182(1-0.068182)\left(\frac{1}{100} + \frac{1}{120}\right)}} = 2.784$

③ $u_0 = 2.784 > 1.96$이므로 $\alpha = 0.05$로 H_0는 기각된다.

(2) $(\hat{p}_A - \hat{p}_B) \pm u_{1-\alpha/2}\sqrt{\frac{\hat{p}_A(1-\hat{p}_A)}{n_A} + \frac{\hat{p}_B(1-\hat{p}_B)}{n_B}}$

$$= (0.120 - 0.025) \pm u_{0.975}\sqrt{\frac{0.120\times0.880}{100} + \frac{0.025\times0.975}{120}}$$

$$= 0.095 \pm 0.069549 = (0.02545 \sim 0.16455)$$

04_ $U=68,\ K_{0.005}=2.576,\ K_{0.04}=1.751,\ K_{0.05}=1.645,\ K_{0.10}=1.282$

(1) $n=\left(\dfrac{K_\alpha+K_\beta}{K_{P_0}-K_{P_1}}\right)^2=\left(\dfrac{1.645+1.282}{2.576-1.751}\right)^2=12.587444=13$ (개)

(2) 합격판정계수 $k=\dfrac{K_{P_0}K_\beta+K_{P_1}K_\alpha}{K_\alpha+K_\beta}=\dfrac{2.576\times1.282+1.751\times1.645}{1.645+1.282}=2.112343$

$\therefore\ \overline{X_U}=U-k\sigma=68-2.112343\times3=61.66297$

05_ (1) $MTBF_L=\dfrac{T}{2.3}=\dfrac{10\times500}{2.3}=2{,}173.91304$(시간)

(2) $R(t=500)=e^{-\frac{t}{MTBF}}=e^{-\frac{500}{2.173.91304}}=0.79453$

06_ $\widehat{\sigma_B}^2=\dfrac{V_B-V_e}{lr}=\dfrac{90.5-25.4}{4\times2}=8.1375$

07_ (1) A의 기본표시가 ab, B의 기본표시가 ac이므로

$A\times B=ab\times ac=a^2bc=bc$

∴ 요인 C가 배치될 수 없는 열은 3, 5, 6열이 된다.

(2) 요인 A의 주효과

$A=\dfrac{1}{4}[(8+15+16+20)-(9+12+13+13)]=3.0$

(3) 교호작용 $A\times B$의 제곱합

$S_{A\times B}=S_{6열}=\dfrac{1}{8}[(12+8+20+13)-(9+15+16+13)]^2=0$

08_ (1) 시료의 상관계수

$r=\dfrac{S(xy)}{\sqrt{S(xx)S(yy)}}=\dfrac{13}{\sqrt{10\times30}}=0.75056$

(2) 분산분석표 작성 및 검정

$$S_R = \frac{S(xy)^2}{S(xx)} = \frac{13^2}{10} = 16.90$$

요인	SS	DF	MS	F_0	$F_{0.95}$
회귀	16.90	1	16.90	12.901*	4.96
잔차	13.10	10	1.310		
계	30	11			

∴ 유의수준 5%로 귀무가설을 기각한다. 즉, 회귀직선은 유의하다고 할 수 있다.

09_ 2단계 샘플링인 경우($M=100,\ m=5,\ \bar{n}=4$)

(1) $V(\bar{x}) = \dfrac{{\sigma_w}^2}{m\bar{n}} + \dfrac{{\sigma_b}^2}{m} = \dfrac{0.5^2}{5\times4} + \dfrac{0.8^2}{5} = 0.14050(\text{kg})$

(2) $\beta_{\bar{x}} = \pm u_{1-\alpha/2}\sqrt{\dfrac{{\sigma_w}^2}{m\bar{n}} + \dfrac{{\sigma_b}^2}{m} + \dfrac{{\sigma_m}^2}{20}} = \pm 1.96\sqrt{\dfrac{0.5^2}{5\times4} + \dfrac{0.8^2}{5} + \dfrac{0.4^2}{20}} = \pm 0.75530(\text{kg})$

10_ (1) 부표에서 $h_A = 1.046,\ h_R = 1.343,\ g = 0.0341$

중지값$(n_t) = \dfrac{2h_Ah_R}{g(1-g)} = \dfrac{2\times1.046\times1.343}{0.0341\times(1-0.0341)} = 85.30042 = 86$(개)

(2) 합부판정선

합격판정선 $A_t = gn_t = 0.0341\times86 = 2.93260 = 2$

불합격판정선 $R_t = A_t + 1 = 3$

11_

로트 번호	N	샘플 문자	n	당초의 Ac	합부판정 점수 (검사 전)	적용하는 Ac	부적합품 수 d	합부판정	합부판정 점수 (검사 후)	전환 점수
1	200	G	32	1/2	5	0	1	불합격	0	0
2	250	G	32	1/2	5	0	0	합격	5	2
3	600	(J)	(80)	(2)	(12)	(2)	1	(합격)	(0)	(5)
4	80	(E)	(13)	(0)	(0)	(0)	0	(합격)	(0)	(7)
5	120	F	20	1/3	3	0	0	합격	3	9

(2) 로트번호 6은 보통검사를 실시한다.

12_ (1) 신뢰도($t=500$일 때)

$$R(t=500)=e^{-\left(\frac{t-r}{\eta}\right)^m}=e^{-\left(\frac{500-0}{2,200}\right)^{1.2}}=0.84452$$

(2) 고장률($t=500$일 때)

$$\lambda(t=500)=\left(\frac{m}{\eta}\right)\left(\frac{t-r}{\eta}\right)^{m-1}=\left(\frac{1.2}{2,200}\right)\left(\frac{500-0}{2,200}\right)^{1.2-1}=0.00041(/\text{시간})$$

(3) $R(t)\le e^{-\left(\frac{t-r}{\eta}\right)^m}=e^{-\left(\frac{t}{2,200}\right)^{1.2}}$, $0.90\le e^{-\left(\frac{t}{2,200}\right)^{1.2}}$

양변에 ln을 취하면, $\ln 0.90\le -\left(\frac{t}{2,200}\right)^{1.2}$

$(-\ln 0.90)^{\frac{1}{1.2}}\ge\left(\frac{t}{2,200}\right)$

$t\le 337.27767$ (시간)

∴ 신뢰도를 90% 이상으로 유지하기 위해서는 사용시간이 337.27767 이하가 되어야 한다.

13_ (1) 부적합품률

① 규격 상한치 밖으로 벗어날 확률

$$u=\frac{U-\mu}{\sigma}=\frac{160-130}{15}=2.0$$

② 규격 하한치 밖으로 벗어날 확률

$$u=\frac{L-\mu}{\sigma}=\frac{100-130}{15}=-2.0$$

∴ $P_r(x)=P_r(u>2.0)+P_r(u<-2.0)=2\times 0.0228=0.0456\,(4.56\%)$

(2) 검출력($1-\beta$)

1σ만큼 이동한 관리도의 평균은 $\overline{\overline{x}}'=\overline{\overline{x}}+1\sigma=130+15=145$

U_{CL} 밖으로 벗어날 확률 : $u=\frac{U_{CL}-\overline{\overline{x}}'}{\sigma/\sqrt{n}}=\frac{152.5-145}{15/\sqrt{4}}=1.00$

L_{CL} 밖으로 벗어날 확률 : $u = \dfrac{L_{CL} - \overline{\overline{x}}'}{\sigma / \sqrt{n}} = -5.00$

$\therefore\ 1 - \beta = P_r(u > 1.00) + P_r(u < -5.00) = 0.1587 + 0.0^5 2867 = 0.1587$

14_ (1) 시방서
(2) 품질매뉴얼
(3) 품질계획서
(4) 기록
(5) 검증

15_ (1) 반복성
측정기계의 산포로 동일한 작업자가 동일한 측정기로 동일한 제품을 측정할 때 발생하는 오차

(2) 재현성
측정자 간의 차이로 동일한 계측기로 동일한 제품을 측정할 때 측정자 간에 발생하는 오차

16_ 시스템의 신뢰도

$$R_s = R_A \times R_B \times [1-(1-R_C)(1-R_D)]$$
$$= e^{-2.0\times10^{-4}\times500} \times e^{-3.0\times10^{-4}\times500} \times \left[1-\left(1-e^{-5.0\times10^{-4}\times500}\right)\left(1-e^{-7.0\times10^{-4}\times500}\right)\right]$$
$$= e^{-0.1} \times e^{-0.15} \times \left[1-\left(1-e^{-0.25}\right)\left(1-e^{-0.35}\right)\right] = 0.72793$$

기출유사문제 [2018년 1회 품질경영산업기사 실기]

01 어떤 제품을 실험할 때 반응압력 A를 4수준, 반응시간 B를 3수준으로 하여 데이터를 구한 결과 다음 표를 얻었다. 물음에 답하시오.(단, 데이터는 망대특성이다.)

인자B \ 인자A	A_1	A_2	A_3	A_4
B_1	11.8	12.8	13.3	13.9
B_2	12.2	12.5	13.5	13.9
B_3	13.9	13.3	14.1	14.8

(1) 분산분석표를 작성하시오.

(2) $\mu(A_1)$에 대하여 신뢰율 95%로서 구간추정을 행하시오.

(3) $\mu(A_1)$과 $\mu(A_3)$의 차를 신뢰율 95%로서 구간추정을 행하시오.

(4) $\mu(A_3B_2)$의 수준조합에 대하여 신뢰율 95%로서 구간추정을 행하시오.

02 어느 재료의 인장강도가 75kg/mm^2 이상으로 규정된 경우, 즉 계량 규준형 1회 샘플링 검사에서 $n=5$, $k=2.09$의 값을 얻었다. 물음에 답하시오.(단, 표준편차 $\sigma=2$kg/mm^2)

(1) 하한 합격판정치($\overline{X_L}$)를 구하시오.

(2) 다음 데이터를 합격판정치와 비교하여 로트의 합부를 결정하시오.

79.0	75.5	77.5	79.5	76.5

03 5행(S)에 대해 적으시오.

04 QC의 기본 7가지 도구 중 6가지를 쓰시오.

05 이산확률분포에서 부적합품률이 8%, $N=50$인 로트에서 랜덤하게 시료 5개를 샘플링하였을 때 그 시료 중에 부적합품이 1개 이상 나올 확률을 구하시오.

(1) 초기하분포
(2) 이항분포
(3) 푸아송분포

06 어떤 회로에 사용되는 반도체의 소성수축률은 지금까지 장기간에 걸쳐서 관리상태에 있으며 그 분산은 0.12%이다. 원가절감을 위해 A회사의 원료를 사용하는 것이 어떤가를 검토하고 있는데, A회사의 원료의 소성수축률을 시험하였더니 [데이터]와 같았다. 다음 물음에 답하시오.

[데이터] 11.25 10.75 11.50 11.00 10.50 12.25 11.75 10.75 11.50 11.25

(1) 소성수축률의 산포가 지금까지의 값에 비해 달라졌는가의 여부를 유의수준 5%로 검정하시오.
(2) 모분산값을 신뢰율 95%로 구간추정하시오.

07 P관리도에서 공정의 부적합품률이 $P=3\%$인 것을 알고 있다면, 군의 크기, 즉 시료는 얼마에서 얼마 정도로 뽑는 것이 적당한가?

08 다음 내용은 ISO 9000 시리즈에서 정의하고 있는 어떤 용어에 대한 설명인가?

(1) 최고경영자에 의해 공식적으로 표명된 품질 관련 조직의 전반적인 의도 및 방향으로서 품질에 관한 방침 (　　)

(2) 품질 요구사항이 충족될 것이라는 신뢰를 제공하는 데 중점을 둔 품질경영의 일부 (　　)

(3) 조직의 품질경영시스템에 대한 문서 (　　)

(4) 특정 대상에 대해 적용시점과 책임을 정한 절차 및 연관된 자원에 관한 시방서 (　　)

(5) 요구사항을 명시한 문서 (　　)

09 금속가공품을 제조하고 있는 공장에서 QC서클이 활약하고 있다. 1로트당 부적합품 항목에 따른 부적합품 수를 조사한 결과는 다음 표와 같다. 파레토 그림을 그리시오.

부적합 항목	부적합품 수
재　　료	7
치　　수	35
거　　칠	95
형　　상	56
기　　타	23

10 어떤 공정에서 생산되는 제품 로트 크기에 따라서 생산에 소요되는 시간을 측정하였더니 다음과 같은 분산분석표가 도출되었다. 다음 물음에 답하시오.

요인	SS	DF	MS	F_0	$F_{1-\alpha}$
회귀	12,600.38462	1	12,600.38462	95.132	$F_{1-\alpha}(1,\ 8)=5.32$
잔차(오차)	1,059.61538	8	132.45192		
계	13,660.0	9			

(1) $H_0: \beta_1 = 0$, $H_1: \beta_1 \neq 0$를 검정하시오.

(2) 기여율을 구하시오.

(3) 상관계수를 구하시오.

11 원제품 1개당 평균무게가 100g이고 표준편차가 3g이다. 며칠 후 공정관리를 위하여 n=11개의 표본을 추출하여 측정한 결과 $\bar{x}=103$g이었으며 공정의 산포는 변하지 않았다면, 공정평균이 달라졌다고 할 수 있는가?($\alpha=5\%$)

12 계량규준형 1회 샘플링 검사 중 강재의 인장강도는 클수록 좋다고 할 때, 강제의 평균치가 46(kg/mm²) 이상인 로트는 통과시키고 그것이 43(kg/mm²) 이하인 로트는 통과시키지 않는다고 할 때 합격판정치를 구하시오.(단, $\sigma=4$(kg/mm²), 주어진 부표를 이용하시오.)

13 A사는 어떤 부품의 수입검사에 있어 KS Q ISO 2859-1을 사용하고 있다. 검토 후 $AQL=1.0\%$, 검사수준 Ⅲ으로 1회 샘플링 검사를 보통검사를 시작으로 연속 로트를 실시하였다. 다음 물음에 답하시오.

(1) 다음 공란을 채우시오.

번호	N	샘플 문자	n	Ac	Re	부적합품수	합부 판정	전환 점수	샘플링 검사의 엄격도
1	500	J	80	2	3	0	합격	3	보통검사로 시작
2	200	H	50	1	2	2	불합격	0	보통검사로 속행
3	250					1			
4	800					2			
5	700					4			

(2) 로트번호 6에서 샘플링 검사의 엄격도를 결정하시오.

14 제품 n = 200개를 취하여 히스토그램을 그려 보았더니 $\overline{x}$ = 132.8, s = 12.3을 얻었다. 만약 이 제품의 품질특성에 대하여 U = 140, L = 110이 주어져 있다고 한다면 최소공정능력지수(C_{pk})는 얼마인지 구하시오.

15 에나멜 동선의 도장공정을 관리하기 위하여 핀홀의 수를 조사하였다. 시료의 길이가 종류에 따라 변하므로 시료 1,000m당 핀홀의 수를 사용하여 u관리도를 작성하고자 다음과 같은 데이터 시료를 얻었다. 다음 물음에 답하시오.

시료군의 번호	1	2	3	4	5	6	7	8	9	10
시료의 크기(n) (1,000m)	1.0	1.0	1.0	1.3	1.3	1.0	1.0	1.3	1.3	1.3
핀홀의 수	5	3	3	2	2	4	3	4	2	4

(1) 관리한계선을 구하시오.

(2) (1)의 관리한계를 활용하여 관리도를 작성하고 판정하시오.

기출유사문제풀이 [2018년 1회 품질경영산업기사 실기]

01 _ (1) 분산분석표 작성

① $CT = \frac{T^2}{lm} = \frac{(160.0)^2}{12} = 2,133.33333$

② $S_T = \sum_i \sum_j x_{ij}{}^2 - CT = 2,141.68 - CT = 8.34667$

③ $S_A = \sum_i \frac{T_i.{}^2}{m} - CT = \frac{37.9^2 + 38.6^2 + 40.9^2 + 42.6^2}{3} - CT = 4.64667$

④ $S_B = \sum_j \frac{T._j{}^2}{l} - CT = \frac{51.8^2 + 52.1^2 + 56.1^2}{4} - CT = 2.88167$

⑤ $S_e = S_T - S_A - S_B = 0.81833$

⑥ $\nu_T = lm - 1 = 11,\ \nu_A = l - 1 = 3,\ \nu_B = m - 1 = 2,\ \nu_e = 6$

요인	SS	DF	MS	F_0	$F_{0.95}$
A	4.64667	3	1.54889	11.356*	4.76
B	2.88167	2	1.44084	10.564*	5.14
e	0.81833	6	0.13639		
T	8.34667	11			

∴ 인자 A, B 모두 유의수준 5%로 유의하다. 즉, 이 실험에서 반응압력(A), 반응시간(B) 모두가 영향을 미치고 있음을 알 수 있다.

(2) $\mu(A_1)$의 구간추정

$$\bar{x}_i. \pm t_{1-\alpha/2}(\nu_e)\sqrt{\frac{V_e}{m}}$$

$$= \bar{x}_1. \pm t_{0.975}(6)\sqrt{\frac{0.13639}{3}}$$

$$= \frac{37.9}{3} \pm 2.447 \times \sqrt{\frac{0.13639}{3}}$$

$$\therefore\ 12.11158 \le \mu(A_1) \le 13.15508$$

(3) $\mu(A_1)$과 $\mu(A_3)$ 차의 구간추정

$$|\bar{x}_i. - \bar{x}_{i'}.| \pm t_{1-\alpha/2}(\nu_e)\sqrt{\frac{2V_e}{m}}$$

$$|\bar{x}_1. - \bar{x}_3.| \pm t_{0.975}(6)\sqrt{\frac{2V_e}{3}}$$

$$\left|\frac{37.9}{3} - \frac{40.9}{3}\right| \pm 2.447 \times \sqrt{\frac{2 \times 0.13639}{3}}$$

$\therefore\ 0.26213 \sim 1.73787$

(4) $\mu(A_3B_2)$의 구간추정

$$\hat{\mu}(A_3B_2) = \left(\bar{x}_{3\cdot} + \bar{x}_{\cdot 2} - \bar{\bar{x}}\right) \pm t_{1-\alpha/2}(\nu_e)\sqrt{\frac{V_e}{n_e}}\ \left(\because\ n_e = \frac{lm}{l+m-1} = \frac{12}{6} = 2\right)$$

$$= \left(\frac{40.9}{3} + \frac{52.1}{4} - \frac{160.0}{12}\right) \pm t_{0.975}(6)\sqrt{\frac{0.13639}{2}}$$

$$= 13.325 \pm 2.447 \times \sqrt{\frac{0.13639}{2}}$$

$$\therefore\ 12.68599 \le \mu(A_3B_2) \le 13.96401$$

02_ (1) $\overline{X_L} = L + k\sigma = 75 + 2.09 \times 2 = 79.18(\text{kg/mm}^2)$

(2) $\bar{x} = \dfrac{\Sigma x_i}{n} = \dfrac{388.0}{5} = 77.60(\text{kg/mm}^2)$

$\therefore\ \bar{x} = 77.60 < \overline{X_L} = 79.18$이므로 로트를 불합격시킨다.

03_ 정리, 정돈, 청소, 청결, 습관화

04_ ① 층별(Stratification)
② 체크시트(Check sheet)
③ 파레토도(Pareto diagram)
④ 특성요인도(Characteristic diagram)
⑤ 히스토그램(Histogram)
⑥ 산점도(Scatter diagram)
⑦ 각종 그래프(관리도 포함)

05_

(1) $P_r(x \geq 1) = 1 - P_r(x=0) = 1 - \dfrac{\binom{4}{0}\binom{46}{5}}{\binom{50}{5}} = 0.35304$

(2) $P_r(x \geq 1) = 1 - P_r(x=0) = 1 - {}_5C_0\, 0.08^0 (1-0.08)^{5-0} = 0.34092$

(3) $P_r(x \geq 1) = 1 - P_r(x=0) = 1 - \dfrac{e^{-0.4} \times 0.4^0}{0!} = 0.32968$

06_

(1) ① 가설 : $H_0 : \sigma^2 = 0.12$ $\quad H_1 : \sigma^2 \neq 0.12$

② 검정통계량 : $\chi_0{}^2 = \dfrac{S}{\sigma_0{}^2} = \dfrac{(n-1) \times s^2}{\sigma_0{}^2} = \dfrac{2.50}{0.12} = 20.8333$

③ 기각역 : $\chi_0{}^2 < \chi_{\alpha/2}{}^2(\nu) = \chi_{0.025}{}^2(9) = 2.70$ 또는

$\chi_0{}^2 > \chi_{1-\alpha/2}{}^2(\nu) = \chi_{0.975}{}^2(9) = 19.02$이면 H_0를 기각한다.

④ 판정 : $\chi_0{}^2 > 19.02$이므로, H_0 기각, 즉 $\alpha = 0.05$로 소성수축률의 산포가 달라졌다고 할 수 있다.

(2) 구간추정

$\dfrac{S}{\chi_{1-\alpha/2}{}^2(\nu)} \leq \widehat{\sigma^2} \leq \dfrac{S}{\chi_{\alpha/2}{}^2(\nu)}$, $\dfrac{2.5}{19.02} \leq \widehat{\sigma^2} \leq \dfrac{2.5}{2.70}$

$\therefore\ 0.13144 \leq \sigma^2 \leq 0.92593$

07_

부적합품률(P) 관리도는 시료의 크기가 일정하지 아니할 때 사용하는 대표적인 계수치 관리도로서 일반적으로 각 군에서 부적합품이 1~5개 나올 정도가 되어야 한다.

즉, $n = \dfrac{1}{p} \sim \dfrac{5}{p}$

$\therefore\ n = \dfrac{1}{0.03} \sim \dfrac{5}{0.03} = (34 \sim 167)$ (개)

08_

(1) 품질방침 (2) 품질보증

(3) 품질매뉴얼 (4) 품질계획서 (5) 시방서

09_ (1) 부적합품 수를 크기순으로 나열해 보면

부적합 항목	부적합품 수	점유율(%)	누적 부적합품 수	누계점유율(%)
거　칢	95	43.98148	95	43.98148
형　상	56	25.92593	151	69.90741
치　수	35	16.20370	186	86.11111
재　료	7	3.24074	193	89.35185
기　타	23	10.6481	216	100

(2) 파레토 그림 작성

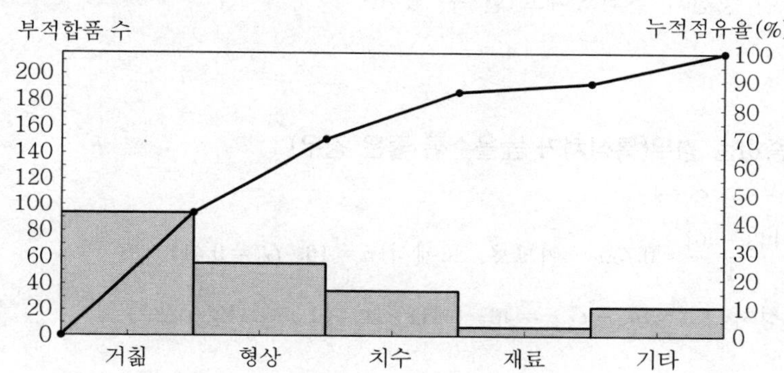

10_ (1) 회귀계수(β_1) 검정

$F_0 = 95.132 > F_{1-\alpha}(1,\ 8) = 5.32$

$\therefore$ H_0 기각, 회귀계수는 유의하다.

(2) 기여율(r^2) 계산

$$\text{기여율} = \frac{S_R}{S_T} \times 100 = \frac{12{,}600.38462}{13{,}660} \times 100 = 92.24293(\%)$$

(3) 상관계수 계산

상관계수$(r) = \pm\sqrt{r^2} = \pm\ 0.96043$

문제에서 로트크기에 따른 생산소요시간이므로 양의 상관을 한다고 볼 수 있다. 그러므로 정답은 0.96043이 된다.

11_ σ기지인 때의 1개 모평균에 대한 가설의 검정

① 가설 : $H_0 : \mu=100(\mu_0)$, $H_1 : \mu\neq 100$

② 유의수준 : $\alpha=0.05$

③ 검정통계량 : $u_0=\dfrac{\overline{x}-\mu_0}{\dfrac{\sigma}{\sqrt{n}}}=\dfrac{103-100}{\dfrac{3}{\sqrt{11}}}=3.317$

④ 기각역 : $u_0 > u_{1-\alpha/2}=1.96$ 이면 H_0를 기각한다.

⑤ 판정 : $u_0=3.317 > 1.96$

$\therefore \alpha=0.05$ 로 H_0는 기각된다(유의적이다).

즉, 공정평균이 종전과 달라졌다고 할 수 있다.

12_ 평균치를 보증하는 경우(특성치가 높을수록 좋은 경우)

$m_0=46,\ m_1=43,\ \sigma=4$

$\dfrac{|m_1-m_0|}{\sigma}=\dfrac{|43-46|}{4}=0.750$ 이므로, 표에서 $n=16,\ G_0=0.411$

하한 합격판정치$(\overline{X_L})=m_0-G_0\sigma=46-0.411\times 4=44.3560\,(\text{kg/mm}^2)$

13_ (1)

번호	N	샘플 문자	n	Ac	Re	부적합품 수	합부 판정	전환 점수	샘플링검사의 엄격도
1	500	J	80	2	3	0	합격	3	보통검사로 시작
2	200	H	50	1	2	2	불합격	0	보통검사로 속행
3	250	H	50	1	2	1	합격	2	보통검사로 속행
4	800	K	125	3	4	2	합격	5	보통검사로 속행
5	700	K	125	3	4	4	불합격	0	보통검사 중단

(2) 연속 5로트 중 2로트가 불합격되었으므로 로트번호 6은 까다로운 검사를 실시한다.

14_ $C_{pk}=C_{pkU}=\dfrac{U-\overline{x}}{3\sigma}=\dfrac{140-132.8}{3\times 12.3}=0.19512$

15_ (1) $C_L = \bar{u} = \frac{\Sigma c}{\Sigma n} = \frac{32}{11.5} = 2.78261$

① $n = 1.0$

$U_{CL} = \bar{u} + 3\sqrt{\frac{\bar{u}}{n}} = 7.78696$

$L_{CL} = \bar{u} - 3\sqrt{\frac{\bar{u}}{n}} = -2.22174 = -$ (고려하지 않음)

② $n = 1.3$

$U_{CL} = \bar{u} + 3\sqrt{\frac{\bar{u}}{n}} = 7.17171$

$L_{CL} = \bar{u} - 3\sqrt{\frac{\bar{u}}{n}} = -1.60649 = -$ (고려하지 않음)

(2) 관리도 작성 및 판정

① 관리도 작성

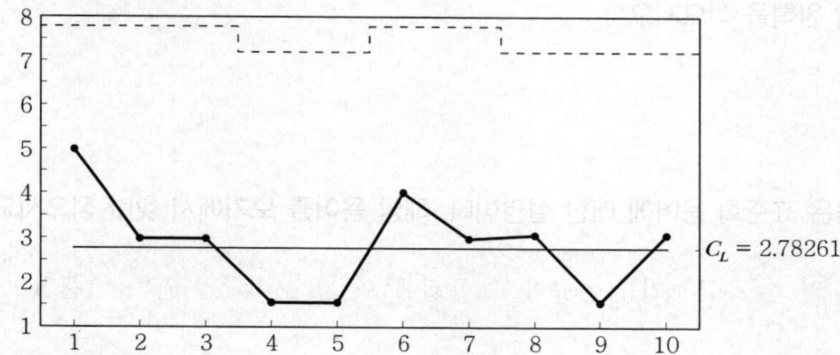

② 관리도 판정 : 관리이탈 및 습관성이 없으므로 관리상태에 있다고 할 수 있다.

기출유사문제 [2018년 2회 품질경영산업기사 실기]

01 어떤 제품을 실험할 때 반응압력 A를 4수준, 반응시간 B를 3수준인 반복이 없는 2요인 실험을 다음과 같이 실시하였다. 다음 물음에 답하시오.(단, 데이터는 망대특성이다.)

인자 B \ 인자 A	A_1	A_2	A_3	A_4
B_1	11.8	12.8	13.3	13.9
B_2	12.2	12.5	13.5	13.9
B_3	13.9	13.3	14.1	14.8

(1) 분산분석표를 작성하시오.

(2) 최적수준에 대하여 신뢰율 95%로서 구간추정하시오.

02 분임조 활동 시 분임토의 기법으로서 사용되고 있는 브레인스토밍(brainstorming)법의 4가지 원칙을 적으시오.

03 다음은 표준화 용어에 대한 설명이다. 해당 용어를 보기에서 찾아 적으시오.

[보기] 가규격 품질매뉴얼 시방 규격 품질

(1) 재료, 제품, 공구, 설비 등에 관하여 요구하는 특정한 형상, 제조, 치수, 성분, 능력, 정밀도, 성능, 제조방법 및 시험방법을 규정한 것이다. (　　　)

(2) 표준 중 주로 물건에 직접 또는 간접으로 관계되는 기술적 사항에 대하여 제정된 규정이다. (　　　)

(3) 조직의 품질경영시스템에 대한 문서이다. (　　　)

(4) 어떤 실체가 지니고 있는 명시적이고 묵시적인 요구를 만족시키는 능력에 관계되는 특성의 전체이다. (　　　)

(5) 정식규격 적용에 앞서 시험적으로 제정하여 적용하는 임시 규격을 말한다. (　　　)

04 다음은 카노의 품질요소에 대한 그림이다. 괄호 안을 채우시오.

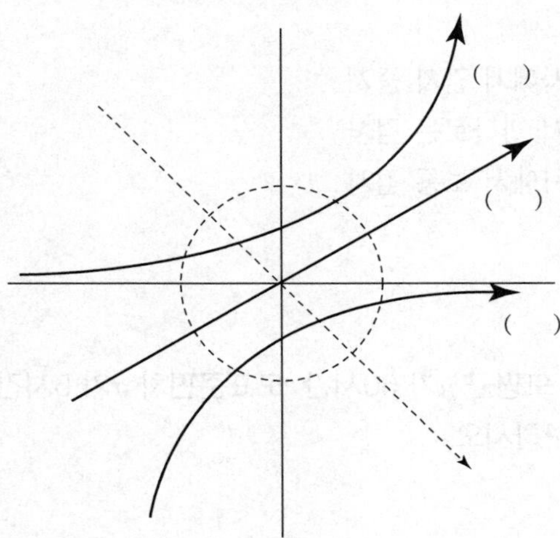

05 A사는 어떤 부품의 수입검사 시 KS Q ISO 2859-1을 사용하고 있다. 다음은 검토 후 $AQL = 1.5\%$, 검사수준 II로 1회 샘플링 검사로 로트번호 1.은 수월한 검사를 실시한 결과물이다. 다음 빈칸을 채우시오.

번호	N	샘플문자	n	Ac	Re	부적합품 수	합부판정	전환 점수	샘플링 검사의 엄격도
1	500	H	20	1	2	2	불합격	-	보통 검사로 전환
2	200					2			
3	250					1			
4	200					0			
5	250					1			
6	250					2			

06 한국산업규격의 구성에서 Q, S, R, I, T는 각각 무엇을 의미하는가?

07 KS Q ISO 2859－1의 검사의 엄격도 조정에 대한 내용이다. 엄격도 조정의 조건을 각각 적으시오.

(1) 까다로운 검사에서 검사 중지
(2) 검사 중지에서 까다로운 검사
(3) 까다로운 검사에서 보통 검사

08 A부품의 수명은 모평균 μ가 60시간, 모표준편차 σ가 5시간일 때 50시간 이하로 부품이 생산될 확률을 구하시오.

09 원제품 1개당 평균무게가 100g이고 표준편차가 미지이다. 며칠 후 공정관리를 위하여 n＝11개의 표본을 추출하여 측정한 결과 $\overline{x}$＝103g, s＝3.0g이었다. 다음 물음에 답하시오.

(1) 공정평균이 기존과 같다고 할 수 있는가?(α＝5%)
(2) 공정평균이 달라졌다면, 얼마로 달라졌는가를 신뢰율 95%로 구간추정하시오.

10 다음 표는 검사자에 대한 기억력 x와 판단력 y를 검사하여 얻은 데이터이다. 다음 물음에 답하시오.

기억력 x	11	10	14	18	10	5	12	7	15	16
판단력 y	6	4	6	9	3	2	8	3	9	7

(1) x와 y에 대한 공분산을 구하시오.
(2) x에 대한 y의 상관계수를 구하시오.
(3) x에 대한 y의 회귀방정식을 구하시오.
(4) 기여율을 구하시오.

11 계량규준형 1회 샘플링검사는 n개의 샘플을 취하고 그 측정치의 평균치 $\overline{x}$와 합격 판정치를 비교하여 로트의 합격 · 불합격을 판정하는 방법이다. 로트의 평균치를 보증하는 경우는 KS Q 0001(표준편차기지)에 규정되어 있다. 다음 표는 KS Q 0001의 부표로서, m_0, m_1이 주어졌을 때 n과 G_0를 구하는 표이다. 다음 물음에 답하시오.($\alpha = 0.05$, $\beta = 0.10$)

$\frac{\lvert m_1 - m_0 \rvert}{\sigma}$	n	G_0
2.069 이상	2	1.163
1.690~2.08	3	0.950
1.463~1.689	4	0.822
1.309~1.462	5	0.736
⋮	⋮	⋮
0.772~0.811	14	0.440
0.756~0.771	15	0.425
0.732~0.755	16	0.411

(1) 강재의 인장강도는 클수록 좋다. 강재의 평균치가 46(kg/mm²) 이상인 로트는 통과시키고 43(kg/mm²) 이하인 로트는 통과시키지 않는 $\overline{X_L}$을 구하시오.(단, $\sigma = 4$(kg/mm²)임을 알고 있다.)

(2) 로트에서 n개를 샘플링하여 구한 평균값이 45.02였다면 그 로트의 합격, 불합격을 판정하시오.

12 에나멜 동선의 도장공정을 관리하기 위하여 핀홀의 수를 조사하였다. 시료의 길이가 종류에 따라 변하므로 시료 1,000m당 핀홀의 수를 사용하여 u관리도를 작성하고자 다음과 같은 데이터 시료를 얻었다. 다음 물음에 답하시오.

시료군의 번호	1	2	3	4	5	6	7	8	9	10
시료의 크기 n (1,000m)	1.0	1.0	1.0	1.3	1.3	1.0	1.0	1.3	1.3	1.3
핀홀의 수	5	3	3	2	2	4	3	4	2	4

(1) 관리한계를 구하시오.

(2) (1)의 관리한계를 활용하여 관리도를 작성하고 판정하시오.

13 어떤 반응 공정의 사절 수를 줄여볼 목적으로 반응시간(A), 반응온도(B), 성분의 양(C)의 3가지 인자를 택해 4×4 라틴 방격의 실험을 하여 다음과 같은 데이터의 결과치를 얻었다. 다음 물음에 답하시오.

	$T_{i..}$	$\bar{x}_{i..}$	$T_{.j.}$	$\bar{x}_{.j.}$	$T_{..k}$	$\bar{x}_{..k}$
1	54	13.50	46	11.50	40	10.00
2	65	16.25	49	12.25	63	15.75
3	50	12.50	67	16.75	87	21.75
4	86	21.50	93	23.25	65	16.25
합계	$T=255$		$T=255$		$T=255$	

(1) 분산분석표를 완성하시오.

요인	SS	DF	MS	F_0	$F_{0.95}$
A	195.19	3			
B	349.69	3			
C	276.69	3			
e	23.33	6			
T	847.90	15			

(2) 가장 적게 하는 수준조합의 신뢰구간을 신뢰율 95%로 구하시오.

14 로트에서 5개의 시료를 샘플링하여 7회 측정하였다면, 분산은 얼마인가?(단, 샘플링오차 $\sigma_s = 0.05$, 측정오차 $\sigma_M = 0.03$이다.)

15 다음은 매 시간마다 실시되는 최종제품에 대한 샘플링 검사의 결과를 정리하여 얻은 데이터이다. 해석용 p관리도를 작성하고자 할 때, 군번호 6에서 중심선, 관리상한선, 관리하한선을 구하시오.(단, 소수점 두 자리까지 사용할 것, 단위 : %)

군 번 호	1	2	3	4	5	6	7	8	9	10
검사 개수	48	46	50	28	28	50	46	48	28	50
부적합품수	5	1	3	4	9	4	3	2	8	3

기출유사문제풀이 [2018년 2회 품질경영산업기사 실기]

01_ (1) 분산분석표 작성

① $CT=\frac{T^2}{lm}=\frac{(160.0)^2}{12}=2,133.33333$

② $S_T=\sum_i\sum_j x_{ij}{}^2-CT=2,141.68-CT=8.34667$

③ $S_A=\sum_i\frac{T_i.{}^2}{m}-CT=\frac{37.9^2+38.6^2+40.9^2+42.6^2}{3}-CT=4.64667$

④ $S_B=\sum_j\frac{T._j{}^2}{l}-CT=\frac{51.8^2+52.1^2+56.1^2}{4}-CT=2.88167$

⑤ $S_e=S_T-S_A-S_B=0.81833$

⑥ $\nu_T=lm-1=11,\ \nu_A=l-1=3,\ \nu_B=m-1=2,\ \nu_e=6$

요인	SS	DF	MS	F_0	$F_{0.95}$
A	4.64667	3	1.54889	11.356*	4.76
B	2.88167	2	1.44084	10.564*	5.14
e	0.81833	6	0.13639		
T	8.34667	11			

∴ 요인 A, B 모두 유의수준 5%로 유의하다. 즉, 이 실험에서 반응압력(A), 반응시간(B) 모두가 영향을 미치고 있음을 알 수 있다.

(2) 최적수준의 구간추정

망대특성이므로 최적수준은 $\mu(A_4B_3)$이다.

$$\hat{\mu}(A_4B_3)=\left(\bar{x}_{4}.+\bar{x}_{.3}-\bar{\bar{x}}\right)\pm t_{1-\alpha/2}(\nu_e)\sqrt{\frac{V_e}{n_e}}\quad\left(\because\ n_e=\frac{lm}{l+m-1}=\frac{12}{6}=2\right)$$

$$=\left(\frac{42.6}{3}+\frac{56.1}{4}-\frac{160.0}{12}\right)\pm t_{0.975}(6)\sqrt{\frac{0.13639}{2}}$$

$$=14.89167\pm 2.447\times\sqrt{\frac{0.13639}{2}}$$

$\therefore\ 14.25266\le\mu(A_4B_3)\le 15.53068$

02_ ① 남의 의견을 비판하지 않는다.

② 자유분방한 아이디어를 환영한다.

③ 착상의 수를 가능한 한 많이 모은다.

④ 타인의 착상을 다시 발전시킨다.

03_ (1) 시방(Specification)
(2) 규격(Standard)
(3) 품질매뉴얼(Quality Manual)
(4) 품질(Quality)
(5) 가규격(Tentative Standard)

04_

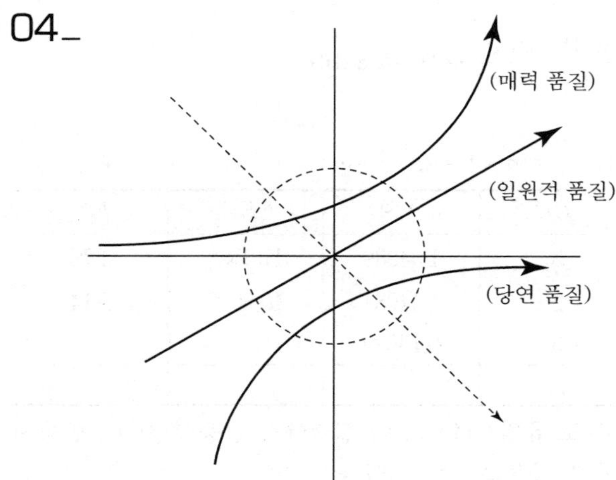

05_

번호	N	샘플문자	n	Ac	Re	부적합품수	합부판정	전환점수	샘플링 검사의 엄격도
1	500	H	20	1	2	2	불합격	-	보통 검사로 전환
2	200	G	32	1	2	2	불합격	0	보통 검사로 속행
3	250	G	32	1	2	1	합격	2	보통 검사로 속행
4	200	G	32	1	2	0	합격	4	보통 검사로 속행
5	250	G	32	1	2	1	합격	6	보통 검사로 속행
6	250	G	32	1	2	2	불합격	0	까다로운 검사로 전환

06_ ① Q : 품질 ② S : 서비스 ③ R : 수송기계
④ I : 환경 ⑤ T : 물류

07_ (1) 까다로운 검사에서 불합격 로트의 누계가 5에 도달하는 경우

(2) 공급자가 품질을 개선하였을 경우

(3) 까다로운 검사에서 연속 5로트가 합격한 경우

08_ $P_r(x \le 50) = P_r\left(u \le \dfrac{50-60}{5}\right) = P_r(u \le -2) = 0.0228(2.280\%)$

09_ (1) 평균치 검정(σ 미지)

① 가설 : $H_0 : \mu = 100(\mu_0)$, $H_1 : \mu \ne 100$

② 유의수준 : $\alpha = 0.05$

③ 검정통계량 : $t_0 = \dfrac{\bar{x}-\mu_0}{\dfrac{s}{\sqrt{n}}} = \dfrac{103-100}{\dfrac{3.0}{\sqrt{11}}} = 3.317$

④ 기각역 : $t_0 > t_{1-\alpha/2}(\nu) = 2.228$ 이면 H_0를 기각한다.

⑤ 판정 : $t_0 = 3.317 > 2.228$

∴ $\alpha = 0.05$로 H_0는 기각된다(유의적이다). 즉, 공정평균이 종전과 달라졌다고 할 수 있다.

(2) 평균치의 구간추정

$$\hat{\mu}_{U \cdot L} = \bar{x} \pm t_{1-\alpha/2}(\nu)\frac{s}{\sqrt{n}} = 103 \pm 2.228 \times \frac{3.0}{\sqrt{11}}$$

∴ $100.98470 \le \hat{\mu} \le 105.01530$

10_ $n = 10$, $\Sigma x_i = 118$, $\Sigma y_i = 57$, $\Sigma x_i y_i = 756$, $\Sigma x_i^2 = 1{,}540$, $\Sigma y_i^2 = 385$, $\bar{x} = 11.80$, $\bar{y} = 5.70$

$S(xx) = \Sigma x^2 - \dfrac{(\Sigma x)^2}{n} = 147.60$, $S(yy) = \Sigma y^2 - \dfrac{(\Sigma y)^2}{n} = 60.10$

$S(xy) = \Sigma xy - \dfrac{(\Sigma x)(\Sigma y)}{n} = 83.40$

(1) 공분산

$$V_{xy} = \frac{S(xy)}{n-1} = \frac{83.4}{9} = 9.26667$$

(2) 상관계수

$$r_{xy}=\frac{S(xy)}{\sqrt{S(xx)S(yy)}}=0.88549$$

(3) 추정회귀방정식

$$\widehat{\beta_1}=\frac{S(xy)}{S(xx)}=0.565041,\ \widehat{\beta_0}=\overline{y}-\widehat{\beta_1}\ \overline{x}=-0.967480$$

$$\therefore\ \hat{y}=-0.96748+0.56504x$$

(4) 기여율

$$r^2=0.885494^2=0.78410(78.410\%)$$

11_(1) 평균치를 보증하는 경우(특성치가 높을수록 좋은 경우)

$$m_0=46,\ m_1=43,\ \sigma=4$$

$\dfrac{|m_1-m_0|}{\sigma}=\dfrac{|43-46|}{4}=0.750$이므로, 표에서 $n=16,\ G_0=0.411$

$$\overline{X_L}=m_0-G_0\sigma=46-0.411\times4=44.3560(\text{kg/mm}^2)$$

(2) 로트의 합부판정

$\overline{x}\geq\overline{X_L}$이면 로트를 합격시키고, $\overline{x}<\overline{X_L}$이면 로트를 불합격시킨다.

$\therefore\ [\overline{x}=45.02]\geq[\overline{X_L}=44.3560]$이므로 로트를 합격시킨다.

12_(1) $C_L=\overline{u}=\dfrac{\Sigma c}{\Sigma n}=\dfrac{32}{11.5}=2.78261$

① $n=1.0$

$$U_{CL}=\overline{u}+3\sqrt{\frac{\overline{u}}{n}}=7.78696$$

$$L_{CL}=\overline{u}-3\sqrt{\frac{\overline{u}}{n}}=-2.22174=-\text{(고려하지 않음)}$$

② $n=1.3$

$$U_{CL}=\overline{u}+3\sqrt{\frac{\overline{u}}{n}}=7.17171$$

$$L_{CL}=\overline{u}-3\sqrt{\frac{\overline{u}}{n}}=-1.60649=-\text{(고려하지 않음)}$$

(2) 관리도 작성 및 판정

① 관리도 작성

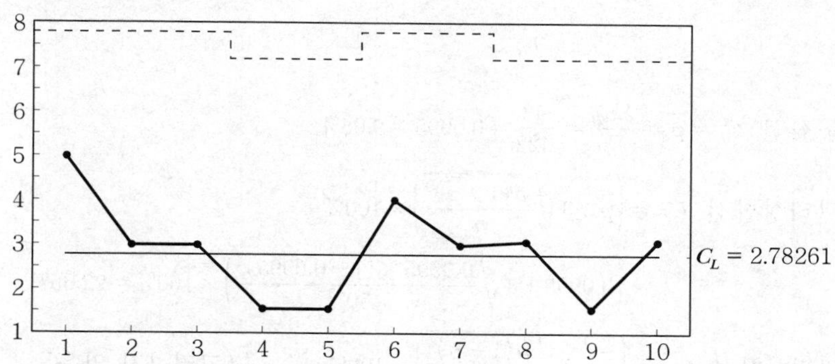

② 관리도 판정 : 관리이탈 및 습관성이 없으므로 관리상태에 있다고 할 수 있다.

13_ (1) 분산분석표 완성

요인	SS	DF	MS	F_0	$F_{0.95}$
A	195.19	3	65.06333	16.73298*	4.76
B	349.69	3	116.56333	29.97774*	4.76
C	276.69	3	92.23	23.71969*	4.76
e	23.33	6	3.88833		
T	847.90	15			

(2) 최적 수준조합의 구간추정

요인 A, B, C 모두 유의하므로, 최적 수준조합은 $\hat{\mu}(A_3B_1C_1)$이 된다.

① 점추정치 : $\hat{\mu}(A_3B_1C_1)=\bar{x}_{3..}+\bar{x}_{.1.}+\bar{x}_{..1}-2\bar{\bar{x}}$

$=(12.50+11.50+10.00)-2\times15.94=2.12$

② 구간추정$\left(n_e=\dfrac{k^2}{3k-2}=\dfrac{4^2}{3\times4-2}=1.60\right)$

$$\hat{\mu}(A_3B_1C_1)=\left(\bar{x}_{3..}+\bar{x}_{.1.}+\bar{x}_{..1}-2\bar{\bar{x}}\right)\pm t_{1-\alpha/2}(\nu_e)\sqrt{\frac{V_e}{n_e}}$$

$$=2.12\pm t_{0.975}(6)\sqrt{\frac{3.88833}{1.60}}$$

$$=2.12\pm2.447\times\sqrt{\frac{3.88833}{1.60}}$$

$=(-,\ 5.93466)$

14_ $V(\overline{x}) = \frac{1}{n}\left(\sigma_s^{\ 2} + \frac{\sigma_M^{\ 2}}{k}\right) = \frac{1}{5}\left(0.05^2 + \frac{0.03^2}{7}\right) = 0.00053$

15_ ① 중심선 $C_L = \overline{p} = \frac{\Sigma np}{\Sigma n} = \frac{42}{422} = 0.0995 = 9.95\%$

② 관리상한선 $U_{CL} = \left(\overline{p} + 3\sqrt{\frac{\overline{p}(1-\overline{p})}{n}}\right) \times 100\%$

$= \left(0.0995 + 3\sqrt{\frac{0.0995 \times (1-0.0995)}{50}}\right) \times 100\% = 22.65\%$

③ 관리하한선 $L_{CL} = \left(\overline{p} - 3\sqrt{\frac{\overline{p}(1-\overline{p})}{n}}\right) \times 100\%$ = ' − ' (고려하지 않음)

기출유사문제 [2018년 4회 품질경영산업기사 실기]

01 기존의 작업에서의 데이터의 분포는 평균이 1.1, 분산이 0.5^2이었다. 작업방법을 변경한 후 로트로부터 10개의 시료를 랜덤하게 샘플링하여 측정한 결과 다음 데이터를 얻었다면 물음에 답하시오.

[Data] 1.3 1.6 1.8 1.5 1.8 1.2 1.4 1.5 1.4 1.2

(1) 모평균이 달라졌다고 할 수 있는가?($\alpha = 0.05$)
(2) 달라진 평균을 신뢰도 95%로 구간추정을 실시하시오.

02 다음 $x - R_m$ 관리도의 데이터를 보고, $x - R_m$ 관리도의 U_{CL}과 L_{CL}을 구하시오.

일 별	측 정 치	R_m	일 별	측 정 치	R_m
1	25.0		9	32.3	8.7
2	25.3	0.3	10	28.1	4.2
3	33.8	8.5	11	27.0	1.1
4	36.4	2.6	12	26.1	0.9
5	32.2	4.2	13	29.1	3.0
6	30.8	1.4	14	40.1	11.0
7	30.0	0.8	15	40.6	0.5
8	23.6	6.4	계	$\Sigma x = 460.4$	$\Sigma R_m = 53.6$

03 반복이 없는 2요인의 실험 데이터에서 다음과 같이 하나의 결측치가 생겼다. 다음 물음에 답하시오.

(1) Yates의 방법에 의하여 결측치를 추정하시오.

(2) 분산분석표를 작성하시오.

인자A / 인자B	A_1	A_2	A_3	A_4	$T_{\cdot j}$
B_1	14	10	9	12	45
B_2	11	13	y	8	32+y
B_3	10	10	9	7	36
B_4	10	5	6	9	30
$T_{i\cdot}$	45	38	$24+y$	36	$143+y$

04 ABC 방송국의 '품질경영' 시청률이 40%이고 시청률이 변하지 않았다는 가정 하에서, 300명의 시청자를 임의 추출했을 때 100명에서 130명의 사람이 시청할 확률은?

05 다음의 데이터는 원료의 양(x)과 생성물의 수량(y)의 관계를 나타낸 표이다.

원료(x)	1.5	2.0	3.5	4.3	5.0
수량(y)	30	35	66	66	87

(1) 공분산을 구하시오.

(2) 결정계수를 구하시오.

06 어떤 부품의 수입검사에 KS Q ISO 2869-1의 계수값 샘플링 검사방식을 적용하고 있다. AQL = 1.0%, 검사수준 II 로 하는 1회 샘플링방식을 채택하고 있다. 처음 검사는 보통검사로 시작하였으며, 아래 표는 샘플링검사의 일부분이다. KS Q ISO 2859-1의 주 샘플링 검사표를 사용하여 다음 물음에 답하시오.

로트번호	N	샘플문자	n	Ac	Re	부적합품수	합부판정	전환점수	엄격도 적용
11	300	H	50	1	2	1	합격	22	보통검사 속행
12	500					0			
13	800					1			
14	480					1			
15	350					1			

(1) 샘플링 검사표를 메우시오.

(2) 로트번호 16의 엄격도를 적으시오.

07 화학반응 공정의 수율(%)을 상승시킬 목적으로 촉매의 첨가량을 1.0%, 1.5%, 2.0%, 2.5%로 바꾸어 각각 3회씩 실험한 결과가 다음과 같다. 물음에 답하시오.

첨가량 \ 실험횟수	1	2	3
A_1(1.0%)	84.3	83.9	84.2
A_2(1.5%)	87.3	86.8	87.2
A_3(2.0%)	89.5	89.8	90.1
A_4(2.5%)	92.0	93.1	92.8

(1) 분산분석표를 작성하시오.

(2) 유의수준 5%로 검정을 행하시오.

08 다음의 내용과 알맞은 것을 보기에서 찾아 적으시오.

[보기] 품질방침, 품질관리, 품질계획, 품질보증, 품질개선, 품질경영

(1) 품질에 관하여 조직을 지휘하고 관리하는 조정활동 (　　)
(2) 품질 요구사항을 충족하는 데 중점을 둔 품질경영의 일부 (　　)
(3) 품질 요구사항이 충족될 것이라는 신뢰를 제공하는 데 중점을 둔 품질경영의 일부 (　　)

09 $L_{16}(2)^{15}$형 직교배열표에 다음과 같이 배치했다. 다음 물음에 답하시오.

열	1	2	3	4	5	6	7	8	9	10	11	12	13	14	15
기본표시	a	b	ab	c	ac	bc	abc	d	ad	bd	abd	cd	acd	bcd	$abcd$
배치	M	N	O	P				S					Q	R	T

(1) 2인자 교호작용 $O\times T$, $S\times R$는 몇 열에 나타나는가?
(2) 2인자 교호작용 $R\times T$가 무시되지 않을 때 위와 같이 배치한다면 어떤 일이 일어나는가?

10 SWOT 분석에서 S (　　), W (　　), O (　　), T (　　)를 의미한다.

11 3정 5행의 명칭을 적으시오.

12 계량규준형 1회 샘플링 검사는 n개의 샘플을 취하고 그 측정치의 평균치 $\bar{x}$와 합격 판정치를 비교하여 로트의 합격·불합격을 판정하는 방법이다. 로트의 평균치를 보증하는 경우는 KS Q 0001(표준편차기지)에 규정되어 있다. 다음 표는 KS Q 0001의 부표로서, m_0, m_1이 주어졌을 때 n과 G_0를 구하는 표이다($\alpha = 0.05$, $\beta = 0.10$).

$\frac{\lvert m_1 - m_0 \rvert}{\sigma}$	n	G_0
2.069 이상	2	1.163
1.690~2.08	3	0.950
1.463~1.689	4	0.822
1.309~1.462	5	0.736
⋮	⋮	⋮
⋮	⋮	⋮
0.772~0.811	14	0.440
0.756~0.771	15	0.425
0.732~0.755	16	0.411

조립품 굵기의 평균치가 46.0mm 이상의 로트이면 합격이고, 43.0mm 이하의 로트이면 불합격시키고자 한다. 다음 물음에 답하시오.(단, $\sigma = 2.0$mm)

(1) 샘플링 방식을 설계하시오.

(2) 로트에서 뽑은 데이터의 평균치가 45.0일 때, 로트의 합부 판정을 하시오.

13 어떤 식품 제조회사에서 제품검사에 계수 규준형 1회 샘플링 검사를 적용하기 위하여 구입자와 $L(P_0) = 0.95$, $L(P_1) = 0.10$으로 협의하였다. 이것을 만족시킬 수 있는 샘플링 방식은 $n = 40$, $c = 2$라고 할 때 다음 표를 이용하여 P_0, P_1을 구하시오.

c	$(np)_{0.99}$	$(np)_{0.95}$	$(np)_{0.10}$	$(np)_{0.05}$
0	–	–	2.30	2.90
1	0.15	0.35	3.90	4.60
2	0.42	0.80	5.30	6.20
3	0.80	1.35	6.70	7.60
4	1.30	1.95	8.00	9.20

14 다음은 샘플링검사에서 사용되는 기호 또는 용어들이다. [예]와 같이 적으시오.

> [예] Q. C : Quality Control(품질관리)

(1) AQL
(2) LQ
(3) PRQ
(4) CRQ

15 다음은 매 시간마다 실시되는 최종제품에 대한 샘플링 검사의 결과를 정리하여 얻은 데이터이다. 해석용 p관리도를 작성하고 공정이 안정상태인가를 판정하시오.(단, 소수점 두 자리까지 사용할 것, 단위 : %)

시 간	1	2	3	4	5	6	7	8	9	10
검사 개수	48	46	50	28	28	50	46	48	28	50
부적합품 수	5	1	3	4	9	4	3	2	8	3

기출유사문제풀이 [2018년 4회 품질경영산업기사 실기]

01_(1) 모평균의 검정

① 가설 : $H_0: \mu = 1.1,\ H_1: \mu \neq 1.1$

② 검정통계량 : $u_0 = \dfrac{\bar{x} - \mu_0}{\dfrac{\sigma}{\sqrt{n}}} = \dfrac{1.47 - 1.1}{\dfrac{0.5}{\sqrt{10}}} = 2.340$

③ 기각역 : $u_0 > u_{1-\alpha/2} = 1.96$이면 H_0를 기각한다.

④ 판정 : $u_0 = 2.340 > 1.96$

$\therefore\ \alpha = 0.05$로 H_0를 기각한다. 즉, 모평균이 달라졌다고 할 수 있다.

(2) 모평균의 추정

$$\widehat{\mu_{U,\ L}} = \bar{x} \pm u_{1-\alpha/2}\frac{\sigma}{\sqrt{n}} = 1.47 \pm 1.96 \times \frac{0.5}{\sqrt{10}} = (1.16010,\ 1.77990)$$

02_ $\bar{x} = \dfrac{\Sigma x}{k} = \dfrac{460.4}{15} = 30.693333,\ \overline{R_m} = \dfrac{\Sigma R_m}{k-1} = \dfrac{53.6}{14} = 3.828571$

(1) x 관리도

$U_{CL} = \bar{x} + 2.66\,\overline{R_m} = 30.693333 + 2.66 \times 3.828571 = 40.87733$

$L_{CL} = \bar{x} - 2.66\,\overline{R_m} = 30.693333 - 2.66 \times 3.828571 = 20.50933$

(2) R_m 관리도

$U_{CL} = D_4\,\overline{R_m} = 3.267 \times 3.828571 = 12.50794$

$L_{CL} = -$ (고려하지 않음)

03_(1) 결측치 추정

$$\hat{y} = \frac{l\,T_i.' + m\,T._j' - T'}{(l-1)(m-1)} = \frac{4 \times (24) + (4 \times 32) - (143)}{3 \times 3} = 9.0$$

(2) 분산분석표 작성

① $CT = \dfrac{T^2}{lm} = \dfrac{(152)^2}{16} = 1{,}444$

② $S_T = \sum_i \sum_j x_{ij}^2 - CT = 1{,}528 - 1{,}444 = 84.0$

③ $S_A = \sum_i \frac{T_{i\cdot}^2}{m} - CT = \frac{45^2 + 38^2 + 33^2 + 36^2}{4} - CT = 19.5$

④ $S_B = \sum_j \frac{T_{\cdot j}^2}{l} - CT = \frac{45^2 + 41^2 + 36^2 + 30^2}{4} - CT = 31.5$

⑤ $S_e = S_T - S_A - S_B = 33.0$

⑥ $\nu_T = (lm-1) - 1 = 14,\ \nu_A = l - 1 = 3,\ \nu_B = m - 1 = 3,\ \nu_e = \nu_T - \nu_A - \nu_B = 8$

요 인	SS	DF	MS	F_0
A	19.5	3	6.50	1.576
B	31.5	3	10.5	2.545
e	33.0	8	4.125	
T	84.0	14		

04_ $E(x) = nP = 300 \times 0.4 = 120,\ \ V(x) = nP(1-P) = 300 \times 0.4 \times 0.6 = 72$

$$P_r(100 \le x \le 130) = P_r\left(\frac{100-120}{\sqrt{72}} \le u \le \frac{130-120}{\sqrt{72}}\right)$$

$$= P_r(-2.357 \le u \le 1.179) = 1 - (0.0091 + 0.1190) = 0.8719$$

05_ $S(xx) = \Sigma x^2 - \frac{(\Sigma x)^2}{n} = 8.8520,\ \ S(yy) = \Sigma y^2 - \frac{(\Sigma y)^2}{n} = 2{,}274.80,$

$S(xy) = \Sigma xy - \frac{(\Sigma x)(\Sigma y)}{n} = 138.960$

(1) 공분산

$$V_{xy} = \frac{S(xy)}{n-1} = \frac{138.960}{4} = 34.740$$

(2) 결정계수

[풀이 1] $r_{xy} = \frac{S(xy)}{\sqrt{S(xx)S(yy)}} = \frac{138.960}{\sqrt{8.8520 \times 2274.80}} = 0.97926$

$\therefore\ r^2 = 0.97926^2 = 0.95895(95.895\%)$

[풀이 2] $r^2 = \dfrac{S_R}{S_T} = \dfrac{\dfrac{(S(xy))^2}{S(xx)}}{S(yy)} = \dfrac{\dfrac{(138.960)^2}{8.8520}}{2274.80} = 0.95895(95.895\%)$

06_(1) 표의 공란 작성 및 합부판정

로트번호	N	샘플문자	n	Ac	Re	부적합품수	합부판정	전환점수	엄격도 적용
11	300	H	50	1	2	1	합격	22	보통검사 속행
12	500	H	50	1	2	0	합격	24	보통검사 속행
13	800	J	80	2	3	1	합격	27	보통검사 속행
14	480	H	50	1	2	1	합격	29	보통검사 속행
15	350	H	50	1	2	1	합격	31	수월한 검사로 전환

(2) 로트번호 15에서 전환점수가 30점 이상에 해당되므로 로트번호 16부터는 수월한 검사로 한다.

07_(1) 분산분석표 작성

① $CT = \dfrac{T^2}{N} = \dfrac{(1{,}061)^2}{12} = 93{,}810.08333$

② $S_T = \sum_i \sum_j x_{ij}{}^2 - CT = 93{,}930 - CT = 120.37667$

③ $S_A = \sum_i \dfrac{T_{i\cdot}{}^2}{r_i} - CT = \left(\dfrac{252.4^2 + 261.3^2 + 269.4^2 + 277.9^2}{3}\right) - CT = 119.32333$

④ $S_e = S_T - S_A = 1.05334$

⑤ $\nu_T = N - 1 = 11,\ \nu_A = l - 1 = 3,\ \nu_e = \nu_T - \nu_A = 8$

요 인	SS	DF	MS	F_0	$F_{0.95}$
A	119.32333	3	39.77444	302.077*	4.07
e	1.05334	8	0.13167		
T	120.37667	11			

(2) 검정

$F_0 = \frac{V_A}{V_e} = 302.077 > F_{0.95}(3,\ 8) = 4.07$이므로

요인 A는 유의하다. 즉, 수준 간의 수율값에 차이가 있다고 할 수 있다.

08_(1) 품질경영(Quality Management)
(2) 품질관리(Quality Control)
(3) 품질보증(Quality Assurance)

09_(1) $O \times T = ab \times abcd = a^2b^2cd = cd$ ($\because a^2 = b^2 = c^2 = 1$)

$\therefore$ 12열

$S \times R = d \times bcd = bcd^2 = bc$

$\therefore$ 6열

(2) $R \times T = bcd \times abcd = ab^2c^2d^2 = a$

$\therefore$ 1열에 $R \times T$가 나타나므로, 기존에 1열은 M이 배치된 상태이다. 그러므로 $R \times T$와 M은 교락이 일어난다.

10_SWOT 분석에서 [Strength(강점)], [Weakness(약점)], [Opportunity(성장기회)], [Threats(위협)]을 의미한다.

11_(1) 3정(定)

정량, 정품, 정위치

(2) 5행(行)

정리(Seiri), 정돈(Seiton), 청소(Seisou), 청결(Seiketsu), 습관화(Shitsuke)

12_ $m_0 = 46.0$, $m_1 = 43.0$이므로 $\dfrac{|m_1 - m_0|}{\sigma} = \dfrac{|43.0 - 46.0|}{2.0} = 1.5$이고, $n = 4$, $G_0 = 0.822$이 된다.

(1) $\overline{X_L} = m_0 - G_0\sigma = 46.0 - 0.822 \times 2.0 = 44.356(\text{mm})$

$\therefore$ $(n = 4,\ \overline{X_L} = 44.356)$ 또는 로트에서 4개를 샘플링하여 평균치($\bar{x}$)를 구하였을 때, $\bar{x} \geq 44.356$이면 로트를 합격시키고, $\bar{x} < 44.356$이면 로트를 불합격시킨다.

(2) $(\bar{x} = 45.0) \geq (\overline{X_L} = 44.356)$이므로 로트를 합격시킨다.

13_ $L(P_0) = 0.95(\alpha = 0.05)$, $L(P_1) = 0.10(\beta = 0.10)$을 만족시키는 샘플링방식

$L(P_0) = 1 - \alpha = 0.95$, $p_0 = \dfrac{(np)_{0.95}}{n}$, $L(P_1) = \beta = 0.10$, $p_1 = \dfrac{(np)_{0.10}}{n}$

	$(np)_{0.95}$	$(np)_{0.10}$
$c = 2$	0.80	5.30
$p = \dfrac{(np)}{n}$	0.02	0.1325

$\therefore$ $P_0 = 0.02$, $P_1 = 0.1325$

14_ (1) AQL : Acceptable Quality Limit(합격품질한계)

(2) LQ : Limit Quality(한계품질, 한도품질)

(3) PRQ : Producer Risk Quality(생산자 위험품질)

(4) CRQ : Customer Risk Quality(소비자 위험품질)

15_ (1) p관리도

	1	2	3	4	5	6	7	8	9	10
n	48	46	50	28	28	50	46	48	28	50
np	5	1	3	4	9	4	3	2	8	3
$p(\%)$	10.42	2.17	6	14.29	32.14	8	6.52	4.17	28.57	6
$U_{CL}(\%)$	22.91	23.19	22.65	26.92	26.92	22.65	23.19	22.19	26.92	22.65
$L_{CL}(\%)$	–	–	–	–	–	–	–	–	–	–

$$C_L = \overline{p} = \frac{\Sigma np}{\Sigma n} = \frac{42}{422} = 0.0995 = 9.95\%$$

$$U_{CL} = \left(\overline{p} + 3\sqrt{\frac{\overline{p}(1-\overline{p})}{n}}\right) \times 100\%$$

$$L_{CL} = \left(\overline{p} - 3\sqrt{\frac{\overline{p}(1-\overline{p})}{n}}\right) \times 100\%$$

(2) 관리도 작성

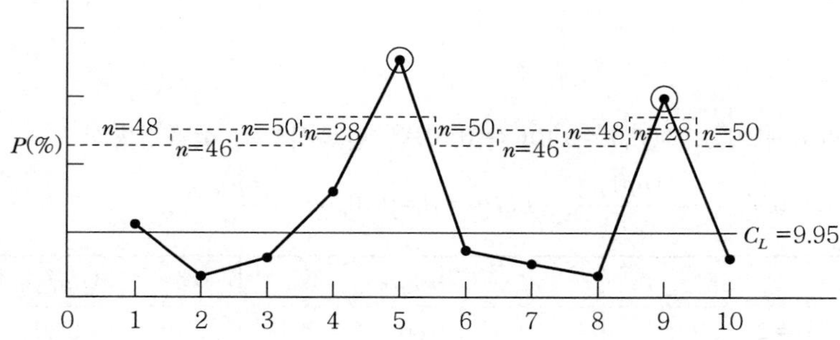

(3) 관리도 판정

No. 5와 No. 9의 점이 관리한계 밖으로 벗어났으므로 공정이 안정상태에 있다고 볼 수 없다.

기출유사문제 [2019년 1회 품질경영기사 실기]

01 A사는 어떤 부품의 수입검사에서 KS Q ISO 2859－1을 사용하고 있다. 다음 표는 검토 후 $AQL=1.0\%$, 검사수준 Ⅲ으로 하여 1회 샘플링검사를 까다로운 검사를 시작으로 연속 15로트 실시한 결과물의 부분표이다. 물음에 답하시오.

(1) 다음 표를 완성시키시오.

번호	N	샘플 문자	n	당초 Ac	As (검사 전)	적용하는 Ac	부적합 품수	합부 판정	As (검사 후)	전환 점수	샘플링 검사의 엄격도
7	250						0				
8	200						1				
9	400						0				
10	80						0				
11	100						1				

(2) 로트번호 12의 샘플링검사의 엄격도는 어떻게 되겠는가?

02 다음 $x-R_m$ 관리도의 데이터를 보고 물음에 답하시오.

일별	측정치	R_m	일별	측정치	R_m
1	25.0	–	9	32.3	8.7
2	25.3	0.3	10	28.1	4.2
3	33.8	8.5	11	27.0	1.1
4	36.4	2.6	12	26.1	0.9
5	32.2	4.2	13	29.1	3.0
6	30.8	1.4	14	40.1	11.0
7	30.0	0.8	15	40.6	0.5
8	23.6	6.4	계	$\Sigma x=460.4$	$\Sigma R_m=53.6$

(1) $x-R_m$ 관리도의 U_{CL}과 L_{CL}을 구하시오.

(2) $x-R_m$ 관리도를 작성하시오.

(3) 관리도를 이용하여 관리상태(안정상태)를 판정하시오.

03 검사단위의 품질표시방법 중 시료의 품질표시방법 5가지를 나열하시오.

04 두 변수 x와 y에 대하여 데이터의 제곱합을 조사하였더니 다음과 같았다고 할 때 회귀에 의한 제곱합($S_{y/x}$)을 구하시오.

$n=12$ $S(xx)=10$ $S(yy)=30$ $S(xy)=13$

05 금속판 두께의 하한 규격치가 2.3mm라고 규정했을 때 두께가 2.3mm 미만인 것이 1% 이하의 로트는 통과시키고 그것이 9% 이상 되는 로트는 통과시키지 않게 하는 n과 k를 구하는데, σ를 알 수 없어서 KS Q 0001의 샘플링검사표(σ 기지)를 찾았더니 $\alpha=5\%$, $\beta=10\%$에서 $n=10$, $k=1.81$이었다면, σ 미지인 경우 n의 값을 구하시오.

06 품질관리기법에는 7가지 도구가 있다. 이를 나열하시오.

(1) QC의 기본 7가지 수법
(2) 신 QC 7가지 수법

07 한 상자에 100개씩 들어 있는 기계부품이 50상자가 있다. 이 상자 간의 산포가 $\sigma_b=0.5$, 상자 내의 산포가 $\sigma_w=0.8$일 때, 우선 5상자를 랜덤하게 샘플링한 후 뽑힌 상자마다 10개씩 랜덤 샘플링을 한다면 이 로트의 모평균의 추정정밀도 $V(\overline{x})$는 얼마가 되겠는가? (단, $M/m \geq 10$, $\overline{N}/\overline{n} \geq 10$의 조건을 고려해서 M, $\overline{N}$는 무시하여도 좋다. 답은 소수점 이하 셋째 자리로 맺음한다.)

08 어떤 강재의 인장강도는 50 ± 2 (kg/mm^2)으로 정해져 있다. 이 규격의 1(%) 이하인 로트는 통과시키고 6(%) 이상인 로트는 통과시키지 않게 했을 때 $\alpha = 0.05$, $\beta = 0.10$을 만족하는 계량규준형 1회 샘플링 검사방식을 설계하려고 한다. 물음에 답하시오.(단, $\sigma = 0.8$ (kg/mm^2)이다.)

(1) 시료의 크기 n, 합격판정계수 k를 구하시오.
(2) 합격판정선을 구하시오.

09 P관리도에서 공정의 부적합품률이 $P = 3\%$인 것을 알고 있다면 군의 크기, 즉 시료는 얼마 정도로 뽑는 것이 적당한가?

10 $L_8(2)^7$의 직교배열표를 이용하여 다음 표와 같이 요인을 배치하고 실험데이터를 얻었을 때, 분산분석표를 작성하시오.

배치	B×D	B	D	C	B×C	A		실험데이터 x_i
No. \ 열번	1	2	3	4	5	6	7	
1	1	1	1	1	1	1	1	20
2	1	1	1	2	2	2	2	24
3	1	2	2	1	1	2	2	17
4	1	2	2	2	2	1	1	27
5	2	1	2	1	2	1	2	26
6	2	1	2	2	1	2	1	15
7	2	2	1	1	2	2	1	36
8	2	2	1	2	1	1	2	32
기본표시	a	b	a b	c	a c	b c	a b c	

11 어떤 제품의 형상모수(m)가 0.7, 척도모수(η)가 8,667시간, 위치모수는 0인 와이블 분포를 따를 때 사용시간 t = 10,000에서 다음 물음에 답하시오.

(1) 신뢰도를 구하시오.

(2) 평균고장률을 구하시오.

12 욕조곡선에서 다음의 원인은 고장률이 어떤 경우에 해당되는가를 DFR, CFR, IFR로 답하시오.

(1) 안전계수가 낮았을 때 (　　　)

(2) 불충분한 품질관리 (　　　)

(3) 부적절한 조치 및 가동 (　　　)

(4) 탐지하지 못한 고장 (　　　)

(5) 수축 또는 균열 · 오버홀 (　　　)

(6) 예상치 못한 스트레스 (　　　)

13 수입 측(B)과 출하 측(A)에서 어떤 금속의 함유량을 분석하게 되었다. 분석법에 차가 있는가를 검토하기 위하여 표준시료를 8개 추출하여 각각 2분하여 출하 측과 수입 측이 동시에 분석하여 다음 결과를 얻었다. 물음에 답하시오.

표준시료	1	2	3	4	5	6	7	8
출하 측(A)	3.20	3.09	3.22	3.25	3.25	3.18	3.25	3.24
수입 측(B)	3.22	3.16	3.20	3.32	3.28	3.25	3.24	3.27

(1) 수입 측의 분석치가 출하 측의 분석치보다 크다고 할 수 있는지를 α = 0.05로 검정하시오.(단위 : %)

(2) 차가 있다면 그 차를 신뢰수준 95%로 구간 추정하시오.

14 다음은 $L_8 2^7$형 직교배열표이다. 물음에 답하시오.

실험 번호	열번호 1	2	3	4	5	6	7	실험 조건	데이터
1	0	0	0	0	0	0	0	$A_0B_0C_0D_0=(1)$	9
2	0	0	0	1	1	1	1	$A_0B_0C_1D_1=cd$	12
3	0	1	1	0	0	1	1	$A_0B_1C_0D_1=bd$	8
4	0	1	1	1	1	0	0	$A_0B_1C_1D_0=bc$	15
5	1	0	1	0	1	0	1	$A_1B_1C_0D_0=ab$	16
6	1	0	1	1	0	1	0	$A_1B_1C_1D_1=abcd$	20
7	1	1	0	0	1	1	0	$A_1B_0C_0D_1=ad$	13
8	1	1	0	1	0	0	1	$A_1B_0C_1D_0=ac$	13
기본 표시	a	b	ab	c	ac	bc	abc	$T=106$	
배치	A		B						

(1) 상기의 직교배열표에 교호작용($A\times B$)이 배치되는 열은?

(2) 교호작용의 효과를 계산하시오.

15 어떤 공정에서 생산되는 제품 로트 크기에 따라서 생산에 소요되는 시간을 측정하였더니 다음과 같은 시간이 소요되었다. 물음에 답하시오.(단, $\alpha=0.05$)

x_i	30	20	60	80	40	50	60	30	70	80
y_i	73	50	128	170	87	108	135	69	148	132

(1) 상관관계가 존재하는지를 검정하시오.

(2) 회귀방정식을 추정하시오.

(3) 모상관계수의 95% 구간추정을 행하시오.

16 어떤 제품의 중합반응에서 약품의 흡수속도(g/hr)가 제조시간에 영향을 미치고 있음을 알고 있다. 흡수속도에 큰 요인이라고 생각되는 촉매량($A_0 = 0.3\%$, $A_1 = 0.5\%$)과 반응온도($B_0 = 150℃$, $B_1 = 170℃$)를 각각 2수준으로 2회 반복하여 2^2 요인실험을 행한 결과 다음과 같다. 물음에 답하시오.

	A_0	A_1
B_0	88 92	100 105
B_1	99 95	108 113

(1) 주효과 A, B, 교호작용 $A \times B$를 구하시오.

(2) 각 요인의 제곱합 S_A, S_B, $S_{A \times B}$을 구하시오.

기출유사문제풀이 [2019년 1회 품질경영기사 실기]

01_ (1)

번호	N	샘플문자	n	당초 Ac	As (검사 전)	적용하는 Ac	부적합품수	합부판정	As (검사 후)	전환점수	샘플링검사의 엄격도
7	250	H	50	1/2	5	0	0	합격	5	–	까다로운 검사로 속행
8	200	H	50	1/2	10	1	1	합격	0	–	까다로운 검사로 속행
9	400	J	80	1	7	1	0	합격	7	–	까다로운 검사로 속행
10	80	F	20	0	7	0	0	합격	7	–	까다로운 검사로 속행
11	100	G	32	1/3	10	1	1	합격	0*	–	보통 검사로 전환

(2) 까다로운 검사에서 연속 5로트가 합격하였으므로 로트번호 12부터는 보통검사를 실시한다.

02_ $\bar{x} = \frac{\Sigma x}{k} = \frac{460.4}{15} = 30.693333$, $\overline{R_m} = \frac{\Sigma R_m}{k-1} = \frac{53.6}{14} = 3.828571$

(1) $x - R_m$ 관리도

① x 관리도

$U_{CL} = \bar{x} + 2.66\overline{R_m} = 30.693333 + 2.66 \times 3.828571 = 40.87733$

$L_{CL} = \bar{x} - 2.66\overline{R_m} = 30.693333 - 2.66 \times 3.828571 = 20.50933$

② R_m 관리도

$U_{CL} = D_4\overline{R_m} = 3.267 \times 3.828571 = 12.50794$

$L_{CL} = -$ (고려하지 않음)

(2) 관리도 작성

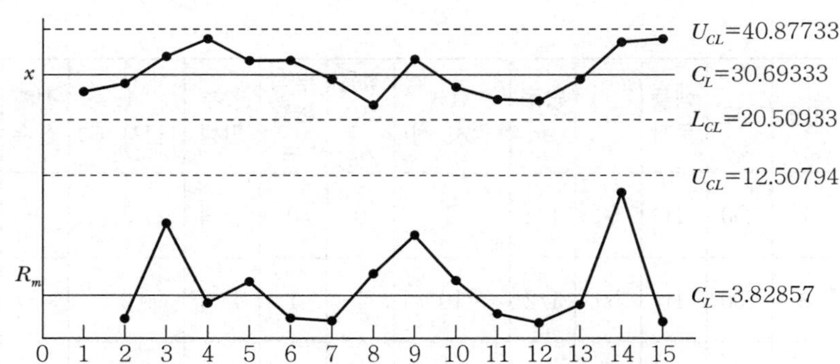

(3) 연속 3점 중 2점(No. 14, No. 15)이 2σ와 3σ 사이에 나타나므로 "규칙 5. 연속하는 3점중 2점이 중심선 한쪽으로 2σ를 넘는 영역에 있다."에 해당되므로 이 관리도는 안정상태라고 볼 수 없다. 따라서 이상 원인을 규명한 후 조치를 취해야 한다.

03_ ① 부적합품개수 ② 평균 부적합수
③ 평균치 ④ 표준편차
⑤ 범위

04_ • $S_R = \dfrac{S(xy)^2}{S(xx)} = \dfrac{13^2}{10} = 16.90$

• $S_T = S(yy) = 30$

$\therefore\ S_{y/x} = S_T - S_R = 30 - 16.90 = 13.10$

05_ $n' = \left(1 + \dfrac{k^2}{2}\right) \times n = \left(1 + \dfrac{1.81^2}{2}\right) \times 10 = 26.38050 = 27$(개)

06_ (1) QC의 기본 7가지 수법

① 특성요인도(Characteristic diagram)

② 파레토도(Pareto diagram)

③ 히스토그램(Histogram)
④ 체크시트(Check sheet)
⑤ 층별(Stratification)
⑥ 각종 그래프(관리도 포함)
⑦ 산점도(Scatter diagram)

(2) 신 QC 7가지 수법
① 관련도법(Relations diagram) : 연관도법
② 친화도법(Affinity diagram) : KJ법
③ 계통도법(Tree diagram)
④ 매트릭스도법(Matrix diagram)
⑤ 매트릭스데이터해석법(Matrix data analysis)
⑥ PDPC법(Process Decision Program Chart)
⑦ 애로우 다이어그램(Arrow diagram)

07 _ 2단계 샘플링인 경우($m=5,\ \bar{n}=10$)

$$V(\bar{\bar{x}})=\frac{{\sigma_w}^2}{m\bar{n}}+\frac{{\sigma_b}^2}{m}=\frac{0.8^2}{50}+\frac{0.5^2}{5}=0.063$$

08 _ 부적합품률을 보증하는 경우(U, L값이 주어질 때)

$U=52,\ L=48,\ \sigma=0.8,\ K_{0.01}=2.326,\ K_{0.06}=1.555,\ K_{0.05}=1.645,\ K_{0.10}=1.282$

(1) ① $n=\left(\frac{K_\alpha+K_\beta}{K_{P_0}-K_{P_1}}\right)^2=\left(\frac{1.645+1.282}{2.326-1.555}\right)^2=14.412413=15$ (개)

② $k=\frac{K_{P_0}K_\beta+K_{P_1}K_\alpha}{K_\alpha+K_\beta}=\frac{2.326\times1.282+1.555\times1.645}{1.645+1.282}=1.892691$

(2) ① $\overline{X_L}=L+k\sigma=48+1.892691\times0.8=49.51415$ (kg/mm²)

② $\overline{X_U}=U-k\sigma=52-1.892691\times0.8=50.48585$ (kg/mm²)

09_ 부적합품률(P) 관리도는 시료의 크기가 일정하지 아니할 때 사용하는 대표적인 계수치 관리도로서 일반적으로 각 군에서 부적합품이 1~5개 나올 정도가 되어야 한다.

즉, $n = \frac{1}{p} \sim \frac{5}{p}$

$\therefore\ n = \frac{1}{0.03} \sim \frac{5}{0.03} = (34 \sim 167)$ (개)

10_ 모든 요인의 제곱합 $= \frac{1}{8}$(2 수준의 합 − 1수준의 합)^2

① 요인 A의 제곱합 $S_A = \frac{1}{8}(24+17+15+36-20-27-26-32)^2 = 21.1250$

② 요인 B의 제곱합 $S_B = \frac{1}{8}(17+27+36+32-20-24-26-15)^2 = 91.1250$

③ 요인 C의 제곱합 $S_C = \frac{1}{8}(24+27+15+32-20-17-26-36)^2 = 0.1250$

④ 요인 D의 제곱합 $S_D = \frac{1}{8}(17+27+26+15-20-24-36-32)^2 = 91.1250$

⑤ 요인 $B\times C$의 제곱합 $S_{B\times C} = \frac{1}{8}(24+27+26+36-20-17-15-32)^2 = 105.1250$

⑥ 요인 $B\times D$의 제곱합 $S_{B\times D} = \frac{1}{8}(26+15+36+32-24-20-27-17)^2 = 55.1250$

⑦ 오차항의 제곱합 $S_{7열} = \frac{1}{8}(24+17+26+32-20-27-15-36)^2 = 0.1250$

⑧ $S_T = \sum x_{ij}^2 - CT = 5{,}215.0 - 4{,}851.1250 = 363.8750$

요인	SS	DF	MS	F_0
A	21.1250	1	21.1250	169.0
B	91.1250	1	91.1250	729.0
C	0.1250	1	0.1250	1.0
D	91.1250	1	91.1250	729.0
$B\times C$	105.1250	1	105.1250	841.0
$B\times D$	55.1250	1	55.1250	441.0
e	0.1250	1	0.1250	
T	363.87550	7		

11_(1) 와이블 분포를 따를 때 신뢰도($t=10{,}000$일 때)

$$R(t=10{,}000)=e^{-\left(\frac{t-r}{\eta}\right)^m}=e^{-\left(\frac{10{,}000-0}{8{,}667}\right)^{0.7}}=0.33110$$

(2) $AFR=\overline{\lambda}(t=10{,}000)=\dfrac{H(t=10{,}000)-H(t=0)}{\Delta t}$

$$=\frac{\left(\frac{10{,}000-0}{8{,}667}\right)^{0.7}-\left(\frac{0-0}{8{,}667}\right)^{0.7}}{10{,}000-0}$$

$=0.00011$ (/시간)

(단, $H(t)=-\ln R(t)=\left(\dfrac{t-r}{\eta}\right)^m$ 이다.)

12_(1) CFR
(2) DFR
(3) DFR
(4) CFR
(5) IFR
(6) CFR

13_(1) 대응있는 모평균 차의 단측 검정

	1	2	3	4	5	6	7	8	
d	0.02	0.07	−0.02	0.07	0.03	0.07	−0.01	0.03	$\Sigma d=0.26$

① $H_0: \Delta \le 0,\ H_1: \Delta > 0 \quad (\Delta=\mu_B-\mu_A)$

② $t_0=\dfrac{\overline{d}}{\dfrac{s_d}{\sqrt{n}}}=\dfrac{0.03250}{\dfrac{0.035757}{\sqrt{8}}}=2.5708$

③ $t_0 > t_{1-\alpha}(\nu)=t_{0.95}(7)=1.895$ 이면 H_0를 기각한다.

④ $t_0=2.5708 > 1.895$

∴ $\alpha=0.05$로 H_0 기각한다. 수입 측의 금속함유량이 더 많다고 할 수 있다.

(2) $(\widehat{\mu_B-\mu_A})_L=\overline{d}-t_{1-\alpha}(\nu)\dfrac{s_d}{\sqrt{n}}=0.03250-1.895\times\dfrac{0.035757}{\sqrt{8}}=0.00854$

14_ (1) 교호작용이 배치되는 열은 기본표시의 곱인 열에 배치되므로,

$A\times B=a\times ab=a^2b=b$ (2열)

(2) 교호작용의 효과

효과$=\frac{1}{4}$[(수준 1의 데이터의 합)-(수준 0의 데이터의 합)]

$\therefore\ AB=\frac{1}{4}[(8+15+13+13)-(9+12+16+20)]=-2.0$

15_ (1) 상관계수의 유무 검정

① $H_0: \rho=0,\ H_1: \rho\neq 0$

② $t_0=\frac{r}{\sqrt{\frac{1-r^2}{n-2}}}=\frac{0.960432}{\sqrt{\frac{1-0.960432^2}{10-2}}}=9.7536$

③ $t_0>t_{1-\alpha/2}(\nu)=t_{0.975}(8)=2.306$ 이면 H_0를 기각한다.

④ $t_0=9.5736>2.306$

$\therefore\ \alpha=0.05$로 H_0 기각, 즉 $\alpha=0.05$로 상관관계가 있다.

(2) 회귀방정식의 추정

$\hat{\beta_0}=\bar{y}-\hat{\beta_1}\bar{x}=110-1.740385\times 52=19.50$

여기서, $\bar{x}=\frac{\Sigma x}{n}=52=40,\ \bar{y}=\frac{\Sigma y}{n}=110$

$\hat{\beta_1}=\frac{S(xy)}{S(xx)}=\frac{\Sigma xy-(\Sigma x)(\Sigma y)/n}{\Sigma x^2-(\Sigma x)^2/n}==1.74038$

$\therefore\ \hat{y_i}=\hat{\beta_0}+\hat{\beta_1}\times x_i=19.50+1.74038x_i$

(3) 모상관계수의 95% 구간추정

$\rho_{U\cdot L}=\tanh\left(\tanh^{-1}r\pm u_{1-\alpha/2}\frac{1}{\sqrt{n-3}}\right)=\tanh\left(\tanh^{-1}0.960432\pm 1.96\ \frac{1}{\sqrt{7}}\right)$

$\therefore\ 0.83687\leq\rho\leq 0.99087$

16_(1) ① $A=\frac{1}{2r}[ab+a-b-(1)]=\frac{1}{2\times 2}(205+221-180-194)=13.0$

② $B=\frac{1}{2r}[ab+b-a-(1)]=\frac{1}{2\times 2}(194+221-180-205)=7.5$

③ $A\times B=\frac{1}{2r}[ab+(1)-a-b]=\frac{1}{2\times 2}(221+180-205-194)=0.5$

(2) ① $S_A=\frac{1}{2^2 r}[ab+a-b-(1)]^2=\frac{1}{2^2\times 2}(205+221-180-194)^2=338.0$

② $S_B=\frac{1}{2^2 r}[ab+b-a-(1)]^2=\frac{1}{2^2\times 2}(194+221-180-205)^2=112.5$

③ $S_{A\times B}=\frac{1}{2^2 r}[ab+(1)-a-b]^2=\frac{1}{2^2\times 2}(221+180-205-194)^2=0.5$

기출유사문제 [2019년 2회 품질경영기사 실기]

01 어떤 제품의 확률분포가 와이블분포를 따르고 있다고 할 때, $t=300$시간에서 신뢰도가 0.739, $t=500$시간에서 신뢰도가 0.639일 때 구간평균고장률을 구하시오.(단, 소수점 처리는 유효숫자 둘째 자리까지 나타내시오.)

02 사내표준화의 효과 증대를 위한 요건을 5가지 나열하시오.

03 검사의 목적 4가지를 쓰시오.

04 철재의 인장강도는 클수록 좋다. 이때 평균치가 460N/m 이상인 로트는 통과시키고, 430N/m 이하인 로트는 통과시키지 않게 하는 시료의 크기 n과 하한 합격판정치 $\overline{X_L}$을 구하려 한다. $\alpha = 0.05$, $\beta = 0.10$로 하는 계량규준형 1회 샘플링검사에서 시료의 크기 n과 합격판정기준을 구하시오.(단, $\sigma = 40$N/m, $K_{0.05} = 1.645$, $K_{0.10} = 1.282$이다.)

05 약품의 순도를 조사하려고 20kg들이 100상자 중 우선 5상자를 랜덤 샘플링하고 각각의 상자에서 6인크리멘트씩 랜덤 샘플링하였다. 약품의 순도는 종래의 실험에서 상자 간 산포 $\sigma_b = 0.25\%$, 상자 내 산포 $\sigma_w = 0.35\%$임을 알고 있을 때 샘플링의 추정정밀도($\alpha = 0.05$)를 구하시오.(단, 1인크리멘트는 15g이다.)

06 어떤 제품의 형상모수(m)가 1.2, 척도모수(η)가 2,200시간, 위치모수(r)는 0인 와이블분포를 따를 때 다음 물음에 답하시오.

(1) 사용시간 $t=500$에서 신뢰도($R(t)$)를 구하시오.

(2) 사용시간 $t=500$에서 고장률($\lambda(t)$)을 구하시오.

(3) 만약 이 부품의 신뢰도를 90% 이상으로 유지한다고 할 때 필요한 사용시간(t_0)을 구하시오.

07 관리도의 A와 B 각 층의 산포에 차가 있는가를 검정해 본 결과 유의하지 아니한 것으로 나타났다면, 두 집단의 중심치, 즉 평균치 간에 차가 있는지 검정을 행하시오.

$$n_A=5, \quad k_A=20, \quad \overline{R_A}=6.4, \quad \overline{\overline{x_A}}=72.56$$

$$n_B=5, \quad k_B=25, \quad \overline{R_B}=6.04, \quad \overline{\overline{x_B}}=76.89$$

08 다음의 내용은 ISO 9000 시리즈에서 정의하고 있는 어떤 용어에 대한 설명인가?

(1) 고객의 기대가 어느 정도까지 충족되었는지에 대한 고객의 인식 (　　　　　)

(2) 조직과 고객 간에 어떠한 행위/거래/처리도 없이 생산될 수 있는 조직의 출력 (　　　　　)

(3) 특정 대상에 대해 적용시점과 책임을 정한 절차 및 연관된 자원에 관한 시방서 (　　　　　)

(4) 최고경영자에 의해 공식적으로 표명된 품질 관련 조직의 전반적인 의도 및 방향으로서 품질에 관한 방침 (　　　　　)

09 $L_8 2^7$의 직교배열표를 이용하여 아래 표와 같이 요인을 배치하고 실험데이터를 얻었을 때, 물음에 답하시오.(단, 데이터의 특성은 망대특성으로 한다).

배치	A	B	$A\times B$	C	e	e	e	실험데이터
No. \ 열 번	1	2	3	4	5	6	7	
1	0	0	0	0	0	0	0	8
2	0	0	0	1	1	1	1	13
3	0	1	1	0	0	1	1	7
4	0	1	1	1	1	0	0	14
5	1	0	1	0	1	0	1	17
6	1	0	1	1	0	1	0	21
7	1	1	0	0	1	1	0	10
8	1	1	0	1	0	0	1	10
기본표시	a	b	a b	c	a c	b c	a b c	

(1) 다음의 분산분석표를 완성하고 검정을 행하시오.

요 인	SS	DF	MS	F_0	$F_{0.90}$
A					5.54
B					5.54
C					5.54
$A\times B$					5.54
e					
T					

(2) 아래 빈칸을 채우고 최적수준을 구하시오.

	A_0	A_1
B_0		
B_1		

C_0	C_1

(3) 최적조건의 조합평균을 구간 추정하시오.(단, 신뢰율 90%).

10 시료의 크기 $n=4$인 $\bar{x}$관리도에서 관리상한선(U_{CL})이 45이고 관리하한선(L_{CL})이 15라고 할 때, 갑자기 공정평균이 40으로 변하였다면 검출력을 구하시오.(단, $\sigma_{\bar{x}}=5$이다.)

11 계량축차 샘플링검사에서 한쪽 규격인 하한규격이 $L=200$kV, $\sigma=2.0$이고 PRQ = 1.0%, CRQ = 10.0%, $\alpha=0.05$, $\beta=0.10$이라 할 때 다음 물음에 답하시오.(단, 주어진 부표를 이용하시오.)

(1) 합격판정선(A), 불합격판정선(R)을 구하시오.

(2) 다음 표를 채우시오.

로트	특성치(x)	여유치(y)	불합격 판정선(R)	누계 여유치(Y)	합격 판정선(A)
1	205.5	5.5	−1.924	5.5	7.918
2	203.5	(　　)	(　　)	(　　)	(　　)
3	199.0	(　　)	(　　)	(　　)	(　　)
4	202.2	(　　)	(　　)	(　　)	(　　)
5	202.0	(　　)	(　　)	(　　)	(　　)

(3) 로트번호 5에서 로트의 합격 여부를 판정하시오.

12 A사는 특정부품을 열처리하여 온도에 따른 인장강도의 변화를 조사하기 위해 $A_1=550$℃, $A_2=555$℃, $A_3=560$℃, $A_4=565$℃의 4조건에서 각각 5개씩의 시험편에 대하여 측정한 결과가 다음과 같을 때, 다음 물음에 답하시오.

$T_1.=180$, $T_2.=170$, $T_3.=140$, $T_4.=120$, $\bar{x}=557.5$, $\bar{y}=30.5$

(1) 다음의 분산분석표를 완성시키시오.(단, 계산은 주어진 직교다항식 계수표를 이용하고, 결과치는 소수점 둘째 자리까지 나타낼 것)

요 인	SS	DF	MS	F_0	$F_{0.95}$	$F_{0.99}$
A	455.00	3	151.67	22.88	3.10	4.94
1차	(　　)	(　　)	(　　)	(　　)	(　　)	(　　)
2차	(　　)	(　　)	(　　)	(　　)	(　　)	(　　)
3차	(　　)	(　　)	(　　)	(　　)	(　　)	(　　)
e	(　　)	(　　)	(　　)			
T	561.00	19				

(2) 곡선회귀방정식을 추정하시오.

13

A 제품과 B제품의 재료로부터 시료를 각각 10개씩 랜덤 샘플링하여 무게를 측정한 결과 아래와 같은 데이터를 얻었다. 다음 물음에 답하시오.(단, $\sigma_A = 2$kg, $\sigma_B = 3$kg이다.)

A	27	23	20	19	25	20	21	26	22	16
B	15	17	17	14	23	12	16	23	16	15

(1) A의 평균치 강도가 B의 평균치 강도보다 3kg 보다 큰가를 검정하시오.(위험률 5%)

(2) 두 평균치 차에 대한 95% 신뢰구간을 구하시오.

14

다음은 매 시간마다 실시되는 최종제품에 대한 샘플링검사의 결과를 정리하여 얻은 데이터이다. 다음 물음에 답하시오.

시　간	1	2	3	4	5	6	7	8	9	10	11
검사 개수	40	40	40	40	30	30	30	50	50	50	50
부적합품 수	5	3	4	4	6	2	3	5	4	3	6

(1) 데이터에 적절한 관리도의 관리한계선을 구하시오.

(2) 관리도를 작성하시오.

(3) 관리상태 여부를 판정하시오.

15 신뢰도가 0.9인 미사일 4개가 설치된 미사일 발사 시스템이 있다. 4개의 미사일 중 3개만 작동되면 이 미사일 발사 시스템은 임무가 가능하다. 미사일 발사 시스템의 신뢰도는 얼마인가?

16 다음 데이터는 독립변수 x에 따른 종속변수 y의 결과물이다. 상관관계의 유무를 검정하고자 한다. 다음 물음에 답하시오.(단, 주어진 부표를 이용하고, 유의수준은 0.05로 한다.)

x	1.3	1.5	2.0	2.8	3.0	3.4	3.5	4.2	4.3	4.9	5.2	5.5
y	40	30	35	42	39	50	45	59	69	66	59	70

(1) t분포를 이용하여 검정을 행하시오.

(2) r분포를 이용하여 검정을 행하시오.

기출유사문제풀이 [2019년 2회 품질경영기사 실기]

01_ 시간 t_1과 t_2 간의 평균고장률(AFR)

$$AFR(t_1,\ t_2) = \frac{\ln R(t_1) - \ln R(t_2)}{t_2 - t_1} = \frac{\ln(0.739) - \ln R(0.639)}{500 - 300} = 0.00073(/\text{시간})$$

02_ ① 실행 가능성이 있는 내용일 것
② 당사자의 의견을 말할 기회를 주는 방식으로 할 것
③ 기록내용이 구체적 · 객관적일 것
④ 작업표준에는 수단 및 행동을 직접 지시할 것
⑤ 기여도가 큰 것을 택할 것
⑥ 직감적으로 보기 쉬운 표현으로 할 것
⑦ 적시에 개정 · 향상시킬 것
⑧ 장기적인 방침 및 체계하에서 추진할 것

03_ ① 좋은 로트와 나쁜 로트를 구분하기 위하여
② 양호품과 부적합품을 구분하기 위하여
③ 공정의 변화 여부를 판단하기 위하여
④ 공정이 규격한계에 가까워졌는가의 여부를 결정하기 위하여
⑤ 제품의 결점의 정밀도를 평가하기 위하여
⑥ 검사원의 정확도를 평가하기 위하여
⑦ 측정기기의 정밀도를 측정하기 위하여
⑧ 제품 설계에 필요한 정보를 얻어내기 위하여
⑨ 공정능력을 측정하기 위하여

04_ ① $n = \left(\dfrac{K_\alpha + K_\beta}{m_0 - m_1}\right)^2 \times \sigma^2 = \left(\dfrac{1.645 + 1.282}{460 - 430}\right)^2 \times 40^2 = 15.23081 = 16(\text{개})$

② $\overline{X_L} = m_0 - K_\alpha \dfrac{\sigma}{\sqrt{n}} = 460 - 1.645 \times \dfrac{40}{\sqrt{16}} = 443.55(\text{N/m})$

∴ 로트에서 $n=16$을 샘플링하여 $\overline{x}$를 구하고 하한 합격판정치 $\overline{X_L}$과 비교하였을 때, $\overline{x} \geq \overline{X_L}$이면 로트를 합격시키고, $\overline{x} < \overline{X_L}$이면 로트를 불합격시킨다.

05_ 2단계 샘플링인 경우($M=100,\ m=5,\ \bar{n}=6$)

$$\beta_{\bar{\bar{x}}}=\pm u_{1-\alpha/2}\sqrt{\frac{{\sigma_w}^2}{m\bar{n}}+\frac{{\sigma_b}^2}{m}}=\pm 1.96\sqrt{\frac{0.35^2}{5\times 6}+\frac{0.25^2}{5}}=\pm 0.25240(\%)$$

06_ (1) 신뢰도

$$R(t=500)=e^{-\left(\frac{t-r}{\eta}\right)^m}=e^{-\left(\frac{500-0}{2,200}\right)^{1.2}}=0.84452(84.452\%)$$

(2) 고장률

$$\lambda(t=500)=\left(\frac{m}{\eta}\right)\left(\frac{t-r}{\eta}\right)^{m-1}=\left(\frac{1.2}{2,200}\right)\left(\frac{500-0}{2,200}\right)^{1.2-1}=0.00041(/\text{시간})$$

(3) $R(t)=e^{-\left(\frac{t-r}{\eta}\right)^m}=e^{-\left(\frac{t}{2,200}\right)^{1.2}}$, $0.90=e^{-\left(\frac{t_0}{2,200}\right)^{1.2}}$

양변에 ln을 취하면, $\ln 0.90=-\left(\frac{t_0}{2,200}\right)^{1.2}$

$$(-\ln 0.90)^{\frac{1}{1.2}}=\left(\frac{t_0}{2,200}\right)$$

$t_0=337.27767$(시간)

∴ 신뢰도를 90% 이상으로 유지하기 위해서는 사용시간이 337.27767시간 이하가 되어야 한다.

07_ 평균치 차의 검정

$$|\bar{\bar{x}}_A-\bar{\bar{x}}_B|=|72.56-76.89|=4.33$$

$$\bar{R}=\frac{k_A\bar{R}_A+k_B\bar{R}_B}{k_A+k_B}=\frac{20\times 6.4+25\times 6.04}{20+25}=6.2$$

$n=5$일 때 A_2의 값은 0.577이므로

$$A_2\bar{R}\sqrt{\frac{1}{k_A}+\frac{1}{k_B}}=0.577\times 6.2\times\sqrt{\frac{1}{20}+\frac{1}{25}}=1.07322$$

∴ $4.33>1.07322$이므로 $\bar{\bar{x}}_A$와 $\bar{\bar{x}}_B$ 간에는 유의차가 있다.

08_ (1) 고객만족(Customer Satisfaction)
(2) 제품(Product)
(3) 품질계획서(Quality Plan)
(4) 품질방침(Quality Policy)

09_ (1) **변동계산**

$$S_T = \sum x^2 - \frac{100^2}{8} = 158.0$$

$$S_A = \frac{1}{8}\left(T_{A_1} - T_{A_0}\right)^2 = \frac{1}{8}\left[(17+21+10+10)-(8+13+7+14)\right]^2 = 32.0$$

같은 방법으로 각 열의 변동을 구하면 된다. 즉,

$$S_B = \frac{1}{8}\left(T_{B_1} - T_{B_0}\right)^2 = 40.5$$

$$S_C = \frac{1}{8}\left(T_{C_1} - T_{C_0}\right)^2 = 32.0$$

$$S_{A\times B} = \frac{1}{8}\left(T_{(A\times B)_1} - T_{(A\times B)_0}\right)^2 = 40.5$$

$$S_e = S_{5열} + S_{6열} + S_{7열}$$

요 인	SS	DF	MS	F_0	$F_{0.90}$
A	32.0	1	32.0	7.38462*	5.54
B	40.5	1	40.5	9.34616*	5.54
C	32.0	1	32.0	7.38462*	5.54
$A\times B$	40.5	1	40.5	9.34616*	5.54
e	13.0	3	4.33333		
T	158.0	7			

모든 요인(A, B, C, $A\times B$)이 $\alpha=0.10$에서 유의하다.

(2)

	A_0	A_1
B_0	8 13	17 21
B_1	7 14	10 10

C_0	C_1
8	13
7	14
17	21
10	10

데이터가 망대특성이므로 최적수준조합은 $A_1B_0C_1$이 된다.

(3) 최적수준의 구간 추정

① 점추정

$$\hat{\mu}(A_1B_0C_1) = \hat{\mu} + a_1 + b_0 + c_1 + (ab)_{10}$$
$$= \left[\hat{\mu} + a_1 + b_0 + (ab)_{10}\right] + \left[\hat{\mu} + c_1\right] - \hat{\mu}$$
$$= \frac{38}{2} + \frac{58}{4} - \frac{100}{8} = 21.0$$

② 구간 추정

$$\hat{\mu}(A_1B_0C_1) = 21.0 \pm t_{1-\alpha/2}(\nu_e)\sqrt{\frac{V_e}{n_e}}$$
$$= 21.0 \pm t_{0.95}(3)\sqrt{\frac{V_e}{n_e}}$$
$$= 21.0 \pm 2.353 \times \sqrt{\frac{4.33333}{1.6}}$$
$$= (17.12767 \sim 24.87233)$$

여기서, $n_e = NR = \dfrac{\text{총 실험 횟수}}{\text{유의한 요인의 자유도 합}+1} = \dfrac{N}{\nu_A + \nu_B + \nu_C + \nu_{A\times B} + 1} = \dfrac{8}{5} = 1.6$

10_ $45 = 30 + 3\dfrac{\sigma}{\sqrt{n}}$, $\dfrac{\sigma}{\sqrt{n}} = 5.0 = \sigma_{\bar{x}}$

U_{CL}을 벗어나는 경우 : $u = \dfrac{U_{CL} - \mu'}{\sigma_{\bar{x}}} = \dfrac{45-40}{5} = 1.0$

L_{CL}을 벗어나는 경우 : $u = \dfrac{L_{CL} - \mu'}{\sigma_{\bar{x}}} = \dfrac{15-40}{5} = -5.0$

$\therefore\ 1-\beta = P_r(u > 1.0) + P_r(u < -5.0) = 0.1587 + 0.0^5 2867 = 0.15870$

11_ (1) PRQ=1.0%, CRQ=10.0%에 해당하는 $h_A = 2.155$, $h_R = 2.766$, $g = 1.804$를 이용하여

① $A = h_A\sigma + g\sigma n_{cum} = 2.155 \times 2.0 + 1.804 \times 2.0 \times n_{cum} = 4.310 + 3.608 n_{cum}$

② $R = -h_R\sigma + g\sigma n_{cum} = -2.766 \times 2.0 + 1.804 \times 2.0 \times n_{cum} = -5.532 + 3.608 n_{cum}$

(2) $y_i = x_i - L,\ Y = \sum y_i$로 계산한다.

로트	특성치(x)	여유치(y)	불합격 판정선(R)	누계 여유치(Y)	합격 판정선(A)
1	205.5	5.5	−1.924	5.5	7.918
2	203.5	3.5	1.684	9.0	11.526
3	199.0	−1.0	5.292	8.0	15.134
4	202.2	2.2	8.900	10.2	18.742
5	202.0	2.0	12.508	12.2	22.350

(3) 로트번호 5번에서 누계여유치(Y)가 불합격 판정선(R)보다 작으므로 그 로트는 불합격되어야 한다.

12_ (1) 분산분석표 작성

$S_{?차} = \dfrac{(\Sigma W_i T_i .)^2}{(\lambda^2 S) \times r}$ 에서

- $S_{1차} = \dfrac{[(-3)\times 180 + (-1)\times 170 + 1\times 140 + 3\times 120]^2}{20\times 5} = 441.00$
- $S_{2차} = \dfrac{[1\times 180 + (-1)\times 170 + (-1)\times 140 + 1\times 120]^2}{4\times 5} = 5.00$
- $S_{3차} = \dfrac{[(-1)\times 180 + 3\times 170 + (-3)\times 140 + 1\times 120]^2}{20\times 5} = 9.00$

요 인	SS	DF	MS	F_0	$F_{0.95}$	$F_{0.99}$
A	455.00	3	151.67	22.88**	3.10	4.94
1차	441.00	1	441.00	66.52**	4.35	8.10
2차	5.00	1	5.00	0.75	4.35	8.10
3차	9.00	1	9.00	1.36	4.35	8.10
e	106.00	16	6.63			
T	561.00	19				

∴ 분산분석 결과, 요인 A의 1차만이 매우 유의하고, 2차 및 3차는 유의하지 않다. 따라서 인장강도와 온도의 관계가 직선회귀로서 매우 유의하게 설명되고 있다고 할 수 있다.

(2) 곡선회귀방정식의 추정

1차만 유의하므로, 직선방정식 $\hat{y}=\hat{\beta_0}+\hat{\beta_1}x$를 구한다.

- $\hat{\beta_1}=\dfrac{(\sum W_i T_i.)}{(\lambda S)\times r\times C}=\dfrac{((-3)\times 180+(-1)\times 170+1\times 140+3\times 120)}{10\times 5\times 5}=-0.84$
- $\hat{\beta_0}=\overline{y}-\hat{\beta_1}\overline{x}=30.5-(-0.84)\times 557.5=498.8$

$\therefore\ \hat{y}=498.8-0.84x$

13_ (1) σ 기지일 때 두 조 모평균 차의 단측 검정($\overline{x_A}=21.9,\ \overline{x_B}=16.8$)

① $H_0: \mu_A-\mu_B\leq 3 \qquad H_1: \mu_A-\mu_B>3$

② $u_0=\dfrac{(\overline{x_A}-\overline{x_B})-\delta}{\sqrt{\dfrac{\sigma_A^2}{n_A}+\dfrac{\sigma_B^2}{n_B}}}=\dfrac{(21.9-16.8)-3}{\sqrt{\dfrac{2^2}{10}+\dfrac{3^2}{10}}}=1.842$

③ $(u_0=1.842)>(u_{0.95}=1.645)$

$\therefore$ $\alpha=0.05$로 H_0는 기각된다. 즉, 평균치 차가 3보다 크다고 할 수 있다.

(2) 신뢰하한을 구한다.

$$(\overline{x_A}-\overline{x_B})-u_{1-\alpha}\sqrt{\frac{\sigma_A^2}{n_A}+\frac{\sigma_B^2}{n_B}}=(21.9-16.8)-1.645\sqrt{\frac{2^2}{10}+\frac{3^2}{10}}=3.22441(\text{kg})$$

14_ 검사 개수가 로트마다 일정하지 않으므로, 부적합품률(p)관리도를 사용한다.

(1) 관리한계선

$C_L=\overline{p}=\dfrac{\sum np}{\sum n}=\dfrac{45}{450}=0.1$

$U_{CL}=\overline{p}+3\sqrt{\dfrac{\overline{p}(1-\overline{p})}{n}} \qquad L_{CL}=\overline{p}-3\sqrt{\dfrac{\overline{p}(1-\overline{p})}{n}}$

① $n=30$일 때

$U_{CL}=0.1+3\sqrt{\dfrac{0.1\times 0.9}{30}}=0.26432 \qquad L_{CL}=0.1-3\sqrt{\dfrac{0.1\times 0.9}{30}}=$ '–'

② $n=40$일 때

$U_{CL}=0.1+3\sqrt{\dfrac{0.1\times 0.9}{40}}=0.24230 \qquad L_{CL}=0.1-3\sqrt{\dfrac{0.1\times 0.9}{40}}=$ '–'

③ $n=50$일 때

$U_{CL}=0.1+3\sqrt{\dfrac{0.1\times0.9}{50}}=0.22728$ $L_{CL}=0.1-3\sqrt{\dfrac{0.1\times0.9}{50}}=$ '–'

(2) 관리도 작성

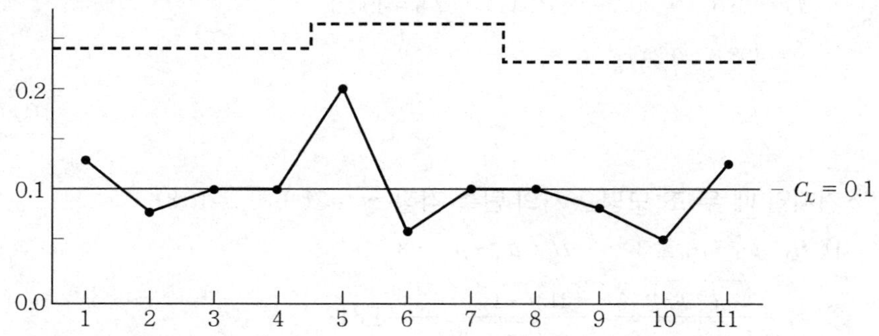

(3) 관리도 판정

타점되는 모든 점이 관리한계선 밖으로 벗어나는 것은 없으므로 공정이 안정상태에 있다고 볼 수 있다.

15_ $R_s=\sum_{m=3}^{4}\binom{4}{m}0.9^m(1-0.9)^{4-m}$

$=\binom{4}{3}0.9^3\times(1-0.9)^1+\binom{4}{4}0.9^4\times(1-0.9)^0=0.29160+0.65610=0.94770$

16_ 시료의 상관계수$(r)=\dfrac{S(xy)}{\sqrt{S(xx)S(yy)}}=0.90819$

(1) t분포 이용

① $H_0: \rho=0$, $H_1: \rho\neq0$

② $\alpha=0.05$

③ $t_0=\dfrac{r}{\sqrt{\dfrac{1-r^2}{n-2}}}=\dfrac{0.908188}{\sqrt{\dfrac{1-0.908188^2}{12-2}}}=6.8614$

④ $t_0>t_{1-\alpha/2}(\nu)=t_{0.975}(10)=2.228$이면 H_0를 기각한다.

⑤ $t_0=6.8614>2.228$이므로 H_0를 기각한다. 즉, 상관관계가 존재한다.

(2) r분포 이용

① $H_0 : \rho=0$, $H_1 : \rho\neq0$

② $\alpha=0.05$

③ $r_0=\dfrac{S(xy)}{\sqrt{S(xx)S(yy)}}=0.90819$

④ $r_0 > r_{1-\alpha/2}(\nu)=r_{0.975}(10)=0.5760$이면 H_0를 기각한다.

⑤ $r_0=0.90819>0.5760$이므로 H_0를 기각한다. 즉, 상관관계가 존재한다.

기출유사문제 [2019년 4회 품질경영기사 실기]

01 강판을 만드는 공장에서 두께의 규격은 2.43~2.48mm이고, X관리도를 작성한 결과, $U_{CL}=2.479$, $L_{CL}=2.431$일 때 공정능력지수를 구하시오.

02 재료 A와 재료 B로 만든 각 스프링의 강도를 측정하여 아래의 데이터를 얻었을 때, A와 B의 모평균 차가 있다고 할 수 있겠는가를 검정을 행하시오.(단, 모분산은 같다.)

A	73.4	77.0	73.7	73.3	73.1	71.5	74.5	77.5	76.4	77.7
B	68.7	71.4	69.8	75.3	71.3	72.7	66.9	70.2	74.4	70.1

03 A공장에서는 사양이 약간씩 다른 세 종류의 전기밥솥을 같은 공정에서 생산하고 있다. '15년도에 이 공정의 전기밥솥에 대한 월평균 치명 부적합수의 발생건수는 12건으로 기록되어 있다. '16년도의 연초에 공정을 개량하였더니 최근 6개월간의 치명 부적합수의 발생건수는 44건으로 나타났다. 다음 각 물음에 답하시오.

(1) '15년도와 비교해서 '16년의 월평균 치명 부적합수의 발생건수가 줄었다고 할 수 있겠는가?(단, 정규분포 근사법을 이용하여 검정하되 위험률은 1%를 적용하시오.)

(2) A공장의 월평균 치명 부적합수의 신뢰한계를 신뢰율 99%로 구하시오.

04 전자레인지의 최종검사에서 20대를 랜덤하게 추출하여 부적합수를 조사하여 관리도를 작성하려고 한다. 물음에 답하시오.

시료군의 번호	1	2	3	4	5	6	7	8	9	10
부적합수	1	4	3	7	5	6	5	3	2	3
시료군의 번호	11	12	13	14	15	16	17	18	19	20
부적합수	5	8	6	6	7	6	2	1	1	2

(1) C_L, U_{CL}, L_{CL}을 구하시오.

(2) 관리도를 작성하고, 관리상태의 여부를 판정하시오.

05 어떤 금속 부품을 가공하는 공정에서 $n=4$ 인 $\overline{x}-R$ 관리도를 그려본 결과, 완전 관리상태이다. $\overline{x}$ 관리도의 $U_{CL}=12.7$, $L_{CL}=6.7$ 일 때 개개치 관리도 데이터의 산포($\sigma_H{}^2$)를 구하시오.

06 A 정제 로트 성분의 특성치는 정규분포를 따르고 표준편차 $\sigma=0.0005$mg인 것을 알고 있다. 이 로트의 검사에서 $m_0=0.0045$mg, $\alpha=0.05$, $m_1=0.0055$mg, $\beta=0.10$인 계량 규준형 1회 샘플링검사를 행하기로 하였다. 다음 물음에 답하시오.

(1) 부표값을 이용하여 시료의 크기 n, 상한합격판정치 $\overline{X_U}$ 를 구하시오.

(2) 다음 표를 완성하고, 이 값을 토대로 OC곡선을 작성하시오.

m	$K_{L(m)}=\dfrac{\sqrt{n}\left(m-\overline{X_U}\right)}{\sigma}$	$L(m)$
0.0040		
0.0045		
0.0050		
0.0055		
0.0060		

07 금속판의 표면경도 상한 규격치가 로크웰 경도 50 이하로 규정되었을 때, 로크웰 경도 68을 넘는 것이 0.5% 이하인 로트는 통과시키고 그것이 4% 이상인 로트는 통과시키지 않도록 하는 계량규준형 1회 샘플링검사 방식을 설계하기 위하여 부표를 찾았더니, $n=13$, $k=2.11$이 나왔다면 다음 물음에 답하시오.(단, $\alpha=0.05$, $\beta=0.10$, $\sigma=3$이다.)

(1) 상한합격판정치 $\overline{X_U}$ 를 구하시오.

(2) 로트로부터 $n=13$의 평균치가 44일 때 그 로트의 합부판정을 행하시오.

08 어떤 제품의 수명은 지수분포를 따르며 평균수명이 500시간이고 이미 500시간을 사용하였다. 앞으로 100시간을 더 사용할 때 고장 없이 작업을 수행할 신뢰도를 구하시오.

09 2요인실험에서 $S_{A\times B}$를 구하기 위해 A의 수준별로 B의 대비를 계산했더니 $L(A_1)=15$, $L(A_2)=10$, $L(A_3)=5$였다. $S_{A\times B}$는 얼마인가?(단, $\lambda^2 S=20$, $\lambda S=10$, $m=3$이다.)

10 나일론 실의 방사과정에서 일정 시간 동안에 사절수가 어떤 인자에 크게 영향을 받는가를 대략적으로 알아보기 위하여 4인자 A(연신온도), B(회전수), C(연신비)를 각각 다음과 같이 4수준으로 잡고 총 16회 실험을 4×4 라틴방격법으로 행하였다. 다음의 물음에 답하시오.(유의수준 5%)

	A_1	A_2	A_3	A_4
B_1	$C_3(15)$	$C_1(\ 4)$	$C_4(\ 8)$	$C_2(19)$
B_2	$C_1(\ 5)$	$C_3(19)$	$C_2(\ 9)$	$C_4(16)$
B_3	$C_4(15)$	$C_2(16)$	$C_3(19)$	$C_1(17)$
B_4	$C_2(19)$	$C_4(26)$	$C_1(14)$	$C_3(34)$

(1) 분산분석표를 작성하시오.($E(MS)$ 포함할 것)

(2) 최적수준에 따른 평균치를 구간 추정할 때, 유효반복수를 구하시오.

11 제당공장에서는 탄산포충공정의 탈색률과 여과공정의 여과성이 원가의 절감과 품질개선에 반영된다. 이에 탈색률과 관련된 인자와 그 수준은 다음과 같이 결정하고 실험을 실시하였다. 여기서, 인자 A와 인자 B 간의 교호작용이 있으리라고 기술적으로 판단되어 이를 구하고 싶어 $L_{16}(2^{15})$ 직교배열표에 배치하여 분산분석표까지 작성하였다. 다음 물음에 답하시오.(단, 데이터는 망대특성이다.)

[실험조건]
- 인자 A : 제2탑의 pH값(4수준)
- 인자 B : 제2탑의 온도(2수준)
- 인자 C : 제3탑의 pH값(2수준)
- 인자 D : 제3탑의 온도(2수준)
- 인자 F : 수조온도(2수준)
- 인자 G : 포충시간(2수준)

| $L_{16}(2^{15})$ 직교배열표 |

실험번호	실험순서	1	2	3	4	5	6	7	8	9	10	11	12	13	14	15	탈색률(%)
1	5	0	0	0	0	0	0	0	0	0	0	0	0	0	0	0	61.3
2	16	0	0	0	0	0	0	0	1	1	1	1	1	1	1	1	60.3
3	6	0	0	0	1	1	1	1	0	0	0	0	1	1	1	1	60.4
4	14	0	0	0	1	1	1	1	1	1	1	1	0	0	0	0	60.8
5	3	0	1	1	0	0	1	1	0	0	1	1	0	0	1	1	59.3
6	8	0	1	1	0	0	1	1	1	1	0	0	1	1	0	0	55.4
7	4	0	1	1	1	1	0	0	0	0	1	1	1	1	0	0	56.6
8	11	0	1	1	1	1	0	0	1	1	0	0	0	0	1	1	59.3
9	15	1	0	1	0	1	0	1	0	1	0	1	0	1	0	1	58.0
10	12	1	0	1	0	1	0	1	1	0	1	0	1	0	1	0	57.4
11	1	1	0	1	1	0	1	0	0	1	0	1	1	0	1	0	52.7
12	10	1	0	1	1	0	1	0	1	0	1	0	0	1	0	1	59.4
13	7	1	1	0	0	1	1	0	0	1	1	0	0	1	1	0	57.2
14	2	1	1	0	0	1	1	0	1	0	0	1	1	0	0	1	55.8
15	13	1	1	0	1	0	0	1	0	1	1	0	1	0	0	1	56.0
16	9	1	1	0	1	0	0	1	1	0	0	1	0	1	1	0	60.5
기본표시		a	b	ab	c	ac	bc	abc	d	ad	bd	abd	cd	acd	bcd	$abcd$	$T=930.4$
배치		B	A	$A\times B$	A	$A\times B$	A	$A\times B$	C	D	e	e	F	e	e	G	

| 분산분석표 |

요 인	SS	DF	MS	F_0	$F_{0.90}$
A	10.97500	3	3.65833	3.89	4.19
B	16.81000	1	16.810	17.87*	4.54
C	3.42250	1	3.42250	3.64	4.54
D	7.56250	1	7.56250	8.04*	4.54
F	2.72250	1	2.72250	27.11*	4.54
G	25.50250	1	25.50250	2.89	4.54
$A\times B$	14.31500	3	4.77167	5.07*	4.19
e	3.76250	4	0.940625		
T	85.07250	15			

(1) AB의 2원표와 D, F의 1원표를 작성하시오.

(2) 탈색률을 가장 좋게 하는 최적수준조합을 구하고, 점추정값을 구하시오.

(3) 최적수준조합을 신뢰율 90%로 구간추정을 행하시오.

12 측정 시스템의 5가지 변동 중 반복성(Repeatability)에 대하여 간단하게 설명하시오.

13 길이, 질량, 강도, 압력 등과 같은 계량치의 데이터가 어떤 분포를 하고 있는지를 알아보기 위하여 작성한 그래프를 히스토그램(Histogram)이라 한다. 히스토그램의 활용목적을 3가지 적으시오.

14 형상모수($m=4$), 척도모수($\eta=1,000$), 위치모수($r=1,000$)인 와이블 분포에서 다음의 물음에 답하시오.

(1) 사용시간 1,500시간일 때의 신뢰도를 구하시오.

(2) 사용시간 1,500시간에서의 고장률을 구하시오.

15 어떤 제품의 로트에서 $n=12$개 샘플을 취하여 120시간까지 관측한 결과, 13, 45, 76, 94, 104시간에서 고장이 발생하였다면, 이 제품의 평균수명 $MTTF$를 추정하시오.(단, 제품의 수명기간은 지수분포를 따른다고 알려져 있다.)

16 A사는 어떤 부품의 수입검사 시 KS Q ISO 2859-1을 사용하고 있다. 다음은 검토 후 $AQL=1.5\%$, 검사수준 II, 1회 샘플링검사로 로트번호 1은 수월한 검사를 실시한 결과물이다. 물음에 답하시오.

(1) 다음 빈칸을 채우시오.

번호	N	샘플문자	n	Ac	Re	부적합품 수	합부판정	전환 점수	샘플링검사의 엄격도
1	500	H	20	1	2	2	불합격	-	보통검사로 전환
2	200					2			
3	250					1			
4	200					0			
5	250					1			
6	250					2			

(2) 로트번호 7의 엄격도를 적으시오.

기출유사문제풀이 [2019년 4회 품질경영기사 실기]

01_ $\begin{pmatrix} U_{CL} \\ L_{CL} \end{pmatrix} = \overline{X} \pm 3\sigma$

$$\sigma = \frac{U_{CL} - L_{CL}}{6} = 0.008$$

$$\therefore \; C_p = \frac{U - L}{6\sigma} = \frac{2.48 - 2.43}{6 \times 0.008} = 1.04167$$

02_ $V = \dfrac{S_A + S_B}{n_A + n_B - 2} = \dfrac{42.3890 + 58.1160}{10 + 10 - 2} = 5.58361$

$H_0 : \mu_A = \mu_B$, $H_1 : \mu_A \neq \mu_B$

$\alpha = 0.05,\ 0.01$

$$t_0 = \frac{\overline{x_A} - \overline{x_B}}{\sqrt{V\left(\dfrac{1}{n_A} + \dfrac{1}{n_B}\right)}} = \frac{74.810 - 71.080}{\sqrt{5.58361\left(\dfrac{1}{10} + \dfrac{1}{10}\right)}} = 3.5297$$

기각역 : $t_0 > t_{1-\alpha/2}(n_A + n_B - 2) = \begin{cases} 2.101, & \alpha = 0.05 \\ 2.878, & \alpha = 0.01 \end{cases}$ 이면 H_0를 기각한다.

$t_0 = 3.5297 > 2.878$ 이므로

$\therefore$ $\alpha = 0.01$로 H_0를 기각한다. 즉, A와 B의 평균치 차가 있다고 할 수 있다.

03_ (1) $H_0 : U \geq U_0(12)$, $H_1 : U < U_0(12)$

$$u_0 = \frac{\dfrac{x}{n} - U_0}{\sqrt{\dfrac{U_0}{n}}} = \frac{\dfrac{44}{6} - 12}{\sqrt{\dfrac{12}{6}}} = \frac{7.33333 - 12}{\sqrt{\dfrac{12}{6}}} = -3.30$$

$u_0 = -3.30 < -2.326$ 이므로

$\therefore$ $\alpha = 0.01$로 H_0는 기각된다. 즉, 월평균 치명 부적합수의 발생건수가 줄었다고 할 수 있다.

(2) 단위당 모부적합수의 구간추정(상한 한쪽 구간추정)

$$\widehat{U_{상한}} = \hat{u} + u_{1-\alpha}\sqrt{\frac{\hat{u}}{n}} = 7.333333 + u_{0.99}\sqrt{\frac{7.333333}{6}} = 9.90482 \text{ 건/월}$$

04_ (1) c관리도

$$C_L = \bar{c} = \frac{\sum c}{k} = \frac{83}{20} = 4.150$$

$$U_{CL} = \bar{c} + 3\sqrt{\bar{c}} = 4.15 + 3 \times \sqrt{4.15} = 10.26147$$

$$L_{CL} = \bar{c} - 3 \times \sqrt{\bar{c}} = 4.15 - 3\sqrt{4.15} = -\ (\text{고려하지 않음})$$

(2) 관리도 작성 및 판정

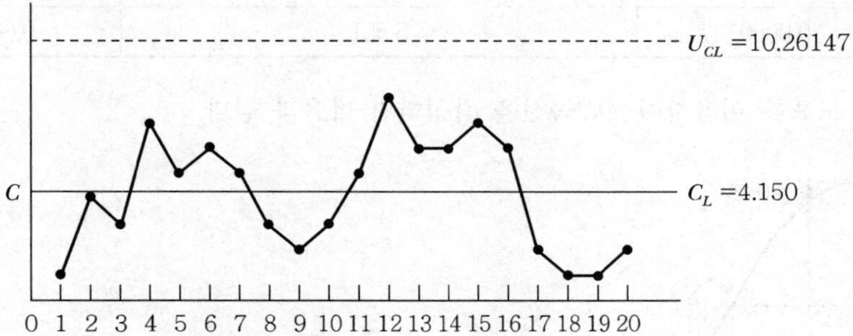

∴ 관리 한계선을 벗어나는 점이 없으므로 이 공정은 관리상태에 있다고 볼 수 있다.

05_ 완전한 관리상태인 경우 $\sigma_b = 0$ 이므로,

$$6\frac{\overline{R}}{d_2\sqrt{n}} = U_{CL} - L_{CL} = 6.0$$

$$\sigma_w = \frac{\overline{R}}{d_2} = \sqrt{n} = 2$$

$$\therefore\ \sigma_H^{\ 2} = \sigma_b^{\ 2} + \sigma_w^{\ 2} = 0 + 4 = 4$$

06_ (1) 표에 의거 $\frac{|m_1 - m_0|}{\sigma} = \frac{|0.0055 - 0.0045|}{0.0005} = 2.0$, $n = 3$, $G_0 = 0.950$

$$\therefore\ \overline{X_U} = m_0 + G_0\sigma = 0.0045 + 0.950 \times 0.0005 = 0.004975$$

(2) OC 곡선의 작성

m	$K_{L(m)}=\dfrac{\sqrt{n}\left(m-\overline{X_U}\right)}{\sigma}$	$L(m)$
0.0040	−3.378	0.99964
0.0045	−1.645	0.950
0.0050	0.087	0.4641
0.0055	1.819	0.0344
0.0060	3.551	0.00019

상기 도표를 이용하여 OC곡선을 작성하면 다음과 같다.

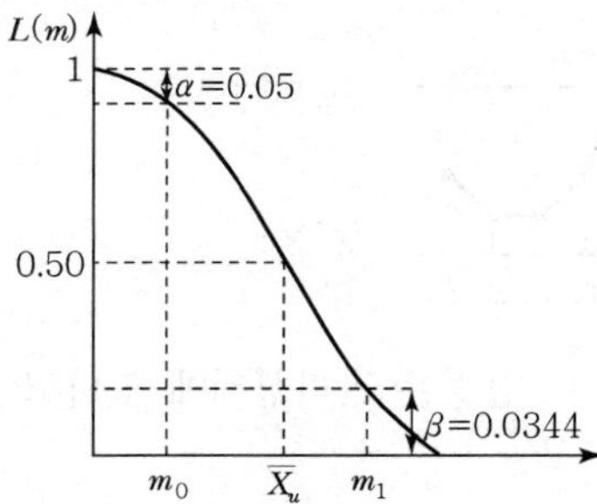

※ 본 OC 곡선에서 m_0에 대한 α값은 맞으나, m_1에 대한 β값은 문제에서는 10%이나, 실제 OC 곡선에서는 3.44%로 값의 차이가 있는 것으로 나타났다.

07_ (1) $\overline{X_U}=U-k\sigma=50-2.11\times 3=43.67$

(2) $(\overline{x}=44)>\left(\overline{X_U}=43.67\right)$이므로 로트를 불합격으로 판정한다.

08_ $R(t)=\dfrac{R(t=500+100)}{R(t=500)}=\dfrac{e^{-\frac{600}{500}}}{e^{-\frac{500}{500}}}=e^{-\frac{100}{500}}=0.81873$

09_ $S_{A\times B}=\dfrac{(L(A_1))^2+(L(A_2))^2+(L(A_3))^2}{(\lambda^2 S)}-\dfrac{\left[(L(A_1))+(L(A_2))+(L(A_3))\right]^2}{(\lambda^2 S)\times m}$

$=\dfrac{15^2+10^2+5^2}{20}-\dfrac{30^2}{20\times 3}=2.5$

10_ (1) 분산분석표 작성

수정항 $CT=\frac{T^2}{k^2}=\frac{(255)^2}{16}=4{,}064.06250$

① $S_A=\sum_i \frac{T_{i\cdot\cdot}^{\ 2}}{k}-CT=\frac{1}{4}\{54^2+65^2+50^2+86^2\}-CT=195.18750$

② $S_B=\sum_j \frac{T_{\cdot j\cdot}^{\ 2}}{k}-CT=\frac{1}{4}\{46^2+49^2+67^2+93^2\}-CT=349.68750$

③ $S_C=\sum_k \frac{T_{\cdot\cdot l}^{\ 2}}{k}-CT=\frac{1}{4}\{40^2+63^2+87^2+65^2\}-CT=276.68750$

④ $S_e=S_T-(S_A+S_B+S_C)=844.93750-(S_A+S_B+S_D)=13.68750$

⑤ $\nu_A=\nu_B=\nu_C=\nu_D=k-1=3,\ \nu_e=(k-1)(k-3)=3$

요인	SS	DF	MS	F_0	$F_{0.95}$	$E(MS)$
A	195.1875	3	65.0625	16.701*	4.76	${\sigma_e}^2+4{\sigma_A}^2$
B	349.6875	3	116.5625	29.920*	4.76	${\sigma_e}^2+4{\sigma_B}^2$
C	276.6875	3	92.22917	23.674*	4.76	${\sigma_e}^2+4{\sigma_C}^2$
e	23.3750	6	3.89583			
T	847.9375	15				

∴ 모든 요인 A, B, C는 유의수준 5%로 유의하다.

(2) 모든 요인이 유의하므로,

유효반복수 $n_e=NR=\frac{\text{총 실험횟수}}{\text{유의한 요인의 자유도 합}+1}=\frac{k^2}{3k-2}=\frac{16}{10}=1.60$

11_ (1) ① AB의 2원표

	A_0	A_1	A_2	A_3	계
B_0	121.6	121.2	114.7	115.9	473.4
B_1	115.4	112.1	113.0	116.5	457.0
계	237.0	233.3	227.7	232.4	930.4

② D의 1원표

D_0	D_1	계
470.7	459.7	930.4

③ F의 1원표

F_0	F_1	계
475.8	454.6	930.4

(2) 최적수준의 결정(탈색률은 망대특성이다.)

(1)의 표의 결과, 최적수준조합은 $A_0B_0D_0F_0$가 된다.

$$\hat{\mu}(A_0B_0D_0F_0)=\hat{\mu}+b_0+d_0+f_0+(ab)_{00}$$

$$=[\hat{\mu}+a_0+b_0+(ab)_{00}]+[\hat{\mu}+d_0]+[\hat{\mu}+f_0]-[\hat{\mu}+a_0]-\hat{\mu}$$

$$=\frac{121.6}{2}+\frac{470.7}{8}+\frac{475.8}{8}-\frac{237.0}{4}-\frac{930.4}{16}=61.71250$$

(3) 최적수준조합의 구간추정

$$\mu(A_0B_0D_0F_0)=\hat{\mu}(A_0B_0D_0F_0)\pm t_{1-\alpha/2}(\nu_e)\sqrt{\frac{V_e}{n_e}}$$

$$=61.712500\pm 2.132\times\sqrt{\frac{0.940625}{2.285714}}$$

$$=61.712500\pm 1.367680\ (60.34482,\ 63.08018)$$

여기서, $n_e=NR=\dfrac{\text{총 실험횟수}}{\text{유의한 요인의 자유도 합}+1}$

$$=\frac{N}{\nu_B+\nu_D+\nu_F+\nu_{A\times B}+1}=\frac{16}{7}=2.285714$$

12_ 동일한 측정자가 동일한 시료를 여러 번 측정하여 얻은 데이터의 산포 크기를 의미하며 산포의 크기가 작을수록 반복성이 좋아지며, 정밀도라고도 한다.

13_ ① 데이터의 흩어진 모습, 즉 분포상태 파악을 위해서(중심, 치우침도, 첨도 등)

② 공정능력을 파악하기 위해서

③ 공정의 올바른 해석 및 관리를 위해서

④ 규격과 비교하여 공정현상을 파악하기 위해서

14_ (1) $R(t=1{,}500) = e^{-\left(\frac{t-r}{\eta}\right)^m} = 0.93941$

(2) $\lambda(t=1{,}500) = \left(\frac{m}{\eta}\right)\left(\frac{t-r}{\eta}\right)^{m-1} = \frac{4}{1{,}000}\left(\frac{1{,}500-1{,}000}{1{,}000}\right)^3 = 0.00050(/\text{시간})$

15_ 정시중단($t_0 = 120$)시험

$$MTTF = \frac{\sum_{i=1}^{r} t_i + (n-r)\,t_0}{r} = \frac{(13+45+76+94+104)+(12-5)\times 120}{5} = 234.40(\text{시간})$$

16 (1)

번호	N	샘플문자	n	Ac	Re	부적합품 수	합부판정	전환점수	샘플링검사의 엄격도
1	500	H	20	1	2	2	불합격	–	보통 검사로 전환
2	200	G	32	1	2	2	불합격	0	보통 검사로 속행
3	250	G	32	1	2	1	합격	2	보통 검사로 속행
4	200	G	32	1	2	0	합격	4	보통 검사로 속행
5	250	G	32	1	2	1	합격	6	보통 검사로 속행
6	250	G	32	1	2	2	불합격	0	보통 검사 중단

(2) 연속 5로트 중 2로트(2, 6번)가 불합격되었으므로 로트번호 7부터는 까다로운 검사를 행하여야 한다.

기출유사문제 [2019년 1회 품질경영산업기사 실기]

01 A사에서는 어떤 부품의 수입검사에 KS Q ISO 2859－1 ; 2010의 계수값 샘플링검사방식을 적용하고 있다. AQL＝1.0%, 검사수준 Ⅲ으로 하는 1회 샘플링방식을 채택하고 있다. 처음 검사는 보통검사로 시작하였으며, 80번 로트에서는 수월한 검사를 실시하였다. 주어진 KS Q ISO 2859－1의 주 샘플링검사표를 사용하여 공란을 메우시오.

로트번호	N	샘플문자	n	Ac	부적합품수	합부판정	엄격도 적용
80	2,000	L	80	3	3	합격	수월한 검사 실행
81	1,000	K	( )	( )	1	( )	( )
82	2,000	L	( )	( )	2	( )	( )
83	1,000	K	( )	( )	4	( )	( )
84	2,000	L	( )	( )	5	( )	( )

02 어떤 식품 제조회사에서 제품검사에 계수 규준형 1회 샘플링검사를 적용하기 위하여 구입자와 $\alpha = 0.05$, $\beta = 0.10$으로 협의하였다. 이것을 만족시킬 수 있는 샘플링방식 $n = 35$ 및 $c = 1$이라고 할 때, 다음 표를 이용하여 $p_0 = ?\%$, $p_1 = ?\%$를 구하시오.

c	$(np)_{0.99}$	$(np)_{0.95}$	$(np)_{0.10}$	$(np)_{0.05}$
0	–	–	2.30	2.90
1	0.15	0.35	3.50	4.60
2	0.42	0.80	5.30	6.20
3	0.80	1.35	6.70	7.60
4	1.30	1.95	8.00	9.20

03

요인 A(4수준), 요인 B(5수준)이고 모수모형인 반복이 없는 2요인실험에서 요인 A, B가 유의하고 $\bar{x}_{3\cdot}=8.6$, $\bar{x}_{\cdot 2}=10.6$, $\bar{\bar{x}}=8.855$, $MS_e=0.468$일 때 물음에 답하시오.

(1) 유효반복수 n_e를 구하시오.

(2) 수준조합 A_3B_2의 모평균을 신뢰율 95%로 구간 추정하시오.

04

다음 표는 검사자에 대한 기억력 x와 판단력 y를 검사하여 얻은 데이터이다. 물음에 답하시오.

기억력 x	11	10	14	18	10	5	12	7	15	16
판단력 y	6	4	6	9	3	2	8	3	9	7

(1) x에 대한 y의 상관계수를 구하시오.

(2) H_0 : $\rho=0$, H_1 : $\rho \neq 0$에 대한 검정을 하시오.($\alpha=0.05$)

(3) 정규분포 근사값을 이용하여 모상관계수에 대한 신뢰율 95% 신뢰구간을 추정하시오. (n이 작아 무리는 있으나 무시할 것)

05

$L_8(2)^7$의 직교배열표를 이용하여 다음 표와 같이 요인을 배치하고 실험데이터를 얻었을 때, 물음에 답하시오.

배치 \ 열번 / No.	B		C	B×C	A			실험데이터 x_i
	1	2	3	4	5	6	7	
1	0	0	0	0	0	0	0	20
2	0	0	0	1	1	1	1	24
3	0	1	1	0	0	1	1	17
4	0	1	1	1	1	0	0	27
5	1	0	1	0	1	0	1	26
6	1	0	1	1	0	1	0	15
7	1	1	0	0	1	1	0	36
8	1	1	0	1	0	0	1	32
기본표시	a	b	a b	c	a c	b c	a b c	

(1) 배치된 각 요인의 효과를 구하시오.

(2) 배치된 각 요인의 제곱합을 구하시오.

06 주어진 도수표는 어떤 부품의 치수를 측정하여 작성한 것이다. 규격이 10.00±0.10mm일 때 다음 물음에 답하시오.

(1) 다음의 도수분포표를 완성시키시오.

No.	급의 중앙치	도수(f_i)	$u_i = \frac{x_i - 10.07}{0.05}$	$f_i u_i$	$f_i u_i^2$
1	9.87	1			
2	9.92	3			
3	9.97	6			
4	10.02	8			
5	10.07	12			
6	10.12	10			
7	10.17	8			
8	10.22	1			
9	10.27	1			
계		50			

(2) 평균($\overline{x}$) 및 표준편차(s)를 구하시오.

(3) 변동계수(CV)를 구하시오.

07 어느 실험실에서 4명의 분석공(A_1, A_2, A_3, A_4)이 일하고 있는데 이들 간에는 동일한 시료의 분석결과에도 차이가 있는 것으로 생각된다. 이를 확인하기 위하여 일정한 표준시료를 만들어서, 동일 장치로 날짜를 랜덤하게 바꾸어 가면서 각 4회 반복하여 4명의 분석공에게 분석을 시켰다. 이들 분석공에게는 분석되는 시료가 동일한 표준시료라는 것을 모르게 하여 실시한 후 다음 분석치를 얻었다. 다음 물음에 답하시오.(단, 데이터는 망대특성이다)

번호	A_1	A_2	A_3	A_4
1	79.4	79.8	80.9	81.0
2	78.9	80.4	80.6	79.8
3	78.7	79.2	80.1	80.0
4	80.0	80.5	80.4	80.8

(1) 가설을 설정하시오.

(2) 분산분석을 하시오.($E(MS)$ 포함)

(3) 최적수준을 구하시오.

(4) 최적수준을 구간추정하시오.(단, α = 5%)

08 $U_{CL} = 53.4$, $L_{CL} = 26.6$, $n = 5$인 $\overline{x}$ 관리도가 있다. 만약 $N(40,\ 10^2)$인 공정이라면,

(1) 이 관리도에서 $\overline{x}$가 관리한계 밖으로 나올 확률은 얼마인가?

(2) 새로운 공정이 $N(50,\ 10^2)$으로 변화되었을 때 이 관리도에 의해 검출될 확률을 구하시오.

09 샘플링검사의 조건 5가지를 기술하시오.

10 다음은 검사의 분류에 대한 내용이다. 빈칸을 보기에서 찾아 적으시오.

> [보기] 무검사, 관능검사, 전수검사, 자주검사, 파괴검사, 비파괴검사, 샘플링검사, 순회검사, 공정검사, 최종검사, 출하검사, 수입검사, 정위치검사, 출장검사

(1) 입고 시에 하는 검사 (　　　)

(2) 검사방법에 의한 분류에서 파괴검사에는 사용할 수 없는 검사 (　　　)

(3) 검사 후에도 특성이 변하지 않는 검사 (　　　)

(4) 장소에 따른 검사로 분류하였을 때 돌아다니면서 하는 검사 (　　　)

11 검사단위의 품질표시방법 중 로트의 품질표시방법 4가지를 나열하시오.

12 분임조 활동 시 사용하는 QC 7가지 수법을 쓰시오.

13 어떤 자동차 부품은 규격이 7.190 ± 0.5mm이다. 이 부품의 제조공정을 관리하기 위하여 지난 20일간에 걸쳐 매일 5개씩의 데이터를 취하여 $\bar{x} - R$ 관리도를 작성하여 보니 $\bar{x} - R$관리도는 안정상태이며, $\bar{\bar{x}} = 7.188$, $\bar{R} = 0.16$이었다. 이 부품의 공정능력지수(C_{pk})를 구하시오.

14 다음 데이터를 부적합 항목에 따른 파레토도를 작성하려고 한다. 물음에 답하시오.

(1) 다음 도표의 빈칸을 채우시오.

번호	항목	건수	누적건수	상대도수	상대누적도수
1	기계고장	25	( )	( )	( )
2	기계마모	20	( )	( )	( )
3	먼지	15	( )	( )	( )
4	원자재 부적합	8	( )	( )	( )
5	작업자의 부주의	5	( )	( )	( )
합 계		73			

(2) 파레토도를 작성하시오.

15 품질코스트에 대한 내용이다. 다음의 물음에 답하시오.

(1) 파이겐바움의 품질코스트 3종류를 적으시오.

(2) 다음은 커크패트릭의 품질코스트 그래프이다. (　　)를 메우시오.

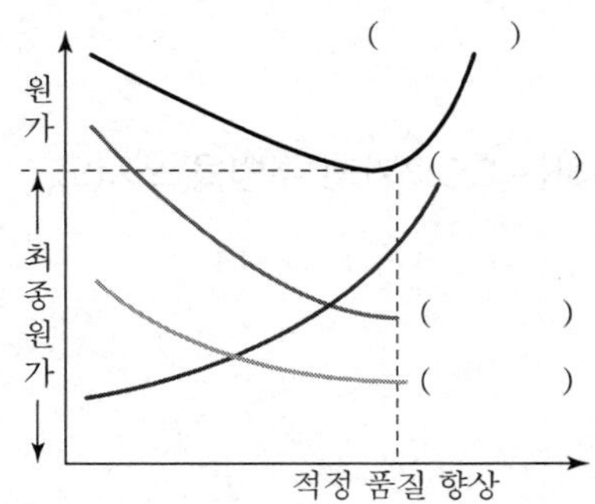

기출유사문제풀이 [2019년 1회 품질경영산업기사 실기]

01_

로트번호	N	샘플문자	n	Ac	부적합품수	합부판정	엄격도 적용
80	2,000	L	80	3	3	합격	수월한 검사 실행
81	1,000	K	(50)	(2)	1	(합격)	(수월한 검사 속행)
82	2,000	L	(80)	(3)	2	(합격)	(수월한 검사 속행)
83	1,000	K	(50)	(2)	4	(불합격)	(수월한 검사 중단)
84	2,000	L	(200)	(5)	5	(합격)	(보통검사 실행)

02_ ① $\alpha=0.05$를 만족시키는 샘플링방식

$L(p)=1-\alpha=0.95$, $c=1$이므로 이에 대응하는 np값 $(np)_{0.95}$를 이용하여 구한다.

$$\therefore\ p_0=\frac{(np)_{0.95}}{n}=\frac{0.35}{35}=0.01=1\%$$

② $\beta=0.10$을 만족시키는 샘플링방식

$L(p)=\beta=0.10$, c=1이므로 이에 대응하는 np값 $(np)_{0.10}$을 이용하여 구한다.

$$\therefore\ p_1=\frac{(np)_{0.10}}{n}=\frac{3.50}{35}=0.10=10\%$$

03_ (1) $n_e=\dfrac{lm}{l+m-1}=\dfrac{20}{4+5-1}=2.50$

(2) $\left(\bar{x}_{3\cdot}+\bar{x}_{\cdot 2}-\bar{\bar{x}}\right)\pm t_{1-\alpha/2}(12)\sqrt{\dfrac{MS_e}{n_e}}=10.3450\pm 2.179\times\sqrt{\dfrac{0.468}{2.50}}$

$=(9.40222, 11.28778)$

04_

- $S(xx)=\Sigma x^2-\dfrac{(\Sigma x)^2}{n}=147.60$
- $S(yy)=\Sigma y^2-\dfrac{(\Sigma y)^2}{n}=60.10$
- $S(xy)=\Sigma xy-\dfrac{(\Sigma x)(\Sigma y)}{n}=83.40$

(1) $r=\dfrac{S(xy)}{\sqrt{S(xx)S(yy)}}=0.88549$

(2) $H_0:\ \rho=0,\ H_1:\ \rho\neq 0$

$$t_0=\frac{r}{\sqrt{\dfrac{1-r^2}{n-2}}}=\frac{0.88549}{\sqrt{\dfrac{1-0.88549^2}{10-2}}}=5.390$$

$t_0>t_{1-\alpha/2}(\nu)=t_{0.975}(8)=2.306$ 이면 H_0를 기각한다.

$t_0=9.5736>2.306$ 이므로,

$\alpha=0.05$ 로 H_0 기각, 즉 상관관계가 있다고 할 수 있다.

(3) $E(Z)=Z\pm u_{1-\alpha/2}\sqrt{V(Z)}=Z\pm u_{1-\alpha/2}\dfrac{1}{\sqrt{n-3}}$ 에서

$$\rho=\tanh\left(\tanh^{-1}r\pm u_{1-\alpha/2}\frac{1}{\sqrt{n-3}}\right)=\tanh\left(\tanh^{-1}0.885494\pm 1.96\ \frac{1}{\sqrt{7}}\right)$$

$\therefore\ 0.57826\leq\rho\leq 0.97277$

05_ (1) 각 요인의 효과$=\dfrac{1}{4}$(1 수준의 합$-$0 수준의 합)

① 요인 A의 효과 $A=\dfrac{1}{4}(24+17+15+36-20-27-26-32)=-3.25$

② 요인 B의 효과 $B=\dfrac{1}{4}(17+27+36+32-20-24-26-15)=6.75$

③ 요인 C의 효과 $C=\dfrac{1}{4}(24+27+15+32-20-17-26-36)=-0.25$

④ 교호작용 $B\times C$의 효과 $BC=\dfrac{1}{4}(24+27+26+36-20-17-15-32)=7.25$

(2) 모든 요인의 제곱합$=\dfrac{1}{8}$(1 수준의 합$-$0 수준의 합)^2

① 요인 A의 제곱합 $S_A=\dfrac{1}{8}(24+17+15+36-20-27-26-32)^2=21.1250$

② 요인 B의 제곱합 $S_B=\dfrac{1}{8}(17+27+36+32-20-24-26-15)^2=91.1250$

③ 요인 C의 제곱합 $S_C=\dfrac{1}{8}(24+27+15+32-20-17-26-36)^2=0.1250$

④ 요인 $B\times C$의 제곱합 $S_{B\times C}=\dfrac{1}{8}(24+27+26+36-20-17-15-32)^2=105.1250$

06_ (1)

No.	급의 중앙치	f_i	$u_i = \dfrac{x_i - 10.07}{0.05}$	$f_i u_i$	$f_i {u_i}^2$
1	9.87	1	−4	−4	16
2	9.92	3	−3	−9	27
3	9.97	6	−2	−12	24
4	10.02	8	−1	−8	8
5	10.07	12	0	0	0
6	10.12	10	1	10	10
7	10.17	8	2	16	32
8	10.22	1	3	3	9
9	10.27	1	4	4	16
계		50	0	0	142

(2) ① $\bar{x} = x_0 + h \times \dfrac{\Sigma f_i u_i}{\Sigma f_i} = 10.070 + 0.05 \times \dfrac{0}{50} = 10.070(\text{mm})$

② $S_u = \Sigma f_i {u_i}^2 - \dfrac{(\Sigma f_i u_i)^2}{\Sigma f_i} = 142.0,\ S_{xx} = h^2 \times S_u = 0.05^2 \times 142.0 = 0.3550$

$s = \sqrt{\dfrac{S_{xx}}{\Sigma f_i - 1}} = \sqrt{\dfrac{0.3550}{49}} = 0.085117 = 0.08512(\text{mm})$

(3) 변동계수(CV)

$CV = \dfrac{s}{\bar{x}} \times 100 = \dfrac{0.08512}{10.070} \times 100 = 0.84528(\%)$

07_ (1) $H_0 : \sigma_A^2 = 0,\ H_1 : \sigma_A > 0$

(2) 분산분석표 작성

① $CT = \dfrac{T^2}{N} = \dfrac{(1{,}280.5)^2}{16} = 102{,}480.0156$

② $S_T = \sum_i \sum_j {x_{ij}}^2 - CT = 7.354375$

③ $S_A = \sum_i \frac{T_{i\cdot}^{\ 2}}{r} - CT = \frac{1}{4}(317.0^2 + 319.9^2 + 322.0^2 + 321.6^2) - CT = 3.876875$

요인	SS	DF	MS	F_0	$F_{0.95}$	$E(MS)$
A	3.87688	3	1.29229	4.459*	3.49	$\sigma_e^{\ 2} + 4\sigma_A^{\ 2}$
e	3.47750	12	0.28979			$\sigma_e^{\ 2}$
T	7.35438	15				

∴ 인자 A가 유의수준 5%로 유의적이다.

(3) 최적수준의 결정

$\hat{\mu}(A_i)$는 망대특성이므로 요인 A의 각 수준의 평균값 중 가장 큰 값이 최적수준이 된다. 즉, A_3이 되며, 평균값은 $\overline{x}_{3\cdot} = \frac{T_{4\cdot}}{4} = 80.5$이다.

(8) 최적수준의 구간추정

$\overline{x}_{i\cdot} \pm t_{1-\alpha/2}(\nu_e)\sqrt{\frac{V_e}{r}} = \overline{x}_{3\cdot} \pm t_{0.975}(12)\sqrt{\frac{0.289792}{4}} = 80.500 \pm 2.179 \times \sqrt{\frac{0.289792}{4}}$

∴ $79.91350 \le \mu(A_3) \le 81.08650$

08_(1) ① U_{CL}을 벗어나는 경우 : $u = \frac{U_{CL} - \mu}{\sigma/\sqrt{n}} = \frac{53.4 - 40}{10/\sqrt{5}} = 3.00$

② L_{CL}을 벗어나는 경우 : $u = \frac{L_{CL} - \mu}{\sigma/\sqrt{n}} = \frac{26.6 - 40}{10/\sqrt{5}} = -3.00$

③ $P_r(x) = P_r(u > 3.00) + P_r(u < -3.00) = 2 \times 0.001350 = 0.00270\,(0.270\%)$

(2) ① UCL을 벗어날 확률 : $u = \frac{U_{CL} - \mu'}{\sigma'/\sqrt{n}} = \frac{53.4 - 50}{10/\sqrt{5}} = 0.760$

② LCL을 벗어날 확률 : $u = \frac{L_{CL} - \mu'}{\sigma'/\sqrt{n}} = \frac{26.6 - 50}{10/\sqrt{5}} = -5.232$

∴ $1 - \beta = P_r(u > 0.760) + P_r(u < -5.232) = 0.2236 + 0 = 0.22360\,(22.360\%)$

09_ ① 품질기준이 명확할 것
② 시료의 샘플링은 랜덤하게 될 것
③ 제품이 로트로서 처리될 수 있는 것
④ 합격로트 중에는 어느 정도 부적합품의 섞임을 허용할 것
⑤ 계량샘플링검사에서는 로트검사 단위의 특성치 분포를 대략 알고 있을 것

10_ (1) 수입검사
(2) 전수검사
(3) 비파괴검사
(4) 순회검사

11_ ① 부적합품률(%)
② 부적합수
③ 평균치
④ 표준편차

12_ ① 특성요인도(Characteristic diagram)
② 파레토도(Pareto diagram)
③ 히스토그램(Histogram)
④ 체크시트(Check sheet)
⑤ 층별(Stratification)
⑥ 각종 그래프(관리도 포함)
⑦ 산점도(Scatter diagram)

13_ $C_{pk} = C_{pkL} = \dfrac{\overline{\overline{x}} - L}{3\,\sigma} = \dfrac{\overline{\overline{x}} - L}{3 \times \dfrac{\overline{R}}{d_2}} = \dfrac{7.188 - 6.69}{3 \times \dfrac{0.16}{2.326}} = 2.41323$

14_ (1)

번호	항목	건수	누적 건수	상대도수	상대누적도수
1	기계고장	25	(25)	(0.34247)	(0.34247)
2	기계마모	20	(45)	(0.27397)	(0.61644)
3	먼지	15	(60)	(0.20548)	(0.82192)
4	원자재 부적합	8	(68)	(0.10959)	(0.93151)
5	작업자의 부주의	5	(73)	(0.06849)	(1.00000)
합계		73			

(2) 파레토도 작성

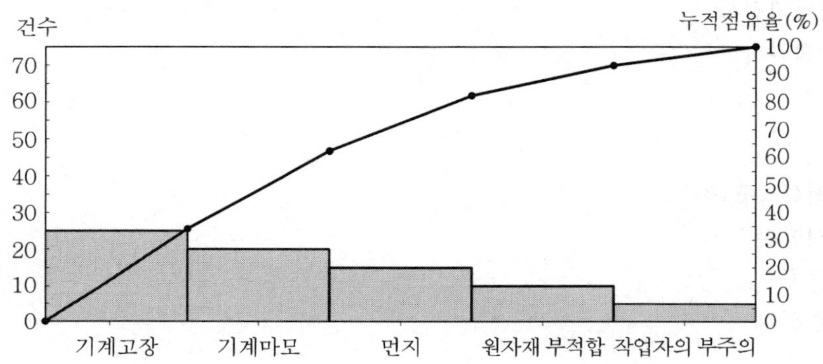

15_ (1) ① 예방코스트(Prevention cost : P－cost)
② 평가코스트(Appraisal cost : A－cost)
③ 실패코스트(Failure cost : F－cost)

(2)

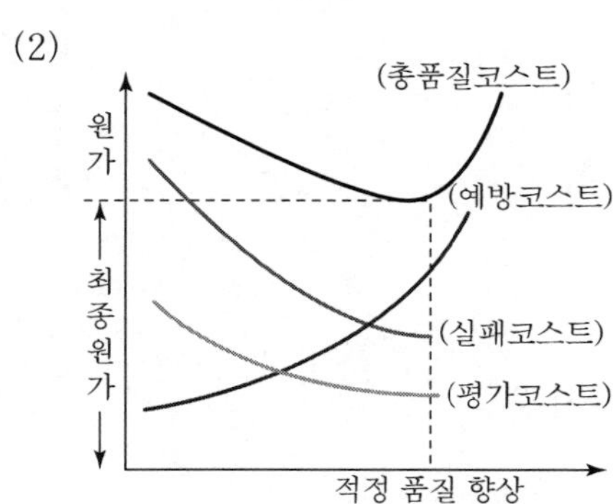

기출유사문제 [2019년 2회 품질경영산업기사 실기]

01 철판의 도장공정을 관리하기 위하여 부적합수를 조사한 결과 다음과 같은 데이터 시료를 얻었다. 물음에 답하시오.

(1) 다음 표의 공란을 메우시오.(소수점 셋째 자리까지 기록할 것)

시료군의 번호	1	2	3	4	5	6	7	8	9	10	계
시료의 크기 n	30	30	30	18	18	18	20	20	20	20	224
부적합수 c	17	15	20	12	16	17	18	19	17	16	167
단위당 부적합수 u	( )	( )	( )	( )	( )	( )	( )	( )	( )	( )	–
관리상한	( )	( )	( )	( )	( )	( )	( )	( )	( )	( )	–
관리하한	( )	( )	( )	( )	( )	( )	( )	( )	( )	( )	–

(2) 이 표의 관리도를 그리시오.

(3) 관리도를 판정하시오.

02 드럼에 채운 고체가성소다 중 산화 철분은 적을수록 좋다. 로트의 평균치가 0.0040% 이하이면 합격으로 하고 그것이 0.0050% 이상이면 불합격하는 다음의 값을 구하시오.(단, $K_{0.05}=1.645$, $K_{0.10}=1.282$, $\sigma=0.00065\%$, $\alpha=0.05$, $\beta=0.10$임을 알고 있다.)

(1) n

(2) G_0

03 요인 A에 대하여 각각 4회 실험을 실시하였으나 결측치가 발생한 결과 데이터이다. 요인 A의 제곱합을 구하시오.

	A_1	A_2	A_3	A_4
1	84.2	87.7	84.8	85.2
2	82.5	85.4	85.2	85.4
3	87.3	83.3	84.6	–
4	86.4	–	84.3	–
합계	340.4	256.4	338.9	170.6

04 어느 철강제조공정의 상한규격이 16.5mm, 하한규격이 13.5mm이다. 최소공정능력지수(C_{pk})를 구하시오.(단, $\bar{x}=15.3$mm, 표준편차 $\sigma=0.35$mm이었다.)

05 $L_8 2^7$의 직교배열표를 이용하여 아래 표와 같이 인자를 배치하고 실험데이터를 얻었을 때 다음 물음에 답하시오.

배치	A	B						실험데이터 x_i
No＼열번	1	2	3	4	5	6	7	
1	1	1	1	1	1	1	1	$x_1=9$
2	1	1	1	2	2	2	2	$x_2=12$
3	1	2	2	1	1	2	2	$x_3=8$
4	1	2	2	2	2	1	1	$x_4=15$
5	2	1	2	1	2	1	2	$x_5=16$
6	2	1	2	2	1	2	1	$x_6=20$
7	2	2	1	1	2	2	1	$x_7=13$
8	2	2	1	2	1	1	2	$x_8=13$
성분	a	b	ab	c	ac	bc	abc	$\Sigma x=106$

(1) 요인 A의 제곱합 S_A를 구하시오.

(2) 요인 B의 주효과를 구하시오.

(3) 만약, 교호작용이 존재한다고 가정하면, $A \times B$는 몇 열에 배치해야 하는가?

(4) 오차분산의 자유도는 얼마인가?

06 A사는 어떤 부품의 수입검사에 계수값 샘플링검사인 KS Q ISO 2859－1의 보조표인 분수샘플링검사를 적용하고 있다. 적용조건은 AQL＝1.0%, 통상검사수준 II에서 엄격도는 보통검사, 샘플링형식은 1회로 시작하였다. 다음 물음에 답하시오.

(1) 다음 표의 ( ) 안을 로트별로 완성하시오.

로트번호	N	샘플문자	n	당초의 Ac	As (검사 전)	적용하는 Ac	부적합품 수 d	합부판정	As (검사 후)	전환점수	샘플링 검사 엄격도
1	200	G	32	1/2	( )	( )	1	( )	( )	( )	( )
2	250	G	32	1/2	( )	( )	0	( )	( )	( )	( )
3	600	J	80	2	( )	( )	1	( )	( )	( )	( )
4	80	E	13	0	( )	( )	0	( )	( )	( )	( )
5	120	F	20	1/3	( )	( )	1	( )	( )	( )	( )

(2) 로트번호 5의 검사 결과, 다음 로트에 적용되는 로트번호 6의 엄격도를 결정하시오.

07 다음의 내용은 ISO 9000 시리즈에서 정의하고 있는 어떤 용어에 대한 설명인가?

(1) 고객요구사항의 불충족 (　　　)

(2) 활동 또는 프로세스를 수행하기 위하여 규정된 방식 (　　　)

(3) 부적합의 원인을 제거하고 재발을 방지하기 위한 조치 (　　　)

(4) 동일한 기능으로 사용되는 대상에 대하여 상이한 요구사항으로 부여되는 범주 또는 순위 (　　　)

08 다음 품질코스트를 예방코스트, 평가코스트, 실패코스트 등으로 분류하시오.

QC코스트, 시험코스트, PM코스트, 현지서비스코스트, 설계변경코스트, QC교육코스트

(1) P－Cost :

(2) A－Cost :

(3) F－Cost :

09 다음은 공장에서 생산된 어느 기계 부품 중에서 랜덤으로 64개를 취하여 길이를 측정한 후 히스토그램을 작성하였다. 다음 물음에 답하시오.

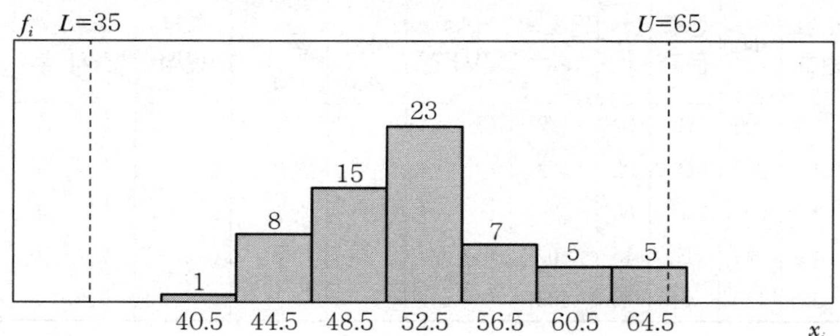

(1) 평균과 표준편차를 구하시오.

(2) 최소공정능력지수(C_{pk})를 구하시오.

10 공정능력은 정적 공정능력과 동적 공정능력으로 나누어진다. 이에 대해 설명하시오.

11 종래에 생산되던 단위면적(10m^2)당 모부적합 수 $m_0 = 4$이었다. 작업 방법을 변경한 후에 샘플 부적합 수 $c = 10$개가 나왔다. 다음 물음에 답하시오.

(1) 샘플 부적합 수는 모부적합 수보다 커졌다고 할 수 있는가?(단, $\alpha = 0.05$)

(2) 신뢰도 95%의 신뢰하한을 구간추정 하시오.

12 검사단위의 품질표시방법 중 시료의 품질표시방법을 4가지만 간단히 나열하시오.

13 어떤 화학반응 실험에서 농도를 4수준으로 반복수가 일정하지 않은 실험을 하여 다음 표와 같은 결과를 얻었다. 분산분석 결과 $S_e = 2{,}508.8$이었다. $\mu(A_3)$의 95% 신뢰구간을 추정하시오.(단, 분포표값은 주어진 부표를 이용할 것)

인자	A_1	A_2	A_3	A_4
m_i	5	6	5	3
$\bar{x}_{i\cdot}$	52	35.33	48.20	64.67

14 부품 A는 $N(2.5,\ 0.03^2)$, 부품 B는 $N(2.4,\ 0.02^2)$, 부품 C는 $N(2.4,\ 0.04^2)$인 정규분포에 따른다. 이 3개 부품이 직렬로 결합되는 경우 조립품의 평균과 표준편차는 약 얼마인가?(단, 부품 A, B, C는 서로 독립이다.)

15 한강에서 모래를 채취하여 운반하는 데 한 트럭당 실려 있는 모래 양이 평균 10톤이고 표준편차가 2톤인 정규분포를 한다고 한다. 모래를 운반하는 트럭 10대를 랜덤하게 추출할 때 10대의 평균 모래무게 $\bar{x}$가 얼마 이상이 되어야 확률이 1%가 되겠는가?

기출유사문제풀이 [2019년 2회 품질경영산업기사 실기]

01 _ $C_L = \bar{u} = \dfrac{\sum c}{\sum n} = \dfrac{167}{224} = 0.746$

(1) 관리한계선 계산

$U_{CL} = \bar{u} + 3\sqrt{\dfrac{\bar{u}}{n}}$ $L_{CL} = \bar{u} - 3\sqrt{\dfrac{\bar{u}}{n}}$

① $n = 18$

$U_{CL} = 0.746 + 3\sqrt{\dfrac{0.746}{18}} = 1.357$ $L_{CL} = 0.746 - 3\sqrt{\dfrac{0.746}{18}} = 0.135$

② $n = 20$

$U_{CL} = 0.746 + 3\sqrt{\dfrac{0.746}{20}} = 1.325$ $L_{CL} = 0.746 - 3\sqrt{\dfrac{0.746}{20}} = 0.167$

③ $n = 30$

$U_{CL} = 0.746 + 3\sqrt{\dfrac{0.746}{30}} = 1.219$ $L_{CL} = 0.746 - 3\sqrt{\dfrac{0.746}{30}} = 0.273$

시료군의 번호	1	2	3	4	5	6	7	8	9	10	계
시료의 크기 n	30	30	30	18	18	18	20	20	20	20	224
결점수 c	17	15	20	12	16	17	18	19	17	16	167
단위당 부적합수 u	0.567	0.500	0.667	0.667	0.889	0.944	0.900	0.950	0.85	0.800	–
관리상한	1.219	1.219	1.219	1.357	1.357	1.357	1.325	1.325	1.325	1.325	–
관리하한	0.273	0.273	0.273	0.135	0.135	0.135	0.167	0.167	0.167	0.167	–

(2) 관리도 작성

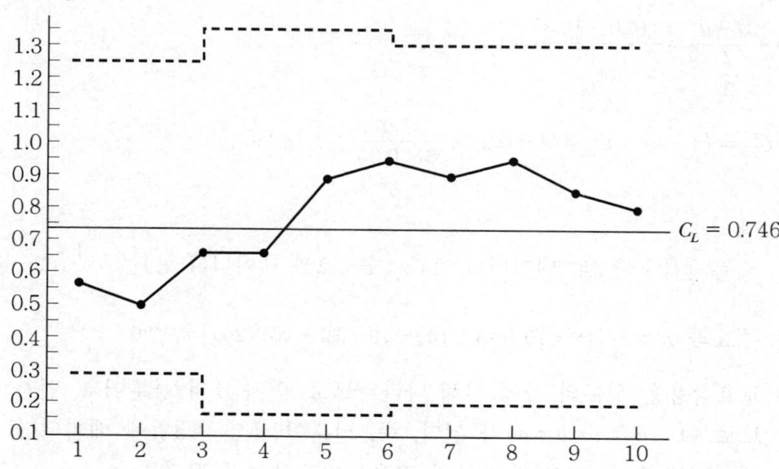

(3) 관리도 판정

타점되는 모든 점이 관리한계선 밖으로 벗어나는 것은 없으므로 공정이 안정상태에 있다고 볼 수 있다.

02_ (1) 시료의 크기 n

$$n=\left(\frac{K_\alpha+K_\beta}{m_1-m_0}\right)^2\times\sigma^2=\left(\frac{1.645+1.282}{0.0050-0.0040}\right)^2\times 0.00065^2=3.61970=4(\text{개})$$

(2) G_0

$$G_0=\frac{K_\alpha}{\sqrt{n}}=\frac{1.645}{\sqrt{4}}=0.8225$$

03_ $S_A=\sum_i \frac{T_i.^2}{r_i}-CT=\frac{340.4^2}{4}+\frac{256.4^2}{3}+\frac{338.9^2}{4}+\frac{170.6^2}{2}-\frac{1106.3^2}{13}=1.04583$

04_ $M=\frac{U+L}{2}=15.0$, $\overline{x}=15.3$이므로 최소공정능력지수(C_{pk})는 C_{pkU}를 구하면 된다.

$$\therefore\ C_{pk}=C_{pkU}=\frac{U-\overline{x}}{3\sigma}=\frac{16.5-15.3}{3\times 0.35}=1.14286$$

또는

$$k=\frac{|M-\mu|}{\frac{T}{2}}=\frac{|15.0-15.3|}{\frac{3}{2}}=0.2$$

$$\therefore\ C_{pk}=(1-k)\times C_p=(1-0.2)\times\frac{3.0}{6\times0.35}=1.14286$$

05_ (1) $S_A=\frac{1}{8}[(\text{수준 2의 데이터의 합})-(\text{수준 1의 데이터의 합})]^2=\frac{1}{8}(62-44)^2=40.50$

(2) 주효과 $B=\frac{1}{4}[(8+15+13+13)-(9+12+16+20)]=-2.0$

(3) 교호작용은 성분의 곱에 의해 나타나므로, 인자 A의 성분이 a, 인자 B의 성분이 b이므로, $A\times B=a\times b=ab$가 된다. 즉, 성분이 ab인 제3열에 배치된다.

(4) 배치되지 않은 열이 오차항의 자유도이므로 4가 된다.

06_ (1) 로트별 완성표

로트 번호	N	샘플 문자	n	당초의 Ac	As (검사 전)	적용하는 Ac	부적합품 수 d	합부 판정	As (검사 후)	전환 점수	샘플링 검사 엄격도
1	200	G	32	1/2	(5)	(0)	1	(불합격)	(0)	(0)	(보통검사속행)
2	250	G	32	1/2	(5)	(0)	0	(합격)	(5)	(2)	(보통검사속행)
3	600	J	80	2	(12)	(2)	1	(합격)	(0)	(5)	(보통검사속행)
4	80	E	13	0	(0)	(0)	0	(합격)	(0)	(7)	(보통검사속행)
5	120	F	20	1/3	(3)	(0)	1	(불합격)	(0)	(0)	(보통검사중단)

(2) 연속 5로트 중 2로트가 불합격되었으므로, 로트번호 6은 까다로운 검사를 실시한다.

07_ (1) 부적합(Nonconformity)

(2) 절차(Procedure)

(3) 시정조치(Corrective Action)

(4) 등급(Grade)

08_ (1) P－Cost : QC코스트, QC교육코스트

(2) A－Cost : 시험코스트, PM코스트

(3) F－Cost : 현지서비스코스트, 설계변경코스트

09_ (1) 평균과 표준편차

① $\bar{x}=\dfrac{\Sigma f_i x_i}{\Sigma f_i}=\dfrac{(1\times 40.5)+\cdots+(5\times 64.5)}{64}=52.375$

② $S=\Sigma f_i x_i^{\,2}-\dfrac{(\Sigma f_i x_i)^2}{\Sigma f_i}=177{,}608-\dfrac{3{,}352^2}{64}=2{,}047$

$\therefore\ s=\sqrt{\dfrac{S}{n-1}}=5.70018$

(2) 최소공정능력지수(C_{pk})

$M=\dfrac{U+L}{2}=50.0$, $\bar{x}=52.375$이므로 최소공정능력지수(C_{pk})는 C_{pkU}를 구하면 된다.

$\therefore\ C_{pk}=C_{pkU}=\dfrac{U-\bar{x}}{3\sigma}=\dfrac{65-52.375}{3\times 5.70018}=0.73828$

또는

$k=\dfrac{|M-\mu|}{\dfrac{T}{2}}=\dfrac{|50-52.375|}{\dfrac{30}{2}}=0.15833$

$\therefore\ C_{pk}=(1-k)\times C_p=(1-0.15833)\times\dfrac{30}{6\times 5.70018}=0.73828$

10_ ① 정적 공정능력 : 대상물이 갖는 잠재적인 공정능력으로 가동되지 않은 상태의 공정능력

② 동적 공정능력 : 시간적 변화에 따른 자재의 대체 등에 의해 발생되는 변동까지 포함하는 실제운전상태의 공정능력

11_ (1) 모부적합 수의 단측검정

① $H_0: m\le 4$ $\quad H_1: m>4$

② $u_0=\dfrac{c-m_0}{\sqrt{m_0}}=\dfrac{10-4}{\sqrt{4}}=3.0$

③ $u_0 > u_{1-\alpha} = 1.645$이면 H_0를 기각한다.

∴ $u_0 = 3.0 > 1.645$이므로, $\alpha = 0.05$로 H_0는 기각된다.

즉, 샘플의 부적합 수는 모부적합 수보다 커졌다고 할 수 있다.

(2) 한쪽 구간추정(신뢰하한)

$\widehat{m}_L = c - u_{1-\alpha}\sqrt{c} = 10 - 1.645\sqrt{10} = 4.79805$

12_ ① 부적합품 개수　　② 평균 부적합 수

③ 평균치　　④ 표준편차

⑤ 범위

13_ $\overline{x}_{3}. = 48.20$, $V_e = \dfrac{S_e}{\nu_e} = \dfrac{2508.8}{15} = 167.253333$, $\nu_e = \nu_T - \nu_A = 18 - 3 = 15$, $t_{0.975}(15) = 2.131$

$\overline{x}_{i}. \pm t_{1-\alpha/2}(\nu_e)\sqrt{\dfrac{V_e}{r}}$ 에서

$\overline{x}_{3}. \pm t_{0.975}(15)\sqrt{\dfrac{V_e}{5}}$

∴ $\widehat{\mu(A_3)} = 48.20 \pm 2.131 \times \sqrt{\dfrac{167.253333}{5}} = (35.87503,\ 60.52497)$

14_ 조립품의 평균치 $= 2.5 + 2.4 + 2.4 = 7.3$

조립품의 표준편차 $= \sqrt{0.03^2 + 0.02^2 + 0.04^2} = 0.05385$

15_ $\mu = 10$, $\sigma = 2$, $n = 10$, $u_{0.990} = 2.326$

$u = \dfrac{\overline{x} - \mu}{\sigma/\sqrt{n}} = \dfrac{\overline{x} - 10}{2/\sqrt{10}} = 2.326$

∴ $\overline{x} = 10 + 2.326 \times \dfrac{2}{\sqrt{10}} = 11.47109$

기출유사문제 [2019년 4회 품질경영산업기사 실기]

01 어떤 제품을 실험할 때 반응압력 A를 1.0, 1.5, 2.0, 2.5기압의 4수준, 반응시간 B를 30분, 40분, 50분의 3수준으로 하여 데이터를 구한 결과 다음 표를 얻었다. 물음에 답하시오.(단, $S_T=6.22$, $CT=114{,}543.48$)

요인B \ 요인A	A_1	A_2	A_3	A_4
B_1	97.6	98.6	99.0	98.0
B_2	97.3	98.2	98.0	97.7
B_3	96.7	96.9	97.9	96.5

(1) 분산분석표를 작성하고, 검정까지 행하시오.

요인	SS	DF	MS	F_0	$F_{0.95}$
T					

(2) $\mu(A_3B_1)$에 대하여 신뢰율 95%로서 구간추정을 행하시오.

(3) 요인 B의 기여율을 구하시오.

02 품질 cost의 종류를 적고 간단히 설명하시오.

03 공정능력지수(C_p)의 등급별 범위를 적어시오.

등 급	판정기준	판 정
0		매우 우수하다.
1		우수하다.
2		보통이다.
3		부족하다.
4		매우 부족하다.

04 다음은 $L_8(2)^7$ 직교배열표의 일부분이다. 요인 A의 제곱합을 구하시오.

배 치 / 열 번 / No	A (3)	실험데이터 x_i
1	0	$x_1 = 9$
2	0	$x_2 = 12$
3	1	$x_3 = 8$
4	1	$x_4 = 15$
5	1	$x_5 = 16$
6	1	$x_6 = 20$
7	0	$x_7 = 13$
8	0	$x_8 = 13$
기본표시	ab	$\sum x = 106$

05 실험을 계획하는 단계에서의 기본원리 5가지를 적으시오.

06 $\overline{x} - R$관리도에서 $\overline{x}$관리도의 $U_{CL} = 32.5965$, $L_{CL} = 27.4035$, $\overline{R} = 4.5$일 때 군의 크기(n)를 구하시오.

07 다음의 내용은 ISO 9000 시리즈에서 정의하고 있는 어떤 용어에 대한 설명인가?

(1) 요구사항의 불충족 (　　)

(2) 의미 있는 데이터 (　　)

08 6시그마의 실행에 있어 정의단계에서 SIPOC가 있다. 이 용어가 의미하는 뜻을 적으시오.

S : ( ), I : ( ), P : ( ), O : ( ), C : ( )

09 다음 $x - R_m$ 관리도의 데이터를 보고 물음에 답하시오.

일별	측정치	R_m	일별	측정치	R_m	일별	측정치	R_m
1	25.0		8	23.6	6.4	15	32.6	2.4
2	25.3	0.3	9	32.3	8.7	16	29.7	2.9
3	33.8	8.5	10	28.1	4.2	17	33.9	4.2
4	36.4	2.6	11	27.0	1.1	18	31.7	2.2
5	32.2	4.2	12	26.1	0.9	19	26.1	5.6
6	30.8	1.4	13	29.1	3.0	20	25.3	0.8
7	30.0	0.8	14	30.2	1.1	합 계	589.2	61.3

(1) x관리도의 U_{CL}과 L_{CL}을 구하시오.

(2) R_m관리도의 U_{CL}과 L_{CL}을 구하시오.

(3) $x - R_m$ 관리도를 작성하고 관리상태를 판정하시오.

10 다음 물음에 답하시오.

(1) 종래 납품되고 있던 기계 부품의 치수의 표준편차는 0.15cm이었다. 이번에 납품된 로트의 평균치를 신뢰율 95%, 정밀도 0.10cm로 알고자 한다. 샘플을 몇 개로 하는 것이 좋겠는가?

(2) 어떤 제품의 품질특성 평균치가 35(kg/mm^2) 이하인 로트는 합격으로, 40(kg/mm^2) 이상인 로트는 불합격으로 하려고 하는 계량규준형 1회 샘플링검사에서 샘플의 개수를 구하시오.(단, $\sigma = 3$(kg/mm^2), $\alpha = 0.05$, $\beta = 0.10$)

11 다음의 확률을 각각 구하시오.(단, 답은 유효 숫자 셋째 자리까지 구하시오)

(1) 확률변수 x가 $n=50,\ p=0.01$인 이항분포를 할 때 2개 이상 포함할 확률은?

(2) 확률변수 x가 평균 3인 푸아송분포를 할 때 3개 이상 포함할 확률은?

(3) $x \sim N(10,\ 2^2)$인 정규분포에서 x가 14 이상이 나올 확률은?

12 어떤 로트의 중간제품의 부적합품이 10%이고, 중간제품의 양품만을 사용해서 가공했을 때 제품의 부적합품률이 5%라고 하면 이 원료로부터 양품이 얻어질 확률은?

13 어느 조립식 책장을 납품하는 데 있어 로트 크기는 500, 공급자와 소비자는 상호 협의에 의해 1회 거래로 한정하고 한계품질수준은 5.0%로 하기로 합의하였다.

(1) 샘플링 검사 방식을 기술하시오.

(2) 공정 부적합품률이 2%일 때 로트의 합격 확률을 푸아송분포로 구하시오.

14 다음 A, B 데이터를 보고 물음에 답하시오.

x_i	0.5	1.0	1.5	2.0	2.5
y_i	20	36	48	62	62

(1) 공분산(V_{xy})을 구하시오.

(2) 상관계수(r)를 구하시오.

15 A사는 어떤 부품의 수입검사에서 KS Q ISO 2859－1을 사용하고 있다. 검토 후 $AQL = 0.4\%$, 검사수준 II, 1회 샘플링검사를 보통검사를 시작으로 연속 15로트를 실시한 결과물의 부분표이다. 다음 공란을 메우시오.(샘플링 방식이 일정한 경우이다.)

번호	N	샘플 문자	n	당초 Ac	부적합품 수	합부 판정	전환 점수	샘플링검사의 엄격도
4	1,000	J	80	1/2	0	합격	2	보통검사 속행
5	1,000	J	80	1/2	0	합격	4	보통검사 속행
6	1,000	J	80	1/2	1	합격	6	보통검사 속행
7	1,000	J	80	1/2	1	(　)	(　)	(　)
8	1,000	J	80	1/2	0	(　)	(　)	(　)
9	1,000	J	80	1/2	0	(　)	(　)	(　)
10	1,000	J	80	1/2	1	(　)	(　)	(　)
11	1,000	J	80	1/2	1	(　)	(　)	(　)

기출유사문제풀이 [2019년 4회 품질경영산업기사 실기]

01 _ (1) 분산분석표 작성

① $S_A=\sum_i \frac{T_i.^2}{m}-CT=114{,}545.7-CT=2.22$

② $S_B=\sum_j \frac{T._j^2}{l}-CT=114{,}546.92-CT=3.44$

③ $S_e=S_T-S_A-S_B=0.56$

④ $\nu_T=lm-1=11,\ \nu_A=l-1=3,\ \nu_B=m-1=2,\ \nu_e=6$

⑤ 분산분석표 작성

요인	SS	DF	MS	F_0	$F_{0.95}$
A	2.22	3	0.74	7.929*	4.76
B	3.44	2	1.72	18.429*	5.14
e	0.56	6	0.09333		
T	6.22	11			

∴ 요인 A, B 모두 유의수준 5%로 유의적이다. 즉, 이 실험에서 반응압력(A)과 반응시간(B)이 영향을 미치고 있음을 알 수 있다.

(2) $\mu(A_3B_1)$의 구간추정

$$n_e=\frac{lm}{l+m-1}=\frac{4\times3}{4+3-1}=2$$

$$(\bar{x}_i.+\bar{x}._j-\bar{\bar{x}})\pm t_{1-\alpha/2}(\nu_e)\sqrt{\frac{V_e}{n_e}}=(\bar{x}_3.+\bar{x}._1-\bar{\bar{x}})\pm t_{0.975}(6)\sqrt{\frac{0.09333}{2}}$$

$$=(98.3+98.3-97.7)\pm2.447\times\sqrt{\frac{0.09333}{2}}$$

$$=98.9\pm2.447\times\sqrt{\frac{0.09333}{2}}$$

∴ $98.37140\le\mu(A_3B_1)\le99.42860$

(3) 기여율

순제곱합 $S_B'=S_B-\nu_BV_e=3.44-2\times0.09333=3.25334$

∴ 기여율 $\rho_B=\frac{S_B'}{S_T}\times100=\frac{3.25334}{6.22}\times100=52.30450(\%)$

02_ ① 품질코스트(Q-cost)

요구된 품질(설계품질)을 실현하기 위한 원가로, 제품 그 자체의 원가인 재료비나 직접노무비는 품질 cost 안에 포함되지 않으며, 주로 제조경비로서 제조원가의 부분 원가라 할 수 있다.

㉠ 예방코스트(Prevention cost : P-cost) : 처음부터 불량이 생기지 않도록 하는 데 소요되는 비용으로 소정의 품질수준의 유지 및 부적합품 발생의 예방에 드는 비용

㉡ 평가코스트(Appraisal cost : A-cost) : 제품의 품질을 정식으로 평가함으로써 회사의 품질수준을 유지하는 데 드는 비용

㉢ 실패코스트(Failure cost : F-cost) : 소정의 품질을 유지하는 데 실패하였기 때문에 생긴 불량제품, 불량원료에 의한 손실비용

② 품질코스트 관계곡선

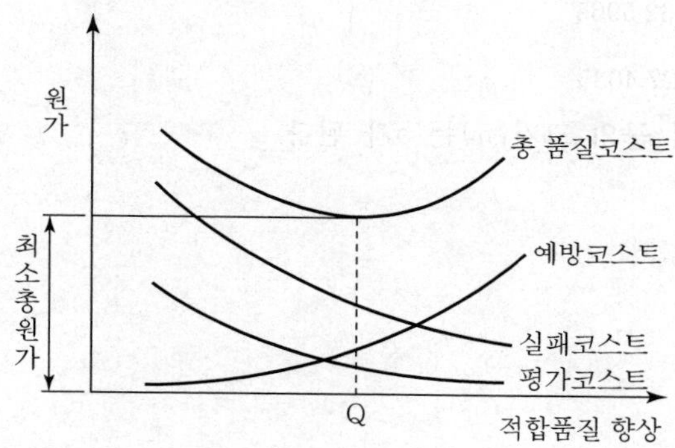

03_

등 급	기 준	판 정
0	$C_p \geq 1.67$	매우 우수하다.
1	$1.33 \leq C_p < 1.67$	우수하다.
2	$1.00 \leq C_p < 1.33$	보통이다.
3	$0.67 \leq C_p < 1.00$	부족하다.
4	$C_p < 0.67$	매우 부족하다.

04_ $S_A = \frac{1}{8}[(\text{수준 1의 데이터의 합}) - (\text{수준 0의 데이터의 합})]^2 = \frac{1}{8}(59-47)^2 = 18.0$

05_ ① 랜덤화의 원리
② 반복의 원리
③ 블록화의 원리
④ 직교화의 원리
⑤ 교락의 원리

06_ $\overline{\overline{x}} = \frac{U_{CL}+L_{CL}}{2} = 30.00$

$U_{CL} = \overline{\overline{x}} + A_2\overline{R} = \overline{\overline{x}} + A_2 \times 4.5 = 32.5965$

$L_{CL} = \overline{\overline{x}} - A_2\overline{R} = \overline{\overline{x}} - A_2 \times 4.5 = 27.4035$

$\therefore$ $A_2 = 0.577$이므로 표 값에서 군의 크기(n)는 5가 된다.

07_ (1) 부적합(Nonconformity)
(2) 정보(Information)

08_ S(Supplier)
I(Input)
P(Process)
O(Output)
C(Customer)

09_ $\overline{x} = \frac{\Sigma x}{k} = \frac{589.2}{20} = 29.46$, $\overline{R_m} = \frac{\Sigma R_m}{k-1} = \frac{61.3}{19} = 3.22632$

(1) x관리도

$U_{CL} = \overline{x} + 2.66\overline{R_m} = 29.46 + 2.66 \times 3.22632 = 38.04201$

$L_{CL} = \overline{x} - 2.66\overline{R_m} = 29.46 - 2.66 \times 3.22632 = 20.87799$

(2) R_m 관리도

$U_{CL} = D_4 \overline{R_m} = 3.267 \times 3.22632 = 10.54039$

$L_{CL} = -$ (고려하지 않음)

(3) 관리도 작성 및 판정

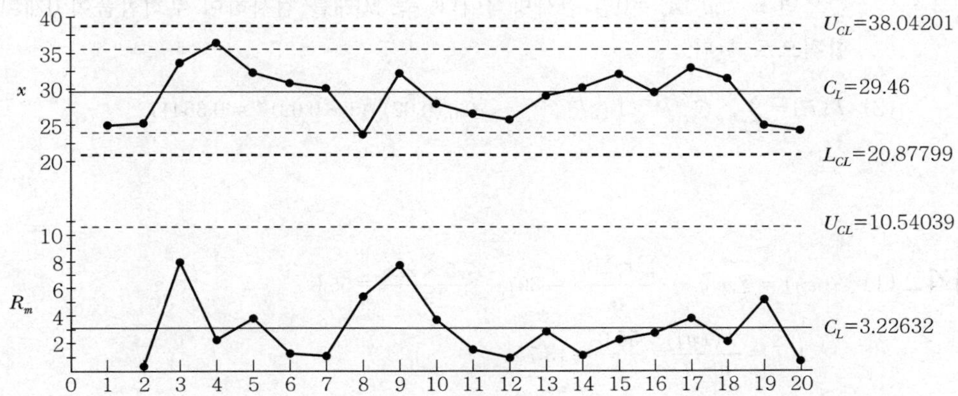

$\therefore$ x, R_m 관리도 모두 데이터의 이상상태를 파악할 수가 없으므로 관리상태라 할 수 있다.

10_ (1) $\beta_{\bar{x}} = \pm u_{1-\alpha/2}\dfrac{\sigma}{\sqrt{n}}$ 에서 $0.10 = \pm 1.96\dfrac{0.15}{\sqrt{n}}$ $\quad \therefore n = 8.64360 = 9$ (개)

(2) $m_0 = 35,\ m_1 = 40,\ \sigma = 3,\ K_{0.05} = 1.645,\ K_{0.10} = 1.282$

$$\therefore\ n = \left(\frac{K_\alpha + K_\beta}{m_1 - m_0}\right)^2 \cdot\ \sigma^2 = \left(\frac{1.645 + 1.282}{40 - 35}\right)^2 \times 3^2 = 3.08424 = 4\text{(개)}$$

11_ (1) $P_r(x) = {}_nC_x\, P^x\,(1-P)^{n-x}$

$P_r(x \geq 2) = 1 - [P_r(x=0) + P_r(x=1)]$

$= 1 - \left[{}_{50}C_0\,(0.01)^0\,(0.99)^{50} + {}_{50}C_1\,(0.01)^1\,(0.99)^{49}\right]$

$= 1 - (0.6050 + 0.3056) = 1 - 0.9106 = 0.0894$

(2) $P_r(x \geq 3) = 1 - P_r(x = 0,\ 1,\ 2) = 1 - e^{-3}\left(\dfrac{3^0}{0!} + \dfrac{3^1}{1!} + \dfrac{3^2}{2!}\right) = 1 - 0.423 = 0.577$

(3) $P_r(14 \leq x) = P_r\left(\dfrac{x-\mu}{\sigma} \leq u\right) = P_r\left(\dfrac{14-10}{2} \leq u\right) = P_r(2 \leq u) = 0.0228$

12_ $P_r(x) = (1-0.10) \times (1-0.05) = 0.855$ 또는 85.50(%)

13_ (1) 로트의 크기 $N=500$, $LQ=5.0\%$를 활용하여 KS Q ISO 2859-2 부표 A에서 수표를 찾으면 $n=50$, $A_C=0$인 검사방식이다. 즉, 50개를 검사하여 부적합품이 0개이면 로트 합격으로 한다.

(2) $L(P) = \sum_{x=0}^{c} {}_nC_x P^x (1-P)^{n-x} = {}_{50}C_0 (0.02)^0 (1-0.02)^{50} = 0.36417$

14_ (1) $S(xy) = \Sigma x_i y_i - \dfrac{\Sigma x_i \Sigma y_i}{n} = 397 - \dfrac{7.5 \times 228}{5} = 55.0$

$\therefore\ V_{xy} = \dfrac{S(xy)}{n-1} = \dfrac{55.0}{4} = 13.75$

(2) $r = \dfrac{S(xy)}{\sqrt{S(xx)S(yy)}} = \dfrac{55.0}{\sqrt{2.5 \times 1{,}291.2}} = 0.96805$

15_

번호	N	샘플 문자	n	당초 Ac	부적합 품수	합부 판정	전환 점수	샘플링검사의 엄격도
4	1,000	J	80	1/2	0	합격	2	보통검사 속행
5	1,000	J	80	1/2	0	합격	4	보통검사 속행
6	1,000	J	80	1/2	1	합격	6	보통검사 속행
7	1,000	J	80	1/2	1	불합격	0	보통검사 속행
8	1,000	J	80	1/2	0	합격	2	보통검사 속행
9	1,000	J	80	1/2	0	합격	4	보통검사 속행
10	1,000	J	80	1/2	1	합격	6	보통검사 속행
11	1,000	J	80	1/2	1	불합격	0	보통검사 중단

hint 샘플링방식이 일정한 경우의 로트 합부판정 조건

① 샘플 중 부적합품이 없는 경우에는 로트를 합격시키고, 2개 이상이면 불합격시킨다.

② 샘플 중 부적합품의 수가 1개뿐인 경우

㉮ $Ac=1/2$: 직전 로트의 수 1개에 부적합품이 없는 경우 로트를 합격시킨다.

㉯ $Ac=1/3$: 직전 로트의 수 2개에 부적합품이 없는 경우 로트를 합격시킨다.

㉰ $Ac=1/5$: 직전 로트의 수 4개에 부적합품이 없는 경우 로트를 합격시킨다.

기출유사문제 [2020년 1회 품질경영기사 실기]

01 에나멜 동선의 도장공정을 관리하기 위하여 핀홀의 수를 조사하였다. 시료의 길이가 종류에 따라 변하므로 시료 1,000m당의 핀홀의 수를 사용하여 u 관리도를 작성하고자 다음과 같은 데이터 시료를 얻었다면 물음에 답하시오.

시료군의 번호	1	2	3	4	5	6	7	8	9	10
시료의 크기 n (1,000m)	1.0	1.0	1.0	1.0	1.0	1.3	1.3	1.3	1.3	1.3
핀홀의 수	5	5	3	3	5	2	5	3	2	1

(1) $n=1.0$, 1.3일 때 관리상하한값을 구하시오.

(2) (1)에서 구한 관리한계값을 활용하여 관리도를 작성하고 판정하시오.

02 다음의 경우는 어떤 샘플링방법을 사용하는가?

(1) 한 상자가 100개들이인 50상자가 있을 때 50상자 전체에서 30개를 샘플링한다.

(2) 부품 각 100개들이 1,000상자의 로트로부터 10상자를 랜덤으로 샘플링하고 뽑힌 10상자를 모두 조사한다.

(3) 열차 1대당 15톤 적재한 20차량의 광석으로부터 4차량을 랜덤으로 샘플링하고 샘플링된 4차량으로부터 5인크리멘트씩 랜덤 샘플링한다.

(4) 볼트 1만 개들이 1,000상자의 각 상자로부터 랜덤으로 100개씩 샘플링한다.

03 $\bar{x}-R$관리도를 이용하여 시료군의 크기를 $n=4$로 하여 3σ법으로 관리하는 공장이 있다. 현시점까지 공정은 안정상태에 있다고 한다. 만약 공정의 표준편차는 변하지 않고 평균치 μ가 갑자기 0.5σ만큼 증가하였다면 검출력$(1-\beta)$을 구하시오.

04 어느 재료의 인장강도가 80.0kg/mm² 이하로 규정된 경우, 즉 계량 규준형 1회 샘플링검사에서 $n=8$, $k=1.74$의 값을 얻어 데이터를 취했더니 아래와 같다. 물음에 답하시오.(단, 표준편차 $\sigma=2\text{kg/mm}^2$)

79.0	75.5	77.5	76.5
77.0	79.5	77.0	75.0

(1) 상한합격치($\overline{X_U}$)를 구하시오.

(2) 데이터의 결과값으로 로트의 합격 · 불합격을 판정하시오.

05 A사는 어떤 부품의 수입검사 시 KS Q ISO 2859－1을 사용하고 있다. 다음은 검토 후 $AQL=1.5\%$, 검사수준 II, 1회 샘플링검사방식을 채택하여 로트번호 1은 수월한 검사를 실시한 결과물이다. 물음에 답하시오.

(1) 다음 빈칸을 채우시오.

번호	N	샘플문자	n	Ac	Re	부적합품 수	합부판정	전환 점수	샘플링검사의 엄격도
1	500	H	20	1	2	2	불합격	－	보통검사로 전환
2	200					2			
3	250					1			
4	500					2			
5	250					1			
6	250					2			

(2) 로트번호 7의 엄격도를 적으시오.

06 공정부적합품률이 $P=0.03$이고 관리범위가 알려지지 않은 부적합품률 관리도로 관리되고 있다. 부적합품률이 0.05로 변했을 때 이를 1회의 샘플로서 탐지할 확률이 0.5 이상이 되기 위해서는 샘플의 크기가 대략 얼마 이상이어야 하겠는가?(단, 정규분포근사치를 사용할 경우)

07 계량규준형 1회 샘플링검사는 n개의 샘플을 취하고 그 데이터의 평균치 $\bar{x}$와 합격판정치를 비교하여 로트의 합격, 불합격을 판정하는 방법이다. 로트의 평균치를 보증하는 경우는 KS Q 0001(표준편차 기지)에 규정되어 있다. 다음 표는 KS Q 0001의 부표로서, m_0, m_1이 주어졌을 때 n과 G_0를 구하는 표이다($\alpha=0.05$, $\beta=0.10$).

$\dfrac{\lvert m_1-m_0\rvert}{\sigma}$	n	G_0
2.069 이상	2	1.163
1.690~2.08	3	0.950
1.463~1.689	4	0.822
1.309~1.462	5	0.736
⋮	⋮	⋮
0.772~0.811	14	0.440
0.756~0.771	15	0.425
0.732~0.755	16	0.411

계량규준형 1회 샘플링검사에서 강재의 평균치가 48kg/mm² 이상인 로트는 통과시키고 그것이 43kg/mm² 이하인 로트는 통과시키지 않는 경우의 샘플링검사가 있다. 다음 물음에 답하시오.

(1) $\sigma=3$kg/mm²인 경우 샘플링방식을 설계하시오.

(2) n개를 뽑아 평균을 계산하였더니, 45.73kg/mm²가 나왔다고 할 때 합부판정을 행하시오.

08 어떤 제품을 제조할 때 원료의 투입량(A : 4수준), 처리온도(B : 4수준), 처리시간(C : 4수준)을 인자로 잡고 라틴방격법으로 제품의 인장강도를 조사하기 위하여 실험을 하였다. 다음 표는 그 배치와 데이터이다. 분산분석표를 작성하시오.

인자 B \ 인자 A	A_1	A_2	A_3	A_4
B_1	$C_4=14$	$C_3=22$	$C_2=28$	$C_1=29$
B_2	$C_2=4$	$C_1=36$	$C_3=36$	$C_4=43$
B_3	$C_1=22$	$C_2=29$	$C_4=38$	$C_3=36$
B_4	$C_3=26$	$C_4=30$	$C_1=40$	$C_2=39$

09 ISO 9000-2015의 품질경영 7원칙을 기술하시오.

10 분임조 활동 시 분임토의기법으로서 사용되고 있는 집단착상법(Brainstorming)의 4가지 원칙을 적으시오.

11 자동차부품을 열처리하여 온도에 따른 인장강도의 변화를 조사하기 위해 $A_1 = 550℃$, $A_2 = 555℃$, $A_3 = 560℃$, $A_4 = 565℃$ 의 4조건에서 각각 5개씩의 시험편에 대하여 측정한 결과를 A의 주효과에 몇 차의 다항식을 끼워 맞출 것인가를 조사하기 위해 A의 주효과를 1차, 2차, 3차의 성분으로 분해하여 분산분석표를 작성하였다. 본 문제에서 2차, 3차의 효과가 유의하지 않다고 판단하여 풀링할 때 오차분산을 구하시오.

요인	SS	DF	MS
A	65		
1차			
2차	20		
3차	40		
e			
T	100	19	

12 요인 A, B, C는 각각 변량요인로서 A는 일간요인, B는 일별로 두 대의 트럭을 랜덤하게 선택한 것이며, C는 트럭 내에서 랜덤하게 두 삽을 취한 것으로, 각 삽에서 두 번에 걸쳐 소금의 염도를 측정하였다. 이 실험은 A_1에서 8회를 랜덤하게 하여 데이터를 얻고, A_2에서 8회를 랜덤하게, A_3와 A_4에서도 같은 방법으로 하여 얻은 데이터로 다음과 같이 분산분석표를 작성하였다. ( ) 안을 완성시키시오.

요인	SS	DF	MS	F_0	$E(MS)$
A	1.895	( )	( )	( )	( )
$B(A)$	0.7458	( )	( )	( )	( )
$C(AB)$	0.3409	( )	( )	( )	( )
e	0.0193	( )	( )		( )
T	3.0010	( )			

13 어떤 제품의 평균수명이 100시간인 지수분포를 따른다고 했을 때 다음 물음에 답하시오.

(1) 50시간 사용했을 때 신뢰도를 구하시오.

(2) 200시간 사용 후, 50시간 더 사용했을 때 신뢰도를 구하시오.

(3) 설비의 신뢰도를 높이기 위해 부품을 정기적으로 교체할 필요가 있는지를 지수분포의 특성을 이용해 설명하시오.

14 부품의 신뢰도는 $R(t)=e^{-\lambda t}$이고, 보전도는 $M(t)=1-e^{-\mu t}$라고 할 때, 평균수리율 $\mu=2EA$/시간이고, 평균고장률 $\lambda=1EA$/시간인 기계의 가용도를 구하시오.

15 어느 제약회사에서 약품제조온도 차에 따른 제품의 수명을 조사하였더니 다음과 같은 데이터가 나왔다. 다음 물음에 답하시오.

제조온도	표본의 크기	표본평균	표본편차
700℃(x)	$n_x=13$	$\overline{x}=824$	$s_x=9.2$
800℃(y)	$n_y=12$	$\overline{y}=832$	$s_y=8.5$

(1) 두 집단의 산포에 서로 차이가 있는지 검정을 행하시오.(유의수준 5%)

(2) 700℃의 수명이 800℃의 수명보다 작다고 할 수 있는가?(유의수준 5%)

(3) (2)의 검정결과를 토대로 구간추정을 행하시오.(신뢰도 95%)

16 두 변수 x, y에 대하여 150개의 데이터에서 표본상관계수(r)를 구하였더니 0.61이었다. 이때 모상관계수(ρ)의 95% 신뢰구간을 구하시오.(단, 모집단은 이변량 정규분포라 가정한다.)

기출유사문제풀이 [2020년 1회 품질경영기사 실기]

01_(1) $C_L = \bar{u} = \frac{\Sigma c}{\Sigma n} = \frac{34}{11.5} = 2.956522$

① $n = 1.0$

$$U_{CL} = \bar{u} + 3\sqrt{\frac{\bar{u}}{n}} = 8.11488$$

$$L_{CL} = \bar{u} - 3\sqrt{\frac{\bar{u}}{n}} = -2.201840 = -\text{(고려하지 않음)}$$

② $n = 1.3$

$$U_{CL} = \bar{u} + 3\sqrt{\frac{\bar{u}}{n}} = 7.48071$$

$$L_{CL} = \bar{u} - 3\sqrt{\frac{\bar{u}}{n}} = -1.567661 = -\text{(고려하지 않음)}$$

(2) 관리도 작성과 판정

① 관리도 작성

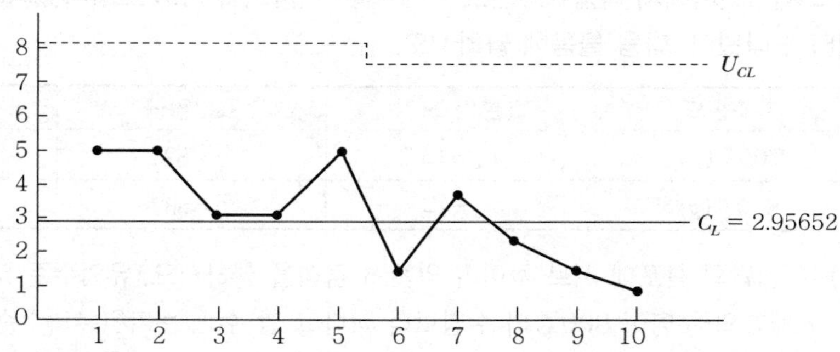

② 관리도 판정

관리한계선을 이탈하는 점이 없고 또한 습관성(연, 경향, 주기)이 없으므로 관리 상태에 있다고 할 수 있다.

02_ (1) (단순)랜덤 샘플링

(2) 집락 샘플링

(3) 2단계 샘플링

(4) 층별 샘플링

03_ [풀이 1] $0.5\sigma = \sigma_{\bar{x}}$

① L_{CL} 밖으로 벗어날 확률

$$u = \frac{L_{CL} - \bar{\bar{x}}'}{\sigma_{\bar{x}}} = \frac{(\mu - 3\sigma_{\bar{x}}) - (\mu + 0.5\sigma)}{\sigma_{\bar{x}}} = \frac{(\mu - 3\sigma_{\bar{x}}) - (\mu + \sigma_{\bar{x}})}{\sigma_{\bar{x}}} = -4.00$$

② U_{CL} 밖으로 벗어날 확률

$$u = \frac{U_{CL} - \bar{\bar{x}}'}{\sigma_{\bar{x}}} = \frac{(\mu + 3\sigma_{\bar{x}}) - (\mu + 0.5\sigma)}{\sigma_{\bar{x}}} = \frac{3\sigma_{\bar{x}} - \sigma_{\bar{x}}}{\sigma_{\bar{x}}} = 2.00$$

$\therefore\ 1 - \beta = P_r(u < -4.00) + P_r(u > 2.00) = 0.00003 + 0.0228 = 0.02283$

[풀이 2] $0.5\sigma = \dfrac{\sigma}{\sqrt{4}}$

① L_{CL} 밖으로 벗어날 확률

$$u = \frac{L_{CL} - \bar{\bar{x}}'}{\dfrac{\sigma}{\sqrt{n}}} = \frac{\left(\mu - 3\dfrac{\sigma}{\sqrt{4}}\right) - (\mu + 0.5\sigma)}{\dfrac{\sigma}{\sqrt{4}}} = -4.00$$

② U_{CL} 밖으로 벗어날 확률

$$u = \frac{U_{CL} - \bar{\bar{x}}'}{\dfrac{\sigma}{\sqrt{n}}} = \frac{\left(\mu + 3\dfrac{\sigma}{\sqrt{4}}\right) - (\mu + 0.5\sigma)}{\dfrac{\sigma}{\sqrt{4}}} = 2.00$$

$\therefore\ 1 - \beta = P_r(u < -4.00) + P_r(u > 2.00) = 0.00003 + 0.0228 = 0.02283$

04_ (1) $\overline{X_U} = S_U - k\sigma = 80 - 1.74 \times 2 = 76.52(\text{kg/mm}^2)$

(2) $\bar{x} = \dfrac{\Sigma x_i}{n} = \dfrac{617.0}{8} = 77.125(\text{kg/mm}^2)$

$\therefore\ \bar{x} = 77.125 > \overline{X_U} = 76.52$이므로 로트를 불합격시킨다.

05_ (1)

번호	N	샘플문자	n	Ac	Re	부적합품수	합부판정	전환점수	샘플링검사의 엄격도
1	500	H	20	1	2	2	불합격	-	보통 검사로 전환
2	200	G	32	1	2	2	불합격	0	보통 검사로 속행
3	250	G	32	1	2	1	합격	2	보통 검사로 속행
4	500	H	50	2	3	2	합격	0	보통 검사로 속행
5	250	G	32	1	2	1	합격	2	보통 검사로 속행
6	250	G	32	1	2	2	불합격	0	까다로운 검사로 전환

※ 참고 1 : 로트번호 4의 경우는 로트가 합격하였으나 한 단계 엄격한 조건에서 불합격됨에 따라 전환점수가 0이 되었다.

※ 참고 2 : 로트번호 6의 경우 "까다로운 검사로 전환"을 "보통 검사 중단"으로 표현하여도 된다.

(2) 연속 5로트 중 2로트(2, 6번)가 불합격되었으므로 로트번호 7부터는 까다로운 검사를 행하여야 한다.

06_ 기존의 3σ 관리한계에서 U_{CL}의 값이 새로운 중심선(C_L) 0.05와 같아지는 경우의 n을 구하면 된다. 즉,

$$U_{CL}=P+3\sqrt{\frac{P(1-P)}{n}}=0.03+3\sqrt{\frac{0.03\times(1-0.03)}{n}}=0.05$$

$$\sqrt{\frac{0.03\times(1-0.03)}{n}}=\frac{0.05-0.03}{3}=\frac{0.02}{3}$$

$$\therefore\ n=\frac{9\times0.03\times(1-0.03)}{0.02^2}=654.75=655(\text{개})$$

07_ $m_0=48,\ m_1=43,\ \sigma=3$

$\frac{|m_1-m_0|}{\sigma}=\frac{|43-48|}{3}=1.667$이므로, 표에서 $n=4,\ G_0=0.822$

$\therefore\ \overline{X_L}=m_0-G_0\sigma=48-0.822\times3=45.5340\,\text{kg/mm}^2$

(1) ($n=4,\ \overline{X_L}=45.5340$) 또는 특정 로트에서 $n=4$를 샘플링하여 평균치를 구하였을 때, 그 평균치가 $\overline{X_L}$보다 같거나 크면 특정 로트를 합격시키고, 반대가 되면 불합격시킨다.

(2) $\left(\overline{X_L}=45.5340\right)\le(\bar{x}=45.73)$이므로 로트를 합격으로 판정한다.

08_ 분산분석표 작성

$CT = \frac{T^2}{k^2} = \frac{(472)^2}{16} = 13,924$

① $S_T = \sum_i \sum_j \sum_k x_{ijk}^2 - CT = 1,600$

② $S_A = \sum_i \frac{T_{i..}^2}{k} - CT = \frac{A_1^2 + A_2^2 + A_3^2 + A_4^2}{4} - CT$

$= \frac{66^2 + 117^2 + 142^2 + 147^2}{4} - CT = 1,030.50$

③ $S_B = \sum_j \frac{T_{.j.}^2}{k} - CT = \frac{B_1^2 + B_2^2 + B_3^2 + B_4^2}{4} - CT = 241$

④ $S_C = \sum_k \frac{T_{..k}^2}{k} - CT = \frac{C_1^2 + C_2^2 + C_3^2 + C_4^2}{4} - CT = 114.50$

⑤ $S_e = S_T - (S_A + S_B + S_C) = 214$

요인	SS	DF	MS	F_0
A	1,030.50	3	343.50	9.63084
B	241.0	3	80.33333	2.25234
C	114.50	3	38.16667	1.07009
e	214.0	6	35.66667	
T	1,600.0	15		

09_

① 고객 중시 ② 리더십 ③ 인원의 적극 참여
④ 프로세서 접근법 ⑤ 개선 ⑥ 증거기반 의사결정
⑦ 관계관리/관계경영

10_

① 남의 의견을 비판하지 않는다.(비판금지)
② 자유분방한 아이디어를 환영한다.(자유분방)
③ 착상의 수를 될 수 있는 대로 많이 모은다.(다량의 아이디어)
④ 타인의 착상을 다시 발전시킨다.(아이디어 편승)

11_ 분산분석표 작성

풀링 전			
요인	SS	DF	MS
A	65	(3)	
1차	(5)	(1)	
2차	20	(1)	
3차	40	(1)	
e	(35)	(16)	
T	100	19	

풀링 후			
요인	SS	DF	MS
A	65	(3)	
1차	(5)	(1)	
e'	(95)	(18)	(5.27778)
T	100	19	

12_ 분산분석표 작성

① 자유도를 구한다.

$\nu_T = lmnr - 1 = 4 \times 2 \times 2 \times 2 - 1 = 31$

$\nu_A = l - 1 = 3,\ \nu_{B(A)} = l(m-1) = 4$

$\nu_{C(AB)} = lm(n-1) = 8,\ \nu_e = lmn(r-1) = 16$

② 요인 검정 : 인자 A는 인자 B로 검정하고, 인자 B는 인자 C로, 인자 C는 오차항으로 검정을 행한다.

③ 분산분석표

요인	SS	DF	MS	F_0	$E(MS)$
A	1.895	3	0.63167	3.38788	${\sigma_e}^2 + 2{\sigma_{C(AB)}}^2 + 4{\sigma_{B(A)}}^2 + 8{\sigma_A}^2$
$B(A)$	0.7458	4	0.18645	4.37573	${\sigma_e}^2 + 2{\sigma_{C(AB)}}^2 + 4{\sigma_{B(A)}}^2$
$C(AB)$	0.3409	8	0.04261	35.21488	${\sigma_e}^2 + 2{\sigma_{C(AB)}}^2$
e	0.0193	16	0.00121		${\sigma_e}^2$
T	3.0010	31			

13_

(1) $R(t=50) = e^{-\lambda t} = e^{-\frac{t}{MTBF}} = e^{-\frac{50}{100}} = 0.60653$

(2) $R(t) = \dfrac{e^{-\frac{(200+50)}{100}}}{e^{-\frac{200}{100}}} = e^{-\frac{50}{100}} = 0.60653$

(3) 지수분포인 경우, 고장률이 일정(CFR)하므로 신뢰도는 변하지 않는다. 그러므로 설비의 신뢰도를 높이기 위해 부품을 정기적으로 교체할 필요가 없다.

14_ $A=\frac{\mu}{\mu+\lambda}=\frac{2}{2+1}=0.66667$

15_ (1) 등분산성 검정

① $H_0: {\sigma_x}^2={\sigma_y}^2$, $H_1: {\sigma_x}^2 \neq {\sigma_y}^2$

② $F_0=\frac{{s_x}^2}{{s_y}^2}=\frac{9.2^2}{8.5^2}=1.171$

③ $F_0 > F_{1-\alpha/2}(\nu_x,\ \nu_y)=F_{0.975}(12,\ 11)=3.43$ 이면 H_0를 기각한다.

④ $F_0=1.171 < F_{0.975}(12,\ 11)=3.43$

∴ $\alpha=0.05$로 H_0는 채택, 즉 분산에는 차이가 있다고 할 수 없다.

(2) ① $H_0: \mu_x \geq \mu_y$, $H_1: \mu_x < \mu_y$

② $t_0=\frac{\bar{x}-\bar{y}}{\sqrt{\frac{\nu_x \times {s_x}^2+\nu_y \times {s_y}^2}{n_x+n_y-2}\left(\frac{1}{n_x}+\frac{1}{n_y}\right)}}=\frac{824-832}{\sqrt{\frac{1,810.43}{23}\left(\frac{1}{13}+\frac{1}{12}\right)}}=-2.252$

③ $t_0 < -t_{1-\alpha}(\nu)=t_{0.95}(23)=-1.714$ 이면 H_0를 기각한다.

④ $t_0=-2.252 < -t_{1-\alpha}(\nu)=-t_{0.95}(23)=-1.714$

∴ $\alpha=0.05$로 H_0 기각, 즉 700℃의 수명이 800℃의 수명보다 작다고 할 수 있다.

(3) 평균치차의 한쪽 구간추정(상한)

$$\hat{\mu}(\mu_x-\mu_y)=(\bar{x}-\bar{y})+t_{1-\alpha}(n_x+n_y-2)\sqrt{V\left(\frac{1}{n_x}+\frac{1}{n_y}\right)}$$

$$=(824-832)+t_{0.95}(23)\sqrt{\frac{1,810.43}{23}\left(\frac{1}{13}+\frac{1}{12}\right)}$$

$$=-8+1.714\sqrt{78.714348\times\left(\frac{1}{13}+\frac{1}{12}\right)}=-1.91241$$

16_ $E(Z)=Z\pm u_{1-\alpha/2}\sqrt{V(Z)}=Z\pm u_{1-\alpha/2}\frac{1}{\sqrt{n-3}}$ 에서

$$\rho=\tanh\left(\tanh^{-1}r\pm u_{1-\alpha/2}\frac{1}{\sqrt{n-3}}\right)=\tanh\left(\tanh^{-1}0.61\pm 1.96\ \frac{1}{\sqrt{147}}\right)$$

∴ $0.49847 \leq \rho \leq 0.70167$

기출유사문제 [2020년 통합 1 · 2회 품질경영기사 실기]

01 4종류의 플라스틱제품이 있다. A_1 : 자기회사제품, A_2 : 국내 C회사제품, A_3 : 국내 D 회사제품, A_4 : 외국제품에 대하여 각각 10개, 6개, 6개, 2개씩 표본을 취하여 강도 (kg/cm^2)를 측정한 결과 다음과 같다. 물음에 답하시오.(단, L_1 : 외국제품과 한국제품의 차, L_2 : 자사제품과 국내 타 회사제품의 차, L_3 : 국내 타 회사제품의 차)

A의 수준	데이터										$T_i.$
A_1	20	18	19	17	17	22	18	13	16	15	$T_1.=175$
A_2	25	23	28	26	19	26					$T_2.=147$
A_3	24	25	18	22	27	24					$T_3.=140$
A_4	14	12									$T_4.=26$
											$T=488$

(1) 선형식 L_1, L_2, L_3를 구하시오.

(2) 대비의 제곱합 S_{L_1}, S_{L_2}, S_{L_3}를 구하시오.

(3) 분산분석표를 작성하고 검정을 행하시오.(유의수준 5%)

02 5대 장치의 수리시간을 조사하였더니 50, 70, 130, 270, 300시간이었다. 장치의 수리시간이 지수분포에 따른다면 $t=400$시간에서 이 장치의 추정보전도를 구하시오?

03 어떤 공정에서 생산되는 제품 로트 크기에 따라서 생산에 소요되는 시간을 측정하였더니 아래 표와 같은 시간이 소요되었다. 다음의 물음에 답하시오.

x_i	30	60	80	60	70
y_i	73	128	170	135	148

(1) 상관계수를 구하시오.

(2) 상관계수 유무를 검정하시오.(단, $\alpha=0.05$)

(3) 모상관계수의 95% 구간추정을 행하시오.

04 어느 재료의 인장강도가 상한 또는 하한이 주어진 경우, 즉 계량 규준형 1회 샘플링검사에서 $n=8$, $k=1.74$의 값을 얻어 데이터를 취했더니 아래와 같다. 물음에 답하시오.(단, 표준편차 σ = 0.5kg/mm²)

79.0	75.5	77.5	76.5
77.0	79.5	77.0	75.0

(1) 주어진 규격이 78kg/mm² 이상일 때 합부판정을 하시오.

(2) 주어진 규격이 78kg/mm² 이하일 때 합부판정을 하시오.

05 KS 제품 · 가공기술인증 심사기준 6가지를 적으시오.

06 에나멜 동선의 도장공정을 관리하기 위하여 핀홀의 수를 조사하였다. 시료의 길이가 종류에 따라 변하므로 시료 1,000m당 핀홀의 수를 사용하여 u관리도를 작성하고자 다음과 같은 데이터 시료를 얻었다. 물음에 답하시오.

시료군의 번호	1	2	3	4	5	6	7	8	9	10
시료의 크기(n) (1,000m)	1.0	1.0	1.0	1.3	1.3	1.3	1.3	1.3	1.0	1.0
핀홀의 수	5	3	3	2	2	4	3	4	2	4

(1) 관리한계를 구하시오.

n	관리상한	관리하한
1.0		
1.3		

(2) (1)에서 구한 관리한계를 활용하여 관리도를 작성하고 판정하시오.

07 샘플링검사를 실시할 경우의 조건을 4가지 기술하시오.

08 어떤 종의 꽃을 재배하는데 Mendel의 법칙에 의하면 A, B, C, D의 종류의 꽃이 9 : 3 : 3 : 1의 비로 나타난다고 한다. 그런데 어느 실험에서 전체 556그루 중에서 A, B, C, D의 수가 각각 315, 108, 101, 32이었다. 이 실험의 결과는 Mendel의 법칙에 어긋난다고 말할 수 있는지를 유의수준 5%에서 검정하시오.

09 부선으로 광석이 입하되었다. 부선 5척에 각각 약 500, 700, 1,500, 800, 600톤씩 싣고 있다. 각 부선으로부터 하선할 때 100톤 간격으로 1인크리멘트씩 떠서 이것을 대상 시료로 혼합할 경우, 샘플링의 정밀도는 얼마나 될까?(단, 이 광석은 이제까지의 실험으로부터 100톤 내의 인크리멘트 간의 분포 $\sigma_w{}^2 = 0.8\%$인 것을 알고 있다.)

10 모집단의 부적합품률(P)이 0.020이고, 시료의 크기(n)가 100일 때

(1) 부적합품수의 평균과 분산을 구하시오.

(2) 부적합품이 3개 나올 확률을 이항분포로 구하시오.

11 많은 부품으로 구성된 제품이나 시스템의 고장률은 전형적으로 서양식 욕조모양을 형성하게 된다. 물음에 답하시오.

(1) 욕조곡선에서 곡선의 형태를 제시하시오.

① 초기고장기간 :

② 우발고장기간 :

③ 마모고장기간 :

(2) 초기고장기간의 원인을 3가지 적으시오.

12 다음은 인자 A(4수준), 인자 B(2수준), 인자 C(2수준) 각각 변량인자로 A는 일간인자, B는 일별로 두 대의 트럭을 랜덤하게 선택하였고 C는 트럭 내에서 랜덤하게 두 삽을 취한 것이며 각 삽에서 두 번에 걸쳐 소금의 염도를 측정한 결과에 대한 분산분석표가 아래와 같다.

요인	SS	DF	MS
A	4.15		
$B(A)$	0.75		
$C(AB)$	0.24		
e	0.20		
T	5.34		

(1) A, $B(A)$, $C(AB)$, e의 자유도를 구하시오.

(2) A, $B(A)$의 분산을 추정하시오.

13 $\bar{x}-R$관리도에서 $\bar{\bar{x}}=130$, $\sigma=14.8$, $n=4$, $k=25$일 때 $\bar{x}$관리도의 관리한계는 $U_{CL}=152.2$, $L_{CL}=107.8$, 제품의 규격은 113.5~144.5로 되어 있다면 다음 물음에 답하시오.

(1) 제품이 규격을 벗어날 확률은?

(2) $\bar{x}$관리도에서 평균이 U_{CL} 쪽으로 10만큼 이동했을 때 검출력은?

14 다음의 내용은 품질경영시스템(ISO 9000 : 2015) – 기본사항과 용어에서 나타낸 것이다. 괄호 안을 메우시오.

(1) 의도된 결과를 만들어 내기 위해 입력을 사용하여 상호 관련되거나 상호작용하는 활동의 집합 (　　　)

(2) 품질 요구사항이 충족될 것이라는 신뢰를 제공하는 데 중점을 둔 품질경영의 일부 (　　　)

(3) 품질 요구사항을 충족하는 데 중점을 둔 품질경영의 일부 (　　　)

15 A사는 어떤 부품의 수입검사에서 KS Q ISO 2859－1을 사용하고 있다. 다음 표는 검토 후 $AQL = 1.0\%$, 검사수준 Ⅲ으로 하여 1회 샘플링검사를 까다로운 검사를 시작으로 연속 15로트 실시한 결과물의 부분표이다. 물음에 답하시오.

(1) 다음 표를 완성시키시오.

번호	N	샘플 문자	n	당초 Ac	As (검사 전)	적용하는 Ac	부적합품수	합부 판정	As (검사 후)	전환 점수	샘플링 검사의 엄격도
21	250						0				
22	200						1				
23	400						0				
24	80						0				
25	100						1				

(2) 로트번호 26의 샘플링검사의 엄격도는 어떻게 되겠는가?

16 어떤 제품의 형상모수(m)가 0.7, 척도모수(η)가 8,667시간, 위치모수는 0인 와이블 분포를 따를 때 사용시간 t = 10,000에서 다음 물음에 답하시오.

(1) 신뢰도를 구하시오.

(2) 평균고장률을 구하시오.

기출유사문제풀이 [2020년 통합 1 · 2회 품질경영기사 실기]

01_ (1) $L_1 = \frac{T_4.}{2} - \frac{T_1. + T_2. + T_3.}{22} = \frac{26}{2} - \frac{175+147+140}{22} = -8.0$

$L_2 = \frac{T_1.}{10} - \frac{T_2. + T_3.}{12} = \frac{175}{10} - \frac{147+140}{12} = -6.416667$

$L_3 = \frac{T_2.}{6} - \frac{T_3.}{6} = \frac{147}{6} - \frac{140}{6} = 1.166667$

(2) $S_{L_1} = \frac{{L_1}^2}{\Sigma m_i {C_i}^2} = \frac{(-8.0)^2}{2\times\left(\frac{1}{2}\right)^2 + 10\times\left(-\frac{1}{22}\right)^2 + 6\times\left(-\frac{1}{22}\right)^2 + 6\times\left(-\frac{1}{22}\right)^2} = 117.333333$

$S_{L_2} = \frac{{L_2}^2}{\Sigma m_i {C_i}^2} = \frac{(-6.416667)^2}{10\times\left(\frac{1}{10}\right)^2 + 6\times\left(-\frac{1}{12}\right)^2 + 6\times\left(-\frac{1}{12}\right)^2} = 224.583357$

$S_{L_3} = \frac{{L_3}^2}{\Sigma m_i {C_i}^2} = \frac{(1.166667)^2}{6\times\left(\frac{1}{6}\right)^2 + 6\times\left(-\frac{1}{6}\right)^2} = 4.083329$

(3) 분산분석표 작성

① $CT = \frac{T^2}{N} = \frac{(488)^2}{24} = 9{,}922.67$

② $S_T = (20^2 + 18^2 + 19^2 + \cdots + 14^2 + 12^2) - CT = 503.333333$

③ $S_A = \sum_i \frac{{T_i.}^2}{m_i} - CT = \left(\frac{(175)^2}{10} + \frac{(147)^2}{6} + \frac{(140)^2}{6} + \frac{(26)^2}{2}\right) - CT = 346.0$ 또는

$S_A = S_{L_1} + S_{L_2} + S_{L_3} = 346.0$

④ $S_e = S_T - S_A = 503.333333 - 346.0 = 157.333333$

요인	SS	DF	MS	F_0	$F_{0.95}$
A	346.0	3	115.33333	14.661*	3.10
L_1	117.33333	1	117.33333	14.915*	4.35
L_2	224.58336	1	224.58336	28.549*	4.35
L_3	4.08333	1	4.08333	0.519	4.35
e	157.33333	20	7.86667		
T	503.33333	23			

요인 A, L_1, L_2는 유의수준 5%로 유의하다.

02_ $MTTR = \frac{50+70+\cdots+300}{5} = 164$(시간)

$$M(t=400) = 1 - e^{-\mu t} = 1 - e^{-\frac{t}{MTTR}} = 1 - e^{-\frac{400}{164}} = 0.91275$$

03_ (1) 상관계수 $r_{xy} = \frac{S(xy)}{\sqrt{S(xx)S(yy)}} = \frac{2,690}{\sqrt{1,400 \times 5,198.8}} = 0.9971$

(2) 상관계수 유무검정

① $H_0 : \rho = 0,\ H_1 : \rho \neq 0$

② $t_0 = \frac{r}{\sqrt{\frac{1-r^2}{n-2}}} = \frac{0.9971}{\sqrt{\frac{1-0.9971^2}{5-2}}} = 22.693$

③ $t_0 > t_{1-\alpha/2}(\nu) = t_{0.975}(3) = 3.182$ 이면 H_0를 기각

④ 판정 : $t_0 = 22.693 > 3.182$

∴ H_0 기각, 즉 $\alpha = 0.05$로 상관관계가 있다.

(3) 모상관계수의 95% 구간추정

$$\rho_{U \cdot L} = \tanh\left(\tanh^{-1} r \pm u_{1-\alpha/2} \frac{1}{\sqrt{n-3}}\right) = \tanh\left(\tanh^{-1} 0.9971 \pm 1.96 \frac{1}{\sqrt{2}}\right)$$

∴ $0.95462 \le \rho \le 0.99982$

04_ $\bar{x} = \frac{\Sigma x_i}{n} = \frac{617.0}{8} = 77.125\text{kg/mm}^2$

(1) $\overline{X_L} = S_L + k\sigma = 78 + 1.74 \times 0.5 = 78.87$

∴ $\bar{x} < \overline{X_L}$이므로 로트를 불합격시킨다.

(2) $\overline{X_U} = S_U - k\sigma = 78 - 1.74 \times 0.5 = 77.13$

∴ $\bar{x} \le \overline{X_U}$이므로 로트를 합격시킨다.

05_ ① 품질경영 ② 자재관리

③ 공정 · 제조 설비관리 ④ 제품관리

⑤ 시험 · 검사 설비관리 ⑥ 소비자보호 및 환경 · 자원관리

06_ (1) $C_L = \bar{u} = \frac{\Sigma c}{\Sigma n} = \frac{32}{11.5} = 2.78261$

① $n = 1.0$

$U_{CL} = \bar{u} + 3\sqrt{\frac{\bar{u}}{n}} = 7.78696$

$L_{CL} = \bar{u} - 3\sqrt{\frac{\bar{u}}{n}} = -2.22174 = -$ (고려하지 않음)

② $n = 1.3$

$U_{CL} = \bar{u} + 3\sqrt{\frac{\bar{u}}{n}} = 7.17171$

$L_{CL} = \bar{u} - 3\sqrt{\frac{\bar{u}}{n}} = -1.60649 = -$ (고려하지 않음)

n	관리상한	관리하한
1.0	7.78696	–
1.3	7.17171	–

(2) 관리도 작성 및 판정

① 관리도 작성

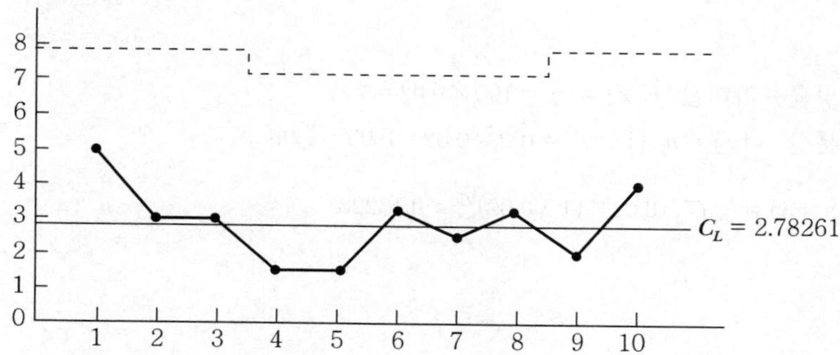

② 관리도 판정

관리이탈 및 습관성이 없으므로 관리상태에 있다고 할 수 있다.

07_ ① 품질기준이 명확할 것

② 시료의 샘플링은 랜덤하게 할 것

③ 제품이 로트로서 처리될 수 있는 것

④ 합격로트 중에는 어느 정도 부적합품의 섞임을 허용할 것

⑤ 계량샘플링검사에서는 로트검사 단위의 특성치 분포가 정규분포를 따를 것

08

① $H_0 : P_A = \frac{9}{16},\ P_B = \frac{3}{16},\ P_C = \frac{3}{16},\ P_D = \frac{1}{16}$ $H_1 :\ not\ H_0$ 또는 H_0가 아니다.

	A	B	C	D
O_i	315	108	101	32
E_i	$556 \times \frac{9}{16} = 312.750$	104.250	104.250	34.750

② $\chi_0^{\ 2} = \frac{(315-312.75)^2}{312.75} + \frac{(108-104.25)^2}{104.25} + \frac{(101-104.25)^2}{104.25} + \frac{(32-34.75)^2}{34.75} = 0.470$

③ $\chi_0^{\ 2} > \chi_{1-\alpha}^{\ 2}(3) = 7.81$ 이면 H_0를 기각한다.

④ $\chi_0^{\ 2} = 0.470 < \chi_{0.95}^{\ 2}(3) = 7.81$ 이므로 $\alpha = 0.05$ 로 H_0는 채택된다. 즉, Mendel의 법칙이 옳다고 할 수 있다.

09_ 층별 비례샘플링인 경우

$m = 5,\ \bar{n} = \frac{1}{5}(5+7+15+8+6) = \frac{41}{5},\ V(\bar{x}) = \frac{\sigma_w^{\ 2}}{m\bar{n}} = \frac{0.8}{5 \times \frac{41}{5}} = 0.01951\%$

10_

(1) ① 평균=기대값 $E(x) = np = 100 \times 0.02 = 2$

② 분산 $V(x) = np(1-p) = 100 \times 0.02 \times 0.98 = 1.96$

(2) $P_r(x=3) = {}_{100}C_3\,(0.02)^3\,(1-0.02)^{97} = 0.18228$

11_

(1) 고장률 곡선

① 초기고장기간 : 감소형(DFR)

② 우발고장기간 : 일정형(CFR)

③ 마모고장기간 : 증가형(IFR)

(2) 초기고장기간의 원인

① 표준 이하의 재료 사용

② 불충분한 품질관리

③ 표준 이하의 작업자 솜씨

④ 불충분한 디버깅

⑤ 빈약한 제조기술

⑥ 조립상의 과오

12_ (1) ① $\nu_A = l-1 = 4-1 = 3$

② $\nu_{B(A)} = l(m-1) = 4\times(2-1) = = 4$

③ $\nu_{C(AB)} = lm(n-1) = 4\times 2\times(2-1) = 8$

④ $\nu_e = lmn(r-1) = 4\times 2\times 2\times(2-1) = 16$

(2) ① $\widehat{\sigma_A}^2 = \dfrac{V_A - V_{B(A)}}{mnr} = \dfrac{4.15/3 - 0.75/4}{2\times 2\times 2} = 0.14948$

② $\widehat{\sigma_{B(A)}}^2 = \dfrac{V_{B(A)} - V_{C(AB)}}{nr} = \dfrac{0.75/4 - 0.24/8}{2\times 2} = 0.03938$

13_ (1) 규격을 벗어날 확률

① 규격 상한치 밖으로 벗어날 확률

$$u = \frac{U-\mu}{\sigma_x} = \frac{144.5-130}{14.8} = 0.980$$

② 규격 하한치 밖으로 벗어날 확률

$$u = \frac{L-\mu}{\sigma_x} = \frac{113.5-130}{14.8} = -1.1149$$

$\therefore\ P_r(x) = P_r(u > 0.98) + P_r(u < -1.1149) = 0.1635 + 0.1335 = 0.2970\,(29.70\%)$

(2) 이동한 관리도의 평균은 $\overline{\overline{x}}' = \overline{\overline{x}} + 10 = 140$

① U_{CL} 밖으로 벗어날 확률

$$u = \frac{U_{CL} - \overline{\overline{x}}'}{\sigma/\sqrt{n}} = \frac{152.2-140}{14.8/\sqrt{4}} = 1.649$$

② L_{CL} 밖으로 벗어날 확률

$$u = \frac{L_{CL} - \overline{\overline{x}}'}{\sigma/\sqrt{n}} = -4.351$$

$\therefore\ 1-\beta = P_r(u > 1.65) + P_r(u < -4.35) = 0.0495 + 0.0^5 6807 = 0.04951$

14_ (1) 프로세스

(2) 품질보증

(3) 품질관리

15_ (1)

번호	N	샘플 문자	n	당초 Ac	As (검사 전)	적용하는 Ac	부적합품수	합부 판정	As (검사 후)	전환 점수	샘플링검사의 엄격도
21	250	H	50	1/2	5	0	0	합격	5	–	까다로운 검사로 속행
22	200	H	50	1/2	10	1	1	합격	0	–	까다로운 검사로 속행
23	400	J	80	1	7	1	0	합격	7	–	까다로운 검사로 속행
24	80	F	20	0	7	0	0	합격	7	–	까다로운 검사로 속행
25	100	G	32	1/3	10	1	1	합격	0*	–	보통 검사로 전환

(2) 까다로운 검사에서 연속 5로트가 합격하였으므로 로트번호 26부터는 보통검사를 실시한다.

16_ (1) 신뢰도($t=10,000$일 때)

$$R(t=10,000)=e^{-\left(\frac{t-r}{\eta}\right)^m}=e^{-\left(\frac{10,000-0}{8,667}\right)^{0.7}}=0.33110$$

(2) 평균고장률

$$AFR=\overline{\lambda}(t=10,000)=\frac{H(t=10,000)-H(t=0)}{\Delta t}$$

$$=\frac{\left(\frac{10,000-0}{8,667}\right)^{0.7}-\left(\frac{0-0}{8,667}\right)^{0.7}}{10,000-0}$$

$$=0.00011\,(/\text{시간})$$

(단, $H(t)=-\ln R(t)=\left(\frac{t-r}{\eta}\right)^m$ 이다.)

기출유사문제 [2020년 3회 품질경영기사 실기]

01 신뢰도가 0.9인 미사일 3개가 설치된 미사일 발사 시스템이 있다. 3개의 미사일 중 2개만 작동되면 이 미사일 발사 시스템은 임무가 가능하다. 미사일 발사 시스템의 신뢰도는 얼마인가?

02 전자기기에 들어가는 M 부분품의 품질특성인 인장강도의 분산이 종래의 제조법에서는 9kg/mm^{2}이었다. 이 제품의 제조 공정을 변경하여 제조하여 본 결과 다음의 데이터를 얻었다. 물음에 답하시오.

53, 52, 51, 51, 52, 52, 51, 50, 51

(1) 변경 후의 분산이 변경 전의 분산과 차이가 있는지를 검정하시오.(유의수준 5%)

(2) 변경 후의 모분산을 구간추정하시오.(유의수준 5%)

03 부선으로 광석이 입하되었다. 부선은 5척이고 각각 약 500, 800, 1,500, 1,800, 900톤씩 싣고 있다. 각 부선으로부터 하선할 때 100톤 간격으로 1인크리멘트씩 떠서 이것을 대상시료로 혼합할 경우, 샘플링의 정밀도는 얼마나 될까?(단, 이 광석은 이제까지의 실험으로부터 100톤 내의 인크리멘트 간의 분포 $\sigma_w = 0.8\%$, $\sigma_b = 0.6\%$ 인 것을 알고 있다.)

04 어떤 제품의 품질특성 평균치가 3(%) 이하인 로트는 합격으로, 4(%) 이상인 로트는 불합격으로 하려고 할 때, 다음 물음에 답하시오.(단, σ=1(%), α=0.05, β=0.10)

(1) 계량규준형 1회 샘플링검사를 실시하려고 할 때 샘플의 크기(n)와 상한합격판정치($\overline{X_U}$)를 구하시오.

(2) n개의 시료를 뽑아 평균치($\overline{x}$)를 계산하였더니 3.45(%)가 나왔다면 샘플링한 로트의 처리는 어떻게 하여야 하는가?

05 KS Q ISO 2859－1에서 검사의 엄격도 조정을 하는 경우, 보통검사에서 수월한 검사로 가기 위한 조건 3가지를 기술하시오.

06 정시중단시험방식에서 제품 A는 작동시간 2.3×10^5시간으로 무고장이며, 정수중단시험방식에서 제품 B는 작동시간 2.5×10^5시간에서 한 개의 고장이 발생하였다. 신뢰수준 90%로 MTBF의 하한값을 구하시오.

07 어떤 부품의 고장시간 분포가 형상모수 $m = 0.5$, 척도모수 $\eta = 1{,}000$, 위치모수 $r = 0$인 와이블분포를 따른다고 할 때 사용시간 $t = 1{,}000$시간에서의 신뢰도를 구하시오.

08 교락법을 사용한 2^3요인 실험을 다음과 같이 2개의 블록으로 나누어 실험하려고 한다. 다음 물음에 답하시오.

블록 1	블록 2
$(1) = 72$	$a = 58$
$ab = 68$	$b = 85$
$ac = 53$	$c = 65$
$bc = 75$	$abc = 63$

(1) 블록에 교락된 요인을 구하시오.
(2) 요인 A의 제곱합을 계산하시오.

09 KS Q ISO 9000 : 2015의 용어에 대한 설명이다. 괄호 안을 채우시오.

(1) 요구사항을 명시한 문서 (　　)
(2) 달성된 결과를 명시하거나 수행한 활동의 증거를 제공하는 문서 (　　)
(3) 부적합의 원인을 제거하고 재발을 방지하기 위한 조치 (　　)

10 어떤 화학 공장에서 각 인자를 4수준으로 하여 인자 간의 교호작용을 무시할 수 있다고 가정한 후 라틴방격법에 의하여 실험하여, 다음과 같은 수율 데이터가 발생되었다. 다음 물음에 답하시오.

구분	A_1	A_2	A_3	A_4
B_1	$C_1(18)$	$C_2(24)$	$C_3(13)$	$C_4(20)$
B_2	$C_2(14)$	$C_3(20)$	$C_4(15)$	$C_1(22)$
B_3	$C_3(21)$	$C_4(29)$	$C_1(20)$	$C_2(26)$
B_4	$C_4(21)$	$C_1(24)$	$C_2(19)$	$C_3(20)$

(1) 분산분석표를 작성하고 분산분석을 실시하시오.

(2) 수율을 최대로 하는 점추정식과 점추정값을 구하시오.

11 다음의 표는 독립변수 x와 종속변수 y에 대한 데이터의 결과치이다. 물음에 답하시오.

$\Sigma x_i = 10{,}643$, $\Sigma y_i = 464.97$, $\Sigma x_i^2 = 5{,}663{,}809$

$\Sigma x_i\, y_i = 247{,}443.95$, $\Sigma {y_i}^2 = 10{,}811.7931$, $n = 20$

(1) 상관계수를 구하시오.

(2) 상관계수의 유무 검정을 실시하시오.(유의수준 = 0.05)

(3) 상관계수를 95%의 신뢰한계로 구간추정을 실시하시오.

12 어떤 공정의 특성을 x 관리도로 관리하고 있다. 기존의 관리한계선은 다음과 같다고 할 때 공정평균이 공정의 변화에 의해 120으로 변하였다면 검출력은 얼마나 되겠는가?(단, R 관리도는 관리상태이며 $\sigma = 10.0$)

- x 관리도 : $C_L = 100.0$, $U_{CL} = 130.0$, $L_{CL} = 70.0$
- R관리도 : $C_L = 23.3$, $U_{CL} = 49.3$, $L_{CL} = -$

13 표에 나타난 데이터는 어느 직물공장에서 직물에 나타난 흠의 수를 조사한 결과이다. 다음 물음에 답하시오.

로트 번호		1	2	3	4	5	6	7	8	9	10	11	12	13	14	15	합계
ⓐ 시료의 수(n)		10	10	15	15	20	20	20	20	20	10	10	10	15	15	15	225
흠의 수	얼룩의 수(개소)	12	16	12	15	21	15	13	32	23	16	17	6	13	22	16	249
	구멍난 곳(개소)	5	3	5	6	4	6	6	8	8	6	4	1	4	6	6	78
	실이 튄 곳의 수(개소)	6	1	6	7	2	7	10	9	9	7	2	1	10	11	8	96
	색상이 나쁜 곳(개소)	10	1	8	10	2	9	8	12	11	11	2	2	9	12	12	119
	기타	2	–	2	4	–	3	–	2	1	1	–	–	–	1	1	17
	ⓑ 합계	35	21	33	42	29	40	37	63	52	41	25	10	36	52	43	559
ⓑ÷ⓐ		3.50	2.10	2.20	2.80	1.45	2.00	1.85	3.15	2.60	4.10	2.50	1.00	2.40	3.47	2.87	–

(1) 위 데이터로 관리도를 작성하고자 한다.

① 무슨 관리도를 사용하여야 하겠는가?

② C_L의 값은? 그리고 n이 10, 15, 20인 경우 U_{CL} 및 L_{CL}의 값은 얼마인가?

③ 관리한계를 벗어난 점이 있으면 그 로트번호를 적으시오.

(2) 데이터에서 종류(유형)별로 분류해 놓은 흠의 통계를 가지고 파레토도를 작성하시오.

14 인자 A, B, C는 각각 변량인자로서 A는 일간인자, B는 일별로 두 대의 트럭을 랜덤하게 선택한 것이며, C는 트럭 내에서 랜덤하게 두 삽을 취한 것으로, 각 삽에서 두 번에 걸쳐 소금의 염도를 측정한 것으로, 이 실험은 A_1에서 8회를 랜덤하게 하여 데이터를 얻고, A_2에서 8회를 랜덤하게, A_3와 A_4에서도 같은 방법으로 하여 얻은 데이터를 토대로 분산분석한 결과물이다. 다음 물음에 답하시오.

요인	SS	DF	MS	F_0
A	3.895	3		
$B(A)$	0.7458	4		
$C(AB)$	0.3409	8		
e	0.0193	16		
T	5.0010	31		

(1) 요인 A의 분산값 ${\sigma_A}^2$을 추정하시오.

(2) 요인 $B(A)$의 분산값 ${\sigma_{B(A)}}^2$을 추정하시오.

(3) 요인 $C(AB)$의 분산값 ${\sigma_{C(AB)}}^2$을 추정하시오.

15 매 제품당 검사비용이 10원, 부적합품 1개당 손실비용이 500원이라 하자. 이에 검사 중 발견되는 부적합품에 대해서는 재가공하기로 하고, 그 재가공 비용은 제품당 100원이라 한다. 지금 lot의 부적합품률이 2%로 추정되면 무검사와 전수검사 중 어느 것이 더 유리한가?

16 ISO 9001 : 2015 품질경영시스템의 표준에서 다음과 같은 조동사 형태가 사용된다. [예]와 같이 답하시오.

> [예] 요구사항 : 하여야 한다.

(1) 권고사항 (2) 허용 (3) 가능성 또는 능력

기출유사문제풀이 [2020년 3회 품질경영기사 실기]

01_ $R_s = \sum_{m=2}^{3}\binom{3}{m}0.9^m(1-0.9)^{3-m} = \binom{3}{2}0.9^2(1-0.9)^{3-2} + \binom{3}{3}0.9^3(1-0.9)^{3-3} = 0.9720$

02_ (1) 모분산의 검정(양쪽검정)

① $H_0 : \sigma^2 = 9, \quad H_1 : \sigma^2 \neq 9$

② $\chi_0{}^2 = \dfrac{S}{\sigma_0{}^2} = \dfrac{(n-1)\times s^2}{9} = \dfrac{8\times 0.777777}{9} = 0.691$

③ 기각역 : $\chi_0{}^2 < \chi_{\alpha/2}{}^2(\nu) = \chi_{0.025}{}^2(8) = 2.18$

또는 $\chi_0{}^2 > \chi_{1-\alpha/2}{}^2(\nu) = \chi_{0.975}{}^2(8) = 17.53$이면 H_0를 기각한다.

④ $\chi_0^2 = 0.691 < \chi_{0.025}{}^2 = 2.18$

∴ $\alpha = 0.05$로 H_0를 기각한다. 즉 $\alpha = 0.05$로 분산이 달라졌다고 할 수 있다.

(2) 모분산의 구간추정

$\dfrac{S}{\chi_{1-\alpha/2}{}^2(\nu)} \le \widehat{\sigma^2} \le \dfrac{S}{\chi_{\alpha/2}{}^2(\nu)}, \quad \dfrac{6.222222}{17.53} \le \widehat{\sigma^2} \le \dfrac{6.222222}{2.18}$

∴ $0.35495 \le \sigma^2 \le 2.85423$

03_ 층별 비례샘플링에 해당된다.

$m = 5,\ \bar{n} = \dfrac{1}{5}(5+8+15+18+9) = \dfrac{55}{5} = 11$

∴ $V(\bar{x}) = \dfrac{\sigma_w{}^2}{m\bar{n}} = \dfrac{0.8^2}{5\times 11} = 0.01164(\%)$

04_ (1) ① $n = \left(\dfrac{K_\alpha + K_\beta}{m_1 - m_0}\right)^2 \cdot \sigma^2 = \left(\dfrac{1.645+1.282}{4-3}\right)^2 \times 1^2 = 8.56733 = 9$(개)

② $\overline{X_U} = m_0 + K_\alpha\dfrac{\sigma}{\sqrt{n}} = 3 + 1.645\times\dfrac{1}{\sqrt{9}} = 3.54833(\%)$

(2) $\bar{x} \le 3.54833$ 이면 로트는 합격, $\bar{x} > 3.54833$ 이면 로트는 불합격이므로 샘플링한 로트는 합격 처리한다.

05_ ① 전환점수가 30 이상

② 생산이 안정됨

③ 소관권한자가 인정한 경우

06_ ① 제품 A : $MTBF_L = \frac{2T}{\chi_{1-\alpha}{}^2(2r+2)} = \frac{2\times 2.3\times 10^5}{\chi_{0.90}{}^2(2)} = \frac{4.6\times 10^5}{4.61} = 99{,}783.08026$(시간)

② 제품 B : $MTBF_L = \frac{2T}{\chi_{1-\alpha}{}^2(2r)} = \frac{2\times 2.5\times 10^5}{\chi_{0.90}{}^2(2)} = \frac{5\times 10^5}{4.61} = 108{,}459.8698$(시간)

07_ $R(t=1{,}000) = e^{-\left(\frac{t-r}{\eta}\right)^m} = e^{-\left(\frac{1{,}000-0}{1{,}000}\right)^{0.5}} = 0.36788$

08_ (1) $R = \frac{1}{4}[(abc+a+b+c)-(1+ab+ac+bc)] = \frac{1}{4}(a-1)(b-1)(c-1) = A\times B\times C$

∴ 교락된 요인은 $R = A\times B\times C$가 된다.

(2) $S_A = \frac{1}{8}[(abc+a+ab+ac)-(1+b+c+bc)]^2$

$= \frac{1}{8}[(63+58+68+53)-(72+85+65+75)]^2$

$= 378.125$

09_ (1) 시방서(Specification)

(2) 기록(Record)

(3) 시정조치(Corrective Action)

10_ (1) 분산분석표 작성

① $CT = \frac{T^2}{k^2} = \frac{(326)^2}{16} = 6{,}642.5$

② $S_T = \sum_i \sum_j \sum_k x_{ijk}{}^2 - CT = 6{,}910 - CT = 267.75$

③ $S_A = \sum_i \frac{T_{i..}^2}{k} - CT = \frac{74^2+97^2+67^2+88^2}{4} - CT = 137.25$

④ $S_B = \sum_j \frac{T_{.j.}^2}{k} - CT = \frac{75^2+71^2+96^2+84^2}{4} - CT = 92.25$

⑤ $S_C = \sum_k \frac{T_{..k}^2}{k} - CT = \frac{84^2+83^2+74^2+85^2}{4} - CT = 19.25$

⑥ $S_e = S_T - (S_A + S_B + S_C) = 19.0$

⑦ $\nu_T = k^2 - 1 = 15,\ \nu_A = \nu_B = \nu_C = k-1 = 3,\ \nu_e = (k-1)(k-2) = 6$

요인	SS	DF	MS	F_0	$F_{0.95}$	$F_{0.99}$	$E(MS)$
A	137.25	3	45.750	14.447**	4.76	9.78	$\sigma_e^2 + 4\sigma_A^2$
B	92.25	3	30.750	9.711*	4.76	9.78	$\sigma_e^2 + 4\sigma_B^2$
C	19.25	3	6.41667	2.026	4.76	9.78	$\sigma_e^2 + 4\sigma_C^2$
e	19.00	6	3.16667				σ_e^2
T	267.75	15					

∴ 요인 A는 유의수준 1%, 요인 B는 유의수준 5%에서 유의하다.

(2) $\hat{\mu}(A_2B_3)$의 모평균 점추정

실험값이 수율이므로 최대인 수준이 최적수준이 된다. 요인 A, B만 유의하므로, 점추정은 다음과 같다.

$\hat{\mu}(A_2B_3) = \bar{x}_{2..} + \bar{x}_{.3.} - \bar{\bar{x}} = \frac{97}{4} + \frac{96}{4} - \frac{326}{16} = 27.875$

11 _ $S(xx) = \Sigma x^2 - \frac{(\Sigma x)^2}{n} = 136.55,\ S(yy) = \Sigma y^2 - \frac{(\Sigma y)^2}{n} = 1.938055$

$S(xy) = \Sigma xy - \frac{(\Sigma x)(\Sigma y)}{n} = 10.1645$

(1) 상관계수 $r_{xy} = \frac{S(xy)}{\sqrt{S(xx)S(yy)}} = 0.62482$

(2) 상관계수의 유무 검정

① $H_0: \rho = 0,\ H_1: \rho \neq 0$

② $t_0 = \frac{r}{\sqrt{\frac{1-r^2}{n-2}}} = \frac{0.62482}{\sqrt{\frac{1-0.62482^2}{20-2}}} = 3.395$

③ $t_0 > t_{1-\alpha/2}(\nu) = t_{0.975}(18) = 2.101$ 이면 H_0를 기각한다.

④ $t_0 = 3.395 > 2.101$

$\therefore \alpha = 0.05$로 H_0 기각, 즉 $\alpha = 0.05$로 상관관계가 있다고 할 수 있다.

(3) 모상관계수의 95% 구간추정

$$\rho_{U \cdot L} = \tanh\left(\tanh^{-1} r \pm u_{1-\alpha/2} \frac{1}{\sqrt{n-3}}\right) = \tanh\left(\tanh^{-1} 0.62482 \pm 1.96 \ \frac{1}{\sqrt{17}}\right)$$

$\therefore \ 0.25196 \le \rho \le 0.83615$

12_ U_{CL} 밖으로 벗어날 확률 : $u = \dfrac{U_{CL} - \mu}{\sigma} = \dfrac{130-120}{10.0} = 1.00$

$\therefore$ 검출력$(1-\beta) = P_r(u > 1.00) = 0.15870$

13_ (1) ① n의 크기가 일정하지 않으므로, u관리도를 사용하여야 한다.

② $C_L = \overline{u} = \dfrac{\Sigma c}{\Sigma n} = \dfrac{559}{225} = 2.48444$

$n = 10$일 때	$U_{CL} = \overline{u} + 3\sqrt{\dfrac{\overline{u}}{n}} = 2.484444 + 3\sqrt{\dfrac{2.484444}{10}} = 3.97977$
	$L_{CL} = \overline{u} - 3\sqrt{\dfrac{\overline{u}}{n}} = 2.484444 - 3\sqrt{\dfrac{2.484444}{10}} = 0.98912$
$n = 15$일 때	$U_{CL} = \overline{u} + 3\sqrt{\dfrac{\overline{u}}{n}} = 2.484444 + 3\sqrt{\dfrac{2.484444}{15}} = 3.70537$
	$L_{CL} = \overline{u} - 3\sqrt{\dfrac{\overline{u}}{n}} = 2.484444 - 3\sqrt{\dfrac{2.484444}{15}} = 1.26352$
$n = 20$일 때	$U_{CL} = \overline{u} + 3\sqrt{\dfrac{\overline{u}}{n}} = 2.484444 + 3\sqrt{\dfrac{2.484444}{20}} = 3.54180$
	$L_{CL} = \overline{u} - 3\sqrt{\dfrac{\overline{u}}{n}} = 2.484444 - 3\sqrt{\dfrac{2.484444}{20}} = 1.42709$

③ 관리한계를 벗어난 점 : No. 10

(2) ① 분류 항목별 데이터 집계표

분류 항목	데이터 수	누적 수	%	누적 %
얼룩	249	249	44.54383	44.54383
색상 불량	119	368	21.28801	65.83184
실이 튐	96	464	17.17352	83.00537
구멍 발생	78	542	13.95349	96.95886
기타	17	559	3.04115	100.00000

② 파레토그림 작성

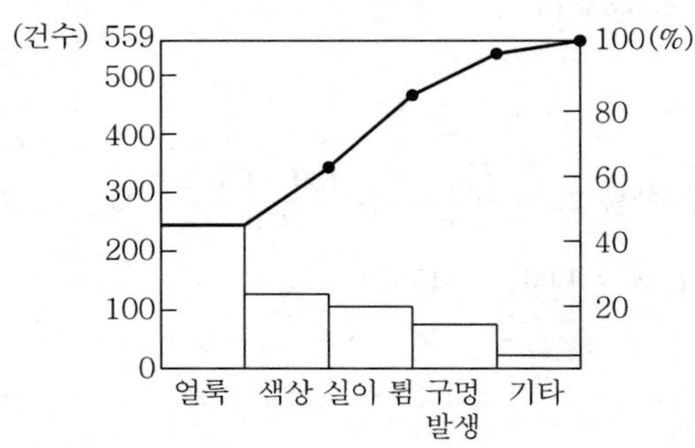

14_(1) $\widehat{\sigma_A}^2 = \dfrac{V_A - V_{B(A)}}{mnr} = \dfrac{1.29833 - 0.18645}{2 \times 2 \times 2} = 0.13899$

(2) $\widehat{\sigma_{B(A)}}^2 = \dfrac{V_{B(A)} - V_{C(AB)}}{nr} = \dfrac{0.18645 - 0.04261}{2 \times 2} = 0.03596$

(3) $\widehat{\sigma_{C(AB)}}^2 = \dfrac{V_{C(AB)} - V_e}{r} = \dfrac{0.04261 - 0.00121}{2} = 0.02070$

15_ $P_b = \dfrac{a}{b-c} = \dfrac{10}{500-100} = 0.0250$

∴ $P_b = 0.025 > P = 0.02$ 이므로 무검사가 더 유리하다.

16_(1) 하는 것이 좋다. / 하여야 할 것이다.

(2) 해도 된다.

(3) 할 수 있다.

기출유사문제 [2020년 4회 품질경영기사 실기]

01 어느 제약회사에서 제조된 지 1년 경과한 페니실린 중에서 15병, 제조 직후의 페니실린 중에서 12병을 임의 추출하여 그 효과를 조사하였더니 다음과 같은 결과를 얻었다. 다음 물음에 답하시오.

페니실린	표본의 크기	표본평균	표본편차
제조 직후(x)	$n_x=12$	$\bar{x}=862$	$s_x=45$
1년 경과(y)	$n_y=15$	$\bar{y}=824$	$s_y=50$

(1) 두 집단의 산포에 서로 차이가 있는지 등분산성검정을 행하시오.(유의수준 5%)

(2) 1년이 경과한 것(y)의 평균 효과는 제조 직후(x)보다 저하하였는지 유의수준 5%로 검정하시오.

(3) (2)의 결과를 토대로 신뢰율 95%로 신뢰상한값을 행하시오.

02 다음 표는 검사자에 대한 기억력 x와 판단력 y를 검사하여 얻은 데이터이다.

기억력 x	30	35	40	45	50	55	60
판단력 y	60	65	70	75	80	84	86

(1) S_R을 구하시오.

(2) 기여율을 구하시오.

(3) $S_{y/x}$의 자유도를 구하시오.

03 아래 도표는 계량규준형 1회 샘플링검사의 OC곡선을 보이려는 것이다. 로트의 평균치를 보증하려는 경우 특성치가 낮은 편이 바람직하다고 하면, 이를 위하여 다음에 제시하는 기호를 모두 포함시켜 다음 물음에 답하시오.(단, $n=4$, $\sigma=10$)

기호	내용
$L(m)$	로트가 합격할 확률
m_0	합격시키고 싶은 로트의 평균치
m_1	불합격시키고 싶은 로트의 평균치
α	생산자의 위험($=0.05$)
β	소비자의 위험($=0.10$)
$\overline{X}_U$	합격판정치(여기서는 500)

(1) m_0, m_1을 구하시오.

(2) OC곡선을 완성하시오.

04 다음의 $\overline{x}-R$관리도 데이터에 대한 요구에 답하시오.(단, 관리도용 계수표를 이용할 것)

시료군의 번호	측정치						
	x_1	x_2	x_3	x_4	x_5	$\overline{x_i}$	R
1	38.3	38.9	39.4	38.3	39.2	38.82	1.1
2	39.1	39.8	38.5	39	38.3	38.94	1.5
3	38.6	38	39.2	39.9	39	38.94	1.9
4	40.6	38.6	39	39	38.5	39.14	2.1
5	38	38.5	47.9	38.1	38.7	40.24	9.9
6	38.8	39.8	38.3	39.6	39.4	39.18	1.5
7	38.9	38.7	41	41.4	40	40	2.7
8	39.9	38.7	39	39.7	39.1	39.28	1.2
9	40.6	41.9	38.2	40	40.8	40.3	3.7
10	39.2	39	38	40.5	37.8	38.9	2.7
11	38.9	40.8	38.7	39.8	39.2	39.48	2.1
12	39	37.9	37.9	39.1	40	38.78	2.1
13	39.7	38.5	39.6	38.9	39.2	39.18	1.2
14	38.6	39.8	39.2	40.8	38.6	39.4	2.2
15	40.7	40.7	39.3	39.2	39.7	39.92	1.5
16	38.6	37.5	39.2	39.7	37.9	38.58	2.2
17	37.6	39.8	39.4	40.8	38.9	39.3	3.2
18	40.6	40.9	38.2	40	40.5	40.04	2.7
19	38.3	38.9	38.4	38.3	38.6	38.5	0.6
20	39.7	37.5	39.6	38.9	39.7	39.08	2.2
21	39.2	39	39	40.5	40	39.54	1.5
						825.54	49.8

(1) $\overline{x}-R$관리도의 C_L, U_{CL}, L_{CL}을 각각 구하시오.

(2) 군번호 1에서 10까지의 $\overline{x}-R$관리도를 작성하고 관리상태를 판정하시오.(단, 군번호 11에서 21까지는 관리상태이다.)

(3) 본 관리도에서 관리이상데이터를 제거한 데이터에서 $\overline{x}$의 중심선과 σ를 추정하시오.

(4) 개정한 관리도에서 평균치가 관리상한 쪽으로 1σ 이동하였을 때 검출력을 구하시오.

05 A사는 어떤 부품의 수입검사에 계수값 샘플링검사인 KS Q ISO 2859－1의 보조표인 분수샘플링검사를 적용하고 있다. 적용조건은 AQL = 1.0%, 통상검사수준 Ⅱ 에서 엄격도는 보통검사, 샘플링형식은 1회로 시작하였다. 다음 물음에 답하시오.

(1) 다음 표의 (　) 안을 로트별로 완성하시오.

(2) 로트번호 5의 검사 결과 다음 로트에 적용되는 로트번호 6의 엄격도를 결정하시오.

로트번호	N	샘플문자	n	당초의 A_c	합부 판정 점수 (검사 전)	적용하는 A_c	부적합품수 d	합부 판정	합부 판정 점수 (검사 후)
1	200						1		
2	250						0		
3	600						1		
4	80						0		
5	120						0		

06 어떤 제품을 실험할 때 반응압력 A 를 1.0, 1.5, 2.0, 2.5 기압의 4수준, 반응시간 B를 30분, 40분, 50분의 3수준으로 하여 데이터를 구한 결과 다음 표를 얻었다. 물음에 답하시오.(데이터는 망대특성이다.)

요인B \ 요인A	A_1	A_2	A_3	A_4
B_1	97.6	98.6	99.0	98.0
B_2	97.3	98.2	98.0	97.7
B_3	96.7	96.9	97.9	96.5

(1) 분산분석표를 작성하고, 검정까지 행하시오.

요인	SS	DF	MS	F_0	$F_{0.95}$
T					

(2) 최적해에 대하여 신뢰율 95%로서 구간추정을 행하시오.

07 나일론 실의 방사과정에서 일정 시간 동안에 사절수가 어떤 인자에 크게 영향받는가를 대략적으로 알아보기 위하여 4인자 A(연신온도), B(회전수), C(원료의 종류), D(연신비)를 각각 다음과 같이 4수준으로 잡고 총 16회 실험을 4×4 그레코라틴방격법으로 행하였다. 다음 물음에 답하시오.(데이터는 망소특성이다.)

구분	A_1	A_2	A_3	A_4
B_1	$C_3D_2(15)$	$C_1D_1(\ 4)$	$C_4D_3(\ 8)$	$C_2D_4(19)$
B_2	$C_1D_4(\ 5)$	$C_3D_3(19)$	$C_2D_1(\ 9)$	$C_4D_2(16)$
B_3	$C_4D_1(15)$	$C_2D_2(16)$	$C_3D_4(19)$	$C_1D_3(17)$
B_4	$C_2D_3(19)$	$C_4D_4(26)$	$C_1D_2(14)$	$C_3D_1(34)$

(1) 분산분석표를 작성하시오.
(2) 검정을 행하시오.
(3) 최적수준조합에 대한 신뢰도 95% 구간추정을 실시하시오.

08 어떤 제품의 중합반응에서 약품의 흡수속도(g/hr)가 제조시간에 영향을 미치고 있음을 알고 있다. 흡수속도의 큰 요인이라고 생각되는 촉매량($A_1=0.3\%$, $A_2=0.5\%$)과 반응온도($B_1=150℃$, $B_2=170℃$)를 각각 2수준으로 3회 반복하여 2^2 요인실험을 행한 결과가 다음과 같을 때 물음에 답하시오.

$$T_{11\cdot}=10,\quad T_{12\cdot}=16,\quad T_{21\cdot}=14,\quad T_{22\cdot}=20$$

(1) 주효과 A를 구하시오.
(2) 교호작용 $A\times B$의 제곱합을 구하시오.

09 샘플링검사를 실시할 경우의 조건을 5가지 기술하시오.

10 다음 품질코스트를 P, A, F로 분류하시오.

QC코스트, 시험코스트, PM코스트, 현지서비스코스트, 설계변경코스트, QC교육코스트

11 축(Shaft)과 베어링 사이의 틈새(Clearance)에 대하여 통계적 분석을 하려고 한다. $\overline{\overline{x}}_B$: 베어링 내경의 관리된 평균치, σ_B : 베어링 내경의 표준편차, $\overline{\overline{x}}_S$: 축 외경의 관리된 평균치, σ_S : 축 외경의 표준편차라 하고, 공정능력연구에 의해 다음의 값을 알고 있다고 할 때, 물음에 답하시오.(단, 각 치수는 정규분포를 한다고 하고 주어진 부표를 참고할 것)

- 축 외경 : $2.500\begin{matrix}+0.005\\-0.000\end{matrix}$, 베어링 내경 : $2.510\begin{matrix}+0.003\\-0.000\end{matrix}$,
- 끼워맞춤공차 : $0.007 \sim 0.012$
- $\overline{\overline{x}}_B = 2.5115,\ \overline{\overline{x}}_S = 2.502,\ \sigma_B = 0.0006,\ \sigma_S = 0.0007$

(1) 조립품 틈새의 평균치($\overline{\overline{x}}_C$)를 구하시오.(단, 소수점 이하 4자리로 맺음한 값을 구하시오.)
(2) 조립품 틈새의 표준편차(σ_C)를 구하시오.(단, 소수점 이하 4자리로 맺음한 값을 구하시오.)
(3) 제품의 합격률을 추정하시오.

12 어느 회사에서 생산하고 있는 브레이크라이닝(Brake Lining) 8개를 시험기에 걸어 마모시험을 한 결과 다음과 같은 데이터를 얻었다. 각 고장 순번에 대하여 중앙순위에 의해 신뢰성 척도 $R(t)$, $F(t)$, $f(t)$, $\lambda(t)$를 $t=320$에서 계산하시오.

고장번호	1	2	3	4	5	6	7	8
고장시간(hr)	190	245	265	300	320	325	370	400

13 부품 10개를 가속온도 125℃에서 3개가 고장 날 때까지 가속수명시험을 하였더니 $MTBF_s = 4{,}000$시간이었고, 이때의 가속계수는 35였다면, 다음의 물음에 답하시오.

(1) 정상조건하에서의 평균수명을 구하시오.
(2) 정상조건하에서의 고장률을 구하시오.

14 4개 중 2개만 작동하면 정상인 전체 시스템이 있다. 각 부품의 신뢰도가 0.95로 동일할 때, 전체 시스템의 신뢰도를 구하시오.

기출유사문제풀이 [2020년 4회 품질경영기사 실기]

01_ (1) 등분산성검정

① $H_0: {\sigma_x}^2 = {\sigma_y}^2$, $H_1: {\sigma_x}^2 \neq {\sigma_y}^2$

② $F_0 = \dfrac{{s_y}^2}{{s_x}^2} = \dfrac{50^2}{45^2} = 1.235$

③ $F_0 > F_{1-\alpha/2}(\nu_y, \ \nu_x) = F_{0.975}(14, \ 11) = 3.33$ 이면 H_0를 기각한다.

④ $F_0 = 1.235 < F_{0.975}(14, \ 11) = 3.33$ 이므로 $\alpha = 0.05$로 H_0는 채택. 즉, 등분산성이 성립한다.

(2) ① $H_0: \mu_x \leq \mu_y$, $H_1: \mu_x > \mu_y$

② $t_0 = \dfrac{\overline{x} - \overline{y}}{\sqrt{\dfrac{\nu_x \times {s_x}^2 + \nu_y \times {s_y}^2}{n_x + n_y - 2}\left(\dfrac{1}{n_x} + \dfrac{1}{n_y}\right)}} = \dfrac{862 - 824}{\sqrt{\dfrac{57,275}{25}\left(\dfrac{1}{12} + \dfrac{1}{15}\right)}} = 2.04987$

③ $t_0 > t_{1-\alpha}(\nu) = t_{0.95}(25) = 1.708$ 이면 H_0를 기각한다.

④ $t_0 = 2.04987 > t_{1-\alpha}(\nu) = t_{0.95}(25) = 1.708$ 이므로 $\alpha = 0.05$로 H_0 기각, 즉, 1년이 경과한 페니실린의 평균 효과가 저하하였다고 볼 수 있다.

(3) $$(\mu_y - \mu_x)_U = (\overline{y} - \overline{x}) + t_{1-\alpha}(n_A + n_B - 2)\sqrt{V\left(\frac{1}{n_x} + \frac{1}{n_y}\right)}$$

$$= (824 - 862) + t_{0.95}(25)\sqrt{\frac{57,275}{25}\left(\frac{1}{12} + \frac{1}{15}\right)}$$

$$= (-38) + 1.708 \times \sqrt{\frac{57,275}{25}\left(\frac{1}{12} + \frac{1}{15}\right)} = -6.33744$$

02_ $S(xx) = \Sigma x^2 - \dfrac{(\Sigma x)^2}{n} = 700.0$

$S(yy) = \Sigma y^2 - \dfrac{(\Sigma y)^2}{n} = 573.42857$

$S(xy) = \Sigma xy - \dfrac{(\Sigma x)(\Sigma y)}{n} = 630.0$

(1) 회귀에 의한 제곱합 $S_R = \dfrac{[S(xy)]^2}{S(xx)} = 567.0$

(2) 기여율 $r^2 = \dfrac{S_R}{S_T} = \dfrac{S_R}{S_{yy}} = \dfrac{567.0}{573.42827} = 0.98879$

(3) $S_{y/x}$의 자유도 $\nu_{y/x} = n - 2 = 5$

03_ (1) $\overline{X_U} = m_0 + K_\alpha \frac{\sigma}{\sqrt{n}}$

$$m_0 = \overline{X_U} - K_\alpha \frac{\sigma}{\sqrt{n}} = 500 - 1.645 \times \frac{10}{\sqrt{4}} = 491.7750$$

$$\overline{X_U} = m_1 - K_\beta \frac{\sigma}{\sqrt{n}}$$

$$m_1 = \overline{X_U} + K_\beta \frac{\sigma}{\sqrt{n}} = 500 + 1.282 \times \frac{10}{\sqrt{4}} = 506.410$$

(2) OC곡선의 작성

m	$K_{L(m)} = \frac{\sqrt{n}\left(m - \overline{X_U}\right)}{\sigma}$	$L(m)$
491.7750	$\frac{\sqrt{4}\,(491.775 - 500)}{10} = -1.645$	0.950
500	$\frac{\sqrt{4}\,(500 - 500)}{10} = 0.00$	0.50
506.410	$\frac{\sqrt{4}\,(506.41 - 500)}{10} = 1.2820$	0.10

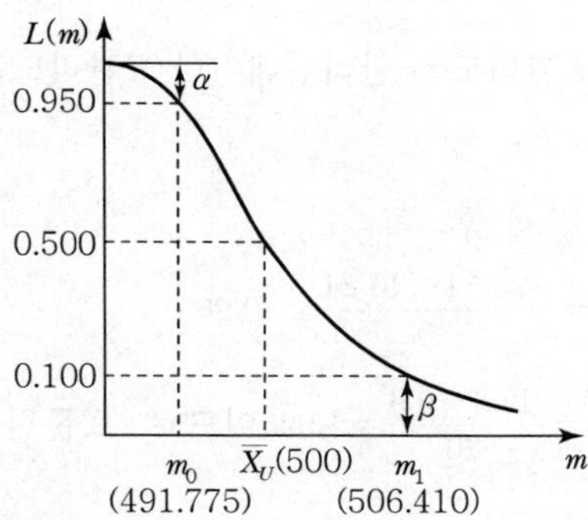

04_ (1) $\bar{x} - R$관리도의 관리한계선

① $\bar{x}$ 관리도

$$C_L = \frac{\Sigma \bar{x}}{k} = \frac{825.54}{21} = 39.31143$$

$$U_{CL} = \bar{\bar{x}} + \frac{3\,\bar{R}}{d_2\sqrt{n}} = 39.31143 + \frac{3 \times 2.371429}{2.326 \times \sqrt{5}} = 40.67927$$

$$L_{CL} = \bar{\bar{x}} - \frac{3\,\bar{R}}{d_2\sqrt{n}} = 39.31143 - \frac{3 \times 2.371429}{2.326 \times \sqrt{5}} = 37.94359$$

② R관리도

$$C_L = \frac{\Sigma R}{k} = \frac{49.8}{21} = 2.37143$$

$$U_{CL} = D_4 \overline{R} = 2.114 \times 2.37143 = 5.01320$$

$$L_{CL} = D_3 \overline{R} = -\text{(고려하지 않음)}$$

(2) 관리도작성 및 판정

① 관리도의 작성

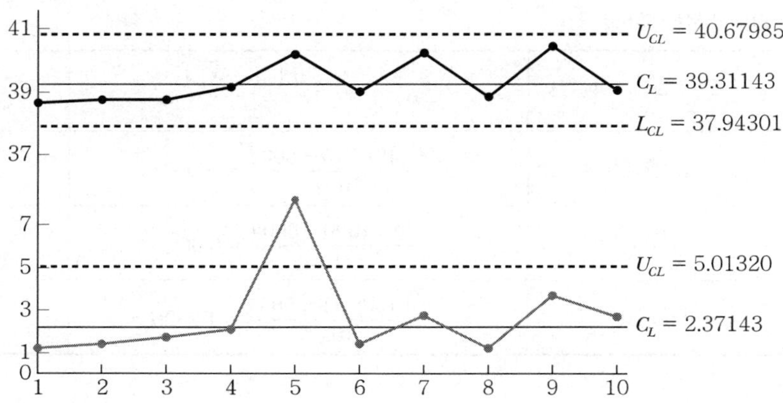

② 관리도의 판정 : $\overline{x}$ 관리도는 관리상태이나 R관리도는 군번호 5가 관리이탈로 관리이상상태이다.

(3) 군번호 5의 데이터 삭제 후

① $\overline{x}$의 중심선 $\overline{\overline{x}}' = \dfrac{825.54 - 40.24}{20} = 39.265$

② R의 중심선 $\overline{R}' = \dfrac{49.8 - 9.9}{20} = 1.995$이므로, 표준편차 $\hat{\sigma} = \dfrac{\overline{R}'}{d_2} = \dfrac{1.995}{2.326} = 0.85770$

(4) 검출력($1-\beta$)

① U_{CL}을 벗어날 확률

$$u = \frac{U_{CL} - \mu'}{\sigma/\sqrt{n}} = \frac{\left(\overline{\overline{x}}' + 3\dfrac{\sigma}{\sqrt{n}}\right) - \left(\overline{\overline{x}}' + \sigma\right)}{\sigma/\sqrt{n}} = \frac{3\dfrac{\sigma}{\sqrt{5}} - \sigma}{\sigma/\sqrt{5}} = 0.764$$

② L_{CL}을 벗어날 확률

$$u = \frac{L_{CL} - \mu'}{\sigma/\sqrt{n}} = \frac{\left(\overline{\overline{x}}' - 3\dfrac{\sigma}{\sqrt{n}}\right) - \left(\overline{\overline{x}}' + \sigma\right)}{\sigma/\sqrt{n}} = \frac{-3\dfrac{\sigma}{\sqrt{5}} - \sigma}{\sigma/\sqrt{5}} = -5.236$$

$\therefore \; P_r(x) = 1 - \beta = P_r(u > 0.764) + P_r(u < -5.236) = 0.2236 + 0 = 0.2236$

05_(1)

로트 번호	N	샘플 문자	n	당초의 A_c	합부 판정 점수 (검사 전)	적용하는 A_c	부적합품 수 d	합부 판정	합부 판정 점수 (검사 후)
1	200	G	32	1/2	5	0	1	불합격	0
2	250	G	32	1/2	5	0	0	합격	5
3	600	J	80	2	12	2	1	합격	0
4	80	E	13	0	0	0	0	합격	0
5	120	F	20	1/3	3	0	0	합격	3

(2) 로트번호 6은 보통검사를 실시한다.

06_(1) 분산분석표 작성

$$CT=\frac{1{,}172.4^2}{12}=114{,}543.48$$

① $S_A=\sum_i \frac{T_{i\cdot}{}^2}{m}-CT=114{,}545.7-CT=2.22$

② $S_B=\sum_j \frac{T_{\cdot j}{}^2}{l}-CT=114{,}546.92-CT=3.44$

③ $S_T=\sum_i\sum_j x_{ij}{}^2-CT=114{,}549.7-CT=6.22$

③ $S_e=S_T-S_A-S_B=0.56$

④ $\nu_T=lm-1=11$, $\nu_A=l-1=3$, $\nu_B=m-1=2$, $\nu_e=6$

⑤ 분산분석표 작성

요인	SS	DF	MS	F_0	$F_{0.95}$
A	2.22	3	0.74	7.929*	4.76
B	3.44	2	1.72	18.429*	5.14
e	0.56	6	0.09333		
T	6.22	11			

∴ 요인 A, B 모두 유의수준 5%로 유의적이다. 즉, 이 실험에서 반응압력(A)과 반응시간(B)이 영향을 미치고 있음을 알 수 있다.

(2) 요인 A, B 모두 유의하고, 망대특성이므로 최적해 $\mu(A_3B_1)$이 된다.

$$n_e=\frac{lm}{l+m-1}=\frac{4\times3}{4+3-1}=2$$

$$(\overline{x}_{i\cdot} + \overline{x}_{\cdot j} - \overline{\overline{x}}) \pm t_{1-\alpha/2}(\nu_e)\sqrt{\frac{V_e}{n_e}} = (\overline{x}_{3\cdot} + \overline{x}_{\cdot 1} - \overline{\overline{x}}) \pm t_{0.975}(6)\sqrt{\frac{0.09333}{2}}$$

$$= (98.3 + 98.3 - 97.7) \pm 2.447 \times \sqrt{\frac{0.09333}{2}}$$

$$= 98.9 \pm 2.447 \times \sqrt{\frac{0.09333}{2}}$$

$\therefore$ $98.37140 \le \mu(A_3B_1) \le 99.42860$

07 – (1) 수정항 $CT = \dfrac{T^2}{k^2} = \dfrac{(255)^2}{16} = 4{,}064.06250$

① $S_A = \sum_i \dfrac{T_{i\cdot\cdot\cdot}{}^2}{k} - CT = \dfrac{1}{4}\{54^2 + 65^2 + 50^2 + 86^2\} - CT = 195.18750$

② $S_B = \sum_j \dfrac{T_{\cdot j\cdot\cdot}{}^2}{k} - CT = \dfrac{1}{4}\{46^2 + 49^2 + 67^2 + 93^2\} - CT = 349.68750$

③ $S_C = \sum_l \dfrac{T_{\cdot\cdot l\cdot}{}^2}{k} - CT = \dfrac{1}{4}\{40^2 + 63^2 + 87^2 + 65^2\} - CT = 276.68750$

④ $S_D = \sum_m \dfrac{T_{\cdot\cdot\cdot m}{}^2}{k} - CT = \dfrac{1}{4}\{62^2 + 61^2 + 63^2 + 69^2\} - CT = 9.68750$

⑤ $S_e = S_T - (S_A + S_B + S_C + S_D) = 844.93750 - (S_A + S_B + S_C + S_D) = 13.68750$

요인	SS	DF	MS	F_0	$F_{0.95}$
A	195.18750	3	65.0625	14.260	9.28
B	349.68750	3	116.5625	25.548	9.28
C	276.68750	3	92.22917	20.215	9.28
D	9.68750	3	3.22917	0.708	9.28
e	13.68750	3	4.5625		
T	844.93750	15			

(2) $F_A = 14.260 > F_{0.95} = 9.28$

$F_B = 25.548 > F_{0.95} = 9.28$

$F_C = 20.215 > F_{0.95} = 9.28$

$F_D = 0.708 < F_{0.95} = 9.28$

$\therefore$ 유의수준 5%에서 인자 A, B, C가 유의하다.

(3) 망소특성이고, 인자 A, B, C가 유의하므로, 최적수준조합은 $\mu(A_3B_1C_1)$가 된다.

$$\hat{\mu}(A_3B_1C_1) = \left(\bar{x}_{3...} + \bar{x}_{.1..} + \bar{x}_{..1.} - 2\bar{\bar{x}}\right) \pm t_{1-\alpha/2}(3)\sqrt{\frac{V_e}{n_e}}$$

$$= \left(\frac{50}{4} + \frac{46}{4} + \frac{40}{4} - 2\times\frac{255}{16}\right) \pm 3.182 \times \sqrt{\frac{4.5625}{1.60}}$$

$$= (-3.24831 \sim 7.49831)$$

$$= (-,\ 7.49831)$$

(단, 유효반복수 $n_e = \dfrac{k^2}{3k-2} = \dfrac{16}{10} = 1.60$)

08_ (1) $A = \dfrac{1}{2r}[T_{21.} + T_{22.} - T_{11.} - T_{12.}] = \dfrac{1}{2\times 3}(14+20-10-16) = 1.33333$

(2) $S_{A\times B} = \dfrac{1}{2^2 \times r}[T_{11.} + T_{22.} - T_{12.} - T_{21.}]^2 = \dfrac{1}{12}(10+20-16-14)^2 = 0$

09_ ① 품질기준이 명확할 것
② 시료의 샘플링은 랜덤하게 될 것
③ 제품이 로트로서 처리될 수 있는 것
④ 합격로트 중에는 어느 정도 부적합품의 섞임을 허용할 것
⑤ 계량 샘플링검사에서는 로트검사 단위의 특성치분포가 정규분포를 하고 있을 것

10_ ① P코스트 : QC코스트, QC교육코스트
② A코스트 : 시험코스트, PM코스트
③ F코스트 : 현지서비스코스트, 설계변경코스트

11_ (1) 조립품 틈새의 평균치

$$\bar{\bar{x}}_C = \bar{\bar{x}}_B - \bar{\bar{x}}_S = 2.5115 - 2.502 = 0.0095$$

(2) 조립품 틈새의 표준편차

$$\sigma_C = \sqrt{\sigma_B^2 + \sigma_S^2} = \sqrt{0.0006^2 + 0.0007^2} = 0.0009$$

(3) 제품의 합격률

$x \sim N(0.0095, 0.0009^2)$ 에서

$$P_r(0.007 \le x \le 0.012) = P_r\left(\frac{0.007 - 0.0095}{0.0009}\right) \le \frac{x-\mu}{\sigma} \le P_r\left(\frac{0.012 - 0.0095}{0.0009}\right)$$

$$= P_r(-2.778 \le u \le 2.778) = 0.99460 = 99.460(\%)$$

12_ $R(t_i) = 1 - F(t_i) = \dfrac{n-i+0.7}{n+0.4} = \dfrac{8-5+0.7}{8+0.4} = 0.44048$

$$F(t_i) = \frac{i-0.3}{n+0.4} = \frac{5-0.3}{8+0.4} = 0.55952$$

$$f(t_i) = \frac{1}{(n+0.4)(t_{i+1}-t_i)} = \frac{1}{(8+0.4)(325-320)} = 0.02381\,(/\text{hr})$$

$$\lambda(t_i) = \frac{1}{(n-i+0.7)(t_{i+1}-t_i)} = \frac{1}{(8-5+0.7)(325-320)} = 0.05405\,(/\text{hr})$$

13_ (1) $MTBF_n = \theta_n = AF \times \theta_s = 35 \times 4{,}000 = 140{,}000$(시간)

(2) $\lambda_n = \dfrac{1}{\theta_n} = \dfrac{1}{140{,}000} = 0.000007 = 0.00001$(/시간)

14_ 시스템의 신뢰도 $R_s(t) = \sum_{i=k}^{n} \binom{n}{i} [R]^i [1-R]^{n-i}$

$$= 1 - [(x=0) + (x=1)]$$

$$= 1 - \left[\binom{4}{0}(0.95)^0 \times (1-0.95)^4 + \binom{4}{1}(0.95)^1 \times (1-0.95)^3\right]$$

$$= 0.99952$$

기출유사문제 [2020년 5회 품질경영기사 실기]

01 어떤 공정에서 생산되는 제품 로트 크기에 따라서 생산에 소요되는 시간을 측정하였더니 다음과 같은 시간이 소요되었다. 다음 물음에 답하시오.(단, $\alpha = 0.05$)

x_i	30	20	60	80	40	50	60	30	70	80
y_i	73	50	128	170	87	108	135	69	148	132

(1) 회귀방정식을 구하시오.

(2) 회귀계수(β_1)를 검정하시오.(유의수준 5%)

(3) 회귀계수(β_1)에 대한 95% 구간추정을 행하시오.

02 어느 조립식 책장을 납품하는 데 있어 나사를 10개씩 패킹하여 첨부하여야 한다. 이때 나사의 수는 정확히 팩당 10개이어야 하지만 약간의 부적합품을 인정하기로 하되 나사의 개수가 부족한 팩이 1%가 넘어서는 안 된다. 생산량은 5,000세트, 로트 크기는 1,250, 공급자와 소비자는 상호 협의에 의해 1회 거래로 한정하고 한계품질수준은 3.15%로 하기로 합의하였다.(주어진 부표를 이용하시오.)

(1) 이를 만족시킬 수 있는 샘플링절차는 무엇인가?

(2) 샘플링방식을 기술하고 설계하시오.

(3) 공정 부적합품률이 2%일 때 로트의 합격 확률을 푸아송분포로 구하시오.

03 나일론 실의 방사과정에서 일정 시간 동안 사절수가 어떤 인자에 크게 영향을 받는가를 대략적으로 알아보기 위하여 4인자 A(연신온도), B(회전수), C(원료의 종류), D(연신비)를 각각 다음과 같이 4수준으로 잡고 총 16회 실험을 4×4 그레코라틴방격법으로 행하였다. 다음 물음에 답하시오.(데이터는 망소특성이다.)

구분	A_1	A_2	A_3	A_4
B_1	$C_3D_2(15)$	$C_1D_1(\ 4)$	$C_4D_3(\ 8)$	$C_2D_4(19)$
B_2	$C_1D_4(\ 5)$	$C_3D_3(19)$	$C_2D_1(\ 9)$	$C_4D_2(16)$
B_3	$C_4D_1(15)$	$C_2D_2(16)$	$C_3D_4(19)$	$C_1D_3(17)$
B_4	$C_2D_3(19)$	$C_4D_4(26)$	$C_1D_2(14)$	$C_3D_1(34)$

(1) 분산분석표를 작성하고 검정을 행하시오.

(2) 최적수준조합에 대한 신뢰도 95% 구간추정을 실시하시오.

04 다음 보기의 내용을 검사의 분류에 맞게 기록하시오.

① 수입검사 ② 순회검사 ③ 파괴검사 ④ 전수검사 ⑤ 치수검사
⑥ 출하검사 ⑦ 비파괴검사 ⑧ 무검사 ⑨ 중량검사 ⑩ 외관검사

(1) 검사가 행해지는 공정에 의한 분류
(2) 검사가 행해지는 장소에 의한 분류
(3) 검사의 성질에 의한 분류
(4) 검사방법에 의한 분류
(5) 검사항목에 의한 분류

05 다음 데이터를 보고 물음에 답하시오.(관리계수표를 이용하시오.)

시료군의 번호	측정치					평균치 $\bar{x}$	범위 R	비고
1	13	8	12	12	8	10.60	5.00	
2	11	10	13	8	10	10.40	5.00	
3	10	12	15	14	9	12.00	6.00	
4	16	12	19	15	15	15.40	7.00	
5	15	12	15	11	14	13.40	4.00	
6	13	16	12	14	8	12.60	8.00	
7	14	12	13	10	16	13.00	6.00	
8	11	10	8	16	10	11.00	8.00	
9	14	10	12	9	12	11.40	5.00	
10	12	10	12	14	8	11.20	6.00	
11	10	12	8	10	12	10.40	4.00	
12	10	10	10	8	10	9.60	2.00	
13	8	12	13	12	14	11.80	6.00	
14	13	8	11	14	12	11.60	6.00	
15	7	8	12	13	11	10.20	6.00	
합계						174.60	84.00	

(1) $\bar{x}-R$관리도의 중심선, 관리상하한선을 구하시오.
(2) $\bar{x}-R$관리도를 그리고, 판정을 행하시오.
(3) 제품의 규격이 11±3.5일 때, 최소공정능력지수(C_{pk})를 구하시오.

06 원료 A 와 원료 B에 대한 불순물 함유량의 산포를 알기 위하여 각각의 원료에서 16개씩 채취하여 분산을 구하였더니 ${s_A}^2 = 0.0096$, ${s_B}^2 = 0.0042$이었다면 다음 물음에 답하시오.

(1) 원료 B의 정밀도가 원료 A 의 정밀도보다 좋아졌다고 할 수 있는가를 검정하시오.(단, $\alpha = 0.05$)

(2) 모분산비의 신뢰상한값을 신뢰도 95%로 구하시오.

07 다음은 카노의 품질요소에 대한 그림이다. 괄호 안을 채우시오.

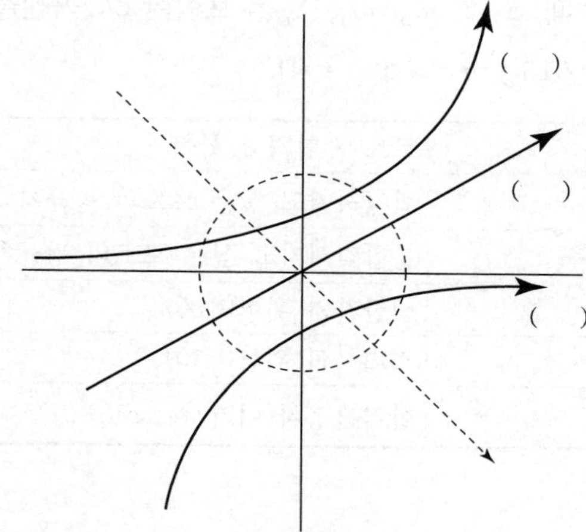

08 2^4형 요인배치법에서 교호작용효과 ABC, 교호작용효과 BCD를 블록과 2중교락되도록 다음 블록을 완성시키시오.

블록 1	블록 2	블록 3	블록 4

09 품질특성에 영향을 주는 요인인 5M 1E는 무엇을 의미하는가?

10 A 회사 제품 강도의 모평균은 130, 모표준편차는 15인 집단에서 군의 크기 $n=4$로 하여 $\overline{x}$ 관리도를 작성하였더니 $U_{CL}=152.5$, $L_{CL}=107.5$이었다. 다음 물음에 답하시오.(단, 산포는 변화가 없었으며, 규격은 100 ~ 160이다.)

(1) 이 제품규격을 벗어날 확률을 구하시오.

(2) $\overline{x}$ 관리도의 중심선이 U_{CL} 쪽으로 1σ만큼 이동하였다면, 검출력은 얼마나 되겠는가?

11 계량규준형 1회 샘플링검사에서 로트의 평균치를 보증하려는 경우 특성치가 낮은 편이 바람직하다고 할 때, α, β, m_0, m_1, $\overline{X_U}$를 포함한 OC곡선을 완성하시오.(단, $\alpha=0.05$, $\beta=0.10$, $\overline{X_U}=515$g, $\sigma=?$g, $n=4$)

$L(m)$	로트가 합격할 확률
m_0	합격시키고 싶은 로트의 평균치(500)
m_1	불합격시키고 싶은 로트의 평균치(540)
α	생산자의 위험(0.05)
β	소비자의 위험(0.10)
$\overline{X_U}$	합격판정치(여기서는 515)

12 다음은 A(모수), B(모수)의 두 인자에 대해 반복수 2인 2요인의 실험 결과, 얻어진 분산분석표이다. 물음에 답하시오.

요인	SS	DF	MS	F_0	$F_{0.95}$	$F_{0.99}$
A	1.84083	2	0.92042	8.033**	3.89	6.93
B	8.94792	3	2.98264	26.031**	3.49	5.95
$A\times B$	1.37583	6	0.22931	2.001	3.00	4.82
e	1.3750	12	0.11458			
T	13.53958	23				

(1) $\mu(A_3B_2)$의 점추정을 구하시오.(단, $\overline{x}_{3\cdot\cdot}=13.73750$, $\overline{x}_{\cdot 2\cdot}=12.9170$, $\overline{\overline{x}}=13.345833$이다.)

(2) $\mu(A_3B_2)$를 신뢰율 95%로 구간추정을 행하시오.

13 형상모수($m = 0.8$), 척도모수($\eta = 600$), 위치모수($r = 0$)인 와이블 분포에서 다음의 물음에 답하시오.

(1) 평균수명의 기댓값 $E(t)$를 구하시오.

(2) 사용시간 $t = 100$인 경우 고장확률밀도함수 $f(t)$를 구하시오.

14 다음 데이터는 설계를 변경한 후 만든 어떤 전자기기 장치 10대를 수명시험기에 걸어 고장수 r = 7에서 정수중단시험한 결과이다. 이 데이터를 와이블 확률용지에 타점하여 보니 형상 파라미터(m) = 1이 되었다고 할 때 다음 물음에 답하시오.(확률분포 값은 부표를 이용할 것)

[Data] 3 9 12 18 27 31 43 (단위 : 시간)

(1) 이 장치의 MTBF를 추정하시오.

(2) 신뢰수준 95%에서의 MTBF의 신뢰구간을 구하시오.

기출유사문제풀이 [2020년 5회 품질경영기사 실기]

01 _ (1) 회귀방정식

$$S(xx) = \Sigma x^2 - \frac{(\Sigma x)^2}{n} = 4{,}160$$

$$S(yy) = \Sigma y^2 - \frac{(\Sigma y)^2}{n}$$

$$S(xy) = \Sigma xy - \frac{(\Sigma x)(\Sigma y)}{n} = 7{,}240$$

$y = \widehat{\beta}_0 + \widehat{\beta}_1 x$ 에서 $\beta_1 = \dfrac{S(xy)}{S(xx)} = 1.74038$, $\beta_0 = \bar{y} - \beta_1 \bar{x} = 19.5$

$\therefore\ \hat{y} = 19.5 + 1.74038\,x$

(2) 회귀계수(β_1) 검정

$$S_R = \frac{(S_{xy})^2}{S_{xx}} = 12{,}600.38462$$

$$S_T = S_{yy} = 13{,}660$$

$$S_{y/x} = S_T - S_R = 1{,}059.61538$$

요인	SS	DF	MS	F_0	$F_{1-\alpha}$
회귀	12,600.38462	1	12,600.38462	95.132*	$F_{0.95}(1,\ 8) = 5.32$
잔차(오차)	1,059.61538	8	132.45192		
계	13,660.0	9			

$H_0 : \beta_1 = 0$, $H_1 : \beta_1 \neq 0$

$F_0 = 95.132 > F_{0.95}(1,\ 8) = 5.32$

$\therefore\ H_0$ 기각, 회귀계수는 유의하다.

(3) 회귀계수(β_1)에 대한 95% 구간 추정

$$\beta_1 = \widehat{\beta}_1 \pm t_{1-\alpha/2}(n-2)\sqrt{\frac{V_{y/x}}{S(xx)}} = 1.74038 \pm 2.306 \times \sqrt{\frac{132.45192}{4{,}160}}$$

$\therefore\ 1.32891 \le \beta_1 \le 2.15185$

02 _ (1) 상호 간에 1회 거래로 한정하였으므로 고립로트이며, KS Q ISO 2859-2 절차 A를 따르는 LQ방식의 샘플링검사이다.

(2) 로트의 크기 N=1,250, LQ=3.15%를 활용하여 KS Q ISO 2859-2 부표 A에서 수표를 찾으면 n=125, A_C=1인 검사방식이다. 즉, 125개를 검사하여 부적합품이 1개 이하면 로트 합격으로 한다.

(3) $m = nP = 125 \times 0.02 = 2.5$

$$L(P) = \sum_{x=0}^{A_C} \frac{e^{-m} \cdot m^x}{x!} = \sum_{x=0}^{1} \frac{e^{-2.5} \cdot 2.5^x}{x!} = e^{-2.5}\left(\frac{2.5^0}{0!} + \frac{2.5^1}{1!}\right) = 0.28730$$

03_(1) ① 변동분해

$$CT = \frac{T^2}{k^2} = \frac{255^2}{16} = = 4{,}064.0625$$

$$S_A = \frac{1}{4}(54^2 + 65^2 + 50^2 + 86^2) - CT = 195.1875$$

$$S_B = \frac{1}{4}(46^2 + 49^2 + 67^2 + 93^2) - CT = 349.6875$$

$$S_C = \frac{1}{4}(40^2 + 63^2 + 87^2 + 65^2) - CT = 276.6875$$

$$S_D = \frac{1}{4}(62^2 + 61^2 + 63^2 + 69^2) - CT = 9.6875$$

$$S_e = S_T - (S_A + S_B + S_C + S_D) = 844.93750 - (S_A + S_B + S_C + S_D) = 13.68750$$

② 분산분석표

요인	SS	DF	MS	F_0	$F_{0.95}$
A	195.1875	3	65.0625	14.26027*	9.28
B	349.6875	3	116.5625	25.54795*	9.28
C	276.6875	3	92.229167	20.21461*	9.28
D	9.6875	3	3.229167	0.70776	9.28
e	13.6875	3	4.5625		
T	844.9375	15			

∴ 유의수준 5%에서 인자 A, B, C가 유의하다.

(2) 망소특성이고, 인자 A, B, C가 유의하므로, 최적수순조합은 $\mu(A_3B_1C_1)$가 된다.

$$\hat{\mu}(A_3B_1C_1) = \left(\bar{x}_{3...} + \bar{x}_{.1..} + \bar{x}_{..1.} - 2\bar{\bar{x}}\right) \pm t_{1-\alpha/2}(3)\sqrt{\frac{V_e}{n_e}}$$

$$= \left(\frac{50}{4} + \frac{46}{4} + \frac{40}{4} - 2 \times \frac{255}{16}\right) \pm 3.182 \times \sqrt{\frac{4.5625}{1.60}}$$

$$= (-3.24831 \sim 7.49831)$$

$$= (-\,,\ 7.49831)$$

(단, 유효반복수 $n_e = \frac{k^2}{3k-2} = \frac{16}{10} = 1.60$)

04_(1) ①, ⑥

(2) ②

(3) ③, ⑦

(4) ④, ⑧

(5) ⑤, ⑨, ⑩

05_(1) $\bar{x}-R$관리도의 관리한계선

① $\bar{x}$관리도

$$C_L=\frac{\Sigma\bar{x}}{k}=\frac{174.60}{15}=11.64$$

$$U_{CL}=\bar{\bar{x}}+\frac{3\,\bar{R}}{d_2\sqrt{n}}=11.64+\frac{3\times5.6}{2.326\times\sqrt{5}}=14.87009$$

$$L_{CL}=\bar{\bar{x}}-\frac{3\,\bar{R}}{d_2\sqrt{n}}=11.64-\frac{3\times5.6}{2.326\times\sqrt{5}}=8.40991$$

② R관리도

$$C_L=\frac{\Sigma R}{k}=\frac{84.0}{15}=5.6$$

$$U_{CL}=D_4\bar{R}=2.114\times5.6=11.8384$$

$L_{CL}=D_3\bar{R}=$ − (고려하지 않음)

(2) 관리도 작성 및 판정

① 관리도의 작성

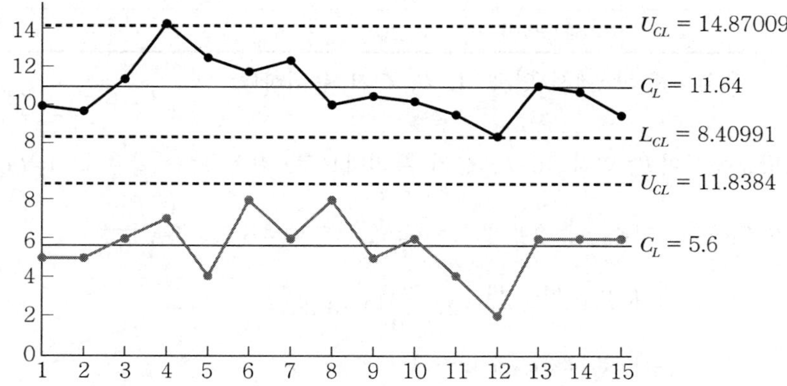

② 관리도의 판정 : $\bar{x}$관리도는 군번호 4가 관리상한선을 벗어남에 따라 관리이상상태이나 R관리도는 아무런 습관성이 존재하지 않으므로 관리상태이다.

(3) 최소공정능력지수(C_{pk}) 및 판정

기준치가 11이고 평균치가 11.64이므로 왼쪽으로 꼬리가 길어진 분포이다.
그러므로 최소공정능력지수 $C_{pk} = \min(C_{pkU}, C_{pkL}) = C_{pkU}$이 된다.

$$C_{pkU} = \frac{S_U - \overline{\overline{x}}}{3\times\left(\frac{\overline{R}}{d_2}\right)} = \frac{14.5-11.64}{3\times\left(\frac{5.6}{2.326}\right)} = 0.39597$$

∴ $C_{pk} = 0.39597$은 0.67보다 작으므로 공정능력이 매우 좋지 않다. 그러므로 작업방법을 변환하거나 규격을 넓히거나 산포를 줄이는 등의 방법을 강구하여 공정능력의 향상을 도모할 필요가 있다.

06_(1) (풀이 1)

① $H_0 : {\sigma_A}^2 \le {\sigma_B}^2$, $H_1 : {\sigma_A}^2 > {\sigma_B}^2$

② $F_0 = \frac{{s_B}^2}{{s_A}^2} = \frac{0.0042}{0.0096} = 0.4375$

③ $F_0 < F_\alpha(\nu_B, \nu_A) = F_{0.05}(15, 15) = \frac{1}{F_{0.95}(15, 15)} = \frac{1}{2.40} = 0.417$이면 H_0를 기각한다.

④ $F_0 = 0.4375 > F_{0.05}(15, 15) = 0.417$ 이므로, $\alpha = 0.05$로 H_0는 채택. 즉, 원료 B의 정밀도가 원료 A보다 좋아졌다고 할 수 없다.

(풀이 2)

① $H_0 : {\sigma_A}^2 \le {\sigma_B}^2$, $H_1 : {\sigma_A}^2 > {\sigma_B}^2$

② $F_0 = \frac{{s_A}^2}{{s_B}^2} = \frac{0.0096}{0.0042} = 2.28571$

③ $F_0 > F_{1-\alpha}(\nu_A, \nu_B) = F_{0.95}(15, 15) = 2.40$이면 H_0를 기각한다.

④ $F_0 = 2.28571 < F_{0.95}(15, 15) = 2.40$ 이므로, $\alpha = 0.05$로 H_0는 채택. 즉, 원료 B의 정밀도가 원료 A보다 좋아졌다고 할 수 없다.

(2) (1)의 결과로 귀무가설이 채택되었기에 구간추정은 의미가 없다.

07_

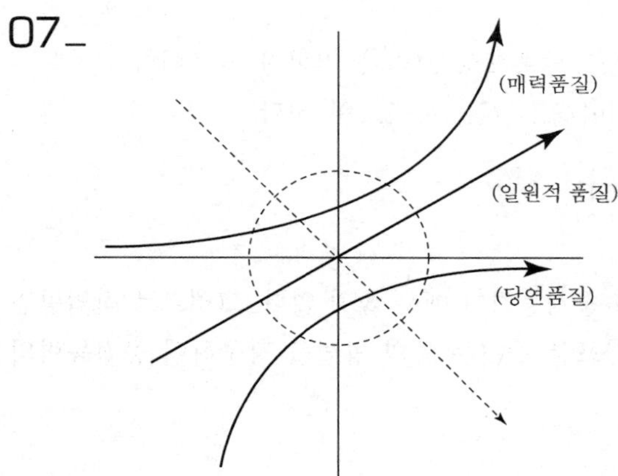

08_ ① $ABC = \frac{1}{2^{4-1}}(a-1)(b-1)(c-1)(d+1)$

$= \frac{1}{8}[(a+b+c+ad+bd+cd+abc+abcd)-((1)+d+ab+ac+bc+abd+acd+bcd)]$

② $BCD = \frac{1}{2^{4-1}}(a+1)(b-1)(c-1)(d-1)$

$= \frac{1}{8}[(b+c+d+ab+ac+ad+bcd+abcd)-((1)+a+bc+bd+cd+abc+acd+abd)]$

집합에서 교집합의 개념으로 4개의 블록으로 나눈다. 즉,

- 블록 Ⅰ : (ABC에서 +) ∩ (BCD에서 +)인 수준조합
- 블록 Ⅱ : (ABC에서 +) ∩ (BCD에서 −)인 수준조합
- 블록 Ⅲ : (ABC에서 −) ∩ (BCD에서 +)인 수준조합
- 블록 Ⅳ : (ABC에서 −) ∩ (BCD에서 −)인 수준조합

블록 1	블록 2	블록 3	블록 4
b	a	d	(1)
c	bd	ab	bc
ad	cd	ac	abd
$abcd$	abc	bcd	acd

09_ • 5M : Man, Machine, Material, Method, Measurement
• 1E : Environment

10_ (1) ① 상한규격을 벗어날 확률

$$u=\frac{U-\mu}{\sigma}=\frac{160-130}{15}=2.00$$

$\therefore\ P_r(x)=P_r(u>2.00)=0.0228$

② 하한규격을 벗어날 확률

$$u=\frac{L-\mu}{\sigma}=\frac{100-130}{15}=-2.00$$

$\therefore\ P_r(x)=P_r(u<-2.00)=0.0228$

그러므로 규격상하한을 벗어날 확률은 0.0456이 된다.

(2) U_{CL} 밖으로 벗어날 확률 : $u=\dfrac{U_{CL}-\mu}{\sigma/\sqrt{n}}=\dfrac{152.5-(130+15)}{15/\sqrt{4}}=1.00$

L_{CL} 밖으로 벗어날 확률 : $u=\dfrac{L_{CL}-\mu}{\sigma/\sqrt{n}}=\dfrac{107.5-(130+15)}{15/\sqrt{4}}=-5.00$

$\therefore$ 검출력$(1-\beta)=P_r(u>1.00)+P_r(u<-5.00)=0.15870+0=0.15870$

11_

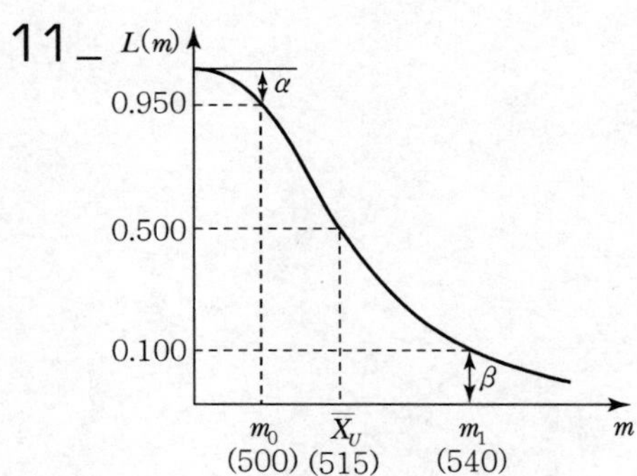

12_ (1) $\hat{\mu}(A_3B_2)=\overline{x}_{3\cdot\cdot}+\overline{x}_{\cdot2\cdot}-\overline{\overline{x}}=13.73750+12.9170-13.345833=13.308667$

(2) $\hat{\mu}(A_3B_2)=13.308667\pm t_{0.975}(18)\sqrt{\dfrac{0.15282}{n_e}}=13.308667\pm 2.101\times\sqrt{\dfrac{0.15282}{4}}$

$\therefore\ 12.8980\le\mu(A_3B_2)\le 13.79733$

(단, $n_e=NR=\dfrac{\text{총실험횟수}}{\text{유의한 요인의 자유도 합}+1}=\dfrac{lmr}{\nu_A+\nu_B+1}=\dfrac{24}{2+3+1}=4.0$)

13_ (1) $E(t)=\eta\Gamma\left(1+\frac{1}{m}\right)=600\times\Gamma\left(1+\frac{1}{0.8}\right)$

$$=600\times\Gamma(2.25)=600\times\Gamma(1+1.25)$$

$$=600\times1.25\times0.90640=679.8$$

(2) $R(t=100)=e^{-\left(\frac{t-r}{\eta}\right)^{m}}=e^{-\left(\frac{100}{600}\right)^{0.8}}=0.787813$

$$f(t)=\left(\frac{m}{\eta}\right)\left(\frac{t-r}{\eta}\right)^{m-1}\times R(t)=\left(\frac{0.8}{600}\right)\left(\frac{100-0}{600}\right)^{-0.2}\times0.787813=0.00150$$

14_

(1) $\hat{\theta}=\widehat{MTBF}=\frac{\sum_{t=1}^{r}t_i+(n-r)t_r}{r}=\frac{3+\cdots+43+3\times43}{7}=38.85714$(시간)

(2) $\theta_L=\frac{2r\hat{\theta}}{\chi_{1-\alpha/2}{}^2(2\,r)}=\frac{2\times7\times38.85714}{\chi_{0.975}{}^2(14)}=\frac{2\times7\times38.85714}{26.12}=20.82695$(시간)

$$\theta_U=\frac{2r\hat{\theta}}{\chi_{\alpha/2}{}^2(2\,r)}=\frac{2\times7\times38.85714}{\chi_{0.025}{}^2(14)}=\frac{2\times7\times38.85714}{5.63}=96.62521\text{(시간)}$$

기출유사문제 [2020년 1회 품질경영산업기사 실기]

01 다음 데이터는 도수분포표에서 계산한 값이다. 물음에 답하시오.(단, 규격은 50±15이다.)

$$x_0 = 52.5,\quad h = 4,\quad \Sigma f_i = 64,\ \Sigma f_i u_i = -2,\quad \Sigma f_i u_i^2 = 128$$

(1) 평균($\overline{x}$)을 구하시오.
(2) 시료표준편차(s)를 구하시오.
(3) 로트의 부적합품률을 구하시오.

02 다음의 내용은 ISO 9000 시리즈에서 정의하고 있는 어떤 용어에 대한 설명인가?

(1) 요구사항의 불충족 (　　　　　)
(2) 요구사항을 명시한 문서 (　　　　　)
(3) 품질 요구사항을 충족하는 데 중점을 둔 품질경영의 일부 (　　　　　)
(4) 잠재적인 부적합 또는 기타 바람직하지 않은 잠재적 상황의 원인을 제거하기 위한 조치 (　　　　　)

03 어느 재료의 인장강도가 80kg/mm² 이하로 규정된 경우, 즉 계량 규준형 1회 샘플링검사에서 $n = 8$, $k = 1.74$의 값을 얻어 데이터를 취했더니 아래와 같다. 이 결과에서 합격판정선과 합격 · 불합격을 판정하시오.(단, 표준편차 $\sigma = 2$kg/mm²)

79.0	75.5	77.5	76.5
77.0	79.5	77.0	75.0

04 어느 철강제조공정의 규격이 7.0 ± 0.5mm이다. 히스토그램을 작성한 결과 $\bar{x} = 7.19$ mm, 표준편차 $s = 0.15$mm이었다. 다음을 구하시오.

(1) 공정능력지수(C_p)

(2) 최소 공정능력지수(C_{pk})

05 다음은 샘플링검사에서 사용되는 기호 또는 용어들이다. 아래 [예]와 같이 표현하시오.

[예] LQ : 한계 품질

(1) As

(2) AQL

(3) ASS

06 어떤 회로에 사용되는 반도체의 소성수축률은 지금까지 장기간에 걸쳐서 관리상태에 있으며 그 분산은 0.12%이다. 원가절감을 위해 A회사의 원료를 사용하는 것이 어떤가를 검토하고 있는데, A회사의 원료의 소성수축률을 시험하였더니 [데이터]와 같았다. 다음 물음에 답하시오.

[데이터] 11.25 10.75 11.50 11.00 10.50 12.25 11.75 10.75 11.50 11.25

(1) 소성수축률의 산포가 지금까지의 값에 비해 달라졌는가의 여부를 유의수준 5%로 검정하시오.

(2) 기존 모평균이 12.25였다면, 이번 새로운 집단의 모평균이 작아졌는가를 검정하시오. (단, 유의수준 5%)

07 다음의 $\overline{x}-R$관리도 데이터에 대한 요구에 답하시오.(단, $n=4$일 때, $A_2=0.729$)

군 번호	측정치					군 번호	측정치				
	x_1	x_2	x_3	x_4	$\overline{x_i}$		x_1	x_2	x_3	x_4	$\overline{x_i}$
1	38.3	38.9	39.4	38.3	38.725	9	40.6	41.9	38.2	40.0	40.175
2	39.1	39.8	38.5	39.0	39.1	10	39.2	39.0	38.0	40.5	39.175
3	38.6	38.0	39.2	39.9	38.925	11	38.9	40.8	38.7	39.8	39.55
4	40.6	38.6	39.0	39.0	39.3	12	39.0	37.9	37.9	39.1	38.475
5	39.0	38.5	39.3	39.4	39.05	13	39.7	38.5	39.6	38.9	39.175
6	38.8	39.8	38.3	39.6	39.125	14	38.6	39.8	39.2	40.8	39.6
7	38.9	38.7	41.0	41.4	40.0	15	40.7	40.7	39.3	39.2	39.975
8	39.9	38.7	39.0	39.7	39.325	$\Sigma\overline{x}=589.675,\ \Sigma R=27.0$					

(1) $\overline{x}-R$관리도의 C_L, U_{CL}, L_{CL}을 구하시오.
(2) $\overline{x}-R$관리도를 작성하시오.
(3) 관리상태(안정상태) 여부를 판정하시오.

08 다음은 히스토그램의 형태에 따른 내용들이다. 이러한 형태가 나타나는 원인을 적으시오.

형태	명칭	원인
	일반형	
	이빠진 형	
	쌍봉우리형	
	낙도형	

09 어떤 식품 제조회사에서 제품검사에 계수 규준형 1회 샘플링검사를 적용하기 위하여 구입자와 $P_0=1\%$, $P_1=10\%$, $\alpha=0.05$, $\beta=0.10$으로 협의하였다. 이것을 만족시킬 수 있는 샘플링방식 n 및 c를 다음 표를 이용하여 구하시오.

c	$(np)_{0.99}$	$(np)_{0.95}$	$(np)_{0.10}$	$(np)_{0.05}$
0	–	–	2.30	2.90
1	0.15	0.35	3.90	4.60
2	0.42	0.80	5.30	6.20
3	0.80	1.35	6.70	7.60
4	1.30	1.95	8.00	9.20

10 A사는 어떤 부품의 수입검사에 계수값 샘플링검사인 KS Q ISO 2859-1의 보조표인 분수 샘플링검사를 적용하고 있다. 적용조건은 $AQL=1.0\%$, 통상검사수준 II에서 엄격도는 보통검사, 샘플링 형식은 1회로 시작하였다. 다음 물음에 답하시오.

(1) 다음 표의 ( ) 안을 로트별로 완성하시오.

(2) 로트번호 5의 검사 결과 다음 로트에 적용되는 로트번호 6의 엄격도를 결정하시오.

로트번호	N	샘플문자	n	당초의 Ac	합부판정 점수 (검사 전)	적용하는 Ac	부적합품수 d	합부판정	합부판정 점수 (검사 후)	전환 점수
1	200	G	32	1/2	5	0	1	불합격	0	0
2	250	G	32	1/2	5	0	0	합격	5	2
3	600	(①)	(③)	(⑤)	(⑦)	(⑨)	1	(⑪)	(⑬)	(⑮)
4	80	(②)	(④)	(⑥)	(⑧)	(⑩)	0	(⑫)	(⑭)	(⑯)
5	120	F	20	1/3	3	0	0	합격	3	9

11 $L_8 2^7$의 직교배열표를 이용하여 아래 표와 같이 요인을 배치하고 실험데이터를 얻었을 때, 교호작용 $A \times B$가 존재한다면 몇 열에 나타나는가?

배치		B				A	C	실험데이터
No. \ 열 번	1	2	3	4	5	6	7	
1	0	0	0	0	0	0	0	8
2	0	0	0	1	1	1	1	13
3	0	1	1	0	0	1	1	7
4	0	1	1	1	1	0	0	14
5	1	0	1	0	1	0	1	17
6	1	0	1	1	0	1	0	21
7	1	1	0	0	1	1	0	10
8	1	1	0	1	0	0	1	10
기본표시	a	b	a b	c	a c	b c	a b c	

12 다음은 실험계획의 기본원리에 대한 설명이다. 어떤 원리에 대한 설명인가?

원리	설명
(　　)의 원리	인자 외의 다른 원인의 영향이 실험결과에 치우침이 있는 것을 없애기 위한 원리
(　　)의 원리	반복을 시킴으로써 오차항의 자유도를 크게 하여 오차분산의 정도가 좋게 추정됨으로써 실험결과의 신뢰성을 높일 수 있는 원리
(　　)의 원리	실험을 될 수 있는 한 균일하게 하여 실험의 정도를 높이는 원리
직교화의 원리	직교성을 보유하도록 함으로써 같은 횟수의 실험 중에 실험 검출력이 좋은 검정과 정도가 높은 추정을 할 수 있는 원리
(　　)의 원리	검출할 필요가 없는 두 인자의 교호작용이나 고차의 교호작용을 블록과 교락시켜 실험의 효율을 높일 수 있는 방법

13 어떤 인쇄공장에서 불량에 관한 데이터를 수집한 결과 다음과 같다.

부적합 항목	발생빈도(%)
접착미스	2.7
먼지불량	59.4
물튀김	1.5
수정미스	2.3
전사흠	21.5
턱트흠	6.8
회로판흠	2.7
기타	3.1

(1) 품질관리 기초수법(파레토도)을 이용하여 관리점 선정을 위한 분석을 행하기 위한 데이터를 재정리한 표가 다음과 같다. 공란을 메우시오.

부적합 항목	발생빈도(%)	누적빈도(%)

(2) (1)을 근거로 파레토그림을 작성하시오.

14 신 QC 7가지 수법을 기술하시오.

15 1요인실험의 분산분석표에서 수준수 $l=4$, 반복수 $m=5$이며 $S_T=14.16$, $S_A=10.10$일 때 다음 물음에 답하시오.

(1) 오차항의 제곱합을 구하시오.

(2) 오차항의 분산 $\widehat{\sigma_e}^2$을 구하시오.

기출유사문제풀이 [2020년 1회 품질경영산업기사 실기]

01_ (1) $\bar{x}=x_0+h\times\frac{\Sigma f_i u_i}{\Sigma f_i}=52.5+4\times\frac{(-2)}{64}=52.3750$

(2) 제곱합 $S=h^2\times\left(\Sigma f_i u_i{}^2-\frac{(\Sigma f_i u_i)^2}{\Sigma f_i}\right)=4^2\times\left(128-\frac{(-2)^2}{64}\right)=2{,}047$

분산 $s^2=\frac{S}{\Sigma f_i-1}=\frac{2{,}047}{63}=32.49206$

$\therefore\ s=\sqrt{s^2}=\sqrt{32.49206}=5.70018$

또는 $s=h\sqrt{\frac{\Sigma f_i u_i{}^2-(\Sigma f_i u_i)^2/\Sigma f_i}{\Sigma f_i-1}}=4\times\sqrt{\frac{128-(-2)^2/64}{63}}=5.70018$

(3) 부적합품률은 규격을 벗어날 확률을 의미하므로

① 규격하한 밖으로 벗어날 확률

$P_r(x<L)=P_r\left(u<\frac{L-\mu}{\sigma}\right)=P_r\left(u<\frac{35-52.375}{5.70018}\right)=P_r(u<-3.048)=0.00114$

② 규격상한 밖으로 벗어날 확률

$P_r(x>U)=P_r\left(u>\frac{U-\mu}{\sigma}\right)=P_r\left(u>\frac{65-52.375}{5.70018}\right)=P_r(u>2.2148)=0.0136$

$\therefore\ P=0.001144+0.0136=0.014744=1.47440(\%)$

02_ (1) 부적합 (2) 시방서 (3) 품질관리 (4) 예방조치

03_ 상한합격판정선 $\overline{X_U}=U-k\sigma=80-1.74\times2=76.52\text{kg/mm}^2$

$\bar{x}=\frac{\Sigma x_i}{n}=\frac{617.0}{8}=77.1250\text{kg/mm}^2$

$\bar{x}=77.1250>\overline{X_U}=76.52$이므로 로트를 불합격시킨다.

04_ (1) $C_p=\frac{U-L}{6\sigma}=\frac{U-L}{6s}=\frac{1.0}{6\times0.15}=1.11111$

(2) $C_{pk}=\min(C_{pkU},\ C_{pkL})$에서 본 문제에서는 규격의 기준치(7.0)에서 평균치(7.19)가 상한쪽으로 치우친 경우이므로, $C_{pk}=C_{pkU}$가 된다.

$C_{pkU}=\frac{U-\bar{x}}{3s}=\frac{7.5-7.19}{3\times0.15}=0.68889$

05_ (1) As : Acceptance Score(합부판정점수)

(2) AQL : Acceptable Quality Limit(합격품질한계)

(3) ASS : Average Sample Size(평균검사개수)

06_ (1) $H_0 : \sigma^2 = 0.12$, $H_1 : \sigma^2 \neq 0.12$

$$\chi_0^{\ 2} = \frac{S}{\sigma_0^{\ 2}} = \frac{(n-1)\times s^2}{\sigma_0^{\ 2}} = \frac{2.50}{0.12} = 20.8333$$

$\chi_0^{\ 2} > \chi_{1-\alpha/2}^{\ 2}(\nu) = \chi_{0.975}^{\ 2}(9) = 19.02$이므로 H_0기각, 즉 $\alpha = 0.05$로 소성수축률의 산포가 달라졌다고 할 수 있다.

(2) 모평균의 한쪽 검정(σ 미지)

$H_0 : \mu \geq 12.25$, $H_1 : \mu < 12.25$

$$t_0 = \frac{\overline{x} - \mu_0}{\frac{s}{\sqrt{n}}} = \frac{11.25 - 12.25}{\frac{0.527046}{\sqrt{10}}} = -6.0$$

$t_0 = -6.0 < -t_{1-\alpha}(\nu) = -t_{0.95}(9) = -1.833$

$\therefore$ $\alpha = 0.05$로 H_0 기각, 즉 모평균이 작아졌다고 할 수 있다.

07_ (1) 관리한계선

① $\overline{x}$관리도

$$C_L = \frac{\Sigma \overline{x}}{k} = \frac{589.675}{15} = 39.31167$$

$$U_{CL} = \overline{\overline{x}} + A_2 \overline{R} = 39.31167 + 0.729 \times 1.80 = 40.62387$$

$$L_{CL} = \overline{\overline{x}} - A_2 \overline{R} = 39.31167 - 0.729 \times 1.80 = 37.99947$$

② R관리도

$$C_L = \frac{\Sigma R}{k} = \frac{27.0}{15} = 1.80$$

$$U_{CL} = D_4 \overline{R} = 2.282 \times 1.80 = 4.10760$$

$L_{CL} = D_3 \overline{R} = -$(고려하지 않음)

(2) 관리도 작성

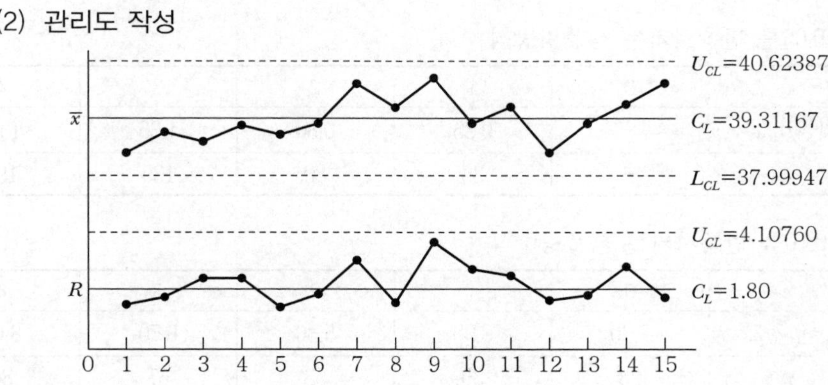

(3) 판정 : $\overline{x}$ 및 R관리도는 모두 관리(안정)상태이다.

08_

형태	명칭	원인
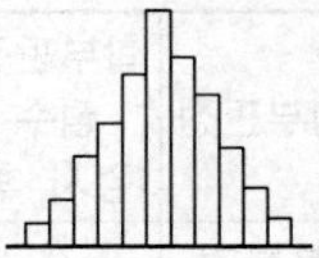	일반형	정상적인 형태
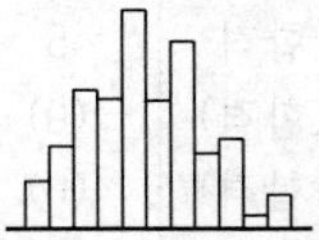	이빠진 형	• 수치의 끝맺음에 버릇이 있는 경우 • 구간의 폭을 측정단위의 정수배로 하지 아니한 경우
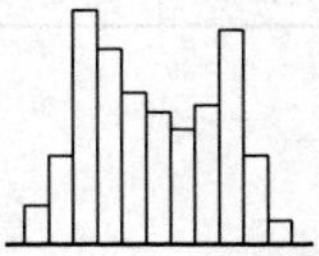	쌍봉우리형	평균치가 서로 다른 두 개의 분포가 뒤섞인 경우
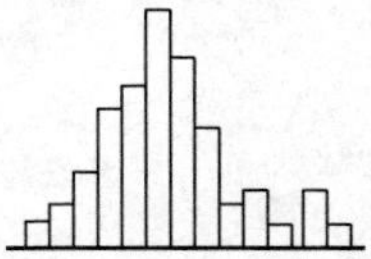	낙도형	상이한 분포의 데이터가 혼합된 경우

09_ ① $\alpha=0.05$를 만족시키는 샘플링방식

c	0	1	2	3	4
$(np)_{0.95}$	−	0.35	0.80	1.35	1.95
n	−	35	80	135	195

② $\beta=0.10$을 만족시키는 샘플링방식

c	0	1	2	3	4
$(np)_{0.10}$	2.30	3.90	5.30	6.70	8.00
n	23	39	53	67	80

③ ① 및 ②의 샘플링방식에 대해 동일한 c에 대하여 검토할 때 가장 근사한 경우는 $c=1$일 때이다. 이때 시료의 크기 $n=\dfrac{35+39}{2}=37$

④ 따라서 구하고자 하는 샘플링방식은 $(n=37,\ c=1)$이 된다.

10_ (1)

로트 번호	N	샘플 문자	n	당초의 Ac	합부판정 점수 (검사 전)	적용하는 Ac	부적합 품수 d	합부판정	합부판정 점수 (검사 후)	전환 점수
1	200	G	32	1/2	5	0	1	불합격	0	0
2	250	G	32	1/2	5	0	0	합격	5	2
3	600	(J)	(80)	(2)	(12)	(2)	1	(합격)	(0)	(5)
4	80	(E)	(13)	(0)	(0)	(0)	0	(합격)	(0)	(7)
5	120	F	20	1/3	3	0	0	합격	3	9

(2) 로트번호 6은 보통검사를 실시한다.

11_ 요인 A의 기본표시 : bc

요인 B의 기본표시 : b

∴ 교호작용 $A\times B=bc\times b=c$(4열)에 나타난다.

12_

원리	설명
랜덤화의 원리	인자 외의 다른 원인의 영향이 실험결과에 치우침이 있는 것을 없애기 위한 원리
반복의 원리	반복을 시킴으로써 오차항의 자유도를 크게 하여 오차분산의 정도가 좋게 추정됨으로써 실험결과의 신뢰성을 높일 수 있는 원리
블록화의 원리	실험을 될 수 있는 한 균일하게 하여 실험의 정도를 높이는 원리
직교화의 원리	직교성을 보유하도록 함으로써 같은 횟수의 실험 중에 실험 검출력이 좋은 검정과 정도가 높은 추정을 할 수 있는 원리
교락의 원리	검출할 필요가 없는 두 인자의 교호작용이나 고차의 교호작용을 블록과 교락시켜 실험의 효율을 높일 수 있는 방법

13_ (1)

부적합 항목	발생빈도(%)	누적빈도(%)
먼지불량	59.4	59.4
전사흠	21.5	80.9
덕트흠	6.8	87.7
접착미스	2.7	90.4
회로판흠	2.7	93.1
수정미스	2.3	95.4
물튀김	1.5	96.9
기타	3.1	100.0

(2)

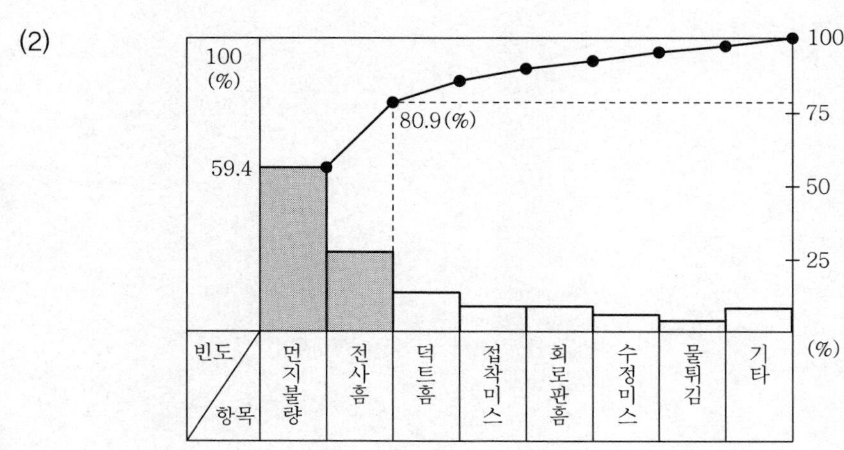

14_ ① 관련도법(Relations Diagram) : 연관도법
② 친화도법(Affinity Diagram) : KJ법
③ 계통도법(Tree Diagram)
④ 매트릭스도법(Matrix Diagram)
⑤ 매트릭스데이터해석법(Matrix Data Analysis)
⑥ PDPC법(Process Decision Program Chart)
⑦ 애로 다이어그램(Arrow Diagram)

15_ (1) $S_e = S_T - S_A = 4.06$

(2) $\hat{\sigma_e}^2 = V_e = \dfrac{S_e}{DF_e} = \dfrac{4.06}{16} = 0.25375$

기출유사문제 [2020년 통합 1 · 2회 품질경영산업기사 실기]

01

아래 도수표는 어떤 강판 압연 공장에서 철판의 두께를 100매 측정한 결과이다. 수치변환된 데이터로 다음 물음에 답하시오.(단, $U=25$, $L=5.0$)

급번호	계급	중앙치(x_i)	도수(f_i)	u_i	f_iu_i	$f_iu_i^2$	F_i
1	10.5~12.5	11.5	2	−4	−8	32	2
2	12.5~14.5	13.5	8	−3	−24	72	10
3	14.5~16.5	15.5	14	−2	−28	56	24
4	16.5~18.5	17.5	20	−1	−20	20	44
5	18.5~20.5	19.5	23	0	0	0	67
6	20.5~22.5	21.5	15	1	15	15	82
7	22.5~24.5	23.5	10	2	20	40	92
8	24.5~26.5	25.5	6	3	18	54	98
9	26.5~28.5	27.5	2	4	8	32	100
합계	−	−	100	−	−19	321	

(1) 산술평균치 $\bar{x}$와 표준편차 s를 구하시오.

(2) 공정능력지수 C_p를 구하고 공정능력을 판정하시오.

02

A(처리온도)가 3수준, B(압력)가 5수준으로 하여 반복 2회 랜덤하게 실험하여 분산분석 결과, A_2B_3가 최적조건이라고 한다면 이를 신뢰율 95%로 구간추정을 하려고 할 때 유효반복수를 구하시오.(단, $\hat{\mu}(A_2B_3)=80$, 교호작용은 그 값이 미세하여 기술적 검토로 풀링을 하였다.)

요 인	SS	DF	MS	F_0
A	80	2	40.0	6.667*
B	90	4	22.5	3.75*
e	126	21	6.0	
T	296	29		

03 다음의 내용은 ISO 9000 시리즈에서 정의하고 있는 어떤 용어에 대한 설명인가?

(1) 조직과 고객 간에 어떠한 행위/거래/처리도 없이 생산될 수 있는 조직의 출력 (　　)
(2) 규정된 요구사항에 적합하지 않은 제품을 사용하거나 불출하는 것에 대한 허가 (　　)
(3) 심사기준에 충족되는 정도를 결정하기 위하여 객관적인 증거를 수집하고 객관적으로 평가하기 위한 체계적이고 독립적이며 문서화된 프로세스 (　　)

04 계량규준형 1회 샘플링검사는 n개의 샘플을 취하고 그 측정치의 평균치 $\bar{x}$와 합격판정치를 비교하여 로트의 합격·불합격을 판정하는 방법이다. 로트의 평균치를 보증하는 경우는 KS Q 0001(표준편차기지)에 규정되어 있다. 다음 표는 KS Q 0001의 부표로서, m_0, m_1이 주어졌을 때 n과 G_0를 구하는 표이다.(단, $\alpha = 0.05$, $\beta = 0.10$)

$\frac{\lvert m_1 - m_0 \rvert}{\sigma}$	n	G_0
2.069 이상	2	1.163
1.690～2.08	3	0.950
1.463～1.689	4	0.822
1.309～1.462	5	0.736
⋮	⋮	⋮
0.772～0.811	14	0.440
0.756～0.771	15	0.425
0.732～0.755	16	0.411

강재의 인장강도는 클수록 좋다. 강재의 평균치가 46kg/mm^2 이상인 로트는 통과시키고 그것이 43kg/mm^2 이하인 로트는 통과시키지 않는 $\overline{X_L}$을 구하시오.(단, $\sigma = 4$kg/mm^{2}임을 알고 있다.)

05 ISO 9001 : 2015 품질경영시스템의 표준에서 다음과 같은 조동사 형태가 사용된다. [예]와 같이 답하시오.

[예] 요구사항 : 하여야 한다.

(1) 권고사항　　(2) 허용　　(3) 가능성 또는 능력

06 매일 생산되는 어떤 기계부품에서 100개씩 25번 랜덤(Random)하게 샘플링하여 검사한 결과는 다음과 같다.

군번호	1	2	3	4	5	6	7	8	9	10	……	23	24	25	계
부적합품수	2	1	6	4	4	3	5	4	7	4	……	3	6	5	94

(1) 사용되는 관리도 종류를 지정하고, 관리한계선을 구하시오.

(2) 군번호 10번까지 관리도를 그리고, 관리상태 여부를 판정하시오.

07 다음은 A, B(모수)의 두 요인에 대해 반복이 없는 2요인의 실험결과 얻어진 데이터이다. 다음의 물음에 답하시오.(단, 데이터는 망대특성이다.)

인자 B \ 인자 A	A_1	A_2	A_3	A_4
B_1	11.8	12.4	13.1	11.8
B_2	13.2	12.7	13.3	11.5
B_3	13.3	14.0	14.1	12.2
B_4	14.2	14.0	14.5	13.8
B_5	13.9	13.9	13.5	12.0

(1) 분산분석표를 작성하고 검정을 행하시오.(유의수준 5%)

(2) 유의한 요인에 대해 최적 수준의 모평균을 신뢰율 95%로 구간추정을 구하시오.

08 KS Q ISO 2859－1의 보통검사에서 $n=32$, $Ac=0$, $Re=1$, $AQL=4.0\%$ 일 때 로트가 합격할 확률이 95%가 되기 위한 부적합품률을 구하시오.

09 어떤 식품 제조회사에서 제품검사에 샘플링검사를 적용하였더니 다음과 같은 결과가 도출되었다면 각각의 부적합품률을 구하시오.

로트의 크기 $N=500$	조건 A($n_A=30$)	조건 B($n_B=40$)
합격할 확률(%)	99	20
불합격할 확률(%)	1	80

10 A사에서는 어떤 부품의 수입검사에 KS Q ISO 2859 - 1 ; 2010의 계수값 샘플링검사방식을 적용하고 있다. $AQL=1.0\%$, 검사수준 Ⅲ으로 하는 1회 샘플링방식을 채택하고 있다. 처음 검사는 보통검사로 시작하였으며, 80번 로트에서는 수월한 검사를 실시하였다. KS Q ISO 2859-1의 주 샘플링검사표를 사용하여 답안지 표의 공란을 채우시오.

로트번호	N	샘플문자	n	Ac	부적합품수	합부판정	엄격도 적용
80	2,000	L	80	3	3	합격	수월한 검사 실행
81	1,000	K	(　)	(　)	3	(　)	(　)
82	2,000	L	(　)	(　)	3	(　)	(　)
83	1,000	K	(　)	(　)	5	(　)	(　)
84	2,000	L	(　)	(　)	2	(　)	(　)

11 새로운 제품을 개발하여 판매하는 회사가 이 회사의 새로운 제품의 평균강도가 200kg/cm² 보다 작다고 주장한다. 실제 평균강도 μ에 대해 알기 위하여 판매되는 제품 중 10개를 임의 추출하여 기록한 결과가 다음과 같다. 다음 물음에 답하시오.(단, 단위 : kg/cm²)

[Data] 200 195 205 193 180 185 193 204 185 198

(1) 이 회사의 주장이 옳다고 할 수 있겠는가?(위험률 5%)

(2) 이 새로운 제품의 평균강도의 상한을 추정하시오.(신뢰도 95%)

12 품질분임조 활동을 원활히 하기 위해서 일반적으로 QC의 기본 7가지 도구를 사용한다. 그 명칭을 쓰시오.

13 다음 데이터에 대하여 물음에 답하시오.

[Data] 5.2　4.9　4.7　5.5　6.2　6.3　4.8　5.3

(1) 평균제곱을 구하시오.
(2) 상대분산을 구하시오.

14 $\overline{\overline{x}} = 28$, $U_{CL} = 41.4$, $L_{CL} = 14.6$, 군 구분의 크기 $n = 5$의 3σ관리한계의 $\overline{x}-R$관리도가 있다. 이 공정이 관리상태에 있을 때 규격치 40을 넘는 제품이 나올 확률은 얼마인가?

15 $\overline{x}-R$관리도에서 아래 식을 사용하여 평균치 차의 검정을 실시하는 데 필요한 조건 5가지를 기술하시오.

$$|\overline{\overline{x}}_A - \overline{\overline{x}}_B| > A_2\overline{R}\sqrt{\frac{1}{k_A}+\frac{1}{k_B}}$$

기출유사문제풀이 [2020년 통합 1 · 2회 품질경영산업기사 실기]

01_ (1) ① $\bar{x} = x_0 + h \times \frac{\Sigma f_i u_i}{\Sigma f_i} = 19.5 + 2 \times \frac{(-19)}{100} = 19.120$ 또는 $\bar{x} = \frac{\Sigma f_i x_i}{\Sigma f_i} = \frac{1{,}912}{100} = 19.120$

② $s = h\sqrt{\frac{\Sigma f_i {u_i}^2 - (\Sigma f_i u_i)^2 / \Sigma f_i}{\Sigma f_i - 1}} = 2\sqrt{\frac{321 - (-19)^2/100}{99}} = 3.58104$ 또는

$s = \sqrt{\frac{\Sigma f_i {x_i}^2 - (\Sigma f_i x_i)^2 / \Sigma f_i}{\Sigma f_i - 1}} = \sqrt{\frac{37{,}827 - (1{,}912)^2/100}{99}} = 3.58104$

(2) $C_p = \frac{U - L}{6\sigma} = \frac{25.0 - 5.0}{6 \times 3.58104} = 0.93083$

판정 : $0.67 \le C_p < 1.0$ 이므로 3등급으로서 공정능력이 부족하다.

02_ 유효반복수 $n_e = \frac{\text{총실험횟수}}{\text{유의한 요인의 자유도의 합}+1} = \frac{lmr}{l+m-1} = \frac{3 \times 5 \times 2}{3+5-1} = 4.28571$

03_ (1) 제품 (2) 특채 (3) 심사

04_ $\frac{|m_1 - m_0|}{\sigma} = \frac{|43-46|}{4} = 0.750,\ n = 16,\ G_0 = 0.411$

$\therefore\ \overline{X_L} = m_0 - G_0\sigma = 46 - 0.411 \times 4 = 44.3560\text{kg/mm}^2$

05_ (1) 하는 것이 좋다/하여야 할 것이다.

(2) 해도 된다.

(3) 할 수 있다.

06_ (1) ① 시료에 크기가 일정하므로 np관리도를 사용한다.

② $k = 25,\ \Sigma n = kn = 25 \times 100 = 2{,}500,\ \Sigma np = 94,\ \bar{p} = \frac{\Sigma np}{\Sigma n} = \frac{94}{2{,}500} = 0.0376$

③ 중심선 $C_L = n\bar{p} = \frac{\Sigma np}{k} = \frac{94}{25} = 3.76$

④ 관리상한선 $U_{CL} = n\bar{p} + 3\sqrt{n\bar{p}(1-\bar{p})} = 3.76 + 3\sqrt{3.76 \times (1-0.0376)} = 9.46680$

⑤ 관리하한선 $L_{CL} = n\bar{p} - 3\sqrt{n\bar{p}(1-\bar{p})} = -1.94680 = -$ (고려하지 않음)

(2) 관리도 작성 및 판정

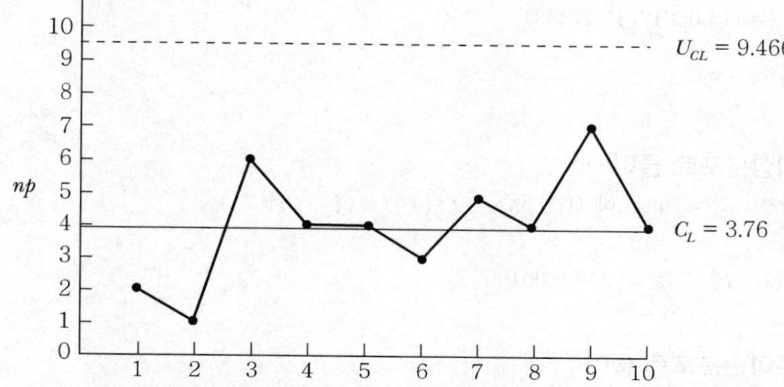

∴ 상기의 관리도에서 습관성이나 관리이탈을 하는 점이 존재하지 아니하므로 관리상태로 판정할 수 있다.

07_ (1) ① $CT = \frac{T^2}{lm} = \frac{263.2^2}{4 \times 5} = 3{,}463.712$

② $S_T = \sum\sum x_{ij}^{\ 2} - CT = 3{,}480.06 - CT = 16.348$

③ $S_A = \frac{66.4^2 + 67.0^2 + 68.5^2 + 61.3^2}{5} - CT = 5.868$

④ $S_B = \frac{49.1^2 + 50.7^2 + 53.6^2 + 56.5^2 + 53.3^2}{4} - CT = 8.138$

⑤ $S_e = S_T - S_A - S_B = 2.342$

	SS	DF	MS	F_0	$F_{0.95}$
A	5.868	3	1.956	10.022*	3.49
B	8.138	4	2.0345	10.424*	3.26
e	2.342	12	0.19517		
T	16.348	19			

(2) 유의한 요인의 최적수준은 A_3B_4가 된다.$\left(n_e = \dfrac{lm}{l+m-1} = \dfrac{4\times 5}{4+5-1} = 2.5\right)$

$$\hat{\mu}(A_3B_4) = \left(\overline{x}_{3\cdot} + \overline{x}_{\cdot 4} - \overline{\overline{x}}\right) \pm t_{0.975}(12)\sqrt{\frac{V_e}{n_e}}$$

$$= \left(\frac{68.5}{5} + \frac{56.5}{4} - \frac{263.2}{20}\right) \pm 2.179 \times \sqrt{\frac{0.19517}{2.5}}$$

$$= (14.05617, 15.27383)$$

08_ [풀이 1] 이항분포로 풀이

$L_{(P)} = {}_nC_x P^x \times (1-P)^{n-x}$에서 $0.95 = {}_{32}C_0 (P)^0 \times (1-P)^{32}$

$(0.95)^{\frac{1}{32}} = (1-P)$ $\quad\therefore\ P = 0.00160$

[풀이 2] 푸아송분포로 풀이

$L_{(P)} = \dfrac{e^{-nP} \times (nP)^x}{x!}$ 에서 $0.95 = \dfrac{e^{-32P} \times (32P)^0}{0!}$

양변에 ln을 취하면

$\ln(0.95) = -32P$ $\quad\therefore\ P = 0.00160$

09_ ① 조건 A의 부적합품률 : $0.99 = \dfrac{e^{-30P} \times (30P)^0}{0!}$, $\ln(0.99) = -30P$ $\quad\therefore\ P = 0.00034$

② 조건 B의 부적합품률 : $0.20 = \dfrac{e^{-40P} \times (40P)^0}{0!}$, $\ln(0.20) = -40P$ $\quad\therefore\ P = 0.04024$

10_ 표의 공란 작성 및 합부판정

로트번호	N	샘플문자	n	Ac	부적합품수	합부판정	엄격도 적용
80	2,000	L	80	3	3	합격	수월한 검사 속행
81	1,000	K	(50)	(2)	3	(불합격)	(보통검사 전환)
82	2,000	L	(200)	(5)	3	(합격)	(보통검사 속행)
83	1,000	K	(125)	(3)	5	(불합격)	(보통검사 속행)
84	2,000	L	(200)	(5)	2	(합격)	(보통검사 속행)

11_ (1) ① $H_0 : \mu \ge 200,\ H_1 : \mu < 200$

② $t_0 = \dfrac{\bar{x}-\mu_0}{\dfrac{s}{\sqrt{n}}} = \dfrac{193.8-200}{\dfrac{8.390471}{\sqrt{10}}} = -2.3367$

③ $t_0 < -t_{1-\alpha}(\nu) = -t_{0.95}(9) = -1.833$이면 H_0를 기각한다.

④ $t_0 = -2.3367 < -1.833$이므로

$\alpha = 0.05$로 H_0는 기각된다. 즉, 평균강도가 200kg/cm²보다 작다고 할 수 있다.

(2) $\widehat{\mu_U} = \bar{x} + t_{1-\alpha}(\nu)\dfrac{s}{\sqrt{n}} = 193.8 + 1.833 \times \dfrac{8.390471}{\sqrt{10}} = 198.66350(\text{kg/cm}^2)$

12 ① 특성요인도(Characteristic Diagram)
② 파레토도(Pareto Diagram)
③ 히스토그램(Histogram)
④ 체크시트(Check Sheet)
⑤ 층별(Stratification)
⑥ 각종 그래프(관리도 포함)
⑦ 산점도(Scatter Diagram)

13_ (1) 평균제곱(MS)

$MS = s^2 = V = \dfrac{S}{n-1} = \dfrac{2.59875}{7} = 0.37125$

(2) 상대분산$[(CV)^2]$

$(CV)^2 = \left(\dfrac{s}{\bar{x}}\right)^2 \times 100(\%) = 1.29102(\%)$

14_ $\begin{pmatrix} U_{CL} \\ L_{CL} \end{pmatrix} = \bar{\bar{x}} \pm 3\dfrac{\sigma_x}{\sqrt{n}}$에서, $\sigma_x = \dfrac{\left(U_{CL} - \bar{\bar{x}}\right)\sqrt{n}}{3}$가 된다.

$u = \dfrac{x-\mu}{\sigma_x} = \dfrac{40-28}{\dfrac{13.4 \times \sqrt{5}}{3}} = 1.201$

$\therefore\ P_r(x) = P_r(u > 1.201) = 0.11510(11.510\%)$

15_ ① 관리도가 다같이 완전한 관리상태로 되어 있을 것
② 두 관리도의 시료 군의 크기(n)가 같을 것
③ k_A, k_B가 충분히 클 것
④ $\overline{R_A}$, $\overline{R_B}$에 차가 없을 것
⑤ 본래의 분포상태가 대략적인 정규분포를 하고 있을 것

기출유사문제 [2020년 3회 품질경영산업기사 실기]

01 오늘 생산된 10대의 자동차에 다음과 같은 부적합수가 나타났다. 이에 합당한 관리도의 한계선을 구하고 관리도를 그리시오.

No.	1	2	3	4	5	6	7	8	9	10	계
부적합수	2	1	6	4	4	3	5	4	11	5	45

02 다음에서 확률을 각각 계산하시오.

(1) 부적합품률이 4%인 크기 50의 로트에서 $n=5$의 랜덤 샘플을 뽑았을 때 부적합품이 1개 들어 있을 확률을 초기하분포를 이용하여 구하시오.

(2) 부적합품률이 5%인 무한 모집단에서 $n=5$의 랜덤 샘플링을 했을 때 부적합품이 2개 이하일 확률을 이항분포를 이용하여 구하시오.

(3) 단위 길이당 평균 부적합수가 5인 무한모집단에서 단위길이를 추출했을 때 부적합수가 3개 이상일 확률을 푸아송분포를 이용하여 구하시오.

03 2단계 샘플링을 적용하여 10개씩 포장된 1,000상자의 제품을 샘플링하려고 한다. 2차 시료단위는 2이고, $\sigma_b^2=0.08$, $\sigma_w^2=0.01$로 한다면 샘플링의 정밀도 $V(\overline{x})=(0.05)^2$으로 하기 위해서는 1차 시료를 몇 단위로 해야 하는가?

04 규격이 $8.40 \sim 8.60$(mm)인 어떤 제품의 두께를 품질특성으로 하여 $n=4$, $k=20$의 데이터를 얻어 관리도를 작성해보니 관리상태에 있고, 이때 $\sum\overline{x}=170.4$, $\sum R=1.6$인 자료를 얻었다. 다음 물음에 답하시오.(주어진 부표를 이용할 것)

(1) 모표준편차를 추정하시오.

(2) 최소 공정능력지수를 구하시오.

(3) 공정능력등급을 판정하시오.

05 A사는 어떤 부품의 수입검사 시 KS Q ISO 2859－1을 사용하고 있다. 다음은 검토 후 $AQL = 1.5\%$, 검사수준 Ⅱ의 1회 샘플링검사로, 로트번호 1은 수월한 검사를 실시한 결과물이다. 다음 빈칸을 채우시오.

번호	N	샘플문자	n	A_c	R_e	부적합품 수	합부 판정	전환점수	샘플링검사의 엄격도
1	500	H	20	1	2	2	불합격	－	보통 검사로 전환
2	200					2			
3	250					1			
4	500					2			
5	250					1			
6	250					2			

06 분임조 활동 시 분임토의 기법으로서 사용되고 있는 집단착상법(Brainstorming)의 4가지 원칙을 적으시오.

07 금속가공품을 제조하고 있는 공장에서 QC서클이 활약하고 있다. 1로트당의 부적합품수와 이에 따른 손실금액을 조사한 결과는 다음 표와 같다. 물음에 답하시오.

부적합 항목	부적합품수	1개당 손실금액
치수	24	700원
재료	35	1,500원
형상	115	100원
거칢(조잡)	56	300원
기타	10	평균 200원

(1) 파레토그림을 그리기 위한 표를 완성하시오.

부적합 항목	손실금액	누계손실금액	손실률(%)	누계손실률(%)

(2) 손실금액에 대한 파레토그림을 그리시오.

08 어느 제품의 인장강도의 분산이 종래의 제조법에서는 1.1kg/mm^{2}이었다. 이 제품의 제조공정을 변경하여 제조하여 본 결과 다음의 데이터를 얻었다. 다음 물음에 답하시오.

(단위 : kg/mm^2)

[Data]	11.00	11.50	10.75	11.25	10.50	11.75	10.75	11.25	10.50	12.25

(1) 변경 후의 분산이 변경 전의 분산과 차이가 있는지 검정하시오($\alpha = 0.05$).

(2) 변경 후의 모분산을 신뢰율 95%로 구간추정하시오.

09 어떤 제품 100개 중 부적합수가 140개가 나타났다면, 부적합수에 대하여 신뢰도 95%로 구간추정을 실시하시오.

10 어떤 제품의 특성치 X, Y의 상관계수를 32개의 시료에서 구한 결과 0.674를 얻었다. 상관관계가 없다는 귀무가설을, 상관관계가 있다는 대립가설에 대하여 유의수준 $\alpha = 0.01$로 검정하시오.(단, t 검정을 행하시오.)

11 작업표준이란 현장에서 안전하게 효율적으로 생산하기 위한 기본이고, 관리감독자가 스스로 공정을 관리하는 도구이며, 또 최소한의 규정으로, 이것이 바탕이 되어 관리개선이 이루어져 나간다. 작업표준에는 효율적인 생산을 위해 온갖 조건, 즉 작업표준을 고려하여 4M을 가장 효과적으로 조합할 필요가 있다. 여기서 말하는 4M이란 무엇인가?

12 측정시스템의 평가지침인 gage R & R에서 첫 번째 R은 (㉠)을 뜻하고, 두 번째 R은 (㉡)을 뜻한다. 이들 변동값에 의해 계산된 % R & R의 값이 (㉢)% 미만이면 계측기 관리가 잘 되어 있음(양호)을 의미하고, (㉣)% 이상이면 계측기 관리가 미흡한 수준(부적합)을 의미한다.

13 다음은 수준수(l)가 4, 반복수(r)가 5인 반복이 일정한 1요인 실험의 분산분석표이다. 빈칸을 채우시오.

요인	SS	DF	MS	F_0
A	60	( )	( )	( )
e	( )	( )	( )	
T	74	19		

14 다음은 OC곡선의 성질을 설명한 것이다. 이러한 경우 OC곡선의 기울기는 어떻게 변하는가?

(1) n과 c는 일정하고 로트의 크기 N이 증가하는 경우(단, $N/n \geq 10$)

(2) N과 c가 일정하고 n이 증가하는 경우

(3) N과 n이 일정하고 c이 증가하는 경우

15 $L_8(2)^7$형 직교배열표에 다음과 같이 배치했다. 다음 물음에 답하시오.

열번	1	2	3	4	5	6	7
1	0	0	0	0	0	0	0
2	0	0	0	1	1	1	1
3	0	1	1	0	0	1	1
4	0	1	1	1	1	0	0
5	1	0	1	0	1	0	1
6	1	0	1	1	0	1	0
7	1	1	0	0	1	1	0
8	1	1	0	1	0	0	1
기본표시	a	b	a b	c	a c	b c	a b c
요인	A		B	R			T

(1) 2인자 교호작용 $A \times B$는 몇 열에 나타나는가?

(2) 2인자 교호작용 $R \times T$가 무시되지 않을 때 위와 같이 배치한다면 어떤 일이 일어나는가?

기출유사문제풀이 [2020년 3회 품질경영산업기사 실기]

01_ 부적합수이므로 c관리도를 사용한다. ($k=10$, $\Sigma c=45$)

중심선 $C_L=\bar{c}=\frac{\Sigma c}{k}=\frac{45}{10}=4.5$

① 관리한계선 $\begin{pmatrix} U_{CL} \\ L_{CL} \end{pmatrix}=\bar{c}\pm 3\sqrt{\bar{c}}=4.5\pm 3\sqrt{4.5}=\begin{pmatrix} 10.86396 \\ - \end{pmatrix}$

② 부적합수 관리도 작성 및 판정

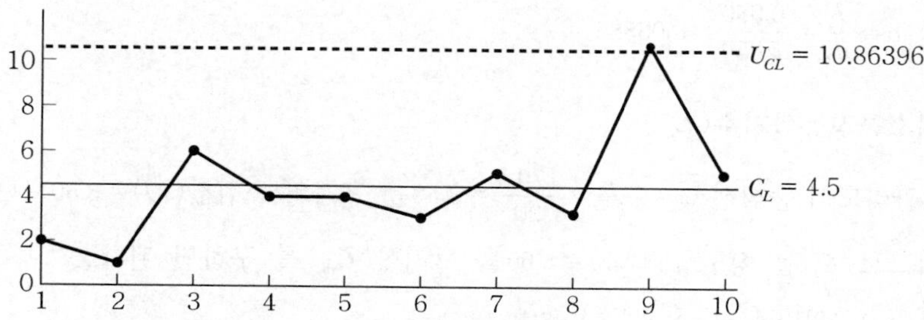

군번호 9의 부적합수가 11개 발생하였고, 관리상한(U_{CL})을 벗어나므로 이 관리도는 관리이상상태로 판정한다.

02_(1) $P=0.040$, $N=50$, $n=5$, $x=1$

$$\therefore\ P_r(x)=\frac{\binom{PN}{x}\binom{N-PN}{n-x}}{\binom{N}{n}}=\frac{\binom{2}{1}\binom{48}{4}}{\binom{50}{5}}=0.18367$$

(2) $P=0.050$, $n=5$, $x=0,\ 1,\ 2$

$$P_r(x\le 2)=\sum_{x=0}^{2}\binom{n}{x}P^x(1-P)^{n-x}$$
$$=[(P(x=0)+(P(x=1)+(P(x=2)]$$
$$=\binom{5}{0}0.05^0(0.95)^5+\binom{5}{1}0.05^1(0.95)^4+\binom{5}{2}0.05^2(0.95)^3=0.99884$$

(3) $m=5$

$$P_r(x\ge 3)=1-\sum_{x=0}^{2}\frac{e^{-m}\times m^x}{x!}$$
$$=1-\left[P_{r(x=0)}+P_{r(x=1)}+P_{r(x=2)}\right]$$
$$=1-e^{-5}\left(\frac{5^0}{0!}+\frac{5^1}{1!}+\frac{5^2}{2!}\right)=0.87535$$

03_ $V(\bar{\bar{x}}) = \frac{{\sigma_w}^2}{mn} + \frac{{\sigma_b}^2}{m}$ 에서

$$0.05^2 = \frac{0.01}{2m} + \frac{0.08}{m} = \frac{1}{m}\left(\frac{0.01}{2} + 0.08\right)$$

$$\therefore\ m = \frac{0.005 + 0.08}{0.05^2} = 34(\text{개})$$

04_(1) $\bar{R} = \frac{1.6}{20} = 0.080$

$$\therefore\ \hat{\sigma} = \frac{\bar{R}}{d_2} = \frac{0.080}{2.059} = 0.03885$$

(2) 최소공정능력지수(C_{pk})

$\bar{x}$ 관리도의 중심선 $\bar{\bar{x}} = \frac{\Sigma\bar{x}}{k} = \frac{170.4}{20} = 8.52$ 는 규격의 중심값(M) $= 8.50$ 보다 큰 값을 가지므로 C_{pk} 는 상한규격(U) $= 8.60$ 을 고려한 C_{pkU} 를 구하면 된다.

즉 $C_{pk} = \min(C_{pkL},\ C_{pkU}) = C_{pkU}$

$$\therefore\ C_{pk} = C_{pkU} = \frac{U - \bar{\bar{x}}}{3\sigma} = \frac{8.60 - 8.52}{3 \times \left(\frac{\bar{R}}{d_2}\right)} = \frac{8.60 - 8.52}{3 \times \left(\frac{0.08}{2.059}\right)} = 0.68633$$

(3) $0.67 \le C_{pk} = 0.68633 < 1.00$ 으로, 3등급으로 판정되며, 공정능력이 부족하다.

05_

번호	N	샘플문자	n	A_c	R_e	부적합품수	합부 판정	전환점수	샘플링검사의 엄격도
1	500	H	20	1	2	2	불합격	-	보통 검사로 전환
2	200	G	32	1	2	2	불합격	0	보통 검사로 속행
3	250	G	32	1	2	1	합격	2	보통 검사로 속행
4	500	H	50	2	3	2	합격	0	보통 검사로 속행
5	250	G	32	1	2	1	합격	2	보통 검사로 속행
6	250	G	32	1	2	2	불합격	0	까다로운 검사로 전환

참고 : 로트번호 4의 경우 합격판정개수 $A_c = 2$ 이므로, 그 로트는 합격이 된다. 그러나 한 단계 엄격한 조건에서는 불합격되므로 전환점수는 0이 되었다.

06_① 남의 의견을 비판하지 않는다.(비판 금지)
② 자유분방한 아이디어를 환영한다.(자유분방)
③ 타인의 착상을 다시 발전시킨다.(아이디어 편승)
④ 착상의 수를 될 수 있는 대로 많이 모은다.(다량의 아이디어)

07_(1) 손실금액 크기순으로 나열해 보면

부적합 항목	손실금액	누계손실금액	손실률(%)	누계손실률(%)
재료	52,500	52,500	52.71084	52.71084
치수	16,800	69,300	16.86747	69.57831
거칢(조잡)	16,800	86,100	16.86747	86.44578
형상	11,500	97,600	11.54619	97.99197
기타	2,000	99,600	2.00803	100.00000

(2) 파레토그림

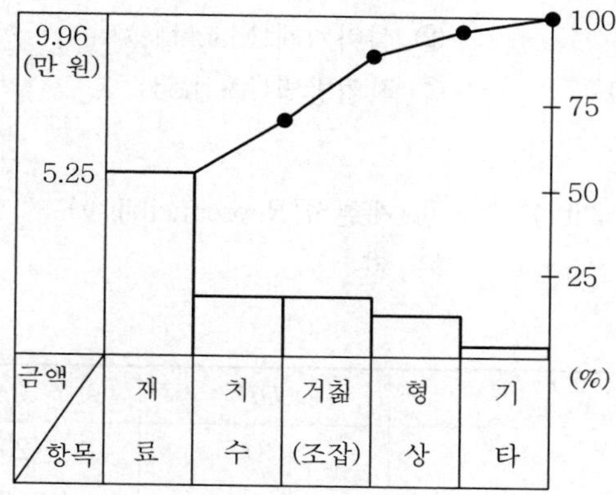

08_(1) 모분산의 양측검정($S = 2.90$, $\sigma_0{}^2 = 1.1$)

$H_0 : \sigma^2 = \sigma_0{}^2$, $H_1 : \sigma^2 \neq \sigma_0{}^2$

$$\chi_0{}^2 = \frac{S}{\sigma_0^2} = \frac{2.90}{1.1} = 2.636$$

$\chi_{\alpha/2}{}^2(\nu) = \chi_{0.025}{}^2(9) = 2.70 > \chi_0{}^2$ 또는 $\chi_0{}^2 > \chi_{1-\alpha/2}{}^2(\nu) = \chi_{0.975}{}^2(9) = 19.02$이면 H_0를 기각한다.

$\therefore$ $\chi_{0.025}{}^2(9) > \chi_0{}^2$이므로 $\alpha = 0.05$로 H_0를 기각한다. 즉 $\alpha = 0.05$로 변경 후의 분산이 변경 전과 차이가 있다고 할 수 있다.

(2) 신뢰구간의 추정

$$\frac{S}{\chi_{1-\alpha/2}{}^2(n-1)} \leq \sigma^2 \leq \frac{S}{\chi_{\alpha/2}{}^2(n-1)}, \quad \frac{S}{\chi_{0.975}{}^2(9)} \leq \sigma^2 \leq \frac{S}{\chi_{0.025}{}^2(9)}$$

$$\frac{2.90}{19.02} \leq \sigma^2 \leq \frac{2.90}{2.70}, \quad 0.15247 \leq \sigma^2 \leq 1.07407$$

09_ 부적합수 $\hat{m} = c \pm u_{1-\alpha/2}\sqrt{c} = 140 \pm 1.96 \times \sqrt{140} = (116.80897 \sim 163.19103)$

10_ $H_0 : \rho = 0,\ H_1 : \rho \neq 0$

$$t_0 = \frac{r}{\sqrt{\frac{1-r^2}{n-2}}} = \frac{0.674}{\sqrt{\frac{1-0.674^2}{32-2}}} = 4.9973$$

$t_0 > t_{1-\alpha/2}(\nu) = t_{0.995}(30) = 2.750$ 이면 H_0를 기각한다.

$\therefore\ t_0 = 4.9973 > 2.750$ 이므로 $\alpha = 0.01$ 로 H_0 기각. 즉, 상관관계가 존재한다.

11_ ① 작업자(Man) ② 설비기계(Machine)
③ 원재료(Material) ④ 작업방법(Method)

12_ ㉠ 반복성(Repeatabillity) ㉡ 재현성(Reproducibility)
㉢ 10 ㉣ 30

13_

요인	SS	DF	MS	F_0
A	60	(3)	(20)	(22.85714)
e	(14)	(16)	(0.875)	
T	74	(19)		

14_ (1) 기울기 변화가 거의 없다.
(2) 기울기가 급해진다.
(3) 기울기가 완만해진다.

15_ (1) $A \times B = a \times ab = a^2 b = b \quad (\because a^2 = b^2 = c^2 = 1)$
$\therefore$ 2열
(2) $R \times T = c \times abc = ab$ (3열)
$\therefore$ 3열에 $R \times T$가 나타나므로, 기존에 3열은 요인 B가 배치된 상태이다. 그러므로 $R \times T$와 B는 교락이 일어난다.

기출유사문제 [2020년 4회 품질경영산업기사 실기]

01 주어진 도수표는 어떤 부품의 치수를 측정하여 작성한 것이다. 규격이 50±15mm일 때 다음 물음에 답하시오.

(1) 다음의 도수분포표를 완성하시오.

급번호	계급	중앙치(x_i)	도수(f_i)	u_i	$f_i u_i$	$f_i u_i^2$
1	38.5~42.5	40.5	1			
2	42.5~46.5	44.5	8			
3	46.5~50.5	48.5	15			
4	50.5~54.5	52.5	23			
5	54.5~58.5	56.5	7			
6	58.5~62.5	60.5	5			
7	62.5~66.5	64.5	5			
합계	–	–	64	–		

(2) 평균($\overline{x}$) 및 표준편차(s)를 구하시오.

02 품질경영의 7원칙을 기술하시오.

03 다음 그림과 같이 크기가 N인 로트를 N_i개씩 제품이 들어 있는 M개의 서브로트로 나누어 랜덤하게 m(단, $m < M$)개 서브로트를 취하고, 각각의 서브로트로부터 n_i(단, $n_i < N_i$) 개의 제품을 랜덤하게 채취하는 샘플링방식을 무엇이라고 하는가?

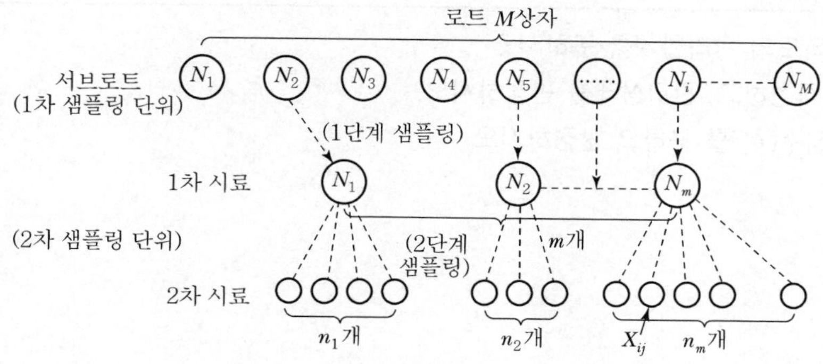

04 다음 데이터를 보고 물음에 답하시오.(단, 제품의 규격은 11.25±6.50)

시료군의 번호	측정치					평균치 $\bar{x}$	범위 R	비고
1	14	8	12	12	8	10.8	6	
2	11	10	13	8	10	10.4	5	
3	11	12	16	14	9	12.4	7	
4	16	12	16	14	13	14.2	4	
5	15	12	15	10	7	11.8	8	
6	13	8	15	15	8	11.8	7	
7	14	12	13	10	16	13	6	
8	11	10	8	16	10	11	8	
9	14	10	12	9	7	10.4	7	
10	12	10	12	13	11	11.6	3	
11	10	12	8	10	12	10.4	4	
12	10	10	8	8	10	9.2	2	
13	8	12	10	8	10	( )	( )	
14	13	8	11	14	12	( )	( )	
15	7	8	14	13	11	( )	( )	
합계						168.8	84	

(1) 다음 공란을 메우시오.

시료군의 번호	측정치					평균치 $\bar{x}$	범위 R	비고
13	8	12	10	8	10	( )	( )	
14	13	8	11	14	12	( )	( )	
15	7	8	14	13	11	( )	( )	
합계						168.8	84	

(2) $\bar{x} - R$ 관리도의 관리한계를 구하시오.

(3) 관리도를 작성하고, 관리상태를 판정하시오.

(4) 공정능력지수(C_p)를 구하고 판정하시오.

05 4개 중 하나를 택하는 문제가 20문항이 있는 시험에서 랜덤하게 답을 써 넣은 경우에 다음 물음에 답하시오.(누적 이항분포표를 이용할 것)

누적 이항분포표		$P_r(x \le c) = \sum_{x=0}^{c} \binom{n}{x} P^x (1-P)^{n-x}$	
$n=20$ \ P	0.25	$n=20$ \ P	0.25
$c=0$	0.0032	11	0.9990
1	0.0243	12	0.9998
2	0.0912	13	1.0000
3	0.2251	14	1.0000
4	0.4148	15	1.0000
5	0.6171	16	1.0000
6	0.7857	17	1.0000
7	0.8981	18	1.0000
8	0.9590	19	1.0000
9	0.9861	20	1.0000
10	0.9960		

(1) 정답이 하나도 없을 확률은?

(2) 12개 이상의 정답을 맞힐 확률은?

06 검사의 분류 중 검사가 행해지는 공정(목적)에 의한 분류 4가지를 쓰시오.

07 다음 물음에 답하시오.

(1) A가 4수준, B가 2수준, 반복 3회의 2요인 실험을 실시하였다. 교호작용을 무시하지 않을 때 유효 반복수(n_e)는?

(2) A가 5수준, B가 3수준, 반복 2회의 2요인 실험을 실시하였다. 교호작용이 무시될 때 유효 반복수(n_e)는?

08 다음은 A, B(모수)의 두 요인에 대해 반복이 없는 2요인의 실험 결과 얻어진 데이터이다. 다음의 물음에 답하시오.(단, 데이터는 망대특성이다.)

인자 B \ 인자 A	A_1	A_2	A_3	A_4
B_1	11.8	12.4	13.1	11.8
B_2	13.2	12.7	13.3	11.5
B_3	13.3	14.0	14.1	12.2
B_4	14.2	14.0	14.5	13.8
B_5	13.9	13.9	13.5	12.0

(1) 각 요인의 제곱합(S_A, S_B, S_e)을 구하시오.

(2) 분산분석표를 작성 및 검정을 행하시오.(유의수준 5%, $E(MS)$를 포함할 것)

(3) 유의한 요인에 대하여 최적 수준의 모평균을 신뢰율 95%로 구간추정을 행하시오.

09 다음은 품질코스트 곡선이다. 괄호 안에 들어갈 코스트를 적으시오.

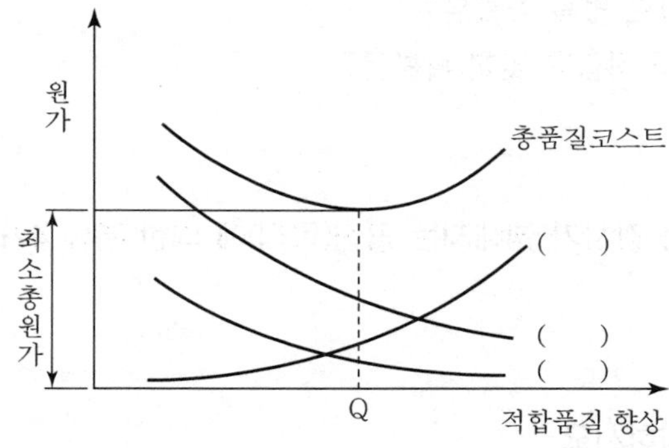

10 다음의 데이터는 원료의 양(x)과 생성물의 수량(y)의 관계를 나타낸 표이다.

원료(x)	1.5	2.0	3.5	4.3	5.0
수량(y)	30	35	66	66	87

(1) x와 y에 대한 공분산을 구하시오.

(2) x에 대한 y의 회귀식을 구하시오.

11 어느 제품의 인장강도의 목표 분산값이 1.1kg/mm²이다. 이 제품의 제조공정을 변경하여 제조하여 본 결과 다음의 데이터를 얻었다. 다음 물음에 답하시오.

(단위 : kg/mm²)

[Data] 11.00 11.50 10.75 11.25 10.50 11.75 10.75 11.25 10.50 12.25

(1) 변경 후의 분산이 목표 분산값과 차이가 있는지 검정하시오($\alpha = 0.05$).

(2) 기준의 모평균(μ_0)이 11.70이었다면 모평균이 달라졌는지 유의수준 5%로 검정을 행하시오.

(3) (2)의 결과를 토대로 모평균을 신뢰율 95%로 구간추정하시오.

12 A사는 어떤 부품의 수입검사에 있어 KS Q ISO 2859-1을 사용하고 있다. 검토 후 $AQL = 1.5\%$, 검사수준 III으로 1회 샘플링검사를 보통검사를 시작으로 연속 15로트를 실시한 일부분이다. 주어진 부표를 이용하여 다음 물음에 답하시오.

(1) 다음 공란을 채우시오.

번호	N	샘플문자	n	A_c	R_e	부적합품수	합부 판정	전환점수	샘플링검사의 엄격도
7	500	J	80	3	4	1	합격	3	보통검사 속행
8	300					2			
9	200					3			
10	500					2			
11	1,000					4			
12	1,500					5			

(2) 로트번호 13번의 샘플링검사 엄격도를 적으시오.

기출유사문제풀이 [2020년 4회 품질경영산업기사 실기]

01_

급번호	계급	중앙치(x_i)	도수(f_i)	u_i	f_iu_i	$f_iu_i^2$
1	38.5~42.5	40.5	1	−3	−3	9
2	42.5~46.5	44.5	8	−2	−16	32
3	46.5~50.5	48.5	15	−1	−15	15
4	50.5~54.5	52.5	23	0	0	0
5	54.5~58.5	56.5	7	1	7	7
6	58.5~62.5	60.5	5	2	10	20
7	62.5~66.5	64.5	5	3	15	45
합계	−	−	64	−	−2	128

(2) ① $\bar{x}=x_0+h\times\dfrac{\Sigma f_iu_i}{\Sigma f_i}=52.5+4\times\dfrac{(-2)}{64}=52.3750$

② $s=h\sqrt{\dfrac{\Sigma f_iu_i^{\,2}-(\Sigma f_iu_i)^2/\Sigma f_i}{\Sigma f_i-1}}=4\times\sqrt{\dfrac{128-(-2)^2/64}{63}}=5.70018$

또는 $s=\sqrt{s^2}=\sqrt{32.49206}=5.70018$

02_ ① 고객중시 ② 리더십 ③ 인원의 적극 참여
④ 프로세서 접근법 ⑤ 개선 ⑥ 증거기반 의사결정
⑦ 관계관리/관계경영

03_ 2단계 샘플링검사(Two Stage Sampling)

04_ (1)

시료군의 번호	측정치					평균치 $\bar{x}$	범위 R	비고
13	8	12	10	8	10	(9.6)	(4)	
14	13	8	11	14	12	(11.6)	(6)	
15	7	8	14	13	11	(10.6)	(7)	
합계						168.8	84	

(2) $\overline{x}-R$관리도의 관리한계선

① $\overline{x}$관리도

$$C_L = \frac{\Sigma \overline{x}}{k} = \frac{168.8}{15} = 11.25333$$

$$U_{CL} = \overline{\overline{x}} + \frac{3\overline{R}}{d_2\sqrt{n}} = 11.253333 + \frac{3 \times 5.6}{2.326 \times \sqrt{5}} = 14.48342$$

$$L_{CL} = \overline{\overline{x}} - \frac{3\overline{R}}{d_2\sqrt{n}} = 11.253333 - \frac{3 \times 5.6}{2.326 \times \sqrt{5}} = 8.02324$$

② R관리도

$$C_L = \frac{\Sigma R}{k} = \frac{84}{15} = 5.6$$

$$U_{CL} = D_4\overline{R} = 2.114 \times 5.6 = 11.8384$$

$$L_{CL} = D_3\overline{R} = -\ \text{(고려하지 않음)}$$

(3) $\overline{x}-R$관리도의 작성 및 판정

① 관리도 작성

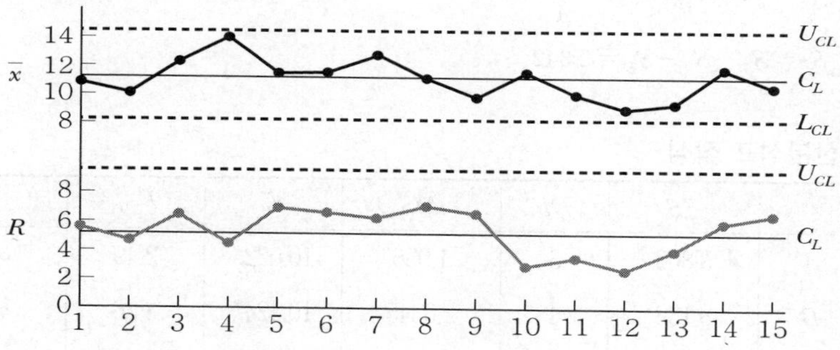

② 관리도 판정

$\overline{x}$ 및 R관리도 모두 관리상태를 벗어나는 점이나, 습관성이 존재하지 않으므로 관리상태에 있다고 할 수 있다.

(4) 공정능력지수와 판정

공정능력지수 $C_p = \dfrac{U-L}{6\sigma} = \dfrac{T}{6 \times \dfrac{\overline{R}}{d_2}} = \dfrac{13.0}{6 \times \dfrac{5.6}{2.326}} = 0.89994$

$0.67 \le C_p = 0.89994 < 1$이므로 공정능력이 부족하다.

05_ (1) $P_r(x=0)=0.0032$

(2) $P_r(x \geq 12)=1-P_r(x \leq 11)=1-0.9990=0.0010$

06_ ① 수입(구입)검사 ② 공정(중간)검사

③ 최종(완성)검사 ④ 출하검사

07_ (1) $n_e=r=3$

(2) $n_e=\dfrac{lmr}{l+m-1}=\dfrac{5\times3\times2}{5+3-1}=4.28571$

08_ (1) $CT=\dfrac{T^2}{lm}=\dfrac{263.2^2}{4\times5}=3,463.712,\ S_T=\sum\sum {x_{ij}}^2-CT=3,480.06-CT=16.348$

① $S_A=\dfrac{66.4^2+67.0^2+68.5^2+61.3^2}{5}-CT=5.868$

② $S_B=\dfrac{49.1^2+50.7^2+53.6^2+56.5^2+53.3^2}{4}-CT=8.138$

③ $S_e=S_T-S_A-S_B=2.342$

(2) 분산분석표 작성

	SS	DF	MS	F_0	$F_{0.95}$	$E(MS)$
A	5.868	3	1.956	10.022*	3.49	${\sigma_e}^2+5{\sigma_A}^2$
B	8.138	4	2.0345	10.424*	3.26	${\sigma_e}^2+4{\sigma_B}^2$
e	2.342	12	0.19517			${\sigma_e}^2$
T	16.348	19				

∴ 요인 A, B 모두 유의수준 5%로 유의하다.

(3) 유의한 요인의 최적수준은 A_3B_4가 된다.$\left(n_e=\dfrac{lm}{l+m-1}=\dfrac{4\times5}{4+5-1}=2.5\right)$

$$\hat{\mu}(A_3B_4)=\left(\bar{x}_{3\cdot}+\bar{x}_{\cdot4}-\bar{\bar{x}}\right)\pm t_{0.975}(12)\sqrt{\frac{V_e}{n_e}}$$

$$=\left(\frac{68.5}{5}+\frac{56.5}{4}-\frac{263.2}{20}\right)\pm2.179\times\sqrt{\frac{0.19517}{2.5}}$$

$$=(14.05617,15.27383)$$

09_

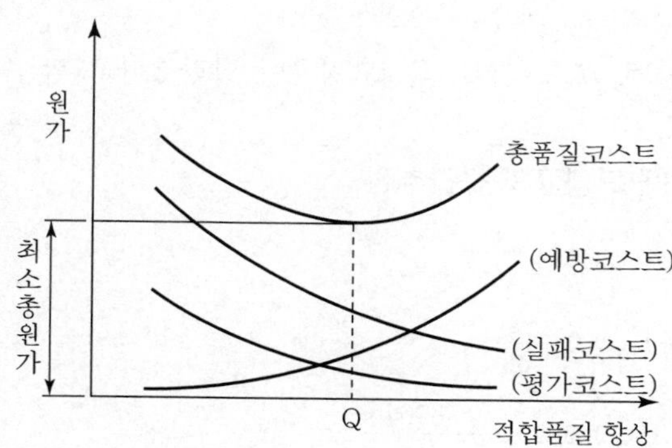

10_(1) $S(xy)=\Sigma xy-\dfrac{(\Sigma x)(\Sigma y)}{n}=138.960$

공분산 $V_{xy}=\dfrac{S(xy)}{n-1}=\dfrac{138.960}{4}=34.740$

(2) $\hat{y}=\hat{\beta}_0+\hat{\beta}_1 x=5.62404+15.69815x$

여기서, $\hat{\beta}_1=\dfrac{S(xy)}{S(xx)}=\dfrac{138.960}{8.852}=15.698147$

$\hat{\beta}_0=\bar{y}-\hat{\beta}_1\bar{x}=56.80-15.698147\times 3.260=5.624041$

$\bar{x}=\dfrac{\Sigma x_i}{n}=\dfrac{16.30}{5}=3.260,\ \bar{y}=\dfrac{\Sigma y_i}{n}=\dfrac{284}{5}=56.80$

11_(1) $H_0:\sigma^2={\sigma_0}^2,\quad H_1:\sigma^2\neq{\sigma_0}^2$

${\chi_0}^2=\dfrac{S}{\sigma_0^2}=\dfrac{(n-1)\times s^2}{\sigma_0^2}=\dfrac{2.90}{1.1}=2.636$

${\chi_{\alpha/2}}^2(\nu)={\chi_{0.025}}^2(9)=2.70>{\chi_0}^2$ 또는 ${\chi_0}^2>{\chi_{1-\alpha/2}}^2(\nu)={\chi_{0.975}}^2(9)=19.02$이면 H_0를 기각한다.

$\therefore\ {\chi_{0.025}}^2(9)>{\chi_0}^2$이므로 $\alpha=0.05$로 H_0를 기각한다. 즉 $\alpha=0.05$로 변경 후의 분산이 목표 분산값과 차이가 있다고 할 수 있다.

(2) 모평균의 검정

(1)의 결과 모분산이 달라졌으므로, t분포를 이용(σ 미지)하여 검정을 행한다.

$H_0:\ \mu=11.70,\quad H_1:\ \mu\neq 11.70$

$t_0=\dfrac{\bar{x}-\mu_0}{\dfrac{s}{\sqrt{n}}}=\dfrac{11.15-11.70}{\dfrac{0.567646}{\sqrt{10}}}=-3.064$

$t_0 = -3.064 < -t_{0.975}(9) = -2.262$

$\therefore\ \alpha = 0.05$로 H_0를 기각, 즉, 모평균이 달라졌다고 할 수 있다.

(3) σ 미지일 때 모평균의 구간추정

$$\widehat{\mu_{U \cdot L}} = \bar{x} \pm t_{1-\alpha/2}(\nu)\frac{s}{\sqrt{n}}$$

$$= \bar{x} \pm t_{0.975}(9)\frac{s}{\sqrt{n}}$$

$$= 11.15 \pm 2.262 \times \frac{0.567646}{\sqrt{10}}$$

$$= (10.74396 \sim 11.55604)$$

12_(1)

번호	N	샘플문자	n	A_c	R_e	부적합품수	합부 판정	전환점수	샘플링검사의 엄격도
7	500	J	80	3	4	1	합격	3	보통검사 속행
8	300	J	80	3	4	2	합격	6	보통검사 속행
9	200	H	50	2	3	3	불합격	0	보통검사 속행
10	500	J	80	3	4	2	합격	3	보통검사 속행
11	1,000	K	125	5	6	4	합격	0	보통검사 속행
12	1,500	L	200	7	8	5	합격	3	보통검사 속행

(2) 보통검사 속행

기출유사문제 [2020년 5회 품질경영산업기사 실기]

01 어떤 회로에 사용되는 반도체의 소성수축률은 지금까지 장기간에 걸쳐서 관리상태에 있으며 그 표준편차 0.18%이다. 원가절감을 위해 A 회사의 원료를 사용하는 것이 어떤가를 검토하고 있다. A 회사의 원료의 소성수축률을 시험하였더니 [데이터]와 같았다. 다음 물음에 답하시오.

[Data] 2.2 2.4 2.1 2.5 2.0 2.4 2.5 2.3 2.9 2.7 2.8

(1) 소성수축률의 산포가 지금까지의 값에 비해 달라졌는가의 여부를 유의수준 5%로 검정하시오.

(2) (1)의 결과를 근거하여, 모분산을 신뢰율 95%로 구간추정하시오.

02 어느 실험실에서 4명의 분석공(A_1, A_2, A_3, A_4)이 일하고 있는데 이들 간에는 동일한 시료의 분석 결과에도 차이가 있는 것으로 생각된다. 이를 확인하기 위하여 일정한 표준시료를 만들어서, 동일 장치로 날짜를 랜덤하게 바꾸어 가면서 각 4회 반복하여 4명의 분석공에게 분석시켰다. 이들 분석공에게는 분석되는 시료가 동일한 표준시료라는 것을 모르게 하여 실시한 후 다음 분석치를 얻었다. 분산분석표를 완성하시오.

	A_1	A_2	A_3	A_4
1	79.4	79.8	80.9	81.0
2	78.9	80.4	80.6	79.8
3	78.7	79.2	80.1	80.0
4	80.0	80.5	80.4	80.8

요인	SS	DF	MS	F_0	$F_{0.95}$	$F_{0.99}$	$E(MS)$
A	( )	( )	( )	( )	( )	( )	$\sigma_e^2+4\sigma_A^2$
e	( )	( )	( )				σ_e^2
T	( )	( )					

03 다음 데이터를 보고 물음에 답하시오.(관리계수표를 이용하시오.)

시료군의 번호	측정치					평균치 $\bar{x}$	범위 R
1	13	8	12	12	8	10.6	5
2	11	10	13	8	10	10.4	5
3	10	12	15	14	9	12	6
4	16	12	17	15	13	14.6	5
5	15	12	15	11	14	13.4	4
6	13	16	12	14	8	12.6	8
7	14	12	13	10	12	12.2	4
8	10	9	7	15	14	11	8
9	9	10	12	9	12	10.4	3
10	12	10	12	14	14	12.4	4
11	10	12	8	10	12	10.4	4
12	14	10	8	9	12	10.6	6
13	8	12	13	12	14	11.8	6
14	13	10	11	14	12	12	4
15	7	8	12	13	11	10.2	6
합계						174.6	78

(1) $\bar{x}$관리도의 중심선, 관리상하한선을 구하시오.

(2) $\bar{x}$관리도를 그리고, 판정을 행하시오.

(3) 관리도의 이상상태를 판정할 때 조건 4가지를 쓰시오.

04 다음은 6시그마 조직에 대한 설명이다. 공란을 메우시오.

구분	역할
(①)	목표 설정, 추진방법 확정, 6시그마 이념과 신념의 조직 내 확산
(②)	(①)을 보조, (③)의 프로젝트 자문과 감독, 직원에게 지도 교육
(③)	프로젝트 추진, (④) 양성, 문제해결활동, 6시그마 핵심요원
(④)	품질기초기법 활용, 현업 및 개선 프로젝트의 병행
(⑤)	전임직원의 의무자격

05 A사는 어떤 부품의 수입검사에 있어 KS Q ISO 2859-1을 사용하고 있다. 검토 후 $AQL = 1.5\%$, 검사수준 Ⅲ으로 1회 샘플링검사를 보통검사를 시작으로 연속 15로트를 실시한 일부분이다. 주어진 부표를 이용하여 다음 물음에 답하시오.

(1) 다음 공란을 채우시오.

번호	N	샘플문자	n	A_c	R_e	부적합품 수	합부 판정	전환점수	샘플링검사의 엄격도
7	500	J	80	3	4	1	합격	3	보통검사 속행
8	300					2			
9	200					3			
10	500					2			
11	1,000					4			
12	1,500					5			

(2) 로트번호 13번의 샘플링검사 엄격도를 쓰시오.

06 실험을 계획하는 단계에서의 기본원리에 대하여 기술하시오.

07 다음 공란에 들어갈 적당한 내용을 적으시오.

계수값 샘플링검사(KS Q ISO 2859-1)에서 샘플링 방식을 선택하려면 로트의 크기(N), (①)에 따른 샘플문자, (①)의 종류에는 특별검사수준(S-1~S-4), 통상검사수준(Ⅰ, Ⅱ, Ⅲ)이 있으며, 특별한 지정이 없다면 통상검사수준 Ⅱ를 사용한다. 또한 (②)에는 수월한 검사, 보통검사, 까다로운 검사가 있으며, 특별한 기준이 없다면 보통검사를 행한다. 이어 결정된 합격품질수준(AQL)에 따라 표를 찾으면 시료의 크기(n)와 합격판정개수(A_c)와 불합격판정개수(R_e)가 나오고 이에 따라 검사를 행하여 로트의 합부를 결정하게 된다.

08 다음 표는 검사자에 대한 기억력 x와 판단력 y를 검사하여 얻은 데이터이다.

기억력 x	11	10	14	18	10	5	12	7	15	16
판단력 y	6	4	6	9	3	2	8	3	9	7

(1) 공분산(V_{xy})을 구하시오.

(2) 상관계수(r_{xy})를 구하시오.

(3) 회귀방정식을 구하시오.

09 다음은 기업 또는 제품에 대한 인증에 대한 내용이다. 다음 공란을 메우시오.

	제품 또는 서비스 인증	품질 시스템 인증
종류	((1))	((2))

10 다음의 내용은 ISO 9000 시리즈에서 정의하고 있는 어떤 용어에 대한 설명인가?

(1) 품질 요구사항을 충족하는 데 중점을 둔 품질경영의 일부 (   )

(2) 최고경영자에 의해 공식적으로 표명된 품질 관련 조직의 전반적인 의도 및 방향으로서 품질에 관한 방침 (   )

(3) 품질 요구사항이 충족될 것이라는 신뢰를 제공하는 데 중점을 둔 품질경영의 일부 (   )

11 $L_8 2^7$의 직교배열표를 이용하여 아래 표와 같이 인자를 배치하고 실험데이터를 얻었을 때, 물음에 답하시오.

배치		A	C		B	D		실험데이터 x_i
No.╲열번	1	2	3	4	5	6	7	
1	1	1	1	1	1	1	1	20
2	1	1	1	2	2	2	2	24
3	1	2	2	1	1	2	2	17
4	1	2	2	2	2	1	1	27
5	2	1	2	1	2	1	2	26
6	2	1	2	2	1	2	1	15
7	2	2	1	1	2	2	1	36
8	2	2	1	2	1	1	2	32
기본표시	a	b	a b	c	a c	b c	a b c	

(1) 요인 A와 요인 B의 교호작용 $A\times B$가 존재한다면 몇 열에 배치하여야 하는가?

(2) 교호작용 $A\times B$를 배치한 후 교호작용 $C\times D$를 배치한다면 어떻게 되는지 설명하시오.

(3) 교호작용 $A\times B$의 제곱합 $S_{A\times B}$를 구하시오.

12 용기에 흰 공 3개, 빨간 공 10개가 들어 있다. 이 용기에서 5개를 샘플링했을 때 흰 공 2개와 빨간 공 3개가 뽑힐 확률은?

(1) 비복원 샘플링인 경우

(2) 복원 샘플링인 경우

13 계량규준형 1회 샘플링검사는 n개의 샘플을 취하고 그 측정치의 평균치 $\bar{x}$와 합격 판정치를 비교하여 로트의 합격·불합격을 판정하는 방법이다. 예를 들어 강재의 인장강도는 클수록 좋다고 할 때, 강재의 평균치가 46(kg/mm^2) 이상인 로트는 통과시키고 그것이 43(kg/mm^2) 이하인 로트는 통과시키지 않는다고 할 때 합격판정치를 구하시오.(단, $\sigma = 4$(kg/mm^2)임을 알고 있다. 주어진 부표를 이용할 것)

기출유사문제풀이 [2020년 5회 품질경영산업기사 실기]

01_ (1) 모분산 검정

$H_0 : \sigma^2 = 0.18^2$, $H_1 : \sigma^2 \neq 0.18^2$

$$\chi_0{}^2 = \frac{S}{\sigma_0{}^2} = \frac{0.805455}{0.18^2} = 24.860$$

$\chi_0{}^2 < \chi_{\alpha/2}{}^2(\nu) = \chi_{0.025}{}^2(10) = 3.25$ 또는 $\chi_0{}^2 > \chi_{1-\alpha/2}{}^2(\nu) = \chi_{0.975}{}^2(10) = 20.48$이면 H_0를 기각한다.

판정 : $\chi_0{}^2 = 24.860 > 20.48$

$\therefore$ $\alpha = 0.05$로 H_0 기각, 즉 $\alpha = 0.05$로 소성수축률의 산포가 달라졌다고 할 수 있다.

(2) 모분산 추정(신뢰율 95%)

$$\frac{S}{\chi_{1-\alpha/2}{}^2(\nu)} \le \hat{\sigma^2} \le \frac{S}{\chi_{\alpha/2}{}^2(\nu)}, \quad \frac{0.805455}{20.48} \le \hat{\sigma^2} \le \frac{0.805455}{3.25}$$

$\therefore$ $0.03933 \le \sigma^2 \le 0.24783$

02_ $CT = \dfrac{T^2}{N} = \dfrac{(1{,}280.5)^2}{16} = 102{,}480.0156$

- $S_T = \sum_i \sum_j x_{ij}{}^2 - CT = 7.354375$
- $S_A = \sum_i \dfrac{T_{i\cdot}{}^2}{r} - CT = \dfrac{1}{4}(317.0^2 + 319.9^2 + 322.0^2 + 321.6^2) - CT = 3.876875$
- $S_e = S_T - S_A = 7.354375 - 3.876875 = 3.47750$
- $\nu_T = lr - 1 = 4 \times 4 - 1 = 15$, $\nu_A = l - 1 = 3$, $\nu_e = \nu_T - \nu_A = 12$

요인	SS	DF	MS	F_0	$F_{0.95}$	$F_{0.99}$	$E(MS)$
A	3.87688	3	1.29229	4.459*	3.49	5.95	$\sigma_e{}^2 + 4\sigma_A{}^2$
e	3.47750	12	0.28979				$\sigma_e{}^2$
T	7.35438	15					

03_ (1) $\bar{x}$ 관리도

$$C_L = \frac{\Sigma \bar{x}}{k} = \frac{174.6}{15} = 11.64$$

$$U_{CL} = \bar{\bar{x}} + \frac{3\bar{R}}{d_2\sqrt{n}} = 11.64 + \frac{3 \times 5.2}{2.326 \times \sqrt{5}} = 14.63937$$

$$L_{CL} = \overline{\overline{x}} - \frac{3\overline{R}}{d_2\sqrt{n}} = 11.64 - \frac{3\times 5.2}{2.326\times\sqrt{5}} = 8.64063$$

(2) 관리도 작성 및 판정

① 관리도 작성

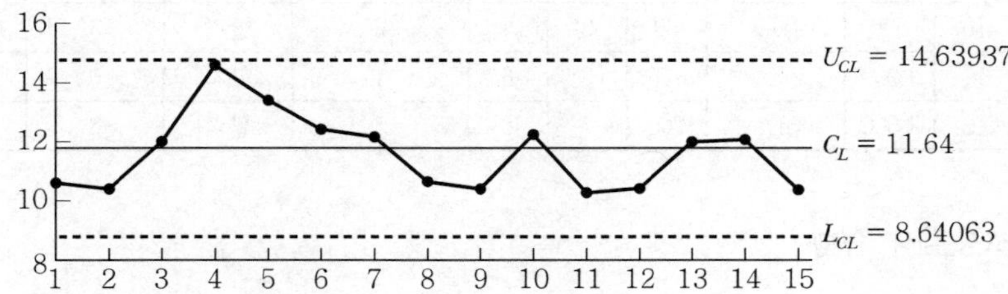

② 관리도의 판정 : 군번호 4에서 군번호 9까지 규칙 3. 6점이 연속적으로 하강하는 경향을 보이므로, 관리이상상태라 할 수 있다.

(3) 관리이상상태의 조건(다음 중 4가지)

① 관리한계선(3σ)을 벗어나는 점이 1점 이상이 나타난다.

② 9점이 중심선에 대하여 같은 쪽에 존재한다.(연)

③ 6점이 연속적으로 증가 또는 감소하고 있다.(경향)

④ 14점이 교대로 증감하고 있다.(주기성)

⑤ 연속하는 3점 중 2점이 중심선 한쪽으로 2σ를 넘는 영역에 있다.

⑥ 연속하는 5점 중 4점이 중심선 한쪽으로 1σ를 넘는 영역에 있다.

⑦ 연속하는 15점이 $\pm 1\sigma$ 영역 내에 존재한다.

⑧ 연속하는 8점이 $\pm 1\sigma$ 한계를 넘는 영역에 있다.

04_

구분	역할
Champion	목표설정, 추진방법 확정, 6시그마 이념과 신념의 조직 내 확산
MBB(Master Black Belt)	Champion을 보조, BB의 프로젝트 자문과 감독, 직원에게 지도 교육
BB(Black Belt)	프로젝트 추진, GB 양성, 문제해결활동, 6시그마 핵심요원
GB(Green Belt)	품질기초기법 활용, 현업 및 개선 프로젝트의 병행
WB(White Belt)	전임직원의 의무자격

05_(1)

번호	N	샘플문자	n	A_c	R_e	부적합품 수	합부 판정	전환점수	샘플링검사의 엄격도
7	500	J	80	3	4	1	합격	3	보통검사 속행
8	300	J	80	3	4	2	합격	6	보통검사 속행
9	200	H	50	2	3	3	불합격	0	보통검사 속행
10	500	J	80	3	4	2	합격	3	보통검사 속행
11	1,000	K	125	5	6	4	합격	0	보통검사 속행
12	1,500	L	200	7	8	5	합격	3	보통검사 속행

(2) 보통검사 속행

06_① 랜덤화의 원리 ② 반복의 원리
③ 블록화의 원리 ④ 직교화의 원리
⑤ 교락의 원리

07_① 검사수준
② 검사의 엄격도

08_ $S(xx) = \Sigma x^2 - \dfrac{(\Sigma x)^2}{n} = 147.60$, $S(yy) = \Sigma y^2 - \dfrac{(\Sigma y)^2}{n} = 60.10$

$S(xy) = \Sigma xy - \dfrac{(\Sigma x)(\Sigma y)}{n} = 83.40$

(1) 공분산 $V_{xy} = \dfrac{S(xy)}{n-1} = \dfrac{83.4}{9} = 9.26667$

(2) 상관계수 $r_{xy} = \dfrac{S(xy)}{\sqrt{S(xx)S(yy)}} = 0.88549$

(3) $\widehat{\beta}_1 = \dfrac{S(xy)}{S(xx)} = 0.565041$, $\widehat{\beta}_0 = \overline{y} - \widehat{\beta}_1 \overline{x} = -0.967480$

$\therefore\ \hat{y} = -0.96748 + 0.56504x$

09_(1) KS(Korea Standard)
(2) ISO 9001

10_ (1) 품질관리

(2) 품질방침

(3) 품질보증

11_ (1) $A \times B = b \times ac = abc$(7열)

(2) $C \times D = ab \times bc = ac$(5열), 5열에는 요인 B가 배치되어 있으므로, 이는 교호작용 $C \times D$는 중복배치이다. 이를 교락이라고 한다.

(3) 제곱합 $S_{A \times B} = \frac{1}{8}[(24+17+26+32)-(20+27+15+36)]^2 = 0.125$

12_

(1) $P_r(x=2) = \frac{\binom{3}{2}\binom{10}{3}}{\binom{13}{5}} = 0.27972$

(2) $P_r(x=2) = {}_5C_2\left(\frac{3}{13}\right)^2\left(\frac{10}{13}\right)^3 = 0.24240$

13_ 평균치를 보증하는 경우(특성치가 높을수록 좋은 경우)

$m_0 = 46,\ m_1 = 43,\ \sigma = 4$

$\frac{|m_1 - m_0|}{\sigma} = \frac{|43-46|}{4} = 0.750$이므로, 주어진 부표에서 $n=16,\ G_0 = 0.411$

$\therefore\ \overline{X_L} = m_0 - G_0\sigma = 46 - 0.411 \times 4 = 44.3560\,(\text{kg/mm}^2)$

기출유사문제 [2021년 1회 품질경영기사 실기]

01 다음의 $\overline{x}-R$관리도 데이터에 대한 요구에 답하시오.(단, 관리도용 계수표를 이용할 것)

시료군의 번호	측정치							
	x_1	x_2	x_3	x_4	x_5	$\overline{x_i}$	R	R_m
1	38.3	38.9	39.4	38.3	39.2	38.82	1.1	
2	39.1	39.8	38.5	39	38.3	38.94	1.5	0.12
3	38.6	38	39.2	39.9	39	38.94	1.9	0.00
4	40.6	38.6	39	39	38.5	39.14	2.1	0.20
5	38	38.5	47.9	38.1	38.7	40.24	9.9	1.10
6	38.8	39.8	38.3	39.6	39.4	39.18	1.5	1.06
7	38.9	38.7	41	41.4	40	40	2.7	0.82
8	39.9	38.7	39	39.7	39.1	39.28	1.2	0.72
9	40.6	41.9	38.2	40	40.8	40.3	3.7	1.02
10	39.2	39	38	40.5	37.8	38.9	2.7	1.40
11	38.9	40.8	38.7	39.8	39.2	39.48	2.1	0.58
12	39	37.9	37.9	39.1	40	38.78	2.1	0.70
13	39.7	38.5	39.6	38.9	39.2	39.18	1.2	0.40
14	38.6	39.8	39.2	40.8	38.6	39.4	2.2	0.22
15	40.7	40.7	39.3	39.2	39.7	39.92	1.5	0.52
16	38.6	37.5	39.2	39.7	37.9	38.58	2.2	1.34
17	37.6	39.8	39.4	40.8	38.9	39.3	3.2	0.72
18	40.6	40.9	38.2	40	40.5	40.04	2.7	0.74
19	38.3	38.9	38.4	38.3	38.6	38.5	0.6	1.54
20	39.7	37.5	39.6	38.9	39.7	39.08	2.2	0.58
21	39.2	39	39	40.5	40	39.54	1.5	0.46
						825.54	49.8	14.24

(1) $\overline{x}-R$관리도의 C_L, U_{CL}, L_{CL}을 각각 구하시오.

(2) 군번호 1에서 10까지의 $\overline{x}-R$관리도를 작성하고 관리상태를 판정하시오.(단, 군번호 11에서 21까지는 관리상태이다.)

(3) 본 관리도에서 관리이상데이터를 제거한 데이터에서 $\Sigma R'=39.9$, $\Sigma R_m{}'=12.12$이라고 할 때 $\sigma_{\overline{x}}$, σ_b를 각각 추정하시오.

(4) 관리계수(C_f)에 대한 설명이다. 다음 공란을 메우시오.

관리계수	C_f =( )	
판정	$C_f > 1.2$	( )
	$1.2 \geq C_f \geq 0.8$	( )
	$0.8 > C_f$	( )

02 원료 A 와 원료 B에 대한 불순물함유량의 산포를 알기 위하여 각각의 원료에서 16개씩 채취하여 분산을 구하였더니 $s_A{}^2 = 0.082$, $s_B{}^2 = 0.036$이었다면, 원료 A 의 정밀도보다 원료 B의 정밀도가 더 좋아졌다고 할 수 있겠는가를 검정하시오.(단, $\alpha = 0.05$)

03 자동차를 생산하고 있는 회사에서 샤프트를 열처리하는 공정이 있다. 기술개발실의 검사원은 이 열처리 공정에서 온도와 촉매와의 모상관관계를 알아보기 위해 시료 100개를 임의 추출하여 표본상관계수를 알아본 결과 $r = 0.72$이었다. 다음 물음에 답하시오.

(1) 이 열처리 공정의 모상관계수 ρ는 0.6으로 보아도 좋은가를 유의성검정을 실시하시오. (단, 유의수준 5%)

(2) 모상관계수를 신뢰율 95%로 구간추정을 하시오.

04 크기 $N = 5000$의 로트로부터 샘플의 크기 $n = 120$의 시료를 샘플링하여 합격판정개수 $c = 3$인 경우 OC곡선을 작성하려고 한다.(단, P_0 = 1%, P_1 = 10%, α = 5%, β = 10%)

(1) 다음 빈칸을 메우시오.

$P(\%)$	$L(P)$
0	( )
1	( )
5	( )
10	( )

(2) OC곡선을 작성하시오.

05 금속판의 표면 로크웰 경도 상한 규격치(U)가 규정되었을 때, 로크웰 경도 U를 넘는 것이 P_0 이하인 로트는 통과시키고 그것이 P_1 이상인 로트는 통과시키지 않도록 하는 계량 규준형 1회 샘플링검사 방식이 있다.(단, $\alpha=0.05$, $\beta=0.10$, σ기지이다.)

(1) 시료의 크기 n 값을 구하시오.

(2) 합격판정계수 k 값을 구하시오.

(3) 합부판정을 설명하시오.

06 KS Q ISO 2859-1에서 검사의 엄격도 조정을 하는 경우, 보통검사에서 수월한 검사로 가기 위한 조건 3가지를 기술하시오.

07 A사는 어떤 부품의 수입검사에 있어 KS Q ISO 2859-1을 사용하고 있다. 검토 후 $AQL=1.0\%$, 검사수준 II로 1회 샘플링검사를 보통검사를 시작으로 연속 6로트를 실시하였다. 다음 공란을 채우시오.

번호	N	샘플 문자	n	당초 Ac	As (검사 전)	적용하는 Ac	부적합 품수	합부 판정	As (검사 후)	전환 점수	후속조치
1	180	G	32	1/2			0				
2	200	G	32	1/2			1				
3	250	G	32	1/2			1				
4	450	H	50	1			1				
5	300	H	50	1			1				
6	80	E	13	0			1				

08 4종류의 플라스틱제품이 있다. A_1 : 자기회사제품, A_2 : 국내 C회사제품, A_3 : 국내 D회사제품, A_4 : 외국제품에 대하여 각각 10개, 6개, 6개, 2개씩 표본을 취하여 강도(kg/cm²)를 측정한 결과가 다음과 같다. 물음에 답하시오.(단, L_1 : 외국제품과 한국제품의 차, L_2 : 자사제품과 국내 타 회사제품의 차, L_3 : 국내 타 회사제품의 차)

A의 수준	데이터										$T_i.$
A_1	20	18	19	17	17	22	18	13	16	15	$T_1.=175$
A_2	25	23	28	26	19	26					$T_2.=147$
A_3	24	25	18	22	27	24					$T_3.=140$
A_4	14	12									$T_4.=26$
											$T=488$

(1) 선형식 L_1, L_2, L_3를 구하시오.

(2) 대비의 제곱합 S_{L_1}, S_{L_2}, S_{L_3}를 구하시오.

(3) 분산분석표를 작성하고 검정을 행하시오.(유의수준 5%)

09 어떤 화학 공장에서 각 인자를 4수준으로 하여 인자 간의 교호작용을 무시할 수 있다고 가정한 후 라틴방격법에 의하여 실험하여, 다음과 같은 수율 데이터가 발생되었다. 다음 물음에 답하시오.

구분	A_1	A_2	A_3	A_4
B_1	$C_1(18)$	$C_2(24)$	$C_3(13)$	$C_4(20)$
B_2	$C_2(14)$	$C_3(20)$	$C_4(15)$	$C_1(22)$
B_3	$C_3(21)$	$C_4(29)$	$C_1(20)$	$C_2(26)$
B_4	$C_4(21)$	$C_1(24)$	$C_2(19)$	$C_3(20)$

(1) 분산분석표를 작성하고 분산분석을 실시하시오.(단, 유의수준 5%)

(2) 수율을 최대로 하는 점추정식과 점추정값을 구하시오.

(3) 수준조합의 최적조건에서 95% 신뢰구간을 구하시오.

10 2^2요인실험에서 교호작용 $A \times B$와 교락이 되도록 다음 블록을 배치하시오.

블록 1

블록 2

11 품질코스트의 종류 3가지를 적고 설명하시오.

12 3정 5S를 쓰시오.

13 어떤 제품의 형상모수(m)가 1.2, 척도모수(η)가 2,200시간, 위치모수(r)는 0인 와이블분포를 따를 때 다음 물음에 답하시오.

(1) 사용시간 $t = 500$에서 신뢰도($R(t)$)를 구하시오.

(2) 사용시간 $t = 500$에서 고장률($\lambda(t)$)을 구하시오.

(3) 만약 이 부품의 신뢰도를 90% 이상으로 유지한다고 할 때 필요한 사용시간(t_0)을 구하시오.

14 샘플 15개에 대하여 5개가 고장 날 때까지 교체 없이 수명시험을 하고 관측한 고장시간은 다음과 같다. 물음에 답하시오.

[고장시간] 17.5, 18.0, 21.0, 31.0, 42.3 (단위 : 시간)

(1) 평균수명의 점추정값을 구하시오.

(2) 신뢰율 90%로 평균수명의 신뢰구간을 구하시오.

기출유사문제풀이 [2021년 1회 품질경영기사 실기]

01_ (1) $\bar{x}-R$관리도의 관리한계선

① $\bar{x}$관리도

$$C_L=\frac{\Sigma\bar{x}}{k}=\frac{825.54}{21}=39.31143$$

$$U_{CL}=\bar{\bar{x}}+\frac{3\bar{R}}{d_2\sqrt{n}}=39.31143+\frac{3\times 2.372419}{2.326\times\sqrt{5}}=40.67985$$

$$L_{CL}=\bar{\bar{x}}-\frac{3\bar{R}}{d_2\sqrt{n}}=39.31143-\frac{3\times 2.372429}{2.326\times\sqrt{5}}=37.94301$$

② R관리도

$$C_L=\frac{\Sigma R}{k}=\frac{49.8}{21}=2.37143$$

$$U_{CL}=D_4\bar{R}=2.114\times 2.37143=5.01320$$

$$L_{CL}=D_3\bar{R}=-(\text{고려하지 않음})$$

(2) 관리도작성 및 판정

① 관리도의 작성

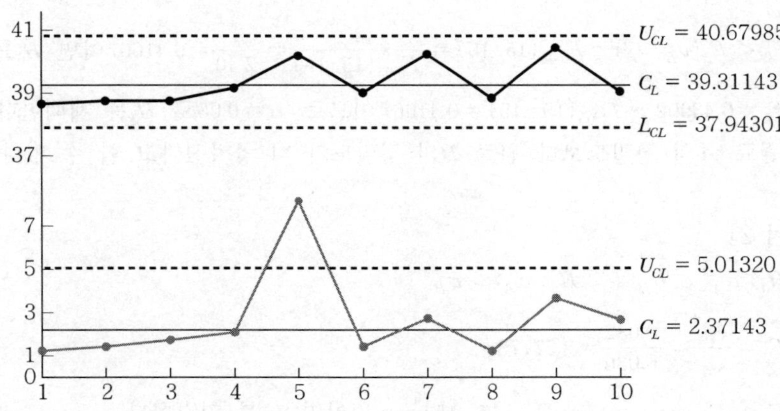

② 관리도의 판정 : $\bar{x}$관리도는 관리상태이나 R관리도는 군번호 5가 관리이탈로 관리이상상태이다.

(3) 군간변동과 군내변동

$$\bar{R}=\frac{\Sigma R'}{k}=\frac{39.9}{20}=1.995,\quad \overline{R_m{}'}=\frac{\Sigma R_m{}'}{k-1}=\frac{12.12}{19}=0.63789$$

① $\widehat{\sigma_{\bar{x}}} = \dfrac{\overline{R_m{}'}}{d_2} = \dfrac{0.68379}{1.128} = 0.56551$

② $\widehat{\sigma_w} = \dfrac{\overline{R'}}{d_2} = \dfrac{1.995}{2.326} = 0.85770$

$\sigma_{\bar{x}}{}^2 = \dfrac{\sigma_w{}^2}{n} + \sigma_b{}^2$에서 $\sigma_b = \sqrt{\sigma_{\bar{x}}{}^2 - \dfrac{\sigma_w{}^2}{n}} = 0.41554$

(4) 관리계수(C_f)

관리계수	$C_f = \dfrac{\sigma_{\bar{x}}}{\sigma_w}$	
판정	$C_f > 1.2$	급간변동이 크다.
	$1.2 \geq C_f \geq 0.8$	대체로 관리상태이다.
	$0.8 > C_f$	군 구분이 나쁘다.

02_[풀이 1]

① $H_0 : \sigma_A{}^2 \leq \sigma_B{}^2 \qquad H_1 : \sigma_A{}^2 > \sigma_B{}^2$

② $F_0 = \dfrac{s_B{}^2}{s_A{}^2} = \dfrac{0.036}{0.082} = 0.43902$

③ $F_0 < F_\alpha(\nu_B, \nu_A) = F_{0.05}(15, 15) = \dfrac{1}{F_{0.95}(15, 15)} = \dfrac{1}{2.40} = 0.41667$이면 H_0를 기각한다.

④ $F_0 = 0.43902 > F_{0.05}(15,\ 15) = 0.41667$이므로, $\alpha = 0.05$로 H_0는 채택한다.

즉, 원료 A의 정밀도보다 원료 B의 정밀도가 더 좋아졌다고 할 수 없다.

[풀이 2]

① $H_0 : \sigma_A{}^2 \leq \sigma_B{}^2 \qquad H_1 : \sigma_A{}^2 > \sigma_B{}^2$

② $F_0 = \dfrac{s_A{}^2}{s_B{}^2} = \dfrac{0.082}{0.036} = 2.27778$

③ $F_0 > F_{1-\alpha}(\nu_A,\ \nu_B) = F_{0.95}(15,\ 15) = 2.40$이면 H_0를 기각한다.

④ $F_0 = 2.27778 < F_{0.95}(15,\ 15) = 2.40$이므로, $\alpha = 0.05$로 H_0는 채택한다.

즉, 원료 A의 정밀도보다 원료 B의 정밀도가 더 좋아졌다고 할 수 없다.

03_ (1) 모상관계수에 대한 검정

① $H_0 : \rho = 0.6$ $\quad H_1 : \rho \neq 0.6$

② $u_0 = \dfrac{Z_r - Z_{\rho_0}}{\sqrt{\dfrac{1}{n-3}}} = \dfrac{\dfrac{1}{2}ln\dfrac{1+r}{1-r} - \dfrac{1}{2}ln\dfrac{1+\rho_0}{1-\rho_0}}{\sqrt{\dfrac{1}{n-3}}} = \dfrac{\tanh^{-1}0.72 - \tanh^{-1}0.6}{\sqrt{\dfrac{1}{97}}} = 2.11256$

③ $u_0 > u_{1-\alpha/2} = 1.96$ 이면 H_0를 기각한다.

④ $u_0 = 2.11256 > 1.96$ 이므로 $\alpha = 0.05$ 로 H_0를 기각한다.

즉 $\alpha = 0.05$ 로 모상관계수 $\rho = 0.6$ 이 달라졌다고 할 수 있다.

(2) 모상관계수의 95% 구간추정

$\rho_{U \cdot L} = \tanh\left(\tanh^{-1} r \pm u_{1-\alpha/2}\dfrac{1}{\sqrt{n-3}}\right) = \tanh\left(\tanh^{-1}0.72 \pm 1.96\dfrac{1}{\sqrt{97}}\right)$

$\therefore\ 0.60982 \le \rho \le 0.80288$

04_ (1) $L(P)$의 계산 : $L(P) = \displaystyle\sum_{x=0}^{c=3} \frac{e^{-nP}(nP)^x}{x!}$

$P \le 0.1,\ n \ge 50,\ nP : 0.1 \sim 10$이므로, 푸아송분포로 계산을 한다.

$P(\%)$	$L(P)$
0	$e^{-0} = 1$
1	$e^{-(120\times0.01)}\left(\frac{1.2^0}{0!}+\frac{1.2^1}{1!}+\frac{1.2^2}{2!}+\frac{1.2^3}{3!}\right) = 0.96623$
5	$e^{-(120\times0.05)}\left(\frac{6.0^0}{0!}+\frac{6.0^1}{1!}+\frac{6.0^2}{2!}+\frac{6.0^3}{3!}\right) = 0.15120$
10	$e^{-(120\times0.10)}\left(\frac{12^0}{0!}+\frac{12^1}{1!}+\frac{12^2}{2!}+\frac{12^3}{3!}\right) = 0.00229$

(2) OC곡선 작성

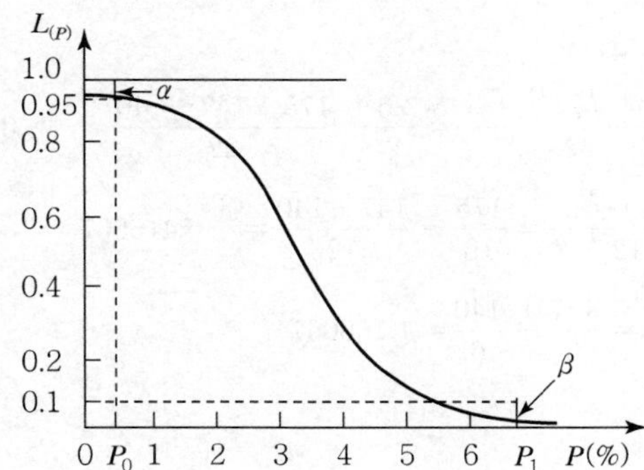

※ $P_0=1\%$에 따른 $\alpha=3.3775\%$로 문제에서 주어진 5%와 다소 차이가 존재하며, $P_1=10\%$에 따른 β값도 큰 차이가 있음을 볼 수 있다.

05_ (1) 시료의 크기 $n=\left(\dfrac{K_\alpha+K_\beta}{K_{P_0}-K_{P_1}}\right)^2$

(2) 합격판정계수 $k=\dfrac{K_{P_0}K_\beta+K_{P_1}K_\alpha}{K_\alpha+K_\beta}$

(3) n개의 시료로부터 $\bar{x}$를 구하여 $\bar{x}\le\left(\overline{X_U}=U-k\sigma\right)$이면 로트를 합격시키고, $\bar{x}>\overline{X_U}$이면 로트를 불합격시킨다.

06_ ① 전환점수가 30 이상이고

② 생산이 안정되고

③ 소관권한자가 인정한 경우

07_

번호	N	샘플 문자	n	당초 Ac	As (검사 전)	적용하는 Ac	부적합품수	합부 판정	As (검사 후)	전환 점수	후속조치
1	180	G	32	1/2	5	0	0	합격	5	2	보통검사로 속행
2	200	G	32	1/2	10	1	1	합격	0	4	보통검사로 속행
3	250	G	32	1/2	5	0	1	불합격	0	0	보통검사로 속행
4	450	H	50	1	7	1	1	합격	0	2	보통검사로 속행
5	300	H	50	1	7	1	1	합격	0	4	보통검사로 속행
6	80	E	13	0	0	0	1	불합격	0*	0	까다로운 검사로 전환

08_ (1) $L_1=\dfrac{T_4.}{2}-\dfrac{T_1.+T_2.+T_3.}{22}=\dfrac{26}{2}-\dfrac{175+147+140}{22}=-8.0$

$L_2=\dfrac{T_1.}{10}-\dfrac{T_2.+T_3.}{12}=\dfrac{175}{10}-\dfrac{147+140}{12}=-6.416667$

$L_3=\dfrac{T_2.}{6}-\dfrac{T_3.}{6}=\dfrac{147}{6}-\dfrac{140}{6}=1.166667$

(2) $S_{L_1}=\dfrac{{L_1}^2}{\sum m_i {C_i}^2}=\dfrac{(-8.0)^2}{2\times\left(\frac{1}{2}\right)^2+10\times\left(-\frac{1}{22}\right)^2+6\times\left(-\frac{1}{22}\right)^2+6\times\left(-\frac{1}{22}\right)^2}=117.333333$

$S_{L_2}=\dfrac{{L_2}^2}{\sum m_i {C_i}^2}=\dfrac{(-6.416667)^2}{10\times\left(\frac{1}{10}\right)^2+6\times\left(-\frac{1}{12}\right)^2+6\times\left(-\frac{1}{12}\right)^2}=224.583357$

$S_{L_3}=\dfrac{{L_3}^2}{\sum m_i {C_i}^2}=\dfrac{(1.166667)^2}{6\times\left(\frac{1}{6}\right)^2+6\times\left(-\frac{1}{6}\right)^2}=4.083329$

(3) 분산분석표 작성

① $CT=\dfrac{T^2}{N}=\dfrac{(488)^2}{24}=9{,}922.67$

② $S_T=(20^2+18^2+19^2+\cdots+14^2+12^2)-CT=503.333333$

③ $S_A=\sum_i\dfrac{{T_{i}.}^2}{m_i}-CT=\left(\dfrac{(175)^2}{10}+\dfrac{(147)^2}{6}+\dfrac{(140)^2}{6}+\dfrac{(26)^2}{2}\right)-CT=346.0$ 또는

$S_A=S_{L_1}+S_{L_2}+S_{L_3}=346.0$

④ $S_e=S_T-S_A=503.333333-346.0=157.333333$

요인	SS	DF	MS	F_0	$F_{0.95}$
A	346.0	3	115.33333	14.661*	3.10
L_1	117.33333	1	117.33333	14.915*	4.35
L_2	224.58336	1	224.58336	28.549*	4.35
L_3	4.08333	1	4.08333	0.519	4.35
e	157.33333	20	7.86667		
T	503.33333	23			

∴ 요인 A, L_1, L_2는 유의수준 5%로 유의하다.

09_ (1) 분산분석표 작성

① $CT=\dfrac{T^2}{k^2}=\dfrac{(326)^2}{16}=6{,}642.5$

② $S_T=\sum_i\sum_j\sum_k {x_{ijk}}^2-CT=6{,}910-CT=267.75$

③ $S_A=\sum_i\dfrac{{T_{i}..}^2}{k}-CT=\dfrac{74^2+97^2+67^2+88^2}{4}-CT=137.25$

④ $S_B=\sum_j\dfrac{{T_{.j.}}^2}{k}-CT=\dfrac{75^2+71^2+96^2+84^2}{4}-CT=92.25$

⑤ $S_C = \sum_k \frac{T_{\cdot\cdot k}^2}{k} - CT = \frac{84^2 + 83^2 + 74^2 + 85^2}{4} - CT = 19.25$

⑥ $S_e = S_T - (S_A + S_B + S_C) = 19.0$

⑦ $\nu_T = k^2 - 1 = 15,\ \nu_A = \nu_B = \nu_C = k - 1 = 3,\ \nu_e = (k-1)(k-2) = 6$

요 인	SS	DF	MS	F_0	$F_{0.95}$
A	137.25	3	45.750	14.447*	4.76
B	92.25	3	30.750	9.711*	4.76
C	19.25	3	6.41667	2.026	4.76
e	19.00	6	3.16667		
T	267.75	15			

∴ 요인 A, B는 유의하다.

(2) $\hat{\mu}(A_2B_3)$의 모평균 점추정

실험값이 수율이므로 최대인 수준이 최적수준이 된다. 요인 A, B만 유의하므로, 점추정은 다음과 같다.

$$\hat{\mu}(A_2B_3) = \bar{x}_{2\cdot\cdot} + \bar{x}_{\cdot 3 \cdot} - \bar{\bar{x}} = \frac{97}{4} + \frac{96}{4} - \frac{326}{16} = 27.875$$

(3) 신뢰율 95% 구간추정(유효반복수 $n_e = \frac{k^2}{2k-1} = \frac{16}{7}$)

$$\hat{\mu}(A_2B_3) = \left(\bar{x}_{2\cdot\cdot} + \bar{x}_{\cdot 3 \cdot} - \bar{\bar{x}}\right) \pm t_{0.975}(\nu_e)\sqrt{\frac{MS_e}{n_e}}$$

$$= 27.875 \pm t_{0.975}(6)\sqrt{\frac{3.16667}{\left(\frac{16}{7}\right)}}$$

$$= 27.875 \pm 2.447 \times \sqrt{\frac{3.16667}{\left(\frac{16}{7}\right)}}$$

$$= (24.99479 \sim 30.75521)$$

10_ 교호작용 $A \times B = \frac{1}{2}(a-1)(b-1) = \frac{1}{2}[(ab + (1)) - (a + b)]$

블록 1
(1)
ab

블록 2
a
b

11_ ① 예방코스트(Prevention cost : P－cost) : 처음부터 불량이 생기지 않도록 하는 데 소요되는 비용으로 소정의 품질수준 유지 및 부적합품 발생 예방에 드는 비용

② 평가코스트(Appraisal cost : A－cost) : 제품의 품질을 정식으로 평가함으로써 회사의 품질수준을 유지하는 데 드는 비용

③ 실패코스트(Failure cost : F－cost) : 소정의 품질을 유지하는 데 실패하였기 때문에 생긴 불량제품, 불량원료에 의한 손실비용

12_ • 3정 : 정품, 정량, 정위치

• 5S : 정리, 정돈, 청소, 청결, 습관화

13_ (1) 신뢰도

$$R(t=500)=e^{-\left(\frac{t-r}{\eta}\right)^m}=e^{-\left(\frac{500-0}{2,200}\right)^{1.2}}=0.84452(84.452\%)$$

(2) 고장률

$$\lambda(t=500)=\left(\frac{m}{\eta}\right)\left(\frac{t-r}{\eta}\right)^{m-1}=\left(\frac{1.2}{2,200}\right)\left(\frac{500-0}{2,200}\right)^{1.2-1}=0.00041(/\text{시간})$$

(3) $R(t)=e^{-\left(\frac{t-r}{\eta}\right)^m}=e^{-\left(\frac{t}{2,200}\right)^{1.2}}$, $0.90=e^{-\left(\frac{t_0}{2,200}\right)^{1.2}}$

양변에 ln을 취하면, $\ln 0.90=-\left(\frac{t_0}{2,200}\right)^{1.2}$

$(-\ln 0.90)^{\frac{1}{1.2}}=\left(\frac{t_0}{2,200}\right)$

$t_0=337.27767(\text{시간})$

∴ 신뢰도를 90% 이상으로 유지하기 위해서는 사용시간이 337.27767시간 이하가 되어야 한다.

14_ (1) 평균수명 $\widehat{MTBF}=\frac{T}{r}=\frac{\Sigma t_i+(n-r)\times t_r}{r}=\frac{17.5+\cdots+42.3+(10\times 42.3)}{5}=110.56(\text{시간})$

(2) 평균수명의 90% 양쪽 신뢰구간

평균수명의 하한 : $\theta_L=\frac{2r\hat{\theta}}{\chi_{1-\alpha/2}^2(2r)}=\frac{2\times 5\times 110.56}{\chi_{0.95}^2(10)}=60.38231(\text{시간})$

평균수명의 상한 : $\theta_U=\frac{2r\hat{\theta}}{\chi_{\alpha/2}^2(2r)}=\frac{2\times 5\times 110.56}{\chi_{0.05}^2(10)}=280.60914(\text{시간})$

기출유사문제 [2021년 2회 품질경영기사 실기]

01 가나다 주식회사에서 강철판의 10m²당 미세한 구멍(부적합수)을 검사하였더니 다음 표와 같았다. 다음 물음에 답하시오.

샘플군의 번호(k)	샘플군의 크기(n)	부적합수	샘플군의 번호(k)	샘플군의 크기(n)	부적합수
1	10	5	11	10	7
2	10	6	12	10	2
3	10	5	13	10	4
4	10	8	14	10	1
5	10	7	15	10	3
6	10	4	16	10	5
7	10	3	17	10	4
8	10	5	18	10	3
9	10	4	19	10	2
10	10	7	20	10	5
합 계		54	합 계		36

(1) 상기의 데이터를 관리도로 관리하려고 한다.

① 어떤 관리도를 사용하여야 하는가?

② 본 데이터는 무슨 확률분포를 근거로 하는가?

③ C_L, U_{CL}, L_{CL}을 구한 후, 관리도를 작성(군번호 11∼20까지)하고 관리도를 해석하시오.(단, 군번호 1∼10까지는 관리상태이다.)

(2) 공정평균부적합수가 6.6으로 변하였을 때 검출력을 구하시오.

(3) (2)의 관리도에서 연속 20점을 타점하였을 때 공정평균의 변화를 파악하지 못할 확률을 구하시오.

02 C제품의 모집단 중량분포는 $N(200, 4^2)$ 이었다. 중량을 줄이고자 TFT를 구성해서 개선을 진행하여 효과가 있는지 시료를 다음과 같이 측정하였다. 물음에 답하시오.(단, $\alpha = 0.05$)

[Data] 190 196 195 191 205 200 194 195 194 192

(1) 분산이 달라졌는지 검정하시오.

(2) 중량평균이 작아졌는지 검정하시오.

(3) 모평균의 상한을 구간추정하시오.

03 어떤 공정에서 생산되는 제품 로트 크기에 따라서 생산에 소요되는 시간을 측정하였더니 다음과 같은 시간이 소요되었다. 다음 물음에 답하시오.(단, $\alpha=0.05$)

x_i	30	20	60	80	40	50	60	30	70	80
y_i	73	50	128	170	87	108	135	69	148	132

(1) 회귀방정식을 $y=\widehat{\beta_0}+\widehat{\beta_1}x$로 표현할 때, $\widehat{\beta_0}$, $\widehat{\beta_1}$을 구하시오.

(2) 회귀계수(β_1)에 대하여 신뢰율 95%로 구간추정을 행하시오.

04 $N=1{,}000,\ n=50,\ c=1$인 샘플링방식을 적용할 경우 다음 물음에 답하시오.

(1) 로트의 부적합품률이 2%일 때 로트가 불합격할 확률을 구하시오.

(2) 로트의 부적합품률이 7%일 때 로트가 합격할 확률을 구하시오.

05 15kg들이 화학약품이 60상자 입하되었다. 약품의 순도를 조사하려고 우선 5상자를 랜덤샘플링하여 각각의 상자에서 6인크리멘트씩 랜덤샘플링하였다.(단, 1인크리멘트는 15g이다.)

(1) 약품의 순도는 종래의 실험에서 상자 간 산포 $\sigma_b=0.20\%$, 상자 내 산포 $\sigma_w=0.35\%$임을 알고 있을 때 샘플링분산(σ_s^2)을 구하시오.

(2) 각각의 상자에서 취한 인크리멘트는 혼합 · 축분하고 반복 2회 측정하였다. 이 경우 순도에 대한 모평균의 추정정밀도($\alpha=0.05$)를 구하시오.(단, 축분정밀도 $\sigma_R=0.10\%$, 측정정밀도 $\sigma_M=0.15\%$임을 알고 있다.)

06 어느 재료의 인장강도가 75kg/mm^2 이하로 규정된 경우, 즉 계량규준형 1회 샘플링검사에서 $n=8,\ k=1.74$의 값을 얻어 데이터를 취했더니 아래와 같다.(단, 표준편차 $\sigma=$ 2kg/mm^2)

(1) 상한 합격판정치($\overline{X_U}$)를 구하시오.

(2) 로트에서 샘플링한 측정데이터이다. 로트의 합격 · 불합격을 판정하시오.

79.0	75.5	77.5	76.5
77.0	79.5	77.0	75.0

07 A사는 어떤 부품의 수입검사에 있어 KS Q ISO 2859-1을 사용하고 있다. 검토 후 $AQL = 1.0\%$, 검사수준 II로 1회 샘플링검사를 보통검사를 시작으로 연속 3로트를 실시하였다. 다음 공란을 채우시오.

번호	N	샘플 문자	n	당초 Ac	As (검사 전)	적용하는 Ac	부적합 품수	합부 판정	As (검사 후)	전환 점수	후속조치
1	250	G	( )	( )	( )	( )	0	( )	( )	( )	보통검사로 속행
2	350	H	( )	( )	( )	( )	1	( )	( )	( )	( )
3	250	G	( )	( )	( )	( )	1	( )	( )	( )	( )

08 실험을 계획하는 단계에서의 기본원리에 대하여 기술하시오.

09 어떤 제품의 중합반응에서 약품의 흡수속도(g/hr)가 제조시간에 영향을 미치고 있음을 알고 있다. 흡수속도에 큰 요인이라고 생각되는 모수요인($A_1 = 0.3\%$, $A_2 = 0.5\%$, $A_3 = 0.7\%$)과 변량요인($B_1 = 150℃$, $B_2 = 170℃$, $B_3 = 190℃$)을 3회 반복하여 3^2 요인실험을 행한 결과 다음과 같다. 분산분석을 실시하시오.(단, $E(MS)$도 포함할 것)

	A_1		A_2		A_3	
B_1	4 8 2	합 : 14	2 3 5	합 : 10	1 6 4	합 : 11
B_2	8 9 5	합 : 22	2 8 3	합 : 13	7 8 3	합 : 18
B_3	7 6 7	합 : 20	1 5 8	합 : 14	1 3 8	합 : 12

10 $C_p = 1$일 때, 정규분포표를 그린 후 부적합품률은 몇 ppm인지 설명하시오.

11 어떤 화학공장에서 각 인자를 4수준으로 하여 인자 간의 교호작용을 무시할 수 있다고 가정한 후 라틴방격법에 의하여 실험하여, 다음과 같은 수율 데이터가 발생되었다. 다음 물음에 답하시오.

구분	A_1	A_2	A_3
B_1	$C_1(18)$	$C_2(24)$	$C_3(13)$
B_2	$C_2(14)$	$C_3(20)$	$C_1(15)$
B_3	$C_3(21)$	$C_1(29)$	$C_2(20)$

(1) 분산분석표를 작성하고 분산분석을 실시하시오.(단, 유의수준 5%)

(2) $\mu(A_2)$를 신뢰율 95%로 구간추정을 실시하시오.

12 형상모수 $m=4$, 척도모수 $\eta=1,000$, 위치모수 $r=1,000$인 와이블분포에서 사용시간 1,500시간일 때 물음에 답하시오.

(1) 신뢰도를 구하시오.

(2) 고장률을 구하시오.

13 샘플 10개에 대하여 정시고장시간(t_0) 50시간까지 시험한 결과, 7개가 다음과 같이 고장이 발생하였다. 물음에 답하시오.

[고장시간] 1, 5, 17, 18, 20, 32, 45 (단위 : 시간)

(1) 평균수명(MTBF)을 구하시오.

(2) 평균고장률(λ)을 구하시오.

(3) 사용시간 $t=40$에서 신뢰도($R(t)$)를 구하시오.

14 ISO 9000에서 다음의 설명은 어떤 용어에 대한 정의인가?

(1) 요구사항의 불충족 (　　)

(2) 활동 또는 프로세스를 수행하기 위하여 규정된 방식 (　　)

(3) 동일한 기능으로 사용되는 대상에 대하여 상이한 요구사항으로 부여되는 범주 또는 순위 (　　)

기출유사문제풀이 [2021년 2회 품질경영기사 실기]

01_ (1) ① 부적합수(c) 관리도

② 푸아송분포

③ 관리한계선

- 중심선 $C_L = \bar{c} = \dfrac{\Sigma c}{k} = \dfrac{90}{20} = 4.5$
- $U_{CL} = \bar{c} + 3\sqrt{\bar{c}} = 4.5 + 3 \times \sqrt{4.5} = 10.86396$
- $L_{CL} = \bar{c} - 3\sqrt{\bar{c}} = 4.5 - 3 \times \sqrt{4.5} = -$ (고려하지 않음)
- 관리도 작성

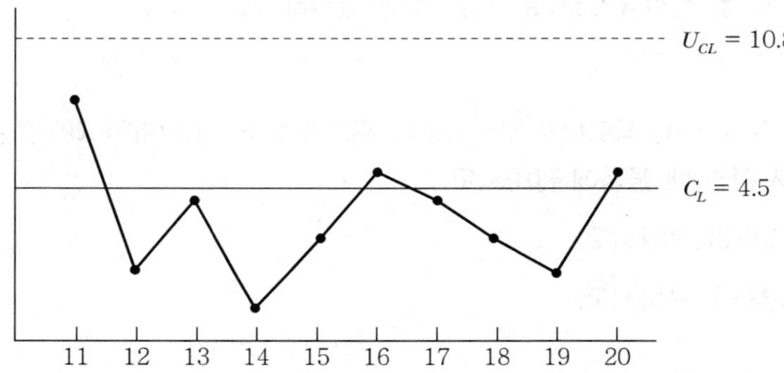

∴ 관리도에서 습관성이나 관리한계선을 벗어나는 점이 없으므로 관리상태로 판정한다.

(2) 검출력(관리상한선을 벗어날 확률)

$$1-\beta = P_r\left(u > \frac{U_{CL} - \bar{c}}{\sqrt{\bar{c}}}\right) = P_r\left(u > \frac{10.86396 - 6.6}{\sqrt{6.6}}\right) = P_r(u > 1.65974) = 0.0485$$

(3) 공정평균의 변화를 파악하지 못할 확률

$P = 0.0485,\ n = 20,\ x = 0$

$P_r(x=0) = {}_{20}C_0 (0.0485)^0 \times (1-0.0485)^{20} = 0.36998$

02_ (1) ① $H_0: \sigma^2 = \sigma_0^2$, $H_1: \sigma^2 \neq \sigma_0^2$

② $\chi_0^{\ 2} = \dfrac{(n-1)s^2}{\sigma_0^{\ 2}} = \dfrac{9 \times 19.733333}{16} = 11.10$

③ $\chi_0^{\ 2} < \chi_{\alpha/2}^{\ 2}(\nu) = \chi_{0.025}^{\ 2}(9) = 2.70$ 또는 $\chi_0^{\ 2} > \chi_{1-\alpha/2}^{\ 2}(\nu) = \chi_{0.975}^{\ 2}(9) = 19.02$ 이면 H_0를 기각한다.

④ $\chi_0^{\ 2} = 2.70 < 11.10 < 19.02$ 이므로, H_0를 채택한다. 즉, 분산이 달라졌다고 할 수 없다.

(2) σ기지인 평균치검정(한쪽 검정)

① $H_0: \mu \geqq 200$, $H_1: \mu < 200$

② $u_0 = \dfrac{\bar{x} - \mu_0}{\sigma / \sqrt{n}} = \dfrac{195.2 - 200}{4 / \sqrt{10}} = -3.79473$

③ $u_0 < -u_{1-\alpha} = -1.645$ 이면 H_0를 기각한다.

④ $u_0 = -3.795 < -1.645$ 이므로, H_0를 기각한다. 즉, 평균치가 작아졌다고 할 수 있다.

(3) σ기지일 때 모평균의 구간 추정(신뢰상한)

$$\widehat{\mu_U} = \bar{x} + u_{1-\alpha}\frac{\sigma}{\sqrt{n}} = 195.2 + 1.645 \times \frac{4}{\sqrt{10}} = 197.28078$$

03_ (1) 회귀방정식

$y - \bar{y} = \hat{\beta}_1(x - \bar{x}) \Rightarrow y = \hat{\beta}_1 x + \bar{y} - \hat{\beta}_1 \bar{x} \Rightarrow y = \hat{\beta}_0 + \hat{\beta}_1 x$

① $\hat{\beta}_1 = \dfrac{S(xy)}{S(xx)} = 1.74038$

② $\hat{\beta}_0 = \bar{y} - \beta_1 \bar{x} = 19.5$

(2) 회귀계수(β_1)에 대한 95% 구간 추정

$$S(xx) = \Sigma x^2 - \frac{(\Sigma x)^2}{n} = 4{,}160,\ S(xy) = \Sigma xy - \frac{(\Sigma x)(\Sigma y)}{n} = 7{,}240$$

$$S_T = S_{yy} = \Sigma y^2 - \frac{(\Sigma y)^2}{n} = 13{,}660$$

$$S_R = \frac{(S_{xy})^2}{S_{xx}} = 12{,}600.38462,\ S_{y/x} = S_T - S_R = 1{,}059.61538$$

$$V_{y/x} = \frac{S_{y/x}}{n-2} = \frac{1{,}059.61538}{8} = 132.45192$$

$$\beta_1 = \hat{\beta}_1 \pm t_{1-\alpha/2}(n-2)\sqrt{\frac{V_{y/x}}{S(xx)}} = 1.74038 \pm 2.306 \times \sqrt{\frac{132.45192}{4{,}160}}$$

$\therefore\ 1.32891 \leq \beta_1 \leq 2.15185$

04_ (1) 불합격할 확률$(1-L(P))$

$$1-L(P)=1-\sum_{x=0}^{c}\binom{n}{x}P^x(1-P)^{n-x}$$

$$=1-\left[\binom{50}{0}0.02^0\times(1-0.02)^{50}+\binom{50}{1}0.02^1\times(1-0.02)^{49}\right]$$

$$=1-0.73577=0.26423$$

(2) 합격할 확률$(L(P))$

$$L(P)=\sum_{x=0}^{c}\binom{n}{x}P^x(1-P)^{n-x}$$

$$=\binom{50}{0}0.07^0\times(1-0.07)^{50}+\binom{50}{1}0.07^1\times(1-0.07)^{49}$$

$$=0.12649$$

05_ 2단계 샘플링인 경우$(M=60,\ m=5,\ \bar{n}=6)$

(1) $\sigma_{\bar{x}}^2=V(\bar{x})=\dfrac{\sigma_w^2}{m\bar{n}}+\dfrac{\sigma_b^2}{m}=\dfrac{0.35^2}{5\times6}+\dfrac{0.2^2}{5}=0.01208$

(2) $\beta_{\bar{x}}=\pm u_{1-\alpha/2}\sqrt{\dfrac{\sigma_w^2}{m\bar{n}}+\dfrac{\sigma_b^2}{m}+\sigma_R^2+\dfrac{\sigma_M^2}{2}}=\pm1.96\sqrt{\dfrac{0.35^2}{5\times6}+\dfrac{0.2^2}{5}+0.1^2+\dfrac{0.15^2}{2}}$

$=\pm0.35785(\%)$

06_ 부적합품률을 보증하는 경우(U가 주어진 경우)

(1) $\overline{X_U}=U-k\sigma=75-1.74\times2=71.52$

(2) $\bar{x}=\dfrac{\sum x_i}{n}=\dfrac{617.0}{8}=77.125$

$\bar{x}=77.125>\overline{X_U}=71.52$이므로 로트를 불합격시킨다.

07_

번호	N	샘플문자	n	당초 Ac	As (검사 전)	적용하는 Ac	부적합품수	합부판정	As (검사 후)	전환점수	후속조치
1	250	G	32	1/2	5	0	0	합격	5	2	보통검사로 속행
2	350	H	50	1	12	1	1	합격	0	4	보통검사로 속행
3	250	G	32	1/2	5	0	1	불합격	0	0	보통검사로 속행

08_ ① 랜덤화의 원리　② 반복의 원리
③ 블록화의 원리　④ 직교화의 원리
⑤ 교락의 원리

09_ ① 수정항 $CT=\frac{T^2}{N}=\frac{(134)^2}{27}$

② $S_T=\sum_i\sum_j\sum_k x_{ijk}^2-CT=842-CT=176.96296$

③ $S_A=\frac{\sum T_{i\cdot\cdot}^2}{mr}-CT=\frac{56^2+37^2+41^2}{3\times 3}-CT=22.29630$

④ $S_B=\frac{\sum T_{\cdot j\cdot}^2}{lr}-CT=\frac{35^2+53^2+46^2}{3\times 3}-CT=18.29630$

⑤ $S_{A\times B}=S_{AB}-S_A-S_B=46.29630-22.29630-18.29630=5.70370$

$S_{AB}=\frac{\sum T_{ij\cdot}^2}{r}-CT=\frac{14^2+10^2+\cdots+18^2+12^2}{3}-CT=46.29630$

⑥ 검정방법

$F_A=\frac{V_A}{V_{A\times B}}=7.81816,\ F_B=\frac{V_B}{V_e}=1.26020,\ F_{A\times B}=\frac{V_{A\times B}}{V_e}=0.196430$

⑦ 분산분석표 작성

요 인	SS	DF	MS	F_0	$F_{0.95}$	$E(MS)$
A	22.29630	2	11.14815	7.81816*	6.94	$\sigma_e^2+3\sigma_{A\times B}^2+9\sigma_A^2$
B	18.29630	2	9.14815	1.26020	3.49	$\sigma_e^2+9\sigma_B^2$
$A\times B$	5.70370	4	1.42593	0.196430	2.87	$\sigma_e^2+3\sigma_{A\times B}^2$
e	130.66666	18	7.25926			σ_e^2
T	176.96296	26				

10_ $C_p=\frac{U-L}{6\sigma}=1,\ U-L=6\sigma=\pm 3\sigma$

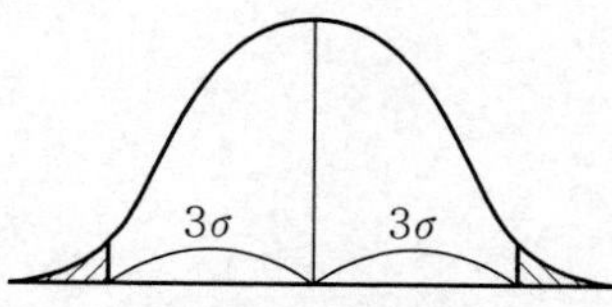

∴ 부적합품이 나올 확률은 0.0027이므로, $0.00270\times 10^6=2{,}700$ ppm이 된다.

11_ (1) 분산분석표 작성

① $CT=\dfrac{T^2}{k^2}=\dfrac{(174)^2}{9}$

② $S_T=\sum_i\sum_j\sum_k x_{ijk}{}^2-CT=3{,}572-CT=208$

③ $S_A=\sum_i\dfrac{T_{i\cdot\cdot}{}^2}{k}-CT=\dfrac{53^2+73^2+48^2}{3}-CT=116.66667$

④ $S_B=\sum_j\dfrac{T_{\cdot j\cdot}{}^2}{k}-CT=\dfrac{55^2+49^2+70^2}{4}-CT=78$

⑤ $S_C=\sum_k\dfrac{T_{\cdot\cdot k}{}^2}{k}-CT=\dfrac{62^2+58^2+54^2}{3}-CT=10.66667$

⑥ $S_e=S_T-(S_A+S_B+S_C)=2.66666$

요 인	SS	DF	MS	F_0	$F_{0.95}$
A	116.66667	2	58.33334	43.75011*	19.0
B	78	2	39	29.25007*	19.0
C	10.66667	2	5.33334	4.00002	19.0
e	2.66666	2	1.33333		
T	208	8			

∴ 요인 A, B는 유의하다.

(2) $\hat{\mu}(A_2)$의 신뢰율 95% 구간 추정

$$\hat{\mu}(A_2)=\overline{x}_{2\cdot\cdot}\pm t_{0.975}(\nu_e)\sqrt{\frac{V_e}{3}}$$

$$=\frac{73}{3}\pm t_{0.975}(2)\sqrt{\frac{V_e}{3}}$$

$$=24.33333\pm4.303\times\sqrt{\frac{1.33333}{3}}$$

$$=(21.46467\sim27.20199)$$

12_ $t=1{,}500$, $\eta=1{,}000$, $r=1{,}000$, $m=4$

(1) 신뢰도 $R(t=1{,}500)=e^{-\left(\frac{t-r}{\eta}\right)^m}=e^{-\left(\frac{1{,}500-1{,}000}{1{,}000}\right)^4}=0.93941$

(2) 고장률 $\lambda(t=1{,}500)=\left(\dfrac{m}{\eta}\right)\left(\dfrac{t-r}{\eta}\right)^{m-1}=\left(\dfrac{4}{1{,}000}\right)\left(\dfrac{1{,}500-1{,}000}{1{,}000}\right)^3=0.00050$(/시간)

13_ 정시중단시험($t_0 = 50$)

(1) 평균수명$= \dfrac{\sum_{i=1}^{r} t_r + (n-r)\times t_0}{r} = \dfrac{1+5+\cdots+32+45+(3\times 50)}{7} = 41.14286$(시간)

(2) 평균고장률$(\lambda) = \dfrac{1}{MTBF} = 0.02431$(/시간)

(3) 신뢰도$(R(t)) = e^{-\frac{t}{MTBF}} = e^{-\frac{40}{41.14286}} = 0.37824$

14_ (1) 부적합

(2) 절차

(3) 등급

기출유사문제 [2021년 4회 품질경영기사 실기]

01 어느 공정에서 제품 1개당의 평균 무게는 종전에 최소 100g 이상이었으며 표준편차 σ는 5g이었다고 한다. 공정의 일부를 변경시킨 다음에, n개의 시료(sample)를 뽑아 무게를 측정하였더니 $\bar{x}$=95g이었다. 이 공정의 산포가 종전과 다름없다는 조건하에서 다음 물음에 답하시오.

(1) 공정평균이 종전과 다름없다고 하는데 이를 틀리게 판단하는 오류를 5%, 공정평균이 100g 이하인 것을 옳게 판단할 수 있는 검출력(power of test)을 90%로 검정하려고 하였다면 위의 검정에서 시료를 몇 개 측정하였겠는가?

(2) 이 제품의 무게의 공정평균은 공정 변경 후 종전보다 작아졌다고 할 수 있겠는가를 통계적으로 조사하는 과정을 쓰고, 결론을 내시오.($\alpha = 0.05$)

(3) 이 제품의 무게의 공정평균은 공정 변경 후 종전보다 작아졌다면 얼마나 작아졌는지를 신뢰도 95%로 구간추정을 행하시오.

02 어떤 공정에서 생산되는 제품 로트 크기에 따라서 생산에 소요되는 시간을 측정하였더니 다음과 같은 시간이 소요되었다. 다음의 물음에 답하시오.(단, $\alpha = 0.05$)

x_i	3	2	6	8	4	5	6	3	7	8
y_i	7	5	13	17	9	11	14	7	15	13

(1) $S(xx)$, $S(xy)$, $S(yy)$, 자유도를 이용하여 다음을 구하시오.

㉮ $\hat{\beta}_1$　　　㉯ S_R　　　㉰ $V_{y/x}$

(2) 회귀계수(β_1)가 1이라고 할 수 있는지를 유의수준 5%로 검정을 행하시오.

(3) 회귀계수(β_1)에 대한 신뢰율 95%로 구간추정을 행하시오.

(4) 로트의 크기가 30일 때 소요시간을 구하시오.

03 다음 $x-R_m$ 관리도의 데이터를 보고 물음에 답하시오.(관리계수는 부표를 이용할 것)

일 별	측 정 치	R_m	일 별	측 정 치	R_m
1	25.0		9	32.3	8.7
2	25.3	0.3	10	28.1	4.2
3	33.8	8.5	11	27.0	1.1
4	36.4	2.6	12	26.1	0.9
5	32.2	4.2	13	29.1	3.0
6	30.8	1.4	14	37.2	8.1
7	30.0	0.8	15	35.2	2.0
8	23.6	6.4	계	$\Sigma x = 452.1$	$\Sigma R_m = 52.2$

(1) x관리도의 C_L, U_{CL}, L_{CL}을 각각 구하시오.

(2) 관리도를 작성하고, 판정하시오.

(3) 비관리상태 판정기준 8가지를 적으시오.

04 샘플링검사를 실시할 경우의 조건을 5가지 기술하시오.

05 검사단위의 품질표시방법 중 시료의 품질표시방법 5가지를 적으시오.

06 로트의 평균치가 0.9ton 이하이면 불합격이고, 1.3ton 이상이면 합격시키도록 할 때 다음 물음에 답하시오(단, $\sigma=0.3$, $K_\alpha=1.645$, $K_\beta=1.282$, $\alpha=0.05$, $\beta=0.10$).

(1) n (2) 합격판정치

07 금속판의 표면 로크웰경도의 상한규격치(U)가 68로 주어졌을 때, 로크웰경도 68을 초과하는 것이 0.5% 이하인 로트는 합격으로 하고 그것이 4% 이상인 로트는 불합격으로 하고 싶다. 이 경우 로크웰경도의 값은 정규분포하는 것으로 한다. (단, $\sigma=0.3$, $K_{0.005}$=2.58, $K_{0.04}$=1.75, $K_\alpha=1.65$, $K_\beta=1.28$, $\alpha=0.05$, $\beta=0.10$)

(1) 시료의 크기 n을 구하시오.

(2) 합격판정계수 k를 구하시오.

08 다음은 A사의 어떤 부품의 수입검사에 계수값 샘플링검사인 KS Q ISO 2859－1의 보조표인 분수샘플링검사를 적용하고 있는 일부분이다. 적용조건은 AQL＝1.0%, 통상검사수준 II에서 엄격도는 까다로운 검사, 샘플링형식은 1회로 시작하였다. 다음 물음에 답하시오.(주어진 부표를 이용할 것)

(1) 다음 표의 공란을 메우시오.

로트 번호	N	샘플 문자	n	당초의 Ac	합부판정 점수 (검사 전)	적용하는 Ac	부적합품 수 d	합부 판정	합부판정 점수 (검사 후)
1	200	G	32	1/3	13	1	1	합격	0
2	250						0		
3	600						1		
4	95						0		
5	120						0		

(2) 로트번호 5의 검사 결과, 다음 로트에 적용되는 로트번호 6의 엄격도를 결정하시오.

09 반복이 없는 2요인의 실험 데이터에서 다음과 같이 하나의 결측치가 생겼다. 다음 물음에 답하시오.

인자B \ 인자A	A_1	A_2	A_3	A_4	$T_{\cdot j}$
B_1	14	10	9	12	45
B_2	11	13	y	8	32+y
B_3	10	10	9	7	36
B_4	10	5	6	9	30
$T_{i\cdot}$	45	38	$24+y$	36	$143+y$

(1) Yates의 방법에 의하여 결측치를 추정하시오.

(2) 분산분석표를 완성하시오.

요 인	SS	DF	MS	F_0
A				
B				
e				
T				

10 다음 표는 1차 단위가 1요인실험인 단일분할법에서 블록 반복(R)과 A의 2원표이다. 다음의 물음에 답하시오.(단, m은 인자 B의 수준수임)

$m=4$	A_1	A_2	A_3	A_4	A_5	행 합
블록 반복 I	-51	1	15	15	8	-12
블록 반복 II	-12	4	-20	2	-27	-53
열 합	-63	5	-5	17	-19	-65

위 보조표에서 블록 반복의 제곱합(S_R)을 구하시오.

11 나일론 실의 방사과정에서 일정 시간 동안에 사절수가 어떤 인자에 크게 영향을 받는가를 대략적으로 알아보기 위하여 4인자 A(연신온도), B(회전수), C(원료의 종류), D(연신비)를 각각 다음과 같이 4수준으로 잡고 총 16회 실험을 4×4 그레코라틴방격법으로 행하였다. 다음 물음에 답하시오.

	A_1	A_2	A_3	A_4
B_1	$C_3D_2(15)$	$C_1D_1(\ 4)$	$C_4D_3(\ 8)$	$C_2D_4(19)$
B_2	$C_1D_4(\ 5)$	$C_3D_3(19)$	$C_2D_1(\ 9)$	$C_4D_2(16)$
B_3	$C_4D_1(15)$	$C_2D_2(16)$	$C_3D_4(19)$	$C_1D_3(17)$
B_4	$C_2D_3(19)$	$C_4D_4(26)$	$C_1D_2(14)$	$C_3D_1(34)$

(1) 분산분석표를 작성 및 검정을 행하시오.

(2) 최적수준조합에 대한 점추정을 행하시오.

(3) 최적수준조합에 대한 신뢰도 95% 구간추정을 실시하시오.

12 어떤 제품의 형상모수(m)가 0.7, 척도모수(η)가 8,667시간, 위치모수는 0인 와이블분포를 따를 때 사용시간 t=10,000에서 다음 물음에 답하시오.

(1) 신뢰도를 구하시오.

(2) 구간 평균고장률(AFR)을 구하시오.

13 다음 고장목(FT)의 시스템 신뢰도는 얼마나 되는가?

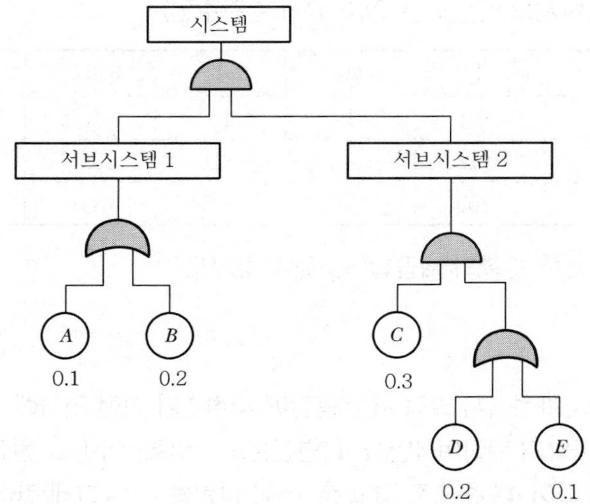

14 각국 규격 명칭에 대한 내용이다. 빈칸을 메우시오.

국명	규격	국명	규격	국명	규격
영국	(　　)	독일	(　　)	미국	(　　)
일본	(　　)	캐나다	(　　)	프랑스	(　　)

기출유사문제풀이 [2021년 4회 품질경영기사 실기]

01_ (1) $n=\left(\dfrac{u_{1-\alpha}+u_{1-\beta}}{\mu-\mu_0}\right)^2\sigma^2=\left(\dfrac{1.645+1.282}{95-100}\right)^2\times 5^2=8.567329=9$

(2) ① $H_0: \mu \geq 100$, $H_1: \mu < 100$

② $u_0=\dfrac{\overline{x}-\mu_0}{\dfrac{\sigma}{\sqrt{n}}}=\dfrac{95-100}{\dfrac{5}{\sqrt{9}}}=-3.0$

③ $u_0 < u_\alpha =-1.645$ 이면 H_0를 기각한다.

④ $u_0 =-3.0< -1.645$ 이므로, H_0를 기각한다.

(3) $\hat{\mu}_U=\overline{x}+u_{1-\alpha}\dfrac{\sigma}{\sqrt{n}}=95+1.645\ \dfrac{5}{\sqrt{9}}=97.74167$

02_ (1) $S(xx)=41.6$, $S(xy)=72.8$, $S(yy)=140.9$, 잔차의 자유도($\nu_{y/x}=8$)

㉮ $\hat{\beta}_1=\dfrac{S(xy)}{S(xx)}=\dfrac{72.8}{41.6}=1.75$

㉯ $S_R=\dfrac{(S(xy))^2}{S(xx)}=\dfrac{72.8^2}{41.6}=127.4$

㉰ $S_{y/x}=S(yy)-S_R=140.9-127.4=13.5$

$\therefore\ V_{y/x}=\dfrac{S_{y/x}}{\nu_{y/x}}=\dfrac{13.5}{8}=1.6875$

(2) ① $H_0: \beta_1=1$, $H_1: \beta_1\neq 1$

② $t_0=\dfrac{\hat{\beta}_1-\beta_1}{\sqrt{\dfrac{V_{y/x}}{S(xx)}}}=\dfrac{1.75-1}{\sqrt{\dfrac{1.6875}{41.6}}}=3.72380$

③ $t_0 > t_{1-\alpha/2}(\nu)=t_{0.975}(8)=2.306$ 이면 H_0를 기각한다.

④ $t_0=3.72380>2.306$ 이므로, H_0를 기각한다.

(3) $\beta_1=\hat{\beta}_1\pm t_{1-\alpha/2}(n-2)\sqrt{\dfrac{V_{y/x}}{S(xx)}}=1.75\pm 2.306\times\sqrt{\dfrac{1.6875}{41.6}}=(1.28555\sim 2.21445)$

(4) $E(x)=2+1.75x=2+1.75\times 30=54.5$

03_ $\overline{R_m}=\dfrac{\Sigma R_m}{k-1}=\dfrac{52.2}{14}=3.72857,\ d_2=1.128$ ($n=2$일 때)

(1) ① $C_L=\overline{x}=\dfrac{\Sigma x}{k}=\dfrac{452.1}{15}=30.14$

② $U_{CL}=\overline{x}+\dfrac{3}{d_2}\times\overline{R_m}=30.14+\dfrac{3}{1.128}\times 3.72857=40.05641$

③ $L_{CL}=\overline{x}-\dfrac{3}{d_2}\times\overline{R_m}=30.14-\dfrac{3}{1.128}\times 3.72857=20.22359$

(2) ① 관리도 작성

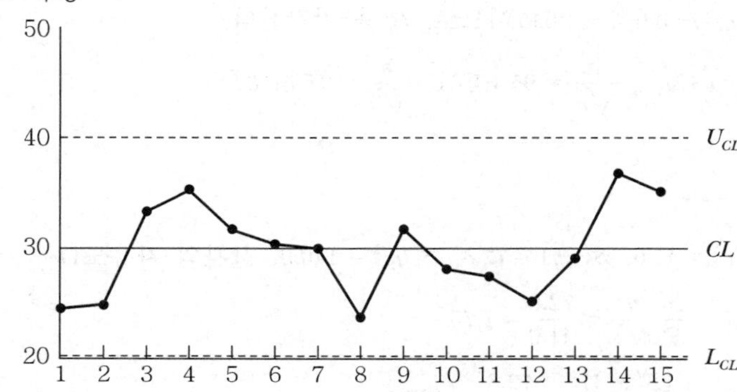

② 관리도 해석

관리한계선을 벗어나는 점 및 습관성이 존재하지 않으므로, 본 관리도는 안정상태라 할 수 있다.

(3) 비관리상태 판정기준

규칙 1. 3σ 이탈점이 1점 이상 나타난다.

규칙 2. 9점이 중심선에 대하여 같은 쪽에 있다.(연)

규칙 3. 6점이 연속적으로 증가 또는 감소하고 있다.(경향)

규칙 4. 14점이 교대로 증감하고 있다.(주기성)

규칙 5. 연속하는 3점 중 2점이 중심선 한쪽으로 2σ를 넘는 영역에 있다.

규칙 6. 연속하는 5점 중 4점이 중심선 한쪽으로 1σ를 넘는 영역에 있다.

규칙 7. 연속하는 15점이 $\pm 1\sigma$영역 내에 있다.

규칙 8. 연속하는 8점이 $\pm 1\sigma$ 한계를 넘는 영역에 있다.

04_ ① 품질기준이 명확할 것
② 시료의 샘플링은 랜덤하게 될 것
③ 제품이 로트로서 처리될 수 있는 것
④ 합격로트 중에는 어느 정도 부적합품의 섞임을 허용할 것
⑤ 계량샘플링검사에서는 로트검사 단위의 특성치 분포가 정규분포를 하고 있을 것

05_ ① 부적합품 개수 ② 평균 부적합수
③ 평균치 ④ 표준편차
⑤ 범위

06_ (1) $n=\left(\frac{K_\alpha+K_\beta}{m_0-m_1}\right)^2\sigma^2=\left(\frac{1.645+1.282}{1.3-0.9}\right)^2\times0.3^2=4.81912=5$

(2) 하한 합격판정치 $\overline{X_L}=m_0-K_\alpha\frac{\sigma}{\sqrt{n}}=1.3-1.645\times\frac{0.3}{\sqrt{5}}=1.0793$

07_ (1) $n=\left(\frac{K_{0.05}+K_{0.1}}{K_{0.005}-K_{0.04}}\right)^2=\left(\frac{1.65+1.28}{2.58-1.75}\right)^2=12.46175=13$

(2) $k=\frac{K_{P_0}K_\beta+K_{P_1}K_\alpha}{K_\alpha+K_\beta}=\frac{2.58\times1.28+1.75\times1.65}{1.65+1.28}=2.11259$

08_ (1)

로트 번호	N	샘플 문자	n	당초의 Ac	합부판정 점수 (검사 전)	적용하는 Ac	부적합품 수 d	합부 판정	합부판정 점수 (검사 후)
1	200	G	32	1/3	13	1	1	합격	0
2	250	G	32	1/3	3	0	0	합격	3
3	600	J	80	1	10	1	1	합격	0
4	95	F	20	0	0	0	0	합격	0
5	120	F	20	0	0	0	0	합격	0

(2) 연속 5로트가 합격이 되었으므로 로트번호 6은 보통검사를 실시한다.

09_ (1) 결측치 추정

$$\hat{y}=\frac{lT_i.'+mT._j'-T'}{(l-1)(m-1)}=\frac{4\times(24)+(4\times 32)-(143)}{3\times 3}=9.0$$

(2) 분산분석표 작성

① $CT=\frac{T^2}{lm}=\frac{(152)^2}{16}=1,444$

② $S_T=\sum_i\sum_j x_{ij}^2-CT=84.0$

③ $S_A=\sum_i\frac{T_i^2.}{m}-CT=\frac{45^2+38^2+33^2+36^2}{4}-CT=19.5$

④ $S_B=\sum_j\frac{T._j^2}{l}-CT=\frac{45^2+41^2+36^2+30^2}{4}-CT=31.5$

⑤ $S_e=S_T-S_A-S_B=33.0$

요 인	SS	DF	MS	F_0
A	19.5	3	6.5	1.57576
B	31.5	3	10.5	2.54545
e	33.0	8	4.125	
T	84.0	14		

10_

$$S_R=\sum_k\frac{T^2_{\cdot\cdot k}}{lm}-CT=\frac{1}{5\times 4}((-12)^2+(-53)^2)-\frac{(-65)^2}{40}=42.025$$

11_ (1) 수정항 $CT=\frac{T^2}{k^2}=\frac{(255)^2}{16}=4,064.06250$

① $S_A=\sum_i\frac{T_{i\cdot\cdot\cdot}^2}{k}-CT=\frac{1}{4}(54^2+65^2+50^2+86^2)-CT=195.18750$

② $S_B=\sum_j\frac{T_{\cdot j\cdot\cdot}^2}{k}-CT=\frac{1}{4}(46^2+49^2+67^2+93^2)-CT=349.68750$

③ $S_C=\sum_l\frac{T_{\cdot\cdot l\cdot}^2}{k}-CT=\frac{1}{4}(40^2+63^2+87^2+65^2)-CT=276.68750$

④ $S_D=\sum_m\frac{T_{\cdot\cdot\cdot m}^2}{k}-CT=\frac{1}{4}(62^2+61^2+63^2+69^2)-CT=9.68750$

⑤ $S_e = S_T - (S_A + S_B + S_C + S_D) = 844.93750 - (S_A + S_B + S_C + S_D) = 13.68750$

요 인	SS	DF	MS	F_0	$F_{0.95}$
A	195.18750	3	65.0625	14.260*	9.28
B	349.68750	3	116.5625	25.548*	9.28
C	276.68750	3	92.22917	20.215*	9.28
D	9.68750	3	3.22917	0.708	9.28
e	13.68750	3	4.5625		
T	844.93750	15			

(2) 망소특성이고, 인자 A, B, C가 유의하므로, 최적수준조합은 $\mu(A_3B_1C_1)$가 된다.

$\therefore\ \hat{\mu}(A_3B_1C_1) = \left(\bar{x}_{3...} + \bar{x}_{.1..} + \bar{x}_{..1.} - 2\bar{\bar{x}}\right)$

(3) 구간추정(신뢰율 95%)

$$\hat{\mu}(A_3B_1C_1) = \left(\bar{x}_{3...} + \bar{x}_{.1..} + \bar{x}_{..1.} - 2\bar{\bar{x}}\right) \pm t_{1-\alpha/2}(3)\sqrt{\frac{V_e}{n_e}}$$

$$= \left(\frac{50}{4} + \frac{46}{4} + \frac{40}{4} - 2\times\frac{255}{16}\right) \pm 3.182 \times \sqrt{\frac{4.5625}{1.60}}$$

$$= (-3.24831 \sim 7.49831)$$

$$= (\ -\ ,\ 7.49831) \qquad (\text{단, 유효반복수 } n_e = \frac{k^2}{3k-2} = \frac{16}{10} = 1.60)$$

12_ (1) $R(t=10{,}000) = e^{-\left(\frac{t-r}{\eta}\right)^m} = e^{-\left(\frac{10{,}000-0}{8{,}667}\right)^{0.7}} = 0.33110$

(2) $AFR(t=10{,}000) = \dfrac{H(t=10{,}000) - H(t=0)}{\Delta t}$

$$= \frac{\left(\frac{10{,}000-0}{8{,}667}\right)^{0.7} - \left(\frac{0-0}{8{,}667}\right)^{0.7}}{10{,}000-0} = 0.00011\,(/\text{시간})$$

(단, $H(t) = -\ln R(t) = \left(\dfrac{t-r}{\eta}\right)^m$ 이다.)

13_ $F_1 = 1-0.9 \times 0.8 = 0.280$

$F_2 = F_C \times (1-0.8 \times 0.9) = 0.3 \times (1-0.8 \times 0.9) = 0.0840$

$F_T = F_1 \times F_2 = 0.280 \times 0.0840 = 0.02352$

∴ 신뢰도(R_s) $= 1 - F_T = 1 - 0.02352 = 0.97648$

14_

국명	규격	국명	규격	국명	규격
영국	(BS)	독일	(DIN)	미국	(ANSI)
일본	(JIS)	캐나다	(CSA)	프랑스	(NF)

기출유사문제 [2021년 1회 품질경영산업기사 실기]

01 부적합품률 $P=0.1$, $N=30$ 인 로트에서 랜덤하게 시료 5개를 샘플링했을 때 그 시료 중에 부적합품이 하나도 없을 확률을 구하시오.

(1) 초기하분포

(2) 이항분포

(3) 푸아송분포

(4) 각 분포의 정확도가 좋은 순서대로 나열하고, 그 이유를 설명하시오.

02 기어 A, B, C가 선형으로 조립될 때, 조립품의 평균과 표준편차를 다음 데이터에 의해서 구하면 얼마인가?

구분	평균	표준편차
기어 A	50	1
기어 B	30	2
기어 C	20	2

03 (주)한국품질에서 생산하고 있는 블루투스 제품 1개당의 평균무게는 종전에 최소 100g 이하이었으며 표준편차(σ)는 3g이었다고 한다. 공정의 일부를 변경시킨 다음에 n개의 시료(Sample)를 뽑아 무게를 측정하였더니 $\bar{x}=103$g이었다. 이 공정의 산포(정밀도)가 종전과 다름이 없었다는 조건에서 다음 물음에 답하시오.

(1) 공정평균이 종전과 다름이 없는데 이를 틀리게 판단하는 오류를 5%, 공정평균이 100g 이하인 것을 옳게 판단할 수 있는 검출력(Power of Test)을 90%로 검정하였다면 위의 검정에서 시료를 몇 개 측정하였겠는가?

(2) 이 제품의 무게의 공정평균은 공정 변경 후 종전보다 커졌다고 할 수 있겠는가를 통계적으로 조사하는 과정을 쓰고 결론을 내리시오.

(3) 대립가설이 유의하다면 공정평균의 95% 하한 신뢰한계를 구하시오.

04 다음의 $\overline{x}-R$관리도 데이터에 대한 요구에 답하시오.(단, 관리도용 계수표를 이용할 것)

시료군의 번호	측정치						
	x_1	x_2	x_3	x_4	x_5	$\overline{x_i}$	R
1	38.3	38.9	39.4	38.3	39.2	38.82	1.1
2	39.1	39.8	38.5	39	38.3	38.94	1.5
3	38.6	38	39.2	39.9	39	38.94	1.9
4	40.6	38.6	39	39	38.5	39.14	2.1
5	38	38.5	47.9	38.1	38.7	40.24	9.9
6	38.8	39.8	38.3	39.6	39.4	39.18	1.5
7	38.9	38.7	41	41.4	40	40	2.7
8	39.9	38.7	39	39.7	39.1	39.28	1.2
9	40.6	41.9	38.2	40	40.8	40.3	3.7
10	39.2	39	38	40.5	37.8	38.9	2.7
11	38.9	40.8	38.7	39.8	39.2	39.48	2.1
12	39	37.9	37.9	39.1	40	38.78	2.1
13	39.7	38.5	39.6	38.9	39.2	39.18	1.2
14	38.6	39.8	39.2	40.8	38.6	39.4	2.2
15	40.7	40.7	39.3	39.2	39.7	39.92	1.5
16	38.6	37.5	39.2	39.7	37.9	38.58	2.2
						629.08	39.6

(1) 계수치 관리도 3개를 쓰시오.

(2) $\overline{x}-R$관리도의 C_L, U_{CL}, L_{CL}을 각각 구하시오.

(3) 군번호 1에서 10까지의 $\overline{x}-R$관리도를 작성하고 관리상태를 판정하시오.(단, 군번호 11에서 16까지는 관리상태이다.)

(4) 본 관리도에서 벗어나는 점이 있을 경우에는 이를 제거하고 표준값을 설정하려고 한다. 이때의 모평균과 표준편차값을 계산하시오.

05 전수검사에 비하여 샘플링검사가 유리한 경우를 4가지 기술하시오.

06 A 회사는 B회사로부터 부품을 한 번에 1,000개씩 구입하고자 한다. A 회사는 되도록 좋은 로트만 가려서 구입하고 싶고, B회사는 좋은 로트가 불합격이 되는 위험을 최소화하려고 할 것이다. 두 회사의 QC담당자들은 $P_0 = 1(\%)$, $P_1 = 8(\%)$, $\alpha = 5(\%)$, $\beta = 10(\%)$로 샘플링검사 방법을 적용시키는 데 합의하였다. 이 조건을 만족시키는 샘플링검사를 설계하시오.(주어진 부표를 이용하시오.)

07 A사는 어떤 부품의 수입검사에 있어 KS Q ISO 2859-1을 사용하고 있다. 검토 후 $AQL = 1.5\%$, 검사수준 II로 1회 샘플링검사를 보통검사를 시작으로 연속 6로트를 실시하였다. 다음 공란을 채우시오.

로트 번호	N	샘플 문자	n	당초 Ac	합부판정 점수 (검사 전)	적용 Ac	부적합품 수	합부 판정	합부판정 점수 (검사 후)	전환 점수	후속조치
1	180	G	32	1	7	1	2	불합격	0	0	보통검사 속행
2	200						0				
3	250						1				
4	150						0				
5	80						1				
6	300						0				

08 어느 재료의 인장강도가 75kg/mm^2 이상으로 규정된 경우, 즉 계량규준형 1회 샘플링검사에서 $n = 8$, $k = 1.74$의 값을 얻어 데이터를 취했더니 아래와 같다.(단, 표준편차 σ = 2kg/mm^2)

79.0	75.5	77.5	76.5
77.0	79.5	77.0	75.0

(1) 합격판정선을 구하시오.

(2) 로트의 합격 · 불합격을 판정하시오.

09 어느 실험실에서 3대의 분석기계 간에는 동일한 시료의 수율분석결과에도 차이가 있는 것으로 생각된다. 이를 확인하기 위하여 일정한 표준시료를 만들어서, 동일 장치로 날짜를 랜덤하게 바꾸어 가면서 각 3회 반복하여 3대의 분석기계로 분석을 실시하였더니 다음과 같은 결과가 도출되었을 때 각 물음에 답하시오.(망대특성)

	A_1	A_2	A_3
1	4	2	1
2	8	3	2
3	3	3	1
$T_i.$	15	8	4

(1) 분산분석표를 작성하시오.
(2) 판정을 행하시오.($\alpha=0.05$)
(3) 최적수준을 구하고, 신뢰율 95%로 최적수준에 대한 구간추정을 행하시오.
(4) A_1과 A_3 간의 평균치 차를 95% 신뢰율로 구간추정을 행하시오.

10 1요인실험에서 분산분석표가 아래와 같이 나타났다. 물음에 답하시오.

요 인	SS	DF	MS	F_0
A	3.877	3	1.292	4.455*
e	3.477	12	0.290	
T	7.354	15		

(1) 각 요인의 순제곱합을 구하시오.
(2) 각 요인의 기여율을 구하시오.

11 다음 빈칸을 채우시오.

회귀분석에서 전체의 제곱합(S_T)은 회귀의 제곱합(S_R)과 잔차의 제곱합($S_{y/x}$)으로 분류된다. 이때, $\frac{S_R}{S_T}$을 (①)이라고 하며, 이 값이 (②)에 근접할수록 회귀방정식이 단순회귀에 적합하게 되었다고 설명한다.

12 우리나라의 규격 명칭이 KS인 것처럼 각국 규격 명칭에 대한 내용이다. 빈칸을 메우시오.

국명	규격	국명	규격	국명	규격
영국	(　　)	미국	(　　)	중국	(　　)
독일	(　　)	캐나다	(　　)	일본	(　　)

13 신 QC 7가지 수법을 기술하시오.

기출유사문제풀이 [2021년 1회 품질경영산업기사 실기]

01_

$NP = 30 \times 0.1 = 3$, $m = nP = 5 \times 0.1 = 0.5$

(1) $P_r(x=0) = \dfrac{\binom{3}{0}\binom{27}{5}}{\binom{30}{5}} = 0.56650$

(2) $P_r(x=0) = {}_5C_0\, 0.1^0 \times (1-0.1)^5 = 0.59049$

(3) $P_r(x=0) = \dfrac{e^{-0.5} \times 0.5^0}{0!} = 0.60653$

(4) 각 분포의 표준편차값이 ① 초기하분포 $D(x) = \sqrt{\dfrac{N-n}{N-1}}\sqrt{nP(1-P)}$, ② 이항분포 $D(x) = \sqrt{nP(1-P)}$, ③ 푸아송분포 $D(x) = \sqrt{nP} = \sqrt{m}$ 에서 $\sqrt{\dfrac{N-n}{N-1}} < 1$ 이므로 정확도가 좋은 순서대로 나열하면 초기하분포, 이항분포, 푸아송분포가 된다.

02_

- 평균$= 50 + 30 + 20 = 100$
- 표준편차$= \sqrt{1^2 + 2^2 + 2^2} = 3$

03_

(1) $\mu - \mu_0$에 대한 한쪽 검정 시의 최소 샘플크기(n)

$$n = \left(\frac{u_{1-\alpha} + u_{1-\beta}}{\mu - \mu_0}\right)^2 \times \sigma^2 = \left(\frac{u_{0.95} + u_{0.90}}{\mu - \mu_0}\right)^2 \times \sigma^2 = \left(\frac{1.645 + 1.282}{103 - 100}\right)^2 \times 3^2 = 8.56733 = 9(\text{개})$$

(2) ① $H_0 : \mu \leq 100(\mu_0)$, $H_1 : \mu > 100$

② $\alpha = 0.05$

③ $u_0 = \dfrac{\bar{x} - \mu_0}{\dfrac{\sigma}{\sqrt{n}}} = \dfrac{103 - 100}{\dfrac{3}{\sqrt{9}}} = 3.00$

④ $u_0 > u_{1-\alpha} = 1.645$ 이면 H_0를 기각한다.

⑤ $u_0 = 3.00 > 1.645$ 이므로 H_0는 기각한다.

(3) 하한구간추정

$$\hat{\mu}_L = \bar{x} - u_{1-\alpha}\frac{\sigma}{\sqrt{n}} = 103 - 1.645 \times \frac{3}{\sqrt{9}} = 101.355$$

04_ (1) 계수치 관리도

① 부적합품수(np)관리도

② 부적합품률(p)관리도

③ 부적합수(c)관리도

④ 단위당 부적합수(u)관리도

(2) $\overline{x}-R$관리도의 관리한계선

① $\overline{x}$관리도

$$C_L=\frac{\sum \overline{x}}{k}=\frac{629.08}{16}=39.3175$$

$$U_{CL}=\overline{\overline{x}}+\frac{3\,\overline{R}}{d_2\sqrt{n}}=39.3175+\frac{3\times 2.475}{2.326\times\sqrt{5}}=40.74508$$

$$L_{CL}=\overline{\overline{x}}-\frac{3\,\overline{R}}{d_2\sqrt{n}}=39.3175-\frac{3\times 2.475}{2.326\times\sqrt{5}}=37.88992$$

② R관리도

$$C_L=\frac{\sum R}{k}=\frac{39.6}{16}=2.475$$

$$U_{CL}=D_4\overline{R}=2.114\times 2.475=5.23215$$

$$L_{CL}=D_3\overline{R}=-\text{(고려하지 않음)}$$

(3) 관리도작성 및 판정

① 관리도의 작성

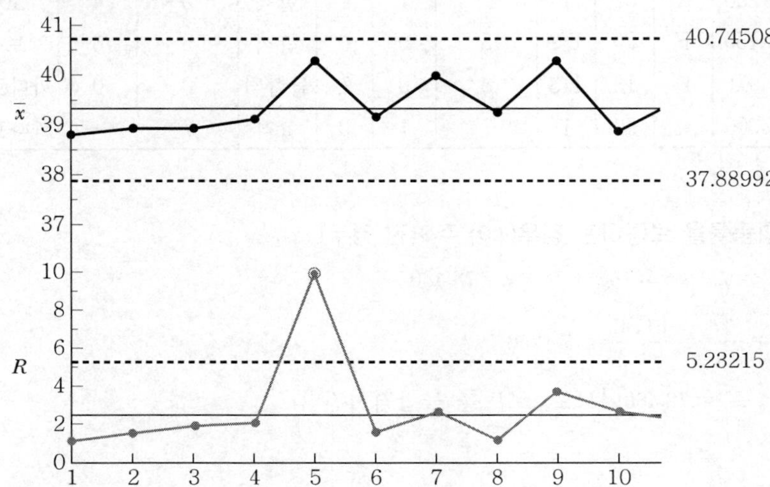

② 관리도의 판정 : $\overline{x}$관리도는 관리상태이나 R관리도는 군번호 5가 관리이탈로 관리 이상상태이다.

(4) 군번호 5의 데이터 삭제 후

① $\hat{\mu}=\overline{\overline{x}}' = \dfrac{629.08-40.24}{15} = 39.256$

② $\overline{R}' = \dfrac{39.6-9.9}{20} = 1.98$이므로, 표준편차 $\hat{\sigma} = \dfrac{\overline{R}'}{d_2} = \dfrac{1.98}{2.326} = 0.85125$

05_ ① 검사 항목이 많은 경우

② 검사비용을 적게 하는 편이 이익이 되는 경우

③ 생산자에게 품질 향상의 자극을 주고 싶을 경우

④ 다수 다량의 것으로 어느 정도 부적합품이 섞여도 괜찮을 경우

⑤ 불완전한 전수검사에 비하여 신뢰성 높은 결과가 얻어지는 경우

06_ $n=60$, $c=2$, 즉 로트에서 $n=60$개의 샘플을 뽑아 그중 2개 이하의 부적합품이 나타나면 로트를 합격시킨다.

07_

로트 번호	N	샘플 문자	n	당초 Ac	합부판정 점수 (검사 전)	적용 Ac	부적 합품 수	합부 판정	합부판정 점수 (검사 후)	전환 점수	후속조치
1	180	G	32	1	7	1	2	불합격	0	0	보통검사 속행
2	200	G	32	1	7	1	0	합격	7	2	보통검사 속행
3	250	G	32	1	14	1	1	합격	0	4	보통검사 속행
4	150	F	20	1/2	5	0	0	합격	5	6	보통검사 속행
5	80	E	13	1/3	8	0	1	불합격	0	0	까다로운 검사 전환
6	300	H	50	1	7	1	0	합격	7	-	까다로운 검사 속행

08_ 부적합품률을 보증하는 경우(L이 주어진 경우)

(1) $\overline{X_L} = L + k\sigma = 75 + 1.74 \times 2 = 78.480$

(2) $\overline{x} = \dfrac{\Sigma x_i}{n} = \dfrac{617.0}{8} = 77.1250$

$\therefore$ $\overline{x} < \overline{X_L} = 78.480$이므로, 로트를 불합격시킨다.

09_ (1) ① $CT = \frac{T^2}{N} = \frac{(27)^2}{9} = 81$

② $S_T = \sum_i \sum_j x_{ij}^2 - CT = 36$

③ $S_A = \sum_i \frac{T_{i\cdot}^2}{r} - CT = \frac{1}{3}(15^2 + 8^2 + 4^2) - CT = 20.66667$

④ $S_e = S_T - S_A = 15.33333$

⑤ 분산분석표 작성

요 인	SS	DF	MS	F_0
A	20.66667	2	10.33334	4.04347
e	15.33333	6	2.55556	
T	81	8		

(2) $H_0 : \sigma_A^2 = 0$, $H_1 : \sigma_A^2 > 0$

$F_0 = \frac{V_A}{V_e} = 4.04347 > F_{0.95}(2,\ 6) = 3.49$

∴ H_0를 기각한다. 즉, 유의하다.

(3) 특성치가 망대특성이므로, 최적수준은 A_1이 된다.

구간추정 : $\mu(A_1) = \bar{x}_{1\cdot} \pm t_{0.975}(6)\sqrt{\frac{2.55556}{3}}$

(4) A_1, A_3 두 수준 간의 95% 신뢰구간

$(\bar{x}_{1\cdot} - \bar{x}_{3\cdot}) \pm t_{1-\alpha/2}(\nu_e)\sqrt{\frac{2V_e}{r}}$

$= \left(\frac{15}{3} - \frac{4}{3}\right) \pm t_{0.975}(6)\sqrt{\frac{2 \times 2.55556}{3}} = 3.66667 \pm 2.447 \times \sqrt{\frac{2 \times 2.55556}{3}}$

$= (0.47270,\ 6.86064)$

10_ (1) 순제곱합 S'

① $S_A' = S_A - \nu_A \cdot V_e = 3.877 - 3 \times 0.290 = 3.0070$

② $S_e' = S_e + \nu_A \cdot V_e = S_T - S_A' = 7.354 - 3.0070 = 4.3470$

(2) 기여율 ρ

① $\rho_A = \frac{S_A'}{S_T} \times 100 = \frac{3.007}{7.354} \times 100 = 40.88931(\%)$

② $\rho_e = \frac{S_e'}{S_T} \times 100 = \frac{4.347}{7.354} \times 100 = 59.11069(\%)$

11_ ① 기여율
② 1

12_

국명	규격	국명	규격	국명	규격
영국	(BS)	미국	(ANSI)	중국	(GB)
독일	(DIN)	캐나다	(CSA)	일본	(JIS)

13_ ① 관련도법(Relations diagram) : 연관도법
② 친화도법(Affinity diagram) : KJ법
③ 계통도법(Tree diagram)
④ 매트릭스도법(Matrix diagram)
⑤ 매트릭스데이터해석법(Matrix data analysis)
⑥ PDPC법(Process Decision Program Chart)
⑦ 애로우 다이어그램(Arrow diagram)

기출유사문제 [2021년 2회 품질경영산업기사 실기]

01 다음은 p관리도에 대한 데이터이다. 물음에 답하시오.

로트번호	시료의 크기(n)	부적합품수(np)
1	100	3
2	100	2
3	100	4
4	100	3
5	100	2
6	150	6
7	150	1
8	150	4
9	150	1
10	150	0
11	100	2
12	100	3
13	100	1
14	100	6
15	100	1
16	150	3
17	150	3
18	150	2
19	150	0
	$\Sigma n = 2{,}350$	$\Sigma np = 47$

(1) 관리도에 대한 물음에 답하시오.(단, 군번호 10~19까지는 관리상태이다.)

① 관리도의 C_L, U_{CL}, L_{CL}을 구하시오.

② 관리도(군번호 1~9까지)를 그리고 판정하시오.

(2) 다음은 계수형 관리도이다. 이를 분류하시오.

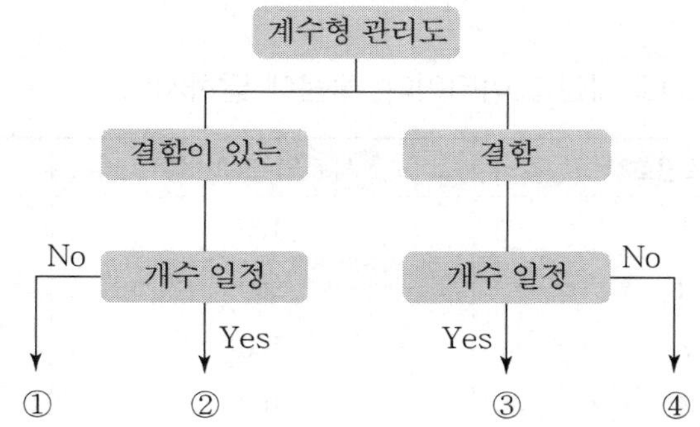

02 작업 방법을 개선한 후 로트로부터 10개의 시료를 랜덤하게 샘플링하여 측정한 결과 다음 데이터를 얻었다.

[Data] 10 16 18 11 18 12 14 15 14 12

(1) 모평균 $\mu_0 = 12$kg과 다르다고 할 수 있는가?(단, $\alpha = 0.05$)

(2) 신뢰도 95%로 모평균의 신뢰구간을 구하시오.

03 어떤 공정에서 생산되는 제품 로트 크기에 따라서 생산에 소요되는 시간을 측정하였더니 다음과 같은 시간이 소요되었다. 다음 물음에 답하시오.

x_i	2	3	3	4	4	6	6	7	7	8
y_i	5.0	5.3	4.7	6.2	6.1	4.9	7.2	7.5	7.3	7.0

(1) $S(xy)$를 구하시오.

(2) 결정계수를 구하시오.

(3) 추정회귀방정식을 구하시오.

(4) $x = 7$일 때 $E(y)$를 구하시오.

04 조립품의 기본치수가 500mm인 것을 구입하고자 한다. 굵기의 평균치가 500 ± 2mm 이내의 로트이면 합격으로 하고, 500 ± 5mm 이상 되는 로트는 불합격시키고자 한다. n, $\overline{X_U}$, $\overline{X_L}$을 구하시오.(단, $\sigma = 2$mm, $\alpha = 0.05$, $\beta = 0.10$이며, 주어진 부표를 이용할 것)

05 금속판의 표면 경도 상한 규격치가 로크웰 경도 68 이하로 규정되었을 때 로크웰 경도 68을 넘는 것이 0.5% 이하인 로트는 통과시키고 그것이 4% 이상인 로트는 통과시키지 않도록 하는 계량규준형 1회 샘플링검사방식에서 다음을 구하시오.(단, $\alpha = 0.05$, $\beta = 0.10$, $\sigma = 3$이며, 필요한 규준화 값은 부표를 이용할 것)

(1) n

(2) k

(3) $\overline{X_U}$

06 다음은 AQL 지표형 샘플링검사에서의 엄격도 조정에 대한 내용이다. 물음에 답하시오.

(1) 검사중지에서 까다로운 검사로 전환되는 조건

(2) 까다로운 검사에서 검사중지로 전환되는 조건

(3) 까다로운 검사에서 보통검사로 전환되는 조건

07 A사에서는 어떤 부품의 수입검사에 KS Q ISO 2859－1 ; 2010의 계수값 샘플링검사방식을 적용하고 있다. AQL＝1.0%, 검사수준 Ⅲ으로 하는 1회 샘플링방식을 채택하고 있다. 처음 검사는 보통검사로 시작하였으며, 80번 로트에서는 수월한 검사를 실시하였다. KS Q ISO 2859－1의 주 샘플링검사표를 사용하여 답안지 표의 공란을 채우시오.

로트번호	N	샘플문자	n	Ac	부적합품수	합부판정	후속조치
80	2,000	(　　)	80	3	3	합격	수월한 검사 실행
81	1,000	(　　)	50	2	3	불합격	보통검사 전환
82	2,000	(　　)	(　　)	(　　)	3	(　　)	(　　)
83	1,100	(　　)	(　　)	(　　)	4	(　　)	(　　)
84	2,000	(　　)	(　　)	(　　)	4	(　　)	(　　)
85	1,000	(　　)	(　　)	(　　)	4	(　　)	(　　)
86	1,100	(　　)	(　　)	(　　)	3	(　　)	(　　)

08 반응온도 4종류를 요인으로 취하여 결과를 높이기 위한 실험을 각 온도에서 3회씩 반복해서 랜덤한 순서로 12회 하여 아래의 데이터를 얻었다. 다음 물음에 답하시오.

요 인	SS	DF	MS	F_0	$F_{0.95}$
A	3.52250	(　　)	(　　)	(　　)	4.07
e	(　　)	(　　)	(　　)		
T	5.22918	(　　)			

(1) 분산분석표를 완성시키시오.

(2) 수준 A_3의 모평균을 신뢰율 95%로 구간추정하시오.(단, $\bar{x}_{3\cdot}=46.0$)

09 어떤 직물의 가공 시 처리액의 농도 A를 인자로 하여 $A_1=3.0\%$, $A_2=3.3\%$, $A_3=3.6\%$, $A_4=4.2\%$에서 각각 4회 반복하여 총 16회의 실험을 랜덤하게 처리한 후 인장강도를 측정한 바 다음의 데이터를 얻었다. 그런데 A_2수준의 4번째 실험은 실패하여 데이터를 얻지 못하였다. 분산분석표 작성과 검정을 행하시오.(단, $\alpha=0.05$)

	A_1	A_2	A_3	A_4
1	6	10	8	18
2	8	18	0	22
3	11	12	2	20
4	15	–	14	20

10 요인 A는 4수준, 요인 B는 5수준인 반복이 없는 2요인실험에서 분산분석표가 아래와 같이 나타났다. 오차항의 순제곱합을 구하시오.

요 인	SS	DF	MS
A	0.32		
B	1.2		
e			
T	3.12		

11 다음 ( )에 들어갈 말을 보기에서 찾아 적으시오.

> [보기] ① 시방 ② 절차 ③ 규격 ④ 가규격 ⑤ 품질매뉴얼 ⑥ 품질계획서

(1) 표준 중 주로 물건에 직접 또는 간접으로 관계되는 기술적 사항에 대하여 제정된 규정이다. ( )

(2) 재료, 제품, 공구, 설비 등에 관하여 요구하는 특정한 형상, 제조, 치수, 성분, 능력, 정밀도, 성능, 제조방법 및 시험방법을 규정한 것을 말한다. ( )

(3) 정식 규격의 제정에 앞서 잠정적으로 적용할 목적으로 정한 임시 규격을 말한다. ( )

12 3정 5행이란 무엇인가?

13 QC의 기본 7가지 도구를 기술하시오.

기출유사문제풀이 [2021년 2회 품질경영산업기사 실기]

01_ (1) p관리도

① 관리한계선

$$C_L = \bar{p} = \frac{\sum np}{\sum n} = \frac{47}{2,350} = 0.02$$

$$\begin{pmatrix} U_{CL} \\ L_{CL} \end{pmatrix} = \bar{p} \pm 3\sqrt{\frac{\bar{p}(1-\bar{p})}{n}}$$

	1	2	3	4	5	6	7	8	9
n	100	100	100	100	100	150	150	150	150
np	3	2	4	3	2	6	1	4	1
p	0.03	0.02	0.04	0.03	0.02	0.04	0.00667	0.02667	0.00667
U_{CL}	0.062	0.062	0.062	0.062	0.062	0.05429	0.05429	0.05429	0.05429
L_{CL}	–	–	–	–	–	–	–	–	–

② 관리한계선 작성 및 판정

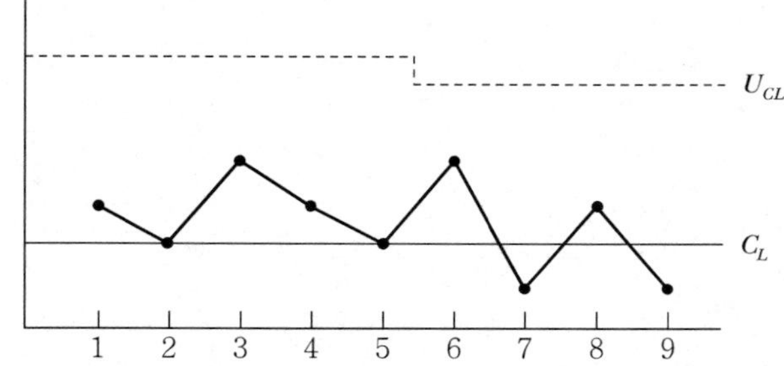

[판정] 관리한계선을 벗어나는 점이 없으므로 이 공정은 관리상태에 있다고 할 수 있다.

(2) 계수형 관리도

① 부적합품률 관리도(p관리도)

② 부적합품수 관리도(np관리도)

③ 부적합수 관리도(c관리도)

④ 단위당 부적합수 관리도(u관리도)

02_ (1) 평균치검정(σ미지)

① $H_0 : \mu = 12$, $H_1 : \mu \neq 12$

② $t_0 = \dfrac{\bar{x} - \mu_0}{\dfrac{s}{\sqrt{n}}} = \dfrac{14 - 12}{\dfrac{2.788867}{\sqrt{10}}} = 2.26779$

③ $t_0 = 2.26779 > t_{0.975}(9) = 2.262$

∴ $\alpha = 0.05$로 H_0를 기각한다. 즉, 모평균이 달라졌다고 할 수 있다.

(2) σ미지일 때 모평균의 구간 추정

$\hat{\mu} = \bar{x} \pm t_{1-\alpha/2}(\nu) \dfrac{s}{\sqrt{n}} = 14 \pm 2.262 \times \dfrac{2.788867}{\sqrt{10}} = (12.00510 \sim 15.99490)$

03_ (1) $S(xy) = \Sigma xy - \dfrac{(\Sigma x)(\Sigma y)}{n} = 15.4$

(2) 결정계수$(r^2) = \left(\dfrac{S(xy)}{\sqrt{S(xx) \times S(yy)}} \right)^2 = 0.58459$

(3) 추정회귀방정식

$y = \hat{\beta}_0 + \hat{\beta}_1 x \Rightarrow y - \bar{y} = \hat{\beta}_1 (x - \bar{x})$

$\hat{\beta}_1 = \dfrac{S(xy)}{S(xx)} = 0.40526$, $\hat{\beta}_0 = \bar{y} - \hat{\beta}_1 \bar{x} = 4.09368$

∴ $y = 4.09368 + 0.40526x$

(4) $y = 4.09368 + 0.40526 \times 7 = 6.9305$

04_ 평균치를 보증하는 경우(양쪽 규격이 주어진 경우)

$m_0{}' = 502$, $m_1{}' = 505$, $m_0{}'' = 498$, $m_1{}'' = 495$

$\dfrac{|m_1{}' - m_0{}'|}{\sigma} = \dfrac{|505 - 502|}{2} = 1.5$이므로, 표에서 $n = 4$, $G_0 = 0.822$

① $n = 4$(개)

② $\overline{X_U} = m_0{}' + G_0 \sigma = 502 + 0.822 \times 2 = 530.644$(mm)

③ $\overline{X_L} = m_0{}'' - G_0 \sigma = 498 - 0.822 \times 2 = 496.356$(mm)

05_ 부적합품률을 보증하는 경우(U가 주어진 경우)

$K_{P_0}=K_{0.005}=2.576,\ K_{P_1}=K_{0.04}=1.751,\ K_\alpha=K_{0.05}=1.645,\ K_\beta=K_{0.10}=1.282$

(1) $n=\left(\frac{K_\alpha+K_\beta}{K_{P_0}-K_{P_1}}\right)^2=\left(\frac{1.645+1.282}{2.576-1.751}\right)^2=12.587444=13$ (개)

(2) 합격판정계수 $k=\frac{K_{P_0}K_\beta+K_{P_1}K_\alpha}{K_\alpha+K_\beta}=\frac{2.576\times1.282+1.751\times1.645}{1.645+1.282}=2.11234$

(3) $\overline{X_U}=U-k\sigma=68-2.11234\times3=61.66298$

06_ (1) 공급자가 품질을 개선한 경우

(2) 까다로운 검사에서 불합격 로트의 누계가 5에 도달한 경우

(3) 까다로운 검사에서 연속 5로트가 합격한 경우

07_ 표의 공란 작성 및 합부판정

로트번호	N	샘플문자	n	Ac	부적합품수	합부판정	후속조치
80	2,000	(L)	80	3	3	합격	수월한 검사 실행
81	1,000	(K)	50	2	3	불합격	보통검사 전환
82	2,000	(L)	(200)	(5)	3	(합격)	(보통검사 속행)
83	1,100	(K)	(125)	(3)	4	(불합격)	(보통검사 속행)
84	2,000	(L)	(200)	(5)	4	(합격)	(보통검사 속행)
85	1,000	(K)	(125)	(3)	4	(불합격)	(까다로운 검사 전환)
86	1,100	(K)	(125)	(2)	3	(불합격)	(까다로운 검사 속행)

08_ (1) 분산분석표 작성

요 인	SS	DF	MS	F_0	$F_{0.95}$
A	3.52250	(3)	(1.17417)	(5.50375*)	4.07
e	(1.70668)	(8)	(0.21334)		
T	5.22918	(11)			

(2) 구간 추정

$$\overline{x}_{i\cdot} \pm t_{1-\alpha/2}(\nu_e)\sqrt{\frac{V_e}{r}} = \overline{x}_{3\cdot} \pm t_{0.975}(8)\sqrt{\frac{0.21334}{3}} = 46.0 \pm 2.306 \times \sqrt{\frac{0.21334}{3}}$$

$\therefore\ 45.38506 \le \mu(A_3) \le 46.61494$

09_ 분산분석표 작성

① $CT = \dfrac{T^2}{N} = \dfrac{(184)^2}{15}$

② $S_T = \sum_i \sum_j x_{ij}{}^2 - CT = 2{,}886 - CT = 628.93333$

③ $S_A = \sum_i \dfrac{T_{i\cdot}{}^2}{r_i} - CT = \left(\dfrac{40^2}{4} + \dfrac{40^2}{3} + \dfrac{24^2}{4} + \dfrac{80^2}{4}\right) - CT = 420.26667$

④ $S_e = S_T - S_A = 208.66666$

⑤ 분산분석표

요 인	SS	DF	MS	F_0	$F_{0.95}$
A	420.26667	3	140.08889	7.38488*	3.59
e	208.66666	11	18.96970		
T	628.93333	14			

10_

요 인	SS	DF	MS
A	0.32	3	0.10667
B	1.2	4	0.3
e	1.6	12	0.13333
T	3.12	15	

$\therefore$ 오차항의 순제곱합 $S_e{}' = S_e + (\nu_A + \nu_B) \cdot V_e = 1.6 + (3+4) \times 0.13333 = 2.53331$

11_ (1) 규격(③)
(2) 시방(①)
(3) 가규격(④)

12_ • 3정 : 정품, 정량, 정위치
• 5행 : 정리, 정돈, 청소, 청결, 습관화

13_ ① 특성요인도(Characteristic diagram)
② 파레토도(Pareto diagram)
③ 히스토그램(Histogram)
④ 체크시트(Check sheet)
⑤ 층별(Stratification)
⑥ 각종 그래프(관리도 포함)
⑦ 산점도(Scatter diagram)

기출유사문제 [2021년 4회 품질경영산업기사 실기]

01 확률변수 X의 확률값이 다음과 같을 때, 물음에 답하시오.(단, 소수점 2째 자리까지)

X	1	2	4	7	11	계
$P(X)$	0.08	0.27	0.10	0.33	0.22	1

(1) 기댓값($E(X)$), 분산($V(X)$)을 각각 구하시오.

(2) $Y = 2X - 8$이라 할 때 $E(Y)$, $V(Y)$를 구하시오.

02 어떤 부품의 길이에 대한 모평균을 검 · 추정하기 위하여 $n = 10$의 샘플을 취하여 다음과 같은 데이터를 얻었다. 물음에 답하시오.(단, $\mu_0 = 52$, $\sigma = 3.83$이다.)

[Data] 54 52 49 50 49 50 48 50 53 40

(1) 모평균이 달라졌다고 할 수 있는가를 검정하시오.(단, $\alpha = 0.05$)

(2) 모평균의 신뢰구간을 구하시오.(단, 신뢰도 95%)

03 기억력(x)에 따른 판단력(y)의 정도를 파악하기 위하여 데이터를 분석하였더니 다음과 같은 결과물이 도출되었다면, 다음 물음에 답하시오.

$n = 10$	$\sum x_i = 118$	$\sum y_i = 57$	$\sum x_i y_i = 756$
$\sum x_i^2 = 1{,}540$	$\sum {y_i}^2 = 385$	$\bar{x} = 11.80$	$\bar{y} = 5.70$

(1) x와 y에 대한 공분산을 구하시오.

(2) x에 대한 y의 상관계수를 구하시오.

(3) x에 대한 y의 회귀방정식을 구하시오.

(4) 기여율을 구하시오.

04 다음 데이터를 보고 물음에 답하시오.

시료군의 번호	측 정 치					평균치 $\bar{x}$	범위 R	비고
1	14	8	12	12	8	10.8	6	
2	11	10	13	8	10	10.4	5	
3	11	12	16	14	9	12.4	7	
4	16	12	16	14	13	14.2	4	
5	15	12	15	10	7	11.8	8	
6	13	8	15	15	8	11.8	7	
7	14	12	13	10	16	13	6	
8	11	10	8	16	10	11	8	
9	14	10	12	9	7	10.4	7	
10	12	10	12	13	11	11.6	3	
11	10	12	8	10	12	10.4	4	
12	10	10	8	8	10	9.2	2	
13	8	12	10	8	10	9.6	4	
14	13	8	11	14	12	11.6	6	
15	7	8	14	13	11	10.6	7	
합 계						168.8	84	

(1) $\bar{x}-R$ 관리도의 C_L, U_{CL}, L_{CL}를 구하시오.

(2) 규격이 11.50±6.5일 때, 공정능력지수(C_p)를 구하고, 판정하시오.

(3) 관리계수(C_f)를 구하고 판정하시오.(단, $\widehat{\sigma_{\bar{x}}}=1.102$이다.)

(4) 관리도를 작성하고, 관리상태를 판정하시오.

05 종래 납품되고 있던 기계 부품의 치수의 표준편차는 0.15cm이었다. 이번에 납품된 로트의 평균치를 신뢰율 95%, 정도 0.02cm로 추정하고자 한다. 샘플을 몇 개로 하는 것이 좋겠는가?

06 다음에서 확률을 각각 계산하시오.

(1) 부적합품률이 4%인 크기 50의 로트에서 $n=5$의 랜덤 샘플을 뽑았을 때 부적합품이 1개 나올 확률을 초기하분포를 이용하여 구하시오.

(2) 부적합품률이 5%인 유한 모집단을 $(n=50,\ c=1)$의 랜덤샘플링검사를 실시하였을 때 로트가 합격할 확률$(L(p))$을 이항분포로 구하시오.

(3) 부적합품률이 5%인 모집단$(N=2{,}000)$을 $(n=50,\ c=2)$의 랜덤샘플링검사를 실시하였을 때 로트가 합격할 확률$(L(p))$을 푸아송분포로 구하시오.

07 계수 · 계량 규준형 샘플링검사에서 OC곡선을 그릴 때, x축과 y축에 들어갈 내용을 각각 적으시오.

08 A사는 어떤 부품의 수입검사에 있어 KS Q ISO 2859-1을 사용하고 있다. 검토 후 $AQL=1.0\%$, 검사수준 II로 1회 샘플링검사를 보통검사를 시작으로 연속 15로트를 실시한 일부분이다. 주어진 부표를 이용하여 다음 공란을 채우시오.

번호	N	샘플문자	n	Ac	Re	부적합품수	합부판정	전환점수	샘플링검사의 엄격도
9	500	H	50	1	2	1	합격	23	보통검사 속행
10	300					0			
11	700					1			
12	800					1			
13	1,000					2			
14	1,500					2			

09 수월한 검사에서 보통검사로 전환되는 경우 3가지를 적으시오.

10 어떤 제품을 실험할 때 반응압력 A를 4수준, 반응시간 B를 3수준인 반복이 없는 2요인 실험을 다음과 같이 실시하였다. 다음 물음에 답하시오.(단, 데이터는 망대특성이다.)

인자 B \ 인자 A	A_1	A_2	A_3	A_4
B_1	11.8	12.8	13.3	13.9
B_2	12.2	12.5	13.5	13.9
B_3	13.9	13.3	14.1	14.8

(1) 제곱합 S_A, S_B, S_e를 각각 구하시오.

(2) 분산분석표를 작성하시오.

요인	SS	DF	MS	F_0	$F_{0.95}$
A					
B					
e					
T					

(3) 최적해를 구하시오.

(4) 최적수준에 대하여 신뢰율 95%로서 구간추정하시오.

11 직교배열표, $L_4(2^3)$을 사용하여 다음의 결과를 얻었다. 물음에 답하시오.

배치인자	e	A	B	실험결과
번호 \ 열	1	2	3	
1	0	0	0	9
2	0	1	1	12
3	1	0	1	2
4	1	1	0	15
	합계			38

(1) 제곱합 S_A, S_B, S_e를 각각 구하시오.

(2) 분산분석표를 작성하시오.

12 다음 데이터는 부적합 항목에 따른 것이다. 이를 파레토도를 작성하려고 한다면 물음에 답하시오.

번호	항목	건수
1	기계고장	39
2	기계마모	30
3	먼지	21
4	원자재 부적합	12
5	작업자의 부주의	6
6	기타	12
합 계		120

(1) 다음 도표의 빈칸을 채우시오.

번호	항목	건수	누적건수	발생 %	누적 발생 %
1					
2					
3					
4					
5					
6					
합 계	–	120	–	100	–

(2) 파레토도를 작성하시오.

13 다음 ( ) 속에 적당한 말을 보기에서 찾으시오.

[보기] 품질목표 품질방침 품질기획 품질표준 품질경영 품질관리 제조품질

(1) 품질에 관하여 조직을 지휘하고 관리하는 조정활동 ( )
(2) 품질 요구사항을 충족하는 데 중점을 둔 품질경영의 일부 ( )
(3) 품질 요구사항이 충족될 것이라는 신뢰를 제공하는 데 중점을 둔 품질경영의 일부 ( )

기출유사문제풀이 [2021년 4회 품질경영산업기사 실기]

01_ (1) ① $E(X) = \Sigma x P(X=x) = 1\times0.08 + 2\times0.27 + 4\times0.10 + 7\times0.33 + 11\times0.22 = 5.75$

② $E(X^2) = \Sigma x^2 P(X=x) = 1^2\times0.08 + 2^2\times0.27 + 4^2\times0.10 + 7^2\times0.33 + 11^2\times0.22 = 45.55$

$\therefore\ V(X) = E(X^2) - [E(X)]^2 = 45.55 - 5.75^2 = 12.48750 = 12.49$

(2) ① $E(Y) = E(2X-8) = 2E(X) - 8 = 2\times5.75 - 8 = 3.50$

② $V(Y) = V(2X-8) = 2^2\times V(X) = 2^2\times12.49 = 49.96$

02_ (1) ① $H_0 : \mu = 52,\ H_1 : \mu \neq 52$

② $u_0 = \dfrac{\bar{x} - \mu_0}{\dfrac{\sigma}{\sqrt{n}}} = \dfrac{49.5 - 52}{\dfrac{3.83}{\sqrt{10}}} = -2.06415$

③ $u_0 < -u_{1-\alpha/2} = -1.96$ 또는 $u_0 > u_{1-\alpha/2} = 1.96$ 이면 H_0를 기각한다.

④ $u_0 = -2.06415 < -1.96$ 이므로 H_0를 기각한다.

(2) $\hat{\mu}_{U\cdot L} = \bar{x} \pm u_{1-\alpha/2}\dfrac{\sigma}{\sqrt{n}} = 49.50 \pm 1.96\times\dfrac{3.83}{\sqrt{10}} = (47.12614 \sim 51.87386)$

03_ • $S(xx) = \sum x^2 - \dfrac{(\sum x)^2}{n} = 147.60$

• $S(yy) = \sum y^2 - \dfrac{(\sum y)^2}{n} = 60.10$

• $S(xy) = \sum xy - \dfrac{(\sum x)(\sum y)}{n} = 83.40$

(1) 공분산 $V_{xy} = \dfrac{S(xy)}{n-1} = \dfrac{83.4}{9} = 9.26667$

(2) 상관계수 $r = \dfrac{S(xy)}{\sqrt{S(xx)S(yy)}} = 0.88549$

(3) 회귀방정식

$\hat{\beta}_1 = \dfrac{S(xy)}{S(xx)} = 0.56504,\ \hat{\beta}_0 = \bar{y} - \hat{\beta}_1\bar{x} = -0.96747$

$\therefore\ \hat{y} = -0.96747 + 0.56504x$

(4) 기여율 $r^2 = \left(\dfrac{S(xy)}{\sqrt{S(xx)S(yy)}}\right)^2 = 0.78409(78.409\%)$

04_ (1) $\overline{x}-R$관리도의 관리한계선

① $\overline{x}$관리도

$$C_L=\frac{\Sigma\overline{x}}{k}=\frac{168.8}{15}=11.25333$$

$$U_{CL}=\overline{\overline{x}}+\frac{3\overline{R}}{d_2\sqrt{n}}=11.253333+\frac{3\times 5.6}{2.326\times\sqrt{5}}=14.48342$$

$$L_{CL}=\overline{\overline{x}}-\frac{3\overline{R}}{d_2\sqrt{n}}=11.253333-\frac{3\times 5.6}{2.326\times\sqrt{5}}=8.02324$$

② R관리도

$$C_L=\frac{\Sigma R}{k}=\frac{84}{15}=5.6$$

$$U_{CL}=D_4\overline{R}=2.114\times 5.6=11.8384$$

$$L_{CL}=D_3\overline{R}=-\text{(고려하지 않음)}$$

(2) 공정능력지수(C_p)와 판정

① $C_p=\dfrac{U-L}{6\sigma}=\dfrac{T}{6\times\dfrac{\overline{R}}{d_2}}=\dfrac{13.0}{6\times\dfrac{5.6}{2.326}}=0.89994$

② 판정 : $0.67\le C_p<1$이므로 공정능력이 부족하다.

(3) 관리계수(C_f)

$\hat{\sigma}_w=\dfrac{\overline{R}}{d_2}=\dfrac{5.6}{2.326}=2.40757$, $\hat{\sigma}_{\overline{x}}=1.102$

① $C_f=\dfrac{\sigma_{\overline{x}}}{\sigma_w}=\dfrac{1.102}{2.40757}=0.45772$

② 판정 : $C_f<0.8$이므로 군구분이 나쁘다고 할 수 있다.

(4) $\overline{x}-R$관리도의 작성 및 판정

① 관리도 작성

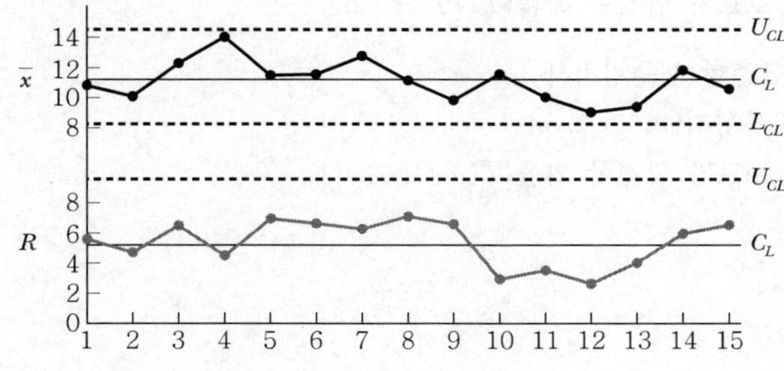

② 관리도 판정

$\bar{x}$ 및 R관리도 모두 관리한계를 벗어나는 점이나, 습관성이 존재하지 않으므로 관리상태에 있다고 할 수 있다.

05_ $\beta_{\bar{x}} = \pm u_{1-\alpha/2} \dfrac{\sigma}{\sqrt{n}} \Rightarrow 0.02 = \pm 1.96 \dfrac{0.15}{\sqrt{n}}$

$\therefore\ n = 216.09 = 217$ (개)

06_ (1) $P = 4\% = 0.040,\ N = 50,\ n = 5,\ x = 1$

$$P_r(x) = \frac{\binom{PN}{x}\binom{N-PN}{n-x}}{\binom{N}{n}} = \frac{\binom{2}{1}\binom{48}{4}}{\binom{50}{5}} = 0.18367$$

(2) $P = 5\% = 0.050,\ n = 50,\ c = 1$

$$L(P) = \sum_{x=0}^{c=1}\binom{n}{x}P^x(1-P)^{n-x} = [(P(x=0)+(P(x=1)]$$

$$= \binom{50}{0}0.05^0(0.95)^{50} + \binom{50}{1}0.05^1(0.95)^{49} = 0.08099$$

(3) $P = 5\% = 0.050,\ n = 50,\ c = 2,\ np = 50 \times 0.05 = 2.5$

$$L(P) = \sum_{x=0}^{c=2}\frac{e^{-np}\times(np)^x}{x!} = e^{-2.5}\left(\frac{2.5^0}{0!} + \frac{2.5^1}{1!} + \frac{2.5^2}{2!}\right) = 0.54381$$

07_ (1) 계수값 규준형 샘플링검사

- x축 : 부적합품률(P)[P_0, P_1], 특성치(m)[m_0, m_1]
- y축 : 로트가 합격할 확률($L(P)$)[α, β]

(2) 계량값 규준형 샘플링검사

- x축 : 특성치(m)[m_0, m_1]
- y축 : 로트가 합격할 확률($L(m)$)[α, β]

08_

번호	N	샘플문자	n	Ac	Re	부적합품수	합부판정	전환점수	샘플링검사의 엄격도
9	500	H	50	1	2	1	합격	18	보통검사 속행
10	300	H	50	1	2	0	합격	20	보통검사 속행
11	700	J	80	2	3	1	합격	22	보통검사 속행
12	800	J	80	2	3	1	합격	25	보통검사 속행
13	1,300	K	125	3	4	2	합격	28	보통검사 속행
14	1,500	K	125	3	4	2	합격	31	수월한 검사전환

09_ ① 1로트가 불합격

② 생산이 불규칙적인 정체

③ 다른 조건에서 보통검사로 복귀할 필요가 있는 경우

10_ (1) $CT=\dfrac{T^2}{lm}=\dfrac{(160.0)^2}{12}$

① $S_A=\sum_i \dfrac{T_{i\cdot}^2}{m}-CT=\dfrac{1}{3}(37.9^2+38.6^2+40.9^2+42.6^2)-CT=4.64667$

② $S_B=\sum_j \dfrac{T_{\cdot j}^2}{l}-CT=\dfrac{1}{4}(51.8^2+52.1^2+56.1^2)-CT=2.88167$

③ $S_e=S_T-S_A-S_B=0.81833\ \left(S_T=\sum_i\sum_j x_{ij}^2-CT=8.34667\right)$

(2) 분산분석표 작성

요인	SS	DF	MS	F_0	$F_{0.95}$
A	4.64667	3	1.54889	11.356*	4.76
B	2.88167	2	1.44084	10.564*	5.14
e	0.81833	6	0.13639		
T	8.34667	11			

(3) 최적해

망대특성이므로 최적수준은 $\mu(A_4B_3)$ 이다.

∴ 최적해$=(\bar{x}_{4\cdot}+\bar{x}_{\cdot 3}-\bar{\bar{x}})=\left(\dfrac{42.6}{3}+\dfrac{56.1}{4}-\dfrac{160.0}{12}\right)=14.89167$

(4) 최적수준의 구간추정

$$\hat{\mu}(A_4B_3)=\left(\bar{x}_{4\cdot}+\bar{x}_{\cdot 3}-\bar{\bar{x}}\right)\pm t_{1-\alpha/2}(\nu_e)\sqrt{\frac{V_e}{n_e}} \quad (\text{단. } n_e=\frac{lm}{l+m-1}=\frac{12}{6}=2)$$

$$=\left(\frac{42.6}{3}+\frac{56.1}{4}-\frac{160.0}{12}\right)\pm t_{0.975}(6)\sqrt{\frac{0.13639}{2}}$$

$$=14.89167\pm 2.447\times\sqrt{\frac{0.13639}{2}}$$

$$=(14.25266\sim 15.53068)$$

11_ (1) 제곱합 계산

① $S_A=\frac{1}{4}(12+15-9-2)^2=64$

② $S_B=\frac{1}{4}(12+2-9-15)^2=25$

③ $S_e=\frac{1}{4}(2+15-9-12)^2=4$ 또는 $S_e=S_T-(S_A+S_B)=93-(64+25)=4$

(2) 분산분석표 작성

요 인	SS	DF	MS	F_0
A	64	1	64	16
B	25	1	25	6.25
e	4	1	4	
계	93			

12_ (1)

번호	항목	건수	누적건수	발생 %	누적 발생 %
1	먼지	39	39	32.5	32.5
2	기계고장	30	69	25.0	57.5
3	기계마모	21	90	17.5	75.0
4	원자재 부적합	12	102	10.0	85.0
5	작업자의 부주의	6	108	5.0	90.0
6	기타	12	120	10.0	100
합 계	—	120	—	100	—

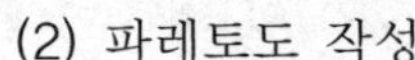

(2) 파레토도 작성

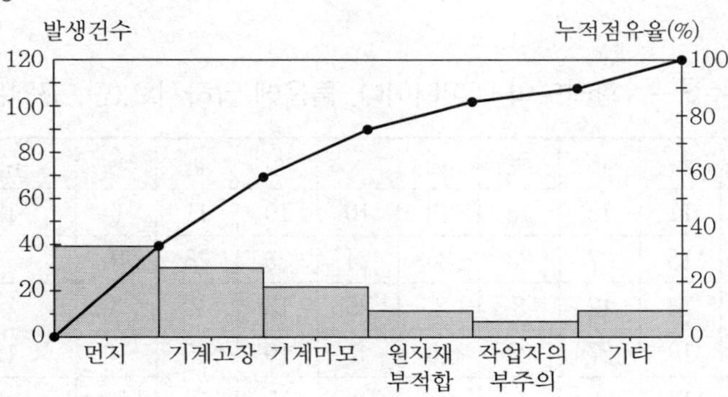

13_ (1) 품질경영
(2) 품질관리
(3) 품질보증

기출유사문제 [2022년 1회 품질경영기사 실기]

01 다음은 $\bar{x}-s$관리도의 데이터이다. 물음에 답하시오.(단, 규격은 5~25이다.)

No.	x_1	x_2	x_3	x_4	x_5	x_6	x_7	x_8	평균치($\bar{x}$)	표준편차(s)
1	11	13	18	13	10	19	11	6	12.625	4.240536
2	15	27	23	26	24	23	28	10	22	6.279217
3	13	12	8	4	25	13	2	3	10	7.55929
4	18	27	23	15	5	19	15	19	17.625	6.479363
5	13	4	1	5	2	15	16	13	8.625	6.209152
6	10	2	11	2	13	17	3	6	8	5.606119
7	19	1	11	5	2	7	11	9	8.125	5.792544
8	11	19	3	7	10	1	6	15	9	6.023762
9	6	1	7	5	16	5	10	7	7.125	4.389517
10	5	7	30	20	15	18	2	12	13.625	9.148575
11	27	12	14	16	4	34	6	21	16.75	10.20854
12	23	10	1	2	15	14	7	6	9.75	7.363035
13	26	11	17	8	12	7	12	35	16	9.739463
14	24	2	5	15	26	19	10	18	14.875	8.626165
15	23	10	16	13	17	16	21	19	16.875	4.189698
16	28	11	3	18	17	5	5	13	12.5	8.417668
17	10	17	17	21	29	20	29	1	18	9.335034
18	10	1	2	15	8	21	34	17	13.5	10.83645
19	12	15	19	6	12	6	24	23	(　　)	(　　)
20	8	16	23	6	14	10	2	8	(　　)	(　　)
21	4	2	8	16	26	11	27	14	(　　)	(　　)
합계									274	153.27900

(1) 군번호 19~21까지 공란을 메우시오.

(2) 관리도의 상 · 하한 및 중심선을 구하시오.

(3) 군번호 1~10까지 관리도를 그리시오.

(4) 관리이상치를 제거한 후 관리한계선을 구하시오.

(5) 공정능력지수를 구하고, 판정을 행하시오.

02 82명에 대하여 어떤 약품의 평균회복시간을 조사하고자 한다. A사 제품에 대하여 40명, B사 제품에 대하여 42명을 랜덤샘플링하여 조사한 결과가 아래 표와 같다. 물음에 답하시오.

구분	A사	B사
조사인원(n)	40	42
평균회복시간($\bar{x}$)	7.3	8.9
제곱합(SS)	47.19	59.04

(1) 등분산성 검정을 행하시오.(유의수준 5%)

(2) 평균치 차의 구간추정을 행하시오.(신뢰율 95%)

03 두 변수 x와 y에 대하여 다음과 같은 7개의 데이터가 있다. 물음에 답하시오.

x_i	2	3	4	5	6	7	8
y_i	5	6	6	7	9	12	11

(1) 상관계수의 유무검정을 행하시오.(유의수준 5%)

(2) 회귀분석을 행하시오.(유의수준 5%)

(3) 모상관계수의 구간추정을 행하시오.(신뢰율 95%)

04 어느 재료의 인장강도가 75kg/mm^2 이상으로 규정된 경우, 즉 계량규준형 1회 샘플링검사에서 $n=8$, $k=1.74$의 값을 얻어 데이터를 취했더니 아래와 같다. 이 결과에서 로트의 합격 · 불합격을 판정하시오.(단, 표준편차 $\sigma=2$kg/mm^2)

79.0	75.5	77.5	76.5
77.0	79.5	77.0	75.0

05 다음은 A사가 어떤 부품의 수입검사에 계수값 샘플링검사인 KS Q ISO 2859－1의 보조표인 분수샘플링검사를 적용하고 있는 일부분이다. 적용조건은 AQL＝1.0%, 통상검사수준 II에서 엄격도는 까다로운 검사, 샘플링형식은 1회로 시작하였다. 다음 물음에 답하시오.

(1) 다음 표의 ( ) 안을 로트별로 완성하시오.

로트번호	N	샘플문자	n	당초의 Ac	합부판정점수 (검사 전)	적용하는 Ac	부적합품수 d	합부판정	합부판정점수 (검사 후)
11	200	G	32	1/3	13	1	1	합격	0
12	250	( )	( )	( )	3	0	0	합격	3
13	600	J	80	( )	( )	1	1	( )	0
14	95	( )	20	( )	0	( )	0	합격	( )
15	120	F	( )	0	( )	( )	0	합격	0

(2) 로트번호 15의 검사 결과까지를 토대로 로트번호 16에 적용되는 엄격도를 결정하시오.

06 다음은 계수값 축차샘플링검사(KS Q ISO 28591)에 대한 내용이다. (　　)를 메우시오.

(1) 검사항목은 임의로 선택되고 로트로부터 1개씩 검사하여 나오는 부적합품수의 (①)가 합격판정개수(Ac) 이하이면 합격시키고 불합격판정개수(Re) 이상이면 로트를 불합격시킨다. 만약 누계샘플사이즈(n_{cum})가 (②)에 도달한 경우에는 (①)가 중지값에 따른 (③) 이하이면 합격, 불합격판정개수(Re_t) 이상이면 로트를 불합격, 발견된 부적합품의 수가 합격판정개수와 불합격판정개수의 구간에 있으면, 검사를 속행시키는 방식이다.

(2) 이 방식은 동일한 OC곡선을 갖는 샘플링검사 방식 중에서 (④)가 가장 작도록 고안된 샘플링방식이다.

07 계량치 검사를 위한 축차샘플링검사(KS Q ISO 39511)에서 연결식 양쪽 규격이 205±5로 규정되어 있다. $\sigma=1.2$이고 PRQ = 0.5%, CRQ = 2%라 할 때 다음 물음에 답하시오. 계량값 축차샘플링검사(KS Q ISO 39511)에서 결합관리식 양쪽 규격(205±5)이 규정되어 있다. 다음 물음에 답하시오.(단, $\sigma=1.2$이고 $Q_{PR}=0.5\%$, $Q_{CR}=2\%$)

(1) $n_{cum}<n_t$인 경우, 다음 표를 완성하시오.

구분	하한규격(L)	상한규격(U)
합격판정치		
불합격판정치		

(2) 다음 빈칸을 채우고 로트를 판정하시오.

로트	특성치 (x)	여유량 (y)	누적여유량 (Y)	R_L	A_L	A_U	R_U
1	196.6	−3.4	−3.4	−3.8652	7.9524	2.0476	13.8652
2	205.5	(　　)	(　　)	(　　)	(　　)	(　　)	(　　)
3	211.0	(　　)	(　　)	(　　)	(　　)	(　　)	(　　)
4	201.7	(　　)	(　　)	(　　)	(　　)	(　　)	(　　)
5	209.0	(　　)	(　　)	(　　)	(　　)	(　　)	(　　)

08 요인 A가 4수준, 반복수가 3인 1요인실험데이터이다. 분산분석표를 작성하고 검정을 행하시오.(유의수준 5%)

	A_1	A_2	A_3	A_4
1	9	10	11	11
2	8	11	12	10
3	8	9	10	10
$T_{i\cdot}$	25	30	33	31

09 다음은 2^3형 요인배치법의 Yates' 알고리즘이다. $A\times B$의 제곱합 $S_{A\times B}$를 구하시오.

처리조합			데이터	(1)	(2)	(3)	
A	B	C					
0	0	0	(1)=7	17	39	72	수정항
0	0	1	c=10	22	33	2	C
0	1	0	b=9	17	7	4	B
0	1	1	bc=13	16	−5	10	B×C
1	0	0	a=12	3	5	−6	A
1	0	1	ac=5	4	−1	−12	A×C
1	1	0	ab=7	-7	1	−6	A×B
1	1	1	abc=9	2	9	8	e

10 $L_9(3^4)$의 직교배열표를 이용하여 아래 표와 같이 요인을 배치하고 실험데이터를 얻었을 때, 다음의 물음에 답하시오.(단, 실험데이터는 망대특성이다.)

배치	A	B	e	C	실험데이터 x_i
No＼열번	1	2	3	4	
1	1	1	1	1	$x_1=8$
2	1	2	2	2	$x_2=12$
3	1	3	3	3	$x_3=10$
4	2	1	2	3	$x_4=10$
5	2	2	3	1	$x_5=12$
6	2	3	1	2	$x_6=15$
7	3	1	3	2	$x_7=22$
8	3	2	1	3	$x_8=18$
9	3	3	2	1	$x_9=18$
계					$\Sigma x_i=125$

(1) 분산분석표를 작성하시오.

(2) $F_0<1$인 요인은 풀링 후 분산분석표를 재작성하고 검정을 행하시오.(α=5%)

(3) 최적수준에 대한 신뢰율 95%로 구간추정을 행하시오.

11 어떤 기계의 평균수명을 분석하고자 25개를 샘플링하여 100시간 동안 실험한 결과 고장이 전혀 발생되지 않았다. 이때 신뢰수준 90%로 추정했을 때 평균수명은 최소한 얼마 이상이라 할 수 있겠는가?

12 다음은 샘플 10개에 대하여 6개가 고장 날 때까지 교체 없이 수명시험을 한 데이터이다. 물음에 답하시오.(단, 고장확률밀도함수로 형상모수=1인 와이블분포를 따른다.)

[데이터]	17.5,	18.0,	21.0,	31.0,	42.3,	50.2	(단위 : 시간)

(1) 평균수명($MTBF$)을 구하시오.
(2) 평균고장률(λ)을 구하시오.
(3) 사용시간 $t=75$시간에서의 신뢰도를 구하시오.

13 다음은 ISO 국제규격에 대한 용어이다. 정의를 적으시오.

(1) ISO 14001
(2) ISO 22000
(3) ISO 26262

14 6시그마 활동에 있어 다음의 정의는 무엇에 대한 내용인지 알맞은 용어를 적으시오.

(1) 백만 기회당 부적합수 (　　)
(2) 개선프로젝트의 해결과 담당업무를 병행하는 문제해결의 전담자로서 프로젝트 추진, 고객의 요구사항의 조사 등을 수행하는 사람에게 주어지는 자격 (　　)

기출유사문제풀이 [2022년 1회 품질경영기사 실기]

01_ (1)

$$\bar{x}=\frac{\Sigma x_i}{n},\ s=\sqrt{\frac{\left(\Sigma x^2-\frac{(\Sigma x)^2}{n}\right)}{n-1}}=\sqrt{\frac{S}{n-1}}$$

No.	x_1	x_2	x_3	x_4	x_5	x_6	x_7	x_8	평균치($\bar{x}$)	표준편차(s)
19	12	15	19	6	12	6	24	23	(14.625)	(6.96804)
20	8	16	23	6	14	10	2	8	(10.875)	(6.57783)
21	4	2	8	16	26	11	27	14	(13.5)	(9.28901)

(2) 중심선, 관리상하한선

① $\bar{x}$관리도

- 중심선(C_L) $\bar{\bar{x}}=\frac{\Sigma\bar{x}_i}{k}=\frac{274}{21}=13.0476$
- 관리상하한선($\bar{s}=\frac{\Sigma s}{k}=\frac{153.2790}{21}=7.299$, $n=8$일 때, $A_3=1.099$)

$$\begin{pmatrix} U_{CL} \\ L_{CL} \end{pmatrix}=\bar{\bar{x}}\pm A_3\bar{s}=\begin{pmatrix} 21.06920 \\ 5.02600 \end{pmatrix}$$

② s관리도

- 중심선(C_L) $\bar{s}=\frac{\Sigma s}{k}=\frac{153.2790}{21}=7.299$
- 관리상하한선($n=8$일 때, $B_3=0.185$, $B_4=1.815$)

$$\begin{pmatrix} U_{CL} \\ L_{CL} \end{pmatrix}=\begin{pmatrix} B_4\bar{s} \\ B_3\bar{s} \end{pmatrix}=\begin{pmatrix} 13.24769 \\ 1.35032 \end{pmatrix}$$

(3) 관리도 작성(군번호 1～10번까지)

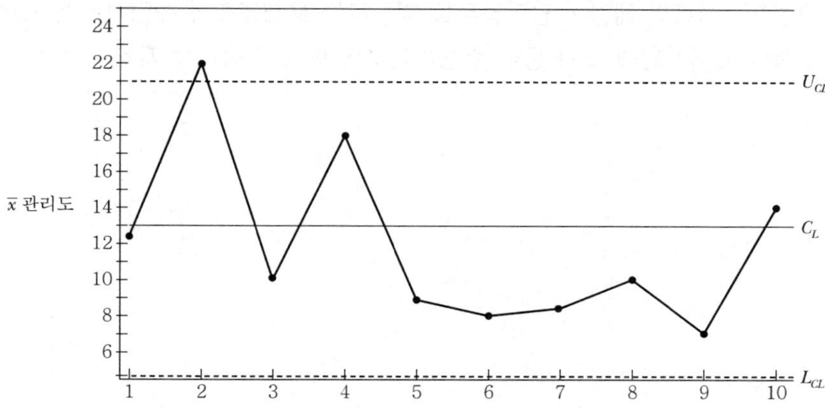

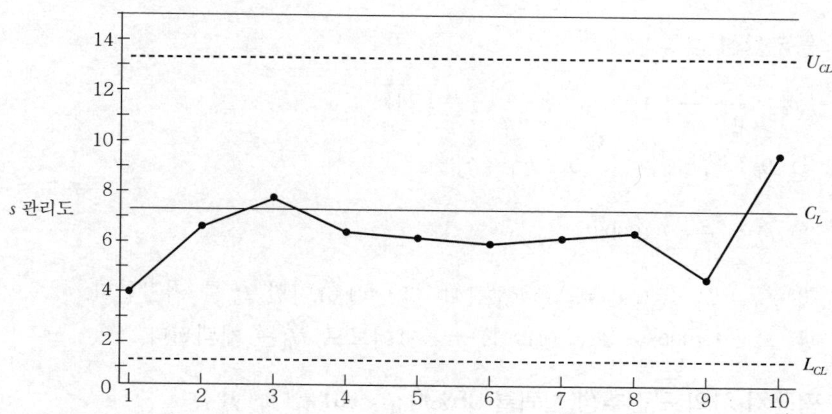

(4) 수정된 관리한계선

군번호 2의 데이터는 s관리도는 관리상태이나, $\bar{x}$관리도는 관리이탈로 관리이상상태이므로, 이를 제거한 후 한계선을 재작성하면 다음과 같다.

① $\bar{x}$관리도

- 중심선(C_L) $\bar{\bar{x}}' = \dfrac{\sum \overline{x_i}'}{k-1} = \dfrac{274-22}{20} = 12.6$
- 관리상하한선($\bar{s}' = \dfrac{\sum s'}{k-1} = \dfrac{153.2790-6.279217}{20} = 7.34999$)

$$\begin{pmatrix} U_{CL} \\ L_{CL} \end{pmatrix} = \bar{\bar{x}}' \pm A_3 \bar{s}' = \begin{pmatrix} 20.67764 \\ 4.52236 \end{pmatrix}$$

② s관리도

- 중심선(C_L) $\bar{s}' = 7.34999$
- 관리상하한선($n=8$일 때, $B_3 = 0.185$, $B_4 = 1.815$)

$$\begin{pmatrix} U_{CL} \\ L_{CL} \end{pmatrix} = \begin{pmatrix} B_4 \bar{s}' \\ B_3 \bar{s}' \end{pmatrix} = \begin{pmatrix} 13.34023 \\ 1.35975 \end{pmatrix}$$

(5) 공정능력지수 계산 및 판정($n=8$일 때, $c_4 = 0.965$)

$\sigma_w = \dfrac{\bar{s}}{c_4} = 7.61657$

공정능력지수 $C_p = \dfrac{U-L}{6\sigma_w} = \dfrac{25-5}{6 \times 7.61657} = 0.43764$로서 $C_p < 0.67$에 해당되므로, 4등급으로 공정능력이 매우 부족하다.

02_ (1) 등분산성 검정

$$\left(s_A^2 = \frac{SS_A}{n_A - 1} = 1.21,\ s_B^2 = \frac{SS_B}{n_B - 1} = 1.44\right)$$

① $H_0 : \sigma_A^2 = \sigma_B^2 \qquad H_1 : \sigma_A^2 \neq \sigma_B^2$

② $F_0 = \dfrac{s_B^2}{s_A^2} = 1.19008$

③ $F_0 > F_{1-\alpha/2}(\nu_B,\ \nu_A) = F_{0.975}(41,\ 39) = 1.67$이면 H_0를 기각한다.

④ $F_0 = 1.19008 < F_{0.975}(41,\ 39) = 1.53$ 이므로 H_0는 채택된다.

(2) 평균치 차의 구간추정(신뢰율 95%)($t_{0.975}(80) = 1.980$)

$$(\overline{x_A} - \overline{x_B}) \pm t_{1-\alpha/2}(n_A + n_B - 2)\sqrt{s^2\left(\frac{1}{n_A} + \frac{1}{n_B}\right)}$$

$$= (7.3 - 8.9) \pm t_{0.975}(80)\sqrt{\left(\frac{47.19 + 59.04}{40 + 42 - 2}\right)\left(\frac{1}{40} + \frac{1}{42}\right)}$$

$$= (-2.10408 \sim -1.09592)$$

03_

- $S(xx) = \Sigma x^2 - \dfrac{(\Sigma x)^2}{n} = 28$
- $S(yy) = \Sigma y^2 - \dfrac{(\Sigma y)^2}{n} = 44$
- $S(xy) = \Sigma xy - \dfrac{(\Sigma x)(\Sigma y)}{n} = 33$
- $S_R = \dfrac{S(xy)^2}{S(xx)} = \dfrac{33^2}{28} = 38.89286$
- $r = \dfrac{S(xy)}{\sqrt{S(xx)\,S(yy)}} = 0.94017$

(1) 상관계수의 유무검정

① $H_0 : \rho = 0 \qquad H_1 : \rho \neq 0$

② $t_0 = \dfrac{r}{\sqrt{\dfrac{1-r^2}{n-2}}} = 6.17038$

③ 기각역 : $t_0 > t_{1-\alpha/2}(\nu) = t_{0.975}(5) = 2.571$이면 H_0를 기각한다.

$\therefore\ t_0 > 2.571$이므로, H_0를 기각한다.

(2) 회귀분석($H_0 : \beta_1 = 0,\ H_1 : \beta_1 \neq 0$)

요인	SS	DF	MS	F_0	$F_{0.95}$
회귀(R)	38.89286	1	38.89286	38.07687*	6.01
잔차(y/x)	5.10714	5	1.02143		
계(T)	44.0	6			

$\therefore\ \alpha = 0.05$로 H_0 기각, 즉 회귀계수는 유의하다.

(3) 모상관계수의 95% 구간추정

$$\rho_{U \cdot L} = \tanh\left(\tanh^{-1} r \pm u_{1-\alpha/2} \frac{1}{\sqrt{n-3}}\right) = \tanh\left(\tanh^{-1}(0.94017) \pm 1.96\ \frac{1}{\sqrt{4}}\right)$$

$\therefore\ 0.64079 \leq \rho \leq 0.99135$

04_ ① $\overline{X_L} = L + k\sigma = 75 + 1.74 \times 2 = 78.480$

② $\overline{x} = \dfrac{\Sigma x_i}{n} = \dfrac{617.0}{8} = 77.1250$

③ $\overline{x} = 77.1250 < \overline{X_L} = 78.480$이므로 로트를 불합격시킨다.

05_ (1)

로트번호	N	샘플문자	n	당초의 Ac	합부판정점수 (검사 전)	적용하는 Ac	부적합품수 d	합부판정	합부판정 점수 (검사 후)
11	200	G	32	1/3	13	1	1	합격	0
12	250	(G)	(32)	(1/3)	3	0	0	합격	3
13	600	J	80	(1)	(10)	1	1	(합격)	0
14	95	(F)	20	(0)	0	(0)	0	합격	(0)
15	120	F	(20)	0	(0)	(0)	0	합격	0

(2) 연속 5로트가 합격이 되었으므로 로트번호 16은 보통검사를 실시한다.

06_ ① 누계값 또는 누계카운트(D)

② 중지값(n_t)

③ 합격판정개수(Ac_t)

④ 평균 샘플크기(ASS ; Average Sample Size)

07_ (1) $n_{cum} < n_t$인 경우($h_A = 4.312,\ h_R = 5.536,\ g = 2.315,\ n_t = 49$) 합부판정선

$A_L = h_A\sigma + g\sigma n_{cum} = 4.312 \times 1.2 + 2.315 \times 1.2 n_{cum}$

$R_L = -h_R\sigma + g\sigma n_{cum} = -5.536 \times 1.2 + 2.315 \times 1.2 n_{cum}$

$A_U = -h_A\sigma + (U - L - g\sigma) n_{cum} = -4.312 \times 1.2 + (210 - 200 - 2.315 \times 1.2) n_{cum}$

$R_U = h_R\sigma + (U - L - g\sigma) n_{cum} = 5.536 \times 1.2 + (210 - 200 - 2.315 \times 1.2) n_{cum}$

구분	하한규격(L)	상한규격(U)
합격판정치	$A_L = 5.17440 + 2.7780 n_{cum}$	$A_U = -5.17440 + 7.2220 n_{cum}$
불합격판정치	$R_L = -6.64320 + 2.7780 n_{cum}$	$R_U = 6.64320 + 7.2220 n_{cum}$

(2)

로트	특성치(x)	여유량(y)	누적 여유량(Y)	R_L	A_L	A_U	R_U
1	196.6	−3.4	−3.4	−3.8652	7.9524	2.0476	13.8652
2	205.5	5.5	2.1	−1.0872	10.7304	9.2696	21.0872
3	211.0	11	13.1	1.6908	13.5084	16.4916	28.3092
4	201.7	1.7	14.8	4.4688	16.2864	23.7136	35.5312
5	209.0	9	23.8	7.2468	19.0644	30.9356	42.7532

∴ 로트번호 5에서 누적여유량(Y)이 $A_L \le Y \le A_U$이므로 로트를 합격시킨다.

08_ 분산분석표 작성

① 수정항 $CT = \dfrac{T^2}{N} = \dfrac{119^2}{12}$

② $S_T = \sum_i \sum_j x_{ij}^2 - CT = 16.91667$

③ $S_A = \sum_i \dfrac{T_{i\cdot}^2}{r} - CT = \dfrac{1}{3}(25^2 + 30^2 + 33^2 + 31^2) - CT = 11.58333$

요인	SS	DF	MS	F_0	$F_{0.95}$
A	11.58333	3	3.86111	5.79164*	4.07
e	5.33334	8	0.66667		
T	16.91667	11			

09_ $S_{A\times B}=\frac{1}{8}[(abc+ab+c+(1))-(ac+bc+a+b]^2$

$=\frac{1}{8}[(9+7+10+7)-(5+13+12+9]^2=4.5$

10_ (1) ① $CT=\frac{(\sum x_i)^2}{N}=\frac{(125)^2}{9}$

② $S_T=\sum x_{ij}^2-CT=172.88889$

③ 각 요인의 제곱합 계산

$S=\frac{1}{3^{m-1}}[(1\text{수준데이터의 합})^2+(2\text{수준데이터의 합})^2+(3\text{수준데이터의 합})^2]-CT$

$S_A=\frac{1}{3}(30^2+37^2+58^2)-CT=141.55556$

$S_B=\frac{1}{3}(40^2+42^2+43^2)-CT=1.55556$

$S_C=\frac{1}{3}(38^2+49^2+38^2)-CT=26.88889$

$S_e=\frac{1}{3}(41^2+40^2+44^2)-CT=2.88889$

④ 분산분석표 작성

요인	SS	DF	MS	F_0
A	141.55556	2	70.77778	48.99981
B	1.55556	2	0.77778	0.53846
C	26.88889	2	13.44445	9.30766
e	2.88889	2	1.44445	
T	172.88889	8		

(2) 분산분석표 재작성

요인	SS	DF	MS	F_0	$F_{0.95}$
A	141.55556	2	70.77778	63.70007*	6.94
C	26.88889	2	13.44445	12.10002*	6.94
e	4.44445	4	1.11111		
T	172.88889	8			

(3) 최적수준($\mu(A_3C_2)$)에 대한 신뢰율 95%로 구간추정

$\bar{x}_{3\cdot\cdot} = \frac{58}{3} = 19.33333$, $\bar{x}_{\cdot\cdot 2} = \frac{49}{3} = 16.33333$, $\bar{\bar{x}} = \frac{125}{9} = 13.88889$,

$t_{0.975}(4) = 2.776$, $n_e = \frac{9}{2+2+1} = 1.8$

$$\mu(A_3C_2) = \left(\bar{x}_{3\cdot\cdot} + \bar{x}_{\cdot\cdot 2} - \bar{\bar{x}}\right) \pm t_{0.975}(4)\sqrt{\frac{V_e}{n_e}} = 21.77777 \pm 2.776\sqrt{\frac{1.11111}{1.8}}$$

$\therefore\ 19.59674 \le \mu(A_3C_2) \le 23.95880$

11_ 정시중단시험($r=0$인 경우)의 평균수명의 하한값(신뢰율 90%)

$$MTBF_L = \frac{2T}{\chi^2_{1-\alpha}(2r+2)} = \frac{2T}{\chi^2_{1-\alpha}(2)} = \frac{2\times 25\times 100}{4.61} = 1084.59870\,(\text{시간})$$

∴ 평균수명은 최소한 1084.59870 이상이라 할 수 있다.

12_ (1) $MTBF = \frac{\Sigma t_i + (n-r)\times t_r}{r} = \frac{17.5 + \cdots + 50.2 + (10-6)\times 50.2}{6} = 63.46667\,(\text{시간})$

(2) $\lambda = \frac{1}{MTBF} = 0.01576\,(/\text{시간})$

(3) $R(t) = e^{-\frac{t}{MTBF}} = e^{-\frac{75}{63.46667}} = 0.30675$

13_ (1) 환경경영시스템

(2) 식품안전경영시스템

(3) 기능 안전성 관련 요구사항

14_ (1) DPMO(Defects per Million Opportunities)

(2) BB(Black Belt)

기출유사문제 [2022년 2회 품질경영기사 실기]

01 다음은 $\bar{x}-R$관리도의 데이터이다. 물음에 답하시오.(단, $n=4$일 때, $d_2=2.059$, $D_4=2.282$, $D_3=-$)

군번호	측 정 치				$\bar{x}$	R
1	40.2	38.9	39.4	40	39.625	1.30
2	39.1	39.8	38.5	39	39.1	1.30
3	38.6	38	39.2	39.9	38.925	1.90
4	39.6	38.6	39	39	39.05	1.00
5	39	38.5	39.3	39.4	39.05	0.90
6	38.8	39.8	38.3	39	38.975	1.50
7	38.9	38.7	41	38	39.15	3.00
8	38	38.7	39	39.7	38.85	1.70
9	40.6	38	38.2	39	38.95	2.60
10	39.2	39	38	39.5	38.925	1.50
11	38.9	40.8	38.7	39.8	39.55	2.10
12	39	37.9	37.9	40.5	38.825	2.60
13	39.7	38.5	39.6	38.9	39.175	1.20
14	38.6	39.8	39.2	40.8	39.6	2.20
15	40.7	40.7	39.3	39.2	39.975	1.50
계					587.725	26.30

(1) $\bar{x}-R$관리도의 C_L, U_{CL}, L_{CL}을 각각 구하시오.

(2) $\bar{x}-R$관리도를 작성하고, 관리상태 여부를 판정하시오.

(3) 군간변동(σ_b)을 구하시오.(단, $\widehat{\sigma_{\bar{x}}}=0.52329$로 가정한다.)

(4) 관리계수(C_f)를 구하고 판정하시오.

02 15kg들이 화학약품이 60상자 입하되었다. 약품의 순도를 조사하려고 우선 5상자를 랜덤샘플링하여 각각의 상자에서 6인크리멘트씩 랜덤샘플링하였을 때, 약품의 순도는 종래의 실험에서 상자 간 산포 $\sigma_b=0.20\%$, 상자 내 산포 $\sigma_w=0.35\%$임을 알고 있을 때 다음 물음에 답하시오.

(1) 샘플링의 분산을 구하시오.

(2) 샘플링의 추정정밀도(신뢰율 95%)를 구하시오.

03

어떤 철재제품의 인장강도의 특성치가 50kg/mm² 이상인 로트는 통과시키고, 46kg/mm² 이하인 로트는 통과시키지 않게 하는 계량규준형 샘플링검사가 있다. 다음 물음에 답하시오.(단, $\sigma = 4$kg/mm², $\alpha = 0.05$, $\beta = 0.10$, $K_{0.05} = 1.645$, $K_{0.10} = 1.282$)

(1) 시료의 크기(n)를 구하시오.

(2) 합격판정치를 구하시오.

(3) n개의 데이터 평균치가 48.0kg/mm²라면 로트의 합부여부를 판정하시오.

04

A사는 어떤 부품의 수입검사에 있어 KS Q ISO 2859-1을 사용하고 있다. 검토 후 AQL = 1.0%, 검사수준 Ⅱ로 1회 샘플링검사를 수월한 검사를 시작으로 연속 로트를 실시하였다. 다음 공란을 채우시오.

번호	N	샘플문자	n	Ac	Re	부적합 품수	합부판정	전환 점수	샘플링검사의 엄격도
1	1,000	J	32	1	2	2	불합격	-	보통검사로 전환
2	500	H	50	1	2	3	불합격	0	보통검사로 속행
3	2,000					4			
4	800					2			
5	1,500					2			
6	1,000					2			

05

어떤 공정에서 생산되는 제품 로트 크기에 따라서 생산에 소요되는 시간을 측정하였더니 다음과 같은 시간이 소요되었다. 다음의 물음에 답하시오.(단, $\alpha = 0.05$)

x_i	30	20	60	80	40	50	60	30	70	80
y_i	73	50	128	170	87	108	135	69	148	132

(1) 시료의 상관계수(r)를 구하시오.

(2) 추정회귀방정식을 구하시오.

(3) $H_0 : \beta_1 = 0$, $H_1 : \beta_1 \neq 0$를 검정하시오.

06 A기계와 B기계의 양호품수와 부적합품수가 다음과 같다. 물음에 답하시오.

기계	양품수	부적합품수	합계
A	795	100	895
B	605	45	650

(1) A기계의 부적합품률과 B기계의 부적합품률의 차가 2%보다 크다고 할 수 있는가?(단, $\alpha = 0.05$)

(2) 부적합품률 차의 신뢰한계를 구간추정을 하시오.(신뢰율 95%)

07 어떤 제품을 제조할 때 원료의 투입량(A : 3수준), 처리온도(B : 3수준), 처리시간(C : 3수준)을 요인으로 잡고 라틴방격법으로 제품의 인장강도를 조사하기 위하여 실험을 하였다. 다음 표는 그 배치와 데이터이다. 물음에 답하시오.(품질특성은 망대특성을 가진다.)

	A_1	A_2	A_3
B_1	$C_3 = 9$	$C_2 = 3$	$C_1 = 6$
B_2	$C_2 = 5$	$C_1 = 5$	$C_3 = 9$
B_3	$C_1 = 5$	$C_3 = 9$	$C_2 = 4$

(1) 분산분석을 하시오.

(2) 최적수준에서 모평균을 신뢰율 95%로 구간추정을 실시하시오.

08 4종류의 플라스틱제품이 있다. A_1 : 자기회사제품, A_2 : 국내 C회사제품, A_3 : 국내 D회사제품, A_4 : 외국제품에 대하여 각각 10개, 6개, 6개, 2개씩 표본을 취하여 강도(kg/cm^2)를 측정한 결과 다음과 같다. 물음에 답하시오.(단, L_1 : 외국제품과 한국제품의 차, L_2 : 자사제품과 국내 타 회사제품의 차, L_3 : 국내 타 회사제품의 차)

A의 수준	데 이 터										$T_i.$
A_1	20	18	19	17	17	22	18	13	16	15	$T_1. = 175$
A_2	25	23	28	26	19	26					$T_2. = 147$
A_3	24	25	18	22	27	24					$T_3. = 140$
A_4	14	12									$T_4. = 26$
											$T = 488$

(1) 선형식 L_1, L_2, L_3 각각을 구하시오.

(2) 각 선형식의 제곱합을 구하시오.

(3) 분산분석표를 작성하고 검정을 실시하시오.(유의수준 5%)

09 어떤 제품의 중합반응에서 약품의 흡수속도가 제조시간에 영향을 미치고 있음을 알고 있다. 그것에 대한 큰 요인이라고 생각되는 촉매량과 반응온도를 취급하여 다음의 실험조건으로 2회 반복하여 $4 \times 3 \times 2 = 24$회의 실험을 랜덤하게 행한 결과 다음의 데이터를 얻었다. $D_4 \overline{R}$에 의한 등분산의 가정을 검토하여 이 실험의 관리상태 여부를 답하시오.

| 데이터(흡수속도[g/hr]) |

	A_1	A_2	A_3	A_4
B_1	94, 87	95, 101	99, 107	91, 98
B_2	99, 108	114, 108	112, 118	109, 103
B_3	116, 111	121, 127	125, 131	116, 122

10 다음 데이터는 설계를 변경한 후 만든 어떤 전자기기 장치 10대를 수명시험기에 걸어 고장수 $r=7$에서 정수중단시험한 결과이다. 본 수명의 고장확률밀도함수가 지수분포를 따른다고 할 때 신뢰수준 90%로 평균수명을 추정하시오.(확률분포 값은 부표를 이용할 것)

[Data] 3 9 12 18 27 31 43 (단위 : 시간)

11 어떤 부품의 고장시간의 분포가 $m=1.5$, $\eta=1,200$시간, $r=0$인 와이블분포를 따른다고 할 때 물음에 답하시오.

(1) $t=500$에서 신뢰도($R(t)$)를 구하시오.

(2) $t=500$에서 고장률($\lambda(t)$)을 구하시오.

(3) 이 부품의 신뢰도를 95% 이상으로 유지하는 사용시간(t)을 구하시오.

12 다음의 내용은 ISO 9000 시리즈에서 정의하고 있는 어떤 용어에 대한 설명인가?

(1) 품질요구사항을 충족하는 데 중점을 둔 품질경영의 일부 (　　)

(2) 조직의 품질경영시스템에 대한 문서 (　　)

(3) 특정 대상에 대해 적용시점과 책임을 정한 절차 및 연관된 자원에 관한 시방서 (　　)

13 검사의 목적을 쓰시오.(4가지)

14 사내표준화의 효과 증대를 위한 요건을 나열하시오.(5가지)

기출유사문제풀이 [2022년 2회 품질경영기사 실기]

01_ (1) 관리한계선

① $\bar{x}$관리도

$$C_L = \frac{\sum \bar{x}}{k} = \frac{587.725}{15} = 39.18167$$

$$U_{CL} = \bar{\bar{x}} + \frac{3\bar{R}}{d_2\sqrt{n}} = 39.18167 + \frac{3\times 1.75333}{2.059\sqrt{4}} = 40.45899$$

$$L_{CL} = \bar{\bar{x}} - \frac{3\bar{R}}{d_2\sqrt{n}} = 39.18167 - \frac{3\times 1.75333}{2.059\sqrt{4}} = 37.90435$$

② R관리도

$$C_L = \frac{\sum R}{k} = \frac{26.30}{15} = 1.75333$$

$$U_{CL} = D_4\bar{R} = 2.282\times 1.75333 = 4.00110$$

$L_{CL} = D_3\bar{R} = -$ (고려하지 않음)

(2) 관리도 작성 및 판정

① $\bar{x}$관리도

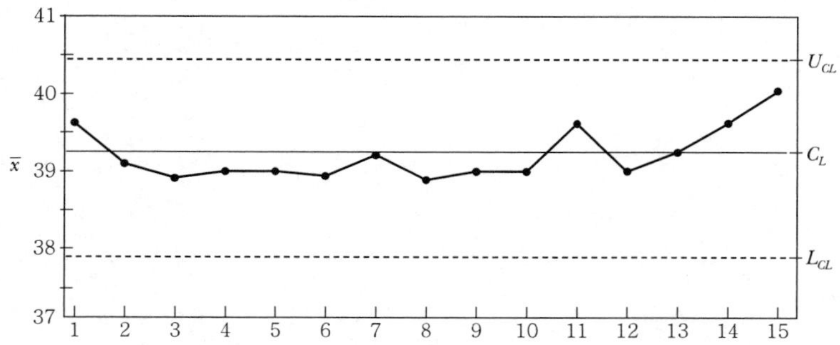

② R관리도

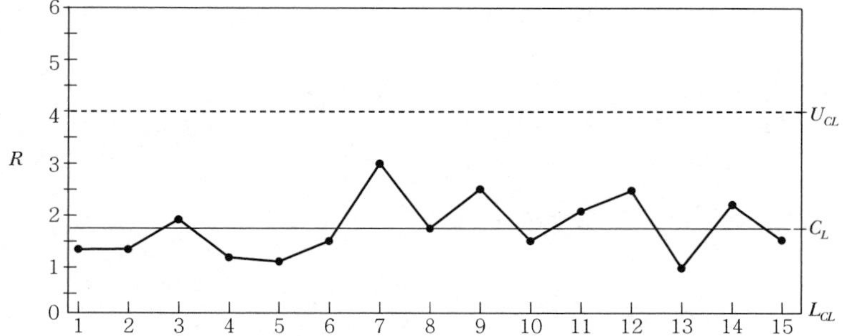

③ 관리도 판정

R관리도는 관리상태이나, $\overline{x}$관리도는 군번호 2~10까지 연(連)의 현상이 나타나므로, 관리이상상태로 판정한다.

(3) 군간변동(σ_b) 계산

$$\widehat{\sigma_{\overline{x}}}=0.52329,\ \widehat{\sigma_w}=\frac{\overline{R}}{d_2}=\frac{1.75333}{2.059}=0.85154$$

$$\sigma_{\overline{x}}^2=\frac{\sigma_w^2}{n}+\sigma_b^2 \Rightarrow 0.52329^2=\frac{0.85154^2}{4}+{\sigma_b}^2$$

$$\therefore\ \sigma_b=\sqrt{0.52329^2-\frac{0.85154^2}{4}}=0.30422$$

(4) 관리계수(C_f) 계산

$$C_f=\frac{\sigma_{\overline{x}}}{\sigma_w}=\frac{0.52329}{0.85154}=0.61452$$

$\therefore\ 0.8 > C_f$이므로 군 구분이 나쁘다고 판정한다.

02_ (1) 분산 $V(\overline{x})=\dfrac{\sigma_w^2}{m\,\overline{n}}+\dfrac{\sigma_b^2}{m}=\dfrac{0.35^2}{5\times 6}+\dfrac{0.2^2}{5}=0.01208$

(2) 추정정밀도 $\beta_{\overline{x}}=\pm u_{1-\alpha/2}\sqrt{\dfrac{\sigma_w^2}{m\,\overline{n}}+\dfrac{\sigma_b^2}{m}}=\pm 1.96\sqrt{\dfrac{0.35^2}{5\times 6}+\dfrac{0.2^2}{5}}=\pm 0.21545$

03_ (1) $n=\left(\dfrac{K_\alpha+K_\beta}{m_0-m_1}\right)^2\times\sigma^2=\left(\dfrac{1.645+1.282}{50-46}\right)^2\times 4^2=8.56733=9$(개)

(2) $\overline{X_L}=m_0-K_\alpha\dfrac{\sigma}{\sqrt{n}}=50-1.645\times\dfrac{4}{\sqrt{9}}=47.80667$

(3) $\overline{X_L}\le(\overline{x}=48.0)$이므로 로트는 합격으로 한다.

04_

번호	N	샘플문자	n	Ac	Re	부적합품수	합부판정	전환점수	샘플링검사의 엄격도
1	1,000	J	32	1	2	2	불합격	-	보통검사로 전환
2	500	H	50	1	2	3	불합격	0	보통검사로 속행
3	2,000	K	125	3	4	4	불합격	0	까다로운 검사로 전환
4	800	J	80	1	2	2	불합격	-	까다로운 검사 속행
5	1,500	K	125	2	3	2	합격	-	까다로운 검사 속행
6	1,000	J	80	1	2	2	불합격	-	까다로운 검사 속행

05_

(1) 상관계수(r)

$$r=\frac{S(xy)}{\sqrt{S(xx)S(yy)}}=\frac{7,240}{\sqrt{4,160\times 13,660}}=0.96043$$

(2) 추정회귀방정식

$$\hat{\beta}_1=\frac{S(xy)}{S(xx)}=1.74038,\ \hat{\beta}_0=\bar{y}-\hat{\beta}_1\bar{x}=19.5$$

$$\therefore\ \hat{y}=19.5+1.74038x$$

(3) $H_0:\beta_1=0,\ H_1:\beta_1\neq 0$ 검정

요인	SS	DF	MS	F_0	$F_{0.95}$
회귀	12,600.38462	1	12,600.38462	95.132	5.32
잔차(오차)	1,059.61538	8	132.45192		
계	13,660.0	9			

$\therefore\ \alpha=0.05$로 H_0를 기각한다.

06_

(1) 모부적품률 차의 단측검정

$$\hat{p}_A=\frac{x_A}{n_A}=\frac{100}{895}=0.111732$$

$$\hat{p}_B=\frac{x_B}{n_B}=\frac{45}{650}=0.069231$$

$$\hat{p}=\frac{x_A+x_B}{n_A+n_B}=\frac{100+45}{895+650}=0.093851$$

① $H_0:(P_A-P_B)\le 0.02,\ H_1:(P_A-P_B)>0.02$

② 검정통계량

$$u_0 = \frac{(\hat{p_A} - \hat{p_B}) - \delta_0}{\sqrt{\hat{p}(1-\hat{p})\left(\frac{1}{n_A} + \frac{1}{n_B}\right)}} = \frac{(0.111732 - 0.069231) - 0.02}{\sqrt{0.093851\ (1 - 0.093851)\left(\frac{1}{895} + \frac{1}{650}\right)}} = 1.497$$

③ $u_0 > u_{1-\alpha} = 1.645$이면 H_0를 기각한다.

④ $u_0 = 1.497 < 1.645$이므로, $\alpha = 0.05$로 H_0는 채택된다.

(2) 모부적품률 차의 구간추정(하한값)

$$(P_A - P_B)_L = (\hat{p_A} - \hat{p_B}) - u_{1-\alpha}\sqrt{\left(\frac{\hat{p_A}(1-\hat{p_A})}{n_A} + \frac{\hat{p_B}(1-\hat{p_B})}{n_B}\right)}$$

$$= (0.111732 - 0.069231)$$

$$-1.645\sqrt{\left(\frac{0.111732\ (1-0.11173)}{895} + \frac{0.069231\ (1-0.069231)}{650}\right)}$$

$$= 0.01866$$

07_ (1) ① $CT = \frac{T^2}{k^2} = \frac{(55)^2}{9}$

② $S_T = \sum_i \sum_j \sum_k x_{ijk}^2 - CT = 42.88889$

③ $S_A = \sum_i \frac{T_{i\cdot\cdot}^2}{k} - CT = \frac{1}{3}(19^2 + 17^2 + 19^2) - CT = 0.88889$

④ $S_B = \sum_j \frac{T_{\cdot j\cdot}^2}{k} - CT = \frac{1}{3}(18^2 + 19^2 + 18^2) - CT = 0.22222$

⑤ $S_C = \sum_k \frac{T_{\cdot\cdot k}^2}{k} - CT = \frac{1}{3}(16^2 + 12^2 + 27^2) - CT = 40.22222$

⑥ $S_e = S_T - (S_A + S_B + S_C) = 1.55556$

⑦ 분산분석표 작성

요인	SS	DF	MS	F_0	$F_{0.95}$
A	0.88889	2	0.44444	0.57142	19.0
B	0.22222	2	0.11111	0.14286	19.0
C	40.22222	2	20.11111	25.85707*	19.0
e	1.55556	2	0.77778		
T	42.88889	8			

(2) 최적수준($\mu(C_3)$)에서 모평균 구간추정(신뢰율 95%)

$$\bar{x}_{..l} \pm t_{1-\alpha/2}(\nu_e)\sqrt{\frac{V_e}{k}} = \bar{x}_{..3} \pm t_{0.975}(2)\sqrt{\frac{0.77778}{3}}$$

$$= \frac{27}{3} \pm 4.303 \times \sqrt{\frac{0.77778}{3}} = (6.80902 \sim 11.19098)$$

08_ (1) 선형식

① 선형식 $L_1 = \frac{T_4.}{2} - \frac{T_1. + T_2. + T_3.}{22} = \frac{26}{2} - \frac{175+147+140}{22} = -8$

② 선형식 $L_2 = \frac{T_1.}{10} - \frac{T_2. + T_3.}{12} = \frac{175}{10} - \frac{147+140}{12} = -6.41667$

③ 선형식 $L_3 = \frac{T_2.}{6} - \frac{T_3.}{6} = \frac{147}{6} - \frac{140}{6} = 1.16667$

(2) 각 선형식의 제곱합

① $S_{L_1} = \dfrac{(-8.0)^2}{2\times\left(\frac{1}{2}\right)^2 + 22\times\left(-\frac{1}{22}\right)^2} = 117.33333$

② $S_{L_2} = \dfrac{(-6.41667)^2}{10\times\left(\frac{1}{10}\right)^2 + 12\times\left(-\frac{1}{12}\right)^2} = 224.58357$

③ $S_{L_3} = \dfrac{(1.16667)^2}{6\times\left(\frac{1}{6}\right)^2 + 6\times\left(-\frac{1}{6}\right)^2} = 4.08336$

(3) 분산분석표 작성 및 검정

요인	SS	DF	MS	F_0	$F_{0.95}$
A	346.00026	3	115.33342	14.661**	3.10
L_1	117.33333	1	117.33333	14.915**	4.35
L_2	224.58357	1	224.58357	28.549**	4.35
L_3	4.08336	1	4.08336	0.519	4.35
e	157.33307	20	7.86665		
T	503.33333	23			

09_ ① 가설

H_0 : 등분산성이 성립한다.

H_1 : 등분산성이 성립하지 않는다.

② $U_{CL}=D_4\overline{R}$ 계산($r=2$일 때 $D_4=3.267$)

| 범위 R 표 |

	A_1	A_2	A_3	A_4	계
B_1	7	6	8	7	28
B_2	9	6	6	6	27
B_3	5	6	6	6	23
계	21	18	20	19	78

$\overline{R}=\dfrac{\sum R}{n}=\dfrac{78}{12}=6.5$, $D_4\overline{R}=3.267\times 6.5=21.2355$

③ 기각역 : $R_{ij}>D_4\overline{R}$이면 H_0를 기각한다.

④ 판정 : 모든 R값이 21.2355보다 작으므로 귀무가설(H_0)을 채택한다.

10_ $T=\sum_{i=1}^{r}t_i+(n-r)t_r=143+(10-7)\times 43=272$

- $\theta_L=\dfrac{2T}{\chi^2_{1-\alpha/2}(2r)}=\dfrac{2\times 272}{\chi^2_{0.950}(14)}=\dfrac{2\times 272}{23.68}=22.97297$
- $\theta_U=\dfrac{2T}{\chi^2_{\alpha/2}(2r)}=\dfrac{2\times 272}{\chi^2_{0.050}(14)}=\dfrac{2\times 272}{6.57}=82.80061$

11_ (1) 신뢰도($R(t)$)

$$R(t=500)=e^{-\left(\frac{t-r}{\eta}\right)^m}=e^{-\left(\frac{500-0}{1,200}\right)^{1.5}}=0.76418$$

(2) 고장률($\lambda(t)$)

$$\lambda(t=500)=\left(\frac{m}{\eta}\right)\left(\frac{t-r}{\eta}\right)^{m-1}=\left(\frac{1.5}{1,200}\right)\left(\frac{500-0}{1,200}\right)^{1.5-1}=8.06872\times 10^{-4}\,(/\text{시간})$$

(3) 사용시간(t)

$$R(t) \le e^{-\left(\frac{t-r}{\eta}\right)^m} = e^{-\left(\frac{t}{1,200}\right)^{1.5}} \Rightarrow 0.95 \le e^{-\left(\frac{t}{1,200}\right)^{1.5}}$$

$$\ln 0.95 \le -\left(\frac{t}{1,200}\right)^{1.5} \Rightarrow (-\ln 0.95)^{\frac{1}{1.5}} \ge \left(\frac{t}{1,200}\right)$$

$\therefore\ t \le 165.66152$ (시간)

12_ (1) 품질관리 (2) 품질매뉴얼 (3) 품질계획서

13_ ① 좋은 로트와 나쁜 로트를 구분하기 위하여
② 양호품과 부적합품을 구분하기 위하여
③ 공정의 변화 여부를 판단하기 위하여
④ 공정이 규격한계에 가까워졌는가의 여부를 결정하기 위하여
⑤ 제품의 결점 정밀도를 평가하기 위하여
⑥ 검사원의 정확도를 평가하기 위하여
⑦ 측정기기의 정밀도를 측정하기 위하여
⑧ 제품설계에 필요한 정보를 얻어내기 위하여
⑨ 공정능력을 측정하기 위하여

14_ ① 실행가능성이 있는 내용일 것
② 당사자의 의견을 말할 기회를 주는 방식으로 할 것
③ 기록내용이 구체적 · 객관적일 것
④ 작업표준에는 수단 및 행동을 직접 지시할 것
⑤ 기여도가 큰 것을 택할 것
⑥ 직감적으로 보기 쉬운 표현으로 할 것
⑦ 적시에 개정 · 향상시킬 것
⑧ 장기적인 방침 및 체계하에서 추진할 것

기출유사문제 [2022년 4회 품질경영기사 실기]

01 다음은 $\overline{x}-R$관리도의 데이터이다. 물음에 답하시오.(단, 관리계수는 주어진 부표를 이용할 것)

군번호	측 정 치					$\overline{x}$	R
1	13	4	1	5	2	5	12
2	10	2	11	2	13	7.6	11
3	19	1	11	5	2	7.6	18
4	11	19	3	7	10	10	16
5	6	10	7	5	7	7	5
6	15	7	20	20	15	15.4	13
7	27	12	14	16	4	14.6	23
8	23	10	1	2	15	10.2	22
9	26	11	17	8	12	14.8	18
10	24	2	5	15	26	14.4	24
11	23	10	16	13	17	15.8	13
12	18	11	13	18	17	15.4	7
13	10	17	17	21	29	18.8	19
14	10	1	2	15	8	7.2	14
15	12	15	19	6	12	12.8	13
계						176.6	228

(1) $\overline{x}-R$관리도의 C_L, U_{CL}, L_{CL}을 각각 구하시오.

(2) $\overline{x}-R$관리도를 작성하고, 관리상태 여부를 판정하시오.

(3) 군간변동(σ_b)을 구하시오.

(4) 만일 공정의 표준편차는 변하지 않고 평균치 μ가 갑자기 0.5σ만큼 관리상한 쪽으로 이동하였다면 검출력($1-\beta$)을 구하시오.

02 과거 사용되고 있던 제조방법의 평균부적합품률은 10%이다. 새로운 제조방법에서 실험 결과 160개의 제품 중 8개의 부적합품이 나왔다.

(1) 새로운 제조방법은 과거의 방법보다 줄었다고 할 수 있겠는가? 정규분포 근사법을 이용하여 검정하시오.(단, $\alpha = 0.05$로 하시오.)

(2) 새로운 제조방법에 의한 부적합품률을 95%의 신뢰율로 구간추정하시오.

03 어떤 공정에서 생산되는 제품 로트 크기에 따라서 생산에 소요되는 시간을 측정하였더니 다음과 같은 시간이 소요되었다. 다음 물음에 답하시오.(단, $\alpha = 0.05$)

x_i	3	2	1	6	2	8	4	5	6	3	7	8
y_i	7.3	5.0	6.0	1.3	3.5	17.0	8.7	10.8	13.5	6.9	14.8	13.2

(1) 추정회귀방정식을 구하시오.

(2) 회귀계수 유무를 유의수준 5%로 검정하시오.(단, t분포를 활용할 것)

(3) (2)에 근거하여 회귀계수를 신뢰율 95%로 구간추정하시오.

04 20kg인 상자 50상자가 입하되었다. 5상자 중 랜덤샘플링하여 각각 6인크리멘트씩 샘플링을 하였다. 다음 물음에 답하시오.

(1) σ_b = 0.25%, σ_w = 0.35%일 때, 모평균에 대한 정밀도를 구하시오.

(2) 인크리멘트를 혼합축분하고 반복 2회 측정할 때 모평균에 대한 추정정밀도를 신뢰율 95%로 구하시오.(단, σ_R = 0.1%, σ_M = 0.15%이다.)

05 다음 문항 중 바른 것은 ○표, 틀린 것은 ×표로 표기하시오.

(1) 계수규준형 샘플링검사 방식에서 시료의 크기 n과 합격판정개수 c는 P_0, α, P_1, β를 만족하도록 정해져 있다. (　　)

(2) $\begin{pmatrix} N=1,000 \\ n=100 \\ c=10 \end{pmatrix}$과 $\begin{pmatrix} N=100 \\ n=10 \\ c=1 \end{pmatrix}$은 OC곡선으로 보면 품질보증의 정밀도가 거의 같은 샘플링검사 방식이다. (　　)

(3) $\begin{pmatrix} N=200 \\ n=20 \\ c=2 \end{pmatrix}$ 과 $\begin{pmatrix} N=1,000 \\ n=20 \\ c=2 \end{pmatrix}$ 의 샘플링검사 방식은 OC곡선으로 보면 품질보증의 정밀도가 거의 같다. (　)

(4) 계수 샘플링검사에서는 일반적으로 로트의 크기(N)와 시료의 크기(n)을 일정하게 했을 때 합격판정개수(c)를 증가시키면 α(생산자위험)는 감소하고 β(소비자위험)는 증가한다. (　)

(5) 계수샘플링검사에서는 일반적으로 로트의 크기(N)와 합격판정개수(c)를 일정하게 했을 때 시료의 크기(n)를 증가시키면 α(생산자위험)는 감소하고 β(소비자위험)는 증가한다. (　)

06

A사는 어떤 부품의 수입검사에서 KS Q ISO 2859－1을 사용하고 있다. 다음 표는 검토 후 $AQL=1.0\%$, 검사수준 Ⅲ으로 하여 1회 샘플링검사를 까다로운 검사를 시작으로 연속 15로트 실시한 결과물의 부분표이다. 물음에 답하시오.

(1) 다음 표를 완성하시오.

번호	N	샘플 문자	n	당초 Ac	As (검사 전)	적용하는 Ac	부적합 품수	합부 판정	As (검사 후)	전환 점수	후속조치
7	250						0				
8	200						1				
9	400						0				
10	80						1				
11	100						0				

(2) 로트번호 12의 샘플링검사의 엄격도는 어떻게 되겠는가?

07

계량축차 샘플링검사에서 한쪽 규격이 주어진 경우 $U=200\text{kV}$, $\sigma=1.2$이고 $Q_{PR}=0.5\%$, $Q_{CR}=2\%$라 할 때 다음 물음에 답하시오.

(1) $n_{cum} < n_t$인 경우 검사방법을 설계하시오.

(2) 다음 빈칸을 채우고 로트를 판정하시오.

로트	특성치(x)	여유량(y)	누계 여유량(Y)	불합격 판정선(R)	합격 판정선(A)
1	203.4	−3.4	−3.4	−3.8652	7.9524
2	194.5	(　　)	(　　)	(　　)	(　　)
3	189.0	(　　)	(　　)	(　　)	(　　)
4	198.3	(　　)	(　　)	(　　)	(　　)
5	191.0	(　　)	(　　)	(　　)	(　　)

08

다음은 품종 A, B, C의 수확량을 비교하기 위하여 2개의 블록을 이용한 난괴법 배치를 나타낸 것이다. 각 품종을 표시한 문자 밑에 기록된 숫자는 수확량을 나타내고 있다. 오차항의 분산을 구하시오.

블록 1			블록 2		
A	B	C	A	B	C
50	45	38	44	43	29

09

어떤 제품을 제조하는 데 그 제품의 수량에 영향을 미친다고 판단되는 요인으로서 원료(A_1, A_2), 온도(130℃, 150℃), 장치(C_1, C_2, C_3)의 3요인을 각각 2, 2, 3수준의 3요인 실험으로 실험 12회를 랜덤한 순서로 실시한 결과 아래와 같다. 분산분석표를 작성하시오.

온도 ＼ 장치 ＼ 원료	A_1		A_2	
	B_1	B_2	B_1	B_2
C_1	27	18	28	29
C_2	24	16	17	17
C_3	33	27	35	34

10 요인 A, B, C는 각각 변량요인으로서 A는 일간요인, B는 일별로 두 대의 트럭을 랜덤하게 선택한 것이며, C는 트럭 내에서 랜덤하게 두 삽을 취한 것으로, 각 삽에서 두 번에 걸쳐 소금의 염도를 측정하였다. 이 실험데이터는 A_1에서 8회를 랜덤하게, A_2에서 8회를 랜덤하게, A_3와 A_4에서도 같은 방법으로 하여 얻은 것이다. 다음 물음에 답하시오.

		A_1	A_2	A_3	A_4
B_1	C_1	1.30 1.33	1.89 1.82	1.35 1.39	1.30 1.38
	C_2	1.53 1.55	2.14 2.12	1.59 1.53	1.44 1.45
B_2	C_1	1.04 1.05	1.56 1.54	1.10 1.06	1.03 0.94
	C_2	1.22 1.20	1.76 1.84	1.29 1.34	1.12 1.15

(1) 다음과 같이 분산분석표를 작성하였다. (　) 안을 완성하시오.

요인	SS	DF	MS	F_0	$E(MS)$
A	1.895	(　)	(　)	(　)	(　)
$B(A)$	0.7458	(　)	(　)	(　)	(　)
$C(AB)$	0.3409	(　)	(　)	(　)	(　)
e	0.0193	(　)	(　)		(　)
T	3.0010	(　)			

(2) 유의하게 판정된 요인들의 분산성분을 추정하시오.

11 100V짜리 백열전구의 수명분포가 $\mu = 100$, $\sigma = 75$시간인 정규분포에 따른다고 할 때, 다음 물음에 답하시오.

(1) 전구를 100시간 사용하였을 때 신뢰도($R(t)$)를 구하시오.

(2) 이미 100시간 사용한 전구를 앞으로 75시간 이상 사용할 수 있을 확률은?

12 정상사용온가 20℃인 부품 10개를 가속온도 60℃에서 3개가 고장 날 때까지 가속수명 시험을 하였더니 63, 112, 280시간에 각각 고장이 1개씩 일어났다. 10℃ 법칙에 의거하여 다음의 물음에 답하시오.

(1) 정상조건하에서의 평균수명을 구하시오.
(2) 정상조건하에서의 고장률을 구하시오.
(3) 정상조건($t=10,000$)하에서의 누적고장확률을 구하시오.

13 축(Shaft)과 베어링 사이의 틈새(Clearance)에 대하여 통계적 분석을 하려고 한다. 다음의 그림에서 $\overline{\overline{x}}_B$: 베어링 내경의 관리된 평균치, σ_B : 베어링 내경의 표준편차, $\overline{\overline{x}}_S$: 축 외경의 관리된 평균치, σ_S : 축 외경의 표준편차라 할 때, 불합격이 될 확률을 구하시오. (단, 정규분포표를 참고할 것)

$$\overline{\overline{x}}_B=2.5115,\quad \overline{\overline{x}}_S=2.502,\quad \sigma_B=0.0006,\quad \sigma_S=0.0007$$

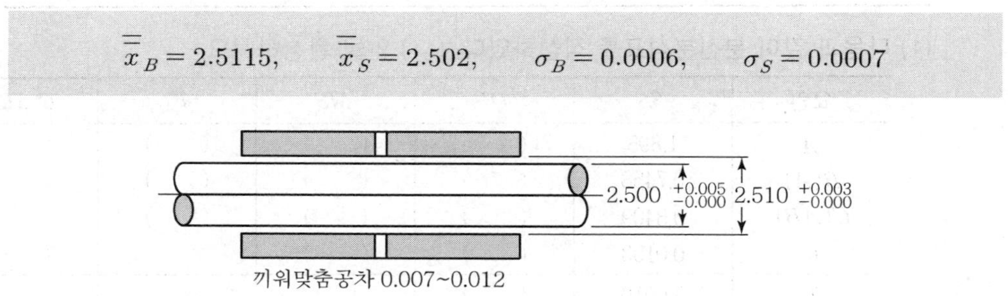

끼워맞춤공차 0.007~0.012

14 다음의 내용은 ISO 9000 시리즈에서 정의하고 있는 어떤 용어에 대한 설명인가?

(1) 조직의 품질경영시스템에 대한 문서 (　　)
(2) 요구사항을 명시한 문서 (　　)
(3) 달성된 결과를 명시하거나 수행한 활동의 증거를 제공하는 문서 (　　)
(4) 특정 대상에 대해 적용시점과 책임을 정한 절차 및 연관된 자원에 관한 시방서 (　　)
(5) 규정된 요구사항에 적합하지 않은 제품을 사용하거나 불출하는 것에 대한 허가 (　　)

기출유사문제풀이 [2022년 4회 품질경영기사 실기]

01_ (1) 관리한계선

① $\overline{x}$ 관리도

$$C_L = \frac{\sum \overline{x}}{k} = \frac{176.6}{15} = 11.77333$$

$$U_{CL} = \overline{\overline{x}} + \frac{3\overline{R}}{d_2\sqrt{n}} = 11.77333 + \frac{3\times 15.2}{2.326\times\sqrt{5}} = 20.54072$$

$$L_{CL} = \overline{\overline{x}} - \frac{3\overline{R}}{d_2\sqrt{n}} = 11.77333 - \frac{3\times 15.2}{2.326\times\sqrt{5}} = 3.00594$$

② R관리도

$$C_L = \frac{\sum R}{k} = \frac{228}{15} = 15.2$$

$$U_{CL} = D_4\overline{R} = 2.114\times 15.2 = 32.1328$$

$L_{CL} = D_3\overline{R} = -$ (고려하지 않음)

(2) 관리도 작성 및 판정

① $\overline{x}$ 관리도

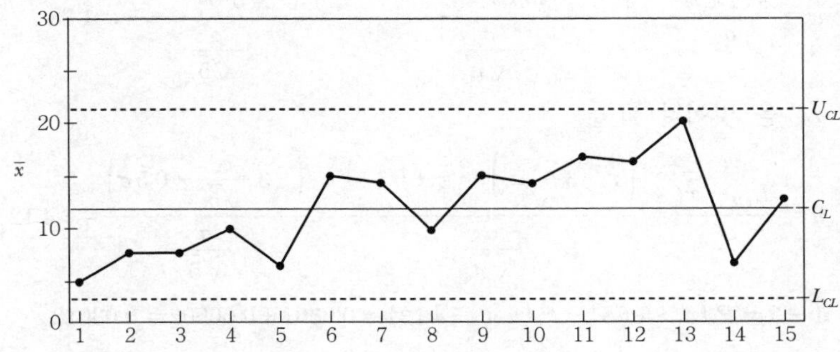

② R관리도

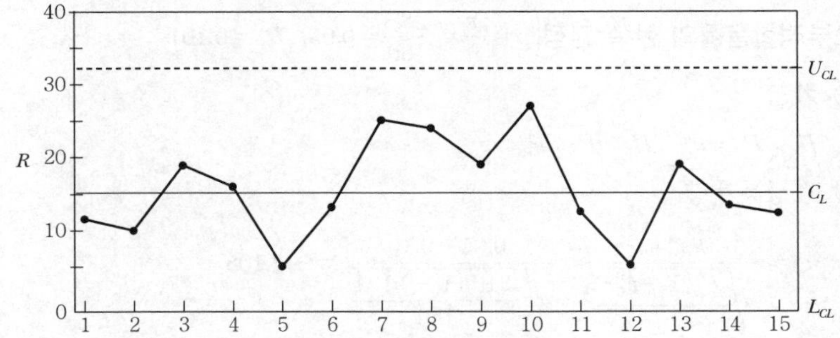

③ 관리도 판정

$\bar{x}$관리도, R관리도 모두 습관성이나 관리이탈이 없으므로, 관리상태로 판정한다.

(3) 군간변동(σ_b) 계산

군	1	2	3	4	5	6	7	8
R_m	-	2.6	0	2.4	3	8.4	0.8	4.4
군	9	10	11	12	13	14	15	합계
R_m	4.6	0.4	1.4	0.4	3.4	11.6	5.6	49

$$\widehat{\sigma_{\bar{x}}}=\frac{\overline{R_m}}{d_2}=\frac{3.5}{1.128}=3.10284,\ \widehat{\sigma_w}=\frac{\overline{R}}{d_2}=\frac{15.2}{2.326}=6.53482$$

$$\sigma_{\bar{x}}^2=\frac{\sigma_w^2}{n}+\sigma_b^2 \Rightarrow 3.10284^2=\frac{6.53482^2}{5}+\sigma_b^2$$

$$\therefore\ \sigma_b=\sqrt{3.10284^2-\frac{6.53482^2}{5}}=1.04252$$

(4) 검출력(1−β) 계산

① U_{CL}을 벗어날 확률

$$u=\frac{U_{CL}-\bar{\bar{x}}'}{\sigma_{\bar{x}}}=\frac{\left(\bar{\bar{x}}+3\dfrac{\sigma}{\sqrt{n}}\right)-\left(\bar{\bar{x}}+0.5\sigma\right)}{\dfrac{\sigma}{\sqrt{n}}}=\frac{\left(3\dfrac{\sigma}{\sqrt{5}}-0.5\sigma\right)}{\dfrac{\sigma}{\sqrt{5}}}=1.88$$

② L_{CL}을 벗어날 확률

$$u=\frac{L_{CL}-\bar{\bar{x}}'}{\sigma_{\bar{x}}}=\frac{\left(\bar{\bar{x}}-3\dfrac{\sigma}{\sqrt{n}}\right)-\left(\bar{\bar{x}}+0.5\sigma\right)}{\dfrac{\sigma}{\sqrt{n}}}=\frac{\left(-3\dfrac{\sigma}{\sqrt{5}}-0.5\sigma\right)}{\dfrac{\sigma}{\sqrt{5}}}=-4.12$$

$$\therefore\ 1-\beta=P_r(u>1.88)+P_r(u<-4.12)=0.0301+0.00002=0.03012$$

02_ (1) 모부적합품률의 한쪽 검정$\left(\hat{p}=\frac{r}{n}=\frac{8}{160}=0.05,\ P_0=0.10\right)$

① 가설

$H_0 : P\geq P_0$, $H_1 : P<P_0$

② 검정통계량

$$u_0=\frac{\hat{p}-P_0}{\sqrt{\dfrac{P_0(1-P_0)}{n}}}=\frac{0.05-0.10}{\sqrt{\dfrac{0.10\ (1-0.10)}{160}}}=-2.108$$

③ 기각역

$u_0 < -u_{1-\alpha}(=-1.645)$ 이면 H_0를 기각한다.

④ 판정 : $u_0(=-2.108) < -1.645$

∴ $\alpha=0.05$로 H_0는 기각된다. 즉, 새로운 제조방법이 과거의 제조방법보다 좋아졌다고 할 수 있다.

(2) 한쪽 구간추정

$$\hat{P}_U=\hat{p}+u_{1-\alpha}\sqrt{\frac{\hat{p}(1-\hat{p})}{n}}=0.05+1.645\sqrt{\frac{0.05(1-0.05)}{160}}=0.07834$$

03_ • $S(xx)=\Sigma x^2-\frac{(\Sigma x)^2}{n}=64.91667$ • $S(yy)=\Sigma y^2-\frac{(\Sigma y)^2}{n}=260.7$

• $S(xy)=\Sigma xy-\frac{(\Sigma x)(\Sigma y)}{n}=93.4$ • $\bar{x}=4.58333,\ \bar{y}=9$

• $S_R=\frac{(S(xy))^2}{S(xx)}=134.38089$ • $S_{y/x}=S_T-S_R=126.31911$

• $V_{xy}=\frac{S_{y/x}}{n-2}=12.63191$

(1) 추정회귀방정식

$$\hat{\beta}_1=\frac{S(xy)}{S(xx)}=1.43877,\ \ \hat{\beta}_0=\bar{y}-\hat{\beta}_1\bar{x}=2.40565$$

∴ $\hat{y}=2.40565+1.43877x$

(2) 회귀계수 유무검정

① 가설 설정 $H_0: \beta_1=0$, $H_1: \beta_1\neq 0$

② 유의수준 $\alpha=0.05$

③ 검정통계량 $t_0=\dfrac{\hat{\beta}_1-\beta_1}{\sqrt{\dfrac{V_{y/x}}{S(xx)}}}=\dfrac{1.43877-0}{\sqrt{\dfrac{12.63191}{64.91667}}}=3.26163$

④ 기각역 $t_0>t_{0.975}(10)(=2.228)$

⑤ 판정 $t_0(=3.26163)>t_{0.975}(10)(=2.228)$이므로 H_0를 기각한다.

(3) 회귀계수 추정(신뢰율 95%)

$$\hat{\beta}_1\pm t_{1-\alpha/2}(n-2)\sqrt{\frac{V_{y/x}}{S(xx)}}=1.43877\pm 2.228\times\sqrt{\frac{12.63191}{64.91667}}=(0.45596\sim 2.42158)$$

04_ 2단계 샘플링인 경우($m=5,\ \bar{n}=6$)

(1) $V(\bar{x})=\frac{{\sigma_b}^2}{m}+\frac{{\sigma_w}^2}{m\bar{n}}=\frac{0.25^2}{5}+\frac{0.35^2}{5\times 6}=0.01658(\%)$

(2) $\beta_{\bar{x}}=\pm u_{1-\alpha/2}\sqrt{\frac{{\sigma_b}^2}{m}+\frac{{\sigma_w}^2}{m\bar{n}}+{\sigma_R}^2+\frac{{\sigma_M}^2}{2}}=\pm 1.96\sqrt{\frac{0.25^2}{5}+\frac{0.35^2}{5\times 6}+0.1^2+\frac{0.15^2}{2}}$

$=\pm 0.38124(\%)$

05_ (1) ○ (2) × (3) ○ (4) ○ (5) ×

06_ (1)

번호	N	샘플 문자	n	당초 Ac	As (검사 전)	적용하는 Ac	부적합품수	합부 판정	As (검사 후)	전환 점수	후속조치
7	250	H	50	1/2	5	0	0	합격	5	–	까다로운 검사로 속행
8	200	H	50	1/2	10	1	1	합격	0	–	까다로운 검사로 속행
9	400	J	80	1	7	1	0	합격	7	–	까다로운 검사로 속행
10	80	F	20	0	7	0	1	불합격	0	–	까다로운 검사로 속행
11	100	G	32	1/3	3	0	0	합격	3	–	까다로운 검사로 속행

(2) 로트번호 10에서 불합격이므로, 로트번호 12도 까다로운 검사를 실시한다.

07_ (1) 계량축차 샘플링검사표에서 $Q_{PR}=0.5\%$, $Q_{CR}=2\%$에 해당하는 $h_A=4.312$, $h_R=5.536$, $g=2.315$, $n_t=49$로 나온다.

① 판정선

$A=h_A\sigma+g\sigma n_{cum}=4.314\times 1.2+2.315\times 1.2n_{cum}=5.17740+2.7780n_{cum}$

$R=-h_R\sigma+g\sigma n_{cum}=-5.536\times 1.2+2.315\times 1.2n_{cum}=-6.64320+2.7780n_{cum}$

② 누적여유량을 구한다.

$Y=\Sigma y_i=\Sigma(U-x_i)$

③ 판정

$Y \geq A$: 로트 합격, $Y \leq R$: 로트 불합격, $R < Y < A$: 검사 속행

(2)

로트	특성치(x)	여유치(y)	누계 여유치(Y)	불합격 판정선(R)	합격 판정선(A)
1	203.4	−3.4	−3.4	−3.8652	7.9524
2	194.5	5.5	2.1	−1.0872	10.7304
3	189.0	11	13.1	1.6908	13.5084
4	198.3	1.7	14.8	4.4688	16.2864
5	191.0	9	23.8	7.2468	19.0644

판정 : 로트 5에서 누계여유치 Y가 A보다 크므로 로트를 합격시킨다.

08

- $CT = \frac{T^2}{N} = \frac{(249)^2}{6} = 10,333.50$
- $S_T = \sum_i \sum_j x_{ij}^2 - CT = (50^2 + 45^2 + 38^2 + 44^2 + 43^2 + 29^2) - CT = 261.50$
- 품종 간 변동 $S_A = \frac{1}{2}(94^2 + 88^2 + 67^2) - CT = 201.0$
- 블록 간 변동 $S_B = \frac{1}{3}\{(50+45+38)^2 + (44+43+29)^2\} - CT = 48.166667$

$\therefore\ S_e = S_T - S_A - S_B = 12.333333$

09 분산분석표 작성

① $CT = \frac{T^2}{lmn} = \frac{(305)^2}{2 \times 2 \times 3}$

② $S_T = \sum_i \sum_j \sum_k x_{ijk}^2 - CT = 534.91667$

③ $S_A = \sum_i \frac{T_{i\cdot\cdot}^2}{mn} - CT = \frac{1}{6}(145^2 + 160^2) - CT = 18.750$

④ $S_B = \sum_j \frac{T_{\cdot j \cdot}^2}{ln} - CT = \frac{1}{6}(164^2 + 141^2) - CT = 44.08333$

⑤ $S_C = \sum_k \frac{T_{\cdot\cdot k}^2}{lm} - CT = \frac{1}{4}(102^2 + 74^2 + 129^2) - CT = 378.16667$

⑥ $S_{A \times B} = S_{AB} - S_A - S_B = 44.08334$

$S_{AB} = \sum_i \sum_j \frac{T_{ij\cdot}^2}{n} - CT = \frac{1}{3}(84^2 + 61^2 + 80^2 + 80^2) - CT = 106.91667$

⑦ $S_{A\times C}=S_{AC}-S_A-S_C=46.50$

$$S_{AC}=\sum_i\sum_k\frac{T_{i\cdot k}^2}{m}-CT=\frac{1}{2}(45^2+40^2+60^2+57^2+34^2+69^2)-CT=443.41667$$

⑧ $S_{B\times C}=S_{BC}-S_B-S_C=0.16667$

$$S_{BC}=\sum_j\sum_k\frac{T_{\cdot jk}^2}{l}-CT=\frac{1}{2}(55^2+41^2+68^2+47^2+33^2+61^2)-CT=422.41667$$

⑨ $S_e=S_T-(S_A+S_B+S_C+S_{A\times B}+S_{A\times C}+S_{B\times C})=3.16667$

⑩ 분산분석표 작성

요인	SS	DF	MS	F_0
A	18.750	1	18.750	11.842
B	44.08333	1	44.08333	27.842
C	378.16667	2	189.08334	119.421
$A\times B$	44.08333	1	44.08333	27.842
$A\times C$	46.50	2	23.250	14.684
$B\times C$	0.16667	2	0.08334	−
e	3.16667	2	1.58334	
T	534.91667	11		

10_ (1) 분산분석표 작성

① 자유도

$\nu_T=lmnr-1=4\times2\times2\times2-1=31$

$\nu_A=l-1=3,\ \nu_{B(A)}=l(m-1)=4$

$\nu_{C(AB)}=lm(n-1)=8,\ \nu_e=lmn(r-1)=16$

② 분산분석표 작성

요인	SS	DF	MS	F_0	$E(MS)$
A	1.895	3	0.63167	3.388	$\sigma_e^2+2\sigma_{C(AB)}^2+4\sigma_{B(A)}^2+8\sigma_A^2$
$B(A)$	0.7458	4	0.18645	4.376*	$\sigma_e^2+2\sigma_{C(AB)}^2+4\sigma_{B(A)}^2$
$C(AB)$	0.3409	8	0.04261	35.215**	$\sigma_e^2+2\sigma_{C(AB)}^2$
e	0.0193	16	0.00121		σ_e^2
T	3.0010	31			

(2) 요인의 분산성분 추정

① $\widehat{\sigma^2_{B(A)}} = \dfrac{V_{B(A)} - V_{C(AB)}}{nr} = \dfrac{0.18645 - 0.04261}{4} = 0.03596$

② $\widehat{\sigma^2_{C(AB)}} = \dfrac{V_{C(AB)} - V_e}{r} = \dfrac{0.04261 - 0.00121}{2} = 0.02070$

11_ (1) $R(t=100) = P_r(t \geq 100) = P_r\left(u \geq \dfrac{100-100}{75}\right) = P_r(u \geq 0) = 0.5$

(2) $P_r\left(\dfrac{t \geq 175}{t \geq 100}\right) = \dfrac{P_r(u \geq 1)}{P_r(u \geq 0)} = \dfrac{0.1587}{0.5000} = 0.31740$

12_ (1) $\hat{\theta} = \dfrac{63+112+280+7\times 280}{3} = 805\,\text{hr},\ \alpha = \dfrac{60-20}{10} = 4$ 이므로

$\widehat{\theta_n} = 2^{\alpha}\,\theta_s = 2^4 \times 805 = 12{,}880$ (시간)

(2) $\lambda_n = \dfrac{1}{\theta_n} = \dfrac{1}{12{,}880} = 0.000078 = 7.8 \times 10^{-5}$ (/시간)

(3) $F(t) = 1 - R(t) = 1 - e^{-(7.8\times 10^{-5} \times 10{,}000)} = 0.45841$

13_ (1) 조립품 틈새의 평균치

$\overline{\overline{x}}_C = \overline{\overline{x}}_B - \overline{\overline{x}}_S = 2.5115 - 2.502 = 0.0095$

(2) 조립품 틈새의 표준편차

$\sigma_C = \sqrt{\sigma_B^2 + \sigma_S^2} = \sqrt{0.0006^2 + 0.0007^2} = 0.0009$

(3) 제품의 불합격률

$x_C \sim N(0.0095,\ 0.0009^2)$ 에서

① $P_r(x < 0.007) = P_r\left(u < \dfrac{0.007 - 0.0095}{0.0009}\right) = P_r(u < -2.77778) = 0.00272$

② $P_r(x > 0.012) = P_r\left(u > \dfrac{0.012 - 0.0095}{0.0009}\right) = P_r(u > 2.77778) = 0.00272$

$\therefore\ 2 \times 0.00272 = 0.0054$

14_ (1) 품질매뉴얼 (2) 시방서 (3) 기록 (4) 품질계획서 (5) 특채

기출유사문제 [2022년 1회 품질경영산업기사 실기]

01 주어진 도수표는 어떤 부품의 치수를 측정하여 작성한 것이다. 규격이 10.00±0.10mm 일 때 다음 물음에 답하시오.

(1) 다음의 도수분포표를 완성하시오.

No.	급의 중앙치	도수(f_i)	$u_i = \dfrac{x_i - 10.07}{0.05}$	$f_i u_i$	$f_i {u_i}^2$
1	9.87	1			
2	9.92	3			
3	9.97	6			
4	10.02	8			
5	10.07	12			
6	10.12	10			
7	10.17	8			
8	10.22	1			
9	10.27	1			
계		50			

(2) 평균($\overline{x}$) 및 표준편차(s)를 구하시오.

(3) 변동계수(CV)를 구하시오.

02 어떤 회로에 사용되는 반도체의 소성수축률은 지금까지 장기간에 걸쳐서 관리상태에 있으며 그 분산은 0.12%이다. 원가절감을 위해 A회사의 원료를 사용하는 것이 어떤가를 검토하고 있다. A회사 원료의 소성수축률을 시험하였더니 [데이터]와 같았다. 다음 물음에 답하시오.

[Data] 11.25 10.75 11.50 11.00 10.50 12.25 11.75 10.75 11.50 11.25

(1) 소성수축률의 산포가 지금까지의 값에 비해 달라졌는가의 여부를 유의수준 5%로 검정하시오.

(2) (1)의 결과에 근거하여, 모분산을 신뢰율 95%로 구간추정하시오.

03 다음의 계량값 관리도 데이터를 보고 물음에 답하시오.

군번호	측정치(x)	범위(R)	군번호	측정치(x)	범위(R)
1	25.0		9	32.3	8.7
2	25.3	0.3	10	28.1	4.2
3	33.8	8.5	11	27.0	1.1
4	36.4	2.6	12	26.1	0.9
5	32.2	4.2	13	29.1	3.0
6	30.8	1.4	14	35.4	6.3
7	30.0	0.8	15	40.5	5.1
8	23.6	6.4	계	$\Sigma x = 455.6$	$\Sigma R = 53.5$

(1) 어떤 관리도를 사용하여야 하는가?
(2) 관리도의 상하한선과 중심선을 구하시오.
(3) 관리도를 작성하고 판정을 행하시오.
(4) 관리도의 이상상태에 대한 판정기준 중 4가지를 적으시오.

04 샘플링검사를 실시할 경우의 조건을 5가지 기술하시오.

05 $n = 80,\ c = 2$의 샘플링검사에서 부적합품률 $P = 6\%$의 로트가 합격할 확률을 푸아송분포를 이용하여 구하시오.

06 계량규준형 1회 샘플링검사는 n개의 샘플을 취하고 그 측정치의 평균치 $\overline{x}$와 합격판정치를 비교하여 로트의 합격·불합격을 판정하는 방법이다. 로트의 평균치를 보증하는 경우는 KS Q 0001(표준편차 기지)에 규정되어 있다. 다음 표는 KS Q 0001의 부표로서, m_0, m_1이 주어졌을 때 n과 G_0를 구하는 표이다.(단, $\alpha = 0.05$, $\beta = 0.10$)

$\frac{\lvert m_1 - m_0 \rvert}{\sigma}$	n	G_0
2.069 이상	2	1.163
1.690~2.08	3	0.950
1.463~1.689	4	0.822
1.309~1.462	5	0.736
⋮	⋮	⋮
0.772~0.811	14	0.440
0.756~0.771	15	0.425
0.732~0.755	16	0.411

드럼에 채운 고체가성소다 중 산화 철분은 적을수록 좋다. 로트의 평균치가 0.0040% 이하이면 합격으로 하고 그것이 0.0050% 이상이면 불합격하는 $\overline{X_U}$를 구하시오.(단, σ는 0.0006%임을 알고 있다.)

07 A사는 어떤 부품의 수입검사에 계수값 샘플링검사인 KS Q ISO 2859-1의 보조표인 분수 샘플링검사를 적용하고 있다. 적용조건은 AQL = 1.0%, 통상검사수준 II에서 엄격도는 보통검사, 샘플링형식은 1회로 시작하였다.(단, 로트의 크기는 250이다.) 다음 물음에 답하시오.

(1) 시료의 개수와 당초의 합격판정개수와 적용하는 합격판정개수를 각각 구하시오.
(2) n개의 시료를 검사한 결과 부적합품이 발견되지 않았다면, 검사 전 합부판정점수와 검사 후 합부판정점수를 각각 구하시오.
(3) 전환점수(SS)를 구하시오.

08 실험계획법에서 결측치가 존재하는 경우가 있다. 이때 결측치를 처리하는 방법을 각각의 실험계획법에서 간략하게 적으시오.

(1) 반복이 일정한 1요인실험
(2) 반복이 없는 2요인실험(Yates의 식은 필요 없음)
(3) 반복이 있는 2요인실험

09 요인 A가 4수준, 반복수가 3인 1요인실험데이터이다. 다음의 물음에 답하시오.(단, 데이터는 망대특성이다.)

	A_1	A_2	A_3	A_4
1	9	10	11	11
2	8	11	12	10
3	8	9	10	10
$T_{i}.$	25	30	33	31

(1) 가설을 설정하시오.

(2) 분산분석표를 완성하시오.(단, $CT=\dfrac{T^2}{N}=\dfrac{119^2}{12}=1180.08333$)

요인	SS	DF	MS	F_0	$F_{0.95}$
A					
e					
T					

(3) 최적수준을 구하시오.

(4) 최적수준에 대한 신뢰율 95%로 구간추정을 행하시오.

10 다음의 $L_8(2)^7$형 직교배열표에서 교호작용 $A \times C$의 효과를 구하시오.

배치		A		C		A×C		실험데이터 x_i
No.╲열번	1	2	3	4	5	6	7	
1	1	1	1	1	1	1	1	20
2	1	1	1	2	2	2	2	24
3	1	2	2	1	1	2	2	17
4	1	2	2	2	2	1	1	27
5	2	1	2	1	2	1	2	26
6	2	1	2	2	1	2	1	15
7	2	2	1	1	2	2	1	36
8	2	2	1	2	1	1	2	32
기본표시	a	b	a b	c	a c	b c	a b c	

11 관리사이클의 그림을 그리고, 단계별로 간략하게 서술하시오.

12 구 QC 7가지 도구를 적으시오.

13 KS Q ISO 9000 : 2015의 용어에 대한 설명이다. (   ) 안을 채우시오.

(1) 규정된 요구사항에 적합하지 않은 제품을 사용하거나 불출하는 것에 대한 허가 (   )

(2) 적합의 원인을 제거하고 재발을 방지하기 위한 조치 (   )

기출유사문제풀이 [2022년 1회 품질경영산업기사 실기]

01_ (1)

No.	급의 중앙치	f_i	$u_i = \frac{x_i - 10.07}{0.05}$	$f_i u_i$	$f_i {u_i}^2$
1	9.87	1	−4	−4	16
2	9.92	3	−3	−9	27
3	9.97	6	−2	−12	24
4	10.02	8	−1	−8	8
5	10.07	12	0	0	0
6	10.12	10	1	10	10
7	10.17	8	2	16	32
8	10.22	1	3	3	9
9	10.27	1	4	4	16
계		50	0	0	142

(2) ① $\bar{x} = x_0 + h \times \frac{\Sigma f_i u_i}{\Sigma f_i} = 10.070 + 0.05 \times \frac{0}{50} = 10.070$

② $S_u = \Sigma f_i u_i^2 - \frac{(\Sigma f_i u_i)^2}{\Sigma f_i} = 142.0,\ S_{xx} = h^2 \times S_u = 0.05^2 \times 142.0 = 0.3550$

$s = \sqrt{\frac{S_{xx}}{\Sigma f_i - 1}} = \sqrt{\frac{0.3550}{49}} = 0.085117 = 0.08512(\text{mm})$

(3) 변동계수(CV)

$CV = \frac{s}{\bar{x}} \times 100 = \frac{0.08512}{10.070} \times 100 = 0.84528(\%)$

02_ $S = \Sigma x_i^2 - \frac{(\Sigma x_i)^2}{n}$ 또는 $(n-1) \times s^2 = 2.5$, $\chi^2_{0.975}(9) = 19.02$, $\chi^2_{0.025}(9) = 2.70$

(1) ① $H_0 : \sigma^2 = 0.12 \qquad H_1 : \sigma^2 \neq 0.12$

② $\chi_0^2 = \frac{S}{\sigma_0^2} = \frac{2.5}{0.12} = 20.83333$

③ $\chi_0^2 < \chi^2_{\alpha/2}(\nu) = \chi^2_{0.025}(10) = 3.25$ 또는

$\chi_0^2 > \chi^2_{1-\alpha/2}(\nu) = \chi^2_{0.975}(10) = 20.48$이면 H_0를 기각한다.

④ $\chi_0^2 = 20.83333 > 20.48$이므로 H_0를 기각한다.

(2) 신뢰율 95%로 모분산의 구간추정

$$\frac{S}{\chi^2_{1-\alpha/2}(\nu)} \le \widehat{\sigma^2} \le \frac{S}{\chi^2_{\alpha/2}(\nu)} \Rightarrow \frac{2.5}{19.02} \le \widehat{\sigma^2} \le \frac{2.5}{2.70}$$

$$\therefore\ 0.13144 \le \widehat{\sigma^2} \le 0.92593$$

03_

(1) 합리적인 군구분이 불가능한 $x-R_m$ 관리도를 사용한다.

(2) 관리한계선

$$\overline{x} = \frac{\Sigma x}{k} = \frac{455.6}{15} = 30.37333,\ \overline{R_m} = \overline{R} = \frac{\Sigma R}{k-1} = \frac{53.5}{14} = 3.82143,\ d_2 = 1.128\,(n=2\text{일 때})$$

① x 관리도

$$C_L = \overline{x} = 30.37333$$

$$U_{CL} = \overline{x} + 3\frac{\overline{R_m}}{d_2} = 40.53671$$

$$L_{CL} = \overline{x} - 3\frac{\overline{R_m}}{d_2} = 20.20995$$

② R_m 관리도

$$C_L = \overline{R_m} = 3.82143$$

$$U_{CL} = 3.267\overline{R_m} = 12.48461$$

$L_{CL} = -$ (고려하지 않음)

(3) 관리도작성 및 판정

① 관리도 작성

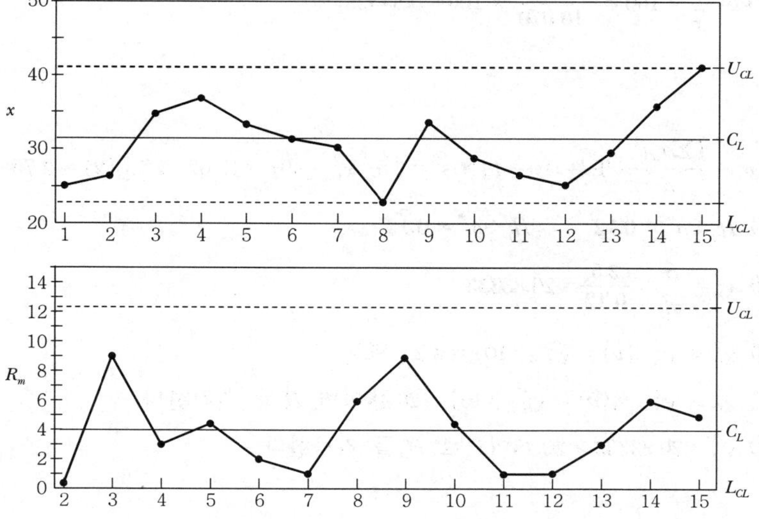

② 관리도 판정 : 관리도의 습관성이나, 관리이탈점이 나타나지 않으므로 관리상태로 판정한다.

(4) 공정의 비관리상태 판정기준(규칙 1~규칙 8중 4가지 작성)

규칙 1. 3σ 이탈점이 1점 이상 나타난다.

규칙 2. 9점이 중심선에 대하여 같은 쪽에 있다.(연)

규칙 3. 6점이 연속적으로 증가 또는 감소하고 있다.(경향)

규칙 4. 14점이 교대로 증감하고 있다.(주기성)

규칙 5. 연속하는 3점 중 2점이 중심선 한쪽으로 2σ를 넘는 영역에 있다.

규칙 6. 연속하는 5점 중 4점이 중심선 한쪽으로 1σ를 넘는 영역에 있다.

규칙 7. 연속하는 15점이 $\pm 1\sigma$영역 내에 있다.

규칙 8. 연속하는 8점이 $\pm 1\sigma$ 한계를 넘는 영역에 있다.

04_ ① 품질기준이 명확할 것

② 시료의 샘플링은 랜덤하게 될 것

③ 제품이 로트로서 처리될 수 있을 것

④ 합격로트 중에는 어느 정도 부적합품의 섞임을 허용할 것

⑤ 계량샘플링검사에서는 로트검사 단위의 특성치 분포가 정규분포를 하고 있을 것

05_ $nP = 80 \times 0.05 = 4.0$

$$L(P) = \sum_{x=0}^{c} \frac{e^{-nP}(nP)^x}{x!} = e^{-4.0}\left(\frac{4.0^0}{0!} + \frac{4.0^1}{1!} + \frac{4.0^2}{2!}\right) = 0.23810$$

06_ $m_0 = 0.004,\ m_1 = 0.005,\ \sigma = 0.0006$

$\dfrac{|m_1 - m_0|}{\sigma} = \dfrac{|0.005 - 0.004|}{0.0006} = 1.666667$ 이므로, 표에서 $n = 4,\ G_0 = 0.822$

$\therefore\ \overline{X_U} = m_0 + G_0\sigma = 0.004 + 0.822 \times 0.0006 = 0.00449(\%)$

07_ (1) $n=32$, 당초의 $Ac=1/2$, 적용하는 $Ac=0$

(2) 검사 전 합부판정점수(As)=5, 검사 후 합부판정점수(As)=5

(3) $Ac=0$에서 로트가 합격이 되었으므로, 전환점수(SS)=2

08_ (1) 결측치를 무시하고, 반복이 일정하지 않은 1요인실험으로 처리한다.

(2) 결측치를 Yates의 식으로 추정하여 분산분석을 행한다.

(3) 결측치가 있는 수준조합에서 결측치를 제외한 나머지 데이터의 평균치로 결측치를 추정한다.

09_ (1) $H_0 : a_i=0$, $H_1 : a_i$는 모두 0은 아니다. 또는 $H_0 : \sigma_A^2=0$, $H_1 : \sigma_A^2>0$

(2) 분산분석표 작성

① $S_T=\sum_i\sum_j x_{ij}^2-CT=16.91667$

② $S_A=\sum_i \frac{T_{i\cdot}^2}{r}-CT=\frac{1}{3}(25^2+30^2+33^2+31^2)-CT=11.58333$

③ $S_e=S_T-S_A=5.33334$

요인	SS	DF	MS	F_0	$F_{0.95}$
A	11.58333	3	3.86111	5.79164*	4.07
e	5.33334	8	0.66667		
T	16.91667	11			

(3) 최적수준

$$\mu(A_3)=\bar{x}_{3\cdot}=\frac{33}{3}=11.0$$

(4) $\mu(A_3)=\bar{x}_{3\cdot}\pm t_{0.975}(8)\sqrt{\frac{V_e}{r}}$

$$=11.0\pm 2.306\times\sqrt{\frac{0.66667}{3}}=(9.91294,\ 12.08706)$$

10_ 교호작용 $A \times C$의 효과 $= \frac{1}{4}$(2수준의 합 − 1수준의 합)

$$= \frac{1}{4}[(24+17+15+36)-(20+27+26+32)]$$

$$= -3.25$$

11_

관리사이클		PDCA 단계별 추진내용
Plan		목표달성을 위한 계획(혹은 표준) 설정
Do		설정된 계획에 따라 실시
Check		실시한 결과를 계획과 비교 · 검토
Action		계획과 실시된 결과 사이에 적절한 수정조치

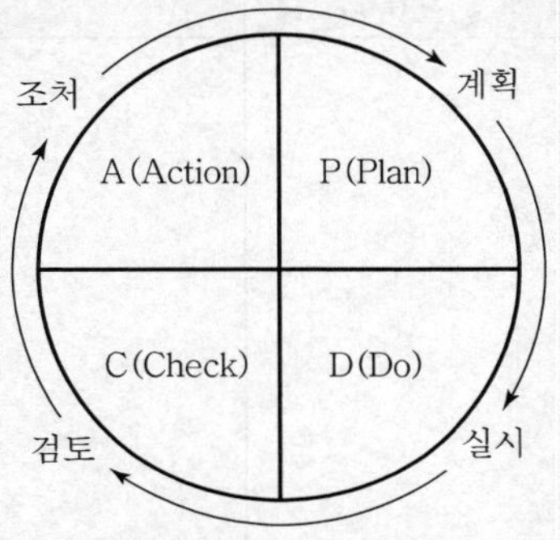

12_ ① 특성요인도(Characteristic diagram)
② 파레토도(Pareto diagram)
③ 히스토그램(Histogram)
④ 체크시트(Check sheet)
⑤ 층별(Stratification)
⑥ 각종 그래프(관리도 포함)
⑦ 산점도(Scatter diagram)

13_ (1) 특채
(2) 시정조치

기출유사문제 [2022년 2회 품질경영산업기사 실기]

01 주어진 도수표는 어떤 부품의 치수를 측정하여 작성한 것이다. 규격이 10.00±0.10mm일 때 다음 물음에 답하시오.

(1) 다음의 도수분포표를 완성하시오.

No.	급의 중앙치	도수(f_i)	$u_i = \dfrac{x_i - 10.07}{0.05}$	$f_i u_i$	$f_i u_i^2$
1	9.87	1			
2	9.92	3			
3	9.97	6			
4	10.02	8			
5	10.07	12			
6	10.12	10			
7	10.17	8			
8	10.22	1			
9	10.27	1			
계		50			

(2) 평균($\overline{x}$) 및 표준편차(s)를 구하시오.

(3) 규격을 벗어날 확률을 구하시오.

02 품질 Cost의 3가지 종류를 적으시오.

03 다음은 계량값 관리도의 데이터이다. 물음에 답하시오.

No.	x_1	x_2	x_3	x_4	x_5	x_6	x_7	x_8	평균치($\overline{x}$)	표준편차(s)
1	11	13	18	13	10	19	11	6	12.625	4.240536
2	15	27	23	26	24	23	28	10	22	6.279217
3	13	12	8	4	25	13	2	3	10	7.55929
4	18	27	23	15	5	19	15	19	17.625	6.479363
5	13	4	1	5	2	15	16	13	8.625	6.209152
6	10	2	11	2	13	17	3	6	8	5.606119
7	19	1	11	5	2	7	11	9	8.125	5.792544
8	11	19	3	7	10	1	6	15	9	6.023762
9	6	1	7	5	16	5	10	7	7.125	4.389517
10	5	7	30	20	15	18	2	12	13.625	9.148575
11	27	12	14	16	4	34	6	21	16.75	10.20854
12	23	10	1	2	15	14	7	6	9.75	7.363035
13	26	11	17	8	12	7	12	35	16	9.739463
14	24	2	5	15	26	19	10	18	14.875	8.626165
15	23	10	16	13	17	16	21	19	16.875	4.189698
16	28	11	3	18	17	5	5	13	12.5	8.417668
17	10	17	17	21	29	20	29	1	18	9.335034
18	10	1	2	15	8	21	34	17	13.5	10.83645
19	12	15	19	6	12	6	24	23	(　　)	(　　)
20	8	16	23	6	14	10	2	8	(　　)	(　　)
21	4	2	8	16	26	11	27	14	(　　)	(　　)
합계									274	153.27900

(1) 군번호 19~21까지 공란을 메우시오.

(2) $\overline{x}-s$ 관리도의 상하한 및 중심선을 구하시오.

(3) 군번호 1~10까지 $\overline{x}-s$ 관리도를 그리고 해석하시오.

(4) 관리이상 데이터를 제거한 후, 상기 데이터를 이용하여 군번호 12~21까지 $\overline{x}-R$ 관리도를 그리고 해석하시오.

04

과거 사용되고 있던 제조방법의 평균부적합품률은 10%이다. 새로운 제조방법으로 실험한 결과 160개의 제품 중 8개의 부적합품이 나왔다면, 새로운 제조방법은 과거의 방법보다 좋다고 할 수 있겠는가? 정규분포 근사법을 이용하여 검정하시오.(단, $\alpha=0.05$로 하시오.)

05

어떤 인쇄공장에서 불량에 관한 데이터를 수집한 결과가 다음과 같다.

부적합 항목	발생빈도(%)
A	2.7
B	59.4
C	1.5
D	2.3
E	21.5
F	6.8
H	2.7
기타	3.1

(1) 품질관리 기초수법(파레토도)을 이용하여 관리점 선정을 위한 분석을 행하기 위한 데이터를 크기순으로 재정리한 표가 다음과 같다. 공란을 메우시오.

부적합 항목	발생빈도(%)	누적빈도(%)
B		
기타	3.1	100

(2) (1)을 근거로 파레토그림을 작성하시오.

06 다음의 내용을 연계성이 있는 것끼리 연결하시오.

ISO		정 의
KS Q ISO 9000(2015) •		• 품질경영시스템 – 요구사항
KS Q ISO 9001(2015) •		• 품질경영시스템 – 교육훈련지침
KS Q ISO 9004(2010) •		• 품질경영시스템 – 성과개선지침
KS Q ISO 10015(2001) •		• 품질경영시스템 – 기본사항 및 용어

07 반응온도 4종류를 인자로 취하여 결과를 높이기 위한 실험을 각 온도에서 3회씩 반복하여 랜덤한 순서로 12회 하여 다음의 데이터를 얻었다. 물음에 답하시오.

	A_1	A_2	A_3	A_4
1	10.1	9.8	11.6	11.3
2	10.0	10.5	11.4	10.0
3	9.5	10.8	11.1	10.6

(1) 다음 분산분석표를 완성하고 검정을 행하시오.

요인	SS	DF	MS	F_0	$F_{0.95}$
A					
e					
T					

(2) $\hat{\mu}(A_3)$에 대하여 신뢰구간 95%로 구간추정하시오.

08 15kg들이 화학약품이 60상자 입하되었다. 약품의 순도를 조사하려고 우선 5상자를 랜덤샘플링하여 각각의 상자에서 6인크리멘트씩 랜덤샘플링하였다면, 추정 정밀도($\alpha = 0.05$)를 구하시오.(단, 상자 간 산포 $\sigma_b = 0.20\%$, 상자 내 산포 $\sigma_w = 0.35\%$ 이다.)

09 보통검사에서 까다로운 검사, 까다로운 검사에서 보통검사로 엄격도 전환이 되기 위한 조건을 기술하시오.

10 다음은 $L_8(2)^7$형 직교배열표이다. 물음에 답하시오.

배치	C	A		B	B×C	A×B		실험데이터
No.＼열번	1	2	3	4	5	6	7	
1	0	0	0	0	0	0	0	20
2	0	0	0	1	1	1	1	24
3	0	1	1	0	0	1	1	17
4	0	1	1	1	1	0	0	27
5	1	0	1	0	1	0	1	26
6	1	0	1	1	0	1	0	15
7	1	1	0	0	1	1	0	36
8	1	1	0	1	0	0	1	32
기본표시	a	b	ab	c	ac	bc	abc	

(1) 교호작용 $A \times B$, $B \times C$의 효과를 구하시오.

(2) 요인 A, B의 제곱합 S_A, S_B를 구하시오.

11 제품 $n = 200$개를 취하여 히스토그램을 그려 보았더니 $\overline{x} = 132.8$, $s = 12.3$을 얻었다. 만약 이 제품의 품질특성에 대하여 $U = 140$, $L = 110$이 주어져 있다고 할 때 공정능력지수(C_p)를 구하시오.

12 A사에서는 어떤 부품의 수입검사에 KS Q ISO 2859－1 ; 2010의 계수값 샘플링검사방식을 적용하고 있다. AQL = 1.0%, 검사수준 Ⅲ으로 하는 1회 샘플링방식을 채택하고 있다. 처음 검사는 보통검사로 시작하였으며, 80번 로트에서는 수월한 검사를 실시하였다. KS Q ISO 2859－1의 주 샘플링검사표를 사용하여 답안지 표의 공란을 채우시오.

로트번호	N	샘플문자	n	Ac	부적합품수	합부판정	엄격도 적용
80	2,000	L	80	3	3	합격	수월한 검사 실행
81	1,000	K	50	2	3	불합격	보통검사 전환
82	2,000	L	(　　)	(　　)	3	(　　)	(　　)
83	1,000	K	(　　)	(　　)	5	(　　)	(　　)
84	2,000	L	(　　)	(　　)	2	(　　)	(　　)

13 KS Q ISO 9000 : 2015의 용어에 대한 설명이다. 괄호 안을 채우시오.

(1) 품질에 관하여 조직을 지휘하고 관리하는 조정활동 (　　)

(2) 조직의 품질경영시스템에 대한 문서 (　　)

(3) 최고경영자에 의해 공식적으로 표명된 품질 관련 조직의 전반적인 의도 및 방향으로서 품질에 관한 방침 (　　)

(4) 요구사항을 명시한 문서 (　　)

기출유사문제풀이 [2022년 2회 품질경영산업기사 실기]

01_ (1)

No.	급의 중앙치	f_i	$u_i = \frac{x_i - 10.07}{0.05}$	$f_i u_i$	$f_i {u_i}^2$
1	9.87	1	−4	−4	16
2	9.92	3	−3	−9	27
3	9.97	6	−2	−12	24
4	10.02	8	−1	−8	8
5	10.07	12	0	0	0
6	10.12	10	1	10	10
7	10.17	8	2	16	32
8	10.22	1	3	3	9
9	10.27	1	4	4	16
계		50	0	0	142

(2) ① $\bar{x} = x_0 + h \times \frac{\Sigma f_i u_i}{\Sigma f_i} = 10.070 + 0.05 \times \frac{0}{50} = 10.070$

② $S_u = \Sigma f_i u_i^2 - \frac{(\Sigma f_i u_i)^2}{\Sigma f_i} = 142.0,\ S_{xx} = h^2 \times S_u = 0.05^2 \times 142.0 = 0.3550$

$s = \sqrt{\frac{S_{xx}}{\Sigma f_i - 1}} = \sqrt{\frac{0.3550}{49}} = 0.085117 = 0.08512$

(3) ① 규격하한 밖으로 벗어날 확률

$P_r(x < L) = P_r\left(u < \frac{L-\mu}{\sigma}\right) = P_r\left(u < \frac{9.9 - 10.07}{0.08512}\right) = P_r(u < -1.997) = 0.0228$

② 규격상한 밖으로 벗어날 확률

$P_r(x > U) = P_r\left(u > \frac{U-\mu}{\sigma}\right) = P_r\left(u > \frac{10.1 - 10.07}{0.08512}\right) = P_r(u > 0.352) = 0.3632$

$\therefore\ P = 0.0228 + 0.3532 = 0.3760 = 37.60(\%)$

02_ 예방코스트, 평가코스트, 실패코스트

03_ (1)

$$\bar{x}=\frac{\sum x_i}{n},\ s=\sqrt{\frac{\left(\sum x^2-\frac{(\sum x)^2}{n}\right)}{n-1}}=\sqrt{\frac{S}{n-1}}$$

No.	x_1	x_2	x_3	x_4	x_5	x_6	x_7	x_8	평균치($\bar{x}$)	표준편차(s)
19	12	15	19	6	12	6	24	23	(14.625)	(6.96804)
20	8	16	23	6	14	10	2	8	(10.875)	(6.57783)
21	4	2	8	16	26	11	27	14	(13.5)	(9.28901)

(2) 중심선, 관리상하한선

① $\bar{x}$관리도

- 중심선(C_L) $\bar{\bar{x}}=\frac{\sum \bar{x}_i}{k}=\frac{274}{21}=13.0476$
- 관리상하한선($\bar{s}=\frac{\sum s}{k}=\frac{153.2790}{21}=7.299$, $n=8$일 때, $A_3=1.099$)

$$\begin{pmatrix} U_{CL} \\ L_{CL} \end{pmatrix}=\bar{\bar{x}}\pm A_3\bar{s}=\begin{pmatrix} 21.06920 \\ 5.02600 \end{pmatrix}$$

② s관리도

- 중심선(C_L) $\bar{s}=\frac{\sum s}{k}=\frac{153.2790}{21}=7.299$
- 관리상하한선($n=8$일 때, $B_3=0.185$, $B_4=1.815$)

$$\begin{pmatrix} U_{CL} \\ L_{CL} \end{pmatrix}=\begin{pmatrix} B_4\bar{s} \\ B_3\bar{s} \end{pmatrix}=\begin{pmatrix} 13.24769 \\ 1.35032 \end{pmatrix}$$

(3) 관리도 작성(군번호 1～10번까지) 및 해석

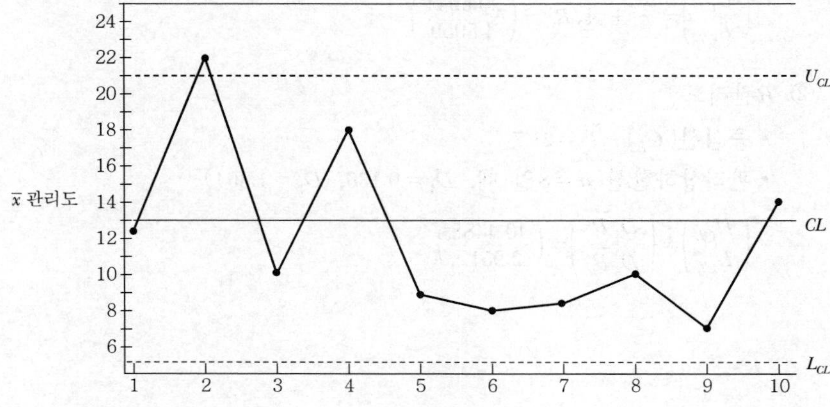

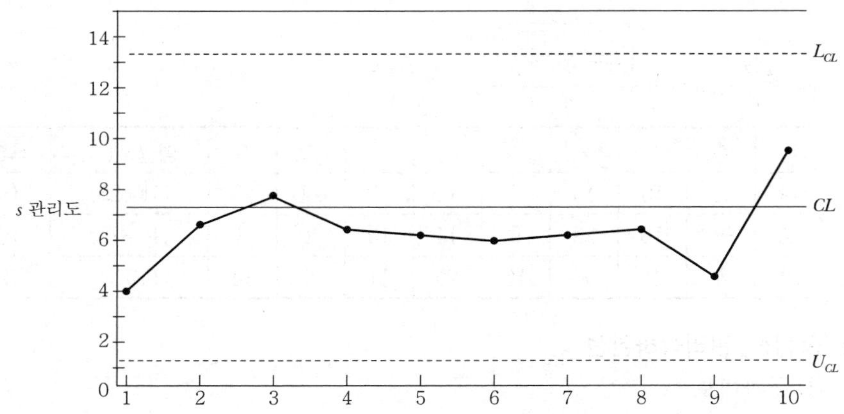

∴ s관리도는 관리상태이나, 군번호 2의 $\overline{x}$데이터는 관리상한을 벗어났으므로 관리이탈로 관리이상상태로 판정한다.

(4) $\overline{x}-R$관리도 작성 및 판정($n=8$일 때, $A_2=0.373$)

① $\overline{x}$관리도

- 중심선(C_L) $\overline{\overline{x}}' = \dfrac{\Sigma\overline{x_i'}}{k-1} = \dfrac{274-22}{20} = 12.6$
- 관리상하한선($\overline{R}' = \dfrac{\Sigma R'}{k-1} = \dfrac{434}{20} = 21.7$)

No	1	2	3	4	5	6	7	8	9	10	11
R	13	-	23	22	15	15	18	18	15	28	30
No	12	13	14	15	16	17	18	19	20	21	합계
R	22	28	24	13	25	28	33	18	21	25	434

$$\begin{pmatrix} U_{CL} \\ L_{CL} \end{pmatrix} = \overline{\overline{x}}' \pm A_2\overline{R}' = \begin{pmatrix} 20.6941 \\ 4.5059 \end{pmatrix}$$

② R관리도

- 중심선(C_L) $\overline{R}' = 21.7$
- 관리상하한선($n=8$일 때, $D_3=0.136$, $D_4=1.864$)

$$\begin{pmatrix} U_{CL} \\ L_{CL} \end{pmatrix} = \begin{pmatrix} D_4\overline{R}' \\ D_3\overline{R}' \end{pmatrix} = \begin{pmatrix} 40.4488 \\ 2.9512 \end{pmatrix}$$

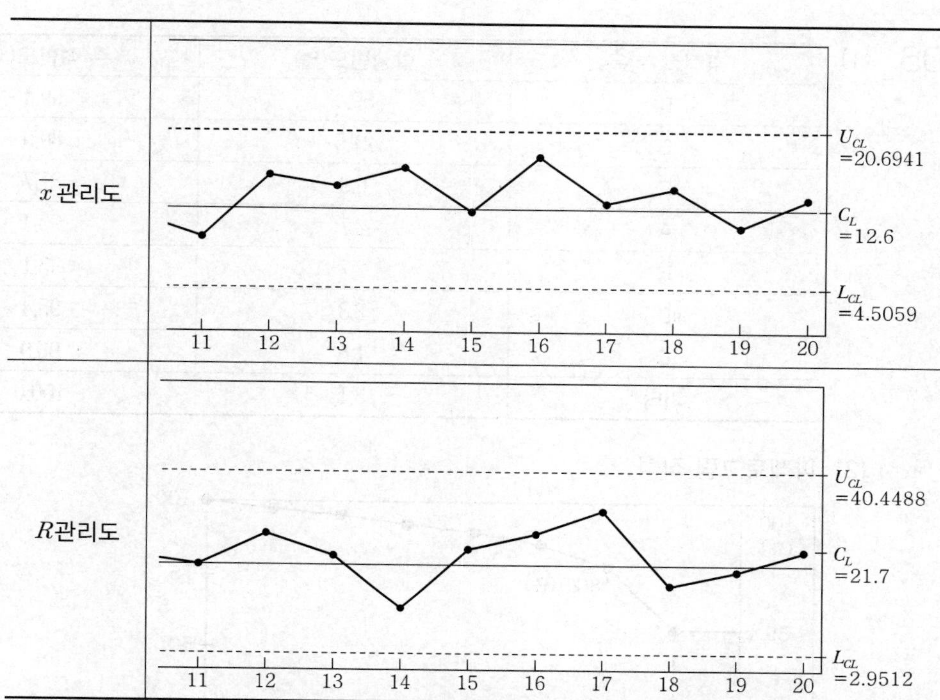

∴ $\bar{x}-R$ 관리도는 관리이탈이나 습관성이 없으므로, 관리상태이다.

04_ ① 가설 : $H_0 : P \geq 0.10,\ H_1 : P < 0.10$

② 검정통계량 : $u_0 = \dfrac{\hat{p}-P_0}{\sqrt{\dfrac{P_0(1-P_0)}{n}}} = \dfrac{\dfrac{8}{160}-0.10}{\sqrt{\dfrac{0.10\,(1-0.10)}{160}}} = -2.108$

③ 기각역 : $u_0 < -u_{1-\alpha} = -1.645$이면 H_0를 기각한다.

④ 판정 : $u_0 = -2.108 < -1.645$이므로, H_0는 기각된다.

05_ (1)

부적합 항목	발생빈도(%)	누적빈도(%)
B	59.4	59.4
E	21.5	80.9
F	6.8	87.7
A	2.7	90.4
H	2.7	93.1
D	2.3	95.4
C	1.5	96.9
기타	3.1	100.0

(2) 파레토그림 작성

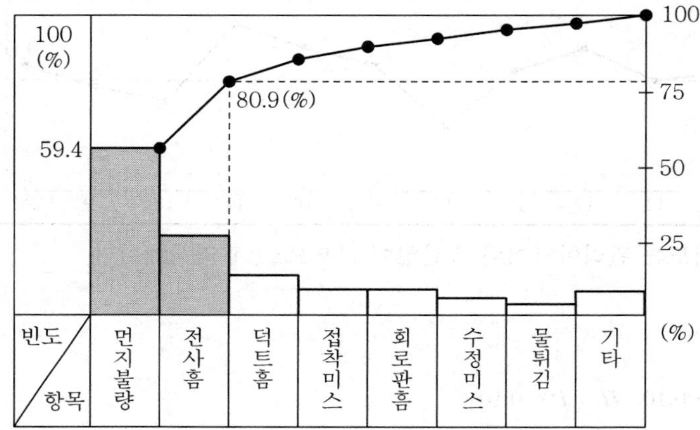

06_

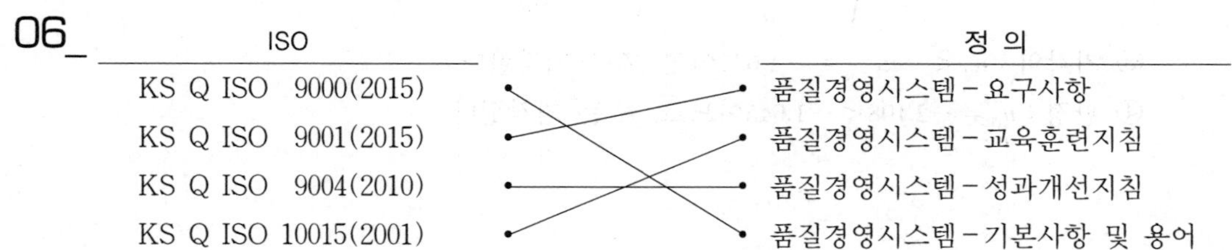

ISO
정 의
KS Q ISO 9000(2015)
KS Q ISO 9001(2015)
KS Q ISO 9004(2010)
KS Q ISO 10015(2001)
품질경영시스템 – 요구사항
품질경영시스템 – 교육훈련지침
품질경영시스템 – 성과개선지침
품질경영시스템 – 기본사항 및 용어

07_ (1) 분산분석표 작성

- $CT = \frac{T^2}{N} = \frac{(126.7)^2}{12}$
- $S_T = \sum_i \sum_j x_{ij}^2 - CT = 5.22918$
- $S_A = \sum_i \frac{T_{i\cdot}^2}{r} - CT = \frac{1}{3}(29.6^2 + 31.1^2 + 34.1^2 + 31.9^2) - CT = 3.5225$
- $S_e = S_T - S_A = 1.70668$

요인	SS	DF	MS	F_0	$F_{0.95}$
A	3.52250	3	1.174167	5.504*	4.07
e	1.70668	8	0.21334		
T	5.22918	11			

∴ 요인 A는 유의수준 5%로 유의적이다.

(2) $\hat{\mu}(A_3)$의 구간추정(신뢰구간 95%)

$$\bar{x}_{i\cdot} \pm t_{1-\alpha/2}(\nu_e)\sqrt{\frac{V_e}{r}} = \bar{x}_{3\cdot} \pm t_{0.975}(8)\sqrt{\frac{0.21334}{3}} = 11.36667 \pm 2.306 \times \sqrt{\frac{0.21334}{3}}$$

∴ $10.75172 \le \mu(A_3) \le 11.98161$

08_ 추정정밀도 $\beta_{\bar{\bar{x}}} = \pm u_{1-\alpha/2}\sqrt{\frac{\sigma_w^2}{m\bar{n}} + \frac{\sigma_b^2}{m}} = \pm 1.96\sqrt{\frac{0.35^2}{5\times 6} + \frac{0.2^2}{5}} = \pm 0.21545(\%)$

09_ (1) 보통검사에서 까다로운 검사

연속 5로트 중 2로트가 불합격이 되는 경우

(2) 까다로운 검사에서 보통검사

연속 5로트가 합격이 되는 경우

10_ (1) 교호작용효과

- $A\times B=\frac{1}{4}(1-0)=\frac{1}{4}[(24+17+15+36)-(20+27+26+32)]=-3.25$
- $B\times C=\frac{1}{4}(1-0)=\frac{1}{4}[(17+27+32+36)-(20+17+15+32)]=7.25$

(2) 요인별 제곱합

- $S_A=\frac{1}{8}(1-0)^2=\frac{1}{8}[(24+27+36+32)-(20+24+26+15)]^2=144.5$
- $S_B=\frac{1}{8}(1-0)^2=\frac{1}{8}[(24+27+15+32)-(20+17+26+36)]^2=0.125$

11_ $C_p=\frac{U-L}{6\sigma}=\frac{U-L}{6s}=\frac{140-110}{6\times 12.3}=0.4065$

12_ 표의 공란 작성 및 합부판정

로트번호	N	샘플문자	n	Ac	부적합품수	합부판정	엄격도 적용
80	2,000	L	80	3	3	합격	수월한 검사 속행
81	1,000	K	50	2	3	불합격	보통검사 전환
82	2,000	L	(200)	(5)	3	(합격)	(보통검사 속행)
83	1,000	K	(125)	(3)	5	(불합격)	(보통검사 속행)
84	2,000	L	(200)	(5)	2	(합격)	(보통검사 속행)

13_ (1) 품질경영
(2) 품질매뉴얼
(3) 품질방침
(4) 시방서

기출유사문제 [2022년 4회 품질경영산업기사 실기]

01 다음은 계량치 관리도의 데이터이다. 물음에 답하시오.(단, 관리계수는 주어진 부표를 이용할 것)

군번호	측 정 치(x_i)					$\overline{x}$	R
1	13	4	1	5	2	5	12
2	10	2	11	2	13	7.6	11
3	19	1	11	5	2	7.6	18
4	11	19	3	7	10	10	16
5	6	10	7	5	7	7	5
6	15	7	20	20	15	15.4	13
7	27	12	14	16	4	14.6	23
8	23	10	1	2	15	10.2	22
9	26	11	17	8	12	14.8	18
10	24	2	5	15	26	14.4	24
11	23	10	16	13	17	15.8	13
12	18	11	13	18	17	15.4	7
13	10	17	17	21	29	18.8	19
14	10	1	2	15	8	7.2	14
15	12	15	19	6	12	12.8	13
계						176.6	228

(1) 상기 데이터를 관리하기 위한 가장 적합한 관리도를 적으시오.

(2) 정확도를 감시하는 관리도의 C_L, U_{CL}, L_{CL}을 각각 구하시오.

(3) (2)의 관리도를 그리고 판정을 행하시오.

(4) $\overline{R_m}=3.5$라면, $\sigma_{\bar{x}}$, σ_w, σ_b를 각각 구하시오.

02 공장에서 생산된 어느 기계부품 중에서 랜덤으로 64개를 취하여 길이를 측정한 후 히스토그램을 작성하였다. 다음 물음에 답하시오.

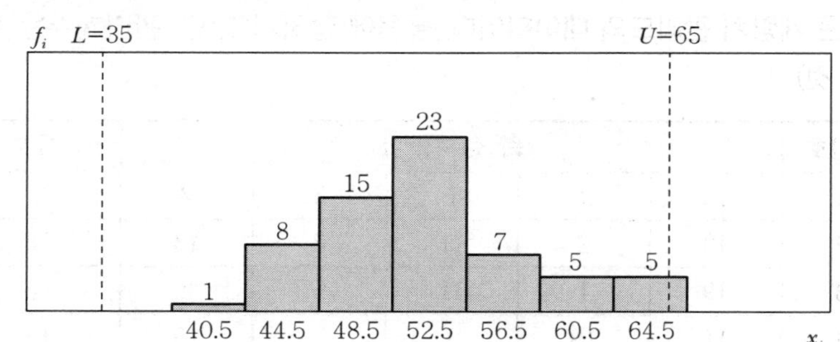

(1) 상대분산($(CV)^2$) 구하시오.

(2) 공정능력지수(C_p)를 구하시오.

03 계수샘플링검사와 계량샘플링검사에 대한 내용이다. 보기에 맞는 내용을 나타내시오.

[보기]

(1) ① 요한다. ② 요하지 않는다.

(2) ① 짧다. ② 길다.

(3) ① 간단하다. ② 복잡하다.

(4) ① 간단하다. ② 복잡하다.

(5) ① 작다. ② 크다.

(6) ① 낮다. ② 높다.

내용 \ 구분	계수샘플링검사	계량샘플링검사
(1) 숙련의 정도	숙련을 ( )	숙련을 ( )
(2) 검사소요시간	검사 소요기간이 ( )	검사 소요시간이 ( )
(3) 검사방법	검사설비가 ( )	검사설비가 ( )
(4) 검사기록	검사기록이 ( )	검사기록이 ( )
(5) 검사 개수	검사개수가 상대적으로 ( )	검사개수가 상대적으로 ( )
(6) 검사기록의 이용	검사기록이 다른 목적에 이용되는 정도가 ( )	검사기록이 다른 목적에 이용되는 정도가 ( )

04 종래에 생산되던 한 로트의 모부적합수 $m=4$이었다. 작업방법 변경 후 시료의 부적합수 $c=10$개가 나왔다. 다음 물음에 답하시오.(단, $\alpha=0.05$)

(1) 시료의 부적합수는 모부적합수보다 커졌다고 할 수 있는가?

(2) 신뢰도 95%의 신뢰하한값을 구하시오.(단, 유의하지 않으면 "추정은 의미가 없다."로 기술하시오.)

05 조립품의 기본치수가 5(mm)인 것을 구입하고자 한다. 굵기의 평균치가 5 ± 0.2(mm) 이내의 로트이면 합격으로 하고, 5.0 ± 0.5(mm) 이상 되는 로트는 불합격시키고자 한다. (단, $\sigma=0.3$(mm), $\alpha=0.05$, $\beta=0.10$, $n=9$, $G_0=0.548$)

(1) 상한 합격판정치($\overline{X_U}$)를 구하시오.

(2) 하한 합격판정치($\overline{X_L}$)를 구하시오.

06 다음은 $L_8(2)^7$형 직교배열표이다. 물음에 답하시오.

배치	A	B		C	D			실험데이터
No.＼열번	1	2	3	4	5	6	7	
1	0	0	0	0	0	0	0	20
2	0	0	0	1	1	1	1	24
3	0	1	1	0	0	1	1	17
4	0	1	1	1	1	0	0	27
5	1	0	1	0	1	0	1	26
6	1	0	1	1	0	1	0	15
7	1	1	0	0	1	1	0	36
8	1	1	0	1	0	0	1	32
기본표시	a	b	a b	c	a c	b c	a b c	

(1) 교호작용 $A\times B$가 존재하려면 몇 열에 배치가 가능한가?

(2) 요인 A의 주효과를 구하시오.

(3) 주어진 표의 빈칸을 채우시오.

종류	S_A	S_B	S_C	S_D	$S_{A\times B}$	S_e	S_T
제곱합							

07 어떤 제품을 실험할 때 반응압력 A를 4수준, 반응시간 B를 3수준인 반복이 없는 2요인 실험을 다음과 같이 실시하였다. 다음 물음에 답하시오.(단, 데이터는 망대특성이다.)

인자 B \ 인자 A	A_1	A_2	A_3	A_4
B_1	13.9	13.3	14.8	14.1
B_2	12.2	12.5	13.9	13.5
B_3	11.8	12.8	13.9	13.3

(1) 분산분석표의 공란을 메우시오.

요인	SS	DF	MS	F_0	$F_{0.95}$	$F_{0.99}$
A						
B						
e						
T						

(2) $\mu(B_1)$을 신뢰율 95%로 구간추정을 행하시오.

(3) $\mu(A_3B_1)$을 신뢰율 95%로 구간추정을 행하시오.

(4) $\mu(A_1)-\mu(A_3)$를 신뢰율 95%로 구간추정을 행하시오.

08 A사는 어떤 부품의 수입검사에서 KS Q ISO 2859－1을 사용하고 있다. 다음 표는 검토 후 $AQL=1.0\%$, 검사수준 Ⅲ으로 하여 1회 샘플링검사를 까다로운 검사를 시작으로 연속 15로트 실시한 결과물의 부분표이다. 물음에 답하시오.

(1) 다음 표를 완성하시오.

번호	N	샘플 문자	n	당초 Ac	As (검사 전)	적용하는 Ac	부적합 품수	합부 판정	As (검사 후)	전환 점수	후속조치
7	250						0				
8	200						1				
9	400						0				
10	80						1				
11	100						0				

(2) 로트번호 12의 샘플링검사의 엄격도는 어떻게 되겠는가?

09 검사의 분류 중 검사가 행해지는 장소에 의한 분류가 있다. 이 중 2가지를 적으시오.

10 분임조 활동 시 분임토의 기법으로서 사용되고 있는 집단착상법(Brainstorming)의 4가지 원칙을 적으시오.

11 품질 Cost의 3가지 종류를 적고 간단하게 설명하시오.

12 한국의 표준화 관련기관에 대한 설명이다. 해당되는 관련기관을 적으시오.

(1) 국가표준기본계획 및 국가표준관련 부처 간의 효율적인 업무조정에 관한 중요사항을 심의하기 위하여 산업통상자원부장관 소속으로 (　　　　　)를 둔다.

(2) '과학기술분야 정부출연기관 등의 설립 · 운영 및 육성에 관한 법률'에 따라 설립된 (　　　　　)을 국가측정표준 대표기관으로 한다. 이 기관은 기본단위의 구현, 국가측정표준의 보급, 측정표준 및 측정과학기술의 연구 · 개발 및 보급, 측정표준의 국제비교 활동 참여 등을 수행한다.

(3) 정부기관인 (　　　　　)은 산업규격의 제 · 개정 및 국제표준화 관련기구와 교류 및 협력 국가측정표준의 확립 및 보급을 목적으로 한다.

기출유사문제풀이 [2022년 4회 품질경영산업기사 실기]

01_ (1) $\overline{x}-R$관리도

(2) 정확도를 감시하는 관리도는 $\overline{x}$관리도이다.

$$C_L = \frac{\sum \overline{x}}{k} = \frac{176.6}{15} = 11.77333$$

$$U_{CL} = \overline{\overline{x}} + \frac{3\overline{R}}{d_2\sqrt{n}} = 11.77333 + \frac{3\times 15.2}{2.326\times\sqrt{5}} = 20.54072$$

$$L_{CL} = \overline{\overline{x}} - \frac{3\overline{R}}{d_2\sqrt{n}} = 11.77333 - \frac{3\times 15.2}{2.326\times\sqrt{5}} = 3.00594$$

(3) $\overline{x}$관리도의 작성 및 판정

① 관리도 작성

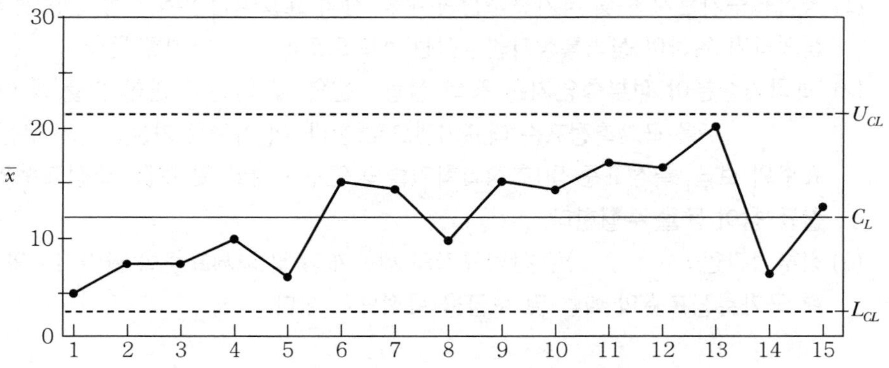

② 관리도 판정

타점된 데이터는 습관성이나 관리이탈이 없으므로, 관리상태로 판정한다.

(4) 각 변동값 계산

① $\widehat{\sigma_{\overline{x}}} = \frac{\overline{R_m}}{d_2} = \frac{3.5}{1.128} = 3.10284$

② $\widehat{\sigma_w} = \frac{\overline{R}}{d_2} = \frac{15.2}{2.326} = 6.53482$

③ $\sigma_{\overline{x}}^2 = \frac{\sigma_w^2}{n} + \sigma_b^2 \Rightarrow 3.10284^2 = \frac{6.53482^2}{5} + \sigma_b^2$

$\therefore\ \sigma_b = \sqrt{3.10284^2 - \frac{6.53482^2}{5}} = 1.04252$

02_ (1) 상대분산

• 평균 $\bar{x} = \frac{\Sigma f_i x_i}{\Sigma f_i} = \frac{(1 \times 40.5) + \cdots + (5 \times 64.5)}{64} = 52.375$

• 표준편차 $s = \sqrt{\frac{S}{n-1}} = \sqrt{\frac{2,047}{63}} = 5.70018$

∴ 상대분산 $(CV)^2 = \left(\frac{s}{\bar{x}}\right)^2 = 0.01184$

(2) 공정능력지수(C_p)

$C_p = \frac{U-L}{6\sigma} = \frac{30}{6 \times 5.70018} = 0.87717 = 0.73828$

03_

구분 / 내용	계수샘플링검사	계량샘플링검사
(1) 숙련의 정도	숙련을 요하지 않는다.	숙련을 요한다.
(2) 검사소요시간	검사 소요기간이 짧다.	검사 소요시간이 길다.
(3) 검사방법	검사설비가 간단하다.	검사설비가 복잡하다.
(4) 검사기록	검사기록이 간단하다.	검사기록이 복잡하다.
(5) 검사 개수	검사개수가 상대적으로 크다.	검사개수가 상대적으로 작다.
(6) 검사기록의 이용	검사기록이 다른 목적에 이용되는 정도가 낮다.	검사기록이 다른 목적에 이용되는 정도가 높다.

04_ (1) 모부적합수의 한쪽 검정

① 가설 : $H_0 : m \geq 4,\ H_1 : m > 4$

② 검정통계량 : $u_0 = \frac{c - m_0}{\sqrt{m_0}} = \frac{10-4}{\sqrt{4}} = 3.0$

③ 기각역 : $u_0 > u_{1-\alpha}(=1.645)$이면 H_0를 기각한다.

④ 판정 : $u_0(=3.0) > 1.645$이므로, H_0는 기각된다.

∴ 시료의 부적합수는 모부적합수보다 커졌다고 할 수 있다.

(2) 한쪽 구간추정

$\widehat{m_L} = c - u_{1-\alpha}\sqrt{c} = 10 - 1.645 \times \sqrt{10} = 4.79805$

05_ 평균치를 보증하는 경우(양쪽 규격이 주어졌을 경우)

$m_0' = 5.2,\ m_1' = 5.5,\ m_0'' = 4.8,\ m_1'' = 4.5$

(1) $\overline{X_U} = m_0' + G_0\sigma = 5.2 + 0.548 \times 0.3 = 5.36440\,(\text{mm})$

(2) $\overline{X_L} = m_0'' - G_0\sigma = 4.8 - 0.548 \times 0.3 = 4.63560\,(\text{mm})$

06_ (1) 교호작용효과

$A \times B = a \times b = ab$(3열)

(2) 요인 A의 주효과

$A = \frac{1}{4}(1\text{수준의 합} - 0\text{수준의 합}) = \frac{1}{4}[(26+15+36+32) - (20+24+17+27)] = 5.25$

(3) 제곱합

$S = \frac{1}{8}(1\text{수준의 합} - 0\text{수준의 합})^2$

- $S_A = \frac{1}{8}[(26+15+36+32) - (20+24+17+27)]^2 = 55.125$
- $S_B = \frac{1}{8}[(17+27+36+32) - (20+24+26+15)]^2 = 91.125$
- $S_C = \frac{1}{8}[(24+27+15+32) - (20+17+26+36)]^2 = 0.125$
- $S_D = \frac{1}{8}[(24+27+26+36) - (20+17+15+32)]^2 = 105.125$
- $S_{A\times B} = \frac{1}{8}[(17+27+26+15) - (20+24+36+32)]^2 = 91.125$
- $S_e = S_{6열} + S_{7열} = 21.125 + 0.125 = 21.250$ 또는
  $S_e = S_T - (S_A + S_B + S_C + S_D + S_{A\times B}) = 21.250$
- $S_T = \sum x^2 - \frac{(\sum x)^2}{n} = 363.875$

종류	S_A	S_B	S_C	S_D	$S_{A\times B}$	S_e	S_T
제곱합	55.125	91.125	0.125	105.125	91.125	21.250	363.875

07_ (1) 수정항 $CT = \frac{T^2}{lm} = \frac{(160.0)^2}{12}$

① $S_A = \sum_i \frac{T_{i\cdot}^2}{m} - CT = \frac{1}{3}(37.9^2 + 38.6^2 + 42.6^2 + 40.9^2) - CT = 4.64667$

② $S_B = \sum_j \frac{T_{\cdot j}^2}{l} - CT = \frac{1}{4}(56.1^2 + 52.1^2 + 51.8^2) - CT = 2.88167$

③ $S_e = S_T - S_A - S_B = 0.81833 \quad \left(S_T = \sum_i \sum_j x_{ij}^2 - CT = 8.34667\right)$

④ 분산분석표 작성

요인	SS	DF	MS	F_0	$F_{0.95}$	$F_{0.99}$
A	4.64667	3	1.54889	11.356**	4.76	9.78
B	2.88167	2	1.44084	10.564*	5.14	10.9
e	0.81833	6	0.13639			
T	8.34667	11				

(2) $\mu(B_1)$의 구간추정

$$\mu(B_1) = \bar{x}_{\cdot 1} \pm t_{0.975}(6)\sqrt{\frac{V_e}{l}} = \left(\frac{56.1}{4}\right) \pm 2.447 \times \sqrt{\frac{0.13639}{4}} = (13.57315 \sim 14.47685)$$

(3) $\mu(A_3B_1)$의 구간추정

① 점추정치 $\hat{\mu}(A_3B_1) = \left(\bar{x}_{3\cdot} + \bar{x}_{\cdot 1} - \bar{\bar{x}}\right) = \left(\frac{42.6}{3}\right) + \left(\frac{56.1}{4}\right) - \left(\frac{160.0}{12}\right) = 14.89167$

② 구간추정 $\left(n_e = \frac{lm}{l+m-1} = \frac{12}{6} = 2.0\right)$

$$\hat{\mu}(A_3B_1) = \left(\bar{x}_{3\cdot} + \bar{x}_{\cdot 1} - \bar{\bar{x}}\right) \pm t_{1-\alpha/2}(\nu_e)\sqrt{\frac{V_e}{n_e}} = 14.89167 \pm t_{0.975}(6)\sqrt{\frac{V_e}{n_e}}$$

$$= 14.89167 \pm 2.447 \times \sqrt{\frac{0.13639}{2}} = (14.25266 \sim 15.53068)$$

(4) $\mu(A_1) - \mu(A_3)$의 구간추정

$$\left(\widehat{\mu(A_1) - \mu(A_3)}\right) = \left(\bar{x}_{1\cdot} - \bar{x}_{3\cdot}\right) \pm t_{0.975}(6)\sqrt{\frac{2V_e}{3}} = \left(\bar{x}_{1\cdot} - \bar{x}_{3\cdot}\right) \pm t_{0.975}(6)\sqrt{\frac{2V_e}{3}}$$

$$= \left(\frac{37.9}{3} - \frac{42.6}{3}\right) \pm 2.447 \times \sqrt{\frac{2 \times 0.13639}{3}} = (-2.30454 \sim -1.56667)$$

08_ (1)

번호	N	샘플 문자	n	당초 Ac	As (검사 전)	적용하는 Ac	부적합품수	합부 판정	As (검사 후)	전환 점수	후속조치
7	250	H	50	1/2	5	0	0	합격	5	-	까다로운 검사로 속행
8	200	H	50	1/2	10	1	1	합격	0	-	까다로운 검사로 속행
9	400	J	80	1	7	1	0	합격	7	-	까다로운 검사로 속행
10	80	F	20	0	7	0	1	불합격	0	-	까다로운 검사로 속행
11	100	G	32	1/3	3	0	0	합격	3	-	까다로운 검사로 속행

(2) 로트번호 10에서 불합격이므로, 로트번호 12도 까다로운 검사를 실시한다.

09_ 정위치검사, 순회검사, 출장검사(외주검사)

10_ ① 남의 의견을 비판하지 않는다.
② 자유분방한 아이디어를 환영한다.
③ 착상의 수를 될 수 있는 대로 많이 모은다.
④ 타인의 착상을 다시 발전시킨다.

11_ ① 예방코스트(Prevention cost : P-cost) : 처음부터 불량이 생기지 않도록 하는 데 소요되는 비용으로 소정의 품질수준의 유지 및 부적합품 발생의 예방에 드는 비용
② 평가코스트(Appraisal cost : A-cost) : 제품의 품질을 정식으로 평가함으로써 회사의 품질수준을 유지하는 데 드는 비용
③ 실패코스트(Failure cost : F-cost) : 소정의 품질을 유지하는 데 실패하였기 때문에 생긴 불량제품, 불량원료에 의한 손실비용

12_ (1) 국가표준심의회 (2) 한국표준과학연구원 (3) 기술표준원

기출유사문제 [2023년 1회 품질경영기사 실기]

01 다음은 매 시간마다 실시되는 최종제품에 대한 샘플링검사의 결과를 정리하여 얻은 데이터를 p관리도로 작성하려고 한다. 물음에 답하시오.

군번호	군의 크기	부적합품수	군번호	군의 크기	부적합품수	군번호	군의 크기	부적합품수
1	100	6	8	80	6	15	80	4
2	100	5	9	80	4	16	200	4
3	100	4	10	80	6	17	200	4
4	150	6	11	150	6	18	200	3
5	150	3	12	150	3	19	200	2
6	100	2	13	150	3	20	200	6
7	100	4	14	80	6	합계	2,650	87

(1) p관리도의 중심선, 관리한계선을 구하시오.

(2) 군번호 1～군번호 10까지 관리도를 작성하고 판정하시오.(군번호 11～20까지는 관리상태이다.)

(3) 군의 크기(n)가 100일 때, 관리상한선(U_{CL})이 0.086이라고 한다면, 공정의 평균 부적합품률이 0.086으로 변하였다면, 관리도의 검출력(1−β)을 구하시오.

(4) 2σ관리한계선을 채택하였다면, 제1종과오를 구하시오.(단, L_{CL}은 고려하지 않는다.)

02 어떤 공정에서 부적합품률의 차를 조사하기 위하여 회사 A, 회사 B의 원료로 만들어진 제품 중에서 랜덤하게 각각 100개, 120개의 제품을 추출하여 부적합품수 개수를 파악하였더니 각각 12개, 3개였다. 물음에 답하시오.

(1) A, B 두 회사의 부적합품률에 차가 있는지 검정을 행하시오.(α = 0.05)

(2) $(P_A - P_B)$에 대한 95% 신뢰구간을 구하시오.

03 두 변수 x와 y에 대하여 12개의 데이터의 변동값을 조사하였더니 다음과 같았다. 물음에 답하시오.(소수점처리는 2째 자리까지, 분포값은 부표를 이용할 것)

$n=12$	$\overline{x}=6.5$	$\overline{y}=12.5$
$S(xx)=10$	$S(yy)=30$	$S(xy)=13$

(1) 시료의 상관계수를 구하시오.
(2) 추정회귀방정식을 구하시오.
(3) H_0 : $\beta_1=0$, H_1 : $\beta_1 \neq 0$에 대한 검정을 행하시오.(단, 유의수준 5%)

04 20kg들이 화학약품이 100상자가 입하되었다. 약품의 순도를 조사하려고 우선 5상자를 랜덤샘플링하여 각각의 상자에서 6인크리멘트씩 랜덤샘플링하였다.(단, 1인크리멘트는 15g이다.) 이때, 상자 간 산포 $\sigma_b=0.20\%$, 상자 내 산포 $\sigma_w=0.35\%$ 임을 알고 있을 때 샘플링의 추정정밀도($\alpha=0.05$)를 구하시오.

05 로트에서 15개의 시료를 샘플링하여 2회 측정하였다면, 분산은 얼마인가?(단, 샘플링오차 $\sigma_s=0.05$, 측정오차 $\sigma_m=0.03$이다.)

06 A 정제 로트 성분의 특성치는 정규분포를 따르고 표준편차 σ = 0.0005mg인 것을 알고 있다. 이 로트의 검사에서 m_0 = 0.0045mg, m_1 = 0.0055mg인 계량규준형 1회 샘플링검사를 행하기로 하였다. 다음 물음에 답하시오.

(1) 부표값을 이용하여 시료의 크기 n, 상한합격판정치 $\overline{X_U}$를 구하시오.
(2) 다음 표를 완성하고, 이 값을 토대로 OC곡선을 작성하시오.

m	$K_{L(m)} = \dfrac{\sqrt{n}\,(m - \overline{X_U})}{\sigma}$	$L(m)$
0.0040		
0.0045		
0.0050		
0.0055		
0.0060		

07 A사가 어떤 부품의 수입검사에 계수값 샘플링검사인 KS Q ISO 2859 – 1의 보조표인 분수샘플링검사를 적용하고 있는 일부분이다. 적용조건은 AQL = 1.0%, 통상검사수준 II에서 엄격도는 까다로운 검사, 샘플링형식은 1회로 시작하였다. 다음 물음에 답하시오.

(1) 다음 표의 (　) 안을 로트별로 완성하시오.

로트번호	N	샘플문자	n	당초의 Ac	합부판정점수 (검사 전)	적용하는 Ac	부적합품수 d	합부판정	합부판정점수 (검사 후)
11	200	G	32	1/3	13	1	1	합격	0
12	250	(　)	(　)	(　)	(　)	(　)	0	(　)	(　)
13	600	(　)	(　)	(　)	(　)	(　)	1	(　)	(　)
14	95	(　)	(　)	(　)	(　)	(　)	0	(　)	(　)
15	120	(　)	(　)	(　)	(　)	(　)	0	(　)	(　)

(2) 로트번호 16의 엄격도를 결정하시오.

08 A : 모수요인, B : 변량요인으로 반복이 있는 2요인실험 결과, 다음과 같은 분산분석표를 얻었다. 다음 물음에 답하시오.

(1) 분산분석표의 공란을 메우시오.

요 인	SS	DF	MS	F_0	$F_{0.95}$	$E(MS)$
A	1.84	2	( )	( )	( )	( )
B	1.89	3	( )	( )	( )	( )
$A\times B$	1.50	6	0.25	1.79	3.00	$\sigma_e^2+2\sigma_{A\times B}^2$
e	1.68	12	0.14			σ_e^2
T	6.91	23				

(2) 검정결과, 유의한 요인을 구하시오.

09 어떤 제품의 중합반응에서 약품의 흡수속도(g/hr)가 제조시간에 영향을 미치고 있음을 알고 있다. 흡수속도에 큰 요인이라고 생각되는 촉매량($A_1=0.3\%$, $A_2=0.5\%$)과 반응온도($B_1=150℃$, $B_2=170℃$)를 각각 2수준으로 3회 반복하여 2^2 요인실험을 행한 결과물이다. 물음에 답하시오.

	A_1		A_2	
B_1	14 8 12	합 : 34	22 20 25	합 : 67
B_2	18 11 15	합 : 44	30 28 33	합 : 91

(1) 주효과 A, B, 교호작용 $A\times B$를 구하시오.

(2) 분산분석표를 작성한 후 만일, 교호작용 $A\times B$가 유의하지 않으면 오차항에 풀링한 후, 재분산분석표를 작성하시오.(유의수준 5%)

(3) 최적수준을 점추정하시오.(망대특성)

10 어느 회사에서 제조한 엔진실린더의 마모시험을 실시하기 위하여 8개를 임의 추출하여 시험한 결과 다음과 같은 자료를 얻었다. 평균순위법으로 신뢰성 척도를 구하시오.

고장순번(i)	1	2	3	4	5	6	7	8
고장시간(hr)	270	288	290	328	380	390	430	440

(1) $t = 390$에서 신뢰도 $R(t)$를 구하시오.

(2) $t = 390$에서 불신뢰도 $F(t)$를 구하시오.

11 어떤 제품의 수명이 평균수명이 100시간인 지수분포를 따른다. 다음 물음에 답하시오.

(1) 50시간 사용했을 때 신뢰도를 구하시오.

(2) 200시간 사용 후, 50시간 더 사용했을 때 신뢰도를 구하시오.

(3) (1), (2)를 비교하여 설비의 신뢰도를 높이기 위해 부품을 주기적으로 교체할 필요가 있는지를 지수분포의 특성을 이용해 설명하시오.

12 다음 FT도에서 시스템이 고장날 확률은?(단, 주어진 수치는 각 구성품의 고장확률이며, 각 구성품의 고장은 서로 독립)

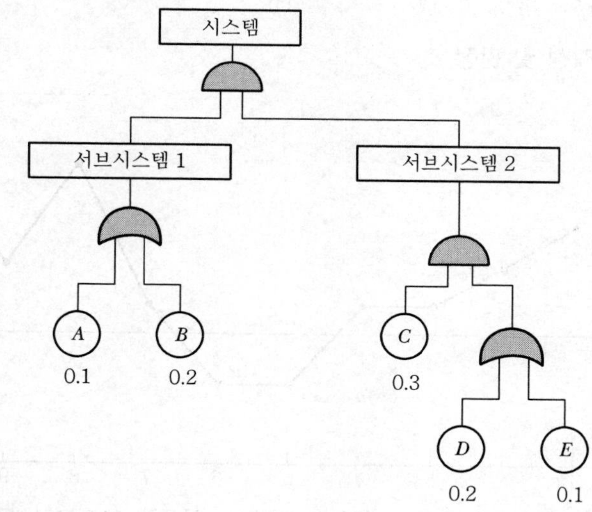

13 품질경영의 7원칙을 적으시오.

14 측정기기로 데이터를 계측하였을 때 발생하는 오차의 종류를 3가지 적으시오.

기출유사문제풀이 [2023년 1회 품질경영기사 실기]

01_ (1) p관리도의 관리한계선

• 중심선 $C_L = \bar{p} = \dfrac{\sum np}{\sum n} = \dfrac{87}{2,650} = 0.03283$

• 관리한계선 $\begin{pmatrix} U_{CL} \\ L_{CL} \end{pmatrix} = \bar{p} \pm 3\sqrt{\dfrac{\bar{p}(1-\bar{p})}{n}}$

① $n=80$인 경우

$$\begin{pmatrix} U_{CL} \\ L_{CL} \end{pmatrix} = 0.03283 \pm 3\sqrt{\frac{0.03283 \times (1-0.03283)}{80}} = \begin{pmatrix} 0.09260 \\ - \end{pmatrix}$$

② $n=100$인 경우

$$\begin{pmatrix} U_{CL} \\ L_{CL} \end{pmatrix} = 0.03283 \pm 3\sqrt{\frac{0.03283 \times (1-0.03283)}{100}} = \begin{pmatrix} 0.08629 \\ - \end{pmatrix}$$

③ $n=150$인 경우

$$\begin{pmatrix} U_{CL} \\ L_{CL} \end{pmatrix} = 0.03283 \pm 3\sqrt{\frac{0.03283 \times (1-0.03283)}{150}} = \begin{pmatrix} 0.07648 \\ - \end{pmatrix}$$

④ $n=200$인 경우

$$\begin{pmatrix} U_{CL} \\ L_{CL} \end{pmatrix} = 0.03283 \pm 3\sqrt{\frac{0.03283 \times (1-0.03283)}{200}} = \begin{pmatrix} 0.07063 \\ - \end{pmatrix}$$

(2) 관리도 작성 및 판정

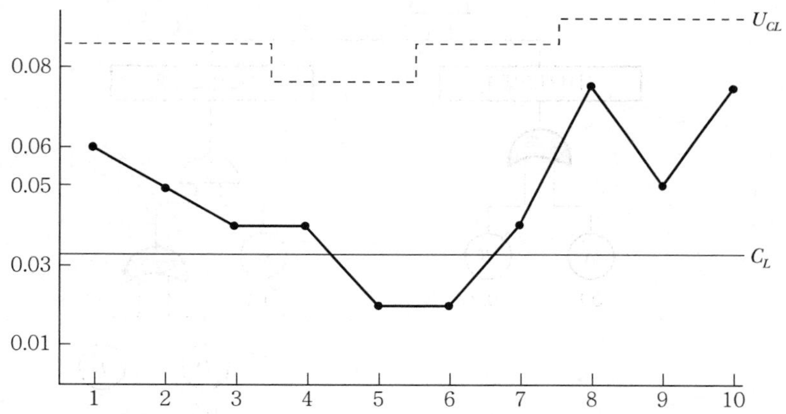

∴ 비관리상태의 규칙 1~8까지에 해당하는 항목이 없으므로, 공정이 관리상태에 있다고 볼 수 있다.

(3) 관리도의 검출력$(1-\beta)$

$$1-\beta = P_r\left(u > \frac{U_{CL}-P'}{\sqrt{\frac{P'(1-P')}{n}}}\right) = P_r\left(u > \frac{0.086-0.086}{\sqrt{\frac{0.086 \times (1-0.086)}{100}}}\right) = P_r(u>0) = 0.5$$

(4) 제1종과오(α)

2σ 관리한계선을 벗어날 확률은 0.0228×2이나, L_{CL}을 고려하지 않으므로, 제1종과오는 U_{CL}을 벗어날 확률인 0.0228이 된다.

02_ (1) $\widehat{p_A} = \dfrac{x_A}{n_A} = \dfrac{12}{100} = 0.120$, $\widehat{p_B} = \dfrac{x_B}{n_B} = \dfrac{3}{120} = 0.025$, $\hat{p} = \dfrac{x_A + x_B}{n_A + n_B} = \dfrac{12+3}{100+120} = 0.068182$

① $H_0 : P_A = P_B$ $\quad H_1 : P_A \neq P_B$

② $u_0 = \dfrac{\widehat{p_A} - \widehat{p_B}}{\sqrt{\hat{p}\,(1-\hat{p})\left(\dfrac{1}{n_A} + \dfrac{1}{n_B}\right)}} = \dfrac{0.120 - 0.025}{\sqrt{0.068182\,(1-0.068182)\left(\dfrac{1}{100} + \dfrac{1}{120}\right)}} = 2.78357$

③ $u_0 = 2.78357 > 1.96$ 이므로 $\alpha = 0.05$로 H_0는 기각된다.

(2) $(\widehat{p_A} - \widehat{p_B}) \pm u_{1-\alpha/2}\sqrt{\dfrac{\widehat{p_A}(1-\widehat{p_A})}{n_A} + \dfrac{\widehat{p_B}(1-\widehat{p_B})}{n_B}}$

$= (0.120 - 0.025) \pm 1.96 \times \sqrt{\dfrac{0.120 \times 0.880}{100} + \dfrac{0.025 \times 0.975}{120}}$

$= (0.02545 \sim 0.16455)$

03_ (1) 상관계수 $r = \dfrac{S(xy)}{\sqrt{S(xx)S(yy)}} = 0.75$

(2) 추정회귀방정식

$\widehat{\beta_1} = \dfrac{S(xy)}{S(xx)} = 1.3$, $\widehat{\beta_0} = \overline{y} - \widehat{\beta_1}\,\overline{x} = 12.5 - 1.3 \times 6.5 = 4.05$

$\therefore\ \hat{y} = 4.05 + 1.3x$

(3) $H_0 : \beta_1 = 0$, $H_1 : \beta_1 \neq 0$ 검정

$S_R = \dfrac{S(xy)^2}{S(xx)} = \dfrac{13^2}{10} = 16.90$

요인	SS	DF	MS	F_0	$F_{0.95}$
회귀	16.90	1	16.90	12.90*	4.96
잔차	13.10	10	1.31		
계	30.00	11			

$\therefore$ 유의수준 5%로 회귀직선은 유의하다고 할 수 있다.

04_ $\beta_{\bar{x}} = \pm u_{1-\alpha/2}\sqrt{\dfrac{\sigma_w^2}{mn}+\dfrac{\sigma_b^2}{m}} = \pm 1.96\sqrt{\dfrac{0.35^2}{5\times 6}+\dfrac{0.2^2}{5}} = \pm 0.21545(\%)$

05_ $V(\bar{x}) = \dfrac{1}{n}\left(\sigma_s^2+\dfrac{\sigma_m^2}{k}\right) = \dfrac{1}{15}\left(0.05^2+\dfrac{0.03^2}{2}\right) = 0.00020$

06_ (1) 표에 의거 $\dfrac{|m_1-m_0|}{\sigma} = \dfrac{|0.0055-0.0045|}{0.0005} = 2.0$, $n=3$, $G_0=0.950$

① $n=3$

② $\overline{X_U} = m_0 + G_0\sigma = 0.0045 + 0.950\times 0.0005 = 0.00498$

(2) OC곡선의 작성

m	$K_{L(m)} = \dfrac{\sqrt{n}\left(m-\overline{X_U}\right)}{\sigma}$	$L(m)$
0.0040	−3.378	0.99964
0.0045	−1.645	0.950
0.0050	0.087	0.4641
0.0055	1.819	0.0344
0.0060	3.551	0.00019

상기 도표를 이용하여 OC곡선을 작성하면 다음과 같다.

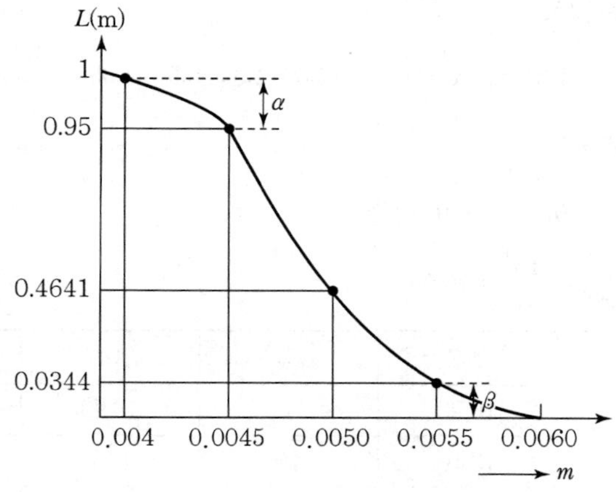

07_ (1)

로트 번호	N	샘플 문자	n	당초의 Ac	합부판정 점수 (검사 전)	적용하는 Ac	부적합품수 d	합부 판정	합부판정 점수 (검사 후)
11	200	G	32	1/3	13	1	1	합격	0
12	250	G	32	1/3	3	0	0	합격	3
13	600	J	80	1	10	1	1	합격	0
14	95	F	20	0	0	0	0	합격	0
15	120	F	20	0	0	0	0	합격	0

(2) 연속 5로트가 합격이 되었으므로 로트번호 16은 보통검사를 실시한다.

08_ (1) 분산분석표 작성

요 인	SS	DF	MS	F_0	$F_{0.95}$	$E(MS)$
A	1.84	2	0.92	3.68	5.14	$\sigma_e^2+2\sigma_{A\times B}^2+8\sigma_A^2$
B	1.89	3	0.63	4.5	3.49	$\sigma_e^2+6\sigma_B^2$
$A\times B$	1.50	6	0.25	1.79	3.00	$\sigma_e^2+2\sigma_{A\times B}^2$
e	1.68	12	0.14			σ_e^2
T	6.91	23				

(2) 검정결과 및 유의한 요인

1) 검정결과

① 요인 A : $F_0=3.68< F_{0.95}(2,\ 6)=5.14$이므로, 유의하지 않다.

② 요인 B : $F_0=4.5> F_{0.95}(3,\ 12)=3.49$이므로, 유의하다.

③ 요인 $A\times B$: $F_0=1.79< F_{0.95}(6,\ 12)=3.00$이므로, 유의하지 않다.

2) 유의한 요인

요인 B

09_ (1) 주효과와 교호작용

① $A=\frac{1}{2\times 3}(67+91-34-44)=13.33333$

② $B=\frac{1}{2\times 3}(44+91-34-67)=5.66667$

③ $A\times B=\frac{1}{2\times 3}(34+91-67-44)=2.33333$

(2) 분산분석표 작성

① 수정항 $CT=\frac{T^2}{N}=\frac{(236)^2}{12}$

② $S_T=\Sigma\Sigma\Sigma x_{ijk}^2-CT=714.66667$

③ 각 요인의 제곱합

$$S_A=\frac{1}{12}[(67+91)-(34+44)]^2=533.33333$$

$$S_B=\frac{1}{12}[(44+91)-(34+67)]^2=96.33333$$

$$S_{A\times B}=\frac{1}{12}[(34+91)-(44+67)]^2=16.33333$$

④ $S_e=S_T-(S_A+S_B+S_{A\times B})=68.66668$

⑤ 분산분석표 작성

요 인	SS	DF	MS	F_0	$F_{0.95}$
A	533.33333	1	533.33333	62.13587*	5.32
B	96.33333	1	96.33333	11.22329*	5.32
$A\times B$	16.33333	1	16.33333	1.90291	5.32
e	68.66668	8	8.58334		
T	714.66667	11			

⑥ 분산분석표 재작성

요 인	SS	DF	MS	F_0	$F_{0.95}$
A	533.33333	1	533.33333	56.47055	5.12
B	96.33333	1	96.33333	10.19999	5.12
e	85.00001	9	9.44445		
T	714.66667	11			

(3) 최적수준의 점추정

$$\hat{\mu}(A_2B_2)=\bar{x}_{2..}+\bar{x}_{.2.}-\bar{\bar{x}}=\frac{67+91}{6}+\frac{44+91}{6}-\frac{236}{12}=29.16667$$

10_ (1) $R(t)=\frac{(n+1)-i}{n+1}=\frac{(8+1)-6}{8+1}=0.33333$

(2) $F(t)=1-R(t)=\frac{i}{n+1}=\frac{6}{8+1}=0.66667$

11_ (1) $R(t=50)=e^{-\lambda t}=e^{-\frac{t}{MTBF}}=e^{-\frac{50}{100}}=0.60653$

(2) $R(t)=\dfrac{e^{-\frac{(200+50)}{100}}}{e^{-\frac{200}{100}}}=e^{-\frac{50}{100}}=0.60653$

(3) (1), (2) 모두 신뢰도는 0.60653으로 동일하다. 그 이유는 지수분포인 경우 고장률이 일정(CFR)하기 때문이다.

∴ 지수분포는 고장률이 일정하므로, 언제 고장이 발생하는지 알 수가 없기에 정기적인 교체와 같은 정기점검은 필요로 하지 않는다.

12_ $F_1=1-0.9\times0.8=0.280$

$F_2=F_C\times(1-0.8\times0.9)=0.3\times(1-0.8\times0.9)=0.0840$

$F_{시스템}=F_1\times F_2=0.280\times0.0840=0.02352$

13_ ① 고객중시
② 리더십
③ 인원의 적극참여
④ 프로세스 접근법
⑤ 개선
⑥ 증거기반 의사결정
⑦ 관계관리/관계경영

14_ 과실오차, 계통오차, 우연오차

기출유사문제 [2023년 2회 품질경영기사 실기]

01 다음 $x-R_m$ 관리도의 데이터를 보고 물음에 답하시오.(관리계수는 부표를 이용할 것)

일별	측정치	R_m	일별	측정치	R_m
1	25.0	-	9	32.3	8.7
2	25.3	0.3	10	28.1	4.2
3	33.8	8.5	11	27.0	1.1
4	36.4	2.6	12	26.1	0.9
5	32.2	4.2	13	29.1	3.0
6	30.8	1.4	14	37.2	8.1
7	30.0	0.8	15	35.2	2.0
8	23.6	6.4	계	$\Sigma x = 452.1$	$\Sigma R_m = 52.2$

(1) $x-R_m$ 관리도의 중심선과 관리상하한선을 각각 구하시오.

(2) 관리도를 작성하고, 판정을 행하시오.

(3) 다음 관리도의 중심선, 관리상하한선의 공식을 적으시오.

관리도의 종류		중심선(C_L)	관리상하한선(U_{CL}, L_{CL})
$\overline{x}-R$	$\overline{x}$		
	R		
$\overline{x}-s$	$\overline{x}$		
	s		

02 어느 제약회사에서 제조된 지 1년 경과한 페니실린 중에서 15병, 제조 직후의 페니실린 중에서 12병을 임의 추출하여 그 역가를 조사하였더니 다음과 같은 결과를 얻었다. 다음 물음에 답하시오.

페니실린	표본의 크기	표본평균	표본편차
1년 경과(x)	$n_x = 15$	$\overline{x} = 824$	$s_x = 90$
제조 직후(y)	$n_y = 12$	$\overline{y} = 862$	$s_y = 85$

(1) 등분산성을 검정한 결과, 성립하였다면 공통 분산을 구하시오.

(2) 1년 경과(x)의 제품이 제조 직후(y)의 제품보다 역가가 저하되었는가에 대한 검정을 행하시오.(유의수준 5%)

03 다음의 표는 독립변수 x와 종속변수 y에 대한 데이터의 결과치이다. 물음에 답하시오.

$$\Sigma x_i = 10{,}643, \quad \Sigma y_i = 464.97, \quad \Sigma x_i^2 = 5{,}663{,}809$$
$$\Sigma x_i y_i = 247443.95, \quad \Sigma y_i^2 = 10{,}811.7931, \quad n = 20$$

(1) 상관계수를 구하시오.
(2) 상관계수의 유무검정을 실시하시오.(유의수준 = 0.05)
(3) 상관계수를 95%의 신뢰한계로 구간추정을 실시하시오.

04 고형 가성소다의 NaOH 함유 규격은 국가 규격에 의하면 1호품은 98% 이하로 규정하고 있다. 규격 98%를 초과한 것이 0.5% 이하의 로트는 통과되고, 그것이 5.0% 이상이 되는 로트는 통과되지 않도록 하는 계량 규준형 1회 샘플링방식을 설계하려고 한다. 이때, 다음 물음에 답하시오.

(1) 로트의 부적합품률을 보증하기 위한 계량 규준형 1회 샘플링검사를 설계하시오.(단, $n = 8,\ k = 1.74,\ \sigma = 1.4$)
(2) p에 따른 K_p, $K_{L(p)}$, $L(p)$를 구하시오.(p = 0.005, 0.01, 0.02, 0.03, 0.04, 0.05)

05 어떤 부품의 수입검사에 KS Q ISO 2859－1의 계수값 샘플링검사 방식을 적용하여 AQL = 1.5%, 검사수준 II로 하는 1회 샘플링방식을 채택하고 있다. 처음 검사는 보통검사로 시작하였으며, 5개 로트에 대한 검사를 실시하였다. 물음에 답하시오.

(1) KS Q ISO 2859－1의 주 샘플링검사표를 사용하여 표의 빈칸을 채우시오.

로트번호	N	샘플문자	n	Ac	부적합품수	합격여부	전환점수
1	300				3		
2	200				1		
3	500				0		
4	200				1		
5	800				3		

(2) 로트번호 6의 검사 엄격도를 적으시오.

06 어떤 기계부품의 치수에 대한 시방은 205±5mm로 규정되어 있다. 로트 내 치수의 분포는 정규분포를 따르는 것으로 확인되며, 로트 내의 표준편차 σ는 1.2mm로 추정된다. 공급자와 구입자는 상호 합의하에 $\alpha=0.05$, $\beta=0.10$의 조건에서 $Q_{PR}=0.5\%$, $Q_{CR}=2\%$를 만족하는 KS Q ISO 39511 계량값 축차 샘플링방식의 부적합품률 검사에서 결합관리식 양쪽규격을 적용하기로 하였다. 다음 물음에 답하시오.

(1) $MPSD$(한계프로세스 표준편차)의 값을 구하고, 결합관리식 양쪽규격의 계량치 축차 샘플링검사 방식을 적용할 수 있는지를 검토하시오.(단, $Q_{PR}=0.5\%$에 대하여 $f=0.165$이다.)

(2) 누계샘플사이즈의 중지값 n_t에서 상한 합격판정치(A_{tU}), 하한 합격판정치(A_{tL})를 구하시오.

(3) 누계샘플사이즈 $n_{cum} < n_t$ 일 때의 상측 및 하측의 합격판정선과 불합격판정선을 설계하시오.

07 부적합 여부의 동일성에 관한 실험에서 적합품이면 0, 부적합품이면 1의 값을 주기로 한다. 4대의 기계에서 각각 200개씩의 제품을 만들고 부적합 여부를 실험하여 다음과 같은 데이터를 얻었다면 기계에 따라 부적합품률에 차가 있는지 검정을 행하시오.(유의수준 5%)

기계	A_1	A_2	A_3	A_4	
양품	190	178	194	170	
부적합품	10	22	6	30	
계	200	200	200	200	$T=68$

08 요인 A, B, C는 각각 변량요인으로서 A는 일간요인, B는 일별로 두 대의 트럭을 랜덤하게 선택한 것이며, C는 트럭 내에서 랜덤하게 두 삽을 취한 것으로, 각 삽에서 두 번에 걸쳐 소금의 염도를 측정한 것이다. 이 실험은 A_1에서 8회를 랜덤하게 하여 데이터를 얻고, A_2에서 8회를 랜덤하게, A_3와 A_4에서도 같은 방법으로 하여 얻은 데이터이다. 다음 물음에 답하시오.

		A_1	A_2	A_3	A_4
B_1	C_1	1.30 1.33	1.89 1.82	1.35 1.39	1.30 1.38
	C_2	1.53 1.55	2.14 2.12	1.59 1.53	1.44 1.45
B_2	C_1	1.04 1.05	1.56 1.54	1.10 1.06	1.03 0.94
	C_2	1.22 1.20	1.76 1.84	1.29 1.34	1.12 1.15

(1) 보조표 및 분산분석표를 완성하시오.

① $T_{ijk}.$

		A_1	A_2	A_3	A_4
B_1	C_1				
	C_2				
B_2	C_1				
	C_2				

② $T_{ij}..$

	A_1	A_2	A_3	A_4
B_1				
B_2				

③ 분산분석표

요인	SS	DF	MS	F_0	$F_{0.95}$
A $B(A)$ $C(AB)$ e					
T					

(2) 요인 $B(A)$의 불편분산 기대치[$E(MS)$]를 구하시오.

(3) 요인 $C(AB)$의 분산[$\sigma^2_{C(AB)}$]을 추정하시오.

09 $L_8(2)^7$의 직교배열표를 이용하여 다음 표와 같이 요인을 배치하고 실험데이터를 얻었을 때, 분산분석표를 작성하시오.

배치	$B\times D$	B	D	C	$B\times C$	A		실험데이터
No. \ 열번	1	2	3	4	5	6	7	
1	1	1	1	1	1	1	1	20
2	1	1	1	2	2	2	2	24
3	1	2	2	1	1	2	2	17
4	1	2	2	2	2	1	1	27
5	2	1	2	1	2	1	2	26
6	2	1	2	2	1	2	1	15
7	2	2	1	1	2	2	1	36
8	2	2	1	2	1	1	2	32
기본표시	a	b	ab	c	ac	bc	abc	

10 어떤 제품의 확률분포가 와이블분포를 따르고 있다고 할 때, $t=300$시간에서 신뢰도가 0.739, $t=500$시간에서 신뢰도가 0.639일 때 구간평균고장률을 구하시오.(단, 소수점 처리는 유효숫자 둘째 자리까지 나타내시오.)

11 다음과 같이 구성된 시스템이 있다. 만약 어떤 시점 t에서 각 부품의 신뢰도가 모두 $R(t)=0.9$, $i=1, 2, \cdots, 8$이라면 이 시스템의 신뢰도는 시간 t에서 얼마인가?

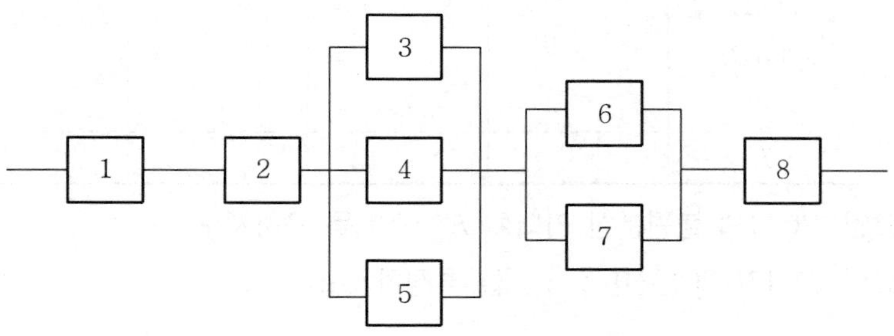

12 어떤 건물의 강도는 평균이 400, 분산이 50^2이고 하중은 평균이 300, 분산이 100^2일 때 이 건물이 무너지지 않을 확률은?

13 다음 품질코스트를 P, A, F로 분류하시오.

QC코스트, 시험코스트, PM코스트, 현지서비스코스트, 설계변경코스트, QC교육코스트

14 다음의 내용은 ISO 9000 시리즈에서 정의하고 있는 어떤 용어에 대한 설명인가?

(1) 특정 대상에 대해 적용시점과 책임을 정한 절차 및 연관된 자원에 관한 시방서 (　　　)

(2) 요구사항을 명시한 문서 (　　　)

(3) 조직의 품질경영시스템에 대한 문서 (　　　)

(4) 달성된 결과를 명시하거나 수행한 활동의 증거를 제공하는 문서 (　　　)

(5) 규정된 요구사항이 충족되었음을 객관적 증거 제시를 통해 확인하는 것 (　　　)

기출유사문제풀이 [2023년 2회 품질경영기사 실기]

01_ (1) $\overline{R_m} = \dfrac{\Sigma R_m}{k-1} = \dfrac{52.2}{14} = 3.72857$, $d_2 = 1.128$ ($n=2$일 때)

① x 관리도의 관리한계선

- $C_L = \overline{x} = \dfrac{\Sigma x}{k} = \dfrac{452.1}{15} = 30.14$
- $U_{CL} = \overline{x} + \dfrac{3}{d_2} \times \overline{R_m} = 30.14 + \dfrac{3}{1.128} \times 3.72857 = 40.05641$
- $L_{CL} = \overline{x} - \dfrac{3}{d_2} \times \overline{R_m} = 30.14 - \dfrac{3}{1.128} \times 3.72857 = 20.22359$

② R_m 관리도의 관리한계선

- $C_L = \overline{R_m} = \dfrac{\Sigma R_m}{k-1} = \dfrac{52.2}{14} = 3.72857$
- $U_{CL} = D_4 \overline{R_m} = 3.267 \times 3.72857 = 12.18124$
- $L_{CL} = D_3 \overline{R_m} = ' - '$

(2) 관리도 작성

① x 관리도

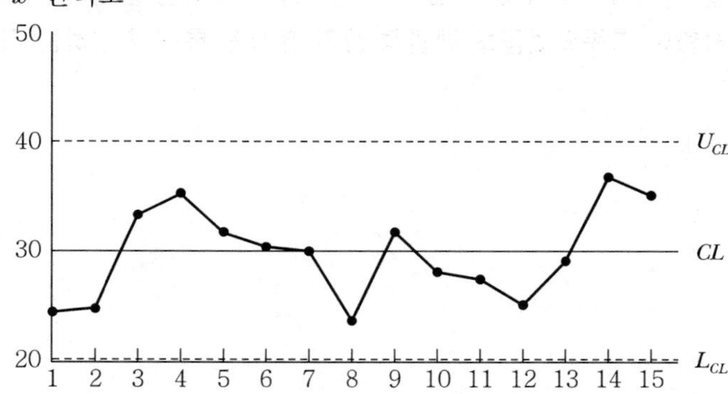

② R 관리도

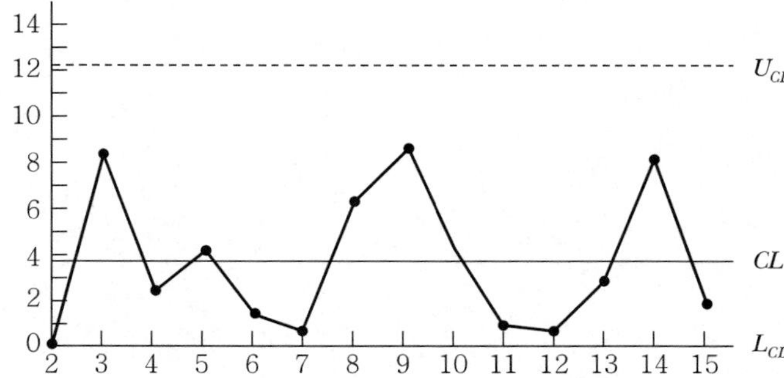

③ 관리도 해석

관리한계선을 벗어나는 점 및 습관성이 존재하지 않으므로, 본 관리도는 관리상태라 할 수 있다.

(3) 관리한계선 작성

관리도의 종류		중심선(C_L)	관리상하한선(U_{CL}, L_{CL})
$\bar{x}-R$	$\bar{x}$	$\bar{\bar{x}}=\dfrac{\sum \bar{x}}{k}$	$\begin{pmatrix} U_{CL} \\ L_{CL} \end{pmatrix} = \bar{\bar{x}} \pm \dfrac{3\bar{R}}{d_2\sqrt{n}} = \bar{\bar{x}} \pm A_2\bar{R}$
	R	$\bar{R}=\dfrac{\sum R}{k}$	$\begin{pmatrix} U_{CL} \\ L_{CL} \end{pmatrix} = \bar{R}\left(1 \pm 3\dfrac{d_3}{d_2}\right) = \begin{pmatrix} D_4\bar{R} \\ D_3\bar{R} \end{pmatrix}$
$\bar{x}-s$	$\bar{x}$	$\bar{\bar{x}}=\dfrac{\sum \bar{x}}{k}$	$\begin{pmatrix} U_{CL} \\ L_{CL} \end{pmatrix} = \bar{\bar{x}} \pm \dfrac{3\bar{s}}{c_4\sqrt{n}} = \bar{\bar{x}} \pm A_3\bar{s}$
	s	$\bar{s}=\dfrac{\sum s}{k}$	$\begin{pmatrix} U_{CL} \\ L_{CL} \end{pmatrix} = \bar{s}\left(1 \pm 3\dfrac{c_5}{c_4}\right) = \begin{pmatrix} B_4\bar{s} \\ B_3 s \end{pmatrix}$

02_ (1) 공통 분산(s^2)

$$s^2 = \frac{\nu_x \times s_x^2 + \nu_y \times s_y^2}{n_x + n_y - 2} = \frac{(14\times 90^2)+(11\times 85^2)}{15+12-2} = 7,715$$

(2) 평균치차 검정

① $H_0: \mu_x \geq \mu_y,\ H_1: \mu_x < \mu_y$

② $t_0 = \dfrac{\bar{x}-\bar{y}}{\sqrt{s^2\left(\dfrac{1}{n_x}+\dfrac{1}{n_y}\right)}} = \dfrac{824-862}{\sqrt{7715\times\left(\dfrac{1}{15}+\dfrac{1}{12}\right)}} = -1.1170$

③ $t_0 < -t_{1-\alpha}(\nu) = t_{0.95}(25) = -1.708$ 이면 H_0를 기각한다.

④ $t_0 = -1.1170 > -t_{1-\alpha}(\nu) = -t_{0.95}(25) = -1.708$이므로 $\alpha = 0.05$로 H_0를 채택한다.

03_ $S(xx) = \Sigma x^2 - \dfrac{(\Sigma x)^2}{n} = 136.55,\ S(yy) = \Sigma y^2 - \dfrac{(\Sigma y)^2}{n} = 1.938055$

$S(xy) = \Sigma xy - \dfrac{(\Sigma x)(\Sigma y)}{n} = 10.1645$

(1) 상관계수 $r_{xy} = \dfrac{S(xy)}{\sqrt{S(xx)S(yy)}} = 0.62482$

(2) 상관계수의 유무검정

① $H_0: \rho=0,\ H_1: \rho \neq 0$

② $t_0 = \dfrac{r}{\sqrt{\dfrac{1-r^2}{n-2}}} = \dfrac{0.62482}{\sqrt{\dfrac{1-0.62482^2}{20-2}}} = 3.395$

③ $t_0 > t_{1-\alpha/2}(\nu) = t_{0.975}(18) = 2.101$ 이면 H_0를 기각한다.

④ $t_0 = 3.395 > 2.101$

∴ $\alpha = 0.05$로 H_0 기각, 즉 $\alpha = 0.05$로 상관관계가 있다고 할 수 있다.

(3) 모상관계수의 95% 구간추정

$\rho_{U \cdot L} = \tanh\left(\tanh^{-1} r \pm u_{1-\alpha/2}\dfrac{1}{\sqrt{n-3}}\right) = \tanh\left(\tanh^{-1} 0.62482 \pm 1.96\dfrac{1}{\sqrt{17}}\right)$

∴ $0.25196 \leq \rho \leq 0.83615$

04_ (1) $\overline{X_U} = U - k\sigma = 98 - 1.74 \times 1.4 = 95.564,\ n = 8$

즉, 로트에서 8개를 샘플링하여 구한 $\bar{x}$가 $\overline{X_U} \geq \bar{x}$ 이면 합격, $\overline{X_U} < \bar{x}$ 이면 불합격으로 처리한다.

(2)

p	K_p	$k-K_p$	$K_{L(p)} = (k-K_p)\sqrt{n}$	$L(p)$
0.005	2.576	−0.836	−2.364	0.9909
0.01	2.326	−0.586	−1.657	0.9515
0.02	2.064	−0.324	−0.916	0.8212
0.03	1.881	−0.141	−0.398	0.6554
0.04	1.751	−0.011	−0.031	0.5160
0.05	1.645	0.095	0.268	0.3936

05_ (1)

로트번호	N	샘플문자	n	Ac	부적합품수	합격여부	전환점수
1	300	H	50	2	3	불합격	0
2	200	G	32	1	1	합격	2
3	500	H	50	2	0	합격	5
4	200	G	32	1	1	합격	7
5	800	J	80	3	3	합격	0

(2) 보통검사

06_ 계량축차 샘플링검사표에서 $Q_{PR}=0.5\%$, $Q_{CR}=2\%$에 해당하는 $h_A=4.312$, $h_R=5.536$, $g=2.315$, $n_t=49$로 나온다.

(1) 결합관리식 양쪽 규격의 적용 가능성 검토

$MPSD=(U-L)\times f=(210-200)\times 0.165=1.65>\sigma=1.2$

∴ 결합관리식 양쪽 규격의 계량치 축차 샘플링검사를 적용할 수 있다.

(2) 결합관리식 양쪽 규격에서 A_t의 계산

- $A_{tU}=(U-L-g\sigma)n_t=(210-200-2.315\times 1.2)n_t=7.2220\times n_t=7.2220\times 49=353.8780$
- $A_{tL}=g\sigma n_t=2.315\times 1.2\times n_t=2.7780\times n_t=2.7780\times 49=136.1220$

(3) 누계샘플사이즈 $n_{cum}<n_t$일 때

① $A_L=h_A\sigma+g\sigma n_{cum}=4.312\times 1.2+2.315\times 1.2n_{cum}=5.17440+2.7780n_{cum}$

② $R_L=-h_R\sigma+g\sigma n_{cum}=-5.536\times 1.2+2.315\times 1.2n_{cum}=-6.64320+2.7780n_{cum}$

③ $A_U=-h_A\sigma+(U-L-g\sigma)n_{cum}$

$=-4.312\times 1.2+(210-200-2.315\times 1.2)n_{cum}=-5.17440+7.2220n_{cum}$

④ $R_U=h_R\sigma+(U-L-g\sigma)n_{cum}$

$=5.536\times 1.2+(210-200-2.315\times 1.2)n_{cum}$

$=6.64320+7.2220n_{cum}$

07_ ① $CT=\dfrac{T^2}{lr}=\dfrac{(68)^2}{4\times 200}=5.780$

② $S_T=\sum_i\sum_j x_{ij}^2-CT=T-CT=62.220$

③ $S_A=\sum_i\dfrac{T_{i\cdot}^2}{r}-CT=\dfrac{1}{200}(10^2+22^2+6^2+30^2)-CT=1.820$

④ $S_e=S_T-S_A=60.40$

⑤ $\nu_T=lr-1=799$, $\nu_A=l-1=3$, $\nu_e=\nu_T-\nu_A=796$

⑥ 분산분석표 작성

요인	SS	DF	MS	F_0	$F_{0.95}$
A	1.820	3	0.60667	7.995*	2.60
e	60.40	796	0.07588		
T	62.220	799			

∴ 위 실험에서 기계 간의 부적품률차는 유의적이다.

08_ (1) 보조표 및 분산분석표

① $T_{ijk}.$

		A_1	A_2	A_3	A_4
B_1	C_1	2.63	3.71	2.74	2.68
	C_2	3.08	4.26	3.12	2.89
B_2	C_1	2.09	3.10	2.16	1.97
	C_2	2.42	3.60	2.63	2.27

② $T_{ij}..$

	A_1	A_2	A_3	A_4
B_1	5.71	7.97	5.86	5.57
B_2	4.51	6.70	4.79	4.24

③ 분산분석표

- $CT = \dfrac{T^2}{lmnr} = \dfrac{45.35^2}{4\times2\times2\times2}$
- $S_A = \dfrac{1}{2\times2\times2}(10.22^2+14.67^2+10.65^2+9.81^2) - CT = 1.89503$
- $S_{B(A)} = S_{AB} - S_A == 2.64087 - 1.89503 = 0.74584$

  $[S_{AB} = \dfrac{1}{2\times2}(5.71^2+7.97^2+\cdots+4.79^2+4.24^2) - CT = 2.64087]$
- $S_{C(AB)} = S_{ABC} - S_{AB} == 2.98170 - 2.64087 = 0.34083$

  $[S_{ABC} = \dfrac{1}{2}(2.63^2+3.71^2+\cdots+2.63^2+2.27^2) - CT = 2.98170]$
- 자유도 계산

  ㉠ $\nu_T = lmnr - 1 = 4\times2\times2\times2-1 = 31$

  ㉡ $\nu_A = l-1 = 3,\ \nu_{B(A)} = l(m-1) = 4$

  $\nu_{C(AB)} = lm(n-1) = 8,\ \nu_e = lmn(r-1) = 16$

요인	SS	DF	MS	F_0	$F_{0.95}$
A	1.895	3	0.63167	3.388	6.59
$B(A)$	0.7458	4	0.18645	4.376*	3.84
$C(AB)$	0.3409	8	0.04261	35.215*	2.45
e	0.0193	16	0.00121		
T	3.0010	31			

(2) 요인 $B(A)$ 의 불편분산 기대치[$E(MS)$]

$$E(V_{B(A)}) = \sigma_e^2 + r\sigma_{C(AB)}^2 + nr\sigma_{B(A)}^2 = \sigma_e^2 + 2\sigma_{C(AB)}^2 + 4\sigma_{B(A)}^2$$

(3) 요인 $C(AB)$ 의 분산[$\sigma_{C(AB)}^2$] 추정

$$\widehat{\sigma_{C(AB)}^2} = \frac{V_{C(AB)} - V_e}{r} = \frac{0.04261 - 0.00121}{2} = 0.02070$$

09_ 모든 요인의 제곱합 $= \frac{1}{8}$(2수준의 합 − 1수준의 합)^2

① 요인 A의 제곱합 $S_A = \frac{1}{8}(24+17+15+36-20-27-26-32)^2 = 21.1250$

② 요인 B의 제곱합 $S_B = \frac{1}{8}(17+27+36+32-20-24-26-15)^2 = 91.1250$

③ 요인 C의 제곱합 $S_C = \frac{1}{8}(24+27+15+32-20-17-26-36)^2 = 0.1250$

④ 요인 D의 제곱합 $S_D = \frac{1}{8}(17+27+26+15-20-24-36-32)^2 = 91.1250$

⑤ 요인 $B\times C$의 제곱합 $S_{B\times C} = \frac{1}{8}(24+27+26+36-20-17-15-32)^2 = 105.1250$

⑥ 요인 $B\times D$의 제곱합 $S_{B\times D} = \frac{1}{8}(26+15+36+32-24-20-27-17)^2 = 55.1250$

⑦ 오차항의 제곱합 $S_{7열} = \frac{1}{8}(24+17+26+32-20-27-15-36)^2 = 0.1250$

⑧ $S_T = \sum x^2 - CT = 5{,}215.0 - 4{,}851.1250 = 363.8750$

요인	SS	DF	MS	F_0
A	21.1250	1	21.1250	169.0
B	91.1250	1	91.1250	729.0
C	0.1250	1	0.1250	1.0
D	91.1250	1	91.1250	729.0
$B\times C$	105.1250	1	105.1250	841.0
$B\times D$	55.1250	1	55.1250	441.0
e	0.1250	1	0.1250	
T	363.87550	7		

10_ 시간 t_1과 t_2 간의 평균고장률(AFR)

$$AFR(t_1,\ t_2)=\frac{\ln R(t_1)-\ln R(t_2)}{t_2-t_1}=\frac{\ln(0.739)-\ln R(0.639)}{500-300}=0.00073(/\text{시간})$$

11_ $R_s(t)=R_1(t)\times R_2(t)\times\{1-F_3(t)\times F_4(t)\times F_5(t)\}\times\{1-F_6(t)\times F_7(t)\}\times R_8(t)$

$=0.9\times 0.9\times\{1-(1-0.9)^3\}\times\{1-(1-0.9)^2\}\times 0.9=0.72099$

12_ $P_r(\text{강도}>\text{하중})=P_r(\text{강도}-\text{하중}>0)$

$$=P_r\left(u>\frac{300-400}{\sqrt{50^2+100^2}}\right)=P_r(u>-0.894)=0.8133$$

13_ ① P코스트 : QC코스트, QC교육코스트
② A코스트 : 시험코스트, PM코스트
③ F코스트 : 현지서비스코스트, 설계변경코스트

14_ (1) 품질계획서 (2) 시방서 (3) 품질매뉴얼
(4) 기록 (5) 검증

기출유사문제 [2023년 4회 품질경영기사 실기]

01 에나멜 동선의 도장공정을 관리하기 위하여 핀홀의 수를 조사하였다. 시료의 길이가 종류에 따라 변하므로 시료 1,000m당의 핀홀의 수를 사용하여 u관리도를 작성하고자 다음과 같은 데이터 시료를 얻었다. 다음 물음에 답하시오.

(1) U_{CL}, L_{CL}, C_L을 구하시오.

(2) 관리도를 그리고 판정하시오.

시료군의 번호	1	2	3	4	5	6	7	8	9	10
시료의 크기 n (1,000m)	1.0	1.0	1.0	1.0	1.0	1.3	1.3	1.3	1.3	1.3
핀홀수	5	5	3	3	5	2	5	3	2	1

(3) 비관리상태 판정기준 8가지를 적으시오.

02 출하 측(A)과 수입 측(B)에서 어떤 금속의 함유량을 분석하게 되었다. 분석법에 차가 있는가를 검토하기 위하여 표준시료를 8개 추출하여 각각 2분하여 출하 측과 수입 측이 동시에 분석하여 다음 결과를 얻었다. 물음에 답하시오.

표준시료	1	2	3	4	5	6	7	8
출하 측(A)	3.20	3.09	3.22	3.25	3.25	3.18	3.25	3.24
수입 측(B)	3.22	3.16	3.20	3.32	3.28	3.25	3.24	3.27

(1) 수입 측의 분석치가 출하 측의 분석치보다 크다고 할 수 있는지를 $\alpha = 0.05$로 검정하시오.(단위 : %)

(2) 차가 있다면 그 차를 신뢰수준 95%로 구간 추정하시오.

03 다음의 표는 독립변수 x와 종속변수 y에 대한 데이터의 결과치이다. 물음에 답하시오.

$$\Sigma x_i = 10{,}643, \quad \Sigma y_i = 464.97, \quad \Sigma x_i^2 = 5{,}663{,}809$$
$$\Sigma x_i\, y_i = 247443.95, \quad \Sigma y_i^2 = 10{,}811.7931, \quad n = 20$$

(1) 상관계수를 구하시오.

(2) 상관계수의 유무검정을 실시하시오.(유의수준 = 0.05)

(3) 상관계수를 95%의 신뢰한계로 구간추정을 실시하시오.

04 다음의 경우는 어떤 샘플링방법을 사용하는가?

(1) 한 상자가 100개들이인 50상자가 있을 때 50상자 전체에서 200개를 샘플링한다.

(2) 100개들이 50상자의 로트로부터 2상자를 랜덤으로 샘플링하고 뽑힌 2상자를 모두 조사한다.

(3) 100개들이 50상자의 로트로부터 우선 10상자를 랜덤으로 샘플링하고 뽑힌 10상자에서 각 20개를 샘플링한다.

(4) 100개들이 50상자로트로부터 각 상자에서 랜덤으로 4개씩 샘플링한다.

05 어떤 강재의 인장강도는 50 ± 2 (kg/mm²)으로 정해져 있다. 이 규격의 1(%) 이하인 로트는 통과시키고 6(%) 이상인 로트는 통과시키지 않게 했을 때 $\alpha = 0.05$, $\beta = 0.10$을 만족하는 계량규준형 1회 샘플링 검사방식을 설계하려고 한다. 물음에 답하시오.[단, $\sigma = 0.8$ (kg/mm²)이다.]

(1) 시료의 크기 n, 합격판정계수 k를 구하시오.

(2) 합격판정선을 구하시오.

06 A사는 어떤 부품의 수입검사에 계수값 샘플링검사인 KS Q ISO 2859-1을 사용하고 있다. 검토 후 AQL = 0.65%, 통상검사수준 II, 보통검사의 1회 샘플링검사를 적용하기로 하고 소관권한자의 판단 아래 주 샘플링검사표를 이용해 검사를 하고 있다. 어느 로트를 검사한 결과, n = 20, Ac = 0, Re = 1이 나왔다면, 로트의 합격확률을 푸아송분포로 구하시오.

07 AQL＝1.0%, 통상검사수준 Ⅱ로 소관권한자의 인정하에 1회 보조적 주 샘플링검사표를 이용한 분수합격판정개수 샘플링검사이다. 다음 공란을 메우시오.

로트 번호	N 로트 크기	샘플 문자	n 샘플 크기	당초 Ac	As (검사 전)	적용하는 Ac	부적합품수	합부 판정	As (검사 후)	전환 점수	샘플링검사의 엄격도
14	80	E	13	0	0	0	0	합격	0	7	보통검사로 속행
15	200						0				
16	500						0				
17	100						0				
18	120						0				
19	85						0				
20	300						1				

08 A(처리온도)가 3수준, B(압력)가 4수준으로 하여 반복 2회 랜덤하게 실험하여 실시한 분산분석표이다. 물음에 답하시오.

(1) 각 요인에 대하여 검정을 행하시오.

(2) 최적수준을 신뢰율 95%로 구간추정을 행하시오.[단, $\hat{\mu}(A_2 B_3) = 80$]

요인	SS	DF	MS	F_0
A	80	2	40	4.0
B	108	3	36	3.6
$A \times B$	60	6	10	1.0
e	120	12	10	
T	368	23		

09 나일론 실의 방사과정에서 일정 시간 동안에 사절수가 어떤 인자에 크게 영향을 받는가를 대략적으로 알아보기 위하여 4인자 A(연신온도), B(회전수), C(원료의 종류), D(연신비)를 각각 다음과 같이 4수준으로 잡고 총 16회 실험을 4×4 그레코라틴방격법으로 행하였다. 다음 물음에 답하시오.

	A_1	A_2	A_3	A_4
B_1	$C_3D_2(15)$	$C_1D_1(\ 4)$	$C_4D_3(\ 8)$	$C_2D_4(19)$
B_2	$C_1D_4(\ 5)$	$C_3D_3(19)$	$C_2D_1(\ 9)$	$C_4D_2(16)$
B_3	$C_4D_1(15)$	$C_2D_2(16)$	$C_3D_4(19)$	$C_1D_3(17)$
B_4	$C_2D_3(19)$	$C_4D_4(26)$	$C_1D_2(14)$	$C_3D_1(34)$

(1) 분산분석표를 작성하시오.

(2) 검정을 행하시오.

(3) 최적수준조합에 대한 신뢰도 95% 구간추정을 실시하시오.

10 다음은 요인 A(4수준), 요인 B(2수준), 요인 C(2수준) 각각 변량요인으로 A는 일간요인, B는 일별로 두 대의 트럭을 랜덤하게 선택하였고 C는 트럭 내에서 랜덤하게 두 삽을 취한 것이며 각 삽에서 두 번에 걸쳐 소금의 염도를 측정한 결과에 대한 분삭분석표가 아래와 같다. 물음에 답하시오.

요 인	SS	DF	MS
A	1.895		
$B(A)$	0.7458		
$C(AB)$	0.3409		
e	0.0193		
T	3.0010		

(1) A, $B(A)$, $C(AB)$, e의 자유도를 구하시오.

(2) A, $B(A)$의 분산을 추정하시오.

11 어떤 제품의 형상모수(m)가 0.7, 척도모수(η)가 8,667시간, 위치모수는 0인 와이블분포를 따를 때 사용시간 $t = 10,000$에서 다음 물음에 답하시오.

(1) 신뢰도를 구하시오.

(2) 구간 평균고장률을 구하시오.

12 어떤 전자회로는 5개의 정류기, 4개의 트랜지스터, 20개의 저항, 10개의 축전지가 직렬로 연결되어 구성되어 있고 배선과 납땜은 고장나지 않는다고 한다. 이러한 부품들은 정상운용상태에서 다음과 같은 고장률을 갖는다. 물음에 답하시오(단, 부품의 고장은 상호 독립이며, 고장분포는 지수분포라고 한다).

매 정류기	매 트랜지스터
$\lambda_d = 5.0 \times 10^{-6}$/시간	$\lambda_t = 1.0 \times 10^{-5}$/시간
매 저항	매 축전지
$\lambda_r = 1.0 \times 10^{-6}$/시간	$\lambda_c = 4.0 \times 10^{-5}$/시간

(1) 이 회로의 고장률을 구하시오.

(2) 이 회로의 평균수명을 구하시오.

(3) 이 회로를 200시간 사용하였을 경우의 신뢰도를 구하시오.

13 5행(S)의 명칭과 이에 대하여 간략하게 설명하시오.

14 KS Q ISO 9000 : 2015의 용어에 대한 설명이다. 괄호 안을 채우시오.

(1) 품질에 관하여 조직을 지휘하고 관리하는 조정활동 (　　)

(2) 활동 또는 프로세스를 수행하기 위하여 규정하는 방식 (　　)

(3) 입력을 출력으로 변환시키는 상호관련되거나 상호작용하는 활동의 집합 (　　)

(4) 최고경영자에 의해 공식적으로 표명된 품질 관련 조직의 전반적인 의도 및 방향으로서 품질에 관한 방침 (　　)

(5) 방침과 목표를 수립하고, 그 목표를 달성하기 위한 프로세스를 수립하기 위한 조직의 상호 관련되거나 상호작용하는 조직 요소의 집합 (　　)

기출유사문제풀이 [2023년 4회 품질경영기사 실기]

01_ (1) $C_L = \bar{u} = \frac{\Sigma c}{\Sigma n} = \frac{34}{11.5} = 2.95652$

① $n = 1.0$

$U_{CL} = \bar{u} + 3\sqrt{\frac{\bar{u}}{n}} = 8.11488$

$L_{CL} = \bar{u} - 3\sqrt{\frac{\bar{u}}{n}} =$ '−'(고려하지 않음)

② $n = 1.3$

$U_{CL} = \bar{u} + 3\sqrt{\frac{\bar{u}}{n}} = 7.48071$

$L_{CL} = \bar{u} - 3\sqrt{\frac{\bar{u}}{n}} =$ '−'(고려하지 않음)

(2) 관리도 작성 및 판정

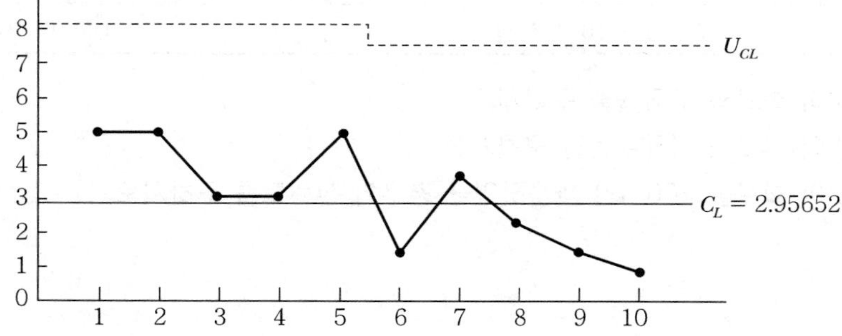

판정 : 관리이탈 및 습관성이 없으므로 관리상태에 있다고 할 수 있다.

(3) 비관리상태 판정기준 8가지

규칙 1. 3σ 이탈점이 1점 이상 나타난다.

규칙 2. 9점이 중심선에 대하여 같은 쪽에 있다.(연)

규칙 3. 6점이 연속적으로 증가 또는 감소하고 있다.(경향)

규칙 4. 14점이 교대로 증감하고 있다.(주기성)

규칙 5. 연속하는 3점 중 2점이 중심선 한쪽으로 2σ를 넘는 영역에 있다.

규칙 6. 연속하는 5점 중 4점이 중심선 한쪽으로 1σ를 넘는 영역에 있다.

규칙 7. 연속하는 15점이 $\pm 1\sigma$ 영역 내에 있다.

규칙 8. 연속하는 8점이 $\pm 1\sigma$ 한계를 넘는 영역에 있다.

02_ (1) 대응있는 모평균 차의 단측 검정

	1	2	3	4	5	6	7	8	
d	0.02	0.07	−0.02	0.07	0.03	0.07	−0.01	0.03	$\sum d = 0.26$

① $H_0 : \Delta \le 0,\ H_1 : \Delta > 0 \quad (\Delta = \mu_B - \mu_A)$

② $t_0 = \dfrac{\bar{d}}{\dfrac{s_d}{\sqrt{n}}} = \dfrac{0.03250}{\dfrac{0.035757}{\sqrt{8}}} = 2.5708$

③ $t_0 > t_{1-\alpha}(\nu) = t_{0.95}(7) = 1.895$ 이면 H_0를 기각한다.

④ $t_0 = 2.5708 > 1.895$

∴ $\alpha = 0.05$로 H_0 기각한다. 수입 측의 금속함유량이 더 많다고 할 수 있다.

(2) $\left(\mu_B - \widehat{\mu_A}\right)_L = \bar{d} - t_{1-\alpha}(\nu)\dfrac{s_d}{\sqrt{n}} = 0.03250 - 1.895 \times \dfrac{0.035757}{\sqrt{8}} = 0.00854$

03_ $S(xx) = \Sigma x^2 - \dfrac{(\Sigma x)^2}{n} = 136.55,\ S(yy) = \Sigma y^2 - \dfrac{(\Sigma y)^2}{n} = 1.938055$

$S(xy) = \Sigma xy - \dfrac{(\Sigma x)(\Sigma y)}{n} = 10.1645$

(1) 상관계수 $r_{xy} = \dfrac{S(xy)}{\sqrt{S(xx)S(yy)}} = 0.62482$

(2) 상관계수의 유무검정

① $H_0 : \rho = 0,\ H_1 : \rho \ne 0$

② $t_0 = \dfrac{r}{\sqrt{\dfrac{1-r^2}{n-2}}} = \dfrac{0.62482}{\sqrt{\dfrac{1-0.62482^2}{20-2}}} = 3.395$

③ $t_0 > t_{1-\alpha/2}(\nu) = t_{0.975}(18) = 2.101$ 이면 H_0를 기각한다.

④ $t_0 = 3.395 > 2.101$

∴ $\alpha = 0.05$로 H_0 기각, 즉 $\alpha = 0.05$로 상관관계가 있다고 할 수 있다.

(3) 모상관계수의 95% 구간추정

$\rho_{U \cdot L} = \tanh\left(\tanh^{-1} r \pm u_{1-\alpha/2}\dfrac{1}{\sqrt{n-3}}\right) = \tanh\left(\tanh^{-1} 0.62482 \pm 1.96\dfrac{1}{\sqrt{17}}\right)$

∴ $0.25196 \le \rho \le 0.83615$

04_ (1) (단순)랜덤 샘플링　　(2) 집락 샘플링
(3) 2단계 샘플링　　(4) 층별 샘플링

05_ 부적합품률을 보증하는 경우(U, L값이 주어질 때)

$U=52$, $L=48$, $\sigma=0.8$, $K_{0.01}=2.326$, $K_{0.06}=1.555$, $K_{0.05}=1.645$, $K_{0.10}=1.282$

(1) ① $n=\left(\dfrac{K_\alpha+K_\beta}{K_{P_0}-K_{P_1}}\right)^2=\left(\dfrac{1.645+1.282}{2.326-1.555}\right)^2=14.412413=15$ (개)

② $k=\dfrac{K_{P_0}K_\beta+K_{P_1}K_\alpha}{K_\alpha+K_\beta}=\dfrac{2.326\times1.282+1.555\times1.645}{1.645+1.282}=1.89269$

(2) ① $\overline{X_L}=L+k\sigma=48+1.89269\times0.8=49.51415(\text{kg/mm}^2)$

② $\overline{X_U}=U-k\sigma=52-1.89269\times0.8=50.48585(\text{kg/mm}^2)$

06_ $m=n\times AQL=20\times0.0065=0.130$

$L(P)=\dfrac{e^{-m}\cdot m^x}{x!}$ 에서

$L(P)=\dfrac{e^{-0.130}\times(0.130)^0}{0!}=e^{-0.130}=0.87810(87.810\%)$

07_

로트 번호	N 로트 크기	샘플 문자	n 샘플 크기	당초 Ac	As (검사 전)	적용하는 Ac	부적합품수	합부 판정	As (검사 후)	전환 점수	샘플링검사의 엄격도
14	80	E	13	0	0	0	0	합격	0	7	보통검사로 속행
15	200	G	32	1/2	5	0	0	합격	5	9	보통검사로 속행
16	500	H	50	1	12	1	0	합격	12	11	보통검사로 속행
17	100	F	20	1/3	15	1	0	합격	15	13	보통검사로 속행
18	120	F	20	1/3	18	1	0	합격	18	15	보통검사로 속행
19	85	E	13	0	18	0	0	합격	18	17	보통검사로 속행
20	300	H	50	1	25	1	1	합격	0	19	보통검사로 속행

08_ (1) 검정

- 요인 A : $F_0 = 4.0 > F_{0.95}(2,\ 12) = 3.89$
- 요인 B : $F_0 = 3.6 > F_{0.95}(3,\ 12) = 3.59$
- 교호작용 $A \times B$: $F_0 = 1.0 < F_{0.95}(6,\ 12) = 3.00$

∴ 요인 A, B만 유의하다.

(2) 최적수준의 구간추정[단, $\hat{\mu}(A_2 B_3) = 80$]

교호작용이 유의하지 않으므로, 풀링한 후 오차항의 변동과 분산은 다음과 같다.

$S_e{}' = S_e + S_{A \times B} = 180,\ \nu_e{}' = \nu_e + \nu_{A \times B} = 18,\ V_e{}' = \dfrac{180}{18} = 10$

교호작용이 무시되는 경우 $\mu(A_2B_3)$의 신뢰구간 추정$\left(n_e = \dfrac{lmr}{l+m-1} = \dfrac{3 \times 4 \times 2}{3+4-1} = 4\right)$

구간추정 $\hat{\mu}(A_2B_3) = (\bar{x}_{2\cdot\cdot} + \bar{x}_{\cdot 3 \cdot} - \bar{\bar{x}}) \pm t_{0.975}(18)\sqrt{\dfrac{V_e{}'}{n_e}} = 80 \pm 2.101 \times \sqrt{\dfrac{10}{4}}$

∴ $76.67803 \le \mu(A_2B_3) \le 83.32197$

09_ (1) 수정항 $CT = \dfrac{T^2}{k^2} = \dfrac{(255)^2}{16} = 4{,}064.06250$

① $S_A = \sum_i \dfrac{T_{i\cdot\cdot\cdot}^2}{k} - CT = \dfrac{1}{4}(54^2 + 65^2 + 50^2 + 86^2) - CT = 195.18750$

② $S_B = \sum_j \dfrac{T_{\cdot j \cdot\cdot}^2}{k} - CT = \dfrac{1}{4}(46^2 + 49^2 + 67^2 + 93^2) - CT = 349.68750$

③ $S_C = \sum_l \dfrac{T_{\cdot\cdot l \cdot}^2}{k} - CT = \dfrac{1}{4}(40^2 + 63^2 + 87^2 + 65^2) - CT = 276.68750$

④ $S_D = \sum_m \dfrac{T_{\cdot\cdot\cdot m}^2}{k} - CT = \dfrac{1}{4}(62^2 + 61^2 + 63^2 + 69^2) - CT = 9.68750$

⑤ $S_e = S_T - (S_A + S_B + S_C + S_D) = 844.93750 - (S_A + S_B + S_C + S_D) = 13.68750$

요인	SS	DF	MS	F_0
A	195.18750	3	65.0625	14.260
B	349.68750	3	116.5625	25.548
C	276.68750	3	92.22917	20.215
D	9.68750	3	3.22917	0.708
e	13.68750	3	4.5625	
T	844.93750	15		

(2) $F_A = 14.260 > F_{0.95} = 9.28$

$F_B = 25.548 > F_{0.95} = 9.28$

$F_C = 20.215 > F_{0.95} = 9.28$

$F_D = 0.708 < F_{0.95} = 9.28$

∴ 유의수준 5%에서 인자 A, B, C가 유의하다.

(3) 망소특성이고, 인자 A, B, C가 유의하므로 최적수순조합은 $\mu(A_3B_1C_1)$가 된다.

$$\hat{\mu}(A_3B_1C_1) = \left(\bar{x}_{3...} + \bar{x}_{.1..} + \bar{x}_{..1.} - 2\bar{\bar{x}}\right) \pm t_{1-\alpha/2}(3)\sqrt{\frac{V_e}{n_e}}$$

$$= \left(\frac{50}{4} + \frac{46}{4} + \frac{40}{4} - 2\times\frac{255}{16}\right) \pm 3.182 \times \sqrt{\frac{4.5625}{1.60}}$$

$$= (-3.24831 \sim 7.49831)$$

$$= (-,\ 7.49831) \quad \left(\text{단, 유효반복수 } n_e = \frac{k^2}{3k-2} = \frac{16}{10} = 1.60\right)$$

10_ (1) ① $\nu_A = l-1 = 4-1 = 3$

② $\nu_{B(A)} = l(m-1) = 4\times(2-1) = 4$

③ $\nu_{C(AB)} = lm(n-1) = 4\times2\times(2-1) = 8$

④ $\nu_e = lmn(r-1) = 4\times2\times2\times(2-1) = 16$

(2) ① $\widehat{\sigma_A^2} = \dfrac{V_A - V_{B(A)}}{mnr} = \dfrac{1{,}895/3 - 0.7458/4}{2\times2\times2} = 0.05565$

② $\widehat{\sigma_{B(A)}^2} = \dfrac{V_{B(A)} - V_{C(AB)}}{nr} = \dfrac{0.7458/4 - 0.3409/8}{2\times2} = 0.03596$

11_ (1) 와이블분포를 따를 때 신뢰도($t = 10{,}000$일 때)

$$R(t=10{,}000) = e^{-\left(\frac{t-r}{\eta}\right)^m} = e^{-\left(\frac{10{,}000-0}{8{,}667}\right)^{0.7}} = 0.33110$$

(2) $$\bar{\lambda}(t=10{,}000) = \frac{H(t=10{,}000) - H(t=0)}{\Delta t} = \frac{\left(\frac{10{,}000-0}{8{,}667}\right)^{0.7} - \left(\frac{0-0}{8{,}667}\right)^{0.7}}{10{,}000-0}$$

$$= 0.00011(/\text{시간}) \quad \left(\text{단, } H(t) = -\ln R(t) = \left(\frac{t-r}{\eta}\right)^m \text{이다.}\right)$$

12_ (1) $\lambda_s = (5\times\lambda_d)+(4\times\lambda_t)+(20\times\lambda_r)+(10\times\lambda_c)$

$= (5\times\lambda_d)+(4\times\lambda_t)+(20\times\lambda_r)+(10\times\lambda_c)$

$= 48.5\times10^{-5} = 0.000485$

(2) $MTBF_s = \dfrac{1}{\lambda_s}$=2,061.85567(시간)

(3) $R(t=200) = e^{-0.000485\times200} = 0.90756(90.756\%)$

13_

5행(S)	설명
정리(Seiri)	필요한 것과 불필요한 것을 구분하여, 불필요한 것은 없앨 것
정돈(Seiton)	필요한 것을 언제든지 필요한 때에 끄집어내어 쓸 수 있는 상태로 하는 것
청소(Seisou)	쓰레기와 더러움이 없는 생태로 만드는 것
청결(Seiketsu)	정리, 정돈, 청소의 상태를 유지하는 것
습관화(Shitsuke)	정해진 일을 올바르게 지키는 습관을 생활화하는 것

14_ (1) 품질경영 (2) 절차 (3) 프로세스
(4) 품질방침 (5) 경영시스템

기출유사문제 [2023년 1회 품질경영산업기사 실기]

01 다음의 데이터를 관리하기 위하여 $\bar{x}-R$관리도를 사용하려고 한다. 물음에 답하시오.(단, 관리도용 계수표를 이용할 것)

시료군의 번호	측정치						
	x_1	x_2	x_3	x_4	x_5	$\overline{x_i}$	R
1	38.3	38.9	39.4	38.3	39.2	38.82	1.1
2	39.1	39.8	38.5	39	38.3	38.94	1.5
3	38.6	38	39.2	39.9	39	38.94	1.9
4	40.6	38.6	39	39	38.5	39.14	2.1
5	38	38.5	47.9	38.1	38.7	40.24	9.9
6	38.8	39.8	38.3	39.6	39.4	39.18	1.5
7	38.9	38.7	41	41.4	40	40	2.7
8	39.9	38.7	39	39.7	39.1	39.28	1.2
9	40.6	41.9	38.2	40	40.8	40.3	3.7
10	39.2	39	38	40.5	37.8	38.9	2.7
11	38.9	40.8	38.7	39.8	39.2	39.48	2.1
12	39	37.9	37.9	39.1	40	38.78	2.1
13	39.7	38.5	39.6	38.9	39.2	39.18	1.2
14	38.6	39.8	39.2	40.8	38.6	39.4	2.2
15	40.7	40.7	39.3	39.2	39.7	39.92	1.5

(1) $\bar{x}-R$관리도의 C_L, U_{CL}, L_{CL}을 각각 구하시오.

(2) $\bar{x}-R$관리도를 작성하고 관리상태를 판정하시오.

(3) 관리이상데이터를 제거한 후 C_L, U_{CL}, L_{CL}을 각각 구하시오.

02 새로운 제품을 개발하여 판매하는 회사가 이 회사의 새로운 제품의 평균강도가 200kg/cm^{2}보다 작다고 주장한다. 실제 평균강도 μ에 대해 알기 위하여 판매되는 제품 중 10개를 임의 추출하여 기록한 결과가 다음과 같다. 다음 물음에 답하시오.(단, 단위 : kg/cm^2)

[Data] 200 195 205 193 180 185 193 204 185 198

(1) 이 회사의 주장이 옳다고 할 수 있겠는가?(위험률 5%)
(2) 이 새로운 제품의 평균강도의 상한을 추정하시오.(신뢰도 95%)

03 50개의 Data로부터 $S(xx) = 7{,}064.1$, $S(yy) = 3{,}041.1$, $S(xy) = 4{,}017.3$ 인 경우 다음 물음에 답하시오.

(1) 표본 상관계수 r_{xy}를 구하시오.
(2) $H_0 : \rho = 0$, $H_1 : \rho \neq 0$에 대한 검정을 하시오.(유의수준 5%)

04 두 변수 x와 y에 대한 회귀계수의 유무검정을 위한 분산분석표이다. 회귀의 기여율을 구하시오.

요인	SS	DF	MS	F_0	$F_{0.95}$
회귀(R)	18.90	1	18.90	14.427*	4.96
잔차(y/x)	13.10	10	1.310		
계(T)	32.00	11			

05 15kg들이 화학 약품이 60상자 입하되었다. 약품의 순도를 조사하려고 우선 5상자를 랜덤 샘플링하여 각각의 상자에서 6인크리멘트씩 랜덤 샘플링하였다.(단, 1인크리멘트는 15g이다.) 또한 각각의 상자에서 취한 인크리멘트를 혼합·축분하고 반복 2회 측정하였다면 추정 정밀도($V(\bar{x})$)를 구하시오.(단, 층간 정밀도 $\sigma_b = 0.20\%$, 층내 정밀도 $\sigma_w = 0.35\%$, 축분 정밀도 $\sigma_R = 0.10\%$, 측정 정밀도 $\sigma_m = 0.15\%$임을 알고 있다.)

06 계량규준형 1회 샘플링검사는 n개의 샘플을 취하고 그 측정치의 평균치 $\bar{x}$와 합격 판정치를 비교하여 로트의 합격·불합격을 판정하는 방법이다. 다음 표는 KS Q 0001의 부표로서, m_0, m_1이 주어졌을 때 n과 G_0를 구하는 표이다.(단, $\alpha=0.05$, $\beta=0.10$)

$\frac{\|m_1-m_0\|}{\sigma}$	n	G_0
2.069 이상	2	1.163
1.690~2.08	3	0.950
1.463~1.689	4	0.822
1.309~1.462	5	0.736
⋮	⋮	⋮
0.772~0.811	14	0.440
0.756~0.771	15	0.425
0.732~0.755	16	0.411

드럼에 채운 고체가성소다 중 산화 철분은 적을수록 좋다. 로트의 평균치가 0.40% 이하이면 합격으로 하고 그것이 0.50% 이상이면 불합격하는 샘플링방식이다.(단, σ는 0.05%임을 알고 있다.)

(1) 시료의 크기 n과 G_0를 구하시오.

(2) 상한합격판정치 $\overline{X_U}$를 구하시오.

(3) 측정한 데이터값이 다음과 같을 때, 로트의 합격, 불합격여부를 판정하시오.

data : 0.42	0.47	0.43	(단위 : %)

07 KS Q ISO 2859-1에서 검사수준은 Ⅰ, Ⅱ, Ⅲ의 3개 수준이 있는데 보통은 ((1)) 쓴다. 특히, 샘플의 크기를 작게 하고 싶을 때에는 ((2))을, 크게 하고 싶을 때에는 ((3))을 쓴다. 샘플의 크기의 비율은 대체로 Ⅰ : Ⅱ : Ⅲ의 검사비율은 ((4) : :)로 되어 있다.

08 A사는 어떤 부품의 수입검사에서 KS Q ISO 2859－1을 사용하고 있다. 검토 후 $AQL = 0.4\%$, 검사수준 II, 1회 샘플링검사를 보통검사를 시작으로 연속 15로트를 실시한 결과물의 부분표이다. 다음 공란을 메우시오.

번호	N	샘플 문자	n	당초 Ac	부적합품수	합부 판정	전환 점수	샘플링검사의 엄격도
4	1,000	J	80	1/2	0	합격	2	보통검사 속행
5	1,000	J	80	1/2	0	합격	4	보통검사 속행
6	1,000	J	80	1/2	1	(　　)	(　　)	(　　　　)
7	1,000	J	80	1/2	1	(　　)	(　　)	(　　　　)
8	1,000	J	80	1/2	0	(　　)	(　　)	(　　　　)
9	1,000	J	80	1/2	0	(　　)	(　　)	(　　　　)
10	1,000	J	80	1/2	1	(　　)	(　　)	(　　　　)
11	1,000	J	80	1/2	1	(　　)	(　　)	(　　　　)

09 어떤 제품을 제조할 때 원료의 투입량(A : 3수준), 처리온도(B : 3수준), 처리시간(C : 3수준)을 요인으로 잡고 라틴방격법으로 제품의 수율을 조사하기 위하여 실험을 하였다. 다음 표는 그 배치와 데이터이다. 물음에 답하시오.(소수점 3째 자리까지 나타낼 것)

	A_1	A_2	A_3
B_1	$C_3(2.1)$	$C_1(3.2)$	$C_2(8.9)$
B_2	$C_2(9.3)$	$C_3(1.5)$	$C_1(11.1)$
B_3	$C_1(4.2)$	$C_2(2.4)$	$C_3(8.5)$

(1) 분산분석표를 완성하고 검정을 행하시오.

요 인	SS	DF	MS	F_0	$F_{0.90}$
A					9.0
B					9.0
C					9.0
e					
T					

(2) 수율(망대특성)을 분석할 경우, 최적수준을 구간추정하시오.(신뢰율 90%)

10 길이가 정규분포를 하는 세 가지 부품 A, B, C를 직렬로 임의 조립(Random Fitting)방법에 의하여 조립하고 있다. 각 부품의 길이에 대한 분포가 $A_1 : N(0.13,\ 0.003^2)$, $A_2 : N(0.65,\ 0.004^2)$, $A_3 : N(0.85,\ 0.005^2)$이라고 하면 조립품의 길이에 대한 평균과 표준편차를 구하시오.

11 다음은 공정능력에 따른 등급을 표시한 표이다. 공란을 메우시오.

| 공정능력지수와 판정 |

C_p 범위	등급	판정	조치
(　　　　)	0등급	매우 만족	매우 안정된 상태
(　　　　)	1등급	만족	안정된 상태
(　　　　)	2등급	보통	현상의 유지 및 발전
(　　　　)	3등급	불만족	작업방법을 변환, 공정능력의 향상 도모
(　　　　)	4등급	매우 불만족	작업방법을 변환, 공정능력의 향상 도모

12 다음 품질코스트를 예방코스트, 평가코스트, 실패코스트 등으로 분류하시오.

QC코스트, 시험코스트, PM코스트, 현지서비스코스트, 설계변경코스트, QC교육코스트

(1) P－Cost :
(2) A－Cost :
(3) F－Cost :

13 TPM에서 5행(S)에 대하여 적으시오.

기출유사문제풀이 [2023년 1회 품질경영산업기사 실기]

01_ (1) $\bar{x}-R$관리도의 관리한계선

① $\bar{x}$관리도

$$C_L=\frac{\Sigma\bar{x}}{k}=\frac{590.5}{15}=39.36667$$

$$U_{CL}=\bar{\bar{x}}+\frac{3\bar{R}}{d_2\sqrt{n}}=39.36667+\frac{3\times 2.49333}{2.326\times\sqrt{5}}=40.80483$$

$$L_{CL}=\bar{\bar{x}}-\frac{3\bar{R}}{d_2\sqrt{n}}=39.36667-\frac{3\times 2.49333}{2.326\times\sqrt{5}}=37.92851$$

② R관리도

$$C_L=\frac{\Sigma R}{k}=\frac{37.4}{15}=2.49333$$

$$U_{CL}=D_4\bar{R}=2.114\times 2.49333=5.27090$$

$L_{CL}=D_3\bar{R}=-$(고려하지 않음)

(2) 관리도 작성 및 판정

① 관리도의 작성

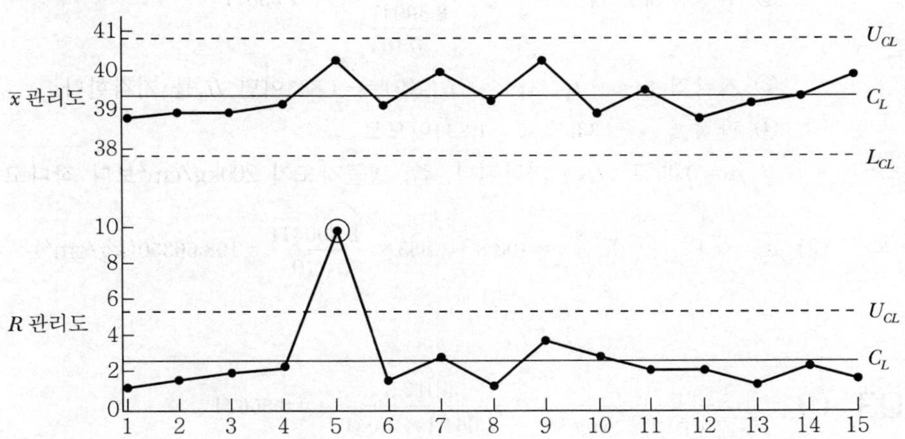

② 관리도의 판정 : $\bar{x}$관리도는 관리상태이나 R관리도는 군번호 5가 관리이탈로 관리이상상태이다.

(3) 군번호 5의 데이터 삭제 후 관리한계선

① $\bar{x}$관리도

$$C_L = \bar{\bar{x}}' = \frac{590.5-40.24}{15-1} = 39.30429$$

$$U_{CL} = \bar{\bar{x}}' + \frac{3\bar{R}'}{d_2\sqrt{n}} = 39.30429 + \frac{3\times 1.96429}{2.326\times\sqrt{5}} = 40.43730$$

$$L_{CL} = \bar{\bar{x}}' - \frac{3\bar{R}'}{d_2\sqrt{n}} = 39.30429 - \frac{3\times 1.96429}{2.326\times\sqrt{5}} = 38.17128$$

② R관리도

$$C_L = \bar{R}' = \frac{37.4-9.9}{14} = 1.96429$$

$$U_{CL} = D_4\bar{R}' = 2.114\times 1.96429 = 4.15251$$

$L_{CL} = D_3\bar{R}' = -$(고려하지 않음)

02_ (1) ① 가설 $H_0: \mu \geq 200,\ H_1: \mu < 200$

② 검정통계량 $t_0 = \dfrac{\bar{x}-\mu_0}{\dfrac{s}{\sqrt{n}}} = \dfrac{193.8-200}{\dfrac{8.390471}{\sqrt{10}}} = -2.33671$

③ 기각역 $t_0 < -t_{1-\alpha}(\nu) = -t_{0.95}(9) = -1.833$이면 H_0를 기각한다.

④ 판정 $t_0 = -2.33671 < -1.833$이므로

$\alpha = 0.05$로 H_0는 기각된다. 즉, 평균강도가 200kg/cm²보다 작다고 할 수 있다.

(2) $\widehat{\mu_U} = \bar{x} + t_{1-\alpha}(\nu)\dfrac{s}{\sqrt{n}} = 193.8 + 1.833\times\dfrac{8.390471}{\sqrt{10}} = 198.66350(\text{kg/cm}^2)$

03_ (1) $r_{xy} = \dfrac{S(xy)}{\sqrt{S(xx)S(yy)}} = \dfrac{4{,}017.3}{\sqrt{7{,}064.1\times 3{,}041.1}} = 0.86674$

(2) 상관계수 유무

① $H_0: \rho = 0,\ H_1: \rho \neq 0$

② $t_0 = \dfrac{r}{\sqrt{\dfrac{1-r^2}{n-2}}} = \dfrac{0.86674}{\sqrt{\dfrac{1-0.86674^2}{50-2}}} = 12.03975$

③ $t_0 = 12.03975 > t_{0.975}(48) = 2.000$ 이므로 $\alpha = 0.05$로 H_0 기각. 즉, 상관관계가 있다.

04_ 기여율(결정계수) $r^2 = \dfrac{S_R}{S_T} = \dfrac{18.90}{32.00} = 0.59063(59.063\%)$

05_ $V(\overline{x}) = \dfrac{\sigma_b^2}{m} + \dfrac{\sigma_w^2}{m\,\overline{n}} + \sigma_R^2 + \dfrac{\sigma_m^2}{2} = \dfrac{0.2^2}{5} + \dfrac{0.35^2}{5\times 6} + 0.1^2 + \dfrac{0.15^2}{2} = 0.33333(\%)$

06_ $m_0 = 0.4,\ m_1 = 0.5,\ \sigma = 0.05$

(1) $\dfrac{|m_1 - m_0|}{\sigma} = \dfrac{|0.5-0.4|}{0.05} = 2.0$ 이므로, $n=3,\ G_0 = 0.950$

(2) $\overline{X_U} = m_0 + G_0\sigma = 0.4 + 0.950\times 0.05 = 0.4475(\%)$

(3) 로트의 합부판정

$\overline{x} = \dfrac{0.42+0.47+0.43}{3} = 0.44(\%)$

$\overline{X_U} \geq \overline{x}$ 이므로 로트를 합격으로 한다.

07_ (1) Ⅱ (2) Ⅰ

(3) Ⅲ (4) 0.4 : 1 : 1.6

08_

번호	N	샘플 문자	n	당초 Ac	부적합 품수	합부 판정	전환 점수	샘플링검사의 엄격도
4	1,000	J	80	1/2	0	합격	2	보통검사 속행
5	1,000	J	80	1/2	0	합격	4	보통검사 속행
6	1,000	J	80	1/2	1	합격	6	보통검사 속행
7	1,000	J	80	1/2	1	불합격	0	보통검사 속행
8	1,000	J	80	1/2	0	합격	2	보통검사 속행
9	1,000	J	80	1/2	0	합격	4	보통검사 속행
10	1,000	J	80	1/2	1	합격	6	보통검사 속행
11	1,000	J	80	1/2	1	불합격	0	보통검사 중단

09_ (1) ① $CT=\frac{T^2}{k^2}=\frac{(51.2)^2}{9}$

② $S_T=\sum_i\sum_j\sum_k x_{ijk}^2-CT=110.189$

③ $S_A=\sum_i\frac{T_{i\cdot\cdot}^2}{k}-CT=\frac{1}{3}(15.6^2+7.1^2+28.5^2)-CT=77.402$

④ $S_B=\sum_j\frac{T_{\cdot j\cdot}^2}{k}-CT=\frac{1}{3}(14.2^2+21.9^2+15.1^2)-CT=11.816$

⑤ $S_C=\sum_k\frac{T_{\cdot\cdot k}^2}{k}-CT=\frac{1}{3}(18.5^2+20.6^2+12.1^2)-CT=13.069$

⑥ $S_e=S_T-(S_A+S_B+S_C)=7.902$

요인	SS	DF	MS	F_0	$F_{0.90}$
A	77.402	2	38.701	9.795*	9.0
B	11.816	2	5.908	1.495	9.0
C	13.069	2	6.535	1.654	9.0
e	7.902	2	3.951		
T	110.189	8			

∴ 요인 A만 유의하다.

(2) 최적수준 추정

① 점추정 : $\hat{\mu}(A_3)=\bar{x}_{3\cdot\cdot}=\frac{28.5}{3}=9.5$

② 구간추정 : $\hat{\mu}(A_3)=\bar{x}_{3\cdot\cdot}\pm t_{0.95}(2)\sqrt{\frac{V_e}{k}}=9.5\pm2.920\times\sqrt{\frac{3.951}{3}}=(6.149\sim12.851)$

10_ ① 조립품의 평균$=0.13+0.65+0.85=1.63$

② 조립품의 표준편차$=\sqrt{0.003^2+0.004^2+0.005^2}=0.00707$

11_

| 공정능력지수와 판정 |

C_p 범위	등급	판정	조치
$C_p \geq 1.67$	0등급	매우 만족	매우 안정된 상태
$1.67 > C_p \geq 1.33$	1등급	만족	안정된 상태
$1.33 > C_p \geq 1.00$	2등급	보통	현상의 유지 및 발전
$1.00 > C_p \geq 0.67$	3등급	불만족	작업방법을 변환, 공정능력의 향상 도모
$0.67 > C_p$	4등급	매우 불만족	작업방법을 변환, 공정능력의 향상 도모

12_ (1) P－Cost : QC코스트, QC교육코스트

(2) A－Cost : 시험코스트, PM코스트

(3) F－Cost : 현지서비스코스트, 설계변경코스트

13_ 정리(Seiri), 정돈(Seiton), 청소(Seisou), 청결(Seiketsu), 습관화(Shitsuke)

기출유사문제 [2023년 2회 품질경영산업기사 실기]

01 가나다 주식회사에서 강철판의 10m²당 미세한 구멍(부적합수)을 검사하였더니 다음 표와 같았다. 물음에 답하시오.

샘플군의 번호(k)	샘플군의 크기(n)	부적합수	샘플군의 번호(k)	샘플군의 크기(n)	부적합수
1	10	5	10	10	7
2	10	6	11	10	2
3	10	5	12	10	4
4	10	8	13	10	1
5	10	7	14	10	3
6	10	4	15	10	5
7	10	3	16	10	4
8	10	5	17	10	3
9	10	4	18	10	5
계		47	계		34

(1) 상기의 데이터를 관리도로 관리하려고 한다면, 어떤 관리도를 사용하여야 하는가?

(2) 본 데이터는 무슨 확률분포를 근거로 하는가?

(3) C_L, U_{CL}, L_{CL}을 구한 후, 군번호 10~18까지 관리도를 작성하고 관리도를 해석하시오.(단, 군번호 1~9까지는 관리상태이다.)

02 다음은 계수값 관리도에 대한 내용이다. 빈칸을 채우시오.

종류	중심선(C_L)	관리상한선(U_{CL})	관리하한선(L_{CL})
p			
np			
c			
u			

03 어떤 섬유공장에서는 권취공정에서의 사절수가 10,000m당 평균 10회였다. 사절의 원인을 조사하였더니 보빈 쪽의 실의 장력이 너무 크다는 것을 알았고, 기계의 일부를 개량하여 운전하였더니 10,000m당 3회의 사절이 있었다. 만약 사절수가 감소되었다면 다른 기계도 개량하려고 한다. 다음 물음에 답하시오.

(1) 개량한 기계에 의한 사절수는 감소되었다고 볼 수 있는지 유의수준 $\alpha = 0.05$에서 검정하시오.

(2) 사절수에 대한 95% 상한신뢰구간을 구하시오.

04 두 변수 x와 y에 대하여 다음과 같은 7개의 데이터가 있다. 물음에 답하시오.

x_i	2	3	4	5	6	7	8
y_i	5	6	6	7	9	12	11

(1) 상관계수를 구하시오.

(2) 공분산을 구하시오.

05 검사단위의 품질표시방법 중 시료의 품질표시방법을 4가지만 적으시오.

06 지금 A회사는 B회사로부터 부품을 한 번에 1,000개씩 구입하고자 한다. A회사는 되도록 좋은 로트만 가려서 구입하고 싶고, B회사는 좋은 로트가 불합격이 되는 위험을 최소화하려고 할 것이다. 두 회사의 QC담당자들은 다음과 같은 조건에 합의하였다. 즉, 부적합품률이 0.1% 이하인 좋은 로트는 95% 이상 합격시키고, 그것이 4% 이상인 나쁜 로트는 90% 이상 불합격시킬 수 있는 샘플링검사 방법을 적용시키는 데 합의하였다면, 이 조건을 만족시키기 위한 계수 규준형 1회 샘플링검사 방식을 설계하시오.

07 A사에서는 어떤 부품의 수입검사에 KS Q ISO 2859-1 ; 2010의 계수값 샘플링검사 방식을 적용하고 있다. AQL=1.0%, 검사수준 Ⅲ으로 하는 1회 샘플링방식을 채택하고 있다. 처음 검사는 수월한 검사로 시작하였으나, 80번 로트에서는 보통검사를 실시하고 있다. 물음에 답하시오.

번호	N	샘플문자	n	Ac	Re	부적합품수	합부판정	전환점수	엄격도 적용
80	200	H	50	1	2	0	합격	21	보통검사 속행
81	250	(　)	(　)	(　)		1	(　)	(　)	(　)
82	280	(　)	(　)	(　)	(　)	1	(　)	(　)	(　)
83	350	(　)	(　)	(　)	(　)	1	(　)	(　)	(　)
84	500	(　)	(　)	(　)	(　)	0	(　)	(　)	(　)

(1) KS Q ISO 2859-1의 주 샘플링검사표를 사용하여 빈칸을 채우시오.

(2) 로트번호 85는 수월한 검사를 행할 수 있는지 판단하시오.

08 어떤 화학 공장에서 요인 A를 4수준, 요인 B를 5수준으로 하여 반복이 없는 2요인실험을 실시하였다. 다음 물음에 답하시오.(망대특성)(단, $CT=\frac{203^2}{20}=2060.45$, $S_T=328.55$)

구분	A_1	A_2	A_3	A_4	$T._j$
B_1	8	14	5	12	39
B_2	4	10	3	10	27
B_3	11	19	10	16	56
B_4	10	5	7	15	37
B_5	11	14	9	10	44
$T_i.$	44	62	34	63	203

(1) 분산분석표를 작성하고 분산분석을 실시하시오.(단, 유의수준 5%)

(2) 수준조합의 최적조건에서 95% 신뢰구간을 구하시오.

(3) 요인 B의 기여율을 구하시오.

09 다음은 $L_8(2)^7$형 직교배열표이다. 물음에 답하시오.

배치	A	B		C	D			실험데이터
No. \ 열번	1	2	3	4	5	6	7	
1	0	0	0	0	0	0	0	20
2	0	0	0	1	1	1	1	24
3	0	1	1	0	0	1	1	17
4	0	1	1	1	1	0	0	27
5	1	0	1	0	1	0	1	26
6	1	0	1	1	0	1	0	15
7	1	1	0	0	1	1	0	36
8	1	1	0	1	0	0	1	32
기본표시	a	b	a b	c	a c	b c	a b c	

(1) 교호작용 $A \times B$가 존재한다면 몇 열에 배치가 가능한가?

(2) 오차항의 자유도를 구하시오.

(3) 요인 A의 제곱합을 구하시오.

(4) 요인 B의 주효과를 구하시오.

10 어떤 인쇄공장에서 불량에 관한 데이터를 수집한 결과가 다음과 같다. 물음에 답하시오.

부적합 항목	발생빈도(%)
A	2.7
B	59.4
C	1.5
D	2.3
E	21.5
F	6.8
H	2.7
기타	3.1

(1) 품질관리 기초수법(파레토도)을 이용하여 관리점 선정을 위한 분석을 행하기 위한 데이터를 크기순으로 재정리한 표가 다음과 같다. 빈칸을 채우시오.

부적합 항목	발생빈도(%)	누적빈도(%)
B		
기타	3.1	100

(2) (1)을 근거로 파레토그림을 작성하시오.

11 6시그마 추진에 있어 프로젝트의 추진에서 사용되는 DMAIC의 정의를 쓰시오.

12 한국산업규격(KS)에서 Q, S, T, X, I, R, B는 각각 무엇을 의미하는가?

13 고객만족의 K. P. I(핵심성과지표)에서의 내용이다. 다음 물음에 답하시오.

(1) Q. C. D의 정의를 쓰시오.

(2) 고객만족인 Q. C. D를 K. P. I로 쓰는 이유가 무엇인가?

기출유사문제풀이 [2023년 2회 품질경영산업기사 실기]

01_ (1) 부적합수(c) 관리도

(2) 푸아송 분포

(3) 관리한계선

- 중심선 $C_L = \bar{c} = \dfrac{\Sigma c}{k} = \dfrac{81}{18} = 4.5$
- $U_{CL} = \bar{c} + 3\sqrt{\bar{c}} = 4.5 + 3 \times \sqrt{4.5} = 10.86396$
- $L_{CL} = \bar{c} - 3\sqrt{\bar{c}} = 4.5 - 3 \times \sqrt{4.5} = -$ (고려하지 않음)
- 관리도 작성

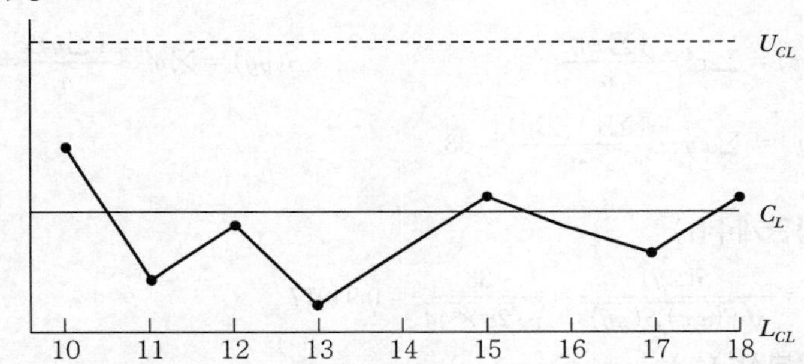

∴ 관리도에서 습관성이나 관리한계선을 벗어나는 점이 없으므로 관리상태로 판정한다.

02_

종류	중심선(C_L)	관리상한선(U_{CL})	관리하한선(L_{CL})
p	$\bar{p} = \dfrac{\Sigma np}{\Sigma n}$	$\bar{p} + 3\sqrt{\dfrac{n\bar{p}(1-\bar{p})}{n}}$	$\bar{p} - 3\sqrt{\dfrac{n\bar{p}(1-\bar{p})}{n}}$
np	$n\bar{p} = \dfrac{\Sigma np}{k}$	$n\bar{p} + 3\sqrt{n\bar{p}(1-\bar{p})}$	$n\bar{p} - 3\sqrt{n\bar{p}(1-\bar{p})}$
c	$\bar{c} = \dfrac{\Sigma c}{k}$	$\bar{c} + 3\sqrt{\bar{c}}$	$\bar{c} - 3\sqrt{\bar{c}}$
u	$\bar{u} = \dfrac{\Sigma c}{\Sigma n}$	$\bar{u} + 3\sqrt{\dfrac{\bar{u}}{n}}$	$\bar{u} - 3\sqrt{\dfrac{\bar{u}}{n}}$

03_ (1) 모부적합수의 한쪽검정

① $H_0 : m \geq 10$, $H_1 : m < 10$

② $u_0 = \frac{c - m_0}{\sqrt{m_0}} = \frac{3 - 10}{\sqrt{10}} = -2.21359$

③ $u_0 < -u_{1-\alpha} = -1.645$ 이면 H_0를 기각한다.

④ $u_0 = -2.21359 < -1.645$ 이므로 $\alpha = 0.05$ 로 H_0는 기각된다.

(2) 한쪽 구간추정(상한)

$m_U = c + u_{1-\alpha}\sqrt{c} = 3 + 1.645 \times \sqrt{3} = 5.84922$

04_ • $S(xx) = \Sigma x^2 - \frac{(\Sigma x)^2}{n} = 28$ • $S(yy) = \Sigma y^2 - \frac{(\Sigma y)^2}{n} = 44$

• $S(xy) = \Sigma xy - \frac{(\Sigma x)(\Sigma y)}{n} = 33$

(1) 상관계수(r)

$r = \frac{S(xy)}{\sqrt{S(xx)\,S(yy)}} = \frac{33}{\sqrt{28 \times 44}} = 0.94017$

(2) 공분산(V_{xy})

$V_{xy} = \frac{S(xy)}{n-1} = \frac{33}{6} = 5.5$

05_ ① 부적합품수 ② 평균 부적합수

③ 평균치 ④ 표준편차

⑤ 범위

06_ ($n = 50$, $c = 0$) 즉, 로트에서 $n = 50$ 개의 샘플을 뽑아 그중 0개의 부적합품이 나타나면 로트를 합격시킨다.

07_(1) 표의 공란 작성 및 합부판정

번호	N	샘플문자	n	Ac	Re	부적합품수	합부판정	전환점수	엄격도 적용
80	200	H	50	1	2	0	합격	21	보통검사 속행
81	250	(H)	(50)	(1)	(2)	1	(합격)	(23)	보통검사 속행
82	280	(H)	(50)	(1)	(2)	1	(합격)	(25)	(보통검사 속행)
83	350	(J)	(80)	(2)	(3)	1	(합격)	(28)	(보통검사 속행)
84	500	(J)	(80)	(2)	(3)	0	(합격)	(31)	(수월한 검사로 전환)

(2) 전환점수가 30점이 넘었으므로 84번 로트는 수월한 검사를 실시한다.

08_(1) 분산분석표 작성

① $S_A = \dfrac{\Sigma T_{i\cdot}^2}{m} - CT = \dfrac{1}{5}(44^2+62^2+34^2+63^2) - CT = 120.55$

② $S_B = \dfrac{\Sigma T_{\cdot j}^2}{l} - CT = \dfrac{1}{4}(39^2+27^2+56^2+37^2+44^2) - CT = 112.3$

요인	SS	DF	MS	F_0	$F_{0.95}$
A	120.55	3	40.18333	5.03866*	3.49
B	112.30	4	28.075	3.52038*	3.26
e	95.70	12	7.975		
T	328.55	19			

∴ 요인 A, B는 유의하다.

(2) 신뢰율 95% 구간추정$\left(\text{유효반복수 } n_e = \dfrac{lm}{l+m-1} = \dfrac{20}{8} = 2.5\right)$

- 점추정 $\hat{\mu}(A_2B_3) = \bar{x}_{2\cdot} + \bar{x}_{\cdot 3} - \bar{\bar{x}} = \dfrac{62}{5} + \dfrac{56}{4} - \dfrac{203}{20} = 16.25$
- 구간추정 $\hat{\mu}(A_2B_3) = 16.25 \pm t_{0.975}(12)\sqrt{\dfrac{MS_e}{n_e}} = 16.25 \pm 2.179 \times \sqrt{\dfrac{7.975}{2.5}}$

$= (12.35818 \sim 20.14182)$

(3) 요인 B의 기여율

$S_B' = S_B - \nu_B V_e = 112.30 - 4 \times 7.975 = 80.4$

$\therefore\ \rho_B = \dfrac{S_B'}{S_T} \times 100 = \dfrac{80.4}{328.55} \times 100 = 24.47116(\%)$

09_(1) 교호작용 $A\times B$

$A\times B=a\times b=ab$(3열)

(2) 6열, 7열에 요인이 배치되지 않으므로 자유도는 2가 된다.

(3) 요인 A의 제곱합

$$S_A=\frac{1}{8}(1\text{수준의 합}-0\text{수준의 합})^2$$

$$=\frac{1}{8}[(26+15+36+32)-(20+24+17+27)]^2=55.125$$

(4) 요인 B의 주효과

$$B=\frac{1}{4}(1\text{수준의 합}-0\text{수준의 합})=\frac{1}{4}[(17+27+36+32)-(20+24+26+15)]=6.75$$

10_(1)

부적합 항목	발생빈도(%)	누적빈도(%)
B	59.4	59.4
E	21.5	80.9
F	6.8	87.7
A	2.7	90.4
H	2.7	93.1
D	2.3	95.4
C	1.5	96.9
기타	3.1	100.0

(2) 파레토그림 작성

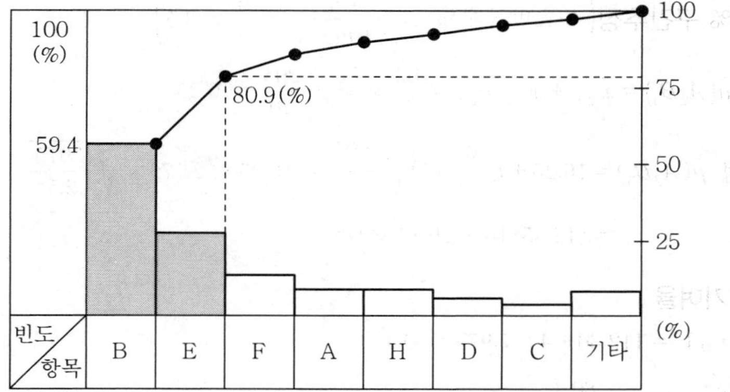

11_ ① D : Define(정의)　② M : Measure(측정)
③ A : Analyze(분석)　④ I : Improve(개선)
⑤ C : Control(통제)

12_ ① Q : 품질경영　② S : 서비스
③ T : 물류　④ X : 정보
⑤ I : 환경　⑥ R : 수송기계
⑦ B : 기계

13_ (1) ① Q : Quality(품질)
② C : Cost(비용)
③ D : Delivery(납기)

(2) Q. C. D는 제품의 특성을 평가하는 핵심자료로서 시장의 경쟁우위요소로 볼 수 있고, 평가기준으로 적용하기에 가장 편리하기 때문이다.

품질경영
기사 · 산업기사 실기

발행일 | 2013. 9. 25 초판발행
2014. 2. 20 개정 1판1쇄
2015. 1. 30 개정 2판1쇄
2015. 6. 30 개정 3판1쇄
2016. 2. 10 개정 4판1쇄
2016. 7. 20 개정 5판1쇄
2017. 3. 10 개정 6판1쇄
2017. 5. 30 개정 7판1쇄
2018. 3. 30 개정 8판1쇄
2019. 1. 20 개정 9판1쇄
2019. 3. 20 개정 9판2쇄
2020. 1. 20 개정 10판1쇄
2020. 8. 30 개정 11판1쇄
2021. 1. 30 개정 12판1쇄
2022. 1. 15 개정 13판1쇄
2023. 3. 10 개정 14판1쇄
2024. 4. 10 개정 15판1쇄

저 자 | 배극윤
발행인 | 정용수
발행처 | 예문사

주 소 | 경기도 파주시 직지길 460(출판도시) 도서출판 예문사
TEL | 031) 955 – 0550
FAX | 031) 955 – 0660
등록번호 | 11 – 76호

• 예문사 홈페이지 http : //www.yeamoonsa.com

정가 : 40,000원

ISBN 978-89-274-5414-4 14320